D1755490

Karl Spühler
Annette Dolge
Myriam Gehri

Schweizerisches Zivilprozessrecht

SjL

Stämpflis juristische Lehrbücher

Karl Spühler
Prof. Dr. iur., em. Ordinarius für Zivilprozessrecht an der Universität Zürich, ehemals Bundesrichter, Rechtsanwalt

Annette Dolge
Dr. iur., LL.M., Rechtsanwältin, Kantonsrichterin

Myriam Gehri
Dr. iur., LL.M., Rechtsanwältin, General Counsel

Schweizerisches Zivilprozessrecht

und Grundzüge des internationalen Zivilprozessrechts

Neunte Auflage des von **Oscar Vogel** begründeten Werkes

Stämpfli Verlag AG Bern · 2010

Der Inhalt dieses Werks wurde auf Papier aus nachhaltiger, wirtschaftlicher und ökologischer Waldbewirtschaftung gedruckt
(**PEFC/04-31-0880 zertifiziertes Papier**).

Bibliografische Information der Deutschen Nationalbibliothek
Die Deutsche Nationalbibliothek verzeichnet diese Publikation in der Deutschen Nationalbibliografie; detaillierte bibliografische Daten sind im Internet über http://dnb.d-nb.de abrufbar.

Alle Rechte vorbehalten, insbesondere das Recht der Vervielfältigung, der Verbreitung und der Übersetzung. Das Werk oder Teile davon dürfen ausser in den gesetzlich vorgesehenen Fällen ohne schriftliche Genehmigung des Verlags weder in irgendeiner Form reproduziert (z.B. fotokopiert) noch elektronisch gespeichert, verarbeitet, vervielfältigt oder verbreitet werden.

© Stämpfli Verlag AG Bern · 2010

Gesamtherstellung:
Stämpfli Publikationen AG, Bern
Printed in Switzerland

ISBN 978-3-7272-8656-8

Vorwort zur 9. Auflage

Am 1. Januar 2011 tritt die schweizerische Zivilprozessordnung vom 19. Dezember 2008 in Kraft (ZPO). Damit erhält die Schweiz zum ersten Mal ein einheitliches Zivilprozessrecht. Bisher kantonales Recht wird zu Bundesrecht. Vorbehalten bleibt den Kantonen lediglich das Gerichtsorganisationsrecht. Gleichzeitig erfolgt die Änderung und Anpassung von dreissig Bundesgesetzen. Dabei handelt es sich im Wesentlichen um das BGG, das ZGB, das OR, das SchKG und das IPRG. Auf denselben Zeitpunkt hin tritt für die Schweiz das neu gefasste Übereinkommen über die gerichtliche Zuständigkeit und die Anerkennung und Vollstreckung von Entscheidungen in Zivil- und Handelssachen vom 30. Oktober 2007 (LugÜ II) in Kraft. Ferner wird das neue Vormundschaftsrecht vom 19. Dezember 2008 (Art. 360 ff. ZGB) voraussichtlich ab 1. Januar 2013 gelten. Diese Gesetzeserlasse gestalten das Zivilverfahrensrecht der Schweiz neu.

Diese umfassenden Neuerungen erforderten eine grundlegende Neubearbeitung des vor knapp 30 Jahren von Professor Oscar Vogel begründeten Standardwerkes zum Zivilprozessrecht. Dieses war in sechs Auflagen unter dessen Namen erschienen, dann folgten zwei Auflagen unter «VOGEL/SPÜHLER». Die neue Rechtslage verlangte eine sachliche und personelle Neuorientierung.

Diese wurde im Bestreben vorgenommen, den Bedürfnissen von Studium und Lehre, Justiz und Anwaltschaft sowie Notariat und Verwaltung gerecht zu werden. Das Hauptgewicht wurde darauf gelegt, Praktizierenden und Studierenden den Zugang zur neuen ZPO und zum neuen LugÜ II zu erleichtern. Angesichts des Erfolgs der bisherigen Auflagen des Werkes wurden Aufbau sowie Art der formellen und inhaltlichen Darstellung weitgehend beibehalten. Ziel der Autorschaft war es, das schweizerische Zivilprozessrecht, wie es bei Inkrafttreten der schweizerischen Zivilprozessordnung gilt, ganz im Sinne von Oscar Vogel in übersichtlicher und kompakter Form darzustellen. Die Autoren haben deshalb darauf verzichtet, alle Aussagen mit zahlreichen Belegstellen zu versehen. Nur wo dies notwendig oder sinnvoll erschien, wurde auf weiterführende Literatur und auf kantonale Entscheide hingewiesen. Die bundesgerichtliche Rechtsprechung wurde hingegen, soweit sie künftig noch von Bedeutung sein wird, umfassend berücksichtigt. Bisher bereits erschienene Publikationen zur Schweizerischen Zivilprozessordnung wurden ebenfalls einbezogen.

Zürich/Schaffhausen/Küsnacht, im August 2010

Karl Spühler *Annette Dolge* *Myriam Gehri*

Autorenhinweis

Auf der Grundlage des Werkes von Oscar Vogel und getreu seinem klaren Aufbau und seiner konzisen und praxisorientierten Darstellung des Zivilprozessrechts haben die Autoren die vorliegende Neuauflage erarbeitet.

Die einzelnen Autoren haben folgende Kapitel verfasst:

Karl Spühler
1. Kapitel: Einführung und allgemeine Grundlagen
2. Kapitel: Gerichtsorganisation und Unabhängigkeit der Gerichte
4. Kapitel: Parteien, Nebenparteien, Prozessvertretung
6. Kapitel: Klagearten und Streitwert
12. Kapitel: Rechtsmittel
13. Kapitel: Anerkennung und Vollstreckung

Annette Dolge
7. Kapitel: Streitgegenstand, Klage, Entscheid
8. Kapitel: Prozesskosten und unentgeltliche Rechtspflege
9. Kapitel: Prozessuales Handeln des Gerichts und der Parteien
10. Kapitel: Beweisrecht
11. Kapitel: Gang und Arten des Verfahrens

Myriam Gehri
3. Kapitel: Zuständigkeit der Gerichte
5. Kapitel: Verfahrensgrundsätze und Prozessvoraussetzungen
14. Kapitel: Schiedsgerichtsbarkeit

Alle Autoren haben mit Anregungen und Bemerkungen zur Einheitlichkeit des Werkes beigetragen.

Karl Spühler, Annette Dolge, Myriam Gehri

Inhaltsübersicht

Inhaltsverzeichnis

Abkürzungs- und Materialienverzeichnis

A.	Auflage
a.A.	anderer Ansicht
a.a.O.	am angegebenen Ort
aArt.	Artikel (alte Fassung)
AB NR/SR	Amtliches Bulletin des Nationalrats/Ständerats
Abs.	Absatz
aBV	Bundesverfassung der Schweizerischen Eidgenossenschaft vom 29. Mai 1874 (in Kraft bis 31. Dezember 1999)
a.E.	am Ende
AGB	Allgemeine Geschäftsbedingungen
AJP	Aktuelle juristische Praxis, Zürich/St. Gallen
a.M.	anderer Meinung
aOHG	Bundesgesetz über die Hilfe an Opfer von Straftaten vom 4. Oktober 1991 (in Kraft bis 31.12.2008)
ArbR	Mitteilungen des Instituts für Schweizerisches Arbeitsrecht
Art.	Artikel
AS	Amtliche Sammlung des Bundesrechts
Aufl.	Auflage
AVG	Bundesgesetz über die Arbeitsvermittlung und den Personalverleih (Arbeitsvermittlungsgesetz) vom 6. Oktober 1989 (SR 823.11)
BBl	Bundesblatt der Schweizerischen Eidgenossenschaft
BezGer	Bezirksgericht(e)
BG	Bundesgesetz
BGBB	Bundesgesetz über das bäuerliche Bodenrecht vom 4. Oktober 1991 (BGBB; SR 211.412.11)
BGBM	Bundesgesetz über den Binnenmarkt vom 6. Oktober 1995 (Binnenmarktgesetz, BGBM; SR 943.02)
BGE	Entscheidungen des Schweizerischen Bundesgerichts
BGer	Schweizerisches Bundesgericht, Lausanne
BGFA	Bundesgesetz über die Freizügigkeit der Anwältinnen und Anwälte vom 23. Juni 2000 (Anwaltsgesetz, BGFA; SR 935.61)
BGG	Bundesgesetz über das Bundesgericht vom 17. Juni 2005 (Bundesgerichtsgesetz, BGG; SR 173.110)
BGH	Bundesgerichtshof (Deutschland)
BG-KKE	Bundesgesetz vom 21. Dezember 2007 über internationale Kindesentführung und die Haager Übereinkommen zum Schutz von Kindern und Erwachsenen (SR 211.222.32)
BJM	Basler Juristische Mitteilungen
BK	Berner Kommentar
BlSchK	Blätter für Schuldbetreibung und Konkurs, Basel
Botschaft	Botschaft zur Schweizerischen Zivilprozessordnung (ZPO) vom 28. Juni 2006 (BBl 2006 7221 ff.)
Botschaft LugÜ II	Botschaft zum Bundesbeschluss über die Genehmigung und die Umsetzung des revidierten Übereinkommens von Lugano über die

	gerichtliche Zuständigkeit, die Anerkennung und die Vollstreckung gerichtlicher Entscheidungen in Zivil- und Handelssachen vom 18. Februar 2009 (BBl 2009 1777 ff.)
BR	Baurecht/Droit de la Construction, Zeitschrift des Instituts für Schweizerisches und Internationales Baurecht, Freiburg i.Ü./Zürich
Brüsseler Übereinkommen	s. EuGVÜ
BSK	Basler Kommentar
Bsp.	Beispiel
BV	Bundesverfassung der Schweizerischen Eidgenossenschaft vom 18. April 1999 (SR 101)
BZP	Bundesgesetz über den Bundeszivilprozess vom 4. Dezember 1947 (SR 273)
DesG	Bundesgesetz über den Schutz von Design vom 5. Oktober 2001 (Designgesetz, DesG; SR 232.12)
d.h.	das heisst
ders.	derselbe
DSG	Bundesgesetz über den Datenschutz vom 19. Juni 1992 (SR 235.1)
dZPO	Deutsche Zivilprozessordnung vom 30. Januar 1877
CHF	Schweizer Franken
CISG	s. WKR
E.	Erwägung
EG	Europäische Gemeinschaften
EJPD	Eidgenössisches Justiz- und Polizeidepartement
Empa	Eidgenössische Materialprüfungs- und Versuchsanstalt
EMRK	Konvention zum Schutze der Menschenrechte und Grundfreiheiten vom 4. November 1950 (SR 0.101)
et al.	und weitere
EuGH	Europäischer Gerichtshof, Luxemburg
EuGVO	Verordnung (EG) Nr. 44/2001 des Rates vom 22. Dezember 2000 über die gerichtliche Zuständigkeit und die Anerkennung und Vollstreckung gerichtlicher Entscheidungen in Zivil- und Handelssachen (ABl. 2001 Nr. L 12, 1 ff.)
EuGVVO	s. EuGVO
EuGVÜ	Übereinkommen über die gerichtliche Zuständigkeit und die Vollstreckung gerichtlicher Entscheidungen in Zivil- und Handelssachen (EuGVÜ), abgeschlossen in Brüssel am 27. September 1968 (ersetzt durch EuGVO)
EuURPÜ	Europäisches Übereinkommen über die Übermittlung von Gesuchen um unentgeltliche Rechtspflege, abgeschlossen in Strassburg am 27. Januar 1977 (SR 0.274.137)
EuZW	Europäische Zeitschrift für Wirtschaftsrecht, München
evtl.	eventuell
f.	folgende (Seite)
ff.	folgende (Seiten)
FS	Festschrift
FusG	Bundesgesetz über die Fusion, Spaltung, Umwandlung und Vermögensübertragung vom 3. Oktober 2003 (Fusionsgesetz, FusG; SR 221.301)

GBV	Verordnung betreffend das Grundbuch vom 22. Februar 1910 (SR 211.432.1)
GestG	Bundesgesetz über den Gerichtsstand in Zivilsachen vom 24. März 2000 (aufgehoben mit Inkrafttreten der ZPO am 1. Januar 2011)
ggf.	gegebenenfalls
GlG	Bundesgesetz über die Gleichstellung von Frau und Mann (Gleichstellungsgesetz, GlG) vom 24. März 1995
HBewÜ	Übereinkommen über die Beweisaufnahme im Ausland in Zivil- und Handelssachen, abgeschlossen in Den Haag am 18. März 1970 (SR 0.274.132)
HRegV	Handelsregisterverordnung vom 17. Oktober 2007 (SR 221.411)
HÜ80	Übereinkommen über den internationalen Zugang zur Rechtspflege, abgeschlossen in Den Haag am 25. Oktober 1980 (SR 0.274.133)
HZÜ	Übereinkommen über die Zustellung gerichtlicher und aussergerichtlicher Schriftstücke im Ausland in Zivil- und Handelssachen, abgeschlossen in Den Haag am 15. November 1965 (SR 0.274.131)
IPRG	Bundesgesetz über das Internationale Privatrecht vom 18. Dezember 1987 (IPRG; SR 291)
i.S.	in Sachen
i.S.v.	im Sinne von
i.V.m.	in Verbindung mit
JG SH	Justizgesetz des Kantons Schaffhausen vom 9. November 2009
KassGer	Kassationsgericht
KG	Bundesgesetz über Kartelle und andere Wettbewerbsbeschränkungen vom 6. Oktober 1995 (Kartellgesetz, KG; SR 251)
KHG	Kernenergiehaftpflichtgesetz vom 13. Juni 2008 (KHG; SR 732.44; BBl 2008 5341)
KonsV	Verordnung über die Streitwertgrenze in Verfahren des Konsumentenschutzes und des unlauteren Wettbewerbs vom 7. März 2003 (SR 944.8)
KOV	Verordnung über die Geschäftsführung der Konkursämter vom 13. Juli 1911 (KOV; SR 281.32)
KSA	Übereinkommen über die Zuständigkeit, das anzuwendende Recht, die Anerkennung, Vollstreckung und Zusammenarbeit auf dem Gebiet der elterlichen Verantwortung und der Massnahmen zum Schutz von Kindern, abgeschlossen in Den Haag am 19. Oktober 1996, in Kraft getreten für die Schweiz am 1. Juli 2009 (SR 0.211.231.011)
KSG	Konkordat über die Schiedsgerichtsbarkeit vom 27. März 1969 (SR 279)
KV	Kantonsverfassung
KVZ	Konkordat über die Vollstreckung von Zivilurteilen vom 10. März 1977 (SR 276)
LPG	Bundesgesetz über die landwirtschaftliche Pacht vom 4. Oktober 1985 (SR 221.213.2)
LugÜ II	Übereinkommen über die gerichtliche Zuständigkeit und die Anerkennung und Vollstreckung von Entscheidungen in Zivil- und Handelssachen, abgeschlossen in Lugano am 30. Oktober 2007
LugÜ 1988	Übereinkommen über die gerichtliche Zuständigkeit und die Vollstreckung gerichtlicher Entscheidungen in Zivil- und Handelssachen, abgeschlossen in Lugano am 16. September 1988 (SR 0.275.11)

MitwirkungsG	Bundesgesetz über die Information und Mitsprache der Arbeitnehmerinnen und Arbeitnehmer in den Betrieben vom 17. Dezember 1993 (SR 822.14)
m.H.	mit Hinweisen
mp	mietrechtspraxis, Zeitschrift für schweizerisches Mietrecht
MSchG	Bundesgesetz über den Schutz von Marken und Herkunftsangaben vom 28. August 1992 (Markenschutzgesetz, MSchG; SR 232.11)
m.w.H.	mit weiteren Hinweisen
N	Note, Randnote
nArt.	Artikel (neue Fassung)
Nr.	Nummer
NYÜ	Übereinkommen über die Anerkennung und Vollstreckung ausländischer Schiedssprüche, abgeschlossen in New York am 10. Juni 1958 (SR 0.277.12)
OG	Bundesgesetz über die Organisation der Bundesrechtspflege vom 16. Dezember 1943 (aufgehoben mit Inkrafttreten des BGG am 1.1.2007)
OGer	Obergericht
OHG	Bundesgesetz über die Hilfe an Opfer von Straftaten vom 23. März 2007 (Opferhilfegesetz, OHG; SR 312.5)
OR	Bundesgesetz vom 30. März 1911 betreffend die Ergänzung des Schweizerischen Zivilgesetzbuches (Fünfter Teil: Obligationenrecht; SR 220)
PatG	Bundesgesetz über die Erfindungspatente vom 25. Juni 1954 (Patentgesetz, PatG; SR 232.14)
Pra	Die Praxis, Entscheidungen des Schweizerischen Bundesgerichtes, Basel
RB	Rechenschaftsbericht des Obergerichts/Kassationsgerichts des Kantons Zürich
recht	recht, Zeitschrift für juristische Ausbildung und Praxis, Bern
Rs.	Rechtssache
s.	siehe
SchKG	Bundesgesetz über Schuldbetreibung und Konkurs vom 11. April 1889 (SchKG; SR 281.1)
SJZ	Schweizerische Juristen-Zeitung, Zürich
Slg.	(Amtliche) Sammlung der Rechtsprechung des Europäischen Gerichtshofs
sog.	so genannt(e)
SSchG	Bundesgesetz über den Schutz von Pflanzenzüchtungen vom 20. März 1975 (Sortenschutzgesetz; SR 232.16)
SR	Systematische Sammlung des Bundesrechts
StGB	Schweizerisches Strafgesetzbuch vom 21. Dezember 1937 (StGB; SR 311.0)
StPO	Schweizerische Strafprozessordnung vom 5. Oktober 2007 (Strafprozessordnung, StPO; SR 312.0)
SVG	Bundesgesetz über den Strassenverkehr vom 19. Dezember 1958 (SR 741.01)
SZIER	Schweizerische Zeitschrift für internationales und europäisches Recht, Zürich

SZW	Schweizerische Zeitschrift für Wirtschafts- und Finanzmarktrecht, Zürich
SZZP	Schweizerische Zeitschrift für Zivilprozessrecht, Basel
ToG	Bundesgesetz über den Schutz von Topographien von Halbleitererzeugnissen (Topographiengesetz) vom 9. Oktober 1992 (SR 231.2)
u.E.	unseres Erachtens
URG	Bundesgesetz über das Urheberrecht und verwandte Schutzrechte vom 9. Oktober 1992 (Urheberrechtsgesetz, URG; SR 231.1)
u.U.	unter Umständen
UWG	Bundesgesetz gegen den unlauteren Wettbewerb vom 19. Dezember 1986 (UWG; SR 241)
VE EuZPO	Vorentwurf einer Europäischen Zivilprozessordnung (Projet de directive sur le rapprochement des lois et règles des Etats-Membres concernant certains aspects de la procédure civile) vom 18. Februar 1993
VeÜ-ZSSchK	Verordnung über die elektronische Übermittlung im Rahmen von Zivil- und Strafprozessen sowie von Schuldbetreibungs- und Konkursverfahren vom 18. Juni 2010 (AS 2010 3105)
VE ZPO	Vorentwurf und Bericht der Expertenkommission zu einer Schweizerischen Zivilprozessordnung vom Juni 2003 (s. http://www.bj.admin.ch)
vgl.	vergleiche
VVG	Bundesgesetz über den Versicherungsvertrag vom 2. April 1908 (SR 221.229.1)
WKR	Übereinkommen der Vereinten Nationen über Verträge über den internationalen Warenkauf vom 11. April 1980 (SR 0.221.211.1)
z.B.	zum Beispiel
ZBJV	Zeitschrift des Bernischen Juristenvereins, Bern
ZGB	Schweizerisches Zivilgesetzbuch vom 10. Dezember 1907 (SR 210)
Ziff.	Ziffer
ZIP	Zeitschrift für Wirtschaftsrecht, Köln
ZK	Zürcher Kommentar
ZPO	Schweizerische Zivilprozessordnung vom 19. Dezember 2008 (Zivilprozessordnung, ZPO; AS 2010 1793; SR 272)
ZR	Blätter für Zürcherische Rechtsprechung, Zürich
ZSR	Zeitschrift für schweizerisches Recht, Basel
ZZZ	Schweizerische Zeitschrift für Zivilprozess- und Zwangsvollstreckungsrecht, Zürich

Zitierweise

Querverweise auf andere Stellen innerhalb des Buches erfolgen:

- im gleichen Kapitel durch blosse Angabe der Randnote, z.B. «N 77»
- in einem anderen Kapitel durch Angabe des Kapitels und der Randnote, z.B. «13 N 43» (= 13. Kapitel, Note 43).

Kantone werden mit den gebräuchlichen Abkürzungen der Autokennzeichen bezeichnet.

Die *Literatur* wird mit den im Literaturverzeichnis genannten Abkürzungen zitiert.

Literaturverzeichnis

AMONN/WALTHER	KURT AMONN/FRIDOLIN WALTHER, Grundriss des Schuldbetreibungs- und Konkursrechts, Bern 2008
BAUMBACH/LAUTERBACH/ ALBERS/HARTMANN	ADOLF BAUMBACH/WOLFGANG LAUTERBACH/JAN ALBERS/PETER HARTMANN, Zivilprozessordnung, 68. A., München 2010
BERGER/GÜNGERICH	BERNHARD BERGER/ANDREAS GÜNGERICH, Zivilprozessrecht, Bern 2008
BERGER/KELLERHALS	BERNHARD BERGER/FRANZ KELLERHALS, Internationale und interne Schiedsgerichtsbarkeit in der Schweiz, Bern 2006
BERTOSSA/GAILLARD/ GUYET/SCHMIDT	BERNARD BERTOSSA/LOUIS GAILLARD/JAQUES GUYET/ ANDRÉ DIEGO SCHMIDT, Commentaire de la loi de procédure civile genevoise, Genf, Stand: Dezember 2005
BK-KUMMER	MAX KUMMER, Berner Kommentar, Bd. I, 1. Abt., Kommentar zu Art. 8 ZGB, Bern 1966
BRANDENBERG BRANDL	BÉATRICE BRANDENBERG BRANDL, Direkte Zuständigkeit der Schweiz im internationalen Schuldrecht, St. Galler Studien zum internationalen Privatrecht, Band 6, St. Gallen/Lachen 1991
BRÖNNIMANN	C. JÜRGEN BRÖNNIMANN, Die Behauptungs- und Substanzierungslast im schweizerischen Zivilprozessrecht, Diss. Bern 1989
BSK BGG	MARCEL ALEXANDER NIGGLI/PETER UEBERSAX/HANS WIPRÄCHTIGER (Hrsg.), Basler Kommentar, Bundesgerichtsgesetz, Basel 2008
BSK IPRG	HEINRICH HONSELL/NEDIM PETER VOGT/ANTON K. SCHNYDER/STEPHEN V. BERTI (Hrsg.), Basler Kommentar, Internationales Privatrecht, 2. A., Basel 2007
BSK StPO	MARCEL ALEXANDER NIGGLI/MARIANNE HEER/HANS WIPRÄCHTIGER (Hrsg.), Basler Kommentar, Schweizerische Strafprozessordnung, Basel 2010
BSK Strafrecht II	MARCEL ALEXANDER NIGGLI/HANS WIPRÄCHTIGER (Hrsg.), Basler Kommentar, Strafrecht II, Art. 111–392 StGB, 2. A., Basel 2007
BSK ZPO	KARL SPÜHLER/LUCA TENCHIO/DOMINIK INFANGER (Hrsg.), Basler Kommentar, Schweizerische Zivilprozessordnung, Basel 2010
BUCHER/BONOMI	ANDREAS BUCHER/ANDREA BONOMI, Droit international privé, 2. A., Basel 2004

BÜHLER/EDELMANN/KILLER	ALFRED BÜHLER/ANDREAS EDELMANN/ALBERT KILLER, Kommentar zur aargauischen Zivilprozessordnung, (2. A. des Kommentars Eichenberger), Aarau 1998
COCCHI/TREZZINI	BRUNO COCCHI/FRANCESCO TREZZINI, Codice di Procedura civile ticinese annotato, 2ª ed., Lugano 2000, Appendice Lugano 2000
CZERNICH/TIEFENTHALER/ KODEK	DIETMAR CZERNICH/STEFAN TIEFENTALER/GEORG E. KODEK, Europäisches Gerichtsstands- und Vollstreckungsrecht, EuGVO und Lugano-Übereinkommen, Brüssel IIa-VO, Kurzkommentar, 3. A., Wien 2009
DASSER/OBERHAMMER	FELIX DASSER/WALTER OBERHAMMER, Kommentar zum Lugano-Übereinkommen (LugÜ), Bern 2008
DOLGE	ANNETTE DOLGE, Der Zivilprozess im Kanton Schaffhausen im erstinstanzlichen ordentlichen Verfahren, Zürich 2001
DOLGE, LugÜ	ANNETTE DOLGE, Internationale Zuständigkeit für zwangsvollstreckungsrechtliche Klagen nach dem revidierten Lugano-Übereinkommen, Zürich 2009
DONZALLAZ	YVES DONZALLAZ, Commentaire de la loi fédérale sur les fors en matière civile, Bern 2001
DONZALLAZ, LugÜ	YVES DONZALLAZ, La Convention de Lugano du 16 septembre 1988 concernant la compétence judiciaire et l'exécution des décisions en matière civile et commerciale, 3 Bände, Bern 1996–1998
DUTOIT	BERNARD DUTOIT, Droit international privé, commentaire de la loi fédérale du 18 décembre 1987, 4. A., Basel 2005
FRANK/STRÄULI/MESSMER	RICHARD FRANK/HANS STRÄULI/GEORG MESSMER, Kommentar zur zürcherischen Zivilprozessordnung, Schiedsgerichte und Schiedsgutachten von NIKLAUS und GREGOR WIGET, 3. A., Zürich 1997; Supplement von RICHARD FRANK, Zürich 2000
FREI	NINA J. FREI, Die Interventions- und Gewährleistungsklagen im Schweizer Zivilprozess, unter besonderer Berücksichtigung der Streitverkündung mit Klage nach dem Vorentwurf einer Schweizer Zivilprozessordnung, Zürich 2004
FS KassGer	ANDREAS DONATSCH/THOMAS FINGERHUTH/VIKTOR LIEBER/JÖRG REHBERG/HANS-ULRICH WALDER-RICHLI (Hrsg.), Festschrift 125 Jahre Kassationsgericht des Kantons Zürich, Zürich 2000
FS POUDRET	JACQUES HALDY/JEAN-MARC RAPP/PHIDIAS FERRARI, Etudes de procédure et d'arbitrage en l'honneur de Jean-François Poudret, Lausanne 1999

FS SPÜHLER — HANS MICHAEL RIEMER/MORITZ KUHN/DOMINIK VOCK/MYRIAM A. GEHRI, Schweizerisches und Internationales Zwangsvollstreckungsrecht, Zürich 2005

FS VOGEL — IVO SCHWANDER/WALTER A. STOFFEL, Beiträge zum schweizerischen und internationalen Zivilprozessrecht, Festschrift für Oscar Vogel, Freiburg 1991

GASSER/RICKLI — DOMINIK GASSER/BRIGITTE RICKLI, Schweizerische Zivilprozessordnung, Kurzkommentar, Zürich/St. Gallen 2010

GEHRI — MYRIAM A. GEHRI, Wirtschaftsrechtliche Zuständigkeiten im internationalen Zivilprozessrecht der Schweiz, Zürich 2001

GEHRI/KRAMER — MYRIAM A. GEHRI/MICHAEL KRAMER, ZPO Schweizerische Zivilprozessordnung, Zürich 2010

GEIMER/SCHÜTZE — REINHOLD GEIMER/ROLF A. SCHÜTZE, Europäisches Zivilverfahrensrecht, Kommentar zur EuGVVO, EuEheVO, EuZustellungsVO, EuInsVO, EuVTVO, zum Lugano-Übereinkommen und zum nationalen Kompetenz- und Anerkennungsrecht, 3. A., München 2010

GEIMER/SCHÜTZE, Loseblatt — REINHOLD GEIMER/ROLF A. SCHÜTZE (Hrsg.), Internationaler Rechtsverkehr in Zivil- und Handelssachen, Loseblatt-Handbuch mit Texten, Kommentierungen und Länderberichten, Bd. I–V, München, 38. Ergänzungslieferung, Stand: Januar 2010

VON GREYERZ — CHRISTOPH VON GREYERZ, Der Beweis negativer Tatsachen, Diss. Bern 1963

GULDENER — MAX GULDENER, Schweizerisches Zivilprozessrecht, 3. A., Zürich 1979

GULDENER, Beweis — MAX GULDENER, Beweiswürdigung und Beweislast nach schweizerischem Zivilprozessrecht, Zürich 1955

GULDENER, Grundzüge — MAX GULDENER, Grundzüge der freiwilligen Gerichtsbarkeit der Schweiz, Zürich 1954

GULDENER, Herkunft — MAX GULDENER, Über die Herkunft des schweizerischen Zivilprozessrechts, Berlin 1966

GÜNGERICH — ANDREAS GÜNGERICH, Die Schutzschrift im schweizerischen Zivilprozessrecht, unter besonderer Berücksichtigung der Zivilprozessordnung für den Kanton Bern, Bern 2000

HABSCHEID — WALTHER J. HABSCHEID, Schweizerisches Zivilprozess- und Gerichtsorganisationsrecht, 2. A., Basel 1990

HAFTER — PETER HAFTER, Strategie und Technik des Zivilprozesses, Zürich 2004

HAUSER/SCHWERI	ROBERT HAUSER/ERHARD SCHWERI, Kommentar zum zürcherischen Gerichtsverfassungsgesetz, 3. A., Zürich 2001
HESS	ANDRI HESS-BLUMER, Die Schutzschrift nach eidgenössischem und zürcherischem Recht, Zürich 2001
HOFFMANN-NOWOTNY	URS H. HOFFMANN-NOWOTNY, Doppelrelevante Tatsachen in Zivilprozess und Schiedsverfahren, Zürich/St. Gallen 2010
KOFMEL	SABINE KOFMEL, Das Recht auf Beweis im schweizerischen Zivilverfahren, Diss. Bern 1992
KROPHOLLER	JAN KROPHOLLER, Europäisches Zivilprozessrecht, Kommentar zu EuGVO, Lugano-Übereinkommen und europäischem Vollstreckungstitel, 10. A., Frankfurt a.M. 2010
KUMMER	MAX KUMMER, Grundriss des Zivilprozessrechts nach den Prozessordnungen des Kantons Bern und des Bundes, 4. A., Bern 1984
LAY/POUDRET/HALDY/TAPPY	DELPHINE LAY/JEAN-FRANÇOIS POUDRET/JACQUES HALDY/DENIS TAPPY, Procédure civile vaudoise, 3. A., Lausanne 2002
LEUENBERGER	CHRISTOPH LEUENBERGER (Hrsg.), Der Beweis im Zivilprozessrecht/La preuve dans le procès civil, SWR Bd. 1, Bern 2000
LEUENBERGER/UFFER	CHRISTOPH LEUENBERGER/BEATRICE UFFER-TOBLER, Kommentar zur Zivilprozessordnung des Kantons St. Gallen, Bern 1999
MAGNUS/MANKOWSKI	ULRICH MAGNUS/PETER MANKOWSKI, Brussels I Regulation, European Commentaries on Private International Law, München 2007
MARKUS	ALEXANDER R. MARKUS, Lugano-Übereinkommen und SchKG-Zuständigkeiten: Provisorische Rechtsöffnung, Aberkennungsklage und Zahlungsbefehl, Diss. Basel 1996
MEIER, IZPR	ISAAK MEIER, Internationales Zivilprozessrecht und Zwangsvollstreckungsrecht, mit Gerichtsstandsgesetz, 2. A., Zürich 2005
MEIER	MEIER ISAAK, Schweizerisches Zivilprozessrecht, Zürich 2010
MERZ	BARBARA MERZ, Die Praxis zur thurgauischen Zivilprozessordnung, 2. A., Bern 2007
MÜLLER/WIRTH	THOMAS MÜLLER/MARKUS WIRTH (Hrsg.), Gerichtsstandsgesetz, Kommentar zum Bundesgesetz über den Gerichtsstand in Zivilsachen, Zürich 2001
RAUSCHER	THOMAS RAUSCHER (Hrsg.), Europäisches Zivilprozessrecht, Kommentar, Bd. I-II, 2. A., München 2006

ROSENBERG/SCHWAB/ GOTTWALD	LEO ROSENBERG/KARL HEINZ SCHWAB/PETER GOTTWALD, Zivilprozessrecht, 17. A., München 2010
RÜEDE/HADENFELDT	THOMAS RÜEDE/REIMER HADENFELDT, Schweizerisches Schiedsgerichtsrecht, 2. A., Zürich 1993; Supplement, Zürich 1999
SCHLOSSER	SCHLOSSER PETER, EU-Zivilprozessrecht, 2. A., München 2003
SCHNYDER/LIATOWITSCH	ANTON K. SCHNYDER/MANUEL LIATOWITSCH, Internationales Privat- und Zivilverfahrensrecht, 2. A., Zürich 2006
SCHWAB/WALTER	KARL HEINZ SCHWAB/GERHARD WALTER, Schiedsgerichtsbarkeit, 7. A., München 2005
SPÜHLER, neue ZPO	KARL SPÜHLER (Hrsg.), Die neue Schweizerische Zivilprozessordnung, Basel 2003
SPÜHLER et al., Fälle	KARL SPÜHLER/JOLANTA KREN KOSTKIEWICZ/THOMAS SUTTER-SOMM/MYRIAM A. GEHRI, Fälle im Zivilprozessrecht und im SchKG, Zürich 2009
SPÜHLER/DOLGE/VOCK	KARL SPÜHLER/ANNETTE DOLGE/DOMINIK VOCK, Bundesgerichtsgesetz, Kurzkommentar, Zürich/ St. Gallen 2006
SPÜHLER/DOLGE, SchKG II	KARL SPÜHLER/ANNETTE DOLGE, Schuldbetreibungs- und Konkursrecht II, 4. A., Zürich 2007
SPÜHLER/GEHRI, SchKG I	KARL SPÜHLER/MYRIAM A. GEHRI, Schuldbetreibungs- und Konkursrecht II, 4. A., Zürich 2008
SPÜHLER/MEYER	KARL SPÜHLER/CLAUDIA MEYER, Einführung ins internationale Zivilprozessrecht, Zürich 2001
STAEHELIN/STAEHELIN/ GROLIMUND	ADRIAN STAEHELIN/DANIEL STAEHELIN/PASCAL GROLIMUND, Zivilprozessrecht, Zürich 2008
STEIN/JONAS	FRIEDRICH STEIN/MARTIN JONAS, Kommentar zur Zivilprozessordnung, 22. A., Tübingen 2002–2006
STUDER/RÜEGG/EIHOLZER	URS W. STUDER/VIKTOR RÜEGG/HEINER EIHOLZER, Der Luzerner Zivilprozess, Luzern 1994; Ergänzungen zum Luzerner Zivilprozess von ANTON BÜHLMANN/ VIKTOR RÜEGG/HEINER EIHOLZER, Kriens 2002
SUTTER	THOMAS SUTTER, Auf dem Weg zur Rechtseinheit im schweizerischen Zivilprozessrecht, Zürich 1998
SUTTER-SOMM	THOMAS SUTTER-SOMM, Schweizerisches Zivilprozessrecht, Zürich 2007
VOCK	DOMINIK VOCK, Prozessuale Fragen bei der Durchsetzung von Aktionärsrechten, Zürich 2000
VOLKEN	PAUL VOLKEN, Die internationale Rechtshilfe in Zivilsachen, Zürich 1996

WALDER/GROB	HANS ULRICH WALDER-RICHLI/BÉATRICE GROB-ANDERMACHER, Zivilprozessrecht, 5. A., Zürich 2009
WALTER	GERHARD WALTER, Internationales Zivilprozessrecht der Schweiz, 4. A., Bern 2007
WALTER/BOSCH/BRÖNNIMANN	GERHARD WALTER/WOLFGANG BOSCH/JÜRGEN BRÖNNIMANN, Internationale Schiedsgerichtsbarkeit in der Schweiz, Bern 1991
ZK IPRG	DANIEL GIRSBERGER/ANTON HEINI/MAX KELLER/JOLANTA KREN KOSTKIEWICZ/KURT SIEHR/FRANK VISCHER/PAUL VOLKEN, Zürcher Kommentar zum IPRG, 2. A., Zürich 2004
ZUBERBÜHLER/MÜLLER/HABEGGER	TOBIAS ZUBERBÜHLER/CHRISTOPH MÜLLER/PHILIPP HABEGGER, Swiss Rules of international Arbitration, Zürich 2005

1. Kapitel: Einführung und Grundlagen

§ 1 Begriff und Wesen des Zivilprozesses

1. Durchsetzung des materiellen Zivilrechts

Im materiellen Recht begründete Rechtsansprüche bedürfen der Durchsetzung. Die Durchsetzung ist dem einzelnen Rechtssubjekt verwehrt, da Selbsthilfe in jeder Rechtsordnung verboten ist (Ausnahme: Notwehr und Notstand, Art. 52 OR). Der Staat hat stattdessen *staatlichen Rechtsschutz* zu gewährleisten. Dieser erfolgt zweistufig. Zunächst ist der klägerische Rechtsanspruch in einem Zivilprozess festzustellen. Es ist dies das *Erkenntnisverfahren*. Wird trotz Gutheissung der Klage der Anspruch durch den Verpflichteten (Beklagten) nicht erfüllt, muss der Berechtigte zur *Zwangsvollstreckung* schreiten. 1

2. Zivilprozess als Verfahren

Der einzelne Zivilprozess ist ein Zweiparteienverfahren zur *autoritativen Feststellung von privatrechtlichen Rechten und Rechtsverhältnissen*. Es geht im Zivilprozess um die Feststellung privatrechtlicher Rechte und Rechtsverhältnisse, in denen Rechtssubjekte (auch solche öffentlichen Rechts) einander in privatrechtlichen Beziehungen gegenüberstehen. 2

Ein mit *hoheitlicher Befugnis* ausgestattetes Gericht oder ein staatlich anerkanntes Schiedsgericht hat den Entscheid zu fällen. 3

Der Rechtsweg ist *abzugrenzen vom Verwaltungsweg*. Der Anspruchsberechtigte hat entweder den Rechtsweg oder den Verwaltungsweg zu beschreiten. Die Rechtsanwendung auf dem Gebiete des Zivilrechts ist Sache der Zivilgerichte (Rechtsweg). Die Rechtsanwendung auf dem Gebiete des öffentlichen Rechts ist dagegen Sache der Verwaltungsbehörden und Verwaltungsgerichte (Verwaltungsweg). Für die Abgrenzung zwischen zivilrechtlichen und öffentlich-rechtlichen Streitfällen hat die Lehre verschiedene Theorien entwickelt (z.B. Interessentheorie, Funktionstheorie, Subjektionstheorie). Lehre und Rechtsprechung neigen zur Kombination der verschiedenen Theorien, gehen jedoch überwiegend von der Subjektionstheorie aus, d.h. davon, ob Staat und Bürger einander im Verhältnis der Gleich- oder der Unterordnung gegenübertreten (BGE *101* II 369, *128* III 250, 253). Als Ausnahme liegt es in der Kompetenz des Zivilgerichts öffentlich-rechtliche 4

Vorfragen zu entscheiden, solange die an sich zuständige öffentlichrechtliche Behörde noch nicht entschieden hat.

3. Zweiparteienverfahren

5 Im Zivilprozess stehen sich zwei streitende Parteien gegenüber, *Kläger und Beklagter,* die in einem kontradiktorischen Verfahren vom *Gericht* die Entscheidung über die streitigen Rechtsverhältnisse verlangen. Ob ein Zweiparteienverfahren, d.h. ein streitiges Verfahren, gegeben ist, entscheidet sich nach der Natur der Sache.

6 Durch den Prozess entsteht ein *Prozessrechtsverhältnis,* einerseits zwischen den Parteien untereinander und andererseits zwischen jeder Partei und dem Gericht.

7 Auch bei Beteiligung *Dritter* am Prozess bleibt das Zweiparteiensystem erhalten: Streitgenossen, Nebenintervenienten und Litisdenunziaten treten auf einer der Parteiseiten auf. Das Gleiche gilt für Interventionsklagen gemäss Art. 81 f. ZPO (appel en cause). Davon ausgenommen ist nur das Kind, dem im Eheprozess der Eltern eine Vertretung bestellt wird (Art. 299 ZPO). Es wird damit zur dritten Partei, die ihre eigenen Interessen verfolgt.

4. Nichtstreitiges Verfahren

8 Im Gegensatz zum streitigen Verfahren im Zweiparteiensystem erfasst die *freiwillige Gerichtsbarkeit* ein ebenfalls der Rechtsverwirklichung im Privatrecht dienendes Verfahren, in welchem aber *nur eine Person Antrag* stellt und anzuhören ist. Deshalb wird dieses Verfahren häufig auch als *einseitiges Verfahren* bezeichnet. Hierzu zählen insbesondere die Verschollenerklärung, die Berichtigung des Zivilstandsregisters, wenn keine Gegenpartei ins Recht zu fassen ist, die Kraftloserklärung von Wertpapieren, die Eröffnung letztwilliger Verfügungen und weitere Erbschaftssachen, gewisse vormundschaftliche Angelegenheiten, die Insolvenzerklärung und die Konkurseröffnung. Anwendbar ist das *summarische Verfahren* (vgl. Art. 1 lit. b, 248 lit. e, 255 lit. b, 256 Abs. 2).

5. Überblick über den Gang des Verfahrens

9 Dem eigentlichen Erkenntnisverfahren ist in den Art. 197 ff. ZPO ein *Schlichtungsverfahren* bei einer Schlichtungsbehörde (Friedensrichter, Schlichter oder Vermittler) vorgeschaltet, mit dem Zweck, die Parteien zu

einem Vergleich zu führen bzw. zum Klagerückzug oder zur Klageanerkennung zu bewegen.

Die Klage wird sodann durch Einreichung der Klagebewilligung und/ oder Einreichung einer Klageschrift beim *Gericht* erhoben (Art. 220). Dieses prüft von Amtes wegen seine Zuständigkeit und weitere Prozessvoraussetzungen. Sobald der Prozess entscheidungsreif ist (evtl. ohne Beweisverfahren), fällt das Gericht den Entscheid. Dieser kann von den Parteien durch Rechtsmittel an obere gerichtliche Instanzen weiter gezogen werden. 10

Statt durch Entscheid kann das Verfahren auch *ohne materielle Anspruchsprüfung* enden, indem der Kläger seine Klage zurückzieht, der Beklagte sie anerkennt oder die Parteien einen Vergleich schliessen. Auch ein Teilrückung oder eine teilweise Klageanerkennung sind möglich. 11

6. Begriff des Zivilprozessrechts

Das Zivilprozessrecht umfasst die Normen, die den *Gang des Verfahrens zur Erledigung privater Streitigkeiten* regeln. Zu ihm gehören auch die Bestimmungen des nichtstreitigen Verfahrens, das auch als *freiwillige Gerichtsbarkeit* bezeichnet wird (Art. 1 lit. b; vgl. N 8). 12

Zum *Zivilprozessrecht* im weiteren Sinne gehören auch die Normen über die *Gerichtsorganisation*. Diese sind weiterhin Sache der Kantone (Art. 122 Abs. 2 BV). Die *Zwangsvollstreckung* von anderen Ansprüchen als Geldforderungen und Sicherheitsleistungen in Geld wird in der ZPO geregelt (Art. 335 ff. ZPO). Diejenige von Geldforderungen richtet sich nach dem SchKG. 13

§ 2 Ziele des Zivilprozesses

Das Zivilprozessrecht hat verschiedene Ziele anzustreben, die untereinander in einem Spannungsverhältnis stehen. Keines dieser Ziele kann rein verwirklicht werden. 14

1. Rechtsschutzziel

Der Zivilprozess dient der *Durchsetzung des materiellen Rechts*, d.h. der Feststellung der im Privatrecht begründeten subjektiven Rechte. Deshalb ist das Zivilprozessrecht dienendes Recht. 15

2. Rechtsfriedensziel

16 Durch den Streit über materielle Rechte und Rechtsverhältnisse wird der Rechtsfrieden gestört. Diese Störung soll der Zivilprozess beheben. Neben der *Entscheidung* (Urteil) bildet der *Vergleich* das zur Herstellung des Rechtsfriedens geeignete Mittel.

17 Die in neuerer Zeit verbreitete *Mediation* hat zum Ziel, Konflikte durch die zwischen den Streitparteien vermittelnden Bemühungen eines fach- und/oder rechtskundigen Mediators zu lösen. Die Mediation ist dogmatisch vom Zivilprozess zu trennen, denn ihre Mittel sind von demselben sehr verschieden (vgl. Art. 213).

18 Ein neues Mittel vereinfachter Konfliktlösung ist der *Urteilsvorschlag* (Art. 210 f. ZPO). Die Schlichtungsbehörde kann den Parteien bei Streitigkeiten bis zu einem Streitwert von CHF 5000.– sowie in bestimmten anderen Fällen einen Urteilsvorschlag unterbreiten, der rechtskräftig wird, wenn keine Partei ihn ablehnt. Bei Ablehnung fällt der Urteilsvorschlag dahin und die Schlichtungsbehörde stellt die Klagebewilligung aus (vgl. Art. 211).

19 Das Rechtsfriedensziel hat auch eine zeitliche Dimension, denn Rechtsfrieden soll, so bald als möglich, wiederhergestellt werden. Es geht dabei um die *Prozessbeschleunigung*. Diese wird durch die Beschränkung der zeitlichen Zulassung von Tatsachenbehauptungen (vgl. Art. 229), Einschränkung der Rechtsmittelmöglichkeiten, Gestaltung der Gerichtsorganisation usw. zu erreichen versucht.

3. Beseitigung von Rechtswegbarrieren

20 In neuerer Zeit wird erkannt, dass die klassischen Prinzipien des Zivilprozesses – Wahrheitsfindung und Formenstrenge – nicht ausreichen. Sie bleiben irrelevant, wenn die *Erstreitung des Rechtsanspruchs aus sozialen Gründen* unmöglich erscheint. Das moderne Zivilprozessrecht sucht dieser Situation insbesondere mit folgenden Mitteln zu begegnen: Gerichtsstände am Wohnsitz der wirtschaftlich schwächeren Partei, Verunmöglichung des Verzichts auf den günstigen Gerichtsstand und auch auf Schiedsabreden, Kostenlosigkeit einzelner Verfahren, unentgeltliche Rechtspflege (Art. 117 ff.), vereinfachtes Verfahren für gewisse Prozesse (Art. 243 ff.).

§ 3 Stellung des Zivilprozessrechts in der Rechtsordnung

1. Zivilprozessrecht und Verfassung

Die *Verfassung* eines Bundesstaates hat die Aufgabe, sowohl die Gesetzgebungshoheiten von Bund und Gliedstaaten in einem bestimmten Rechtsgebiet (hier: Art. 122 Abs. 2 BV) als auch die Justizhoheit der Gliedstaaten gegeneinander abzugrenzen (Art. 30 Abs. 2 BV). Durch die Vereinheitlichung des Zivilprozesses in der ZPO hat sich dieses Spannungsfeld verflüchtigt. Auch im verwandten Gebiet der Gerichtsorganisation ergeben sich kaum mehr Probleme, weil dies Kantonssache geblieben ist. Letzteres trug viel zur positiven Aufnahme der neuen ZPO bei. 21

Zusammen mit dem *Strafprozessrecht* und dem *verwaltungsgerichtlichen Verfahrensrecht* bildet das *Zivilprozessrecht* (einschliesslich des Gerichtsorganisationsrechts) das Organisations- und Verfahrensrecht der dritten bzw. der richterlichen Staatsgewalt. 22

Die *Bundesverfassung* ordnet sodann diverse *Rechte der Prozessparteien.* Sie garantiert in Art. 30 Abs. 1 BV das Recht auf ein verfassungsmässiges, d.h. ein unabhängiges Gericht, in Art. 30 Abs. 2 BV das Recht auf den Wohnsitzgerichtsstand, in Art. 8 BV die rechtsgleiche Behandlung der Parteien im Prozess und in Art. 29 Abs. 2 BV das rechtliche Gehör der Parteien. 23

2. Öffentliches Recht

Das *Zivilprozessrecht ist öffentliches Recht.* Es ordnet die Beziehungen der Gerichte als Staatsorgane zu den Prozessparteien und die den Parteien aus Verfahrensgründen auferlegten Lasten (Behauptungslast, Kosten, Sicherheitsleistungen usw.). 24

3. Überwiegend zwingendes Recht

Das Zivilprozessrecht ist grundsätzlich zwingendes Recht. In bestimmtem Umfang können die Parteien aber auf das Verfahren einwirken: durch Wahl des Gerichtsstands (Prorogation, Art. 17), durch Schiedsabrede (Art. 357), durch Verzicht auf oder Anerkennung von Begehren (Dispositionsmaxime, Art. 58) und durch Verzicht auf Tatsachenvorbringung (Verhandlungsmaxime). 25

4. Zivilprozessrecht und Vollstreckungsrecht

26 Im Zivilprozess werden die allgemeinen Privatrechtsnormen auf den konkreten Rechtsstreit angewendet, und es wird als Grundlage der Vollstreckung festgestellt, was rechtens ist.

27 Das *Vollstreckungsverfahren* ist ein neues, getrenntes *an den Zivilprozess anschliessendes Verfahren.* Es ist für die Vollstreckung von Geldzahlungen und Sicherheitsleistungen in Geld im SchKG geregelt (Art. 38 Abs. 1), für die Vollstreckung anderer Leistungspflichten in der ZPO. Für internationale Verhältnisse sind die Vollstreckungsvoraussetzungen im IPRG (Art. 25 ff.), eurointernational im LugÜ II (Art. 38 ff.) geregelt.

5. Zivilprozess und Strafprozess

28 Die Verwirklichung des *staatlichen Strafanspruchs führt zu grundlegenden Verschiedenheiten des Verfahrens:* Offizial- und Untersuchungsprinzip statt Dispositions- und Verhandlungsmaxime (Ausnahmen z.B. bei Arbeitsvertragsstreitigkeiten und Familienrechtsstreitigkeiten in kindesrechtlichen Belangen). Organisatorisch sind dieselben Gerichte dagegen häufig sowohl als Zivil- wie als Strafgerichte eingesetzt.

29 Durch den *Adhäsionsprozess* gibt die Strafprozessordnung der geschädigten Partei die Möglichkeit, ihre zivilrechtlichen Forderungen aus strafbaren Handlungen, d.h. in der Regel Schadenersatz- und Genugtuungsansprüche, anhangsweise im Strafprozess geltend zu machen (Art. 122 Abs. 1 StPO). Der Gerichtsstand für den Zivilanspruch wird dabei durch das Strafprozessrecht bestimmt (vgl. Art. 39 ZPO); der Angeklagte kann sich für die Zivilansprüche nicht auf den Wohnsitzgerichtsstand von Art. 30 Abs. 1 BV berufen. Die prozessualen Bestimmungen des OHG sind in die Schweizerische StPO übernommen worden (s. Art. 116 f. und Art. 122–126 StPO; BSK StPO-DOLGE, Art. 122 N 9 ff.).

30 Das Zivilgericht ist nicht an das freisprechende Strafurteil gebunden und mit Bezug auf ein verurteilendes Strafurteil nicht an den *Entscheid des Strafgerichts* über Schuld und die Bestimmung des Schadens *(Art. 53 Abs. 2 OR).* Im Übrigen besteht eine Bindung des Zivilgerichts an das rechtskräftige Strafurteil.

6. Zivilprozess und Verwaltungsverfahren

31 *Zweck des Verwaltungs- und verwaltungsgerichtlichen Verfahrens* ist neben der Verwirklichung des objektiven Rechts auch die Durchsetzung subjektiv-öffentlicher Rechte. Es gilt daher zwar grundsätzlich die

Dispositionsmaxime (teilweise die Offizialmaxime), für die Feststellung des Sachverhalts dagegen die Untersuchungsmaxime. Im verwaltungsgerichtlichen Verfahren gelten meist strengere Rügepflichten als im verwaltungsinternen Verfahren. Zuweilen wird die Zivilprozessordnung subsidiär für anwendbar erklärt.

Der Grundsatz der Unabhängigkeit von Zivilgerichten und Verwaltungs- 32 behörden und Verwaltungsgerichten gilt als ungeschriebenes Recht. Jede Instanz kann Vorfragen des öffentlichen bzw. des Privatrechts selbstständig beurteilen, soweit nicht die in der Hauptsache zuständige Behörde bereits entschieden hat (GULDENER, 34 ff.).

§ 4 Dogmatischer Exkurs

1. Justizgewährungsanspruch oder Rechtsschutzanspruch

Für das schweizerische Zivilprozessrecht ist die Frage nach der 33 Dogmatik des Vorliegens eines *Justizgewährungsanspruchs oder eines Rechtschutzanspruchs* weitgehend gegenstandslos geworden. Die Novelle der BV vom 12. März 2000 brachte neu mit Art. 29a BV eine *Rechtsweggarantie:* «Jede Person hat bei Rechtsstreitigkeiten Anspruch auf Beurteilung durch eine *richterliche Behörde.*» Das Gesetz (Bund, Kantone) kann allerdings Ausnahmen vorsehen.

2. Dualistische Theorie

Die herrschende Lehre in der Schweiz folgt der sog. *dualistischen* 34 *Theorie,* wonach subjektive Rechte und Rechtsverhältnisse nach Massgabe des materiellen Rechts schon vorprozessual bestehen (GULDENER 54 ff.). Nur diese Auffassung wird den Verhältnissen gerecht, denn die Rechtsstellung des Einzelnen wird durch die Rechtsordnung als Sollensordnung, d.h. das materielle Zivilrecht, und nicht erst durch das Zivilprozessrecht gültig bestimmt.

§ 5 Herkunft des schweizerischen Zivilprozessrechts

1. Allgemeines

35 Anders als das schweizerische Privatrecht ist unser *Zivilprozessrecht nicht auf schweizerischem Boden gewachsen.* Es wurde vielmehr aus den in den Nachbarländern geltenden Rechten rezipiert. Prozessrechtstraditionen waren beim Zusammenbruch der überlieferten Gerichte im Jahre 1798 und bei dem auf die Helvetik folgenden Aufbau neuer Gerichtsorganisationen nicht vorhanden.

36 Die zu Beginn und im Laufe des 19. Jahrhunderts geschaffenen kantonalen Prozessgesetze hielten sich daher stark an ausländische Vorbilder. In der *deutschen Schweiz* waren dies vor allem das gemeine deutsche Zivilprozessrecht, ferner Prozessordnungen, wie die Allgemeine Prozessordnung für die Preussischen Staaten (1797), die deutsche (1877) und die österreichische Zivilprozessordnung (1895). In der *französischen und italienischen Schweiz* war der französische Code de procédure civile (1806) einflussreich.

37 Siehe zur Geschichte des schweizerischen Prozessrechts: M. GULDENER, Über die Herkunft des schweizerischen Zivilprozessrechts, Berlin 1966; SCHURTER/FRITZSCHE, Das Zivilprozessrecht der Schweiz, 3 Bde., Zürich 1924–1933; TH. SUTTER, Auf dem Weg zur Rechtseinheit im schweizerischen Zivilprozessrecht, Zürich 1998.

2. Der gemeine deutsche Zivilprozess und andere deutsche Einflüsse

38 In den deutschen Staaten bildeten Gerichtsgebrauch und Juristenrecht aufgrund der Rezeption des italienisch-kanonischen Prozesses den sog. *gemeinen Prozess* aus. Dieser war durch ein nicht öffentliches, schriftliches (quod non est in actis, non est in mundo) Verfahren mit strenger Einredeordnung, Beweisinterlokut und festen Beweisregeln gekennzeichnet. Der gemeine Prozess war schwerfällig und langwierig.

39 Völlig vom gemeinen Prozess beherrscht war der *Bundeszivilprozess von 1851* (in Kraft bis 1948). Aber auch kantonale Kodifikationen lebten vom gemeinrechtlichen Gedankengut. Institute wie Streitverkündung und Nebenintervention, Verfahrensgrundsätze wie Dispositions-, Verhandlungs- und Eventualmaxime entstammen dem gemeinen Prozessrecht, das auch die Wirkungen der Rechtshängigkeit und das Wesen der Rechtskraft bestimmte.

Die kantonalen Prozessrechte, die bis zum Inkrafttreten der schweizerischen ZPO Geltung hatten, wiesen teilweise noch bis vor Kurzem altertümliche Begriffe und überholte Institute auf, die auf den gemeinen Prozess zurückgingen: die Klageprovokation, bestimmte Wirkungen der Rechtshängigkeit, die Differenzierung der Einredearten, vereinzelt sogar noch Beweisregeln. 40

Die *Handelsgerichte* in den Kantonen ZH, BE, SG und AG gehen auf Vorbilder in den deutschen Ländern zurück. Sie können auch nach der neuen ZPO weiter existieren. 41

3. Der französische Zivilprozess

Die *welschen Kantone* und der *Kanton Tessin* haben sich in ihren ersten Prozessgesetzen systematisch stark an den *französischen Code de procédure civile* angelehnt, ohne aber die dort herrschende Parteiherrschaft voll zu übernehmen. 42

Die Prozessordnungen der Kantone VD, NE, GE waren stark durch französische Einflüsse gekennzeichnet. Von allgemeiner Bedeutung wurde für die Schweiz das Institut des *Friedensrichters (Schlichters)*, das in Frankreich durch ein Gesetz von 1790 eingeführt worden war und mit der Helvetik auch in die deutsche Schweiz kam. Ebenfalls französischen Ursprungs sind die Arbeitsgerichte, die durch Gesetze von 1806 und 1809 geschaffen worden sind. 43

4. Rezeptionen innerhalb der Schweiz

Bei den recht häufigen Revisionen kantonaler Prozessordnungen wurden regelmässig Institute und Normen aus anderen schweizerischen Prozessgesetzen übernommen. Von erheblichem Einfluss war die *Bundeszivilprozessordnung vom 4. Dezember 1947* als neuzeitliches Prozessgesetz. 44

Auch einzelne *Kantone* übten für andere häufig eine Vorbildfunktion aus, z.B. der Kanton *Zürich*. So dienten die zürcherischen Rechtspflegegesetze von 1866 dem Kanton *Schaffhausen* als Grundlage für seine bürgerliche Zivilprozessordnung, die am 1. November 1869 in Kraft trat. Sodann war auch der Entwurf der alten zürcherischen Zivilprozessordnung von 13. April 1913 (OS XXIX 522) Vorbild für die bisher gültige Zivilprozessordnung des Kantons Schaffhausen vom 3. September 1951 (s. DOLGE, 6 ff.). Der Entwurf der *Zürcher ZPO vom 13. Juni 1976* wurde mit wenigen Ausnahmen von der *Schwyzer* Zivilprozessordnung vom 25. Oktober 1974 übernommen. Der Kanton *Luzern* gestaltete seine neue Zivilprozessordnung vom 27. Juni 1994 nach den Vorbildern der Kantone Zürich, Aargau und St. Gallen aus. 45

5. Vereinheitlichung des schweizerischen Zivilprozessrechts

46 Obwohl ursprünglich nicht aus eigenen Quellen entwickelt, hat das schweizerische Zivilprozessrecht – bei allen kantonalen Unterschieden – *eine hohe Eigenständigkeit* erlangt. Nur auf dieser Grundlage war eine Vereinheitlichung des schweizerischen Zivilprozessrechts überhaupt möglich.

47 Die Prozessrechtslehre vermochte erst seit dem herausragenden Wirken des Zürcher Professors *Max Guldener* zu einer eigenständigen Entwicklung des schweizerischen Prozessrechts beizutragen.

48 Zwar war schon an der Jahresversammlung des Schweizerischen Juristenvereins 1868 wenigstens eine Vereinheitlichung des Gerichtsstandsrechts und eine Änderung von Art. 59 BV gefordert worden. Aufgrund der kontroversen Meinungen verlief die Sache aber im Sand. Erneut kam das Problem erst am Schweizerischen Juristentag 1900 wieder zur Sprache. Der Vorstand des Schweizerischen Juristenvereins bekam den Auftrag, die Unifiktion des Zivilprozessrechts in der Schweiz rechtsvergleichend untersuchen zu lassen. *Emil Schurter* und nach dessen Tod *Hans Fritzsche* nahmen sich dieser Aufgabe an. Bei Abschluss der Arbeiten im Jahre 1933 standen jedoch andere Probleme in Vordergrund.

49 Es dauerte bis zum Schweizerischen Juristentag 1961, bis die Frage der Vereinheitlichung wieder ernsthaft aufgenommen wurde. Nach dem Hauptreferat von Peter Liver wies *Max Guldener* erneut auf die Notwendigkeit einer wenigstens teilweisen Vereinheitlichung des Prozessrechts hin, wobei er besonders das Beweisrecht im Auge hatte (ZSR 1961 II 1 ff.). Der welsche Berichterstatter Joseph Voyame war aus föderalistischen Gründen noch zurückhaltender eingestellt. Allerdings verfasste Bundesrichter *Paul Schwartz* zwischen 1963 und 1966 den Entwurf eines Bundesgesetzes betreffend die Anpassung der kantonalen Zivilprozessverfahren an das Bundeszivilrecht. Obschon es sich nur um den Entwurf eines Rahmengesetzes handelte, fand die Arbeit von Schwartz nicht die notwendige Unterstützung. Deshalb geschah nichts, bis der Schweizerische Juristenverein an seiner Jahrestagung 1993 das Thema umfassend behandelte (vgl. dazu Näheres bei TH. SUTTER, 66 ff.).

50 Erst die zunehmende Vereinheitlichung des Zivilprozessrechts auf *europäischer Ebene* (v.a. LugÜ I; vgl. auch N 52 f.) liess das Bedürfnis nach Behebung der Rechtszersplitterung in der Schweiz (26 kantonale Zivilprozessordnungen und BZP; total 10 000 Gesetzesbestimmungen) immer dringender werden und führte zunächst wenigstens zur Vereinheitlichung der Zuständigkeitsbestimmungen im *Gerichtsstandsgesetz* vom 24. März 2000.

Der Durchbruch zur Vereinheitlichung des schweizerischen Zivilprozessrechts gelang erst mit der *Justizreform 1999* (u.a. Art. 122 BV). Im selben Jahr wurde eine 14-köpfige Expertenkommission bestellt. Diese erarbeitete in knapp drei Jahren einen ausformulierten Entwurf, der durch die Bundesverwaltung weiter bearbeitet wurde. Leider brachte der bundesrätliche Entwurf im Vergleich zu demjenigen der Expertenkommission etwelche Verschlechterungen (teilweise fehlende begriffliche Klarheit, kein vereinfachtes Verfahren für SchKG-Klagen, redimensionierte Rechtsmittelordnung, falsches Rechtsmittel bei vorsorglichen Massnahmen usw.). Die mit Botschaft des Bundesrates vom 28. Juni 2006 (BBl 2006 7221) der Bundesversammlung zugeleitete Vorlage wollte etwas Neues schaffen und baute nicht auf einer oder einer Gruppe bestehender Zivilprozessordnungen auf. Sie verzichtete auf gewisse neuartige Institute, wie die class action, entzog sich aber gewissen Neuerungen, wie der Mediation und des Appel en cause (Streitverkündungsklage) nicht. Im Parlament ergaben sich nur geringfügige Änderungen. Die ZPO tritt am 1. Januar 2011 in Kraft. 51

6. Vereinheitlichung des Zivilprozessrechts auf europäischer Ebene

Im europäischen Bereich sind seit Langem Bestrebungen zur Vereinheitlichung des Zivilprozessrechts im Gange. Neben den verschiedenen *Haager Übereinkommen* sind vor allem das *LugÜ I und II* zu erwähnen, welche auch für die Schweiz gelten. 52

Der Vorentwurf einer Europäischen Zivilprozessordnung (Projet de directive sur le rapprochement des lois et règles des Etats-Membres concernant certains aspects de la procédure civile; VE EuZPO) vom 18. Februar 1993 erfuhr keine eigentliche Fortsetzung. Nachhaltiger erwies sich der *Vertrag von Amsterdam vom 1. Mai 1999,* in dem von der EG die Verpflichtung eingegangen wurde, die Vereinheitlichungsbestrebungen zu intensivieren. Im gleichen Jahr beschloss der Europäische Rat das Programm von Tampere. Eckstein war in diesem die Vereinheitlichung der Vollstreckung von Zivilurteilen. Das erwähnte Programm wurde durch das Haager Programm 2004 fortgesetzt. Zur Konkretisierung des Haager Programms hat die Europäische Kommission einen vom Rat für Justiz und Inneres am 2./3. Juni 2005 gebilligten Aktionsplan erarbeitet, in welchem das Zivilverfahrensrecht mit zwei von zwölf Punkten zu kurz gekommen ist (nur europäisches Mahnverfahren und Vollstreckungstitel; vgl. Haager Programm, Wissenschaftliche Dienste des Deutschen Bundestag, 2/05). 53

54 Einen realen Fortschritt für die Schweiz brachten eigentlich nur die *Lugano-Übereinkommen I und II.* Das letztere ersetzt das erstere. Das LugÜ II wurde von der Bundesversammlung am 19. Dezember 2009 genehmigt. Diese Entwicklung wird weitergehen. Zivilprozessuale Probleme werden sich vermehrt nur durch ein Mitdenken auch der internationalen Komponenten lösen lassen. Dies gilt selbst für rein binnenrechtliche Verfahren, denn Tendenzen des europäischen Rechts beeinflussen auch das schweizerische Prozessrecht und dessen Auslegung.

§ 6 Rechtsquellen und Auslegung

1. Bundesrecht – kantonales Recht

55 Bei den schweizerischen *Rechtsquellen* ist wegen der Verteilung der Rechtsetzungskompetenz auf Bund und Kantone vorab zwischen Rechtsquellen des *kantonalen* und des *Bundesrechts* zu unterscheiden.

56 Eine gewaltige Verschiebung zugunsten des *Bundesrechts* ergab sich mit der neuen schweizerischen *ZPO*. Diese beinhaltet aber nur das *Verfahrensrecht.*

57 Aus föderalistischen Gründen wurden das *Gerichtsorganisationsrecht* und das Recht der *sachlichen Zuständigkeit* ganz den Kantonen überlassen. Das kantonale Recht ist somit für die Gerichtsorganisation nach wie vor von grosser Bedeutung. Zudem enthält die ZPO vereinzelt Vorbehalte zugunsten kantonaler Regelungen. So haben die Kantone namentlich *Tarife* über die Gerichtskosten, die Parteientschädigungen und die Entschädigungen der unentgeltlichen Rechtsverbeiständung zu erlassen (Art. 96) und können über die Öffentlichkeit der Beratung entscheiden (Art. 54 Abs. 2).

2. Staatsvertragsrecht

2.1 Allgemeines

58 Bilaterale Staatsverträge des Bundes mit einzelnen anderen Staaten regeln vorab die Fragen der *Anerkennung und Vollstreckung* von Zivilurteilen.

59 Auch unter den multilateralen Staatsverträgen der Schweiz überwiegen die Anerkennungs- und Vollstreckungsverträge.

2.2 Haager Übereinkommen

Von erheblicher Tragweite für das internationale Zivilprozess- 60
recht der Schweiz sind die beiden *Haager Übereinkünfte betreffend Zivilprozessrecht von 1905 und 1954* (SR 0.274.11 und SR 0.274.12). Sie regeln insbesondere Fragen der Rechtshilfe und der Auferlegung von Kautionen (Sicherheitsleistungen).

Die beiden alten Haager Übereinkommen sind im Bereich der Vertrags- 61
staaten durch die folgenden Übereinkommen ersetzt worden:
- *HZÜ 65:* Haager Übereinkommen vom 15. November 1965 über die *Zustellung* gerichtlicher und aussergerichtlicher Schriftstücke im Ausland in Zivil- oder Handelssachen (SR 0.274.131);
- *HBewÜ 70:* Haager Übereinkommen vom 18. März 1970 über die *Beweisaufnahme* im Ausland in Zivil- und Handelssachen (SR 0.274.132);
- *HÜ 80:* Haager Übereinkommen vom 25. Oktober 1980 über den internationalen *Zugang zur Rechtspflege* (SR 0.274.133).

Besondere Probleme stellt aus schweizerischer Sicht das *«Pre-trial-* 62
discovery»-Verfahren des angloamerikanischen Rechts. Es ist ein hauptsächlich von den Parteien ausgetragenes Verfahren zwischen der Klageeinleitung und dem Hauptverfahren. Die Parteien sind verpflichtet, in diesem Zeitpunkt relevante Informationen und Unterlagen zu edieren. Die Schweiz hat einen Vorbehalt nach Art. 23 HBewÜ angebracht, um sog. «Fishing expeditions» zu verhindern.

2.3 Lugano-Übereinkommen

Das Lugano-Übereinkommen entsprang dem Wunsch der EFTA- 63
Staaten, an dem durch das Übereinkommen über die gerichtliche Zuständigkeit und die Vollstreckung gerichtlicher Entscheidungen in Zivil- und Handelssachen der EG vom 27. September 1968 (sog. «Brüsseler Übereinkommen» oder abgekürzt «EuGVÜ», Europäisches Gerichtsstands- und Vollstreckungs-Übereinkommen) geschaffenen *Gerichtsstands- und Anerkennungsrecht* teilhaben zu können, ohne der supranationalen Gerichtsbarkeit des Europäischen Gerichtshofes unterstellt zu sein. Das LugÜ 1988 entsprach daher in seinen Gerichtsstands- und Vollstreckungsnormen zum grössten Teil wörtlich dem EuGVÜ.

Das EuGVÜ wurde am 1. März 2002 von einer EU-Verordnung 64
(EuGVO) abgelöst. Das LugÜ II wurde nach einer längeren Revisionsphase am 30. Oktober 2007 in Lugano unterzeichnet (BBl 2009 1841 ff.). Mit dem LugÜ II ist die *Parallelität der Rechtsgrundlagen* mit den EU-Mitglied-

staaten wieder hergestellt, indem unter den EU-Mitgliedstaaten die EuGVO gilt und im Verhältnis zu den EFTA-Staaten das inhaltlich weitgehend übereinstimmende LugÜ II anwendbar ist.

65 Die meisten von der Schweiz abgeschlossenen Staatsverträge regeln lediglich die sog. *indirekte Zuständigkeit,* d.h. die Zuständigkeit eines ausländischen Urteilsgerichts als Voraussetzung für die inländische Anerkennung und Vollstreckung des ausländischen Urteils. Demgegenüber regelt das *LugÜ II* (wie schon das LugÜ 1988) *auch* die *direkte Zuständigkeit,* d.h. die Zuständigkeit der inländischen Gerichte zum Entscheid in Fällen mit Auslandsberührung. Man nennt einen solchen Staatsvertrag eine «convention double».

66 *Sachlich* (ratione materiae) ist das LugÜ anwendbar in *Zivil- und Handelssachen* (Art. 1 Abs. 1 LugÜ II). Der Begriff der «Zivil- und Handelssachen» ist nach der zu beachtenden Rechtsprechung des EuGH zum Brüsseler Übereinkommen *vertragsautonom* auszulegen. Das Bundesgericht folgt dieser Rechtsprechung und der weiten Auslegung des Begriffs der «Zivil- und Handelssache» (BGE *124* III 436). *Nicht erfasst* werden *Steuer- und Zollsachen und verwaltungsrechtliche Angelegenheiten.*

67 Vom sachlichen Anwendungsbereich des LugÜ ausdrücklich *ausgeschlossen* sind:

- *Personen-, Familien- und Erbrechtssachen* (Art. 1 Abs. 2 lit. a), wobei jedoch Art. 5 Ziff. 2 LugÜ II einen Gerichtsstand für Unterhaltssachen enthält;
- *Konkurse, Vergleiche und ähnliche Verfahren* (Art. 1 Abs. 2 lit. b), wobei allerdings für Zwangsvollstreckungsverfahren aus Entscheidungen ein zwingender Gerichtsstand besteht (Art. 23 Ziff. 5 LugÜ II; zur Tragweite dieser Bestimmung s. DOLGE, LugÜ, 52 ff.);
- die *soziale Sicherheit* (Art. 1 Abs. 2 lit. c) und
- die *Schiedsgerichtsbarkeit* (Art. 1 Abs. 2 lit. d).

2.4 Auslegung

68 Das Bundesgericht lässt sich auch bei der Auslegung prozessualer Normen des Bundesrechts immer wieder von folgenden *Grundsätzen* leiten:

> «Das Gesetz muss in erster Linie aus sich selbst heraus, d.h. nach Wortlaut, Sinn und Zweck und den ihm zugrunde liegenden *Wertungen* ausgelegt werden.» Es darf namentlich «nicht blindlings auf ein einzelnes Wort abgestellt werden» (BGE *123* III 95).

69 Eine *historisch orientierte Auslegung* ist für sich allein nicht entscheidend. Anderseits vermag aber nur sie die Regelungsabsicht des Gesetzgebers

aufzuzeigen, welche wiederum zusammen mit den zu ihrer Verfolgung getroffenen Wertentscheidungen verbindliche Richtschnur des Gerichts bleibt. Diese Methode lässt sich als *objektiv-historisch* einordnen.

Diese Auslegungsregeln gelten grundsätzlich auch für die *Auslegung von* 70 *Staatsverträgen.* Doch sind die *Begriffe* eines Staatsvertrags *vertragsautonom,* d.h. aus dem Vertrag heraus und nicht aufgrund innerstaatlicher Begriffe, auszulegen (s. N 80).

Bei der *Auslegung des LugÜ II* sind die bisherigen Entscheidungen des 71 *EuGH* und der Gerichte der Vertragsstaaten zum EuGVÜ, zum LugÜ und zur EuGVO *für die Schweiz verbindlich* (sog. acquis communautaire). Die letztinstanzlichen Gerichte der EU-Mitgliedstaaten (sowie der Rat, die Kommission oder ein Mitgliedstaat) können dem *EuGH Auslegungsfragen* des Gemeinschaftsrechts *zur Vorabentscheidung* übertragen. In einer umfangreichen Rechtsprechung hat der EuGH über viele Fragen der Auslegung des EuGVÜ, der EuGVO und des LugÜ entschieden. Die Schweiz hat sich auch verpflichtet, den künftigen Entscheidungen dieser Gerichte bei der Auslegung des LugÜ II «gebührend Rechnung zu tragen» (s. Protokoll Nr. 2 zum LugÜ II über die einheitliche Auslegung und den ständigen Ausschuss; DOLGE, LugÜ, 29 ff.). Das Bundesgericht ist in seiner bisherigen Rechtsprechung zum LugÜ den Entscheidungen des EuGH und der Vertragsstaaten zum parallelen EuGVÜ und zur EuGVO stets gefolgt (vgl. z.B. BGE *133* III 282, 286 ff.; *129* III 626, 631 ff.).

§ 7 Räumlicher Geltungsbereich

1. Schweizerisches und internationales Prozessrecht

Der Geltungsbereich staatlicher Prozessrechtsnormen ist auf das 72 Territorium des sie erlassenden Hoheitsträgers beschränkt. Das schweizerische Zivilprozessrecht ist damit auf das *Gebiet der Schweiz* beschränkt. Nach Erlass einer gesamtschweizerischen Zivilprozessordnung sind Probleme zwischen den Kantonen marginalisiert worden (vgl. dazu N 88 f.).

Für *Prozesse mit Auslandbeziehung* sind daher Regeln erforderlich, wel- 73 che die Probleme lösen, die sich bei der Einleitung und Durchführung solcher Prozesse sowie der Vollstreckung entsprechender Urteile stellen. Zu bestimmen ist namentlich, welches Gericht (mehrerer international möglicher Gerichte) zur Behandlung der Sache zuständig ist, welches Verfahrensrecht anwendbar ist, wie Prozesshandlungen im Ausland durchzuführen sind, unter welchen Voraussetzungen ausländische Urteile im Inland anzuerkennen und zu vollstrecken sind. Die Gesamtheit der Normen, welche diese Fragen regeln, stellen das *internationale Zivilprozessrecht* dar.

2. Rechtsquellen bei räumlichen Problemen

2.1 Allgemeines

74 Soweit jeder Staat zur Beantwortung von Fragen der internationalen Zuständigkeit und der Vollstreckung ausländischer Entscheide selbst Recht setzt, ist das internationale Zivilprozessrecht nationales Recht. In der Schweiz sind diese Regeln mehrheitlich im IPRG enthalten.

75 Völkerrechtliche Regelungen enthalten demgegenüber die bilateralen oder multilateralen Staatsverträge.

2.2 Lex fori

76 Nach klassischer Auffassung und ungeschriebenem Recht bestimmt sich das *gerichtliche Verfahren nach dem Recht des angerufenen Gerichts*. Dieses hat daher auch bei der Anwendung der Regeln des internationalen Prozessrechts auf die Begriffe und Institute seines Rechts abzustellen. Da die Schweiz nun ein einheitliches Zivilprozessrecht hat, bedeutet dies, dass nun alle ihre Bestimmungen lex fori processualis sind. Das gilt insbesondere für die Regeln über das Verfahren, z.B. Postulationsfähigkeit, Prozessvollmacht, Form der Streitverkündung und der Nebenintervention, Prozessmaximen, Rechtsschutzinteresse, Fristen, Beweismittel, Kostenfolgen, Klageanerkennung, Klagerückzug und Vergleich (vgl. K. SIEHR, Das Internationale Privatrecht der Schweiz, 645 f.). Das betrifft auch die Rechtshängigkeit (Siehr, a.a.O., Tabelle 647).

2.3 Lex causae

77 Für Fragen, die sich aus dem materiellen Recht ergeben oder eng mit ihm zusammenhängen, ist dagegen auf das *nach den Kollisionsregeln auf die Sache* oder auf die spezielle Frage anzuwendende nationale Recht abzustellen, auf die *lex causae*. Das gilt vor allem für die Fragen der Sachlegitimation, der Wirkungen von Streitverkündung und Intervention, die Zulässigkeit der Klageart und die Beweislast.

78 Besondere Regeln gelten für die Parteifähigkeit (Art. 34 IPRG, schweizerisches Recht) und die Prozessfähigkeit (Art. 35 IPRG, Recht am Wohnsitz).

3. Qualifikation

Bei der *Anwendung der Regeln des internationalen Zivilprozessrechts* müssen die ihm zu unterstellenden Sachverhalte begrifflich bestimmt werden. Weil diese Normen meistens nicht selbst eine Begriffsbestimmung enthalten, ist auf eine bestimmte Rechtsordnung zurückzugreifen; es ist nämlich entweder auf das Recht des Prozessgerichts (lex fori) oder auf das nach den Kollisionsnormen in der Sache anwendbare Recht (lex causae) oder schliesslich auf eine eigenständige, «autonome» Begriffsbildung abzustellen. 79

Grundsätzlich sind staatsvertragliche Begriffe *autonom* zu qualifizieren. Autonom auszulegen bedeutet aber nicht, die schweizerischen Institute völlig ausser Acht zu lassen. Bei der Qualifikation nach dem LugÜ II ist zweistufig vorzugehen, d.h. zuerst ist die Natur des eingeklagten Anspruchs nach der nationalen Rechtsordnung zu bestimmen und sodann die Subsumtion unter die vertragsautonom auszulegenden Begriffe und Bestimmungen des Staatsvertrags vorzunehmen (vgl. DOLGE, LugÜ, 29 ff.). 80

§ 8 Zeitlicher Geltungsbereich

Es geht hier um die sog. *intertemporale Geltung des Prozessrechts.* Bei jeder Prozessrechtsrevision stellt sich regelmässig die Frage des zeitlichen Geltungsbereichs des neuen Prozessrechts. Im Zusammenhang mit dem Inkrafttreten der ZPO stellen sich die übergangsrechtlichen Fragen gehäuft, vor allem weil 26 kantonale Zivilprozessordnungen in einer einzigen ZPO aufgegangen sind. Die BZP gilt weiter für bestimmte bundesrechtliche Klagen (Art. 120 Abs. 1 lit. b und Abs. 3 BGG). 81

1. Sofortige Anwendbarkeit des neuen Rechts

Prozessrechtsrevisionen sollen regelmässig dringliche Neuerungswünsche verwirklichen. Aus diesem Grunde sollen *neue Verfahrensregeln* grundsätzlich auch für bereits hängige Verfahren anwendbar sein. Dies auch aus dem Grunde, dass Gericht und Anwaltschaft nicht noch während Jahren zwei Prozessordnungen nebeneinander anzuwenden haben. 82

2. Ausnahmen

83 Die schweizerische *ZPO* enthält bei den Übergangsbestimmungen drei Gesetzesartikel für die intertemporalen Probleme (Art. 404 ff.). So wird bestimmt, dass beim Inkrafttreten der neuen ZPO hängige Verfahren *nach altem Recht weitergeführt* werden (vor allem aus praktischen Gründen für Gericht und Parteivertreter). Allerdings gilt dies nur für die Zeit bis zum Prozessabschluss *in der betreffenden Instanz*. Die sachliche und örtliche Zuständigkeit bleiben erhalten (Art. 404 Abs. 2).

84 Für *Rechtsmittel* gilt das Recht, welches bei *Eröffnung des Entscheids* in Kraft steht. Das gilt nicht nur für die Berufung und Beschwerde, sondern u.E. auch für die Erläuterung und Berichtigung (Art. 405 Abs. 1). Auf die *Revision* von Entscheiden, die noch unter kantonalem Prozessrecht eröffnet worden sind, findet jedoch in jedem Fall das *neue Recht* Anwendung (Art. 404 Abs. 2).

85 Für *Gerichtsstandsvereinbarungen* ist das im Zeitpunkt ihres Abschlusses für derartige Vereinbarungen gültige Recht anwendbar (Art. 406). Für die Gültigkeit von *Schiedsvereinbarungen* gilt das für sie günstigere Recht (Art. 407 Abs. 1).

§ 9 Rechtshilfe

1. Allgemeines

86 Eng mit den Problemen der räumlichen Geltung des Prozessrechts verbunden ist das Thema *«Rechtshilfe»*. Es gilt dabei zwischen *nationaler und internationaler Rechtshilfe* zu unterscheiden.

87 Jedes Gericht ist für einen *bestimmten* Gerichtskreis zuständig. Nicht alle Personen wohnen jedoch im betreffenden Gebiet. Die relevanten Beweismittel befinden sich oft ebenfalls nicht dort (Grundstück, Zeugen usw.). Da gerichtliche Handlungen hoheitliche Akte sind, ist das Gericht zur Vornahme gerichtlicher Handlungen auf die Erlaubnis oder die Rechtshilfe des anderen Hoheitsträgers angewiesen.

2. Rechtshilfe innerhalb der Schweiz

88 Innerstaatlich ist die Rechtshilfe eine verfassungsmässige Pflicht (Art. 44 Abs. 5 BV). Die *Rechtshilfe im Binnenverhältnis* wird neu in den *Art. 194–196 ZPO* geregelt. Umfasst ist damit auch die kantonalrechtliche Rechtshilfe innerhalb der Kantone. Mit dem Inkrafttreten der ZPO fällt das

bisherige Konkordat über die Gewährung gegenseitiger Rechtshilfe in Zivilsachen vom 8./9. November 1949 (SR 274) dahin. Die Rechtshilfe mit Bezug auf rechtskräftige Entscheidungen gehört zum Vollstreckungsrecht (vgl. 13. Kap.).

Binnenrechtlich stehen dem Gericht *zwei Wege* zur Verfügung. Jedes Gericht kann erforderliche Handlungen *selbst* vornehmen. Das drängt sich vor allem bei Augenscheinen auf, weil hier die direkte Wahrnehmung oft entscheidend ist. Es geht dabei vor allem um *Beweiserhebungen in anderen Kantonen*. Zweitens kann das Prozessgericht an das Gericht, das tätig werden soll, ein *Rechtshilfegesuch* richten, z.B. eine Zeugeneinvernahme durchzuführen. Man spricht von requisitorischer Einvernahme. Das ersuchte Gericht kann vom ersuchenden Gericht Auslagenersatz, nicht aber Gerichtsgebühren, verlangen (Art. 196 Abs. 3). 89

3. Internationale Rechtshilfe

Ein schweizerisches Gericht, das für die Bedürfnisse eines bei ihm liegenden Prozesses Rechtshandlungen im Ausland tätigen will, darf dies nur mit Einwilligung oder mit Hilfe des ersuchten Staates tun. Es geht dabei in der Regel um *Beweismassnahmen im Ausland, z.B. um dortige Zeugeneinvernahmen* (10 N 324 ff.). Da auch *gerichtliche Zustellungen* hoheitliche Handlungen darstellen (9 N 34 ff.), muss auch dafür die Rechtshilfe des ausländischen Staates in Anspruch genommen werden. Es gilt, die Zustellungsnormen streng zu beachten. So ist eine direkte Zustellung nach BGE *131* III 448, 450 nichtig. 90

Funktionell gesehen können auch *schuldbetreibungs- und konkursrechtliche* Verfahren unter den Begriff der Zivil- und Handelssache fallen, wenn sie von einer zivilrechtlichen Forderung ausgehen (STAEHELIN/STAEHELIN/GROLIMUND, § 19 N 11). 91

Das Nähere der internationalen Rechtshilfe ergibt sich aus bilateralen und *multilateralen Staatsverträgen*. Bei den letzteren handelt es sich um folgende: 92

- Haager Übereinkunft betreffend Zivilprozessrecht vom 1. März 1954 (HÜ 54; SR 0.274.12);
- Haager Übereinkommen über die Zustellung gerichtlicher und aussergerichtlicher Schriftstücke im Ausland in Zivil- und Handelssachen vom 12. November 1965 (HZÜ 65; SR 0.274.131);
- Haager Übereinkommen über die Beweisaufnahme in Zivil- und Handelssachen vom 18. März 1970 (HBewÜ 70; SR 0.274.132);
- Haager Übereinkommmen über den internationalen Zugang zur Rechtspflege vom 25. Oktober 1980 (HÜ 80; SR 0.274.13).

93 Die *wesentlichen Punkte* dieser Rechtsquellen sind:

- Nach Art. 2 HZÜ 65 und Art. 2 HBewÜ 70 muss jeder Staat eine oder mehrere Zentralbehörden bezeichnen. In der Schweiz hat jeder Kanton mit seinem oberen Gericht eine eigene Zentralbehörde; subsidiäre Zentralbehörde ist das EJPD. In den Common-Law-Staaten ist hingegen die Zustellung regelmässig Sache der Parteien (zur Problematik s. WALTER, 371 f.).

94 - HZÜ 65 und HBewÜ 70 stellen für die Ersuchen ein *Musterformular* zur Verfügung (Art. 3). Diesem Formular ist das betreffende Ersuchen beizulegen. Das Musterformular kann in *Englisch oder Französisch oder in der Sprache des ersuchten Staates* abgefasst sein. Der ganze Verkehr läuft über die *Zentralbehörden.* Der ersuchte Staat kann die Zustellung verweigern, wenn keine Zivil- oder Handelssache vorliegt, wenn der ersuchende Staat besondere Formen der Zustellung verlangt, die mit dem Recht des ersuchten Staates nicht vereinbar sind, oder wenn die Erledigung der Angelegenheit Hoheitsrechte oder die Sicherheit des ersuchten Staates beeinträchtigen könnte (Art. 13). Im Übrigen erfolgt die *Zustellung nach dem Recht des ersuchten Staates* (s. 9 N 35).

95 Daneben hat die Schweiz eine Anzahl von *bilateralen Abkommen* abgeschlossen, so mit Deutschland (SR 0.274.181.3619), Frankreich (SR 0.274.183.491), Italien (SR 274.184.542) und Österreich (SR 0.274.181.542) usw. Die bilateralen Abkommen sehen teilweise den direkten Behördenverkehr (nicht über die Zentralbehörden) und Vereinfachungen bei der Zustellung gerichtlicher Sendungen vor.

96 Gegenüber Staaten, mit denen kein entsprechender Staatsvertrag besteht, erfolgt die Rechtshilfe auf dem *diplomatischen Weg* durch Vermittlung des EJPD.

97 Im internationalen Rechtshilfeverkehr der Schweiz ist insbesondere die *Wegleitung des EJPD* über «Die internationale Rechtshilfe in Zivilsachen» zu beachten (www.Rhf.admin.ch/rhf/de/home).

Weiterführende Literatur:

- GERHARD WALTER, Internationales Zivilprozessrecht der Schweiz, 4. A., Bern/Stuttgart/Wien 2007, § 7.
- STAEHELIN/STAEHELIN/GROLIMUND, Schweizerisches Zivilprozessrecht, Basel 2008, § 19 N 3 ff.
- SPÜHLER/MEYER, Einführung ins internationale Zivilprozessrecht, Zürich 2001, 108 ff.

2. Kapitel: Gerichtsorganisation und Unabhängigkeit der Gerichte

§ 10 Stellung und Organisation der Gerichte

1. Begriff und Aufgabe

«Gericht ist die Bezeichnung, unter welcher einer Einzelperson oder einer Personengruppe ein Aufgabenkreis auf dem Gebiete der Rechtsprechung übertragen wird und unter welchem diese Personen als Staatsorgane die ihnen übertragene Rechtsprechung ausüben» (GULDENER, 3). 1

Gerichte sind *Staatsorgane,* d.h. dauernde staatliche Einrichtungen, die durch wechselnde natürliche Personen verkörpert werden. 2

Schiedsgerichte sind zwar keine Staatsorgane, sondern von Privaten zum Entscheid eines Rechtsstreites berufene Personen ihres Vertrauens. Verbindliche Entscheide können sie aber nur kraft gesetzlicher Ermächtigung fällen. Sie üben daher ebenfalls *hoheitliche Funktionen* aus. 3

Die Gerichte üben die Rechtsprechung als *dritte staatliche Gewalt* aus. 4

2. Beschränkter Aufgabenkreis

Die Gerichte sind in einem *beschränkten Aufgabenkreis* tätig, der umschrieben wird: 5

- *territorial:* Gemeinde (Schlichter, Friedensrichter, Vermittler), Bezirks-, Amts-, Kreisgericht, Kantonsgericht (je nach Kanton erste oder zweite Instanz), Obergericht, Bundesgericht;
- *sachlich:* Zivilgericht (ordentliches Gericht – Sondergericht [Handelsgericht, Arbeitsgericht, Mietgericht, Patentgericht]), Strafgericht, Verwaltungsgericht.

Als *Spruchbehörde* versteht man unter Gericht das urteilende Gericht. Es sind dies die Gerichtsabteilung oder Gerichtskammer sowie der Einzelrichter oder die Einzelrichterin. 6

3. Ausgestaltung der Gerichtsorganisation

Die Ausgestaltung der *Gerichtsorganisation* ist, selbstverständlich unter Vorbehalt der Bundesgerichtsbarkeit, weiterhin *Sache der Kanto-* 7 *ne* geblieben. Dies war auch eine politische Bedingung für die ZPO. Die Kantone können über die Organisation der Gerichte sowie deren *sachliche und funktionelle Zuständigkeit* entscheiden (Art. 3). Sie bestimmen, ob sie z.B. ein Handelsgericht (Art. 6), ein Arbeitsgericht usw. einsetzen wollen und ob das Gericht als Kollegialgericht oder als Einzelgericht zum Entscheid berufen ist. Eine Ausnahme bildet das *Bundespatentgericht, das erstinstanzliches Gericht für Patentstreitigkeiten* ist (vgl. Bundesgesetz über das Bundespatentgericht, SR 173.41; für das Verfahren ist aber die ZPO anwendbar, Art. 27 PatG).

§ 11 Wahl der Richterinnen und Richter

1. Politische Wahl

8 Die Richterwahlen sind in der Schweiz *politische Wahlen*. Sowohl bei der Volkswahl (im Allgemeinen für die erstinstanzlichen Gerichte) wie bei der Wahl durch Parlament oder Wahlkollegium spielt die Zugehörigkeit des Kandidaten zu derjenigen politischen Partei, die den freien Sitz beansprucht, nach wie vor eine Hauptrolle. Daran hat auch die Einsetzung von Gerichtskommissionen (z.B. der Gerichtskommission der eidgenössischen Räte als vorbereitendes Wahlgremium für die Bundesgerichte) nichts Wesentliches geändert. Es besteht immer die Gefahr, dass die Qualitätsfrage vernachlässigt wird. Diese Gefahr wird dadurch etwas gemildert, dass die grösseren politischen Parteien über fachkundige Gremien zur innerparteilichen Vorprüfung der Kandidaten und Kandidatinnen verfügen.

9 Über die Wahl ins Richteramt sind *in den Kantonen* mannigfache gesetzliche Regelungen vorhanden (Wahlgesetz, Gerichtsorganisationsgesetz).

2. Wahlorgan

10 Wahlorgan sind entweder:

- die *Stimmberechtigten des Wahlkreises* (so meist für Friedensrichter und teilweise erstinstanzliche Richter) oder
- das *Parlament* (für die Mitglieder des Bundesgerichts, Art. 168 Abs. 1 BV; meistens für die Mitglieder der oberen kantonalen Gerichte) oder
- ein *Gericht* (z.B. für den Gerichtspräsidenten oder für alle oder einen Teil der Ersatzrichter und Ersatzrichterinnen).

3. Wahlvoraussetzungen

Formelle Wahlvoraussetzungen sind das Aktivbürgerrecht und in der Regel der Wohnsitz im Gerichtskreis (wenn nicht im Bezirk, so im Kanton). *Fachliche Voraussetzungen,* z.B. juristische Ausbildung, sind oft nicht erforderlich. Das Laienrichtertum ist jedoch zusehends überfordert. 11

4. Wahlverfahren

Meist sind die Richterwahlen *Majorzwahlen.* Sowohl in der Volkswahl wie in der Wahl durch das Parlament wird aber vielfach freiwilliger Proporz geübt, d.h., die politischen Parteien bzw. die Parlamentsfraktionen einigen sich auf einen der politischen Stärke entsprechenden Verteilschlüssel. 12

5. Wahl auf Amtsdauer

Richterinnen und Richter werden in der Regel auf eine *Amtsdauer von vier* Jahren, teilweise von sechs Jahren gewählt. In der Schweiz gibt es aber *keine Richter, die auf Lebenszeit* oder bis zur Erreichung einer Altersgrenze ernannt sind. Das schwächt ihre Unabhängigkeit. Allerdings wirken sechsjährige Amtsdauern diesbezüglich positiv. 13

§ 12 Die Unabhängigkeit der Gerichte

1. Unabhängigkeit von anderen Staatsgewalten

Aus der Gewaltenteilung folgt, dass die Gerichte in ihrer richterlichen Tätigkeit *von der gesetzgebenden und der administrativen Gewalt unabhängig sind.* Die gleichzeitige Ausübung exekutiver, legislativer und judikativer Funktionen im gleichen Staatswesen ist *unvereinbar.* Der Grundsatz der Unabhängigkeit der Gerichte ist in Art. 30 Abs. 1 BV ausdrücklich verankert. Das bedeutet, dass sie *keine Weisungen* entgegenzunehmen haben und dass ihre Entscheide von den Behörden nicht abgeändert oder aufgehoben werden können. 14

Für alle richterlichen Behörden in der Schweiz gilt Art. 191c BV: «*Die richterlichen Behörden sind in ihrer rechtsprechenden Tätigkeit unabhängig und nur dem Recht verpflichtet.*» Dies wird in Art. 2 BGG für das Bundesgericht ausdrücklich wiederholt. 15

16 Den *Parlamenten* steht indessen die *Oberaufsicht über die Rechtspflege* zu (Art. 169 BV, Art. 3 BGG und entsprechende kantonale Bestimmungen). Sie umfasst aber nicht die Rechtsprechung, sondern die allgemeine Amtsführung, die Geschäftserledigung und die Justizverwaltung. Aus diesem Grund sind dem Parlament *Rechenschaftsberichte* vorzulegen. Das Bundesgericht übt aber darüber hinaus auch die Justizverwaltung selbstständig aus (vgl. Art. 188 Abs. 3 BV). Dasselbe gilt für die Gerichte einiger weniger Kantone (z.B. Zürich). Dies wäre auch in den übrigen Kantonen anzustreben, was jedoch Änderungen der Kantonsverfassungen und der kantonalen Gerichtsorganisationsgesetze bedürfte.

2. Unabhängigkeit von anderen Gerichten

17 Auch *über- und untergeordnete Gerichte sind in der Rechtsprechung voneinander unabhängig.* Ein oberes kantonales Gericht hat kein Weisungsrecht gegenüber den unteren Instanzen in Fragen der Rechtsprechung. Eine Ausnahme besteht bei *Rückweisungsentscheiden* der oberen an die untere Instanz (nachfolgend N 19 f.). Umgekehrt gibt es – anders als im Verwaltungsrecht – auch keine Ein- oder Anfrage der unteren bei der oberen Instanz, wie zu entscheiden sei.

18 *Präjudizien*, auch solche des Bundesgerichts, müssen nicht zwingend beachtet werden. Gleichwohl werden die unteren Gerichte ihnen im Allgemeinen folgen, um unnötige Weiterzüge ihrer Entscheide zu vermeiden.

19 Es gibt jedoch *Ausnahmen.* Weist eine *obere Instanz den Prozess an die untere zurück,* damit diese aufgrund anderer rechtlicher Erwägungen den Sachverhalt zu ergänzen und neu zu entscheiden hat, so ist die untere Instanz an die rechtliche Beurteilung durch die obere gebunden (BGE *135* III 334 E. 2; *112* Ia 354 f.). In der ZPO ist aber keine Regelung vorhanden.

20 Ebenso ist auch die *rückweisende Instanz* – für den Fall eines neuen Weiterzugs an sie – an die in ihrem Rückweisungsentscheid vertretene Auffassung *gebunden,* soweit nicht die tatsächlichen Grundlagen durch Erhebungen im Rahmen der Rückweisung geändert haben. Dies hat das Bundesgericht für die Rückweisung und eine neue Berufung klar und wiederholt entschieden (BGE *135* III 334 E. 2; *111* II 95; *101* II 145; *90* II 308). Auch dafür findet sich in der ZPO keine Regelung.

3. Unabhängigkeit der einzelnen Gerichtsperson

Die Gesetze enthalten etwa Bestimmungen, welche die *Unabhängigkeit der Gerichtspersonen* von wirtschaftlichen Bindungen oder Interessenverbänden bezwecken, z.B. das Verbot oder die Bewilligungspflicht für die Übernahme leitender Funktionen in einem Erwerbsbetrieb (vgl. Art. 144 Abs. 2 BV). Die Unabhängigkeit der einzelnen Gerichtspersonen wird zu Recht auch aus Art. 30 Abs. 1 BV abgeleitet. 21

Bei *politischen Aktivitäten,* welche Gerichtspersonen in der Schweiz nicht selten ausüben, geniessen sie zwar den Schutz der Meinungsäusserungsfreiheit. Sie haben sich aber innerhalb und ausserhalb des Amtes so zu verhalten, dass das Vertrauen in ihre Unabhängigkeit und die des Gerichts nicht gefährdet wird. Die kantonalen Gerichtsorganisationsgesetze haben für ihren Bereich entsprechende Bestimmungen zu erlassen. 22

§ 13 Ausstand

1. Rechtliche Grundlagen

Die rechtlichen Grundlagen befinden sich in der BV, der ZPO (Prozesse vor kantonalen Gerichten) und dem BGG (Prozesse vor Bundesgericht). Auszugehen ist von Art. 30 Abs. 1 BV. Richtigerweise machen die Art. 47 ff. ZPO und Art. 34 ff. BGG die Unterscheidung zwischen Ausschlussgründen und Ablehnungsgründen nicht mehr. Sie sprechen lediglich noch von *Ausstandsgründen.* 23

Art. 47 ff. ZPO gelten für kantonale *Gerichtspersonen,* also nicht nur für richterliche Justizpersonen. Ebenso finden die Ausstandsgründe des BGG nicht nur auf Richterinnen und Richter, sondern auch auf das juristische Kanzleipersonal Anwendung (Art. 34 Abs. 1 BGG). 24

2. Ausstandsgründe

Massgebend ist nicht, ob die Gerichtsperson tatsächlich befangen ist oder sich befangen fühlt, sondern ob aufgrund bestimmter Umstände ein *Anschein der Befangenheit* besteht. Bei den *Ausstandsgründen* kann zwischen *objektiven und subjektiven* unterschieden werden. Ein objektiver Ausstandsgrund liegt vor, wenn sich eine Gerichtsperson in einem früheren Stadium desselben Verfahrens bereits einmal mit der Sache befasst hat (*Vorbefassung;* vgl. Art. 47 Abs. 1 lit. b). Die subjektiven Ausstandsgründe liegen dagegen in der *Person* oder im *Verhalten* der Gerichtsperson. 25

Diese Umstände lassen die Gerichtsperson in einer bestimmten Streitsache als befangen erscheinen (BSK BGG-KOLLER, Art. 2 N 45). Die Art. 47 ff. trennen die objektiven und subjektiven Ausstandsgründe nicht.

26 Im Art. 47 Abs. 1 ZPO werden die Ausstandsgründe der Gerichtspersonen (richterliche Personen und juristische Kanzleibeamte) geregelt. In erster Linie muss eine Gerichtsperson in den Ausstand treten, wenn sie an einem Fall ein persönliches Interesse hat (lit. a). Die übrigen Ausstandsgründe in der ZPO sind in der Regel Ableitungen davon. Dazu kommt die sehr strenge Ausstandsregel in Art. 47 Abs. 1 lit. f, wonach in den Ausstand zu treten hat, wer insbesondere wegen Freundschaft oder Feindschaft mit einer Partei oder ihrer Vertretung befangen sein könnte. Aus dieser Formulierung ergeht, dass der Anschein sowie die Möglichkeit einer Befangenheit zum Ausstand genügt. Dasselbe gilt grundsätzlich auch für das BGG (Art. 34). Nur kennt dieses die strenge Regel von Art. 47 Abs. 1 lit. f ZPO mit Bezug auf die Ausstandspflicht der Parteivertretung nicht.

27 Einen gewissen Ausgleich zu diesen strengen Regelungen bildet Art. 47 Abs. 2 ZPO, wo fünf Fälle aufgezählt sind, in denen die *Vorbefassung für sich allein keinen Ausstandsgrund* darstellt: Mitwirkung beim Entscheid über die unentgeltliche Rechtspflege, beim Schlichtungsverfahren, bei der Rechtsöffnung, bei vorsorglichen Massnahmenentscheiden und beim Eheschutzverfahren. Diese Ausnahmeregelung geht weit, ist aber angesichts der vielen kleinen und mittleren Gerichte in der Schweiz gerechtfertigt. Ohne diese Ausnahmegründe ergäben sich hier grösste praktische Schwierigkeiten bei der Besetzung der Spruchkörper. Das Bundesgericht hat dem schon bisher Rechnung getragen, indem nicht jede Vorbefassung zum Ausstand führt, sondern das konkrete Verfahren nicht den Anschein der Befangenheit erscheinen lassen darf (BGE *116* Ia 34; *117* Ia 324). Dies hat es in einem konkreten Fall derart entschieden, dass ein Scheidungsrichter, der im Scheidungsprozess einen Zeugen einvernommen hat, in einem Strafprozess gegen diesen wegen falscher Zeugenaussage mitwirken darf (BGE *126* Ia 168).

28 Die *Ausstandsgründe im BGG* sind in Art. 34 ff. auch hinsichtlich der Vorbefassung ähnlich geregelt wie in der ZPO. Die frühere Mitwirkung an einem Fall des Bundesgerichts bildet – in Abweichung zum alten OG – für sich allein indessen keinen Ausstandsgrund (Art. 34 Abs. 2 BGG). Dies dient der Funktionsfähigkeit des ausserordentlich belasteten Bundesgerichts.

3. Ausstandsverfahren

Gerichtspersonen haben eine *Mitteilungspflicht über mögliche Ausstandsgründe* (Art. 48 ZPO, Art. 35 BGG). Besteht ein Ausstandsgrund, hat die betroffene Gerichtsperson *von sich aus* in den Ausstand zu treten. Damit wird der Ausstand einer Gerichtsperson vom Gericht selbst geregelt, d.h. ohne Parteien. Im Bundesgericht hat ein Gerichtsmitglied dem Abteilungspräsidium einen Ausstandsgrund rechtzeitig, d.h. vor der eigentlichen Behandlung der Sache, bekannt zu geben (Art. 35 BGG). 29

Der *Ausstand* kann auch *von einer Partei verlangt* werden, indem sie ein Ausstandsgesuch beim Gericht stellt. Dieses ist allerdings *unverzüglich nach Kenntnis des Ausstandsgrunds* einzureichen (Art. 49 ZPO, Art. 36 BGG; BGE *120* I 19 E. 2). In einigen Kantonen bestehen allgemein einsehbare Listen von Mitgliedschaften usw. von Gerichtspersonen, um allfällige Ausstandsgründe besser und breiter offenzulegen (z.B. ZH). Die den Ausstand begründenden Tatsachen sind nicht zu beweisen, sondern nur *glaubhaft zu machen* (Art. 49 ZPO, Art. 36 BGG). 30

Nach der Praxis ist der Ausstandsgrund konkret zu bezeichnen (BGer 1B_265/2007). Ein Ausstandsgesuch gegen das gesamte Gericht ist regelmässig unzulässig (BGE *114* Ia 278 E. 1). Das Gleiche gilt, wenn ein Mitglied des Gerichts einer bestimmten politischen Partei angehört (BGer 6B_879/2009). Im selben Entscheid wurde auf den Ausstandsgrund nicht eingetreten, ein Gerichtsmitglied habe in Angelegenheiten des Gesuchstellers schon einmal entschieden. Kein Ausstandsgrund bildet für sich allein auch, dass der Herkunftskanton oder die Herkunftsgemeinde eines Gerichtsmitglieds Verfahrenspartei ist (BGer 1C_79/2007). 31

Die betroffene Gerichtsperson muss zum Ausstandsgesuch obligatorisch *Stellung nehmen* (Art. 49 Abs. 2 ZPO, Art. 36 Abs. 2 BGG). Ist der geltend gemachte *Ausstandsgrund bestritten,* so entscheidet das Gericht ohne die betreffende Gerichtsperson (nur gemäss Art. 37 Abs. 1 BGG, nicht nach Art. 50 ZPO). Dies muss auch im kantonalen Verfahren gelten. 32

Der Entscheid ist mit *Beschwerde* gemäss Art. 319 ff. ZPO, der Entscheid im Verfahren vor Bundesgericht mit *Revision* gemäss Art. 121 lit. a BGG anfechtbar. Entdeckt eine Partei den Ausstandsgrund erst nach Ende des kantonalen Verfahrens, kann sie ein *Revisionsgesuch* stellen (Art. 328 Abs. 1 lit. a ZPO; nachträglich entdeckte Tatsache). Wird ein Ablehnungsgrund erst nach dem bundesgerichtlichen Sachentscheid entdeckt, ist die Revision gemäss Art. 123 Abs. 2 lit. a BGG anwendbar. 33

Bei *Verletzung von Ausstandsvorschriften* werden die betroffenen Amtshandlungen aufgehoben, sofern eine Partei dies innert zehn Tagen (Art. 51 Abs. 1 ZPO) bzw. fünf Tagen seit Kenntnis des Ausstandsgrundes verlangt (Art. 38 Abs. 1 BGG). Sind *Beweismassnahmen* nicht wiederhol- 34 bar (z.B. Tod eines Zeugen), sind diese dennoch zu berücksichtigen (Art. 51 Abs. 2 ZPO, Art. 38 Abs. 2 BGG).

§ 14 Verantwortlichkeit der Gerichtspersonen

1. Disziplinarisch

35 Disziplinarisch können *Amtspflichtverletzungen* je nach dem anwendbaren Recht mit Disziplinarmassnahmen geahndet werden. Die Rechtsgrundlage dafür ist im kantonalen Recht geordnet (Personalgesetz, Gerichtsorganisationsgesetz). In Art. 335 Abs. 2 StGB findet sich dafür der Vorbehalt der kantonalen Kompetenz (vgl. BSK Strafrecht II-R. WIPRÄCHTIGER, Art. 335 StGB N 25).

2. Strafrechtlich

36 Strafrechtlich hat eine Gerichtsperson für *strafbare Handlungen im Amt* einzustehen. Die Strafverfolgung der Mitglieder des Bundesgerichts und oft auch diejenige von kantonalen Richtern der oberen kantonalen Gerichte bedarf jedoch der Ermächtigung durch das betreffende Parlament. Damit sollen querulatorische Strafanzeigen unterbunden werden. Zu denken ist u.a. an die Tatbestände der Begünstigung (Art. 305 StGB), der ungetreuen Amtsführung (Art. 314 StGB) oder das Korruptionsstrafrecht (Art. 322ter ff. StGB).

3. Haftungsrechtlich

37 Haftungsrechtlich kann die Verantwortung abweichend von den allgemeinen Bestimmungen des OR über ausservertragliche Schädigung durch Bund und Kantone geregelt werden (Art. 61 OR). Die Materie ist im Bund und in den Kantonen durch *besondere Verantwortlichkeits- oder Haftungsgesetze* geordnet. Vgl. für den Bund das Bundesgesetz vom 14. März 1958 über die Verantwortlichkeit des Bundes und seiner Behördenmitglieder und Beamten (SR 170.32).

3. Kapitel: Zuständigkeit der Gerichte

§ 15 Funktion, Begriff und Arten der Zuständigkeitsregeln

1. Funktion der Zuständigkeitsregeln

Die Regeln über die Zuständigkeit der Gerichte haben eine mehrfache Funktion: 1

- Von der *Gerichtsorganisation* her gesehen umschreiben sie die *Aufgabenkreise der Gerichte*. Innerhalb dieser Aufgabenkreise haben die Gerichte Berechtigung *und Pflicht*, Recht zu sprechen. 2
- Vom *Rechtsuchenden (Kläger)* her betrachtet bestimmen die Zuständigkeitsregeln das Gericht, an welches er *für eine bestimmte Streitsache* zu gelangen hat. 3
- Vom *Beklagten* her betrachtet haben die Zuständigkeitsregeln eine *Schutzfunktion:* Er muss sich nicht vor irgendwelchen, sondern nur vor denjenigen Gerichten verantworten, deren Zuständigkeit gegeben ist. 4

2. Begriff

Zuständig ist ein Gericht, wenn es in einer bestimmten Streitsache entscheiden darf und muss. 5

Zuständigkeitsnormen umschreiben nicht das rechtliche Können: Von einem unzuständigen Gericht gefällte Entscheide sind mit Eintritt der Rechtskraft gültig. Hingegen sind sie dann nicht anerkennungsfähig und somit nicht vollstreckbar, wenn im Vollstreckungsverfahren die Unzuständigkeit des urteilenden Gerichts eingewendet werden kann: so für ausländische Urteile Art. 25 lit. a und 26: IPRG. Ausnahme: Entscheide eines *sachlich* unzuständigen Richters sind absolut nichtig. 6

3. Arten der Zuständigkeit

3.1 Örtliche Zuständigkeit

Sie scheidet die Aufgabenkreise *territorial* und beantwortet damit die Frage, welches Gericht in örtlicher Hinsicht zur Behandlung einer be- 7 stimmten Streitigkeit zuständig ist. Die örtliche Zuständigkeit grenzt somit die Aufgabenkreise zunächst in *kantonaler* Hinsicht ab, d.h. es wird festgelegt, welcher Kanton innerhalb der Schweiz für eine Rechtsstreitigkeit zuständig ist.

8 *Innerkantonal* regelt die örtliche Zuständigkeit weiter, innerhalb welchen Gerichtskreises eines bestimmten Kantones ein Gericht örtlich zuständig ist. Schon mit der Einführung des GestG im Jahr 2000 wurde die örtliche Zuständigkeit bundesrechtlich und für das gesamte Gebiet der Schweiz einheitlich geregelt, wobei einige Zuständigkeitsregeln auch in anderen Gesetzen zu finden waren. Mit der Einführung der schweizerischen ZPO wurden die separaten Zuständigkeitsregeln eliminiert und die schweizerische ZPO bildet in den Art. 9 ff. eine umfassende und systematische Ordnung des binnenrechtlichen Zuständigkeitsrechts in kantonalen und bundesrechtlichen Gerichtsverfahren.

9 Die *direkte internationale Zuständigkeit* (1 N 65) wird entweder von der Schweiz einseitig durch die Bestimmungen ihres internationalen Zivilprozessrechts geregelt, d.h. durch die Zuständigkeitsnormen des IPRG, welche besagen, ob ein schweizerisches Gericht zuständig ist. Oder aber sie wird völkerrechtlich durch bilaterale oder multilaterale *Staatsverträge* geordnet (1 N 58 ff.), welche für bestimmte Sachverhalte die Zuständigkeit des einen oder andern Staates (d.h. die *internationale Zuständigkeit i.e.S.*) oder die Zuständigkeit eines bestimmten Gerichts im einen oder andern Staat (d.h. die internationale *örtliche Zuständigkeit*) festlegen. So bestimmt das LugÜ II zum Teil nur die internationale Zuständigkeit (Art. 2 Abs. 1 LugÜ II: allgemeiner Gerichtsstand des Beklagten mit Wohnsitz in einem Vertragsstaat: «vor den Gerichten *dieses Staates*»), zum Teil aber die örtliche Zuständigkeit (Art. 5 Ziff. 1 lit. a LugÜ II: Gerichtsstand für vertragliche Verbindlichkeiten: «vor dem Gericht *des Ortes,* an dem die Verpflichtung erfüllt worden ist oder zu erfüllen wäre»).

3.2 Sachliche Zuständigkeit

10 Sie scheidet die Aufgabenkreise der an einem Ort vorhandenen mehreren *erstinstanzlichen* Gerichte. Zum Beispiel: Bezirksgericht oder Arbeitsgericht, Bezirksgericht oder Handelsgericht.

11 Nach der *Natur der Streitsache* bestimmt sich, welcher Richter den Prozess behandeln muss: der Einzelrichter oder das Kollegialgericht, das ordentliche Gericht oder ein Sondergericht. Die sachliche Zuständigkeit ist kantonal geregelt (Art. 4 Abs. 1).

3.3 Funktionelle Zuständigkeit

Sie scheidet die Aufgabenkreise der über- und untergeordneten Gerichte und beantwortet die Frage, welches Gericht die Prozesssache in einem bestimmten Prozessstadium zu behandeln habe: Klageeinleitung, erste Instanz, zweite Instanz. 12

4. Arten von Gerichtsständen

Gerichtsstand ist Synonym für örtliche Zuständigkeit. 13

4.1 Allgemeiner und besonderer Gerichtsstand

Der allgemeine Gerichtsstand einer Person ist derjenige Ort, an welchem sie mit jeder Klage belangt werden kann (Wohnsitz, Sitz), sofern nicht ein besonderer Gerichtsstand (z.B. Ort der gelegenen Sache) gegeben ist. 14

4.2 Ausschliesslicher, zwingender und teilzwingender Gerichtsstand

Als *ausschliesslich* bezeichnet man einen Gerichtsstand (oder mehrere alternative Gerichtsstände), neben welchem (welchen) kein anderer Gerichtsstand gegeben ist. Der Begriff des ausschliesslichen Gerichtsstandes wird im IPRG (z.B. Art. 97) und im LugÜ II (z.B. Art. 23 Abs. 1) verwendet, nicht jedoch in der schweizerischen Zivilprozessordnung. Der Begriff *ausschliesslich* wird in den zitierten Rechtsquellen zudem uneinheitlich verwendet. So wird er an manchen Stellen als Synonym für «zwingend» verwendet (Art. 97 IPRG, Art. 22 LugÜ II) und an anderen im Sinne der vorstehend verwendeten Definition (Art. 23 Abs. 1 LugÜ II). 15

Zwingend sind jene Gerichtsstandsbestimmungen, welche eine Prorogation nicht zulassen, Art. 9 Abs. 2. Ein Gerichtsstand ist dann zwingend wenn es das Gesetz ausdrücklich vorschreibt (Art. 9 Abs. 1). Diese dogmatische Zweideutigkeit ist verwirrlich. 16

In der neueren Gesetzgebung und in neueren Staatsverträgen (LugÜ II) finden sich häufig Gerichtsstandsnormen, die eine zum Voraus – bei Vertragsschluss vereinbarte – Prorogation verbieten, sie (und die konkludente Prorogation durch Einlassung) nach Entstehung des Streites aber zulassen: 17

Art. 35, Art. 114 Abs. 2 IPRG , Art. 13 Ziff. 1 LugÜ II, Art. 17 Ziff. 1 LugÜ II. Solche Gerichtsstandsnormen sind also *teilzwingend*, N 111.

4.3 Gesetzlicher und vereinbarter Gerichtsstand

18 Sind die anwendbaren Gerichtsstandsvorschriften nicht zwingend und auch nicht teilzwingend, so können die Parteien einen Gerichtsstand vor Entstehen der Streitigkeit *vereinbaren,* bzw. der Beklagte kann ihn durch vorbehaltlose *Einlassung* begründen. Gemäss Art. 18 wird das angerufene Gericht zuständig, wenn sich die beklagte Partei ohne Einrede der fehlenden Zuständigkeit zur Sache äussert.

19 Auch der vereinbarte Gerichtsstand kann von den Parteien als ausschliesslicher oder als nicht ausschliesslicher gemeint sein. In Abweichung von der bisherigen Gerichtspraxis (BGE *89* I 69) bestimmt Art. 17 Abs. 1 Satz 2: «Geht aus der Vereinbarung nichts anderes hervor, so kann die Klage nur am vereinbarten Gerichtsstand angehoben werden.»

20 Im *internationalen* Verhältnis gilt dies seit Langem: Nach Art. 23 Abs. 1 LugÜ II und ebenso Art. 5 Abs. 1 letzter Satz IPRG ist das vereinbarte Gericht ausschliesslich zuständig.

5. Kein «forum non conveniens»

21 Die «Forum non conveniens»-Doktrin, die im angelsächsischen Rechtskreis verbreitet ist, gestattet es, dass sich ein nach den Gerichtsstandsregeln an sich zuständiges Gericht aufgrund einer entsprechenden Einrede der beklagten Partei unter Berücksichtigung der Eigenheiten des Falles als «nicht geeignet» bezeichnet, sofern dargelegt wird, dass ein anderes Gericht zur Behandlung des Rechtsfalles besser geeignet sei, und das erstangerufene Gericht zur Überzeugung gelangt, dass das zweite Gericht die Streitigkeit auch tatsächlich behandeln wird *(Spiliada Martime Corp. V Cansulex Ltd; The Spiliada [1987] A.C. 460).* Diesfalls wird das Verfahren am erstangerufenen Gericht einstweilen sistiert, damit der Rechtsstreit an das besser geeignete Gericht anhängig gemacht werden kann. Die Forum non conveniens-Doktrin wird auch angewendet, wenn der Kläger die Zuständigerklärung eines nach den Gerichtsstandsregeln primär nicht zuständigen Gerichts als «forum conveniens» («more appropriate, more natural») zu erreichen trachtet. Diese Doktrin ist dem kontinentaleuropäischen Prozessrecht unbekannt und ist auch aus angelsächsischer Sicht nicht anwendbar auf Fälle mit EU- oder EFTA-Bezug *(Owusu v Jackson [2005] 2 W.L.R.942, ECJ).*

6. Forum shopping, forum running

Mit *forum shopping* bezeichnet man die Möglichkeit, unter mehreren intern oder international zur Verfügung stehenden Gerichtsständen auszuwählen. Diese Möglichkeit steht vorab dem *Kläger* offen, wenn mehrere alternative Gerichtsstände gegeben sind, aber auch *beiden Parteien,* wenn sie mittels *Gerichtsstandsvereinbarung* einen ihnen genehmen Gerichtsstand wählen. Diese Wahlmöglichkeiten können, da Gesetz und Staatsverträge sie eröffnen, nicht verpönt sein, auch wenn der Kläger dabei einseitig darauf aus sein kann, das seiner Meinung nach günstigste *forum* zu wählen. Es gehört zur sorgfältigen Prozessplanung, verschiedene in Frage kommende Gerichtsstände zu vergleichen und gegeneinander abzuwägen. Dabei spielen nicht nur prozessrechtliche Überlegungen eine Rolle, sondern auch Fragen materiellrechtlicher Natur sowie vollstreckungsrechtliche Aspekte. 22

Beim *forum running* geht es um den Wettlauf zwischen den Parteien um das für jede günstigste *forum.* Dabei spielen oftmals nicht rein materiellrechtliche Überlegungen (wo bekomme ich für einen geringen Schaden eine grössere Entschädigung), sondern mehr rein verfahrensrechtliche Argumente eine Rolle: Wo bekommt man am schnellsten und billigsten ein richtiges Urteil durch ein unabhängiges Gericht mit möglichst günstigen Verfahrensvorschriften zum Beweisrecht und zur Offenlegung von Beweisunterlagen (SIEHR, 620). Gemäss Rechtsprechung zu LugÜ II 27 kann der Anspruchsgegner «durch schnelle Erhebung einer negativen Feststellungsklage die gleiche Chance» haben, «sich das streitentscheidende Gericht auszusuchen wie der Leistungskläger» (KROPHOLLER, Art. 27 N. 10), 7 N 24. Der EuGH hat wiederholt festgestellt, dass die Klage einer Partei auf Leistung (z.B. von Schadenersatz) denselben Anspruch betreffe wie die negative Feststellungsklage der anderen Partei (z.B. auf Nichtbestehen einer Schadenersatzpflicht), womit diejenige Partei den «Wettlauf» gewinnt, welche ihre Klage zuerst bei einem Gericht anhängig machen konnte, sofern die übrigen Voraussetzungen zur Erhebung einer negativen Feststellungsklage vorliegen (vgl. z.B. Urteil 8.12.1987, i.S. Gubisch/Palumbo, Rs. 44/86, Slg. 1987, S. 4861 ff. vgl. auch BGE *125* III 346 ff., *132* III 779 ff., *133* III 283 ff.). Die Schweiz hat mit der Einführung der ZPO durch Vorverschiebung der Rechtshängigkeit (Einreichen des Schlichtungsgesuches, Art. 62 Abs. 1) das *forum running* zugunsten des Gerichtsstandes Schweiz wesentlich vereinfacht. Zwar überlässt das Lugano-Übereinkommen die Ausgestaltung der Rechtshängigkeit nach wie vor den nationalen Prozessrechten, doch sieht es in Art. 30 Ziff. 1 vor, dass die Einreichung des verfahrenseinleitenden oder eines gleichwertigen Schriftstückes den Eintritt der Rechtshängigkeit bewirkt. Dazu reicht die Einreichung des Schlichtungsbegehrens in den dafür vorgesehenen Fällen (Botschaft LUGÜ II, 1803). 23

§ 16 Örtliche Zuständigkeit

1. Allgemeiner Gerichtsstand

1.1 Die alte Regel «actor sequitur forum rei» und die neuere Rechtsentwicklung

24 Schon im römischen Recht galt der Grundsatz, dass der Kläger den Beklagten vor dessen Gericht zu suchen hat: actor sequitur forum rei.

25 In dieser Regel kristallisiert sich die *Schutz- oder Garantiefunktion* des Gerichtsstandsrechtes für den *Beklagten* (N 4). Sie gewährleistet ihm, dass er vor seinem *natürlichen Richter* gesucht werden muss (BGE *114* II 265 zum [aufgehobenen] schweizerisch-französischen Staatsvertrag). Sie liegt denn auch der Gerichtsstandsgarantie von Art. 30 Abs. 2 Satz 1 BV zugrunde. Diese Regel wird jedoch insofern eingeschränkt, als das Gesetz Ausnahmen vorsehen kann (Art. 30 Abs. 2, Satz 2 BV). Und diese Ausnahmen sind zahlreicher Natur.

26 Sie liegen dann vor, wenn ein anderes Anknüpfungskriterium als die Person des Beklagten Vorrang hat: die geschäftliche Niederlassung des Beklagten, welche die strittigen Geschäfte abschloss, das Grundstück, auf welches sich der Streit bezieht, das im Inland gelegene Vermögensstück des Beklagten mit ausländischem Wohnsitz, der Handlungsort, der Erfolgsort usw.

27 Die neuere Entwicklung des Gerichtsstandsrechts hat sich daher immer mehr von der alten naturrechtlichen Regel entfernt. Dies geschah einmal im *internen Bundesrecht*. Weil der Gerichtsstand am Wohnsitz des Beklagten für den Kläger eine *Rechtswegbarriere* darstellen kann, gelangte der Bundesgesetzgeber immer häufiger dazu, bundesrechtliche Gerichtsstände am *Wohnsitz des Klägers – mindestens alternativ* – zu schaffen oder Gerichtsstände zu begründen, die in der Regel *dem Wohnsitz bzw. Sitz des Klägers entsprechen oder nahekommen:* z.B. Art. 12 (Niederlassung), Art. 90 (Klagenhäufung), Art. 73 Abs. 1 (Gericht des Hauptprozesses bei Interventionsklage), Art. 19 (freiwillige Gerichtsbarkeit), Art. 20 (Persönlichkeits- und Datenschutz), Art. 23 Abs. 1 (Eherecht), Art. 26 (Unterhalts- und Unterstützungsklagen), Art. 32 (Konsumentenverträge), Art. 33 (Mietverträge), Art. 34 Abs. 1 (Arbeitsverträge), Art. 36 ff. (unerlaubte Handlungen).

28 Diese Entwicklung entspricht der Zielrichtung des *sozialen Zivilprozesses* (1 N 25). Sie verletzt aber die Regel «actor sequitur forum rei».

29 Weiter an Bedeutung verlor die alte Regel durch den Beitritt der Schweiz zum Lugano-Übereinkommen. Wohl folgt auch der allgemeine Gerichtsstand von Art. 2 Abs. 1 LugÜ II der alten Regel. In den Abschnitten 2–5 werden dem Kläger aber so viele alternative und für ihn attraktivere Ge-

richtsstände an andern Orten als dem Wohnsitz des Beklagten zur Verfügung gestellt, dass der allgemeine Gerichtsstand als blosser Auffanggerichtsstand fungiert. Zu nennen sind namentlich der Deliktsort für Deliktsklagen, Art. 5 Ziff. 3 LugÜ II, der Wohnsitz eines Streitgenossen für die Klage gegen alle einfachen Streitgenossen, Art. 6 Ziff. 1 LugÜ II, der Wohnsitz des Versicherungsnehmers für dessen Klage gegen den Versicherer, Art. 9 Abs. 1 Ziff. b LugÜ II, der Wohnsitz des Verbrauchers für dessen Klage gegen den andern Vertragspartner, Art. 16 Abs. 1 LugÜ II usw.

1.2 Normen über den allgemeinen Gerichtsstand

Art. 2 IPRG, Art. 2 LugÜ II, Art. 10 ZPO

1.2.1 Natürliche Personen: Wohnsitz, evtl. Aufenthaltsort

Der *Wohnsitzbegriff* bestimmt sich: 30

- gemäss Art. 10 Abs. 2 nach dem ZGB; Art. 24 ZGB ist aber nicht anwendbar;
- für das *IPRG* nach Art. 20 Abs. 1 lit. a IPRG («in dem Staat, in dem sie sich mit der Absicht dauernden Verbleibens aufhält»); die Bestimmungen des ZGB (über fortdauernden und abgeleiteten Wohnsitz) sind nicht anwendbar, Art. 20 Abs. 2 IPRG;
- für das *LugÜ II* im Gerichtsstaat gemäss Art. 59 Abs. 1 LugÜ II nach der lex fori, d.h. für das schweizerische Gericht wiederum nach Art. 20 IPRG; hat die Partei keinen Wohnsitz im Gerichtsstaat, so bestimmt sich ihr Wohnsitz nach dem Recht des Staates, für welchen zu prüfen ist, ob sie dort Wohnsitz hat, Art. 59 Abs. 2 LugÜ II.

Als «gewöhnlicher Aufenthalt» gilt: 31

- nach der Legaldefinition in Art. 11 Abs. 2 sowie Art. 20 Abs. 1 lit. b IPRG der Ort, an dem eine Person während längerer Zeit lebt, selbst wenn diese Zeit von vornherein befristet ist.

Das *LugÜ II* knüpft nur in Art. 5 Ziff. 2 lit. a an den gewöhnlichen Aufenthaltsort an. 32

1.2.2 Juristische Personen und «Gesellschaften»: Sitz

Die juristischen Personen des *Binnenrechts* sind durch Art. 52 ZGB definiert und haben ihren Sitz am Ort, den die Statuten nennen, und wenn sie nichts sagen, da wo die Verwaltung geführt wird, Art. 56 ZGB. Für den Sitz als binnenrechtlichen Gerichtsstand vgl. SPÜHLER/VOCK Art. 3 N 6. 33

34 Als «Gesellschaften» im Sinne des *IPRG* gelten organisierte Personenzusammenschlüsse und organisierte Vermögenseinheiten, Art. 150 Abs. 1 IPRG. Als Sitz gilt der in den Statuten oder im Gesellschaftsvertrag bezeichnete Ort, bei dessen Fehlen der Ort, an dem die Gesellschaft tatsächlich verwaltet wird, Art. 21 Abs. 2 IPRG.

35 Das LugÜ II definiert den Begriff der «Gesellschaften und juristischen Personen» nicht. Dafür verweist es das Gericht für die Bestimmung des Sitzes alternativ auf den Ort des satzungsmässigen Sitzes, auf den Ort der Hauptverwaltung oder auf den Ort der Hauptniederlassung (Art. 60 Abs. 1 lit. a LugÜ II).

1.2.3 Notzuständigkeit für internationale Verhältnisse

36 Im internationalen Verhältnis besteht nach Art. 3 IPRG eine allgemeine Notzuständigkeit am *Ort, mit dem der Sachverhalt einen «genügenden Zusammenhang» aufweist,* wenn
- das IPRG keine Zuständigkeit in der Schweiz vorsieht und
- ein Verfahren im Ausland nicht möglich oder unzumutbar ist.

Das LugÜ II kennt keine analoge Notzuständigkeit.

2. Gerichtsstände des Lugano-Übereinkommens II

2.1 Persönlicher Geltungsbereich

2.1.1 Wohnsitz des Beklagten in einem Vertragsstaat

37 Der sachliche und der zeitliche (1 N 81) Geltungsbereich des LugÜ II insgesamt wurde bereits umschrieben. Hier ist noch der *persönliche Geltungsbereich* der Zuständigkeitsnormen des LugÜ II, deren Geltung ratione personae, darzulegen.

38 Grundsätzlich sind die Zuständigkeitsvorschriften des LugÜ II anwendbar, *wenn der Beklagte seinen Wohnsitz in einem Vertragsstaat hat* (Ausnahmen N 42 ff.). Nicht vorausgesetzt wird, dass auch die klagende Partei ihren Wohnsitz in einem Vertragsstaat hat. Es ist daher denkbar, dass die klagende Partei ihren Wohnsitz ausserhalb des territorialen Geltungsbereichs des Lugano-Übereinkommens hat.

39 Der Wohnsitz bzw. Sitz im Gerichtsstaat bestimmt sich dabei nach Art. 59 Abs. 1 LugÜ II und Art. 60 Abs. 1 LugÜ II, d.h. wegen der dortigen Verweise für natürliche Personen nach dem Sachrecht des Forumstaates bzw. für juristische Personen nach den dort aufgeführten Kriterien

Die *drei Grundregeln* für die Anwendbarkeit des LugÜ II sind in den Art. 2–4 enthalten: 40

- Liegt der *Wohnsitz des Beklagten im Gerichtsstaat*, so ist er grundsätzlich dort zu verklagen: Art. 2 Abs. 1 LugÜ II.
- *Vor den Gerichten eines anderen Vertragsstaates* kann der Beklagte mit Wohnsitz in einem Vertragsstaat nur gemäss den Vorschriften des 2.–7. Abschnitts – d.h. nach den Art. 5–24 – verklagt werden: Art. 3 Abs. 1 LugÜ II.
- *«Hat der Beklagte keinen Wohnsitz in dem Hoheitsgebiet eines Vertragsstaats»*, so bestimmt sich vorbehaltlich der Artikel 22 und 23 die Zuständigkeit nach *innerstaatlichem* Recht: Art. 4 Abs. 1 LugÜ II. Gegenüber Beklagten mit Wohnsitz/Sitz ausserhalb des Vertragsgebietes des LugÜ II kommen daher die exorbitanten Gerichtsstände, welche im Anhang I des 3. Protokolls (siehe Verweis in Art. 3 Abs. 2 LugÜ II) aufgeführt sind, weiterhin zur Anwendung. (Als *exorbitant* werden Gerichtsstände bezeichnet, welche an einen schwachen Anknüpfungsbegriff anknüpfen, also z.B. – wie der Arrestgerichtsstand – bloss an das Vorhandensein von Vermögenswerten des Beklagten am Gerichtsort.)
- *Irrelevant* sind für den persönlichen Anwendungsbereich:
  - die Staatsangehörigkeit: Art. 2 Abs. 1 LugÜ II;
  - der Wohnsitz des Klägers; auch in den Fällen, in denen ein Gerichtsstand am Wohnsitz des Klägers besteht (z.B. am Vertragserfüllungsort, Art. 5 Ziff. 1 lit. a LugÜ II, am Deliktsort, Art. 5 Ziff. 3 LugÜ II, am Ort des Versicherungsnehmers, Art. 9 Abs. 1 lit. b LugÜ II am Ort des Verbrauchers, Art. 16 Abs. 1 LugÜ II, ist für die Anwendbarkeit des LugÜ II der Wohnsitz des *Beklagten* in einem Vertragsstaat entscheidend.

Den für das Bestehen des Wohnsitzes in einem Vertragsstaat massgeblichen *Zeitpunkt* nennt das LugÜ II nicht. Nach allgemeinen Grundsätzen besteht die durch Wohnsitz zu Beginn des Prozesses begründete Zuständigkeit auch bei Wegzug des Beklagten aus dem Vertragsgebiet fort: perpetuatio fori. Umgekehrt genügt es – da die Prozessvoraussetzungen mindestens im Zeitpunkt des Urteils gegeben sein müssen, wenn der zu Beginn nicht im Vertragsgebiet wohnhafte Beklagte seinen Wohnsitz im Laufe des Prozesses in einen Vertragsstaat verlegt. 41

2.1.2 Ausnahmen: Art. 22 und 23 LugÜ II

Die *«ausschliesslichen»* (= zwingenden, N 16) Gerichtsstände gemäss Art. 22 LugÜ II gelten *«ohne Rücksicht auf den Wohnsitz»*. Gel- 42 tungsgrund ist hier die Belegenheit der unbeweglichen Sache (Ziff. 1), der Ort des Registers (Ziff. 3, 4) oder der Ort der Zwangsvollstreckung (Ziff. 5).

43 Immerhin ist für Klagen betreffend Gesellschaften bzw. ihrer Beschlüsse wiederum der Sitz der Gesellschaft massgeblich, Ziff. 2.

44 Für die Anwendbarkeit von Art. 23 LugÜ II auf *Gerichtsstandsvereinbarungen* genügt es, dass mindestens *eine Partei* ihren Wohnsitz in einem Vertragsstaat hat; es genügt also auch der Wohnsitz des *Klägers*. Deshalb beurteilen sich auch Gerichtsstandsvereinbarungen zwischen einer Partei mit Wohnsitz in einem Vertragsstaat und einer in einem *Nicht-Lugano-Staat* wohnhaften Partei nach Art. 23 Abs. 2 LugÜ II, wenn das Gericht eines Vertragsstaates vereinbart wird: ZR 95 Nr. 47, 97 Nr. 84.

2.2 Abschliessende Ordnung des Gerichtsstandsrechts

45 Fällt eine Klage in den Anwendungsbereich des LugÜ II, so bestimmt sich die gerichtliche Zuständigkeit *abschliessend* nach den Bestimmungen des Übereinkommens. Das Übereinkommen lässt – wie das Brüsseler Übereinkommen – im Gerichtsstandsrecht keine Lücke offen und gestattet keinen Rückgriff aufs Landesrecht, ausser zwecks Bestimmung der internationalen örtlichen Zuständigkeit in Fällen, in welchen das LugÜ II nur die internationale Zuständigkeit regelt (z.B. bei Art. 2 LugÜ II).

46 Bestimmt das LugÜ II nämlich nur die *internationale Zuständigkeit,* d.h. nur den Staat, dessen Gerichte zuständig sind, so bestimmt sich nach dessen internem Recht (meist das Kollisonsrecht bzw. internationale Privatrecht), welches Gericht *örtlich* zuständig ist. Für die Schweiz ist das IPRG zu konsultieren. Beispiel: Art. 16 Abs. 1 LugÜ II weist u.a. die Klage des Verbrauchers vor die Gerichte des Wohnsitzstaates des Vertragspartners; ist dies die Schweiz, so ist nach Art. 114 Abs. 1 lit. b IPRG das Gericht am Wohnsitz oder gewöhnlichen Aufenthalt des Anbieters zuständig (wenn der Vertrag auch den Voraussetzungen von IPRG 120 entspricht).

2.3 Überblick über die Gerichtsstände des LugÜ II

47 Die Gerichtsstände des LugÜ II werden nach Anknüpfungskriterien geordnet im Zusammenhang mit den Gerichtsständen des internen Rechts behandelt, N 50 ff. Vorausgehend soll aber eine tabellarische Übersicht den Überblick erleichtern.

In dieser Tabelle wird mit Abkürzungen angezeigt:
unter den *Eigenschaften* der Gerichtsstandsnorm, ob sie

- «i» = nur die internationale Zuständigkeit oder
- «ö» = auch die örtliche Zuständigkeit bestimmt (N 9) und ob sie
- «z» = zwingend (in der Terminologie des LugÜ II: «ausschliesslich», N 15 und 16),
- «nz» = nicht zwingend oder
- «tz» = teilzwingend ist (N 17);

zur *Auslegung*, ob der angezeigte Begriff nach der Rechtsprechung des EuGH zum Brüsseler Übereinkommen, 1 N 71, 48

- «a» = vertragsautonom,
- «lf» = nach der lex fori oder
- «lc» = nach der lex causae bestimmt wird. Lex causae ist das nach dem Kollisionsrecht des Gerichtsstaates auf das fragliche Vertragsverhältnis bzw. die fragliche Leistung anwendbare nationale Recht.

Gerichtsstände des Lugano-Übereinkommens II

LugÜ II Art.	Gegenstand	Gerichtsstand	Eigenschaften i, ö, z, nz, tz		Auslegung a, lf, lc
2	**Allgemeiner Gerichtsstand**	Wohnsitz Beklagter	i	nz	Wohnsitz: lf (59) Sitz: lc (60 I
	Besondere Gerichtsstände				
5 Ziff. 1 lit. a)–c)	Vertrag oder Ansprüche aus Vertrag	Erfüllungsort	ö	nz	Vertrag: a Erfüllungsort: lc
19 lit. 1 und 2	Arbeitsvertrag	Wohnsitz des Arbeitgebers Ort der gewöhnl. Arbeitsverrichtung	ö	tz (21 Ziff. 1 und 2)	Arbeitsvertrag: a Ort der gewöhnl. Arbeitsverrichtung: a
5 Ziff. 2 lit. a)–c)	Unterhaltsklage	Wohnsitz/Aufenthaltsort des Berechtigten (lit. a) Gerichtsstand konnexes Personenstandsverfahren (lit. b) oder elterliche Verantwortlichkeit (lit. c)	ö	nz	Unterhaltssache: a Wohnsitz: lf (59)
5 Ziff. 3	Unerlaubte Handlung	Ort des schädigenden Ereignisses	ö	nz	unerlaubte Handlung: a Ort des schädigenden Ereignisses: a

LugÜ II Art.	Gegenstand	Gerichtsstand	Eigenschaften i, ö, z, nz, tz		Auslegung a, lf, lc
5 Ziff. 4	Schadenersatz aus strafbarer Handlung	Strafgericht	ö	nz	
5 Ziff. 5	Streit aus Zweigniederlassung	Ort der Niederlassung	ö	nz	Niederlassung: a
5 Ziff. 6	Klage gegen Begründer von Trust, Trustee, Begünstigten	Sitz des Trusts	i	nz	Sitz: lf (53 I: IPRG 21)
5 Ziff. 7	Berge- und Hilfslohn für Ladung oder Frachtforderung	Arrestort der Ladung oder Frachtforderung	ö	nz	alle Begriffe: a
6 Ziff. 1	Einfache Streitgenossen	Wohnsitz eines Streitgenossen	ö	nz	Konnexität: a
6 Ziff. 2	Gewährleistungs- und Interventionsklage	Gericht des Hauptprozesses (s. Prot. 1 Art. II)	ö	nz	Gewährleistungs- und Interventionsklage: a
6 Ziff. 3	Widerklage	Gericht der Hauptklage	ö	nz	Widerklage: a Konnexität: a
6 Ziff. 4	Mit dinglicher Klage verbundene Vertragsklage	Staat rei sitae	i	nz	Vertrag: a
	Versicherungssachen				
	Klagen gegen Versicherer				
9 I lit. a)–c)	Allgemein:	1. Wohnsitzstaat des Beklagten	i	tz	Versicherung: a
		2. in anderem Staat: Wohnsitz Versicherter, Begünstigter	ö	tz	
		3. gegen Mitversicherer: Ort der Klage gegen Federführer	i	tz	
10	Haftpflicht und unbewegliche Sachen	Ort des schädigenden Ereignisses	ö	tz	
11 I	Haftpflicht	Zusätzl.: Gericht der Klage des Geschädigten gegen den Versicherten	ö	tz	
12 I	*Klagen gegen Versicherten* usw.	Wohnsitzstaat des Beklagten	i	tz	

LugÜ II Art.	Gegenstand	Gerichtsstand	Eigenschaften i, ö, z, nz, tz		Auslegung a, lf, lc
	Verbrauchersachen				
15 I und III	Definition Verbrauchersache				
16 I	Klage des Verbrauchers	Wohnsitzstaat des Verbrauchers oder Vertragspartners	i	tz	Begriff: 15
16 II	Klage des Vertragspartners	Wohnsitzstaat des Verbrauchers	i	tz	Begriff: 15
	Zwingende («ausschliessliche») Gerichtsstände				
22 Ziff. 1 Abs. 1	Dingliches Recht an Immobilien, Miete und Pacht von Immobilien	Staat rei sitae	i	z	Immobilie: a dingl. Recht: a Miete und Pacht: lf
22 Ziff. 1 Abs. 2	Miete/Pacht max. 6 Monate	auch Gerichte im Wohnsitzstaat des Beklagten sofern Mieter natürliche Person mit denselben Wohnsitzstaat wie Vermieter	i	z	
22 Ziff. 2	Jurist. Pers.: Gültigkeit, Auflösung; Anfechtung von Beschlüssen	Sitzstaat der juristischen Person, anzuknüpfen über IPR des Gerichtsstaats	i	z	Juristische Person: a
22 Ziff. 3	Gültigkeit von Registereinträgen	Registerstaat	i	z	öff. Register: a
22 Ziff. 4	Immaterialgüterrecht: Eintragung und Gültigkeit	Staat der Hinterlegung oder Registrierung	i	z	Begriff solcher Klagen: a
22 Ziff. 5	Zwangsvollstreckung aus Entscheidungen	Staat der Zwangsvollstreckung	i	z	Zwangsvollstreckungsverfahren: a (N 68)
	Vereinbarter Gerichtsstand				
23	Gerichtsstandsvereinbarung	Vereinbartes Gericht oder vereinbarter Staat	i/ö	nz	

LugÜ II Art.	Gegenstand	Gerichtsstand	Eigenschaften i, ö, z, nz, tz	Auslegung a, lf, lc
	Vorsorgliche Massnahmen			
31	Einstweilige Massnahmen	Gerichte eines Vertragsstaats, der in der Hauptsache nicht unbedingt zuständig ist	i nz	Massnahmen: lf (im Anwendungsbereich des LugÜ II)

3. Besondere Gerichtsstände

49 Die besonderen Gerichtsstände knüpfen an andere Kriterien als den Wohnsitz des Beklagten an, z.B. an den Wohnsitz des Klägers, an die Geschäftsniederlassung usw.

50 Geordnet nach den verschiedenen Anknüpfungskriterien werden im Folgenden die Gerichtsstandsnormen des *Bundesrechts* und des *Lugano-Übereinkommens* gemeinsam behandelt, und zwar zunächst jene, die direkt oder indirekt (über den Erfüllungsort, den Ort der unerlaubten Handlung) zum Wohnsitz des Klägers führen, sodann der dem Wohnsitz des Beklagten beizuordnende Gerichtsstand der Niederlassung und die an Drittkriterien anknüpfenden Gerichtsstände (Ort der gelegenen Sache, des letzten Wohnsitzes des Erblassers usw.).

51 Für die *familienrechtlichen Gerichtsstände* des Bundesrechts wird auf 11 N 333 ff. verwiesen.

3.1 Wohnsitz des Klägers

52 Art. 20, Art. 23 Abs. 1, Art. 32 Abs. 1 lit. a, Art. 36 ZPO, Art. 114 Abs. 1 lit. a, Art. 115 Abs. 2 IPRG, Art. 5 Ziff. 2, Art. 9 Abs. 1 lit. a, Art. 16 Abs. 1 LugÜ II.

53 Ratio dieser Zuständigkeit ist der Schutz der schwächeren Partei, für welche damit eine Rechtswegbarriere abgebaut wird (1 N 20).

54 Für den *Wohnsitzbegriff* s. N 30.

3.2 Erfüllungsort

55 Art. 31, Art. 113 IPRG, Art. 5 Ziff. 1 LugÜ II.

3.2.1 Bedeutung

Durch die Einführung des Erfüllungsortgerichtsstandes für die ZPO wurde die Angleichung einerseits an das IPRG und anderseits an das Lugano-Übereinkommen durchgeführt. Sowohl gemäss ZPO als auch IPRG kann der Gerichtsstand des Erfüllungsortes alternativ angerufen werden. Dies gilt auch für das Lugano-Übereinkommen, da Art. 5 LugÜ II als alternativer Gerichtsstand ausgestaltet ist (GEHRI, 98). 56

Bezüglich des Begriffes des *Erfüllungsortes* ist zunächst auf die materiellrechtliche Definition abzustellen, welche für die ZPO und das IPRG im Obligationenrecht (Art. 74) zu finden ist (Botschaft ZPO, 7268). In Anlehnung an Art. 5 Ziff. 1 lit. b LugÜ II geht Art. 31 davon aus, dass in einem Vertrag jeweils nur *eine* charakteristische Leistung vorhanden ist, was eine Spaltung der Gerichtsstände zu verhindern sucht (Botschaft ZPO, 7268). Um die *charakteristische Leistung* zu definieren, wurde einerseits im Lugano-Übereinkommen für bestimmte Vertragstypen (Kauf und Dienstleistung) eine Definition direkt in das Gesetz eingebaut (Art. 5 Ziff. 1 lit. b LugÜ II). Diese Definitionen wurden auch für das IPRG übernommen, welches in Art. 117 Abs. 3 ebenfalls eine Liste mit charakteristischen Leistungen aufführt, welche auch für die ZPO gilt. Für die unter Art. 5 Ziff. 1 lit. b LugÜ II nicht aufgeführten Vertragstypen muss der Erfüllungsort nach wie vor über die *lex causae* angeknüpft werden (EuGH 6.10.1976, Rs. 12/76, Tessili/Dunlop, Slg. 1976, 1473). Dies führt zum oft kritisierten Abstellen auf die jeweils *eingeklagte* hauptsächliche Leistung (EuGH 6.10.1976, Rs. 14/76, De Bloos/Bouyer, Slg. 1976, 1497). 57

3.2.2 Gerichtsstand am Vertragserfüllungsort nach Art. 5 Ziff. 1 LugÜ II

Eine Person mit Wohnsitz in einem Vertragsstaat kann, wenn ein Vertrag oder Ansprüche aus einem Vertrag den Gegenstand des Verfahrens bilden, in einem andern Vertragsstaat vor dem Gericht des Ortes verklagt werden, an dem die Verpflichtung erfüllt worden ist oder zu erfüllen wäre, Art. 5 Ziff. 1 LugÜ II. Grundvoraussetzung für die Anwendbarkeit von Art. 5 Ziff. 1 LugÜ II bildet somit ein Wohnsitz des Beklagten in *einem* Vertragsstaat einerseits und ein Erfüllungsort in einem *anderen* Vertragsstaat andererseits. Für die in Art. 5 Ziff. 1 lit. b LugÜ II nicht genannten Verpflichtungen ist die Anknüpfung nach wie vor über die lex causea vorzunehmen (Art. 5 Ziff. 1 lit. c LugÜ II). Dabei ist für jede einzelne eingeklagte Leistung bzw. vertragliche Verpflichtung eine separate Anknüpfung vorzunehmen (EuGH 5.10.1999, Rs. 420/97, Leathertex, Slg. 1999, 6747). Daher kommt es bei komplexen Verträgen mit zwei oder mehreren Erfüllungsorten 58 auch heute noch zu zwei oder mehreren Gerichtsständen (Splitting, siehe Botschaft ZPO, 7268).

59 Art. 5 Ziff. 1 LugÜ II regelt im Unterschied zu Art. 2 LugÜ II sowohl die internationale wie auch die internationale *örtliche* Zuständigkeit («Gericht des Ortes»).

60 Die Begriffe «Vertrag» oder «Ansprüche aus einem Vertrag» sind *autonom,* d.h. aus dem Übereinkommen zu bestimmen (1 N 70). Nach dem grundlegenden Entscheid des EuGH vom 22. März 1983, Peters/ZNAV, Slg. 1983, 987, fallen darunter z.B. auch Ansprüche aus einer Vereinsmitgliedschaft, dagegen nicht Klagen des späteren Erwerbers einer Sache gegen den Hersteller, der nicht der Verkäufer ist, wegen Mängeln der Sache (Produkthaftpflicht): EuGH 19.6.1992, Handte/TMCS, Slg. 1992-6, 3996. Der EuGH legt die Begriffe bewusst weit aus (Botschaft LugÜ II, 1789). Auch die Frage, ob ein Vertrag zustande gekommen sei, untersteht naturgemäss diesem Gerichtsstand: BGE *122* III 300.

61 Beim *Erfüllungsort gilt es Nachfolgendes zu unterscheiden:*

- Für *Warenlieferungs- und Dienstleistungsverträge* schreibt Art. 5 Ziff. 1 lit. b LugÜ II vor, dass massgeblich der Ablieferungsort der Ware/ Dienstleistung ist. Dieser lässt sich anhand objektiver Kriterien festlegen und befindet sich am vertraglichen oder tatsächlichen Ablieferungsort, womit ein einheitlicher Gerichtsstand am Erfüllungsort der charakteristischen Leistung geschaffen wurde (EuGH 3.5.2007, Rs. C-386/05, Color Drack, Ziff. 26).
- Die vorbestehende Regelung nach Art. 5 Ziff. 1 lit. a LugÜ II gilt gemäss Art. 5 Ziff. 1 lit. c LugÜ II immer dann, wenn das betroffene Vertragsverhältnis *ausserhalb der Warenlieferungs- und Dienstleistungsverträge* anzusiedeln ist (Botschaft LUGÜ II, 1789). Massgeblich nach Art. 5 Ziff. 1 lit. a LugÜ II ist der Erfüllungsort der *eingeklagten Leistung* (was den Nachteil einschliesst, dass für synallagmatische Verträge zwei Erfüllungsortsgerichtsstände bestehen können, siehe oben N 58). Lediglich Nebenpflichten können am gleichen Ort wie die Hauptpflicht eingeklagt werden (EuGH 15.1.1987, Shenavai/Kreischer, Slg. 1987, 239). Handelt es sich hingegen um gleichrangige Verpflichtungen, so ist nicht ein und dasselbe Gericht zuständig, wenn eine dieser Verpflichtungen nach den Kollisionsnormen der Gerichtsstaaten in einem Staat, die andere aber in einem anderen Staat zu erfüllen wäre (EuGH 5.10.1999, Rs. 420/97, Leathertex/Bodetex, Slg. 1999, 6747). Verzichtet der Kläger auf die Erbringung der ursprünglichen Leistung und fordert stattdessen Schadenersatz wegen Nicht- oder Schlechterfüllung, so ist zuständigkeitsrechtlich auf die ursprünglich vereinbarte Leistung anzuknüpfen (BRANDENBERG BRANDL, S. 223).

- Der Erfüllungsort nach Art. 5 Ziff. 1 lit. a LugÜ II bestimmt sich in erster Linie nach einer allfälligen *Vereinbarung der Parteien* darüber, wenn das anwendbare Recht eine solche zulässt. Diese Vereinbarung bedarf nicht der Form der Gerichtsstandsvereinbarung nach Art. 23 LugÜ II (EuGH 17.1.1980, Zelger/Salinitri, Slg. 1980, 89). Eine «abstrakte» Erfüllungsortsvereinbarung (d.h. eine solche ohne Zusammenhang mit der Vertragswirklichkeit) genügt aber nicht (EuGH 26.2.1997, Mainschiffahrts-Genossenschaft/Les Gravières Rhénanes, Slg. 1997-2, 946, Ziff. 2). Einer missbräuchlichen Umgehung der Vorschriften von Art. 23 LugÜ II ist daher entgegenzuwirken.
- Fehlt es an einer Vereinbarung, so bestimmt sich der Erfüllungsort wie erwähnt nach der *lex causae,* d.h. nach dem nationalen Recht, auf welches das Kollisionsrecht des Gerichtsstaates verweist (EuGH 28.9.1999 i.S. GIE Group Concorde). In dieser wichtigen Frage hat der EuGH also keine autonome Auslegung gewagt.

Beispiel: Erfüllungsort gemäss Art. 74 Abs. 2 Ziff. 3 OR am Wohnsitz des Unterlassungsschuldners (hier Kopenhagen): BGE *124* III 188 (1. Instanz: ZR *98* 1999, Nr. 34).

3.3 Begehungsort für Klagen aus unerlaubter Handlung

Art. 36, Art. 129 IPRG, Art. LugÜ II 5 Ziff. 3

3.3.1 Deliktsgerichtsstand des LugÜ II

Für den Begriff des *Deliktsorts* (bzw. des «Ortes, an dem das schädigende Ereignis eingetreten ist oder einzutreten droht», Art. 5 Ziff. 3 LugÜ II) gilt das Ubiquitätsprinzip: Der Deliktsort befindet sich nach Wahl des Klägers sowohl am Ort des ursächlichen Geschehens (Handlungsort) als auch am Ort, wo der Schaden eingetreten ist (Erfolgsort) (EuGH 30.11.1976 – Bier/Mines de Potasse, Slg. 1976 III, 1735); mit Erfolgsort wird aber nur der «Ort bezeichnet, an dem das haftungsbegründende Ereignis den unmittelbar Betroffenen direkt geschädigt hat» (EuGH 11.1.1990 – Dumez France/Hessische Landesbank, Slg. 1990-1, 49, bes. 80 N 20). Die Gerichte am Erfolgsort sind nur für den Ersatz der Schäden zuständig, die im Staat des angerufenen Gerichts verursacht worden sind (EuGH 7.3.1995, Shevill/Presse Alliance, Slg. 1995-3/4, 465). Am Ort, an welchem der Geschädigte einen Vermögensschaden *in der Folge eines in einem anderen Vertragsstaat entstandenen* und dort von ihm erlittenen Erstschadens erlitten zu haben behauptet (in casu an seinem Wohnsitz in Italien die Folge des in 62

Grossbritannien entstandenen Erstschadens), ist der Gerichtsstand von Art. 5 Ziff. 3 LugÜ II *nicht* gegeben (EuGH 19.9.1995, Marinari, Slg. 1995-9/10, 2742). – Eine entsprechende negative Feststellungsklage ist dort anzubringen, wo nach Art. 5 Ziff. 3 LugÜ II eine Leistungsklage zu beurteilen wäre (BGE *125* III 346). Neu fallen auch vorbeugende Unterlassungsklagen unter den Gerichtsstand des Deliktsortes, was sich aus den Worten «einzutreten droht» gemäss Art. 5 Ziff. 3 LugÜ II ergibt (Botschaft LugÜ II, 1798).

63 Der Begriff der *unerlaubten Handlung* (und der «Handlung, die einer unerlaubten Handlung gleichgestellt ist», LugÜ II) bestimmt sich für die Anwendung von Art. 129 IPRG nach schweizerischem Recht, für die Anwendung von Art. 5 Ziff. 3 LugÜ II *vertragsautonom:* Dieser Begriff der unerlaubten Handlung umfasst dabei alle Klagen, mit denen eine Schadenshaftung geltend gemacht wird, die nicht an einen Vertrag i.S. von Art. 5 Ziff. 3 LugÜ II anknüpft (EuGH 27.9.1988, Kalfelis/Bankhaus Schröder, Slg. 1988-8, 5565: Ersatzansprüche aus Börsentermingeschäften wegen mangelnder Aufklärung).

3.3.2 Deliktsgerichtsstand nach ZPO

64 Nach Art. 36 ist für Klagen aus unerlaubter Handlung alternativ das Gericht am Wohnsitz oder Sitz einer der Parteien oder am Handlungs- oder am Erfolgsort zuständig. Diese Bestimmung entspricht dem früheren Wortlaut von Art. 25 GestG. Die ZPO sieht somit insgesamt vier alternative Gerichtsstände für Deliktsklagen vor: den Wohnsitz des Geschädigten (Klägers), den Wohnsitz des Beklagten, den Handlungs- und den Erfolgsort (STÄHELIN/STÄHELIN/GROLIMUND, § 9 N 135). Der Begriff der unerlaubten Handlung ist weit auszulegen; darunter fallen auch unerlaubte Unterlassungen (SPÜHLER/VOCK Art. 25 N 2, 3). Neben Art. 41 ff. OR fallen insbesondere die Haftpflichttatbestände gemäss ZGB (Art. 333, Art. 397a ff. i.V.m. Art. 429a ZGB, Art. 426 ZGB), Tatbestände gemäss UWG und KG, Tatbestände gemäss Kausal- oder Gefährdungshaftung gemäss spezialgesetzlichen Bestimmungen (USG, PrHG, EHG), Tatbestände gemäss SchKG, sofern die Klage auf einer unerlaubten Handlung basiert, z.B. Haftung für Arrestschaden, in Betracht (GEHRI/KRAMER, Art. 36 N 4).

65 Art. 36 erfasst auch die Verletzungsklagen aus *Immaterialgüter- und Wettbewerbsrecht,* weshalb auf besondere Normen für diese Klagen verzichtet wurde. Dagegen fallen Klagen aus ungerechtfertigter Bereicherung oder aus Geschäftsführung ohne Auftrag – wie nach dem LugÜ II – nicht unter diesen, sondern unter den allgemeinen Gerichtsstand (BGE *134* III 214 E. 2.2 m.w. Hinweisen).

66 Art. 38 übernimmt sodann für Motorfahrzeug- und Fahrradunfälle den Gerichtsstand von Art. 84 SVG, d.h. den Gerichtsstand am *Unfallort,* der für

alle Ansprüche aus einem Unfall einen einheitlichen Gerichtsstand schafft (BGE *113* II 353), hier allerdings neben dem Gerichtsstand am Wohnsitz/Sitz des Beklagten.

Neu eingeführt mit der ZPO wurde der Gerichtsstand für Schadenersatzklagen zufolge ungerechtfertigter vorsorglicher Massnahmen in Art. 37. Danach ist für Schadenersatzklagen wegen ungerechtfertigter vorsorglicher Massnahmen i.S.v. Art. 261 entweder das Gericht am Wohnsitz oder Sitz der beklagten Partei (d.h. antragstellende Partei bezüglich vorsorglicher Massnahmen) zuständig oder an dem Ort, an dem die vorsorgliche Massnahme angeordnet wurde. Die Haftungsgrundlage wird in Art. 264 geschaffen. Gemäss dieser Bestimmung haftet die gesuchstellende Partei kausal für den aus einer ungerechtfertigten vorsorglichen Massnahme erwachsenen Schaden. 67

Für jeden Anspruch, der sich auf diese Grundlage stützt, ist die Zuständigkeit nach Art. 37 zu beurteilen (BSK ZPO-HEMPEL, Art. 37 N 5). Art. 37 geht als lex specialis Art. 36 ZPO vor (BSK ZPO-HEMPEL, Art. 37 N 12). In der Praxis dürfte dieser Spezialgerichtsstand v.a. im Immaterialgüterrecht eine Rolle spielen, weil aufgrund der schnellen Wirksamkeit der vorsorglichen Massnahmen Eingriffe in den wirtschaftlichen Wettbewerb i.S.v. Verkaufsverboten etc. möglich sind (Botschaft, 7220). 68

3.4 Ort der Geschäftsniederlassung

3.4.1 Grundgedanken

Art. 12, Art. 112 Abs. 2 IPRG, Art. 5 Ziff. 5 LugÜ II 69

Diese Gerichtsstände beruhen auf dem Gedanken, dass wer nicht nur von seinem Wohn- oder Geschäftssitz aus Geschäfte tätigt, sondern zusätzlich auch von Zweig- oder Nebenniederlassungen an anderen Orten aus, damit kundgibt, *dass er sich für diese Geschäfte auch an diesen Orten gerichtlich belangen* lässt: BGE *101* Ia 43. 70

Die Anknüpfungstatbestände unterscheiden sich dabei nach dem *Grade der Selbstständigkeit* der Nebengeschäftsstätte. 71

3.4.2 Allgemein international: Zweigniederlassung, Art. 112 Abs. 2 IPRG

Eurointernational: Zweigniederlassung, Agentur oder sonstige Niederlassung, Art. 5 Ziff. 5 LugÜ II. 72

73 Für Streitigkeiten aus dem Betrieb einer Zweigniederlassung, einer Agentur oder einer *sonstigen Niederlassung* ist eurointernational das Gericht am Ort zuständig, an dem sich diese befindet, Art. 5 Ziff. 5 LugÜ II.

74 Es muss sich nach autonomer Auslegung des EuGH (Somafer v. Saar-Ferngas, 22.11.1978 Slg. 1978 III 2195) um eine Einrichtung handeln, die organisatorisch und nach ihrer Ausstattung, nach Umfang und Dauer ihrer Tätigkeit sowie nach ihren tatsächlichen und rechtlichen Befugnissen erkennbar als Aussenstelle eines übergeordneten Stammhauses hervortritt.

75 Wichtiger als rechtlich unselbständige Einrichtungen dieser Art sind im internationalen Verhältnis aber *gleichnamige selbständige Gesellschaften mit identischer Geschäftsführung,* die im Namen einer in einem anderen Vertragsstaat ansässigen juristischen Person verhandeln und Geschäfte abschliessen und wie deren Aussenstelle handeln. Auch Streitigkeiten über solche Geschäfte fallen unter Art. 5 Ziff. 5 LugÜ II. Dieser Gedanke wird aber auch wirksam, wenn die Muttergesellschaft – gleichsam als Niederlassung ihrer in einem andern Vertragsstaat ansässigen Tochtergesellschaft – für diese Geschäfte abschliesst. Die auswärtige Gesellschaft kann dann am inländischen Sitz der «Niederlassung» eingeklagt werden (EuGH 9.12.1987, Schotte v. Rothschild, Slg. 1987-11, 4921).

3.4.3 Binnenverhältnisse

76 Für Klagen aus dem Betrieb einer geschäftlichen oder beruflichen Niederlassung besteht ein alternativer Gerichtsstand am Wohnsitz/Sitz der beklagten Partei oder am Ort dieser Niederlassung (Art. 12).

77 Der Begriff der Niederlassung umfasst die Zweigniederlassung einer Handelsgesellschaft oder Genossenschaft, aber auch die berufliche oder geschäftliche Niederlassung einer natürlichen Person (Arzt, Anwalt), einer Einzelfirma oder einer Personalgesellschaft (SPÜHLER/VOCK Art. 5 N 1, BGE *129* III 31 E. 3.1).

78 Für den Begriff der beruflichen oder geschäftlichen Niederlassung vgl. BGE *101* I a 43.

3.5 Arbeitsort

79 Art. 34 Abs. 1, Art. 115 Abs. 1 IPRG, Art. 19 LugÜ II

80 Sowohl im nationalen Recht (Art. 34 Abs. 1) als auch gemäss den internationalen Vorschriften (Art. 19 LugÜ II, Art. 115 IPRG) kann die Klage des Arbeitnehmers sowohl am Wohnsitz oder Sitz der beklagten Partei oder aber am an dem Ort, an dem der Arbeitnehmer gewöhnlich seine Arbeit verrichtet, angebracht werden. Der Gerichtsstand des Arbeitsortes steht im nationalen

Recht und im internationalen Privatrecht auch dem Arbeitgeber offen (Art. 34 Abs. 1, Art. 115 Abs. 1 IPRG), dies im Unterschied zum internationalen Verhältnis (Art. 20 Abs. 1 LugÜ II), welches die Klage des Arbeitgebers auf den Wohnsitzstaat des Arbeitnehmers beschränkt. Art. 115 Abs. 2 IPRG geht sogar noch weiter und eröffnet dem Arbeitnehmer zudem noch den schweizerischen Gerichtsstand dessen Wohn- oder Aufenthaltsortes. Für das nationale Verhältnis kann der Arbeitnehmer seine Klage zudem am Ort der Niederlassung des Arbeitgebers (Art. 12) erheben (BGE *129* III 31 E. 3). An die Niederlassung knüpft Art. 19 Ziff. 2 lit. b LugÜ II subsidiär dann an, sofern der Arbeitnehmer seine Arbeit gewöhnlich nicht in einem und demselben Staat verrichtet. Der Gerichtsstand des Arbeitsortes ist nach der ZPO und dem LugÜ II teilzwingend ausgestaltet, d.h. der Arbeitnehmer kann nicht im Voraus darauf verzichten (Art. 35 Abs. 1 lit. d, Art. 21 LugÜ II). Dies gilt allerdings nicht für das IPRG, weil Art. 115 IPRG keine entsprechende Schutzbestimmung vorsieht, wie dies für den Konsumentengerichtsstand der Fall ist (Art. 114 Abs. 2 IPRG). Für internationale Fälle ausserhalb des Anwendungsbereiches des LugÜ II besteht somit kein Schutz für den Arbeitnehmer (GEHRI, 47). Aber auch im Regelungsbereich des LugÜ II besteht der Schutz nur bedingt. So ist eine Einlassung jederzeit möglich (Art. 24 LugÜ II). Da Art. 20 Abs. 1 LugÜ II lediglich die internationale Zuständigkeit regelt, wird zwecks Anknüpfung der internationalen örtlichen Zuständigkeit auf Art. 115 Abs. 1 IPRG zurückgegriffen. Dies führt dazu, dass innerhalb des Wohnsitzstaates des Arbeitnehmers auch ein anderes Forum zur Anwendung gelangen könnte, sei es über eine Einlassung oder Prorogation. Der Schutz von Art. 21 LugÜ II bezieht sich nur auf die internationale Zuständigkeit. Eine Gerichtsstandsvereinbarung mittels welcher dem Arbeitnehmer ein Gerichtsstand des schweizerischen Rechtes missbräuchlich entzogen wird, wäre hingegen nach Art. 5 Abs. 2 IPRG unbeachtlich.

3.6 Ort der gelegenen Sache (forum rei sitae)

Art. 29, 30, 33, Art. 109 Abs. 3 SchKG, Art. 88, 97, 98 IPRG, 81
Art. 22 Ziff. 1, Art. 6 Ziff. 4 LugÜ II

Dieser Gerichtsstand gilt je nach dem Inhalt der zitierten Bestimmungen: 82

3.6.1 als zwingender Gerichtsstand

- für Klagen über *Eigentum* oder andere dingliche Rechte *an Liegenschaften* (sog. *dingliche Klagen*). 83

84 – Zwingend («ausschliesslich», N 16) ist namentlich der Gerichtsstand für dingliche Klagen an unbeweglichen Sachen im eurointernationalen Verhältnis: Art. 22 Ziff. 1 LugÜ II. Dieselbe Regelung gilt auch im IPRG bei den dinglichen Rechten an Grundstücken nach Art. 97 IPRG. Dies gilt jedoch nicht für das nationale Verhältnis nach Art. 29 Abs. 1–3, welche nicht zwingend ausgestaltet wurden. Somit ist Einlassung und Prorogation möglich (BSK ZPO-TENCHIO, Art. 29 N 2). Lediglich für Angelegenheiten der freiwilligen Gerichtsbarkeit, welche sich auf Rechte an Grundstücken beziehen, ist das Gericht am Ort der Eintragung ins Grundbuch zwingend zuständig (Art. 29 Abs. 4).

85 – für Klagen über *Miete und Pacht von unbeweglichen Sachen* (teilzwingend, Art. 33 i.V.m. Art. 35 Abs. 1 lit. b) *im eurointernationalen Verhältnis* ist das *forum rei sitae* sowohl *ausschliesslich* (weil der Wohnsitzgerichtsstand und die alternativen Gerichtsstände ausgeschlossen werden) als auch *zwingend*. Die strenge Praxis des EuGH zum EuGVÜ bei Ferienwohnungen – womit die in Berlin und Bielefeld wohnhaften Parteien für den Streit über eine dreiwöchige Ferienwohnungsmiete an den Richter in Sassari auf Sardinien verwiesen wurden (15.1.1985, Rösler v. Rottwinkel, Slg. 1985-1, 128) – führte dann jedoch zur *Ausnahme* in Art. 22 Ziff. 1 Abs. 2 LugÜ II: Für Miete oder Pacht zum vorübergehenden privaten Gebrauch durch natürliche Personen steht alternativ auch der *allgemeine Gerichtsstand* zur Verfügung, wenn keine der Parteien im Belegenheitsstaat Wohnsitz hat.

86 – für Klagen gegen die *Stockwerkeigentümergemeinschaft:* Art. 29 Abs. 1 lit. b: Bei diesen Klagen wird an die Passivlegitimation angeknüpft, nämlich an die beklagte Gemeinschaft der Stockwerkeigentümerinnen und Stockwerkeigentümer. Der Inhalt der Klage bezieht sich dabei auf Angelegenheiten der Nutzungs- und Verwaltungstätigkeit des gemeinsamen Objektes (BSK ZPO-TENCHIO, Art. 29 N 20).

3.6.2 als Wahlgerichtsstand neben dem allgemeinen Gerichtsstand:

87 – Das Gericht am Ort der gelegenen Sache ist nach Art. 29 Abs. 2 neben dem allgemeinen Gerichtsstand auch zuständig für «andere Klagen, die sich auf ein Grundstück beziehen». Als solche gelten z.B. Klagen auf Übertragung von Grundeigentum oder auf Einräumung beschränkter dinglicher Rechte sowie etwa auch die Klage eines Unternehmers aus Reparaturarbeiten an einem Haus gegen den Grundeigentümer. Erforderlich ist eine Intensität des Bezuges der Klage zum Grundstück im Sinne eines dinglichen Bezuges zum Grundstück (BGE *134* III 16); ein bloss entfernter sachlicher Zusammenhang mit dem Grundstück (wie etwa bei

der Klage gegen den Architekten) genügt dagegen nicht (SPÜHLER/VOCK Art. 19 N 5);

- für Klagen über dingliche Rechte oder den Besitz an *Mobilien:* Art. 30 Abs. 1; im internationalen Verhältnis gilt Art. 98 Abs. 1 IPRG; 88
- für Klagen über *pfandversicherte und durch Retentionsrecht gesicherte Forderungen,* gemäss Art. 30 Abs. 1 und Art. 6 Ziff. 4 LugÜ II gelten die alternativen Gerichtsstände auch für vertragsrechtliche Klagen, die mit einer Klage wegen dinglicher Rechte an unbeweglichen Sachen verbunden werden können. 89

3.7 Letzter Wohnsitz des Erblassers

Art. 28, Art. 86 Abs. 1 IPRG

Die *bundesrechtlichen* Gerichtsstände (Art. 28, Art. 86 Abs. 1 IPRG) sind 90
für alle im ZGB vorgesehenen *erbrechtlichen Klagen* gegeben. Nicht zu den erbrechtlichen Klagen gehören die Klagen der Erbschaftsgläubiger aus Forderungen gegen den Erblasser (BSK ZPO-MARTIN-SPÜHLER, Art. 28 N 6). Der erbrechtliche Gerichtsstand gilt auch für Klagen über die güterrechtliche Auseinandersetzung bei Tod eines Ehegatten oder eingetragenen Partners. Der Gerichtsstand von Art. 28 Abs. 1 ist nicht zwingend, so dass eine Einlassung und Prorogation zulässig ist (BSK ZPO-MARTIN-SPÜHLER, Art. 28 N 15). Für die Anordnung für Massnahmen in Erbschaftssachen besteht zudem ein zwingender Gerichtsstand, vgl. Art. 28 Abs. 2. Ein Vorbehalt besteht in Art. 28 Abs. 3 für Klagen über die erbrechtliche Zuweisung eines landwirtschaftlichen Gewerbes oder Grundstückes (alternativ: Ort der gelegenen Sache).

3.8 Betreibungs-, Konkurs- und Arrestort

3.8.1 ZPO und SchKG im Allgemeinen

Gemäss Art. 1 lit. c regelt die ZPO die gerichtlichen Angelegenheiten des 91
SchKG. Dabei ist es unerheblich, ob der Streit zivilrechtlicher oder betreibungsrechtlicher Natur ist und ob ein einlässliches oder summarisches Verfahren zur Anwendung kommt (Botschaft ZPO, 7258). Nicht durch die ZPO geregelt werden Verfügungen und Entscheide der Vollstreckungsorgane (v.a. der Betreibungs- und Konkursämter) sowie die betreibungsrechtliche Beschwerde (BSK ZPO-VOCK, Art. 2 N 8).

92 Art. 4 IPRG sieht für die Arrestprosequierungsklage im allgemeinen internationalen Verhältnis einen Gerichtsstand am schweizerischen Arrestort vor.

93 Art. 22 Ziff. 5 LugÜ II regelt für Verfahren, welche die Zwangsvollstreckung aus Entscheidungen zum Gegenstand haben die internationale Zuständigkeit im Vertragsstaat der Zwangsvollstreckung.

3.8.2 Aberkennungsklage und negative Feststellungsklage

94 Der Gerichtsstand für die Aberkennungsklage am Betreibungsort (Art. 83 Abs. 2 SchKG) ist *nicht* zwingend, weshalb eine Einlassung oder Prorogation zulässig ist (BGE *87* III 25). Zusätzlich kann auch an den allgemeinen Gerichtsständen gemäss ZPO geklagt werden (AMONN/WALTHER, § 19 N 101). Dasselbe gilt für den Gerichtsstand am Betreibungsort für die negative Feststellungsklage nach Art. 85a SchKG (AMONN/WALTHER, § 29 N 21).

3.8.3 Arrestprosequierungsklage

95 Die Arrestprosequierungsklage nach Art. 279 SchKG ist mangels Festlegung der örtlichen Zuständigkeit im SchkG selber nach den allgemeinen Gerichtsständen gemäss ZPO zu ermitteln (Art. 46). Im *allgemein internationalen Verhältnis* gilt Art. 4 IPRG: Die Klage *kann,* wenn das IPRG keine andere Zuständigkeit in der Schweiz vorsieht, am schweizerischen Arrestort erhoben werden, und zwar (selbstverständlich) für die ganze Arrestforderung, nicht nur für den Wert des Arrestgutes: BGE *117* II 91. Als andere Zuständigkeit kann insbesondere jene am inländischen Erfüllungsort in Betracht kommen (Art. 113 IPRG). Der Arrestgerichtsstand von Art. 4 IPRG ist *nicht zwingend:* BGE *118* II 190.

96 Im *eurointernationalen Verhältnis* gilt der exorbitante – weil als blosser Ort gelegenen Vermögens ungenügend mit dem Streitgegenstand verbundene – Gerichtsstand des Arrestortes nicht: Art. 3 Abs. 2 LugÜ II.

3.8.4 Anfechtungsklage

97 Art. 289 SchKG legt den Gerichtsstand am Wohnsitz des Beklagten fest, bei fehlendem Wohnsitz in der Schweiz am Ort der Pfändung oder des Konkurses.

Der Gerichtsstand ist *nicht zwingend.*

3.8.5 Eurointernational: Gerichtsstand für Verfahren auf Zwangsvollstreckung aus Entscheidungen

Für Klagen, welche unter diesen Begriff fallen, sind die Gerichte des Vertragsstaates zuständig, in dessen Hoheitsgebiet die Zwangsvollstreckung durchgeführt werden soll oder durchgeführt worden ist. Der Gerichtsstand ist *zwingend.* Ist die Schweiz der Ort der Zwangsvollstreckung, so gilt intern der Gerichtsstand des internen Rechts. 98

Unter den Begriff dieser Verfahren, der *autonom* zu umschreiben ist, fallen die Verfahren betreffend definitive Rechtsöffnung, nachträglichen Rechtsvorschlag, Aufhebung und Einstellung der Betreibung, Widerspruchsklage des Dritten, privilegierten Pfändungsanschluss, Kollokation in der Pfändung und Pfandverwertung, Lastenbereinigung in der Pfändung. 99

Art. 22 Ziff. 5 LugÜ II gilt nicht für Konkurs- und Nachlassklagen, da gemäss Art. 1 Abs. 2 lit. b LugÜ II alle Stammverfahren, die auf Gesamtvollstreckung gerichtet sind, d.h. also das schweizerische Konkurs- und Nachlassverfahren (DOLGE, LugÜ, 39 m.w. Hinweisen, 52) nicht unter das Übereinkommen fallen. 100

Nicht unter den Begriff der zwangsvollstreckungsrechtlichen Verfahren gemäss Art. 5 Ziff. 5 LugÜ II fallen die Erkenntnisverfahren des SchKG: Anerkennungsklage, Aberkennungsklage, Rückforderungsklage, die gegen den beklagten Drittansprecher gerichtete Widerspruchsklage, Arrestprosequierungs- und Arrestschadenersatzklage, die Anfechtungsklage sowie die Klage auf Rückschaffung von Retentionsgegenständen. Für sie gelten die normalen direkten Zuständigkeiten des LugÜ II. Siehe dazu: STOFFEL, in Festschrift VOGEL, 360 ff., DOLGE, LugÜ, 75 f. Ebenso für die Anfechtungsklage: EuGH 26. 3. 1992, Reichert/Dresdner Bank, Slg. 1992-3/I, 2149.

Vom Bundesgericht offengelassen wurde die Frage, ob das Verfahren auf *provisorische Rechtsöffnung* ein Vollstreckungsverfahren sei und unter Art. 22 Ziff. 5 LugÜ II fällt oder ob es sich um ein Erkenntnisverfahren handle, für welches sich die eurointernationale Zuständigkeit nach den übrigen Gerichtsstandsnormen des LugÜ II bestimmt (BGE *130* III 285). Nach der wohl herrschenden Lehrmeinung und der Genfer und Zürcher Gerichtspraxis wird das provisorische Rechtsöffnungsverfahren unter das materiellrechtliche Erkenntnisverfahren subsumiert und fällt damit nicht unter Art. 22 Ziff. 5 LugÜ II (DOLGE, LugÜ, 73 m.w. Hinweisen).

3.9 Weitere besondere Gerichtsstände

Zum vereinbarten Gerichtsstand N 103 ff., zum Gerichtsstand des Sachzusammenhangs N 123 ff. 101

102 Für weitere Gerichtsstände des *Lugano-Übereinkommens* die Übersicht in N 48 und die Spezialliteratur.

4. Vereinbarter Gerichtsstand (forum prorogatum), Einlassung

103 Art. 17, 18, Art. 5, 6 IPRG, Art. 23, 24 LugÜ II

4.1 Begriff und Rechtsnatur

104 Die Parteien können durch ausdrückliche (Prorogation) oder konkludente (Einlassung) Vereinbarung die Zuständigkeit eines sonst nicht zuständigen Gerichtes begründen.

105 Da die Wirkungen nur prozessrechtlicher Art sind, liegt ein *Vertrag des Prozessrechts* vor: 9 N 80.

106 Die Ungültigkeit des schuldrechtlichen Vertrages, in welchem eine Gerichtsstandsklausel enthalten ist – z.B. wegen Willensmängeln – erfasst nicht notwendig auch diese, weil regelmässig gerade auch die Gültigkeitsfrage dem prorogierten Gericht unterbreitet werden soll.

4.2 Zulässigkeitsvoraussetzungen

4.2.1 Verfügungsbefugnis

107 Die Parteien müssen *Verfügungsbefugnis* über den Prozessgegenstand bzw. «Rechtsstreit über vermögensrechtliche Ansprüche» (Art. 5 Abs. 1 IPRG) haben.

4.2.2 Kein zwingender oder teilzwingender Gerichtsstand

108 Prorogationsvereinbarungen werden durch zwingendes Staatsvertrags- oder Landesrecht des Bundes entweder überhaupt oder für den Fall ausgeschlossen, dass sie zum Voraus abgeschlossen werden. Häufig wird damit im Sinne des sozialen Zivilprozesses der *Schutz der schwächeren Partei* bezweckt.

109 *Zwingend* sind die «ausschliesslichen» Zuständigkeiten gemäss Art. 22 LugÜ II, im internen Recht die bundesrechtlichen Zuständigkeiten im Familienrecht (Art. 23–27), im Arbeitsrecht (Art. 34 i.V.m. Art. 35 Abs. 1 lit. d), bei vorsorglichen Massnahmen (Art. 13) und im allgemein internationalen

Verhältnis für dingliche Immobilienklagen (Art. 97 IPRG). Zwingende Gerichtsstände werden in der ZPO ausdrücklich als solche bezeichnet, ansonsten gilt ein Gerichtsstand als nicht zwingend (Art. 9 Abs. 1).

Teilzwingend sind Bestimmungen, welche den *zum Voraus – namentlich* in Gerichtsstands*klauseln* – erfolgenden Verzicht auf den allgemeinen oder einen besonderen Gerichtsstand ausschliessen (N 17). Das gilt eurointernational für die Gerichtsstände in Versicherungs- und Verbrauchersachen sowie im individuellen Arbeitsrecht (Art. 13, 17, 21 LugÜ II). Nach Art. 35 können der Konsument, die mietende oder pachtende Partei von Wohn- oder Geschäftsräumen, die pachtende Partei bei landwirtschaftlichen Pachtverhältnissen und die stellensuchende oder arbeitnehmende Partei nicht zum Voraus oder durch Einlassung auf die Gerichtsstände des 6. Abschnittes der ZPO verzichten. 110

4.3 Formerfordernisse

4.3.1 Gesetzlich vorgeschriebene Form

Nach Art. 17 Abs. 2 ist Schriftlichkeit oder Nachweisbarkeit durch Text der Gerichtsstandsvereinbarung nötig. Im Unterschied zum GestG nennt die ZPO Telex, Telefax und E-Mail nicht mehr ausdrücklich als Beispiele, sie bleiben jedoch nach wie vor erfasst (Botschaft ZPO, 7264). Eine mündliche Vereinbarung mit anschliessender schriftlicher Bestätigung ist nicht mehr zulässig (BSK ZPO-INFANGER, Art. 18 N 28). Ist eine Gerichtsstandsvereinbarung vor dem Inkrafttreten der ZPO getroffen worden, so bestimmt sich die Gültigkeit nach bisherigem Recht (Art. 406). 111

Im *internationalen Verhältnis* sind die Formerfordernisse schon früher stark gelockert worden: 112

- Im *allgemein internationalen Verhältnis* lässt Art. 5 Abs. 1 IPRG neben der strengen Schriftlichkeit ebenfalls den Abschluss durch Telegramm, Telex, Telefax oder eine andere Form der Übermittlung zu, die den Nachweis der Vereinbarung «durch Text» ermöglicht. Zudem ist *Beidseitigkeit* der Erklärungen erforderlich: «Notwendig ist, dass jede Partei ihre Willenserklärung schriftlich oder in einer der anderen Kommunikationsformen abgibt.» Eine Gerichtsstandsklausel in einseitigen Auktionsbedingungen genügt daher nicht: BGE *119* II 394.
- Im *eurointernationalen Verhältnis* entfällt nach Art. 23 Abs. 1 LugÜ II auch noch das Erfordernis des Nachweises «durch Text». Neben der Schriftlichkeit (lit. a) genügt nämlich der Abschluss:
  - «in einer Form, welche den *Gepflogenheiten* entspricht, die zwischen den Parteien entstanden sind», lit. b, oder

- «im internationalen Handel in einer Form, die einem *Handelsbrauch* entspricht, den die Parteien kannten oder kennen mussten und den Parteien von Verträgen dieser Art in dem betreffenden Geschäftszweig allgemein kennen und regelmässig beachten», lit. c. Hier kann – wenn die übrigen Voraussetzungen gegeben sind – auch das Schweigen auf ein kaufmännisches Bestätigungsschreiben genügen (EuGH 26.2.1997, Mainschiffahrts-Genossenschaft/Les Gravières Rhénanes, Slg. 1997-2, 945, Ziff. 1). Zum Begriff des Handelsbrauchs: EuGH 16.3.1999, Rs. C-159/97 Castelletti/Trumpy, s. EuZW 1999, 441 ff.

113 Art. 23 Abs. 2 stellt *«elektronische Übermittlungen, die eine dauerhafte Aufzeichnung der Vereinbarungen ermöglichen»*, der Schriftform gleich. Das Formerfordernis wird also im Sinne der heutigen Übermittlungsmöglichkeiten weiter reduziert.

4.3.2 In Satzung einer juristischen Person

114 Für *Streitigkeiten zwischen einer juristischen Person und ihren Mitgliedern* kann eine Gerichtsstandsklausel auch in der *Satzung der juristischen Person* enthalten sein. Es müssen aber in Bezug auf die Statuten die Formerfordernisse erfüllt sein (SPÜHLER/VOCK Art. 9 N 7). Diese Form genügt im *eurointernationalen Verhältnis* auch den Erfordernissen von Art. 23 LugÜ II (EuGH 10.3.1992, Duffryn/Petereit, Slg. 1992-3/I, 1745). Sie muss im übrigen internationalen Verhältnis auch unter Art. 5 IPRG zulässig sein.

4.3.3 In letztwilliger Verfügung

115 Ebenso wie die einseitige Bestellung eines Schiedsgerichts (14 N 17) muss auch eine *einseitige Gerichtsstandsvorschrift* des Erblassers in der *letztwilligen Verfügung* – im Rahmen seiner Testierfähigkeit – zulässig sein (kategorisch abgelehnt in BGE *81* II 501; bejaht durch ROSENBERG/SCHWAB/GOTTWALD, 185). Dieser Meinung von VOGEL in früheren Auflagen kann beim Wortlaut von Art. 17 Abs. 1 trotz der nicht zwingenden Vorschrift von Art. 28 Abs. 1 nicht gefolgt werden; eine Gerichtsstandsvorschrift ist jedoch im Rahmen eines Erbvertrags oder eines Erbteilungsvertrags zulässig (SPÜHLER/VOCK Art. 9 N 7; GestG-WIRTH Art. 9 N 58, BSK ZPO-INFANGER Art. 17 N 19).

4.4 Einlassung

Einlassung vor dem an sich unzuständigen Richter liegt nur vor, wenn der Beklagte gegenüber dem erkennenden Gericht klar den Willen bekundet hat (konkludentes Handeln genügt), *vorbehaltlos zur Hauptsache zu verhandeln:* BGE *87* I 58, 133 f., *123* III 45 f. Eine vorbehaltlose Einlassung liegt vor, wenn der Beklagte sich beim örtlich unzuständigen Gericht ohne Einrede der fehlenden Zuständigkeit zur Sache äussert (BGer v. 21.3.2006, 4C.2/2006 E. 3.1). Bei den zwingenden und teilzwingenden Gerichtsständen ist die Einlassung im Anwendungsbereich der ZPO nicht zulässig (SPÜHLER/VOCK Art. 10 N 1). Stellungnahme zur Sache im *Sühnverfahren* bedeutet keine Einlassung. Dies gilt trotz der Regelung, dass der Prozess mit Einleitung des Schlichtungsverfahrens rechtskräftig wird (Art. 61 Abs. 1, BSK ZPO-INFANGER, Art. 18 N 7). Einlassung nach Art. 24 LugÜ II durch Unterlassung der Unzuständigkeitseinrede: BGE *122* III 301. Einlassung ist auch bezüglich der *Widerklage* möglich (BGE *123* III 45). Sie wird aber durch eine *ausschliessliche* Gerichtsstandsvereinbarung (Art. 5 Abs. 1 IPRG) ausgeschlossen (BGE *123* III 48). Nicht mehr gefordert wie noch in Art. 10 Abs. 2 GestG ist ein genügender Bezug der Streitigkeit zum Gerichtsstand. Dieser ist nach Art. 18 nicht mehr erforderlich. 116

4.5 Inhalt

4.5.1 Bestimmter Streitgegenstand

Das bereits entstandene oder künftig mögliche Streitverhältnis, für welches die Gerichtsstandsvereinbarung gelten soll, muss bestimmt und genau bezeichnet sein. 117

4.5.2 Bestimmtes Gericht

Die Gerichtsstandsvereinbarung hat das vereinbarte *Gericht* klar zu bezeichnen, nicht bloss den Staat oder den Kanton, dessen Gerichte zuständig sein sollen. So genügt die Klausel «Gerichtsstand Schweiz» den Anforderungen von Art. 5 IPRG an die Bestimmtheit nicht: ZR *90* Nr. 75. 118

Davon weicht Art. 23 LugÜ II ab, wonach die Parteien sowohl vereinbaren können, dass ein Gericht, wie auch, dass *«die Gerichte eines Vertragsstaats»* zuständig sein sollen. Wird in diesem Sinne nur die internationale Zuständigkeit geregelt, so bestimmt sich die örtliche Zuständigkeit nach internem Recht, in der Schweiz also nach IPRG. Fehlt es an einem Anknüpfungskriterium im vereinbarten Staat, so soll nach der uneinigen Lehre die 119

Vereinbarung entweder unwirksam sein, oder es besteht eine völkerrechtliche Pflicht des Staates, einen örtlichen Gerichtsstand zur Verfügung zu stellen, der mangels gesetzten Rechts durch Auslegung zu ermitteln wäre (KROPHOLLER, Art. 23 N 77 ff.). In der Schweiz kann evtl. auf die Notzuständigkeit nach Art. 3 IPRG gegriffen werden. Fehlt es an einem Zusammenhang des Sachverhalts mit der Schweiz, so ist die Lücke so zu füllen, dass die Wahl des örtlich zuständigen Gerichts – Rechtsmissbrauch vorbehalten – dem Kläger überlassen ist: ZR 95 Nr. 47.

4.6 Wirkung

120 *Rechtsnachfolger,* also auch der Zessionar der Forderung aus einem Vertrag mit Gerichtsstandsklausel, bleiben an die Abrede gebunden, die nicht als Nebenrecht der Forderung (OR 170), sondern als eine Eigenschaft derselben betrachtet wird: BGE *56* I 509.

121 Die Berufung auf die Gerichtsstandsvereinbarung hat durch Unzuständigkeitseinrede zu geschehen, Art. 18. Diese hat spätestens mit der Klageantwort (Art. 222) zu erfolgen. Wird die Einrede nicht erhoben, so wird das nach der Vereinbarung unzuständige Gericht durch *Einlassung* zuständig.

122 Das Gericht darf die Gerichtsstandsvereinbarung daher nicht von Amtes wegen berücksichtigen.

5. Gerichtsstand des Sachzusammenhangs

5.1 Objektive Klagenhäufung

123 Nach Art. 15 Abs. 2 i.V.m. Art. 90 ist das für einen Anspruch zuständige Gericht für alle in einem sachlichen Zusammenhang stehenden Ansprüche zuständig, sofern das gleiche Gericht dafür sachlich zuständig ist und die gleiche Verfahrensart anwendbar ist. (Vgl. SPÜHLER/VOCK, Art. 7 N 3 und 4, BSK ZPO-OBERHAMMER, Art. 90 N 3 ff.).

124 Nebenansprüche gehören vor das Gericht der Hauptsache.

5.2 Mehrere Beklagte/subjektive Klagenhäufung

5.2.1 Notwendige passive Streitgenossen

125 Zuständig ist nach Art. 15 Abs. 1 für alle Streitgenossen das für *einen* Streitgenossen zuständige Gericht. Die ZPO unterscheidet zwischen

notwendiger Streitgenossenschaft (Art. 70) und einfacher Streitgenossenschaft (Art. 71). Die Inanspruchnahme aller passiven Streitgenossen vor dem für einen Beklagten zuständigen Gericht ist nicht zuzulassen, wenn sich die Zuständigkeit nur aus einer Gerichtsstandsvereinbarung ergibt (Art. 15 Abs. 1 letzter Satz). Zusätzlich muss bei der einfachen Streitgenossenschaft die gleiche Verfahrensart gelten (Art. 71 Abs. 2).

5.2.2 Einfache passive Streitgenossen

Binnenrechtlich gilt dasselbe, vgl. vorstehend N 125. 126

Eurointernational ist, wenn mehrere Personen zusammen verklagt werden, das Gericht zuständig, in dessen Bezirk einer der Beklagten seinen Wohnsitz hat: Art. 6 Ziff. 1 LugÜ II. Dies gilt für einfache und notwendige Streitgenossen. Voraussetzung ist nach Art. 6 Ziff. 1 LugÜ II eine so enge Beziehung zwischen den Klagen, dass eine gemeinsame Verhandlung und Entscheidung geboten erscheint, um zu vermeiden, dass in getrennten Verfahren widersprechende Entscheidungen ergehen könnten. Für das IPRG wird neu in Art. 8a Abs. 1 IPRG ebenfalls ein Gerichtsstand für Streitgenossen vorgesehen. Es kann dabei an einem für eine beklagte Partei zuständigen schweizerischen Gericht gegen alle Streitgenossen geklagt werden. 127

5.3 Widerklage und wechselseitige Klage

5.3.1 Widerklage

Art. 14 Abs. 1, Art. 8 IPRG, Art. 26 lit. d IPRG, Art. 6 Ziff. 3 LugÜ II 128

Widerklage ist am Gerichtsstand der Hauptklage zulässig, wenn ihr Gegenstand mit demjenigen der Hauptklage *konnex* ist, d.h. wenn zwischen beiden ein «sachlicher Zusammenhang» besteht (Art. 14 Abs. 1, Art. 8 IPRG) bzw. wenn sie «auf denselben Vertrag oder Sachverhalt wie die Hauptklage selbst gestützt wird» (Art. 6 Ziff. 3 LugÜ II). Zum bundesgerichtlichen Begriff der Konnexität: 6 N 51. Die Konnexität nach Art. 6 Ziff. 3 LugÜ II ist vertragsautonom in Anlehnung an Art. 6 Ziff. 1 und Art. 28 Abs. 3 LugÜ II auszulegen. Für die Zulässigkeit der Widerklage muss neben dem sachlichen Zusammenhang für die Widerklage die gleiche Verfahrensart wie für die Hauptklage vorgeschrieben sein (Art. 224 Abs. 1). 129

5.3.2 Wechselseitige Scheidungs- und Trennungsklage

130 Um widersprechende Urteile zu vermeiden, besteht am Ort der Klage des zuerst klagenden Ehegatten ein *Gerichtsstand des Sachzusammenhangs* auch für die Klage des zweiten Ehegatten, die dann als Widerklage behandelt wird: BGE *64* II 176, 185, *72* II 323, *80* II 99. Daran hat sich durch die Revision des Scheidungsrechts für die Scheidung auf Klage nichts geändert (Botschaft zum ZGB, BBl 1996 I 135).

§ 17 Sachliche Zuständigkeit

1. Ordentliche Gerichte

1.1 Personen- und familienrechtliche Klagen

131 Das Bundesrecht hat die Regelung der sachlichen Zuständigkeit dem kantonalen Recht überlassen, sofern das Gesetz nichts anderes bestimmt (Art. 4). Ausnahmen bestehen in Art. 315a Abs. 1 ZGB für Kindesschutzmassnahmen und in Art. 134 Abs. 3 und 4 ZGB für Abänderungsklagen in Kinderbelangen.

1.2 Vermögensrechtliche Ansprüche

132 Die Zuständigkeit (und die Zulässigkeit von Rechtsmitteln) richtet sich nach dem *Streitwert*. Für dessen Bemessung gelten folgende Grundsätze:

1.2.1 Streitwert

133 Der Streitwert wird durch das Rechtsbegehren bestimmt (Art. 91 Abs. 1). Streitwert ist bei *Leistungsklagen* der objektive Wert der eingeklagten Leistung, bei *Unterlassungsklagen* der Wert, den die verlangte Unterlassung für den Kläger hat. Bei *Feststellungsklagen* ist der Wert des Rechtes oder Rechtsverhältnisses massgeblich, das oder dessen Nichtbestand festgestellt werden soll. Bei *Gestaltungsklagen* ist auf den aus der Rechtsgestaltung für den Kläger erwachsenden Vermögensvorteil abzustellen.

1.2.2 Mehrere Rechtsbegehren

Bei *mehreren Rechtsbegehren* sind die Streitwerte zu addieren, soweit die Begehren sich nicht ausschliessen. Die Streitwerte von *Klage und Widerklage* werden nicht zusammengezählt, sofern sie sich gegenüberstehen (Art. 94 Abs. 1). 134

1.2.3 Nebenansprüche

Nebenansprüche wie Zinsen, Früchte, Kosten werden nicht berücksichtigt (Art. 91 Abs. 1). 135

1.2.3.1 Periodische Leistungen

Bei *periodischen Leistungen* gilt der Kapitalwert (Art. 92 Abs. 1). 136

1.2.3.2 Nichtgeldleistungen

Bei anderen vermögensrechtlichen Streitgegenständen als Geldforderungen ist der Streitwert durch das Gericht festzusetzen (Art. 91 Abs. 2). Ausgangspunkt ist eine übereinstimmende *Angabe der Parteien,* evtl. der höhere Wert. Die Angaben unterliegen der Überprüfung nach *freiem richterlichem Ermessen.* 137

1.3 Immaterialgüterrechtliche Klagen

Für immaterialgüterrechtliche Klagen schreibt das Bundesrecht den Kantonen die Beurteilung durch eine einzige kantonale Instanz – in der Regel das Ober- oder Kantonsgericht oder das Handelsgericht – vor: Art. 5 Abs. 1 lit. a. 138

2. Sondergerichte

Die Zuständigkeit der Sondergerichte bestimmt sich *kumulativ:* 139

2.1 Nach der Person der Parteien

140 Arbeitgeber – Arbeitnehmer, im Handelsregister eingetragene Firma, Vermieter – Mieter.

2.2 Nach der Natur des Streites

141 Arbeitsrechtliche Streitigkeit, Streit über Handelsverhältnisse, mietvertragliche Streitigkeit.

2.3 Zum Teil nach dem Streitwert

3. Sachliche Zuständigkeit ist zwingend

142 Eine Parteivereinbarung über die sachliche Zuständigkeit ist nur im Rahmen der kantonalen Vorschriften der Gerichtsorganisation sowie der ZPO zulässig:
- In einzelnen Kantonen kann von einer höheren Streitwertgrenze an die Zuständigkeit des Ober-(Kantons-)Gerichtes zur erstinstanzlichen Erledigung vereinbart werden.
- Art. 8 erlaubt eine Prorogation an das obere kantonale Gericht bei Streitwerten von mindestens CHF 100 000.
- Z.T. besteht die Möglichkeit der Prorogation im Verhältnis von ordentlichen und Sondergerichten.

§ 18 Entscheid über die Zuständigkeit

1. Qualifikation der Klage

143 Für die Beurteilung der Zuständigkeitsfrage ist massgeblich, um was für eine Klage es sich handelt. Für den Gerichtsstand kann es darauf ankommen, ob die Klage obligatorischer oder dinglicher Natur ist, für die sachliche Zuständigkeit, ob es sich um eine Klage aus Arbeitsvertrag oder Auftrag oder um eine solche aus Mietvertrag handelt. Bei dieser Qualifikation der Klage für den Entscheid über die Zuständigkeitsfrage «gilt der allgemeine prozessrechtliche Grundsatz, wonach bei der Beurteilung der Zuständigkeitsfrage auf den vom Kläger eingeklagten Anspruch und dessen

Begründung abgestellt werden muss und die darauf bezüglichen Einwände der Gegenpartei nicht zu prüfen sind» BGE *119* II 68; 12 N 140.

Das gilt dann, wenn der Anknüpfungspunkt für die Zuständigkeit eine *doppelrelevante* Tatsache ist, «das heisst sowohl für die Zulässigkeit der Klage als auch für deren Begründetheit» relevant ist (z.B. der behauptete Arbeitsvertrag für die Zuständigkeit des Arbeitsgerichts und für die arbeitsrechtliche Forderung); dann «wird sie nur in einer einzigen Prüfungsstation untersucht, und zwar erst in der Begründetheitsstation» (BGE *122* III 252). Ist der Anknüpfungspunkt für die Zuständigkeit (z.B. eine Erfüllungsortsvereinbarung) dagegen für den Sachentscheid (Begründetheit und Fälligkeit eines Darlehens) irrelevant, so ist – wenn er bestritten ist – darüber vorab im Zeitpunkt der Zuständigkeitsprüfung Beweis abzunehmen und zu entscheiden; die Beweislast trifft die Klagepartei (BGE *122* III 252). 144

Die Lehre von der doppelrelevanten Tatsache wird in Deutschland vertreten, ist aber durchaus nicht unbestritten. Sie wird damit gerechtfertigt, dass es bei entsprechenden Ansprüchen nicht nur zum Nichteintreten mit erneuter Klagemöglichkeit des Klägers komme, sondern zu einem abweisenden und materiell rechtskräftigen Urteil, das den Kläger daran hindert, denselben Anspruch nochmals geltend zu machen (BGE *122* III 252). Das Bundesgericht hat sich diese Lehre wohl etwas voreilig zu eigen gemacht. Jedenfalls hat es bei der Staatenimmunität – die ebenfalls sowohl für die Zuständigkeit wie für die Begründetheit der Klage relevant ist – davon mit der Begründung wieder Abstand genommen: «Il ne serait en effet guère compatible avec le principe même de l'immunité de forcer un Etat à procéder sur le fond alors qu'il entend, en invoquant sa souveraineté, se soustraire à toute juridiction d'un autre Etat» (BGE *124* III 387). Der Entscheid sollte Anlass sein, die Rechtfertigung der Lehre von der doppelrelevanten Tatsache auch für andere Rechtssubjekte als Staaten zu überdenken. 145

2. Im Zusammenhang stehende Verfahren und identische Klagen

Das Lugano-Übereinkommen schafft für «im Zusammenhang stehende» Klagen, die bei Gerichten verschiedener Vertragsstaaten anhängig sind, die folgende Möglichkeit der Zuständigkeitsregelung: 146

- Das später angerufene Gericht kann das Verfahren aussetzen, solange beide Klagen im ersten Rechtszug anhängig sind, Art. 28 Abs. 1 LugÜ II.
- Auf Antrag einer Partei kann dieses Gericht sich für unzuständig erklären, wenn die Verbindung solcher Klagen nach seinem Recht zulässig ist und das zuerst angerufene Gericht für beide Klagen zuständig ist, Art. 28 Abs. 2 LugÜ II.

147 «Im Zusammenhang» stehen die Klagen gemäss Art. 28 Abs. 3 LugÜ II, wenn wegen ihrer engen Beziehung eine gemeinsame Verhandlung und Entscheidung geboten ist, um widersprechende Entscheidungen zu vermeiden.

3. Verfahren

148 Der Entscheid über die Zuständigkeit erfolgt durch *Prozessentscheid,* und zwar bei Verneinung der Zuständigkeit durch *Nichteintreten,* bei Bejahung durch *Abweisung der Unzuständigkeitseinrede* (7 N 143).

149 Das Gericht entscheidet über seine eigene Zuständigkeit (sog. *Kompetenz-Kompetenz*). Gemäss Art. 63 Abs. 1 kann eine Eingabe, die mangels Zuständigkeit zurückgezogen oder auf die nicht eingetreten wurde, innert eines Monates seit dem Rückzug oder dem Nichteintretensentscheid bei der zuständigen Schlichtungsbehörde oder beim zuständigen Gericht neu eingereicht werden. Sodann gilt als Zeitpunkt der Rechtshängigkeit das Datum der ersten Einreichung.

150 Der Nichteintretensentscheid hat *keine materielle Rechtskraft*. Der Kläger kann die Klage erneut erheben. Ein anderes Gericht ist an den Nichteintretensentscheid nicht gebunden.

4. Kapitel: Parteien, Nebenparteien, Prozessvertretung

§ 19 Parteifähigkeit, Prozessfähigkeit, Postulationsfähigkeit

1. Parteifähigkeit

1.1 Parteifähigkeit als Rechtsfähigkeit im Verfahren

Parteifähigkeit ist das Recht, als Partei im Prozess aufzutreten. 1
Parteifähigkeit ist die prozessuale Seite der *Rechtsfähigkeit:* Wer rechtsfähig ist, ist auch parteifähig. Parteifähig sind daher:
- natürliche Personen: jedermann ist rechtsfähig (Art. 11 Abs. 1 ZGB; Rechtsfähigkeit des nasciturus: Art. 31 Abs. 2 ZGB),
- juristische Personen, auch öffentlich-rechtliche (Art. 53 ZGB).

Parteifähig ist sodann, wer von Bundesrechts wegen *als Partei auftreten* 2
kann (vgl. Art. 66 Abs. 1 ZPO). Die Parteifähigkeit bestimmt sich nach *materiellem Recht,* auch da, wo sie nicht rechtsfähigen Gebilden zuerkannt wird (BGE *42* II 553).

Die Parteifähigkeit ist als Prozessfähigkeit *von Amtes wegen zu prüfen* 3
(Art. 59 f.). Auch das Bundesgericht prüft von Amtes wegen, ob die Parteien parteifähig sind (BGE *126* III 201 E. 1c).

1.2 Parteifähigkeit rechtsunfähiger Gebilde

Als parteifähig werden betrachtet:

Die *Kollektiv- und Kommanditgesellschaft* nach Art. 562, 602 4
OR. Sie sind auch nach Löschung im Handelsregister parteifähig, wenn sie noch Ansprüche gegen Dritte haben (BGE *81* II 358).

Die *Konkursmasse* (Art. 197, 240 SchKG), die *Liquidationsmasse* beim 5
Nachlassvertrag mit Vermögensabtretung (Art. 317 ff. SchKG) und das *Erbschaftsvermögen* bei der amtlichen Nachlassliquidation (Art. 593 ff. ZGB) werden von der Praxis wie eine Partei behandelt.

Nach Auffassung des Bundesgerichtes sind als Partei der Schuldner bzw. 6
die Erben anzusehen, welche bezüglich des Sondervermögens *gesetzlich*

(durch den Konkursverwalter usw.) *vertreten* werden (BGE *97* II 409; GULDENER, 126 f.).

7 Nach richtiger Auffassung handelt es sich aber um ein *Sondervermögen,* für welches dem Schuldner die Verfügungsbefugnis entzogen ist (oder für welches ein Rechtssubjekt nicht mehr vorhanden ist: Nachlassliquidation) und *welchem das positive Recht Parteifähigkeit einräumt* (WALDER/GROB, § 8 N 3; ZK-ESCHER, Art. 596 ZGB N 1; SPÜHLER/DOLGE, SchKG II, 69 ff.).

8 Die *Gemeinschaft der Stockwerkeigentümer* ist gemäss Art. 712l Abs. 2 ZGB im Rahmen der durch Art. 712l Abs. 2 ZGB umschriebenen Verwaltung des Verwaltungsvermögens der Gemeinschaft beschränkt partei- (und prozess-)fähig.

9 Die Gläubigergemeinschaft *bei Anleihensobligationen* (Art. 1164 Abs. 1 OR) ist beschränkt partei- (und prozess-)fähig (vgl. BGE *113* II 283).

10 Die *Verwaltung der AG* (Art. 706 OR; vgl. VOCK, 94 ff.), der *GmbH* (Art. 808c OR) und der *Genossenschaft* (Art. 891 OR) ist für die Anfechtung von Beschlüssen der General- bzw. Gesellschafterversammlungen *aktiv* parteifähig.

11 Weil die *unverteilte Erbschaft* nach Art. 49 und 59 SchKG betrieben werden kann, wird ihr vom Bundesgericht in den durch solche Betreibungen ausgelösten Prozessen – Rechtsöffnungs- und Aberkennungsprozess – Parteifähigkeit als Sondervermögen zuerkannt (BGE *102* II 387; *113* III 79).

Gebilden, deren Rechtsfähigkeit strittig ist, wird im Streit um die Rechtsfähigkeit Parteifähigkeit zuerkannt.

12 Im Prozess auf Feststellung des Bestehens der Stiftung oder im Prozess auf Feststellung der Nichtigkeit (Nichtigerklärung mit Feststellungscharakter) ist die Stiftung *parteifähig*. Denn es geht «nicht wohl an, eine der Form nach vorhandene und gehörig organisierte Stiftung, schon bevor der rechtskräftige Richterspruch ergangen ist, als rechtlich inexistent zu behandeln» (BGE *73* II 84; ferner: BGE *75* II 87, *96* II 277, *112* II 6).

13 Behörden, *nicht selbständigen öffentlich-rechtlichen Körperschaften und Anstalten* kommt Parteifähigkeit zu, soweit das massgebliche öffentliche Recht sie zu Trägern eigener Rechte und Pflichten bestimmt. Parteifähig sind daher die «Eidgenössische Alters- und Hinterlassenenversicherung», die «Eidgenössische Invalidenversicherung», die Verbandsausgleichskassen, die kantonalen Ausgleichskassen, der Ausgleichsfonds (BGE *112* II 90).

14 *Nicht parteifähig* sind dagegen naturgemäss Behörden, die lediglich Organe eines Gemeinwesens sind, wie etwa die Vormundschaftsbehörde (künftig Erwachsenenschutzbehörde, BGE *113* II 113).

1.3 Fehlen der Parteifähigkeit

Die Parteifähigkeit mangelt den *Gemeinschaften zu gesamter Hand* als solche, also namentlich: 15
- der Erbengemeinschaft (Art. 602 ZGB),
- der einfachen Gesellschaft (Art. 530 ff. OR).

Das bedeutet, dass diese Gemeinschaften *nicht als solche* klagen oder eingeklagt werden können. Es müssen daher alle Erben oder Gesellschafter einzeln als Parteien genannt werden, z.B.: «Erbengemeinschaft des Hans Müller, nämlich: 1. Heinrich Müller, 2. Dora Meier-Müller, 3. Otto Müller». 16

Keine Parteifähigkeit hat auch die Miteigentümergemeinschaft (ZR *1982* Nr. 134).

Bezüglich der beschränkten Parteifähigkeit der Stockwerkeigentümergemeinschaft siehe N 8. 17

2. Prozessfähigkeit

2.1 Prozessfähigkeit als Handlungsfähigkeit im Verfahren

Prozessfähig ist, wer handlungsfähig ist (Art. 67 Abs. 1 ZPO). Prozessfähigkeit ist das Recht, den Prozess als Partei selbst oder durch selbst bestellte Vertreter zu führen. Sie umfasst das Recht, eine Klage einzuleiten, sie zurückzuziehen, eine Klage der Gegenpartei anzuerkennen oder einen Vergleich zu schliessen, ein Rechtsmittel zu ergreifen oder auf ein solches zu verzichten (BGE *132* I 5 E. 3.1). 18

Sie ist die prozessuale Seite der *Handlungsfähigkeit* und bestimmt sich deshalb nach materiellem Recht. Prozessfähig sind daher: 19
- die natürlichen Personen, die urteilsfähig und mündig sind (Art. 12 ZGB),
- die juristischen Personen nach Bestellung ihrer Organe (Art. 54 ZGB),
- die Gebilde, denen das Bundesrecht zum Zwecke der Prozessführung Parteifähigkeit und damit auch Prozessfähigkeit zuerkennt: N 4 ff.

Die Handlungs- und Prozessfähigkeit wird *beschränkt* durch die Errichtung einer Vormundschaft oder einer Beiratschaft; sie wird dagegen durch die Errichtung einer *Beistandschaft* nicht beschränkt. 20

Das Vormundschaftsrecht wurde revidiert (vgl. den Text der nArt. 360 ff. ZGB in BBl 2009 141 ff.). Das Inkrafttreten steht noch nicht fest, voraussichtlich findet es 2013 statt. Vormundschaft und Beiratschaft fallen mit der Revision weg. Es gibt an deren Stelle *verschiedene Beistandschaften*. Für die Führung von Zivilprozessen sind die Vertretungsbeistandschaft, die kombinierte Mitwirkungsbeistandschaft und die umfassende Beistandschaft von Bedeutung (nArt. 390 ff. ZGB). Die Erwachsenenschutzbehörde umschreibt die 21

Aufgabenbereiche der Beistandschaften, so u.a. den «Rechtsverkehr» (nArt. 391 Abs. 1 und 2 ZGB).

22 Handlungs- und *prozessunfähige* Personen sind andererseits für bestimmte Geschäfte und Prozesse prozessfähig. Man spricht hier von beschränkter Prozess*un*fähigkeit.

2.2 Beschränkte Prozessfähigkeit

23 Wer unter *Mitwirkungs-* (Art. 395 Abs. 1 ZGB) oder *Verwaltungs-* (Art. 395 Abs. 2 ZGB) oder unter *kombinierter* Mitwirkungs- und Verwaltungsbeiratschaft (Art. 395 Abs. 1 und 2 ZGB) steht, ist *beschränkt handlungsfähig*. Er ist damit auch nur beschränkt prozessfähig:

- Bei der *Mitwirkungsbeiratschaft* bedarf der Verbeiratete *generell* der Mitwirkung des Beirates zur Prozessführung (Art. 395 Abs. 1 Ziff. 1 ZGB). Nur um höchstpersönliche Rechte (Art. 19 Abs. 2 ZGB) kann er selbstständig prozessieren.
- Bei der *Verwaltungsbeiratschaft* ist dem Verbeirateten die Verwaltung des Vermögens entzogen. Prozesse um das Vermögen und die Vermögensverwaltung führt daher der Beirat – mit Zustimmung der Vormundschaftsbehörde, Art. 421 Ziff. 8 ZGB – allein als Vertreter des Verbeirateten. – Für Prozesse über höchstpersönliche Rechte (Art. 19 Abs. 2 ZGB) und solche, die nicht das Vermögen betreffen, z.B. solche über seinen Arbeitserwerb, ist der Verbeiratete prozessfähig.
- Bei der *kombinierten* Mitwirkungs- und Verwaltungsbeiratschaft gelten die genannten Einschränkungen gesamthaft. Der Verbeiratete bedarf daher auch für die Prozessführung über seinen Arbeitserwerb der Mitwirkung des Beirates und ist nur in Prozessen über höchstpersönliche Rechte unbeschränkt prozessfähig.

24 Das neue Vormundschaftsrecht hebt die Beiratschaft auf, an ihre Stelle treten verschiedene Beistandschaften, deren Aufgabenbereich die Behörde im einzelnen Fall umschreiben kann: die *Vertretungsbeistandschaft, die Mitwirkungsbeistandschaft* (nArt. 396 ZGB) und die *umfassende Beistandschaft* (nArt. 390 ff. ZGB; vgl. N 20).

2.3 Beschränkte Prozessunfähigkeit

25 *Urteilsfähige Unmündige und Entmündigte* sind nach Art. 19 ZGB beschränkt handlungsunfähig und demgemäss auch beschränkt prozessunfähig.

Sie sind nämlich *prozessfähig:*

- In Prozessen über Rechte, die ihnen um ihrer *Persönlichkeit* willen zustehen *(höchstpersönliche Rechte).* Vgl. Art. 67 Abs. 3 lit. a ZGB. 26

  Beispiele: 27

  - Das *urteilsunfähige Kind* kann für die ebenfalls höchstpersönliche Klage auf *Namensänderung* durch den gesetzlichen Vertreter wirksam vertreten werden. Das Bundesgericht ordnet den Anspruch auf Namensänderung hier den *relativ höchstpersönlichen* Rechten zu (BGE *117* II 7).
  - Der zu *Entmündigende* kann den Entmündigungsprozess, der *Bevormundete* den Prozess auf Aufhebung der Vormundschaft selbständig führen und selbst einen Prozessvertreter bestellen. Die Frage der Prozessfähigkeit wird hier nicht als Prozessvoraussetzung geprüft, da der materielle Streit gerade die Frage der Urteilsfähigkeit betrifft (BGE *77* II 11). 28
  - Der *urteilsfähige Minderjährige* kann prozessual selbstständig handeln, um Rechte wahrzunehmen, die seine Persönlichkeit betreffen, z.B. im Verfahren um Durchsetzung des Besuchsrechts eines Elternteils ihm gegenüber (BGE *120* Ia 371). Das Kind kann auch selbständig Beschwerde i.S.v. Art. 319 erheben, wenn es in eherechtlichen Verfahren seiner Eltern nicht angehört oder ihm keine Vertretung beigegeben worden ist (Art. 298 Abs. 3 und 299 Abs. 3). 29

- In Prozessen aus bewilligter selbständiger Haushaltführung, selbstständiger Berufs- und Gewerbeausübung (Art. 305, 323, 412 ZGB; BGE *112* II 103). 30
- Wenn Gefahr im Verzug ist, kann vorläufig das Nötige selbst vorgekehrt werden (Art. 67 Abs. 3 lit. a ZGB). 31
- *Nicht prozessfähig* ist der urteilsfähige Unmündige oder Entmündigte dagegen zur Geltendmachung *unentgeltlicher Vorteile,* die er ohne Zustimmung des gesetzlichen Vertreters erlangen kann (Art. Abs. 2 ZGB), denn die Prozessführung als solche ist kein unentgeltlicher Vorteil, sondern mit Kostenrisiken verbunden. – Ebensowenig ist er in Prozessen, die seine *Deliktsfähigkeit* betreffen (Art. 19 Abs. 3 ZGB), prozessfähig. 32

2.4 Fehlende Prozessfähigkeit

Bestehen Anzeichen dafür, dass es an der Prozessfähigkeit einer Partei mangelt, hat das Gericht die Frage *von Amtes wegen* zu prüfen, weil es sich um eine Prozessvoraussetzung handelt. 33

Handelt eine nicht prozessfähige Partei, so ist, wenn ein gesetzlicher Vertreter bestellt worden ist, diesem Frist zur Genehmigung der Prozesshandlungen der Partei anzusetzen. Ist noch kein gesetzlicher Vertreter bestellt, so ist die zuständige Behörde einzuladen, ihn zu bestellen. 34

Wird der Mangel nicht behoben, so ist auf die von der prozessunfähigen Partei erhobene Klage nicht einzutreten (vgl. Art. 69). 35

3. Das Kind als Partei im eherechtlichen Prozess der Eltern

3.1 Anhörung

36 Nach Art. 298 wird das Kind durch das Gericht oder eine beauftragte Drittperson in eherechtlichen Prozessen seiner Eltern *persönlich angehört*. Eine *Ausnahme* bildet, wenn sein Alter oder andere wichtige Gründe dagegen sprechen. Ist das Kind urteilsfähig, kann es selbständig die Verweigerung der Anhörung anfechten; das Rechtsmittel ist die Beschwerde i.S.v. Art. 319 (Art. 298 Abs. 3).

3.2 Vertretung

37 Das Gericht kann, wenn nötig, eine Vertretung des Kindes anordnen. Dabei muss keine Anwältin und kein Anwalt bestellt werden, sondern mit der Aufgabe ist eine *in fürsorgerischen und rechtlichen Fragen erfahrene Person* zu betrauen (Art. 299 Abs. 1). Das Gericht ist dabei an einen nicht abschliessenden Katalog von Voraussetzungen gebunden, wobei es die Vertretung des Kindes nicht anordnen, sondern *nur prüfen* muss. Dies ist der Fall, wenn die Eheleute unterschiedliche Anträge in Kinderbelangen stellen, das Gericht erhebliche Zweifel an den Anträgen der Eltern hegt, die Vormundschaftsbehörde oder ein Elternteil die Vertretung beantragt oder der Erlass von Kindesschutzmassnahmen erwogen wird (Art. 299 Abs. 1 und 2).

38 Die Gerichte üben zu Recht eine gewisse Zurückhaltung bei der Anordnung von Kindesvertretungen.

39 Das *urteilsfähige Kind* kann selbst Antrag auf seine Vertretung stellen. Wird diese abgelehnt, so kann es selbständig *Beschwerde* gemäss Art. 319 erheben.

40 Das Verfahren richtet sich aufgrund eines Verweises nach den Art. 272 und 273 (Untersuchungsgrundsatz, grundsätzlich mündliche Verhandlung, persönliches Erscheinen).

3.3 Parteistellung

41 Durch die Vertretung kommt das *Kind* im Eheprozess der Eltern in eine besondere, im schweizerischen Prozessrecht sonst unbekannte *Parteistellung:* Es steht nicht auf der Kläger- oder Beklagtenseite und ist auch nicht Nebenpartei, sondern Hauptpartei, die sich für ihre eigenen Interessen

einsetzt. Es steht den Eltern nicht als eine eigentliche Gegenpartei gegenüber, tritt aber zum Beispiel im Rechtsmittelverfahren als Gegenpartei der Eltern auf.

4. Prozessstandschaft

4.1 Begriff

Von Prozessstandschaft spricht man, *wenn eine Person befugt* ist, den Prozess (vgl. bei der Streitverkündung Art. 79 Abs. 1 lit. b) 42
- *an Stelle* des Berechtigten oder Verpflichteten,
- aber *im eigenen Namen* als Partei zu führen.

4.2 Fälle der Prozessstandschaft

4.2.1 Veräusserung des Streitobjekts

Die Veräusserung des Streitobjekts berührt den Prozess nicht. Die Erwerberin oder der Erwerber kann aber an Stelle der veräussernden Partei in den Prozess eintreten (Art. 83 Abs. 1). Treten sie nicht ein, führt der Veräusserer den Prozess als Prozessstandschafter fort (Botschaft, 7286). 43

4.2.2 Verwaltung der Erbschaft

Der amtliche Erbschaftsverwalter (Art. 554 ZGB), der amtliche Erbenvertreter (Art. 602 Abs. 3 ZGB) und der Willensvollstrecker (Art. 518 ZGB) sind *in Prozessen über die zum Nachlass gehörenden Aktiven und Passiven* zur Prozessführung *im eigenen Namen* befugt (ZK-ESCHER, Art. 518 ZGB N 31, Art. 554 ZGB N 16, Art. 602 ZGB N 78; a.A. GULDENER, 142 f.). 44

4.2.3 Abtretungsgläubiger gemäss Art. 260 SchKG

Bei der Abtretung nach Art. 260 SchKG handelt es sich um ein *betreibungs- und prozessrechtliches Institut sui generis*. Dadurch wird der Gläubiger ermächtigt, «den streitigen Rechtsanspruch *an Stelle der Masse in eigenem Namen* und auf eigene Rechnung und Gefahr geltend zu machen» (BGE *109* III 29; *113* III 137). Es liegt somit eine Form der Prozessstandschaft vor. Haben sich *mehrere Gläubiger* denselben Anspruch der Konkursmasse abtreten lassen, bilden sie eine notwendige Streitgenossenschaft 45 sui generis; es kann nur ein einziges Urteil über den Anspruch ergehen (BGE *121* III 488 ff.).

4.3 Keine gewillkürte Prozessstandschaft

46 Eine «vom Schuldner gewählte Prozessstandschaft» ergab sich in BGE *119* II 225, weil der Schuldner die Schuld gegenüber dem Nichtgläubiger (Inkassomandatar) anerkannt hatte: Er musste daher die Einklagung der Forderung im eigenen Namen des Inkassomandatars dulden.

47 Die im deutschen Prozessrecht anerkannte Rechtsfigur der *gewillkürten* Prozessstandschaft wird im Übrigen in der Schweiz abgelehnt (BGE *78* II 274).

5. Postulationsfähigkeit

5.1 Begriff

48 Postulationsfähigkeit ist das Recht, vor Gericht *selbstständig Anträge zu stellen* und seine Sache vorzutragen.

5.2 Fehlen der Postulationsfähigkeit

49 Ist eine *Partei ausser Stande,* ihre Sache selbst gehörig zu führen, kann sie angehalten werden, einen Vertreter zu bestellen. Unter Umständen kann das Gericht einen solchen bezeichnen (vgl. Art. 69 Abs. 1).

6. Prüfung der persönlichen Prozessvoraussetzungen

50 Partei- und Prozessfähigkeit sind *Prozessvoraussetzungen* (Art. 59 Abs. 2 lit. c). Sie sind vom Gericht von Amtes wegen zu prüfen (Art. 60; vgl. BGE 5D_65/2008).

7. Internationale Verhältnisse

51 Die Parteifähigkeit *natürlicher Personen* untersteht wie die *Rechtsfähigkeit schweizerischem Recht* (Art. 34 IPRG). Wie die Handlungsfähigkeit untersteht dagegen die *Prozessfähigkeit* dem *Recht des Wohnsitzes;*

Wohnsitzwechsel berührt die einmal erworbene Prozessfähigkeit aber nicht (Art. 35 IPRG).

Die Rechts- und Handlungsfähigkeit und damit die Partei- und Prozessfähigkeit *juristischer Personen,* d.h. von «Gesellschaften» i.S.v. Art. 150 Abs. 1 IPRG, bestimmen sich nach dem auf die Gesellschaft anwendbaren Recht (Art. 155 IPRG). Dieses ist das Organisationsstatut gemäss Art. 154 Abs. 1 IPRG, evtl. das Recht am Ort der tatsächlichen Verwaltung (Art. 154 Abs. 2 IPRG). 52

§ 20 Mehrheit von Hauptparteien

1. Begriff

Eine Mehrheit von Personen auf der Kläger- und/oder Beklagtenseite wird als *Streitgenossenschaft* bezeichnet. 53

Es ist sinnvoll, wenn die Streitgenossen einen *gemeinsamen Vertreter* bezeichnen. Ansonsten gehen die *Zustellungen* an jeden einzelnen Streitgenossen (Art. 72 ZPO). Das gilt für die notwendige und die einfache Streitgenossenschaft. 54

2. Notwendige Streitgenossenschaft

2.1 Begriff

Mehrere Personen *müssen* als Kläger gemeinsam auftreten oder als Beklagte gemeinsam belangt werden, wenn das streitige Rechtsverhältnis allen Streitgenossen gegenüber nur *einheitlich festgestellt* werden kann (Art. 70 Abs. 1). 55

Die notwendige Streitgenossenschaft beruht auf dem *materiellen Recht.* 56

2.2 Hauptfälle

2.2.1 Gesamthandgemeinschaften

Gemeinschaften zur gesamten Hand sind u.a. Gütergemeinschaft (Art. 221 ff. ZGB), Gemeinderschaft (Art. 336 ff. ZGB), Erbengemeinschaft (Art 602 ZGB), einfache Gesellschaft (Art. 530 ff. OR). 57

In *Aktivprozessen* von Gesamthandgemeinschaften müssen alle Gemeinschafter als Kläger auftreten, da nur gemeinsam über die Aktiven der Ge- 58 meinschaft verfügt werden kann (Art. 653 Abs. 2 ZGB; BGE *121* III 121). Es gibt Ausnahmen: Zur Abwehr von Angriffen gegen das Gesamtgut wird dem einzelnen Gesamteigentümer ein selbstständiges Klagerecht eingeräumt (ZR *1954* Nr. 143).

59 *Beispiel:* BGE *116* II 49
Vier Schwestern hatten das Vorkaufsrecht an einer Liegenschaft ausgeübt; nach dessen Bestreitung hatten nur drei der vier Schwestern geklagt. Mit der gemeinsamen Ausübungserklärung hatten sie eine einfache Gesellschaft gegründet. Das Nichtauftreten der vierten Schwester als Klägerin wertete das Bundesgericht als Auflösung der einfachen Gesellschaft durch Übereinkunft, verbunden mit einer konkludenten Vereinbarung der verbleibenden drei Schwestern, die Gesellschaft weiterzuführen. Damit blieben sie eine vollständige notwendige Streitgenossenschaft und waren aktivlegitimiert.

60 Für *Passivprozesse* besteht notwendige Streitgenossenschaft, soweit dingliche Rechte gegen die Gemeinschafter geltend gemacht werden. Für obligatorische Forderungen besteht dagegen Solidarität (Art. 603 ZGB, Art. 544 OR) oder eine andere persönliche Haftung (Art. 233 f. ZGB).

2.2.2 Gewisse Gestaltungsklagen mit Wirkung auf mehrere

61 Notwendige Streitgenossenschaft gilt für *Gestaltungsklagen*, welche auf *Aufhebung eines Rechtsverhältnisses* gerichtet sind, das mehrere Personen umfasst und das mit Wirkung gegen alle aufgehoben werden soll.

2.2.2.1 Klagen auf Aufhebung von Gesamthandverhältnissen

62 Bei der *Erbteilungsklage* (ebenso bei einem Begehren auf Sicherstellung gemäss Art. 464 ZGB: BGE *109* II 403) und bei einem dem Erbteilungsprozess vorausgehenden Begehren um ungeteilte Zuweisung eines landwirtschaftlichen Grundstückes (BGE *113* II 140) oder der Klage auf Auflösung einer einfachen Gesellschaft (Art. 530 ff. OR) sind alle Gemeinschafter auf der Kläger- oder auf der Beklagtenseite in den Prozess einzubeziehen.

63 Die *Praxis* verzichtet auf den Einbezug Beteiligter, welche das Prozessergebnis von vornherein anerkennen (BGE *74* II 217, *86* II 455, *112* II 310).

2.2.2.2 Klagen auf Änderung der Wertquoten der Stockwerkeigentümer (Art. 712e Abs. 2 ZGB)

64 Klagen auf *Ausdehnung der gemeinschaftlichen Teile von Stockwerkeigentum* (BGE *112* II 310) oder auf *Berichtigung der Wertquote* des einzelnen Stockwerkeigentümers (BGE *116* II 55, 58 f.) beeinflussen die

Grösse der Wertquoten der übrigen Stockwerkeigentümer. Deshalb müssen solche Klagen gegen alle (andern) Stockwerkeigentümer in notwendiger Streitgenossenschaft gerichtet werden.

2.2.2.3 Klagen auf Änderung des Personenstandes

Es sind die *von der Änderung direkt betroffenen Personen einzubeziehen*. Das ist der Fall bei Klagen Dritter auf Ungültigerklärung der Ehe gegen beide Ehegatten (Art. 106 ZGB) und bei Klagen auf Anfechtung der Vaterschaft und der Vaterschaftsanerkennung (Art. 256 Abs. 2, 260a Abs. 3 ZGB). 65

2.2.3 Klagen notwendiger einheitlicher Entscheidung

Muss in der Sache notwendigerweise *einheitlich entschieden* werden (Art. 70 Abs. 1, «nur mit Wirkung für alle»), so müssen mehrere Kläger als notwendige Streitgenossenschaft auftreten bzw. mehrere Beklagte als notwendige Streitgenossenschaft ins Recht gefasst werden (BGE *117* II 206). Das gilt z.B. in *folgenden Fällen*: 66

2.2.3.1 Klagen aus einem unteilbaren Rechtsverhältnis

Bei Klagen mehrerer oder gegen mehrere aus einem unteilbaren Rechtsverhältnis (BGE *130* III 550) – z.B. Klage aus behaupteter Unverbindlichkeit eines Liegenschaftenkaufs (BGE *51* I 45, *69* I 5, *93* II 200) – bilden die mehreren Käufer und die mehreren Verkäufer eine notwendige Streitgenossenschaft. 67

2.2.3.2 Klagen mehrerer Abtretungsgläubiger nach Art. 260 SchKG

Wird ein Anspruch der Masse mehreren Gläubigern zur gerichtlichen Geltendmachung abgetreten, so haben diejenigen, welche den Anspruch verfolgen wollen, in notwendiger Streitgenossenschaft aufzutreten, weil sie – in Prozessstandschaft – einen Anspruch der Masse geltend machen, über welchen nur einheitlich entschieden werden kann (ZR *1996* Nr. 97; BGE *43* III 164; BGE *121* III 488, bes. 494. Ebenso: GULDENER, 297; FRITZSCHE/WALDER II, 355; SPÜHLER/DOLGE, SchKG II, 4. A., 55 f.). 68

2.3 Wirkungen der notwendigen Streitgenossenschaft

69 Es kann am Gerichtsstand eines Streitgenossen gegen alle geklagt werden (Art. 15 Abs. 1).

70 Die *Aktiv- oder Passivlegitimation* fehlt, wenn nicht alle notwendigen Streitgenossen in den Prozess einbezogen sind. Die Folge bildet die Abweisung der Klage (s. aber den Vorbehalt in N 63).

71 Ein *übereinstimmendes Handeln* im Prozess ist deshalb nötig, weil die notwendigen Streitgenossen das behauptete Recht nur gemeinsam ausüben können. Prozesshandlungen eines Streitgenossen wirken auch für die Säumigen (Ausnahme: Ergreifung von Rechtsmitteln, vgl. Art. 70 Abs. 2).

3. Einfache Streitgenossenschaft

3.1 Begriff

72 Mehrere Personen, die aus den gleichen Tatsachen oder Rechtsgründen berechtigt oder verpflichtet sind, können gemeinsam klagen oder beklagt werden (Art. 71 Abs. 1). Man spricht von *subjektiver Klagenhäufung*.

3.2 Voraussetzungen

73 Erste Voraussetzung bildet, dass für alle Klagen die *gleiche Verfahrensart* anwendbar ist (Art. 71 Abs. 2; z.B. nicht ordentliches und summarisches Verfahren). Sodann muss ein *innerer Zusammenhang* der Klagen vorhanden sein, d.h. sie müssen auf gleichartigen Tatsachen oder Rechtsgründen beruhen.

4. Hauptintervention

74 *Hauptintervenient* ist, wer am Streitobjekt ein besseres, beide Parteien *ganz oder teilweise ausschliessendes Recht* behauptet und dieses durch eine gegen beide Parteien gerichtete Klage geltend macht. Der Hauptintervenient ist also Hauptpartei in einem neuen Prozess. Das Gericht hat zwei Möglichkeiten: Es kann den Prozess einstellen (sistieren), bis die Klage des Hauptintervenienten erledigt ist oder es kann das Verfahren vereinigen. Damit entsteht ein Prozess mit drei Parteien (Art. 73).

5. Streitverkündungsklage

Die Streitverkündungsklage ist durch die Art. 81 und 82 erstmals gesamtschweizerisch verankert worden. Sie führt zu einem Prozess mit *drei Parteien* (vgl. 6 N 40 f.). 75

6. Class action

Die Class action ist ein in der *Schweiz* bisher *unbekanntes Institut* des amerikanischen Prozessrechts. Es wurde auch nicht in die neue ZPO aufgenommen. Die betreffende Klage wird wie folgt definiert: «The class action is a procedure whereby a single person or a small group of co-parties may represent a larger group, or ‹class›, of persons sharing a common interest.» (EMANUEL, Civil procedure, 13th ed., 263). 76

Die Class action ermöglicht es, den Prozess um Schadenersatz für eine *immense Anzahl von Geschädigten* durch einen oder wenige «Vertreter» (ohne Mandat) in *einem* Verfahren durchzuführen und für eine Gleichbehandlung aller Geschädigten zu sorgen. Beispiele sind die «Raucherklagen» gegen Tabakkonzerne und die «Holocaust»-Klagen gegen Schweizer Banken und Versicherungen. 77

In der Lehre wird die Regelung des Verfahrens bei Grossschäden in einem Bundesgesetz postuliert (z.B. I. ROMY, Litiges de masse: des «class actions» aux solutions suisses dans les cas de pollutions et de toxiques, Fribourg 1997, 275 ff.). Vgl. auch L. GORDON-VRBA, Vielparteienprozess, Diss. Zürich 2007, 212 ff. 78

§ 21 Nebenparteien

1. Begriff

Nebenparteien sind Personen, die im eigenen Namen an einem fremden Prozess teilnehmen und die eine oder andere Hauptpartei als Streitgehilfe unterstützen wollen oder können. 79

2. Nebenintervention

2.1 Voraussetzungen

80 Die nachfolgenden Voraussetzungen für die Nebenintervention müssen kumulativ gegeben sein:

2.1.1 Rechtliches Interesse

81 Das *rechtliche Interesse* ist gegeben, wenn eigene Rechte oder Pflichten des Dritten vom Ausgang des Prozesses abhängen. Ein nur *wirtschaftliches Interesse* genügt nicht. Das *rechtliche Interesse* ist *glaubhaft* zu machen.

Es ist deshalb zu prüfen, weil ein Dritter (ohne von einer Partei gerufen zu sein) sich *am Prozess beteiligt und Aktenkenntnis* erhält.

82 In der Praxis finden sich Nebeninterventionen nicht selten als Folge von Streitverkündungen (Art. 78 ff.) und bei Prozessen über Anweisungen gemäss Art. 466 OR.

2.1.2 Rechtshängiger Prozess

83 Es muss ein Prozess zwischen anderen Parteien rechtshängig sein.

2.1.3 Beitrittserklärung

84 Sie ist bis zur Prozesserledigung zulässig. Art. 75 bezeichnet das Gesuch als *Interventionsgesuch*. Dieses Gesuch muss die zu unterstützende Partei bezeichnen. Der Gesuchsteller muss auch den Grund der Intervention bezeichnen. Es geht hier darum zu prüfen, ob ein rechtliches Interesse besteht. Den Parteien ist das rechtliche Gehör zu gewähren. Alsdann hat das Gericht über die Voraussetzungen des Gesuches zu entscheiden. Gegen dessen Entscheid ist Beschwerde gemäss Art. 319 gegeben.

2.2 Stellung des Nebenintervenienten

85 Der Nebenintervenient nimmt den *Prozess in der Lage auf, in der er ihn vorfindet*. Es erfolgt keine Wiederholung früherer Verfahrensstadien.

86 Der Nebenintervenient kann zugunsten der unterstützten Partei *Angriffs- und Verteidigungsmittel* vorbringen und *Rechtsmittel* einlegen (Art. 76 Abs. 1).

Die Hauptpartei kann den Prozess durch Rückzug, Klageanerkennung oder Vergleich erledigen oder Rechtsmittel (selbst vom Nebenintervenienten ergriffene) zurückziehen. Widersprüchliche Prozesshandlungen des Intervenienten sind unbeachtlich (Art. 76 Abs. 2). 87

2.3 Wirkungen der Nebenintervention

Ein *ungünstiges Ergebnis* der Hauptpartei wirkt grundsätzlich auch gegen die auf deren Seite intervenierende Person (Art. 77 Abs. 1). Es gibt jedoch *Ausnahmen*. Eine solche besteht dann, wenn ein Nebenintervenient infolge der Lage des Prozesses bei seinem Eintritt in diesen keine Angriffs- oder Verteidigungsmittel geltend machen konnte. Ein weiterer Ausnahmegrund ist dann vorhanden, wenn der Nebenintervenient infolge Handlungen oder Unterlassungen der Hauptpartei verhindert gewesen ist, in den Prozess einzutreten (Art. 77 lit. a). Der dritte Ausnahmegrund ist gegeben, wenn die Hauptpartei absichtlich oder grobfahrlässig solche Angriffs- und Verteidigungsmittel nicht geltend gemacht hat, welche dem Nebenintervenienten unbekannt gewesen sind. 88

3. Streitverkündung

3.1 Begriff

Streitverkündung ist die von einer Haupt- oder Nebenpartei ausgehende *Aufforderung an einen Dritten* (den Streitberufenen, Litisdenunziaten), sie im Prozess zu unterstützen (Art. 78 Abs. 1). Die streitberufene Partei kann den Streit weiter verkünden (Art. 78 Abs. 2). Eine noch weitere Streitverkündung dürfte unzulässig sein. 89

Weil die Streitverkündung hinsichtlich ihrer Wirkungen ein *Institut des materiellen Rechts* ist, entstehen diese Wirkungen auch, wenn sie ausserhalb des Prozesses erklärt wird. Das ist namentlich für den Schiedsgerichtsprozess von Bedeutung, wenn die Schiedsabrede den Litisdenunziaten nicht erfasst. 90

Die Streitverkündung erfolgt, weil eine Hauptpartei für den Fall ihres Unterliegens eine *dritte Person belangen* will oder den *Anspruch einer solchen befürchtet* (vgl. den Wortlaut von Art. 78 Abs. 1). 91

3.2 Voraussetzungen

92 Das *rechtliche Interesse* wird vom Gericht *nicht geprüft* und muss daher *nicht dargetan* werden. Die Erklärung an den Litisdenunziaten erfolgt entweder durch die Hauptpartei direkt oder durch Vermittlung des Gerichts.

3.3 Stellung des Litisdenunziaten

93 Es ist Sache des Streitverkünders, den Streitberufenen über den Stand des Verfahrens zu orientieren.

94 Die *Unterstützung des Streitverkünders* erfolgt entweder rein intern oder durch Nebenintervention (Art. 79 Abs. 1 lit. a) oder indem der Streitberufene den Streitverkünder mit dessen Einverständnis im Prozess *vertritt* (Art. 79 Abs. 1 lit. b).

95 Der Litisdenunziat kann den *Eintritt in den Prozess ablehnen* oder überhaupt keine Erklärung abgeben. In solchen Fällen wird der Prozess ohne Rücksicht auf die Streitverkündung fortgesetzt (Art. 79 Abs. 2).

3.4 Wirkungen der Streitverkündung

96 Die *Wirkungen der Streitverkündung* (Art. 80) sind dieselben wie bei der Nebenintervention (Art. 77).

97 Zu beachten ist, dass die *Wirkungen der Streitverkündung* für das Rechtsverhältnis zwischen dem Streitverkünder und dem Streitberufenen zeitigt, eine *Frage des materiellen Rechts* ist. Sie wird durch Art. 193 OR beantwortet. Diese Bestimmung wurde mit dem Erlass der ZPO neu gefasst. In Art. 193 Abs. 1 OR heisst es neu, dass sich die Wirkungen der Streitverkündung nach ZPO richten. Sodann hat jetzt Art. 193 Abs. 2 OR folgenden Wortlaut:

98 «Ist die Streitverkündung ohne Veranlassung des Verkäufers unterblieben, so wird dieser von der Verpflichtung zur Gewährleistung insoweit befreit, als er zu beweisen vermag, dass bei rechtzeitig erfolgter Streitverkündung ein günstigeres Ergebnis des Prozesses zu erlangen gewesen wäre.»

99 Diese kaufrechtliche Bestimmung ist *analog auf jeden Streitverkündungsfall anwendbar* (vgl. BGE *90* II 404, *100* II 24).

§ 22 Parteiwechsel

1. Tod einer Partei

Die *Folgen* ergeben sich aus dem *materiellen Recht*: Die Erben treten ipso iure an die Stelle der verstorbenen Partei (Art. 560 ZGB). Der Prozess wird *eingestellt,* bis die Erben ermittelt sind und über die Frage der Ausschlagung entschieden ist. 100

Geht das streitige Rechtsverhältnis mit dem Tode unter (z.B. Ehe), so wird der Prozess gegenstandslos. 101

2. Konkurs einer Partei

Mit der Konkurseröffnung *verliert der (Gemein-)Schuldner die Verfügungsbefugnis* über das Massevermögen (Art. 204 SchKG). Sie geht auf die Gläubigergesamtheit über (Art. 240 SchKG). 102

Hängige Prozesse werden vom Gericht *eingestellt* (d.h. sistiert), jedoch mit Ausnahme von dringlichen Fällen, Familienrechtsprozessen usw. Sie können erst nach der zweiten Gläubigerversammlung wieder aufgenommen werden (Art. 207 SchKG). 103

Rein *betreibungsrechtliche Zwischenverfahren* – z.B. Rechtsöffnungsverfahren – werden mit deren Aufhebung nach Art. 206 SchKG gegenstandslos (Ausnahmen: Betreibung auf Verwertung von Drittpfändern, Betreibungen für nach Konkurseröffnung entstandene Forderungen). 104

Die *Nichtfortführung des Prozesses* bedeutet: 105

- beim *Passivprozess:* Anerkennung der Klage (ZR *1970* Nr. 109; BGE *68* III 164; a.A. GULDENER, 145 N 10); der Aberkennungsprozess des Gemeinschuldners ist ein Passivprozess mit vertauschten Parteirollen (ZR *1972* Nr. 78);
- beim *Aktivprozess:* Befugnis des Gemeinschuldners, den Prozess persönlich fortzusetzen (BGE *109* Ia 7 ff.).

Bei *Fortführung* wird der Prozess auf den Namen der Konkursmasse, evtl. auf den Namen der Abtretungsgläubiger weitergeführt. 106

3. Veräusserung des Streitobjektes

3.1 Materielle Rechtslage

3.1.1 Veräusserung durch die klagende Partei

107 Hauptfälle sind die Abtretung der eingeklagten *Forderung* und die Veräusserung der *Sache*. Erfolgt kein Prozesseintritt, so führt die ursprüngliche Klägerschaft den Prozess in Prozessstandschaft weiter (Botschaft, 7286).

3.1.2 Veräusserung durch die beklagte Partei

108 Der bei der Vindikationsklage zur Herausgabe verpflichtete Besitzer bleibt auch nach der Veräusserung verpflichtet. Die *Herausgabepflicht* wandelt sich u.U. in eine *Schadenersatzpflicht* um. Vgl. auch BGE *100* II 307, 309: Der Beklagte kann sich nicht durch Verkauf seiner Liegenschaft, von der er Bauschutt auf das Grundstück des Klägers abgeleitet hat, der Verpflichtung entziehen, den ursprünglichen Zustand wiederherzustellen.

3.2 Prozessrechtliche Lage

109 Die prozessrechtliche Rechtslage bei *Veräusserung des Streitobjektes* ist in Art. 83 Abs. 1–3 unter dem Marginale *«Parteiwechsel»* geregelt. Wird der Streitgegenstand während des Prozesses veräussert, so kann die Erwerberin oder der Erwerber in den Prozess eintreten. Es ist dies ein fakultatives Recht (Art. 83 Abs. 1). Wird von diesem kein Gebrauch gemacht, so führt bei Veräusserung durch die klagende Partei diese den Prozess als Prozessstandschafterin fort; bei Veräusserung durch die beklagte Partei bleibt diese weiterhin passivlegitimiert. Art. 83 Abs. 2 enthält eine Regelung über die Prozesskosten (volle Kostenhaftung für die eintretende Partei, solidarische Haftung der Kosten durch die ausscheidende Partei bis zum Parteiwechsel).

110 Art. 83 Abs. 4 behält *besondere gesetzliche Bestimmungen* über den Parteiwechsel vor (z.B. beim *Erbgang,* Art. 560 ZGB). Das *FusG* enthält keine derartigen allgemeinen Bestimmungen, insbesondere auch nicht bei den prozessrechtlichen Regelungen (Art. 105–108 FusG). Einen Lösungsansatz bringt Art. 72 FusG. Massgebend ist darnach das bei der Fusion erstellte Inventar. Gegenstände des Aktivvermögens sowie Forderungen und immaterielle Rechte, die sich aufgrund des Inventars nicht zuordnen lassen, verbleiben beim übertragenden Rechtsträger. Auf diese Vermögenswerte kommt Art. 83

Abs. 4 ZPO zur Anwendung, d.h. ein Parteiwechsel bedarf der Zustimmung der Gegenpartei. Dieser dürfen über das Inventar hinaus keine detaillierten Abklärungen zugemutet werden (ZK-BERETTA, Art. 72 FusG N 2). Ist ein Vermögensstück, das Streitobjekt eines hängigen Zivilprozesses bildet, dagegen bei der Fusion übergegangen, so ist Art. 83 Abs. 1 ZPO anwendbar und der neue Rechtsträger kann in den hängigen Prozess eintreten.

4. Gewillkürter Parteiwechsel

Ein Parteiwechsel kann auch *ohne Veräusserung des Streitobjekts* 111
stattfinden. Ein solcher Parteiwechsel bedarf der *Zustimmung* der Gegenpartei (Art. 83 Abs. 4). Die eintretende Partei haftet für die gesamten Prozesskosten; für die bis zum Parteiwechsel entstandenen Kosten sieht Art. 83 Abs. 2 eine solidarische Haftung vor.

§ 23 Vertretung im Prozess

1. Gesetzliche Grundlagen

Die gesetzlichen Grundlagen sind einerseits in den *Art. 68 und 69* 112
ZPO und im BGFA (Anwaltsgesetz) geregelt. Sodann bestehen Vorschriften über die beschränkte Parteivertretung bzw. das persönliche Erscheinen im Schlichtungsverfahren (Art. 202) und im Scheidungsverfahren (Art. 278 und 287). Art. 3 BGFA überlässt den Kantonen eine gewisse Rechtsetzungsbefugnis, so für die Anforderungen zum Erwerb des Anwaltspatentes und für das Recht der Inhaberinnen und Inhaber ihres eigenen Anwaltspatentes (z.B. des altrechtlichen kantonalen «Schenkpatentes»), vor den eigenen Gerichtsbehörden Parteien zu vertreten. Es bestehen in allen Kantonen kantonale Anwaltsgesetze, die sich selbstverständlich an den Rahmen des Bundesrechtes halten müssen.

2. Arten der Vertretung

Die nicht prozessfähigen natürlichen Personen werden im Prozess 113
durch ihren *gesetzlichen Vertreter,* die juristischen Personen durch ihre *Organe* vertreten.

Die Prozessfähigkeit der handlungsfähigen Personen schliesst die Befug- 114
nis ein, einen *gewillkürten* Vertreter zu bestellen. Handlungen der Vertretung werden der Partei zugerechnet. Besteht eine persönliche Erscheinens-

pflicht (z.B. im Schlichtungsverfahren und in eherechtlichen Verfahren), kann sich die Partei jedoch – von den gesetzlichen Ausnahmen abgesehen – nicht vertreten lassen (vgl. auch Art. 68 Abs. 4). Sie kann sich aber durch einen Anwalt oder eine Anwältin als Rechtsbeistand begleiten lassen. Der Rechtsbeistand darf sich auch äussern; im Fall von Widersprüchen gelten die Ausführungen der Partei.

115 Das Gleiche gilt bei einer vormundschaftsrechtlichen *Verbeiständung*. Die mit der Beistandschaft betraute Person hat das Recht, an allen Rechtshandlungen der Partei mitzuwirken, vor allem an den mündlichen Verhandlungen anwesend zu sein. Soweit die Handlungsfähigkeit der Partei aber nicht beschränkt ist, muss die Beiständin nicht an gerichtlichen Handlungen teilnehmen.

3. Zulässigkeit der Vertretung

116 Die Vertretung ist grundsätzlich immer zulässig (Art. 68).

117 Die Prozessvertretung ist ausgeschlossen oder beschränkt:

- im Schlichtungsverfahren (Art. 204, persönliches Erscheinen);
- im Ehescheidungsverfahren (Art. 278, persönliches Erscheinen);
- in allen anderen eherechtlichen Verfahren (Art. 273 Abs. 2, persönliches Erscheinen, ausser bei Krankheit, Alter oder anderen wichtigen Gründen).

118 Erweist sich eine nicht vertretene *Partei als unfähig*, den Prozess selbst zu führen, so gibt ihr das Gericht auf, eine Rechtsvertretung zu bestellen. Leistet sie der Auflage keine Folge, so bestellt ihr das Gericht eine Vertretung (Art. 68 Abs. 1). Es handelt sich um eine *prozessrechtliche Vertretung*. Wenn nötig, sind jedoch vormundschaftliche Massnahmen einzuleiten (Art. 69 Abs. 2).

4. Prozessvollmacht

119 Erforderlich ist eine *schriftliche* oder eine zu Protokoll erklärte Vollmacht (Art. 68 Abs. 2). Für das Verfahren vor Bundesgericht ist Art. 40 Abs. 2 BGG massgebend.

120 Die Vollmacht *erlischt* nach den Vorschriften von Art. 34 ff. OR. Für das Verfahren vor Bundesgericht erlischt sie durch den *Tod* des Vollmachtgebers wegen der besonderen Natur der Prozessvollmacht nicht, sondern gilt bis zur Beendigung des Prozesses (BGE 75 II 192).

Prozesshandlungen des *vollmachtlosen* Vertreters sind – wenn sie nicht genehmigt werden – nichtig, bzw., es ist ihnen keine Folge zu geben. Vgl. auch BGE *120* II 197. 121

§ 24 Anwaltsrecht

Das BGFA gilt seit 1. Juni 2002. Es vereinheitlichte das schweizerische Anwaltsrecht. Vorbehalten bleiben gewisse organisatorischen Bestimmungen der Kantone. 122

1. Anwaltsmonopol

In der ganzen Schweiz besteht für die *Vertretung vor Gerichten kein Anwaltsmonopol* (vgl. die Gründe dafür in Botschaft BGFA, BBl 1999 6021). Jede Partei kann sich im Prozess durch eine nicht gewerbsmässig tätige Person vertreten lassen (Art. 68 Abs. 1). 123

Die *berufsmässige Vertretung* von Parteien vor Gericht ist jedoch grundsätzlich *Anwältinnen und Anwälten* vorbehalten. Ausnahmen bestehen für das Schlichtungsverfahren und für bestimmte Sachmaterien, soweit es das *kantonale Recht* vorsieht. Damit wurde denjenigen Kantonen (z.B. SG, VD) Rechnung getragen, die über patentierte Rechtsagentinnen und Rechtsagenten sowie Sachwalterinnen und Sachwalter verfügen (z.B. für vermögensrechtliche Streitigkeiten des vereinfachten und Angelegenheiten des summarischen Verfahrens; Art. 68 Abs. 2 lit. b). Eine Ausnahmeregelung besteht sodann in Art. 68 Abs. 2 lit. c für summarische SchKG-Streitigkeiten i.S.v. Art. 251 zugunsten von gewerbsmässigen Vertreterinnen und Vertretern, die dafür von den Kantonen zugelassen sind (Art. 27 SchKG). Eine in der Praxis wichtige Ausnahme kann das kantonale Recht für Prozesse vor Miet- und Arbeitsgerichten vorsehen und eine Parteivertretung durch beruflich qualifizierte Vertreterinnen und Vertreter zulassen; zu denken ist an Arbeitgeber- und Gewerkschaftssekretäre, Mieterverbandsvertreter, Hauseigentümersekretäre usw. (Art. 68 lit. d). 124

In *Prozessen vor Bundesgericht* besteht ein Anwaltsmonopol nur in Zivil- und Strafsachen (Art. 40 Abs. 1 BGG; vgl. SPÜHLER/DOLGE/VOCK, Art. 40 N 3). 125

2. Kantonaler Fähigkeitsausweis

126 Die Kantone sind befugt, die wissenschaftlichen Berufsarten – auch die des Anwalts – von einem *Ausweis über die Befähigung* abhängig zu machen. Voraussetzung der Erteilung dieses Ausweises (des *Anwaltspatentes*) ist nach Art. 7 und 8 BGFA der Nachweis *beruflicher Fähigkeit* (juristisches Studium, praktische Tätigkeit, Anwaltsprüfung) und *persönlicher Eignung* (Handlungsfähigkeit, Ehrenhaftigkeit, Leumund).

3. Anwaltsregister

127 Die *Kantone* haben ein *Anwaltsregister* zu führen. Wer über ein kantonales Anwaltspatent verfügt und Parteien vor Gerichtsbehörden vertreten möchte, lässt sich ins kantonale Anwaltsregister eintragen (Art. 5 und 6). Damit hat er das Recht, vor den Gerichten der ganzen Schweiz Parteien berufsmässig zu vertreten (Art. 68 Abs. 2 lit. a ZPO; Art. 4 BGFA).

4. Pflichten der Anwaltschaft

4.1 Gesetzliche Grundlagen

128 Die Berufsregeln sind in den Art. 12 ff. BGFA geregelt. Für kantonale Bestimmungen bleibt kein Raum. Über die Einhaltung der Berufsregeln wacht die kantonale *Aufsichtsbehörde;* deren Rechtsgrundlage findet sich in Art. 14 BGFA.

4.2 Pflichten gegenüber der Klientschaft

129 Die Anwältinnen und Anwälte haben die *Interessen der Klienten zu wahren*. Die Interessenwahrung soll objektiv sein. Sie üben ihren Beruf sorgfältig und gewissenhaft sowie unabhängig aus und halten ihre Klientschaft vor mutwilliger, aussichtsloser Prozessführung ab. Es ist jeder Konflikt zwischen den Interessen der Klienten und den Personen zu meiden, mit denen ein Anwalt geschäftlich in Beziehung steht (vgl. Art. 12 lit. a–c BGFA).

130 Zu den Pflichten gegenüber dem Auftraggeber gehört auch die *Geheimhaltungspflicht bzw. das Berufsgeheimnis;* es ist auch für die Beachtung des Berufsgeheimnisses durch die Hilfspersonen zu sorgen (Art. 13 BGFA, Art. 321 Ziff. 1 StGB). Betroffen sind alle Tatsachen, die dem Anwalt we-

gen seiner Geheimhaltungspflicht mitgeteilt werden. Die Offenbarung von Geheimnissen ist zulässig *mit Einwilligung* des Klienten oder mit Bewilligung der Aufsichtsbehörde (Art. 321 Ziff. 2 StGB). Nach Art. 13 Abs. 1 Satz 2 BGFA verpflichtet die Entbindung nicht zur Preisgabe von Anvertrautem.

Anvertraute Gelder sind getrennt vom Privatvermögen des Anwalts auf- 131
zubewahren (Art. 12 lit. h BFGA). Es besteht die Pflicht, sie so aufzubewahren, dass sie jederzeit herausgegeben werden können. Bei Mandatübernahme ist die Klientschaft über die Grundsätze der *Rechnungsstellung* aufzuklären. Sie ist auf Verlangen oder periodisch über die aufgelaufene Höhe des Honorars aufzuklären (Art. 12 lit. i BFGA).

4.3 Pflichten gegenüber dem Staat

Die Anwaltschaft ist *«Diener des Rechts»*. Der Anwalt hat dem 132
Richter behilflich zu sein, das Recht zu finden, muss aber stets die Parteiinteressen verfechten.

Die Anwältinnen und Anwälte sind im Registerkanton zur Übernahme 133
von unentgeltlichen Prozessvertretungen verpflichtet (Art. 12 lit. g BGFA).

Sie müssen eine Berufshaftpflichtversicherung abschliessen; diese hat pro 134
Jahr einen Schaden von mindestens CHF 1 Mio. zu decken. Vor allem in städtischen Gebieten hat die Anwaltschaft regelmässig eine merklich höhere Versicherungssumme.

4.4 Pflichten gegenüber dem Anwaltsstand

Neben den gesetzlichen Pflichten unterliegt die Anwaltschaft 135
auch einer Reihe von Standespflichten. Sie sind insbesondere in den *Standesregeln des Schweizerischen Anwaltsverbandes vom 10. Juni 2005* geordnet. Diese enthalten dreissig Regeln. Sie betreffen das Verhalten gegenüber Klienten und Kollegen. Im Mittelpunkt stehen die Unabhängigkeit und die Interessenwahrung sowie Honorargrundsätze. Pauschalhonorare sind zulässig, Honorarverzichte bei ungünstigem Prozessausgang aber untersagt. Dasselbe gilt auch für eine im Voraus bestimmte Honorarquote am Prozessergebnis («pactum de quota litis») vor Beendigung eines Prozesses.

Das *Werbeverbot* ist in den letzten Jahren stark gelockert worden. So- 136
wohl in Art. 12 lit. d BGFA als auch in Art. 16 der Standesregeln des Schweizerischen Anwaltsverbandes ist die Werbung ausdrücklich erlaubt. Sie muss aber objektiv sein, das Berufsgeheimnis wahren und einem Informationsbedürfnis der Öffentlichkeit entsprechen.

5. Disziplinarrecht

137 Das BGFA enthält in den Art. 14–20 Bestimmungen über das Disziplinarrecht der Anwaltschaft. Jeder Kanton hat eine *Aufsichtsbehörde* zu bestimmen (Art. 14 BGFA). Art. 17 BGFA enthält folgende Disziplinarmassnahmen: Verwarnung, Verweis, Busse, Berufsausübungsverbot (befristet oder dauernd). Die Berufsausübung kann vorsorglich verboten werden (Art. 17 Abs. 3 BGFA). Die Art. 19 und 20 BGFA enthalten Bestimmungen über Verjährung und Löschung von Disziplinarmassnahmen. Die *Rechtsmittel gegen Disziplinarmassnahmen* richten sich nach kantonalem Recht. Auf Bundesebene ist, soweit die Verletzung des BGFA geltend gemacht wird, die Beschwerde in öffentlich-rechtlichen Angelegenheiten zulässig (Art. 82 ff. BGG).

6. Ausländische Anwältinnen und Anwälte

138 Das BGFA enthält in den Art. 21–33 eine *Regelung der Tätigkeit ausländischer Anwälte und Anwältinnen* aus Mitgliedstaaten der EU oder der EFTA in der Schweiz.

139 Gemäss den Art. 21–26 BGFA können Anwälte aus diesen Staaten Parteien *im freien Dienstleistungsverkehr* in der Schweiz vor Gerichtsbehörden vertreten. Es handelt sich um *einzelfallweise Tätigkeit* in der Schweiz. Es erfolgt keine Eintragung in die kantonalen Register.

140 Es gibt sodann Anwälte und Anwältinnen aus den betreffenden Staaten, die in der Schweiz *ständig Parteien vertreten*, ihren primären Anwaltssitz aber nicht hier haben. Sie haben aber in der Schweiz eine *Geschäftsadresse*. Voraussetzung bildet ferner, dass sie bei der betreffenden kantonalen Aufsichtsbehörde *eingetragen* sind (Art. 27–29 BFGA).

141 Die dritte Gruppe von Ausländern aus den betreffenden Staaten wollen wie einheimische Anwälte *ihren Beruf dauernd in der Schweiz ausüben und haben hier ihren Anwaltssitz*. Sie können gleicherweise wie einheimische Anwälte in ein kantonales Anwaltsregister eingetragen werden, wenn sie eine *Eignungsprüfung* bestanden haben, im schweizerischen Recht während eines kürzeren Zeitraumes tätig waren und sich in einem Gespräch über ihre beruflichen Fähigkeiten ausgewiesen haben (Art. 30–33 BGFA).

5. Kapitel: Verfahrensgrundsätze und Prozessvoraussetzungen

Als Verfahrensgrundsätze – altertümlicher: Prozessmaximen – bezeichnet man die *wichtigsten normativen Richtlinien* des Zivilprozesses. 1

Von alters her standen dabei jene Grundsätze im Vordergrund, welche die *Aufgaben* zwischen Richter und Parteien *verteilen*. Eigentliche Kennzeichen des Zivilprozesses – im Gegensatz zum Strafprozess – sind die *Dispositions- und die Verhandlungsmaxime*, nach welchen das Prozessgeschehen hauptsächlich durch die *Parteien* bestimmt wird. Dem *Richter* verbleiben die *Rechtsanwendung* und die *Prozessleitung*. Die Einschränkung der *prozessualen Privatautonomie* durch *Aufklärungs- und Fragepflicht, Offizial- und Untersuchungsmaxime* hält sich dagegen vom geschriebenen Recht her in engen Grenzen. Und in der prozessualen Praxis wird von diesen Möglichkeiten einer Korrektur der Parteidominanz im Sinne der materiellen Wahrheit nur zögernd Gebrauch gemacht. Die schweizerische ZPO verstärkt allerdings diese Möglichkeiten. 2

Als *Grundsätze des gerechten Verfahrens* können das rechtliche Gehör, das Gebot des prozessualen Handelns nach Treu und Glauben und das Beschleunigungsgebot bezeichnet werden. Das *rechtliche Gehör* gewährleistet auf Verfassungsstufe ein *formell* korrektes Verfahren. Der Richter darf nur auf Tatsachenbehauptungen abstellen, zu denen die Gegenpartei Stellung nehmen konnte. Das Gebot des Handelns nach *Treu und Glauben* verpflichtet die Parteien und das Gericht zu einem *materiell* korrekten Verfahren. Für die *neuere Prozessrechtsentwicklung* ist es kennzeichnend, dass die Geltung dieses Grundsatzes im Prozessrecht betont und dass er in neueren Prozessgesetzen positiv formuliert wird. Das *Beschleunigungsgebot* bzw. *Rechtsverzögerungsverbot* schliesslich soll dem Bürger einen gerichtlichen Entscheid innert für ihn nützlicher Frist gewährleisten. 3

Von ungleich geringerem Anspruch als die bisher genannten sind die *Grundsätze über die Formen der Prozesshandlungen*. Die *Eventualmaxime*, d.h. der Grundsatz der Konzentration der Parteivorbringen, ist indessen für eine beförderliche Erledigung des Prozesses unabdingbar. Der Grundsatz der *Öffentlichkeit* der Verhandlungen ermöglicht eine Kontrolle des gerichtlichen Verfahrens durch Parteien, Presse und Dritte. Mit dem Entscheid des Gesetzgebers darüber, ob das einzelne Verfahren *mündlich oder schriftlich, unmittelbar oder mittelbar* gestaltet sei, sind weniger schwerwiegende Folgen für die Effizienz des Prozesses verbunden. 4

§ 25 Grundsätze der Aufgabenteilung zwischen Gericht und Parteien

1. Dispositionsmaxime

1.1 Begriff

5 Die Dispositionsmaxime bedeutet, dass die Parteien die Befugnis haben, *über den Streitgegenstand zu bestimmen,* d.h. zu befinden, ob, wann, in welchem Umfang und wie lange sie als Kläger Rechte gerichtlich geltend machen und ob sie als Beklagte die eingeklagten Ansprüche anerkennen wollen. Die Dispositionsmaxime ist in Art. 58 geregelt.

6 Die Dispositionsmaxime ist prozessualer Ausfluss der im Bundesprivatrecht verankerten *Privatautonomie,* die unser Privatrecht beherrscht und gehört nunmehr dem Bundesrecht an (BSK ZPO-GEHRI, Art. 58 N 1 f.).

1.2 Einzelne Auswirkungen

1.2.1 Herrschaft über die Klage

7 Der Private bestimmt, ob und wann er klagt, ob er ein Rechtsmittel ergreift, ob er eine eingereichte Klage oder ein Rechtsmittel aufrechterhält oder ganz oder teilweise zurückzieht. Parömie: *«Ne procedat iudex ex officio.»*

1.2.2 Herrschaft über den Umfang der Klage

8 Der Kläger bestimmt durch sein *Rechtsbegehren,* in welchem Umfang er seine Rechte einklagt. Daraus folgt die Zulässigkeit der *Teilklage*. Die Teilklage hat ihren Anwendungsbereich vor allem im Arbeitsvertragsrecht, im Erbrecht und bei Wirtschaftsprozessen. Der Richter darf nicht mehr zusprechen als eingeklagt ist, aber auch nicht weniger, als vom Beklagten anerkannt ist (BGE *129* V 450 E. 3.2; *129* III 417, 428). Parömie: *«Ne eat iudex ultra petita partium.»* Im Rechtsmittelverfahren gilt das Verbot der reformatio in peius: Der Richter darf nicht über die Rechtsmittelanträge der Parteien hinausgehen (12 N 44). Das sind «klare und unumstrittene» Rechtsgrundsätze (BGE *110* II 115).

1.2.3 Herrschaft über die Beendigung des Prozesses

Die Parteien verfügen über die *Beendigung des Prozesses ohne Anspruchsprüfung:* durch Vergleich, Rückzug, Anerkennung. 9

1.2.3.1 Aufklärungspflicht des Richters: N 29 ff.

1.2.3.2 Geltung der Offizialmaxime: N 31 ff.

In Art. 58 Abs. 2 wird die Ausnahme zur Dispositionsmaxime statuiert, indem gesetzliche Bestimmungen, nach denen das Gericht nicht an die Parteianträge gebunden ist, vorbehalten bleiben. 10

2. Verhandlungsmaxime

2.1 Begriff

Die Verhandlungsmaxime bedeutet, dass es Sache der Parteien ist, dem Gericht das *Tatsächliche* des Streites darzulegen (GULDENER, 159). 11

Sie ist das auf die *Tatsachensammlung* bezogene Gegenstück der Dispositionsmaxime und beruht ebenfalls auf der Privatautonomie. Sie ist in Art. 55 Abs. 1 geregelt und kann *zudem* aus Art. 8 ZGB abgeleitet werden, wonach derjenige das Vorhandensein einer *behaupteten* Tatsache beweisen muss, wer aus ihr Rechte ableitet (so: HABSCHEID, 312 N 539). 12

Sie wird damit begründet, dass es den über den Streitgegenstand am besten informierten und *am Rechtsstreit interessierten Parteien* überlassen werden könne, die relevanten Tatsachen vorzubringen. 13

Sie ist mit grösseren *Gefahren* verbunden als die Dispositionsmaxime, da der Kläger wegen ungenügender Behauptungen (und der Beklagte wegen ungenügender Bestreitungen) auch mit einem objektiv begründeten Standpunkt unterliegen kann. Die Verhandlungsmaxime steht in einem Spannungsverhältnis zum Gebot der *Wahrheitsfindung*. Sie wird daher auch das Prinzip der «formellen Wahrheit» genannt. Ein Anwendungsbeispiel findet sich in BGE *132* III 489, 492. 14

2.2 Einzelne Auswirkungen

Das Gericht darf seinem Urteil *nur behauptete Tatsachen* zugrunde legen. Den Parteien obliegt somit die Behauptungslast (STÄHELIN/STÄHELIN/GROLIMUND § 10 N 16). Von welcher Parteiseite die Behauptung 15 stammt, ist dagegen gleichgültig. Parömien: «Quod non est in actis, non est in mundo», «*Da mihi facta,* dabo tibi ius».

16 Über *unbestrittene oder zugestandene Tatsachen* hat das Gericht nicht Beweis zu erheben, 10 N 13 ff.; BGE *113* I a 435.

17 Die *Beweismittel* für bestrittene Tatsachen sind von den Parteien zu nennen. Den Parteien obliegt daher auch die Beweisführungslast.

2.3 Ausnahmen

18 2.3.1 *Nicht behauptet werden müssen:*
Allgemein bekannte Tatsachen und Erfahrungssätze, Indizien und Hilfstatsachen, gesetzlich vermutete Tatsachen.

19 *Widerlegt* ist eine streitige Tatsachenbehauptung, wenn sich der *gegenteilige wahre Sachverhalt* aus dem Beweisverfahren ergibt, auch wenn dieser *nicht behauptet* worden ist.

20 2.3.2 Die Behauptung der *wesentlichen Tatsachen* genügt, ohne dass alle Einzelheiten angeführt werden. Allerdings darf die Substanzierungspflicht nicht verletzt werden.

21 2.3.3 *Gerichtliche Fragepflicht:* N 25 ff.

22 2.3.4 *Untersuchungsmaxime:* N 39 ff.

3. Aufklärungs- und Fragepflicht des Gerichts

3.1 Grundlegung

23 Das schweizerische Prozessrecht kennt keinen Anwaltszwang: Der Bürger kann selbst prozessieren. Damit er gleichwohl nicht aus Rechtsunkenntnis Nachteile erleidet, müssen die Dispositions- und die Verhandlungsmaxime gemildert werden.

Zu beachten ist aber, dass vor Bundesgericht in Zivil- und Strafsachen ein Anwaltsmonopol besteht (4 N 125).

24 Die Pflicht des Richters enthält eine doppelte Aufgabe: die Aufklärung der Parteien über die *rechtliche Seite* des Falles; die Mithilfe bei der Sammlung der erheblichen *Tatsachen* durch Fragen.

3.2 Gerichtliche Fragepflicht

3.2.1 Grundlagen

Ob die Parteien das im Prozess erstrebte Sachziel erreichen, hängt beim Kläger in erster Linie von seinem *Rechtsbegehren,* aufseiten des Beklagten von seiner Stellungnahme mittels *Einreden* und *Gegenbegehren* ab. Beides setzt eine rechtliche Beurteilung des Sachverhaltes voraus, die beim Laien fehlen, beim Anwalt von derjenigen des Gerichtes abweichen kann. Vgl. BGE *132* I 1. 25

3.2.2 Ausgestaltung der gerichtlichen Fragepflicht

Die gerichtliche Fragepflicht (Art. 56) besteht grundsätzlich (jedoch etwas gemildert) auch dann, wenn die Parteien *anwaltlich vertreten* sind (ZR 60 Nr. 64). Bei Parteien, welche anwaltlich vertreten sind, spielt sie jedoch eine geringere Rolle (BGE *113* Ia 90). Keine gerichtliche Fragepflicht besteht bei völlig fehlenden Vorbringen. Die Ausübung der Fragepflicht wird in drei Fällen aktuell: 26

– Behebung von Unklarheiten, Unvollständigkeiten und Unbestimmtheiten in den Ausführungen der Parteien.
– Darüber hinaus soll das Gericht die Parteien zur Angabe aller für die gewünschte Rechtsfolge erheblichen Tatsachen, zu vollständiger Stellungnahme zu den Erklärungen der Gegenpartei und zur Nennung der Beweismittel auffordern.
– «Die tatsächliche und rechtliche Würdigung des Gerichts darf die Parteien nicht überraschen» (ROSENBERG/SCHWAB/GOTTWALD, 429). Den Parteien muss daher die Möglichkeit gegeben werden, die Rechtsfragen in ihrem Lichte zu erörtern (KUMMER, 74).
– Ungeklärt ist, ob das Gericht die Parteien auf nicht erhobene Einreden hinweisen muss.

Demgegenüber folgt nach Auffassung des Bundesgerichtes aus dem Anspruch auf rechtliches Gehör (Art. 29 Abs. 2 BV) nicht auch ein Anspruch der Parteien, «zur rechtlichen Würdigung der durch sie in den Prozess eingeführten Tatsachen noch besonders angehört zu werden», noch auch, «vorgängig auf den für den Entscheid wesentlichen Sachverhalt» hingewiesen zu werden (BGE *108* Ia 295). 27

Indessen ist – wenn das Gericht sich eine Auffassung zu eigen macht, die den Parteien unbekannt war und mit der sie nicht rechnen mussten – ihnen davon Kenntnis zu geben. Ebenso ist den Parteien von Erhebungen über den *Inhalt ausländischen Rechts* Kenntnis und Gelegenheit zur Stellungnahme zu 28 geben, wenn der Richter nicht bloss auf verfügbare Literatur, Entscheidsammlungen etc. abstellt, sondern Gutachten von Dritten einholt: BGE *124* I 54.

3.3 Gerichtliche Aufklärungspflicht

29 Die gerichtliche Aufklärungspflicht ist dogmatisch zu trennen von der Fragepflicht. Sie geht weiter als diese. Wird z.B. ein Gericht Gewahr, dass eine nicht anwaltlich vertretene Partei zufolge Unkenntnis, eine grobe Unterlassung begeht, kann sie diese darüber aufklären. Die gerichtliche Aufklärungspflicht kommt vor allem mit der Verhandlungsmaxime leichthin in Konflikt. Sie hat in der ZPO keine separate Grundlage, sondern lässt sich einerseits aus Art. 52 ableiten, d.h. aus dem auch für das Gericht geltenden Prinzip von Treu und Glauben, und zum anderen ist sie explizit gesetzlich verankert, wie z.B. in Art. 161 Abs. 1. Das Gericht hat zu Beginn des Beweisverfahrens die Parteien und Dritte über die Mitwirkungspflicht, das Verweigerungsrecht und die Säumnisfolgen aufzuklären. Die Folgen der Verletzung der Aufklärungspflicht sind in Art. 161 Abs. 2 geregelt. Vgl. Näheres 8 N 116.

3.4 Verfahren

30 Die Aufklärungs- und Fragepflicht des Richters ist am leichtesten zu handhaben, wo für die Behauptungsphase *mündliches* Verfahren gilt. Auch eine schriftliche Ausübung der Fragepflicht ist möglich. Die richterliche Fragepflicht wird idealerweise in der Instruktionsverhandlung ausgeübt (Art. 226 Abs. 2).

4. Offizial- und Untersuchungsmaxime

4.1 Begriff

31 Unter Offizialmaxime im weiteren Sinne versteht man:

- als *Gegensatz zur Dispositionsmaxime:* dass den Parteien die Verfügung über den Streitgegenstand zum Teil entzogen ist (Offizialmaxime im engeren Sinne),
- als *Gegensatz zur Verhandlungsmaxime:* dass die Sammlung des Prozessstoffes neben den Parteien auch dem Gericht obliegt (= Untersuchungsmaxime).

Es bestehen somit zwei gegensätzliche Paare:
Dispositionsmaxime–Offizialmaxime (Art. 58)
Verhandlungsmaxime–Untersuchungsmaxime (Art. 55)

Offizial- und Untersuchungsmaxime greifen da ein, wo aus Gründen des *öffentlichen Interesses* die volle Verfügung über den Streitgegenstand und/oder die Stoffsammlung nicht den Parteien allein überlassen werden darf. 32

Beide Grundsätze haben einen von Anwendungsfall zu Anwendungsfall *wechselnden Inhalt*. Man muss sich daher bei der konkreten Norm vergegenwärtigen, wie weit der Offizial- oder Untersuchungsgrundsatz geht. 33

4.2 Offizialmaxime im engeren Sinne

Die Befugnis der Parteien, über den Streitgegenstand zu verfügen, ist entweder als solche eingeschränkt oder dadurch relativiert, dass das Gericht nicht nur *weniger,* sondern *etwas anderes* zusprechen kann als mit dem Rechtsbegehren verlangt wird (Art. 58 Abs. 2). Schliesslich sind Vereinbarungen im Ehe- und Unterhaltsprozess genehmigungsbedürftig und damit der freien Verfügbarkeit der Parteien entzogen (Art. 279 Abs. 2). 34

4.3 Im Einzelnen

4.3.1 Ausschluss der Anerkennung des Rechtsbegehrens

Das Eheschutz- und Scheidungsverfahren unterliegen dem Untersuchungsgrundsatz (Art. 272, Art. 277 Abs. 3). Daran ändert auch die Scheidung auf gemeinsames Begehren nichts, weil auch dieses der Prüfung durch das Gericht unterliegt (Art. 288 Abs. 1). Vor allem sind die Scheidungsfolgen zu genehmigen (Art. 279 Abs. 1). Somit darf keiner Klageanerkennung in solchen Verfahren stattgegeben werden. Dasselbe gilt auch in *Statusprozessen* (Art. 296 Abs. 1 und 3). 35

Klagen auf *Auflösung einer Körperschaft,* einer Stiftung und Klagen auf *Anfechtung von Generalversammlungsbeschlüssen* können nicht durch die Verwaltung (vgl. Näheres bei VOCK, 156 ff.) bzw. den Stiftungsrat anerkannt werden. Grund: nicht öffentliches Interesse, sondern mangelnde Verfügungsbefugnis des Organs. 36

4.3.2 Befugnis des Gerichtes, vom Rechtsbegehren abzuweichen oder ohne Rechtsbegehren zu entscheiden

37 Die Offizialmaxime in familienrechtlichen Angelegenheiten (elterliche Sorge und persönlicher Verkehr, Unterhaltsbeiträge) ist in Art. 296 Abs. 1 und Abs. 3 geregelt. Massgeblich ist die Erkenntnis, dass in den Kinderbelangen ein verstärktes Bedürfnis nach Schutz und ein erhöhtes Interesse an der materiellen Wahrheit besteht, deren Findung gefördert werden soll (BGE 118 II 93).

Weitere Anwendungsfälle:

38 Art. 126 Abs. 2 ZGB: Zusprechung einer Rente anstatt einer Kapitalabfindung.
Art. 178 Abs. 3 ZGB 178: Eintragung der Grundbuchsperre von Amtes wegen, wenn der Richter einem Ehegatten untersagt, über ein Grundstück zu verfügen.
Art. 43 OR: Zusprechung von Schadenersatz als Kapital *oder* Rente.
Art. 205 Abs. 2 OR: Zusprechung nur des Minderwertes, wenn auf Wandelung geklagt ist.
Art. 527 Abs. 3 OR: Zusprechung einer Leibrente statt gänzlicher Aufhebung des Verpfründungsvertrages.
Art. 26 Abs. 1 KHG: Im Kernenergiehaftpflichtprozess stellt das Gericht den Sachverhalt von Amtes wegen fest und ist nicht an die Begehren der Parteien gebunden.

4.4 Untersuchungsmaxime

39 Dem Grundsatz «Das Gericht erforscht den Sachverhalt von Amtes wegen» (Art. 296 Abs. 1) und ähnlichen Formulierungen kommt im Zivilprozess nicht die Bedeutung des strafprozessualen Inquisitionsgrundsatzes zu. Dem Zivilrichter steht nicht ein Ermittlungsapparat zur Verfügung, wie er den Strafuntersuchungsbehörden in der Polizei beigegeben ist. *Es bleibt* daher im Zivilprozess grundsätzlich auch dann, wenn die Untersuchungsmaxime gilt, *Sache der Parteien, das Tatsächliche des Streites vorzutragen* und die Beweismittel zu nennen. Die Parteien sind zur Mitwirkung verpflichtet, weil sie den Prozessstoff am besten kennen (BGE *133* III 639). Der Richter hat aber zusätzlich *ebenfalls zur Stoffsammlung* beizutragen. Es handelt sich dabei um den Begriff der uneingeschränkten Untersuchungsmaxime, dies im Unterschied zur beschränkten (abgeschwächten) Untersuchungsmaxime, bei welcher das Gericht den Sachverhalt lediglich «von Amtes wegen feststellt», was weniger weit geht (z.B. Art. 272). In der Praxis werden die beiden Formen der Untersuchungsmaxime oftmals verwischt und ein Unterschied ist schwer auszumachen (BSK ZPO-STECK, Art. 296 N 11).

Das Gericht muss auch von sich aus tätig werden, wenn kein Parteiantrag vorliegt (BGE *107* II 236 E. 2b). Im Weiteren muss das Gericht von Amtes wegen alle rechtserheblichen Umstände berücksichtigen, die sich im Laufe des Verfahrens ergeben, auch wenn die Parteien nicht ausdrücklich darauf Bezug genommen haben (BGE *128* III 411). 40

Mit den durch diese Ausführungen gegebenen Einschränkungen besteht nach dem Gesetzeswortlaut in folgenden Fällen eine unbeschränkte Pflicht zur Tatsachenfeststellung: 41

Art. 296 Abs. 1: für den Entscheid über die Elternrechte; zum Umfang: BGE *114* II 200

Art. 296 Abs. : im Prozess auf Feststellung oder Anfechtung des Kindesverhältnisses

Art. 296 Abs. 1: im Unterhaltsprozess; Art. 243 Abs. 2 lit. c i.V.m. Art. 247 Abs. 2 lit. a: im Mietrechtsprozess und im Prozess über landwirtschaftliche Pacht; Art. 243 Abs. 1 i.V.m. Art. 247 Abs. 2 lit. b Ziff. 2: Arbeitsrechtliche Prozesse bis CHF 30 000; Art. 243 Abs. 2 lit. e i.V.m. Art. 247 Abs. 2 lit. a: Mitwirkungsprozess; Art. 243 Abs. 2 lit. a i.V.m. Art. 247 Abs. 2 lit. a: Gleichstellungsprozess.

5. Richterliche Rechtsanwendung (iura novit curia)

5.1 Begriff

Richterliche Rechtsanwendung bedeutet, dass das Gericht das materielle Recht des Bundes und der Kantone *von Amtes wegen* anzuwenden hat (Art. 57). 42

5.2 Einzelne Auswirkungen

5.2.1 Das Gericht hat das Recht, von sich aus die in Betracht kommenden Rechtssätze anzuwenden (BGE *133* III 639). Parömie: «Da mihi facta, *dabo tibi ius*.» 43

5.2.2 Die Parteien können auf die rechtliche Würdigung keinen Einfluss nehmen; sie können aber ihre rechtlichen Auffassungen darlegen. «Savoir sur quelle base juridique une indemnité est due à la demanderesse en raison de la résiliation du contrat de travail est une question de droit soumise au libre examen du Tribunal fédéral» (BGE *121* III 68).

5.2.3 Die Parteien brauchen das Recht nicht zu kennen. 44

5.3 Ausnahmen

5.3.1 Ausländisches Recht

45 Auch der Inhalt des nach den Regeln des Kollisionsrechts anzuwendenden ausländischen Rechts ist nach der *Grundregel* von Art. 16 Abs. 1 Satz 1 IPRG *von Amtes wegen* festzustellen. Das Gericht kann dazu die Mitwirkung der Parteien verlangen, ihnen also z.B. aufgeben, über den Inhalt des ausländischen Rechts Behauptungen aufzustellen und dafür Belegstellen zu nennen.

46 Der *Nachweis des ausländischen Rechts* darf den Parteien dagegen nur bei *vermögensrechtlichen* Ansprüchen überbunden werden: Art. 16 Abs. 1 3. Satz IPRG. Für den Säumnisfall kann den Parteien dabei angedroht werden, es werde Verzicht auf solchen Nachweis angenommen und schweizerisches Recht angewendet, wenn der sichere Nachweis des ausländischen Rechts nicht anderweitig möglich sei. Es geht aber nur um einen Nachweis, «nicht um einen Beweis im eigentlichen Sinn, so dass die gewöhnlichen Beweisregeln nicht anwendbar sind». Dabei genügt es, «dass die ausländischen Rechtsquellen (einschlägige Gesetzesbestimmungen) und allenfalls ausländische Literatur (insbesondere Kommentare) oder Urteile aufgezeigt werden», BGE *119* II 94. Vgl. auch BGE *123* III 162, 248; *125* III 82.

Das kantonale Gericht hatte es unterlassen, den Inhalt des anwendbaren saudiarabischen Rechts festzustellen und weder dem Beweisführer den Beweis dafür auferlegt noch beim Schweiz. Institut für Rechtsvergleichung oder beim Bundesamt für Justiz Auskünfte eingeholt. «La circonstance que le droit étranger déterminant ne soit pas celui d'un pays voisin ne modifie pas pour autant l'obligation du juge cantonal de l'établir d'office» BGE *121* III 440.

47 Hat das Gericht für das Verständnis des ausländischen Rechts nicht nur auf verfügbare Literatur, Entscheidsammlungen etc. abgestellt, sondern Gutachten von Dritten eingeholt, so hat es – um das rechtliche Gehör der Parteien zu wahren – diesen davon Kenntnis und ihnen Gelegenheit zu geben, dazu Stellung zu nehmen (BGE *124* I 49).

Ist der Inhalt des anwendbaren ausländischen Rechts nicht feststellbar, so ist *schweizerisches* Recht anzuwenden: IPRG 16 II.

Bei den Rechtsmitteln ans Bundesgericht ist die Rüge der Verletzung ausländischen Rechts beschränkt (Art. 96 BGG).

5.3.2 Ausserordentliche Rechtsmittel

Diese können regelmässig nur damit begründet werden, es sei eine unrichtige Rechtsanwendung (und eine willkürliche Sachverhaltsfeststellung erfolgt) gegeben (vgl. Art. 320). Diese müssen vom Rechtsmittelkläger behauptet werden, und die Rechtsmittelinstanz ist auf die Prüfung der Rügen beschränkt. 48

5.3.3 Billigkeitsurteil

Im Schiedsgerichtsprozess (Art. 381 Abs. 1 lit. b) können die Parteien das Schiedsgericht ermächtigen, nach *Billigkeit zu urteilen*. Damit ist das Schiedsgericht der Anwendung des materiellen Rechts enthoben. 49

6. Richterliche Prozessleitung – Parteiherrschaft

Der *Parteiherrschaft* untersteht die Ingangsetzung des Prozesses sowie zusätzlicher Verfahren (z.B. betreffend vorsorgliche Massnahmen, wobei Ausnahmen im Rechtsmittelverfahren bestehen, z.B. Art. 325 Abs. 2). Das folgt aus der Dispositionsmaxime. 50

Ist der Prozess rechtshängig, so bedarf es für seine Fortführung keiner weiteren Impulse der Parteien (Gegensatz: Betreibungsverfahren). Die Sorge für die Fortführung des Verfahrens und seine beförderliche Erledigung obliegt dem Gericht, der *richterlichen Prozessleitung*. 51

§ 26 Grundsätze des gerechten Verfahrens

1. Rechtliches Gehör

Art. 53, Art. 6 Abs. 1 EMRK, Art. 8 und 29 Abs. 2 BV 52

1.1 Begriff

Nach dem Grundsatz des rechtlichen Gehörs – Art. 29 Abs. 2 BV – haben die Parteien Anspruch darauf, dass sie ihre Sache dem Gericht vortragen und zu allen Vorbringen der Gegenpartei Stellung nehmen können, dass ihre Beweismittel abgenommen werden und dass das Gericht sich ernsthaft mit Vorbringen und Beweisen auseinandersetzt. 53

54 Der Grundsatz des rechtlichen Gehörs enthält eine doppelte Ratio:

- *«Waffengleichheit»* der Parteien (auch aus Art. 8 BV abgeleitet): Der Anspruch auf rechtliches Gehör ist insofern ein *persönlichkeitsbezogenes Mitwirkungsrecht* der Parteien beim Erlass von Entscheiden, die in ihre Rechtsstellung eingreifen.
- *Wahrheitsfindung:* Der Grundsatz ist zugleich ein Mittel der *Sachaufklärung* (BGE *119* Ia 261).

55 Der Anspruch auf rechtliches Gehör ist auch durch Art. 6 EMRK gewährleistet, doch verschafft diese Bestimmung keine über Art. 29 BV hinausgehenden Rechte (BGE *119* Ia 264). Vgl. auch BGE *129* II 505.

1.2 Einzelne Auswirkungen
(Zusammenfassung der Rechtsprechung: BGE *124* I 242)

56 1.2.1 **Recht auf Anhörung** bezüglich der eigenen tatsächlichen und rechtlichen Begründung der Klage und bezüglich der Ausführungen der Gegenpartei: *audiatur et altera pars.*

Anzuhören ist aber auch der nichteheliche Vater (der sog. Zahlvater) des Kindes, das seinen Namen getragen hat, im Verfahren auf Namensänderung des Kindes: BGE *124* III 49.

Ausnahmen:

57 1.2.1.1 Bei **Fehlen einer Prozessvoraussetzung** kann ohne Anhörung der Gegenpartei Nichteintreten beschlossen werden.

58 1.2.1.2 In der **Rechtsmittelinstanz** ist Abweisung oder Nichteintreten ohne Anhörung der Gegenpartei zulässig, wenn sich das Rechtsmittel sofort als unzulässig oder unbegründet erweist.

59 1.2.1.3 **Einstweilige Verfügungen** in dringenden Fällen sind ohne Anhörung der Gegenpartei zulässig. Die Anhörung des Gegners ist aber nachzuholen und die Verfügung gegebenenfalls aufzuheben: 11 N 311. Oft geschieht dies auf Einsprache der Gegenpartei hin.

60 1.2.2 **Recht auf Teilnahme** an allen Verhandlungen und Beweiserhebungen (BGE *98* Ia 338), soweit die Gesetze nicht sachlich begründete Ausnahmen vorsehen, mindestens aber **Recht auf Stellungnahme zum Beweisergebnis** (BGE *115* Ia 11).

1.2.3 **Recht, sich rechtskundig vertreten zu lassen:** Dieses Recht ist mindestens dann Ausfluss des Gehöranspruches, wenn ein hohes Streitinteresse (Streitwert) und komplizierte Verhältnisse vorliegen: BGE *105* Ia 290. 61

1.2.4 **Recht auf Akteneinsicht:** Dieses ist beschränkt durch besondere Geheimhaltungsinteressen: BGE *95* I 445. 62

1.2.5 **Recht auf Abnahme** der offerierten, für den Entscheid wesentlichen *Beweise:* BGE *96* I 533, *101* Ia 103, *108* Ia 294. 63

1.2.6 **Recht auf Urteilsbegründung** und Auseinandersetzung des Gerichts mit Parteivorbringen und Beweisen: BGE *101* Ia 552 f. 64

1.3 Verweigerung des rechtlichen Gehörs ist formelle Rechtsverweigerung

Der Anspruch auf rechtliches Gehör ist formeller Natur. Es ist daher nicht zusätzlich ein materielles Interesse nachzuweisen, z.B. dass der Entscheid bei Gewährung des rechtlichen Gehörs anders ausfallen werde. 65

2. Treu und Glauben, Wahrheitspflicht

Art. 52, Art. 9 BV, Art. 2 ZGB 66

2.1 Grundsatz

Das Gebot, nach *Treu und Glauben* zu handeln, gehört zu den Grundlagen der schweizerischen Rechtsordnung. Es gilt daher *auch* im öffentlichen Recht, namentlich *im Prozessrecht* (BGE *101* Ia 44, *102* II 16, *105* II 155). 67

Aus diesem Gebot folgt auch die *Wahrheitspflicht* der Parteien. Sie dürfen keine bewusst unwahren Tatsachenbehauptungen aufstellen und nicht wahre Tatsachen wissentlich bestreiten. 68

Adressaten des Gebotes sind *alle Prozessbeteiligten,* also sowohl die *Parteien* als auch das *Gericht* (BGE *128* III 201). Es gilt daher auch im Verhältnis der Parteien untereinander, nicht nur im Verhältnis des Gerichts zu den Parteien. Art. 9 BV spricht demgegenüber nur vom Verhältnis der staatlichen Organe zu den Bürgern: «Jede Person hat Anspruch darauf, von den staatlichen Organen ohne Willkür und *nach Treu und Glauben* behandelt zu werden.» 69

2.2 Einzelne Auswirkungen

70 2.2.1 Verbot der prozessualen Verfolgung **unbegründeter Rechtsansprüche** (böswillige, mutwillige Prozessführung).

71 2.2.2 **Vertrauensprinzip:** Die Partei muss sich – z.B. in der Frage der örtlichen Zuständigkeit – bei dem Rechtsschein behaften lassen, den sie Dritten gegenüber erweckt hat (BGE *101* Ia 44).

72 2.2.3 Die Gerichte können eine Partei nicht bei einer **unrichtigen Rechtsmittelbelehrung** behaften (Bger. vom 2.3.2009, 5A_814/2008, BGE *97* I 105). Wo eine Partei oder ihr Anwalt die Fehlerhaftigkeit der Rechtsmittelbelehrung durch Konsultierung des massgebenden Gesetzestexts allein hätte erkennen können, wird der **Vertrauensschutz** indessen versagt (BGE *124* I 258 E. 1a/aa). Vgl. auch 12 N 42.

2.2.4 Verbot jeder Art **missbräuchlicher Prozessführung:** Verzögerung des Verfahrens, Vereitelung des von der Gegenpartei zu leistenden Beweises.

2.3 Sanktion der Verletzung von Treu und Glauben

73 Ordnungsbusse, prozessuale Nachteile, Disziplinarstrafe, Schadenersatzpflicht.

3. Beschleunigungsgebot, Rechtsverzögerungsverbot

74 Art. 52, Art. 6 Abs. 1 EMRK, Art. 29 Abs. 1 BV

3.1 Grundsatz

75 Der Rechtsuchende hat Anspruch darauf, dass über seine Sache möglichst rasch, *jedenfalls innert angemessener Frist* entschieden wird. Dieses Beschleunigungsgebot steht natürlich in einem Spannungsverhältnis zur Crux des Zivilprozesses, der Gefahr nämlich, wegen des rechtlichen Gehörs zeitlich auszuufern. Hauptanliegen jeder Prozessrechtsrevision ist es daher, institutionelle Mittel und Wege zur Prozessbeschleunigung zu finden.

76 Der Anspruch des Bürgers darauf, dass ein gerichtliches Verfahren ohne unnötige Verzögerung durchgeführt wird, wurde aber schon bisher als ver-

fassungsmässige Verfahrensgarantie aus aBV 4 abgeleitet (BGE *107* Ib 164) und ist nun in Art. 29 Abs. 1 BV ausdrücklich normiert: «Jede Person hat in Verfahren vor Gerichts- und Verwaltungsinstanzen Anspruch auf gleiche und gerechte Behandlung sowie *auf Beurteilung innert angemessener Frist.*» Derselbe Anspruch ergibt sich aus Art. 6 Abs. 1 EMRK, wonach jedermann Anspruch darauf hat, dass seine Sache in billiger Weise öffentlich und *innerhalb einer angemessenen Frist* gehört wird. Das Beschleunigungsgebot bzw. das Verbot der Rechtsverzögerung ergibt sich sodann auch aus dem Grundsatz des Handelns nach Treu und Glauben gemäss Art. 52 (BSK ZPO-GEHRI, Art. 52 N 21). Dieses Prinzip gilt nämlich auch für die Gerichte.

3.2 Einzelne Auswirkungen

Das Beschleunigungsgebot bzw. Rechtsverzögerungsverbot richtet sich: 77

3.2.1 an die Gesetzgeber: 78

«Das Rechtsverzögerungsverbot verpflichtet einerseits die Parlamente, die Gerichte in personeller und sachlicher Hinsicht mit Mitteln auszustatten, die es erlauben, über Klagen, Beschwerden, Gesuche usw. innerhalb von angemessenen Fristen zu entscheiden» (BGE *107* Ib 165).

3.2.2 an die Gerichte: 79

«Die Gerichte andererseits sind aufgrund des Rechtsverzögerungsverbotes gehalten, ihre Arbeit so zu organisieren, dass das Verfahren in allen ihnen vorgelegten Fällen innerhalb einer angemessenen Frist zum Abschluss gebracht werden kann. Ob eine gegebene Prozessdauer als angemessen zu betrachten ist, muss im Hinblick auf die Natur und den Umfang des Rechtsstreites beurteilt werden» (BGE *107* Ib 165).

3.3 Sanktion der Verletzung des Rechtsverzögerungsverbotes

Die Prozessparteien können eine Rechtsverzögerungs*beschwerde* 80
nach Art. 319 lit. c gestützt auf Art. 29 Abs. 1 BV erheben. Vgl. auch 12 N 76.

81 *Haftung* für den durch die Rechtsverzögerung entstandenen Schaden nach Massgabe des anwendbaren Haftungsgesetzes (z. B. BGE *107* Ib 160, wo der Scheidungsbeklagte eine Schadenersatzforderung von CHF 45 000 daraus ableitete, dass der Scheidungsprozess 15 Monate früher hätte abgeschlossen werden können und er diesfalls in dieser Zeit nicht Unterhaltsbeiträge von CHF 3000/Mt. an die Frau hätte zahlen müssen; das Bundesgericht bejahte die Haftungsgrundlagen, verneinte jedoch das Vorliegen einer Rechtsverzögerung). Die Haftung sollte streng gehandhabt werden.

§ 27 Grundsätze über die Formen der Prozesshandlungen

1. Öffentlichkeitsprinzip

82 Art. 54, Art. 30 Abs. 3 BV, Art. 6 Abs. 1 EMRK

1.1 Grundsatz

83 Die Verhandlungen vor Gericht sind grundsätzlich öffentlich, vor Bundesgericht und z.T. vor kantonalen Instanzen (soweit dies das kantonale Recht bestimmt) auch die Beratungen, Art. 54. Mündliche Eröffnungen der Entscheide sind öffentlich, und die Entscheide werden der Öffentlichkeit zugänglich gemacht.

84 «Der Grundsatz der Öffentlichkeit des Verfahrens bedeutet eine Absage an jede Form geheimer Kabinettsjustiz. Er soll durch die Kontrolle der Öffentlichkeit dem Angeschuldigten und allen übrigen am Prozess Beteiligten eine korrekte und gesetzmässige Behandlung gewährleisten. Der Öffentlichkeit soll darüber hinaus ermöglicht werden, Kenntnis davon zu erhalten, wie das Recht verwaltet und wie die Rechtspflege ausgeführt wird» (BGE *111* Ia 245; *119* Ia 104).

85 Durch Art. 30 Abs. BV: «Gerichtsverhandlung und Urteilsverkündung sind öffentlich» ist die Öffentlichkeit zum verfassungsmässigen Grundrecht erhoben worden.

1.2 Ausnahmen

86 Ausnahmen sind zulässig, soweit sie durch höhere Interessen gerechtfertigt sind, z.B. in Familienrechtsprozessen, Art. 54 Abs. 3.

Die Öffentlichkeit kann *ausgeschlossen* werden, wenn eine Gefährdung der öffentlichen Sicherheit und Ordnung oder von Sitte und Anstand zu befürchten ist, ferner mit Rücksicht auf *schutzwürdige Interessen eines Beteiligten*. Dazu gehört auch die Betroffenheit im Verfassungsrecht auf persönliche Freiheit, die durch die Bekanntgabe von persönlichen Daten in einer öffentlichen Verhandlung gegeben sein kann; für das Strafverfahren: BGE *119* Ia 102. 87

Der Ausschluss ist in diesen Fällen selbst ohne gesetzliche Ermächtigung zulässig: BGE *102* Ia 218. 88

2. Mündlichkeit und Schriftlichkeit

2.1 Begriff

Mündlichkeit oder Schriftlichkeit bezeichnet die Form, in welcher Prozesshandlungen vorzunehmen sind. In erster Linie stellt sich die Frage für die Form, in welcher die *Parteivorträge* erfolgen. 89

Vorteile der Mündlichkeit: Frische und Unmittelbarkeit der Darstellung. Unklarheiten können im Gespräch Gericht–Partei beseitigt werden. Gleichzeitig kann der Prozessstoff soweit nötig ergänzt und aufgeklärt werden: Ausübung der Aufklärungs- und Fragepflicht des Richters. *Nachteil:* Nicht wortgewandte Parteien können sich überfordert fühlen oder Wichtiges vergessen. Leider nicht selten ist eine wenig genaue Protokollierung, was zu Schwierigkeiten im Rechtsmittelverfahren führt. 90

Vorteile der Schriftlichkeit: Zwang zur genauen Umschreibung des Sachverhaltes, der eindeutig festgehalten wird. *Nachteile:* Fehlen des direkten Kontaktes mit den Parteien, Erschwerung der Fragepflicht, längere Dauer des Verfahrens. Gefahr: mittelbarer Anwaltszwang. 91

2.2 Verwirklichung

Mündlichkeit gilt regelmässig für das Sühnverfahren (Art. 203), teilweise für das summarische Verfahren (Art. 253) und für das vereinfachte Verfahren (Art. 245) sowie für die besonderen eherechtlichen Verfahren (Art. 273). 92

Schriftlichkeit findet weit überwiegend Anwendung: für das ordentliche Verfahren (Art. 222 Abs. 1) und für die Rechtsmittelverfahren (Art. 312 Abs. 1, Art. 321 Abs. 1). 93

3. Unmittelbarkeit und Mittelbarkeit

3.1 Begriff

94 Der Grundsatz der *Unmittelbarkeit* bedeutet, dass die Verhandlungen und die Beweisabnahme unmittelbar *vor dem erkennenden Gericht* erfolgen müssen.

95 *Mittelbarkeit* liegt vor, wenn Parteivorträge und Beweisabnahmen *nicht* vor *vollständig* versammeltem Gericht stattfinden.

96 Im Interesse einer auf den persönlichen Eindruck von den Parteien und den Zeugen gegründeten Urteilsfällung sollte das Verfahren nach dem Grundsatz der Unmittelbarkeit ausgestaltet sein. Damit würden die Gerichte aber leicht personell überfordert. Zeugeneinvernahmen werden deshalb im Allgemeinen nur vor dem Referenten bzw. der Referentin oder dem Instruktionsrichter bzw. der Instruktionsrichterin durchgeführt.

3.2 Verwirklichung in den Prozessgesetzen

97 Die Ausgestaltung der Mittelbarkeit/Unmittelbarkeit ist Sache der Kantone (Art. 3). Weit überwiegend herrscht Mittelbarkeit.

98 Auch wo Verfahrensabschnitte *mündlich* durchgeführt werden, liegt *keine Unmittelbarkeit* vor, wenn die Verhandlung *vor einer Delegation* des erkennenden Gerichtes stattfindet. Und auch das Bundesgericht nennt die *Beweisabnahme durch den delegierten Richter* «eine prozessuale Möglichkeit, die weit verbreitet und nicht zu beanstanden ist» (BGE *115* II 134).

99 Nach ursprünglich gegenteiliger Auffassung (BGE *110* II 124) gelangte das Bundesgericht zur Meinung, die mündliche Vernehmung des Betroffenen im Verfahren der *fürsorgerischen Freiheitsentziehung,* Art. 397f Abs. 3 ZGB habe vor dem gesamten erkennenden Gericht, also im *unmittelbaren* Verfahren zu erfolgen; es soll eben nicht nur das rechtliche Gehör gewahrt werden, vielmehr soll der Richter «einen eigenen, unverfälschten Eindruck vom Betroffenen gewinnen können» (BGE *115* II 134 f.).

§ 28 Prozessvoraussetzungen und Sachlegitimation

1. Prozessvoraussetzungen

Prozessvoraussetzungen müssen erfüllt sein, damit das Gericht in einem ersten Schritt überhaupt auf die Streitsache eintritt und in einem zweiten Schritt ein Urteil fällt. Es sind die Bedingungen des Eintretens auf die Sache. Es handelt sich somit um eine erste Hürde, welche die klagende Partei im Prozess zu nehmen hat. Fehlt eine Prozessvoraussetzung, tritt das Gericht auf die Klage nicht ein (Art. 59 Abs. 1 e contrario). Kommt es zu einem solchen Nichteintretensentscheid, bedeutet dies, dass ein gerichtliches Verfahren nicht zulässig ist und über die betreffende Streitsache nicht gerichtlich entschieden werden darf (BSK ZPO-GEHRI, Art. 60 N 2). 100

Aus prozessökonomischen Gründen sollte das Gericht frühzeitig auf mangelnde Prozessvoraussetzungen hinweisen und darüber entscheiden (BERGER/GÜNGERICH, Kap. 3 N 558). Dennoch ist die Prüfung der Prozessvoraussetzungen in unterschiedlichen Verfahrensstadien denkbar, selbst im Zeitpunkt der Urteilsfällung (BGE *127* III 41 ff.). 101

Die Zivilprozessordnung listet in Art. 59 Abs. 2 eine Reihe von Prozessvoraussetzungen auf, welche erfüllt sein müssen. Dabei handelt es sich aber nicht um eine abschliessende Aufzählung, was das Wort «insbesondere» klar macht. Zu den Prozessvoraussetzungen gehören nach Art. 59 Abs. 2: 102

- das schutzwürdige Interesse (lit. a)
- die sachliche und örtliche Zuständigkeit (lit. b)
- die Partei- und Prozessfähigkeit (lit. c)
- die nicht anderweitige Rechtshängigkeit (lit. d)
- die noch nicht rechtskräftige anderweitige Entscheidung (lit. e)
- die Leistung des Kostenvorschusses und der Sicherheit für die Prozesskosten (lit. f)

Die negative Prozessvoraussetzung der Schiedsvereinbarung wurde in Art. 61 separat geregelt. 103

Nachdem das Gericht das Vorliegen der Prozessvoraussetzungen geprüft hat, erfolgt entweder ein Eintreten auf die Klage (und eine Verwerfung der Einrede) oder ein Nichteintreten. Dabei handelt es sich um einen Prozessentscheid, namentlich um einen prozessleitenden Entscheid (Eintreten und Verwerfung der Einrede) oder um einen Prozessendentscheid (Nichteintreten). Fehlt eine Prozessvoraussetzung wird auf eine Klage nicht eingetreten. 104

2. Abgrenzung zur Sachlegitimation

105 Bei der Sachlegitimation handelt es sich um die Berechtigung der klagenden Partei, das eingeklagte Recht oder Rechtsverhältnis geltend zu machen (Aktivlegitimation). Diese fehlt, wenn der Anspruch der klagenden Partei nicht zusteht oder nicht der beklagten Partei gegenüber besteht. Der Entscheid über die fehlende Sachlegitimation erfolgt durch Sachurteil und lautet auf Abweisung der Klage. In zeitlicher Hinsicht wird klar, dass die Prüfung der Sachlegitimation erst erfolgen kann, nachdem die klagende Partei die erste Hürde der Prozessvoraussetzungen erfolgreich hinter sich gebracht hat. Fehlt es an der Sachlegitimation, so erfolgt Abweisung der Klage.

3. Prüfung von Amtes wegen

106 Art. 60 hält fest, dass die Prüfung des Vorliegens der Prozessvoraussetzungen *von Amtes* wegen zu erfolgen hat. Dabei wird nicht unterschieden zwischen den von Amtes wegen zu prüfenden Eintretensvoraussetzungen und solchen, die durch eine Partei auf Einrede hin geprüft werden (BSK ZPO-GEHRI, Art. 60 N 1). In praktischer Hinsicht ist das Gericht allerdings auf entsprechende Parteivorbringen angewiesen, so insbesondere bei der Frage um die fehlende anderweitige Rechtshängigkeit (BOTSCHAFT ZPO, 57).

107 Das Erfordernis der Prüfung von Amtes wegen findet seine Grenzen bei der Beweis- und Behauptungslast der Parteien. So ist es insbesondere die Aufgabe der klagenden Partei, die prozessbegründenden Tatsachen vorzutragen und deren Vorliegen zu beweisen (BSK ZPO-GEHRI, Art. 61 N 10).

108 Ergeht trotz Fehlens einzelner Prozessvoraussetzungen ein Urteil, so ist dieses grundsätzlich nichtig. Ausnahmsweise kann ein Prozessmangel im Laufe des Verfahrens geheilt bzw. verbessert werden (SCHWANDER, ZZZ 2008/09, 202).

6. Kapitel: Klagearten und Streitwert

§ 29 Klagearten

1. Leistungsklage

1.1 Begriff

Die Leistungs- oder Verurteilungsklage ist auf die Durchsetzung eines behaupteten Anspruchs auf *Leistung, Unterlassung* oder *Duldung* gerichtet (Art. 84 Abs. 1). 1

Das Rechtsbegehren muss bestimmt sein (Botschaft, 7287). Bei Begehren auf Bezahlung eines Geldbetrages ist dieser genau zu beziffern (Art. 84 Abs. 2). 2

1.2 Unbezifferte Forderungsklage

Ausnahmsweise muss die klagende Partei die Forderung nicht beziffern. Es ist jedoch *immerhin ein Mindestbetrag* anzugeben, da die sachliche Zuständigkeit sich ansonsten nicht bestimmen lässt (Art. 85 Abs. 1). Es handelt sich vor allem um Fälle von Schadenersatz, bei denen der Schaden noch nicht oder noch nicht genau beziffert werden kann. Sobald die Höhe der Forderung feststeht – z.B. nach dem Beweisverfahren –, ist sie zu beziffern. Auch wenn die endgültige Forderung die ursprüngliche Zuständigkeit überschreitet, bleibt die sachliche Zuständigkeit bestehen. Dies ist Ausdruck des Grundsatzes der Prozessökonomie (Art. 85 Abs. 2; Botschaft, 7287). 3

1.3 Stufenklage

Art. 85 Abs. 2 bildet auch die Rechtsgrundlage für die *Stufenklage*. Diese wurde ohne Rechtsgrundlage schon bisher anerkannt (BGE *131* III 243, 245; *123* III 140 ff.). Die klagende Partei kann eine unbezifferte Forderungsklage mit dem Begehren um vorgängige Rechnungslegung oder Auskunftserteilung anheben. Erst nach Durchsetzung der letzteren Begehren kann und muss die Klage näher beziffert werden. 4

1.4 Besondere Leistungsklagen

1.4.1 Klage auf künftige Leistungen

5 Im Allgemeinen können nur *fällige* Ansprüche eingeklagt werden. Klagen auf nicht fällige Ansprüche werden «zurzeit» abgewiesen.

6 Vereinzelt lässt aber das *materielle Recht* Klagen auf künftige Leistungen zu, so auf periodische Leistungen (Unterhaltsbeiträge, Renten; vgl. BGE *117* V 318).

1.4.2 Klage auf bedingte Leistungen

7 Hat der Beklagte die *eingeklagte Leistung nur bei Eintritt einer Bedingung* zu erbringen oder nur Zug um Zug gegen eine Gegenleistung des Klägers (Art. 82 OR), so muss auch auf Leistung bei Eintritt der Bedingung oder auf Leistung Zug um Zug geklagt werden können. Die ZPO sieht diese Klageart nicht ausdrücklich vor; das bedeutet aber nicht, dass sie unzulässig wäre (vgl. BGE *135* III 432, *128* III124).

1.4.3 Klage auf Abgabe einer Willenserklärung

8 Das auf diese Klage hin ergehende Urteil (z.B. Verpflichtung zur Anmeldung der Eigentumsübertragung beim Grundbuchamt) wird dadurch vollstreckt, dass die Erklärung entweder bereits durch das Urteil (BGE *135* III 31, *97* II 51) oder durch den Entscheid des Vollstreckungsgerichts ersetzt wird (s. 13 N 35).

1.4.4 Klage auf Unterlassung bzw. Beseitigung

9 Die Klage auf Unterlassung hat ihre Rechtsgrundlage in Art. 84 Abs. 1. Ein Anspruch auf Unterlassung besteht, wenn die Begehung oder Wiederholung einer *widerrechtlichen Handlung unmittelbar droht* (BGE *131* III 76). Das Verhalten der beklagten Partei muss eine künftige Rechtsverletzung ernstlich befürchten lassen (BGE *97* II 108, *135* III 633 betr. Besitzesstörung). Damit ist das für die Unterlassungsklage erforderliche *Rechtsschutzinteresse* umschrieben (BGE *116* II 359). Als Prozessvoraussetzung muss es auch im Zeitpunkt der Fällung des Entscheids noch vorhanden sein (BGE *109* II 346); schwindet die ernstliche Drohung einer künftigen Rechtsverletzung im Laufe des Prozesses dahin, so ist auf die Klage auch in einem späteren Prozessstadium nicht einzutreten.

Künftige Rechtsverletzungen drohen dann, wenn die beklagte Partei bereits Rechtsverletzungen begangen hat und Wiederholungen nicht auszuschliessen sind, weil sie z.B. die Widerrechtlichkeit eines früheren beanstandeten Verhaltens bestreitet. In solchen Fällen ist nämlich zu vermuten, dass sie ihr Verhalten «im Vertrauen auf dessen Rechtmässigkeit weiterführen wird» (BGE *124* III 74). Das ist auch der Fall, wenn konkrete Anhaltspunkte dafür bestehen, dass sie künftig solche Verletzungen begehen wird (BGE *116* II 359). 10

Die *Beseitigungsklage* ist das Pendant zur Unterlassungsklage. Sie kommt insbesondere im Immobiliarsachenrecht vor. Häufig ist sie eine Eigentumsfreiheitsklage (Art. 641 Abs. 2 ZGB, BGE *111* II 24). Weitere Beispiele: BGE *107* II 679 betr. Art. 679 ZGB; BGE *119* II 411 betr. Gassenzimmer. 11

Im Hinblick auf die Vollstreckung muss das zu verbietende Verhalten genau und eng umschrieben sein (BGE *97* II 359). 12

1.4.5 Klage auf Bestreitungsvermerk nach DSG

Eine neuartige Leistungsklage wurde durch Art. 15 Abs. 2 DSG geschaffen: «Kann weder die Richtigkeit noch die Unrichtigkeit von Personendaten dargetan werden, so kann der Kläger verlangen, dass bei den Daten ein entsprechender Vermerk angebracht wird.» 13

2. Feststellungsklage

2.1 Begriff

Die Feststellungsklage ist auf die Feststellung des *Bestehens* (positive) *oder Nichtbestehens* (negative Feststellungsklage) *eines Rechts oder Rechtsverhältnisses* gerichtet. Sie hat ihre Rechtsgrundlage in Art. 88. Vgl. auch Art. 85 und 85a SchKG; s. dazu BGE *129* III 198, *127* III E. 4b. 14

Ausnahmsweise ist sie in der Praxis zulässig zur Feststellung der *Echtheit oder Unechtheit einer Urkunde,* d.h. zur Feststellung einer *Tatsache.* 15

2.2 Feststellungsinteresse

Als Rechtsschutzinteresse ist ein rechtliches, d.h. *rechtserhebliches Interesse* an der gerichtlichen Feststellung eines Rechts oder Rechtsverhältnisses vorausgesetzt (BGE *127* III 481). Es ist unter folgenden (kumulativen) Voraussetzungen gegeben: 16

- *Ungewissheit, Unsicherheit oder Gefährdung der Rechtsstellung der klagenden Partei;*
- *Unzumutbarkeit der Fortdauer dieser Rechtsungewissheit;*
- *Unmöglichkeit der Behebung der Ungewissheit auf andere Weise,* insbesondere nicht durch Leistungs- oder Gestaltungsklage.

17 Das Feststellungsinteresse ist von der klagenden Partei nachzuweisen (BGE *123* III 51).

18 Das Bundesgericht beurteilte das Bestehen oder Nichtbestehen eines Feststellungsinteresses z.B. wie folgt:

- Der im Alter von acht Jahren durch einen Pfeilbogenschuss eines Kameraden um ein Auge gebrachte Knabe wollte auf Feststellung der Haftpflicht des Schützen klagen. Hier war eine Leistungsklage auf Schadenersatz möglich, auch wenn dessen Umfang sich noch nicht sicher ermitteln liess; er kann aber gemäss Art. 42 Abs. 2 OR nach dem Ermessen des Gerichts abgeschätzt werden, wenn der Kläger Anhaltspunkte für die Schadenspositionen liefert (BGE *114* II 253).

19 – Demgegenüber liess das Bundesgericht eine Klage auf *Feststellung der Prozesskostendeckung* durch eine Rechtsschutzversicherung zu, obwohl eine Leistungsklage auf Abgabe einer Willenserklärung durch diese Versicherung möglich gewesen wäre (BGE *119* II 371).

20 – Einer Klage auf Feststellung der *Ausgleichungspflicht* (sog. Ausgleichungsklage) geht grundsätzlich die Erbteilungsklage (Gestaltungsklage) vor (vgl. BGE *123* III 51).

21 – An einer *Patentnichtigkeitsklage* besteht dann kein Feststellungsinteresse, wenn der damit verfolgte Zweck – dem Verletzungsvorwurf des Patentinhabers zu entgehen – nicht erreicht werden kann (BGE *116* II 196).

2.3 Unzulässigkeit der Feststellungsklage

22 Die Feststellungsklage ist in folgenden Fällen *unzulässig:*

- zum Entscheid von Rechtsfragen (BGE *80* II 366);
- zur Feststellung von Tatsachen (evtl. Ausnahme: Feststellung der Echtheit einer Urkunde);

23 – wenn eine Leistungs- oder Gestaltungsklage möglich ist (BGE *125* II 160); ausnahmsweise ist sie auch in diesem Falle zulässig (BGE *135* III 378; s. 7 N 123);

- zur Feststellung des Rechtsverhältnisses für die Zukunft, wenn nur Leistungen fällig sind (BGE *99* II 173);

24 – wenn nur die Grundsatzfrage des Bestehens einer Verpflichtung strittig und die Erfüllung der Leistung – z.B. durch ein Gemeinwesen – nach der Feststellung gesichert ist (BGE *97* II 375).

2.4 Feststellung einer Störung

Ungeachtet der Zulässigkeit anderer Leistungsklagen aufgrund desselben Sachverhaltes – z.B. der Unterlassungsklage und der Schadenersatzklage – ist die Feststellungsklage da zulässig, wo sie der *Beseitigung eines fortdauernden Störungszustandes* dient. Sie ist also z.B. neben der Unterlassungsklage zulässig zur Beseitigung des Wissens und der Erinnerung des Publikums an eine durch Medien geschehene Persönlichkeitsverletzung (Art. 28a Abs. 1 ZGB; BGE *95* II 498; Einschränkung in BGE *120* II 331) gegebenenfalls in Verbindung mit einem Begehren auf Urteilspublikation (Art. 28a Abs. 2 ZGB). Es handelt sich dabei um eine *Beseitigungs-klage (d.h. Leistungsklage) im Gewande der Feststellungsklage.* Klageziel solcher Klagen ist die *Feststellung der Widerrechtlichkeit* einer sonst nicht zu beseitigenden verletzenden Handlung (z.B. auch Art. 9 Abs. 1 lit. c UWG). 25

2.5 Internationale Verhältnisse

Im *internationalen Verhältnis* ist nachfolgende Rechtsprechung zu beachten, welcher in der Schweiz noch nicht entsprochen wurde. Aus der *Rechtsprechung des EuGH* zu Art. 21 EuGVÜ (EuGH, 8.12.1987, Gubisch/ Palumbo, Slg. 1987-11, 4877; Tatry/Maciej Rataj, Slg. 1994-11/12, 5481 Ziff. 3) leitet die *deutsche Lehre* und Rechtsprechung die *Gleichstellung von positiver Leistungs- und negativer Feststellungsklage* ab, so dass 26

- das Rechtsschutzinteresse an der Letzteren gemäss nationalem Prozessrecht nicht mehr geprüft werden darf (BGH 11.12.1996, ZIP *1997* 522);
- die «wünschenswerte prozessuale Chancengleichheit von Anspruchsgegner und Prätendent erreicht» wird in dem Sinne, dass der Anspruchsgegner «durch schnelle Erhebung einer negativen Feststellungsklage die gleiche Chance» hat, «sich das streitentscheidende Gericht auszusuchen wie der Leistungskläger» (KROPHOLLER, Art. 27 N 10).

Ob die *schweizerische Rechtsprechung* gestützt auf die Pflicht zur Berücksichtigung der Rechtsprechung in den übrigen EU- und LugÜ-Staaten (1 N 71) dieser Auffassung folgen wird, ist noch nicht höchstrichterlich entschieden. In BGE *123* III 414, 422 E. 5 (in welchem es in erster Linie um den Zeitpunkt des Eintritts der Rechtshängigkeit ging, 7 N 111 ff.) hatte das Bezirksgericht Zürich die Frage des Feststellungsinteresses geprüft und verneint und war daher auf die Klage nicht eingetreten, wogegen das Zürcher Obergericht der deutschen Lehre gefolgt war und die Prüfung des Feststellungsinteresses abgelehnt hatte. Das Bundesgericht hielt an den Grundsätzen der schweizerischen Rechtsprechung für die Zulassung von Feststellungsklagen fest und folgte auch nicht der deutschen Lehre von der 27 freien Wahl des Gerichtsstandes durch jede Partei. Allerdings hat das Bundesgericht die Identität von Feststellungs- und Leistungsklage auch für Binnenverhältnisse bestätigt (BGE *128 III* 284, 286 ff. E. 3; s. 7 N 123):

28 Das blosse Interesse einer Partei, unter mehreren möglichen Gerichtsständen den ihr zusagenden durch schnelleres Einleiten einer Klage (sog. forum shopping) wählen zu können, vermag für sich allein nach schweizerischem Rechtsverständnis jedenfalls ein schutzwürdiges Feststellungsinteresse auch dann nicht zu begründen, wenn mehrere Wahlgerichtsstände nicht im Interesse des Geschädigten, sondern aus Zweckmässigkeitsgründen zur Verfügung stehen» (BGE *123* III 430, *131* III 319, 324 ff., E. 3.5). Diese Rechtsprechung sollte nochmals überdacht werden. Vgl. die Kritik von K. SPÜHLER, in: FS Zäch, Der Einfluss des europäischen Rechts auf die Schweiz, Zürich 1999, 847 ff.

29 Das IPRG enthält keine Regelung der Feststellungsklage.

3. Gestaltungsklage

3.1 Begriff

30 Die *Gestaltungsklage* ist auf die *Begründung, Abänderung oder Aufhebung eines Rechtsverhältnisses* gerichtet (Art. 87).

31 Eine Gestaltungsklage *muss* da erhoben werden, wo ein *Gestaltungsrecht ausschliesslich durch Klage ausgeübt werden* kann. Es gibt jedoch Gestaltungsklagen, deren rechtsändernde Wirkung auch durch Rechtsgeschäft erzielt werden kann (z.B. der Übergang von Grundeigentum).

3.2 Anwendungsfälle

32 Die mit der Gestaltungsklage bezweckte Rechtsänderung tritt entweder *ex nunc* ein (so bei der Klage auf Ungültigerklärung, Scheidung oder Trennung einer Ehe) oder *ex tunc* (so bei der Klage auf Anfechtung der Vaterschaft, Art. 256 ZGB).

33 Das Urteil auf *Abänderung des Scheidungsurteils* wirkt grundsätzlich *ex tunc* (ab Einreichung der Klage), sofern nicht die Umstände einen späteren Zeitpunkt nahelegen (BGE *117* II 368).

Weiter sind als *Beispiele* hervorzuheben: 34

- Die durch Art. 42 ZGB eingeführte «umfassende Gestaltungsklage auf Eintragung, Berichtigung oder Löschung von streitigen Angaben über den Personenstand» im Personenstandsregister (so Botschaft über die Änderung des Schweizerischen Zivilgesetzbuches, BBl 1996 I 1 ff., 52), die jedermann zusteht, der ein schützenswertes persönliches Interesse geltend macht.
- Klage auf *Zusprechung von Grundeigentum* (Art. 665 Abs. 1 ZGB): Das Eigentum geht mit Eintritt der Rechtskraft des Urteils über. Der Grundbucheintrag hat nur deklaratorische Bedeutung (Art. 656 Abs. 2 ZGB). Er kann vom Erwerber durch Vorlage des Urteils mit Rechtskraftbescheinigung erwirkt werden.
- Erbrechtliche Klagen auf *Ungültigerklärung und Herabsetzung* von letztwilligen Verfügungen (Art. 519, 522 ZGB; BGE *115* II 211).
- Klagen auf *Aufhebung von Gesamthandschaften* (Art. 604, 654 ZGB, Art. 545 Abs. 1 Ziff. 7 OR) und von *Miteigentum* (Art. 651 ZGB).
- Klagen auf *Auflösung juristischer Personen* (z.B. Art. 78, 88 Abs. 2 ZGB).
- Klagen auf *Anfechtung von Generalversammlungsbeschlüssen* juristischer Personen (z.B. Art. 706, 891 OR).
- Prozessuale *Gestaltungsklagen des SchKG* (z.B. Art. 77, 80 SchKG).

3.3 Wirkung des Gestaltungsurteils

Die *Rechtsänderung* tritt mit der *formellen Rechtskraft* des gutheissenden Gestaltungsurteils ein. Eine Vollstreckung entfällt, dagegen sind u.U. Folgehandlungen nötig (vgl. 13 N 3). 35

Gestaltungsurteile wirken *gegenüber jedermann:* Es ist von der durch sie geschaffenen neuen Rechtslage auszugehen (zur auf die Parteien beschränkten Wirkung des erbrechtlichen Ungültigkeits- und Herabsetzungsurteils s. ZK-ESCHER, Art. 519 ZGB N 6; GULDENER, 382 N 80b). 36

§ 30 Klageformen

1. Objektive Klagenhäufung

Die klagende Partei kann im gleichen Verfahren mehrere Ansprüche gegen die beklagte Partei geltend machen, und zwar *kumulativ* nebeneinander oder im *Eventual*verhältnis (Gutheissung des Anspruchs B, falls der Anspruch A abgewiesen wird), aber nicht alternativ. 37

38 *Voraussetzungen* der objektiven Klagenhäufung sind (Art. 90):
- gleiche örtliche und sachliche *Zuständigkeit* und
- gleiche *Verfahrensart.*

39 Über die mehreren Klagen wird *im selben Verfahren* verhandelt. Das Gericht kann aber die *Trennung* der Klagen anordnen (Art. 125 lit. b).

2. Streitverkündungsklage

40 Die Streitverkündungsklage ist auch unter dem *Begriff der Interventions- oder Gewährleistungsklage* bekannt. Unter ihr versteht man die Möglichkeit einer Partei des Hauptprozesses, einen Dritten für behauptete Ansprüche in den zwischen den Parteien hängigen Prozess hineinzuziehen. Der Dritte wird dadurch im Hauptprozess als (weiterer) Beklagter ins Recht gefasst. Dadurch entsteht, analog der Hauptintervention, ein *Prozess mit drei Parteien.*

41 Die Gewährleistungsklage führte bisher im schweizerischen Recht ein *Schattendasein* und war nur in den Kantonen VD, GE und VS bekannt (GULDENER, 311 f., hat sie allerdings schon vor Jahrzehnten behandelt). Sie ist nun in Art 81 f. ZPO geregelt. Die ZPO führt jedoch nicht die klassische Art der «Appel en cause» ein. Bei dieser kann nämlich eine Partei eines hängigen Prozesses einen Dritten zwingen, Klage gegen eine von ihnen im selben Verfahren zu ergreifen (LAY/POUDRET/HALDY/TAPPY, Art. 83–89). Ob die Gesetzgebungsorgane der ZPO die «Appel en cause», welche sie übernehmen wollten, richtig verstanden haben, ist fraglich.

42 Diese Streitverkündigungsklage ist nur im ordentlichen Verfahren zulässig (Art. 81). Sie ist bei Erheben durch den Kläger mit der *Klageantwort* und bei solchem durch den Beklagten mit der *Replik* zu erklären. Die Rechtsbegehren sind in diesem Verfahrensstadium zu nennen und kurz zu begründen. Es erfolgt sodann ein einfacher Schriftenwechsel über die Streitverkündungsklage zwischen den nunmehr drei Parteien. Wird die Klage zugelassen, so bestimmt das Gericht das Verfahren; dabei ist Art. 125 über die Vereinfachung des Verfahrens anwendbar (Art. 82 Abs. 1–3). Der Entscheid über die Zulassung der Streitverkündungsklage ist mit Beschwerde gemäss Art. 319 anfechtbar (Art. 82 Abs. 4).

Vgl. auch Nina J. Frei, Die Interventions- und Gewährleistungsklagen im Schweizer Zivilprozess, Zürich 2004.

3. Teilklage

Sofern der materielle Anspruch teilbar ist, kann der Kläger aufgrund der Dispositionsmaxime *nur einen Teil der behaupteten Schuld einklagen* (Art. 86). Der Manipulation der sachlichen Zuständigkeit und der Rechtsmittelmöglichkeiten kann u.U. durch Widerklage auf Feststellung des Nichtbestehens des gesamten Anspruchs begegnet werden; die Wahl einer Teilklage zu solchen Zwecken ist daher nicht rechtsmissbräuchlich (ZR *1984* Nr. 104). 43

4. Doppelseitige Klage

Die doppelseitige Klage wird auch *actio duplex* genannt. Doppelseitige Klagen sind jene, bei welchen nach der Natur des streitigen Rechtsverhältnisses auch die beklagte Partei *Anträge auf Zusprechung ihres Anteils* stellen kann, ohne Widerklage zu erheben (z.B. güterrechtliche Auseinandersetzung im Scheidungsprozess [BGE *95* II 67], Erbteilungsklage). 44

5. Widerklage

5.1 Begriff

Widerklage ist die im Prozess des Klägers vom Beklagten gegen den Kläger erhobene Klage. 45

«Die Widerklage ist selbstständige Klage im Rahmen eines anderen Prozesses ... Sie ist weder Angriffs- noch Verteidigungsmittel, sondern Klage wie die Vorklage, ein gegen den Angriff geführter Gegenangriff, mit welchem die Beklagtenseite ein selbstständiges Ziel verfolgt, indem sie einen von der Vorklage nicht erfassten, unabhängigen Anspruch ins Recht legt ...» BGE *123* III 47.

Die Widerklage kann auch nur *eventuell* erhoben werden, für den Fall der Gutheissung der Hauptklage. 46

Die Wider-Widerklage ist untersagt (Art. 224 Abs. 3 Satz 2). 47

5.2 Voraussetzungen

5.2.1 Gleiche Zuständigkeit

Massgeblich ist regelmässig der höhere Streitwert (Art. 94 Abs. 1) von Haupt- oder Widerklage (ausnahmsweise erfolgt Zusammen- 48 rechnung, Art. 94 Abs. 2). Wird durch die Erhebung der Widerklage ein anderes ordentliches Gericht zuständig (z.B. Einzelrichter – Kollegialgericht), so hat eine *Überweisung* zu erfolgen (Art. 224 Abs. 2).

5.2.2 Gleiche Verfahrensart

49 *Klage und Widerklage* müssen als selbständige Klagen *im gleichen Verfahren* abgehandelt werden, nämlich entweder im ordentlichen oder vereinfachten Verfahren (vgl. Art. 224 Abs. 1 ZPO).

5.2.3 Konnexität

50 Die *örtliche Zuständigkeit* gilt auch für die Widerklage, wenn ein sachlicher *Zusammenhang zwischen Haupt- und Widerklage* besteht (Art. 14 Abs. 1). Diese Regel gilt logischerweise nur, wenn für die Widerklage *nicht* die gleiche örtliche Zuständigkeit wie für die Hauptklage besteht. Gilt die gleiche örtliche Zuständigkeit für beide Klagen, ist Konnexität nicht erforderlich.

51 *Konnexität* – Art. 14 Abs. 1 ZPO und Art. 8 IPRG sprechen von «sachlichem Zusammenhang» – ist gegeben (BGE *71* I 346), wenn die Ansprüche

- entweder aus dem gleichen Rechtsgeschäft oder Sachverhalt abgeleitet werden
- oder wenn sie sich auf verschiedene Sachverhalte stützen, aber eine enge rechtliche Beziehung zueinander haben (z.B. Arrestprosequierungsklage und Schadenersatzklage aus ungerechtfertigtem Arrest).

52 Blosse Verrechenbarkeit genügt nicht (BGE *129* III 230).

53 Art. 6 Ziff. 3 LugÜ II verlangt im Gegensatz zu Art. 8 IPRG, dass sich die Widerklage auf denselben Vertrag oder Sachverhalt stützt wie die Klage selbst (BGE *130* III 607).

5.2.4 Rechtshängigkeit der Hauptklage

54 Die Widerklage kann nur rechtshängig werden, wenn die Hauptklage rechtshängig ist (BGE *87* I 130).

55 Fehlt es an einer *Prozessvoraussetzung* für die Hauptklage, so ist auch auf die Widerklage nicht einzutreten. Das ergibt sich e contrario aus Art. 14 Abs. 2.

5.2.5 Rechtzeitige Erhebung der Widerklage

Widerklage kann in der *Klageantwort* erhoben werden (Art. 224 Abs. 1 ZPO). Ist die Frist zur Klageantwort abgelaufen, wird auf die Widerklage nicht mehr eingetreten. Die beklagte Partei kann nur noch von Anfang an eine selbständige Klage einreichen. 56

5.3 Wirkungen der Widerklage

Die Rechtshängigkeit der Widerklage wird durch Rückzug oder Anerkennung der Hauptklage nicht berührt. 57

Grundsätzlich ist über Klage und Widerklage im gleichen Verfahren zu entscheiden (Art. 224 Abs. 2). Die *Trennung* von Haupt- und Widerklage ist aber zulässig. In diesem Fall ist bei verrechenbaren Ansprüchen die Vollstreckbarkeit des zuerst gefällten Urteils aufzuschieben oder es sind andere Vorbehalte anzubringen. 58

Vgl. auch W. FELLMANN/ST. WEBER (Hrsg.), Unbezifferte Forderungsklage, Teilklage, Streitverkündungsklage, Beweis und Sammelklage im Lichte der Schweizerischen Zivilprozessordnung, Zürich 2010.

§ 31 Streitwert

1. Begriff und Wesen

Streitwert (Art. 91 ff.) ist bei *Leistungsklagen* der objektive Wert der eingeklagten Leistung, bei *Unterlassungsklagen* der Wert, den die verlangte Unterlassung für den Kläger hat. Bei *Feststellungsklagen* ist der Wert des Rechts oder Rechtsverhältnisses massgeblich, das oder dessen Nichtbestand festgestellt werden soll. Bei *Gestaltungsklagen* ist auf den aus der Rechtsgestaltung für den Kläger erwachsenden Vermögensvorteil abzustellen. Der Streitwert reduziert sich um allfällige Teilanerkennungen und Klagereduktionen. 59

2. Bedeutung

Der Streitwert ist in erster Linie für die durch das kantonale Recht zu regelnde *sachliche und funktionelle Zuständigkeit* von Bedeutung (Art. 4 Abs. 1 und 2). Sodann ist er für die Bestimmung der *Prozesskosten*, d.h. der 60

Gerichtskosten und der Parteientschädigung, massgeblich (Art. 95 ff.; die Kantone haben Tarife dafür festzulegen, Art. 96).

61 Ausserdem bestimmt der Streitwert in vermögensrechtlichen Angelegenheiten die *Rechtsmittelfähigkeit* von Entscheiden (kantonalrechtliche Berufung, Art. 308 Abs. 2 = CHF 10 000.–; Einheitsbeschwerde ans Bundesgericht, Art. 74 Abs. 1 BGG = CHF 30 000.–, in arbeits- und mietrechtlichen Fällen = CHF 15 000.–).

3. Bemessung

3.1 Grundsatz

62 Der Streitwert bemisst sich nach dem *Rechtsbegehren* der klagenden Partei (Art. 91 Abs. 1 Satz 1). *Nebenansprüche* wie Zinsen, Früchte, Kosten werden *nicht* berücksichtigt (Art. 91 Abs. 1 Satz 2).

3.2 Besondere Fälle

63 Bei *mehreren Rechtsbegehren* sind die Streitwerte zu addieren, soweit die Begehren sich nicht ausschliessen. Die Streitwerte von *Klage und Widerklage* werden nicht zusammengezählt. Massgeblich ist der Wert der *höheren* Klageforderung (Art. 94).

64 Bei *periodischen Leistungen* gilt der Kapitalwert als Streitwert (Art. 92 Abs. 1). Bei ungewisser oder unbeschränkter Dauer gilt als Kapitalwert der 20-fache Betrag der einjährigen Leistung (Art. 92 Abs. 2).

65 Bei anderen vermögensrechtlichen Streitgegenständen als Geldforderungen ist der Streitwert zu *schätzen*. Ausgangspunkt ist eine übereinstimmende *Angabe der Parteien,* evtl. der höhere Wert. Die Angaben unterliegen der Überprüfung nach *freiem richterlichem Ermessen* (Art. 91 Abs. 2 ZPO).

66 Im *positiven Kollokationsprozess* (Art. 250 Abs. 1 SchKG) ist der Streitwert dem Prozessgewinn gleichzusetzen, welcher dem Kläger beim Obsiegen anfallen kann, d.h. der mutmasslichen Konkursdividende. Im *negativen Kollokationsprozess* (Art. 250 Abs. 2 SchKG) bemisst sich der Streitwert hingegen nach dem Prozessgewinn, welcher dem Kläger *und* der Masse beim Obsiegen anfallen kann (BGE *131* III 451, 453).

7. Kapitel: *Streitgegenstand, Klage, Entscheid*

§ 32 Streitgegenstand

1. Begriff und Bedeutung

1 Der Streitgegenstand ist ein zentraler Begriff im Zivilprozess. Klar zu unterscheiden ist der Streitgegenstand von der Streitsache (Prozess) oder dem Streitobjekt (das Objekt, um das sich der Streit dreht, z.B. die mangelhafte Kaufsache). Der Streitgegenstand ist ein *dogmatischer Begriff,* welcher der *Individualisierung der Klage* dient. Er bestimmt, was Inhalt der Klage, des Prozesses und des Urteils bildet. Der Streitgegenstand lässt sich umschreiben durch das *Rechtsbegehren* der klagenden Partei und den diesem zugrunde liegenden *Lebenssachverhalt.*

2 Nach dem Streitgegenstand entscheiden sich die *Verfahrensart* und allenfalls auch die sachliche und funktionelle *Zuständigkeit* des Gerichts. Der Streitgegenstand, insbesondere das Rechtsbegehren, ist auch für die Bemessung des Streitwerts massgebend (Art. 91, 6 N 65 ff.).

Beispiele: Die Klage auf Ehescheidung (Art. 114 ZGB) ist ein Streitgegenstand, der im Scheidungsverfahren (Art. 274 ff.) behandelt wird.

Für handelsrechtliche Streitgegenstände können die Kantone die Zuständigkeit eines Handelsgerichts vorsehen (Art. 6).

3 Der Begriff des Streitgegenstands ist entscheidend für die Beurteilung der Frage, ob eine *zweite Klage* mit einer bereits hängigen oder rechtskräftig beurteilten *identisch* ist und daher der zweiten Klage ein von Amtes wegen zu beachtendes Prozesshindernis entgegensteht (Art. 59; N 121, 124, 194).

4 *Beispiele:*

- (1) K klagt gegen B auf Rückgabe der von ihm beanspruchten Modelleisenbahn. B klagt später gegen K auf Feststellung, dass die Modelleisenbahn ihr zustehe.
- (2) K klagt gegen B auf Bezahlung von CHF 50 000.–. B klagt später gegen K auf Feststellung, dass sie ihm nichts schulde.

(In beiden Fällen ist der Streitgegenstand der zweiten Klage identisch; s. N 21 ff.)

5 Aufgrund des Streitgegenstands beurteilt sich auch, ob eine *Klageänderung* vorliegt. Ist eine Klage rechtshängig, so ist die Änderung der Klage nur beschränkt und unter bestimmten Voraussetzungen noch möglich. Wird das Rechtsbegehren oder der zugrunde liegende Lebenssachverhalt im Laufe des Verfahrens verändert, so ändert die Klage damit ihre Identität (s. N 36 ff.).

6 *Beispiele:*

- (3) K klagt gegen B auf Rückgabe der von ihm beanspruchten Modelleisenbahn. Im Verlauf des Verfahrens ändert er sein Rechtsbegehren und verlangt stattdessen nun die Bezahlung von CHF 50 000.–.
- (4) K klagt gegen B auf Bezahlung von CHF 50 000.– aus Darlehen. Im Verlauf des Verfahrens ändert er seine Begründung und verlangt die Bezahlung von CHF 50 000.– nun als Schadenersatz wegen widerrechtlicher Rufschädigung.

(In beiden Fällen liegt eine Klageänderung vor. Ob diese zulässig ist, beurteilt sich nach Art. 227, 230, 317 Abs. 2 ZPO; s. N 38 ff.)

7 Die Umschreibung des Streitgegenstands war in der Lehre stets umstritten und ist auch heute noch nicht restlos geklärt.

2. Verschiedene Begriffsdefinitionen

2.1 Individualisierte und nichtindividualisierte Ansprüche

8 Verhältnismässig leicht fällt die Bestimmung des Streitgegenstands bei individualisierten Ansprüchen, d.h. wenn *im Rechtsbegehren* das *strittige Recht oder Rechtsverhältnis* genau bezeichnet wird. *Beispiele:* Klage auf Feststellung (oder Zusprechung) des Eigentums an einer bestimmten Sache oder Klage auf Feststellung des Bestehens oder Nichtbestehens eines Rechtsverhältnisses.

9 Klagt der Kläger dagegen auf Bezahlung einer bestimmten *Geldsumme,* so ergibt sich aus dem Rechtsbegehren nicht, welcher materiellrechtliche Anspruch der Klage zugrunde liegt und ob er ganz oder nur zum Teil geltend gemacht wird. Es muss daher auf die *Klagebegründung* zurückgegriffen werden. Darüber, ob und wie das zu geschehen habe, wurden zahlreiche Theorien entwickelt. Es können drei Hauptrichtungen unterschieden werden:

2.2 Lehrmeinungen

2.2.1 Materiellrechtliche Theorie

10 Der Streitgegenstand wird mit dem *materiellrechtlichen Anspruch* gleichgesetzt. Konkurrierende Ansprüche (aus Vertrag und unerlaubter Handlung oder aus Vertrag und ungerechtfertigter Bereicherung) stellen demnach verschiedene Streitgegenstände dar.

11 Auf dem Boden dieser Theorie würde die Anrufung eines *anderen Rechtsgrundes* für denselben Anspruch eine *Klageänderung* darstellen. Diese Theorie steht deshalb im Widerspruch zur Maxime der richterlichen

Rechtsanwendung (iura novit curia), wonach das Gericht nicht auf die materiellrechtliche Begründung der klagenden Partei festgelegt ist.

Soweit das Bundesgericht bei getrennter Einklagung konkurrierender Ansprüche die Identität verneint (BGE *98* II 158), entspricht seine Praxis dieser Theorie. Ratio dieser Praxis ist aber ein möglichst umfassender Rechtsschutz. Diese Theorie ist heute überholt. 12

2.2.2 Prozessrechtliche Theorien

2.2.2.1 Eingliedriger Streitgegenstandsbegriff

Nach der *früheren Lehre* definierte sich der Streitgegenstand allein nach dem *Rechtsbegehren* (WALDER/GROB, § 26 N 63 ff.). Nur wenn dieses für eine Individualisierung der Klage nicht ausreichte, wurde «zur Auslegung» bzw. «zur Individualisierung» des Rechtsbegehrens der zugrunde liegende Sachverhalt («Klagegrund») miteinbezogen (GULDENER, 197 ff.). Bei Klagen auf Geldzahlung muss daher anhand der Begründung bestimmt werden, ob eine oder mehrere Leistungen (z.B. Schadenersatz und Genugtuung) Streitgegenstand sind oder ob von einem bestimmten Anspruch nur ein Teil geltend gemacht wird. 13

Beim eingliedrigen Streitgegenstandsbegriff besteht die Gefahr, dass der Kläger aufgrund seines Antrags mit konkurrierenden Ansprüchen ausgeschlossen wird, für welche er die notwendigen Tatsachenbehauptungen nicht aufgestellt hat. Nach der *Dispositionsmaxime* steht es ihm jedoch frei, von mehreren konkurrierenden Ansprüchen nur einen einzuklagen und nach der *Verhandlungsmaxime* nur die für diesen wesentlichen Tatsachen zu behaupten. 14

2.2.2.2 Zweigliedriger Streitgegenstandsbegriff

Die heute herrschende Lehre und Praxis geht von einem zweigliedrigen Streitgegenstandsbegriff aus (HABSCHEID, N 392; STAEHELIN/STAEHELIN/GROLIMUND, § 12 N 11, § 24 N 16 f.; DOLGE, 99 f.; BGE *125* III 241, 242 E. 1; *123* III 16, 18 f. E. 2a; *121* III 474, 477 E. 4a; *97* II 390, 396 E. 4; ZR *1981* Nr. 34 E. V.1; BGer 4C.263/2005, E. 2.1). Demnach wird der Streitgegenstand durch das *Rechtsbegehren in Verbindung mit dem behaupteten Lebenssachverhalt* bzw. Lebensvorgang bestimmt. Identität des Streitgegenstands liegt vor, wenn aus demselben Lebensvorgang dasselbe Rechtsbegehren oder ein Teil davon geltend gemacht wird. 15

Der Nachteil dieser Auffassung liegt in der mangelnden Bestimmtheit des Begriffes des «Lebenssachverhalts» oder «Lebensvorgangs». Es sind unter- 16 schiedliche Lösungen denkbar, je nach dem, wie weit dieser Begriff gefasst wird.

17 Dies ist zugleich aber auch ein Vorteil. Unter dem leitenden Gesichtspunkt des Rechtsschutzinteresses kann den besonderen Umständen des Einzelfalls auf der Grundlage dieser Auffassung am besten Rechnung getragen werden. Die Auffassung vom zweigliedrigen Streitgegenstandsbegriff ist in der schweizerischen Lehre und Rechtsprechung heute herrschend. Das Bundesgericht hat sich bisher noch nicht definitiv für eine Streitgegenstandstheorie entschieden.

3. Identität der Klage

3.1 Identitätsbegriff

18 Eine Klage ist mit einer anderen identisch, wenn die *Parteien* und der *Streitgegenstand* identisch sind.

3.2 Identität der Parteien

19 Identität ist gegeben, wenn die *gleichen Parteien* oder ihre *Rechtsnachfolger* – gleichgültig in welcher Parteirollenverteilung – einander gegenüberstehen. Für Rechtsnachfolger liegt Identität vor, wenn sie nach materiellem Recht durch Universal- oder Singularsukzession in die Rechts- bzw. Pflichtenstellung der ursprünglichen Partei eingetreten sind.

20 *Beispiel:* Keine Parteienidentität liegt vor, wenn bei zwei Klagen auf Leistung eines Beitrages an Havarieschäden im einen Verfahren der Versicherer des gesunkenen Schiffes gegen den Eigentümer der Ladung und dessen Versicherer klagt und im anderen Verfahren der Eigentümer der Ladung und dessen Versicherer gegen den Eigentümer des Schiffes und dessen Charterer klagen, es sei denn, die Interessen des Schiffsversicherers einerseits und die seiner Versicherungsnehmer (Eigentümer und Charterer) anderseits seien identisch und voneinander untrennbar (EuGH, 19.5.1998, i.S. Drouot/CMI, Slg. 1998-5, 3075 ff., zu Art. 21 EuGVÜ).

3.3 Identität des Streitgegenstands

21 Je nach Umschreibung des Streitgegenstands kann sich die Frage nach der Identität zweier Klagen unterschiedlich beurteilen (N 8 ff.).

Bei individualisierten Ansprüchen ändert es an der Klageidentität nichts, ob das Recht aus diesem oder jenem Rechtsgrund abgeleitet wird und inwieweit der Lebenssachverhalt einbezogen wird.

Bei nicht individualisierten Ansprüchen und einem eingliedrigen Streitgegenstandsbegriff besteht die Gefahr, dass die klagende Partei mit konkurrierenden Ansprüchen, für welche sie die notwendigen Tatsachenbehauptungen nicht aufgestellt hat, später ausgeschlossen ist. 22

Bei Anwendung des herrschenden zweigliedrigen Streitgegenstandsbegriffs liegt Identität des Streitgegenstands nur vor, wenn aus *demselben Lebenssachverhalt dasselbe Rechtsbegehren oder ein Teil davon* erneut geltend gemacht wird. 23

Klageidentität besteht insbesondere zwischen einer *negativen Feststellungsklage* und einer späteren *Leistungsklage* mit denselben Parteien (BGE *123* III 414, 422 E. 5 zu Art. 21 LugÜ; BGE *128* III 284 E. 3 zu Art. 35 GestG; anders noch BGE *105* II 229; s. N 123). 24

3.4 Auslegung von Rechtsbegehren und Urteil

Zum Entscheid der Identitätsfrage sind die fraglichen *Rechtsbegehren* objektiv «nach allgemeinen Grundsätzen unter Berücksichtigung von Treu und Glauben» auszulegen (BGE *105* II 149, 152 E. 2a). 25

Das *Urteilsdispositiv* des früheren Urteils, welches die abgeurteilte Sache begründen soll, ist unter Heranziehung der Urteilserwägungen auszulegen (BGE *121* III 474, 478 E. 4a; *101* II 378 f.; s. N 199). 26

3.5 Bundesgerichtliche Rechtsprechung

Das Bundesgericht folgt nicht einer eng umschriebenen Identitätstheorie (BGE *97* II 390, 396 E. 4): 27

> «Nach seiner Rechtsprechung ist der eingeklagte Anspruch mit einem früher beurteilten dann identisch, wenn die Parteien des Vorprozesses dem Richter *den gleichen Anspruch aus gleichem Entstehungsgrund* erneut zur Beurteilung unterbreiten. Der blosse Wortlaut der *Rechtsbegehren* ist nicht entscheidend. Massgebend ist vielmehr, ob auch dieselben *Tatsachen* und rechtlich erheblichen Umstände, mit denen der Kläger den Anspruch begründet, schon im Vorprozess zum Klagegrund gehörten.»

Neuere Umschreibungen lauten: Eine abgeurteilte Sache liegt vor, «falls der Anspruch dem Richter aus *demselben Rechtsgrund* und gestützt auf *denselben Sachverhalt* erneut zur Beurteilung unterbreitet wird» (BGE *121* III 474, 477 E. 4a; *123* III 16, 18 E. 2a; *125* III 241, 242 E. 1; BGer 4C. 314/2004 E. 1.3). 28

Im Einzelnen:

«Der Begriff der Anspruchsidentität ist nicht grammatikalisch, sondern inhaltlich zu verstehen. Er wird durch die Rechtsbehauptungen bestimmt, die von den im abgeschlossenen Verfahren gestellten und beurteilten Begehren erfasst werden. Der neue Anspruch ist deshalb trotz abweichender Umschreibung vom beurteilten nicht verschieden, wenn er in diesem bereits enthalten war, wenn im neuen Verfahren bloss das kontradiktorische Gegenteil zur Beurteilung gestellt wird oder wenn die im ersten Prozess beurteilte Hauptfrage für Vorfragen des zweiten Prozesses von präjudizieller Bedeutung ist. Anderseits sind Rechtsbehauptungen trotz gleichen Wortlauts dann nicht identisch, wenn sie nicht auf dem gleichen Entstehungsgrund, d.h. auf denselben Tatsachen und rechtlichen Umständen beruhen.» (BGE *123* III 16, 19 E. 2a)

29 *Keine Klageidentität* liegt vor bei:

- *abweichendem Rechtsbegehren:* Die auf Eigentum gerichtete Widerspruchsklage ist mit der auf ein blosses Pfandrecht gerichteten nicht identisch (BGE *84* I 221, 225 oben). Die blosse *Einschränkung* des Rechtsbegehrens ändert dagegen an der Identität nichts. Die Klage auf Feststellung der Unverbindlichkeit eine Vertrages ist mit der auf Ungültigkeit des Vertrages ex tunc gerichteten nicht identisch (BGE *97* III 390, 396 f. E. 4).
- 30 *veränderten Tatsachen:* Sind seit dem früheren Urteil neue Tatsachen eingetreten und wird aufgrund dieser neu geklagt (z.B. Eintritt der Fälligkeit), so liegt keine Identität vor (BGE *116* II 738, 743 E. 2a, *112* II 268, 272 E. I/1b, *105* II 268, 270 E. 2; *97* II 390, 397 E. 4; BGer 4C.314/2004 E. 1.5).
- 31 *Geltendmachen eines anderen Rechtsgrunds:* Werden konkurrierende Ansprüche getrennt gerichtlich geltend gemacht, liegt keine Identität vor (BGE *98* II 158). Dabei ist massgebend, worauf die ansprechende Partei ihr Begehren stützt. Keine Identität besteht, wenn im ersten Prozess die Vertragserfüllung noch nicht Prozessgegenstand war (BGE *123* III 16, 20 E. 2c).

3.6 Identität im internationalen Verhältnis

32 Ob eine Klage mit einer anderen identisch ist, beurteilt jedes Gericht nach seiner lex fori. Im europäischen Verhältnis stellt *Art. 27 LugÜ II* (zwischen EU- und EFTA-Staaten) und *Art. 27 EuGVO* (unter EU-Mitgliedstaaten) eine einheitliche Beurteilung der Identität sicher.

33 Der EuGH legte den Identitätsbegriff von Art. 21 EuGVÜ («Klagen wegen desselben Anspruchs zwischen denselben Parteien»), des Vorgängerabkommens der EuGVO, *vertragsautonom* aus. Als massgebenden Gesichtspunkt erachtete er dabei, dass Art. 21 EuGVÜ die spätere Nichtanerkennung des Entscheids wegen Unvereinbarkeit mit einem früheren Entscheid aus

dem Anerkennungsstaat oder aus einem Nichtvertragsstaat verhindern wolle (Art. 27 Ziff. 3 und 5 EuGVÜ; vgl. heute Art. 34 Ziff. 3 und 4 EuGVO bzw. LugÜ II). Identität liegt deshalb zwischen einer Klage auf *Feststellung der Unwirksamkeit* bzw. Auflösung eines Vertrags und einer Klage auf *Erfüllung desselben Vertrags* vor, denn Kernpunkt beider Klagen ist die Wirksamkeit des Vertrages (EuGH, 8.12.1987, Gubisch/Palumbo, Slg. 1987-11, 4877; KROPHOLLER, Art. 27 N 7). Identität besteht auch zwischen einer Klage auf Verurteilung zur Zahlung von *Schadenersatz* und der *negativen Feststellungsklage* bezüglich dieser Schadenshaftung (EuGH, 6.12.1994, Tatry/Maciej Rataj, Slg. 1994-11/12, 5481).

Das *Bundesgericht* folgte dieser Rechtsprechung bei der Anwendung von 34
Art. 21 LugÜ (BGE *123* III 422 f.). Sinngemäss gilt dies auch für den entsprechenden Art. 27 LugÜ II.

Im allgemein internationalen Verhältnis ist vor schweizerischen Gerich- 35
ten zur Beurteilung der Klageidentität *Art. 9 IPRG* massgebend (s. N 136 f.).

4. Klageänderung

4.1 Begriff und Bedeutung

Eine Klageänderung liegt vor, wenn der Streitgegenstand im Lau- 36
fe des hängigen Verfahrens geändert wird. Ausgehend vom zweigliedrigen Streitgegenstandsbegriff bedeutet das, dass entweder das Rechtsbegehren geändert und/oder ein anderer Lebensvorgang geltend gemacht wird. Eine Klageänderung ist dabei immer nur möglich, wenn der geänderte und der neue Anspruch im gleichen Verfahren zu beurteilen sind.

Die Klageänderung bedeutet eine Erschwerung für die beklagte Partei 37
und das Gericht, indem sie sich mit einem neuen Sachverhalt und neuen rechtlichen Begründungen befassen müssen, doch kann damit unter Umständen ein zusätzlicher Prozess vermieden werden.

4.2 Zeitpunkt der Fixierung des Streitgegenstands

Der Streitgegenstand wird nicht bereits mit der Rechtshängigkeit, 38
sondern erst mit der *Klageschrift* (bei der Widerklage mit der Klageantwort) fixiert.

39 Nach diesem Zeitpunkt ist eine Klageänderung nur noch unter erschwerten Voraussetzungen möglich (Art. 227), nämlich wenn:
- der geänderte Anspruch mit dem bisherigen in einem *sachlichen Zusammenhang* steht oder
- wenn die Gegenpartei *zustimmt.*

40 Für eine Klageänderung an der *Hauptverhandlung* ist zusätzlich erforderlich, dass sie auf *neuen Tatsachen und Beweismitteln* beruht (Art. 230; s. N 89). Dieselben Anforderungen werden an eine auch im *Berufungsverfahren* noch grundsätzlich zulässige Klageänderung gestellt (Art. 317 Abs. 2).

4.3 Änderung des Rechtsbegehrens

41 Relativ einfach festzustellen ist eine Änderung des Rechtsbegehrens, d.h. der Anträge. Auch das Nachbringen von *Nebenforderungen,* wie Zinsen, Früchten, Kosten und Parteientschädigungen, stellt eine Klageänderung dar (vgl. Bsp. 1).

42 Nicht jede Änderung des Rechtsbegehrens ist jedoch bereits eine Klageänderung. Bloss untergeordnete Änderungen, *Berichtigungen und Verdeutlichungen* der Anträge gelten nicht als Klageänderung. Solche Änderungen sind bis zu den Schlussvorträgen in der Hauptverhandlung immer zulässig.

43 Ebenfalls *keine Klageänderung* ist eine Reduktion des Rechtsbegehrens (vgl. Art. 227 Abs. 3). Es liegt ein teilweiser Klagerückzug vor (vgl. Bsp. 2).

44 *Beispiele:* Der Kläger beantragt in der Klageschrift «Der Beklagte sei zu verpflichten, dem Kläger CHF 30 000.– zu bezahlen.»
- (1) Im zweiten Schriftenwechsel ergänzt er seinen Antrag wie folgt: «Der Beklagte sei zu verpflichten, dem Kläger CHF 30 000.– zu bezahlen, zuzüglich 5% Zins seit 30. September 2010. Unter Kosten- und Entschädigungsfolgen zu Lasten des Beklagten.»
- (2) Im zweiten Schriftenwechsel reduziert er seinen Antrag auf CHF 20 000.–.

4.4 Änderung des Lebenssachverhalts

45 Schwieriger zu beurteilen ist, ob bei gleich bleibendem Rechtsbegehren nur eine Verdeutlichung und Ergänzung des bisherigen Lebenssachverhalts in all seinen Facetten stattfindet oder ein neuer Lebenssachverhalt eingeführt wird. Wenn sich die Gegenpartei allerdings nicht auf eine unzulässige Klageänderung beruft, kann *Zustimmung* zur Änderung angenommen werden. Eine ausdrückliche Zustimmung ist nicht erforderlich (vgl. Art. 227 Abs. 1 lit. b). Im Zweifelsfall hat das Gericht durch Ausübung der richterlichen Fragepflicht (Art. 56) Klarheit zu schaffen.

Dagegen ist bei einer Klageänderung in der *Hauptverhandlung* oder im *Berufungsverfahren* von Amtes wegen abzuklären, ob sie auf neuen Tatsachen oder Beweismitteln beruht, ansonsten sie unzulässig ist (vgl. Art. 230, 317 Abs. 2; s. N 89). 46

Beispiel: Der Kläger beantragt in der Klageschrift: «Der Beklagte sei zu verpflichten, dem Kläger CHF 30 000.– zu bezahlen.» Er begründet dies mit seiner vertraglichen Kaufpreisforderung. 47

Im zweiten Schriftenwechsel hält er zwar an seinen bisherigen Ausführungen fest, macht nun aber im Wesentlichen geltend, der Beklagte habe seinen Ruf als Geschäftsmann widerrechtlich geschädigt, weshalb ihm ein Anspruch auf Schadenersatz (gestützt auf Art. 9 Abs. 3 UWG) zustehe. U.E. liegt eine Klageänderung vor. Wenn die Gegenpartei der Ausweitung nicht zustimmt, kann sich das Gericht auf die Beurteilung der Kaufpreisforderung beschränken.

§ 33 Klage

1. Begriff und Bedeutung

Die Klage ist das *Gesuch um Gewährung von Rechtsschutz* durch gerichtliche Entscheidung. Der Begriff der «Klage» wird z.T. auch für die *Form,* in welcher Klage erhoben wird, d.h. für die *Klageschrift,* verwendet (s. Art. 221). 48

Notwendiger *Inhalt* der Klage ist die genaue Bezeichnung der Person, welche Rechtsschutz verlangt *(klagende Partei),* gegen welche Rechtsschutz verlangt wird *(beklagte Partei)* und des Streitgegenstands *(Rechtsbegehren und Begründung in tatsächlicher Hinsicht).* Aus der Klage muss sich mithin ergeben, wer von wem was gestützt auf welche Tatsachen verlangt. 49

Die Einreichung der Klage *bewirkt* deren *Rechtshängigkeit* (Art. 62 Abs. 1; N 111). 50

2. Form und Inhalt der Klage

2.1 Allgemeines

Die Klage ist grundsätzlich in *Schriftform* einzureichen (Art. 221). Das Schlichtungsgesuch sowie die Klage im vereinfachten Verfahren können jedoch auch mündlich bei der zuständigen Behörde angebracht werden. Die Behörde hat die rechtsuchende Person anzuhören und die Klage zu Protokoll zu nehmen (Art. 202, 244). 51

52 Zu den *formellen Anforderungen* der Klage gehören (s. Art. 202, 221, 244):

- *Bezeichnung der Parteien* sowie ihrer Vertreter bzw. Rechtsbeistände,
- *Rechtsbegehren* und – soweit sich dies nicht bereits aus dem Rechtsbegehren ergibt – die *Angabe des Streitwerts* zur Bestimmung der funktionellen Zuständigkeit des Gerichts und des Kostenvorschusses (vgl. Art. 98),
- *Begründung der Klage,* d.h. Darstellung des Lebensvorgangs, aus dem sich der eingeklagte Anspruch ableitet,
- *Bezeichnung der Beweismittel* zu den behaupteten Tatsachen, wobei Urkunden, die sich in den Händen der klagenden Partei befinden, *beizulegen* sind,
- Datum und Unterschrift
- sowie allenfalls weitere Urkunden als Beilagen (Vollmacht, Klagebewilligung, Beweismittel).

53 Die Anforderungen an eine *Klageanmeldung* im Schlichtungsverfahren und im vereinfachten Verfahren sind insofern geringer, als eine *Begründung nicht unbedingt nötig,* aber möglich ist (Art. 202, 244). Zur *Identifizierung* der Klage ist jedoch die Bezifferung des Rechtsbegehrens und die zumindest stichwortartige Bezeichnung des Streitgegenstands erforderlich (Art. 202 Abs. 2, 244 Abs. 1). In der Klageschrift muss die Klage aber in tatsächlicher Hinsicht substanziert begründet werden (Art. 221 Abs. 1 lit. d, 245 Abs. 2). *Rechtliche Ausführungen* sind hingegen *fakultativ* (Art. 221 Abs. 3).

54 Erfüllt die Klageanmeldung oder die Klageschrift die formellen Anforderungen des jeweiligen Verfahrens nicht (Art. 202, 221, 244), so ist eine kurze Nachfrist zur *Verbesserung* anzusetzen (Art. 132 Abs. 1).

2.2 Rechtsbegehren

2.2.1 Bedeutung und Formulierung

55 Mit dem Rechtsbegehren wird (nach der Dispositionsmaxime) der *Streitgegenstand bestimmt* (s. N 8 ff.; HABSCHEID, 380).

56 Das Rechtsbegehren soll so formuliert werden, dass es *bei Gutheissung* der Klage *zum Urteil erhoben* werden kann. Regelmässig wird es in Form eines *Antrags* gefasst. Das (teilweise) gutheissende Urteil ist dann die *Antwort* auf das Rechtsbegehren.

57 *Beispiel: Rechtsbegehren:* «Die Beklagte sei zu verpflichten/verurteilen, dem Kläger CHF 50 000.– zuzüglich 5% Zins seit 8. Juli 2010 zu bezahlen.».

Gutheissendes Urteilsdispositiv: «Die Beklagte wird verpflichtet/verurteilt, dem Kläger CHF 50 000.– zuzüglich 5% Zins seit 8. Juli 2010 zu bezahlen.»

2.2.2 Bestimmtheit des Rechtsbegehrens

2.2.2.1 Grundsatz

Das Rechtsbegehren muss so *bestimmt* sein, dass es bei Gutheissung der Klage zum richterlichen Urteil erhoben werden kann. Bei Klagen auf Geldzahlung muss es *beziffert* sein. 58

Dieses Erfordernis beruht auf verschiedenen *Gründen:* 59

- auf der *Dispositionsmaxime* (Art. 58): Die klagende Partei hat den Streitgegenstand zu bestimmen und das Gericht darf ihr nicht mehr zusprechen, als sie verlangt hat; der Streitgegenstand der Klage ist deshalb genau zu umschreiben;
- auf dem Grundsatz des *rechtlichen Gehörs* (Art. 53): Die beklagte Partei muss genau erkennen können, was von ihr verlangt wird, um dazu erschöpfend Stellung nehmen zu können;
- auf dem Erfordernis, bei Schweigen der beklagten Partei im *Säumnisverfahren* über einen bestimmten und abschliessenden Klageanspruch entscheiden zu können;
- auf der Notwendigkeit, dass das *Vollstreckungsgericht* auf ein Urteilsdispositiv angewiesen ist, das den Vollstreckungsgegenstand klar und abschliessend umschreibt;
- und auf der *materiellen Rechtskraft,* welche verlangt, dass die Tragweite des Ersturteils genau bestimmt ist.

Bei Forderungsklagen muss deshalb ein *bestimmtes, beziffertes Rechtsbegehren* verlangt werden (vgl. Art. 221 Abs. 1 lit. c). Im Scheidungsprozess sind die Parteien auch hinsichtlich der vermögensrechtlichen Scheidungsfolgen, inkl. Güterrecht, zur detaillierten und bezifferten Antragsstellung verpflichtet. Im Erbteilungsprozess sind so detaillierte Zuweisungsanträge zu stellen, dass sie zum Urteil erhoben werden könnten. Unbestimmte oder unklare Rechtsbegehren sind zu verbessern (vgl. Art. 132, 221). 60

2.2.2.2 Ausnahmen

Der Grundsatz eines bestimmten und bezifferten Rechtsbegehrens darf nicht dazu führen, dass im Privatrecht begründete Ansprüche nicht durchgesetzt werden können. Deshalb sind *unbezifferte Forderungsklagen* zulässig, soweit die klagende Partei nicht in der Lage ist, die Höhe ihres Anspruchs anzugeben, oder wenn diese Angabe unzumutbar erscheint. *Unmöglichkeit oder Unzumutbarkeit der Bezifferung* ist aber nur ausnahmsweise anzunehmen (BGE *131* III 243, 245 f. E. 5.1; *121* III 249, 250 f. E. 2b; *116* II 215, 219 f. E. 4a). Blosse Schwierigkeiten bei der Bezifferung reichen nicht aus. Die klagende Partei ist gehalten, sich die zur Bezifferung der For- 61 derung notwendigen Angaben – allenfalls durch Auskunftsbegehren – zu verschaffen.

62 Eine *unbezifferte Forderungsklage* ist namentlich in folgenden Fällen *zulässig:*

- wo das Privatrecht sie ausdrücklich (z.B. Art. 73 Abs. 2 PatG) oder konkludent vorsieht (so nach BGE *121* III 249, 250 E. 2b bei der *Herabsetzungsklage,* wo der Erbe nur die Tatsache der Pflichtteilsverletzung, nicht aber deren Ausmass kennen muss, um klagen zu können);
- 63 wo der bereits eingetretene Schaden *nicht ziffernmässig nachweisbar* ist oder wo die Nachteile, die eine geschädigte Person voraussichtlich noch erleiden wird, noch nicht bestimmt voraussehbar sind (BGE *114* II 253, 256 E. 2a); in beiden Fällen hat das Gericht nach *Art. 42 Abs. 2 OR* den Schaden abzuschätzen, und ein beziffertes Rechtsbegehren ist nicht möglich; allerdings sind die Schätzungsgrundlagen genau darzulegen (BGE *122* III 219, 221 E. 3a; ZR *1990* Nr. 62 E. III.4.3); soweit möglich, ist zudem im Hinblick auf die Zuständigkeit und den Kostenvorschuss eine Grössenordnung des Streitwerts anzugeben;
- 64 wo erst das *Beweisverfahren* die Grundlage für die Bezifferung der Forderung abgibt (z.B. wo bei Klageeinleitung der Invaliditätsgrad noch nicht definitiv feststeht); hier muss die klagende Partei die Bezifferung nach Abschluss des Beweisverfahrens nachholen können;
- 65 wo die klagende Partei auf *Rechnungslegung* oder *Auskunfterteilung* durch die beklagte Partei angewiesen ist, um die Klage zu beziffern; das ist der Fall der *Stufenklage,* bei welcher ein Begehren um Rechnungslegung (als Hilfsanspruch) mit einer zunächst unbestimmten Forderungsklage auf Leistung des Geschuldeten (als Hauptanspruch) verbunden ist (BGE *123* III 140, 142 E. 2b; *116* II 219 f.; O. VOGEL, recht *1992* 58 ff.).

2.2.3 Bedingungsfeindlichkeit

66 Das *Rechtsbegehren* muss *unbedingt* sein. Rein vorsorgliche Klageerhebungen, welche vom Eintritt einer Bedingung abhängig gemacht werden, sind unzulässig. Eine *eventuelle* oder bedingte *Hauptklage* ist deshalb nicht möglich.

67 *Zulässig* sind dagegen *Eventualbegehren* neben dem Hauptbegehren (für den Fall von dessen Abweisung) und eine *eventuelle Widerklage* (für den Fall der Gutheissung der Hauptklage).

2.2.4 Auslegung

68 Wie alle Prozesshandlungen ist auch das Rechtsbegehren auszulegen. Massgebend ist dabei das Vertrauensprinzip. Beispielsweise kann ein

als Feststellungsklage formuliertes Begehren nach Auslegung eine Leistungsklage beinhalten (BGE *105* II 152 f.). Die *Klagebegründung* darf zur Auslegung des Rechtsbegehrens herangezogen werden.

2.3 Zulässigkeit der Klage

Damit die Klage zulässig ist, müssen die *Prozessvoraussetzungen* erfüllt sein. Fehlt eine Prozessvoraussetzung, wird auf die Klage nicht eingetreten (Art. 59). Ausführungen zur Zulässigkeit der Klage (Rechtsschutzinteresse, Zuständigkeit, Partei- und Prozessfähigkeit usw.) sind in der Klagebegründung v.a. dann vorzutragen, wenn die Prozessvoraussetzungen nicht offensichtlich gegeben sind. 69

Zu den Prozessvoraussetzungen gehört auch das *Rechtsschutzinteresse* (Art. 59 Abs. 2 lit. a). Voraussetzung der Klage ist ein *schutzwürdiges Interesse* an der Beurteilung des Rechtsbegehrens. Dem Rechtsschutzinteresse als Voraussetzung der Klage entspricht die *Beschwer* als Voraussetzung des Rechtsmittels. 70

Ob ein Rechtsschutzinteresse vorhanden ist, beurteilt sich nach dem Privatrecht. Es ist vorhanden, wenn die Durchsetzung des materiellen Rechts gerichtlichen Rechtsschutz nötig macht (BGE *122* III 279, 282 E. 3a; *124* III 72, 74 f. E. 2a; *129* III 499 ff.; *133* III 453, 455 f. E. 7). Es fehlt, wenn eine Klage über denselben Anspruch zwischen denselben Parteien bereits hängig (Litispendenz) oder beurteilt worden ist (res iudicata; s. N 121 ff., 194). Diese beiden Prozessvoraussetzungen (Art. 59 Abs. 2 lit. d und e) sind ein gesetzlich explizit geregelter Unterfall des viel umfassenderen Rechtsschutzinteresses (Art. 59 Abs. 2 lit. a; vgl. GULDENER, 221). 71

Bei *Leistungs-* und *Gestaltungsklagen* ergibt sich das Rechtsschutzinteresse aus dem geltend gemachten Anspruch. Es kann aber auch hier wegfallen, zum Beispiel: 72

- das Interesse an der Klage, wenn das Vertragsverhältnis zwischen den Parteien beendet ist (BGE *115* II 474);
- das Interesse am Gegendarstellungsanspruch durch zu langes Zuwarten mit dem Begehren an das Gericht (Art. 281 Abs. 1 ZGB; BGE *116* II 1).

Bei *Feststellungsklagen* muss das rechtliche Interesse an der Feststellung nachgewiesen werden (6 N 16 f.). Das gilt auch bei negativen Feststellungsklagen. Bei Feststellungsklagen nach Art. 85 und 85a SchKG bedarf es indessen keines besonderen Nachweises des Rechtsschutzinteresses. Es liegt in der Aufhebung oder Einstellung der laufenden Betreibung (BGE *129* III 197, 200 E. 2.5). 73

Das *Rechtsschutzinteresse* ist *Prozessvoraussetzung* und daher von Amtes wegen zu prüfen. Fehlt das Rechtsschutzinteresse, so ist auf die Klage nicht einzutreten (vgl. Art. 59 Abs. 1 und 2 lit. a; N 144; s. auch N 152). 74

2.4 Klagebegründung

75 Die Klageanmeldung bei der Schlichtungsbehörde und im vereinfachten Verfahren muss nicht, sie darf aber begründet sein (Art. 202 Abs. 2, 244 Abs. 2; N 53). Dagegen ist die Klage im ordentlichen Verfahren stets zu begründen (Art. 221 Abs. 1 lit. d).

76 Die Klagebegründung umfasst die *dem Rechtsbegehren zugrunde liegenden Tatsachen*. Die tatsächlichen Ausführungen gliedern sich in die Vorbringen zur Zulässigkeit und zur materiellen Begründung der Klage. Dabei hat die klagende Partei die rechtsbegründenden Tatsachen – bei negativen Feststellungsklagen die rechtshindernden bzw. rechtsvernichtenden Tatsachen – *substanziert* darzulegen (s. N 98 ff.). Die Tatsachen sind in übersichtlicher Darstellung vorzubringen. Der in der Klagebegründung vorgetragene Sachverhalt soll für das Gericht nachvollziehbar und verständlich sein und die Gegenpartei in die Lage versetzen, darauf zu antworten.

77 In der Klageschrift sind zudem die *Beweismittel* für die behaupteten Tatsachen bereits zu bezeichnen. *Urkunden,* die sich in den Händen der klagenden Partei befinden, sind *beizulegen* (Art. 221 Abs. 2 lit. c).

78 *Rechtliche Erörterungen* sind möglich, aber nicht notwendig (Art. 221 Abs. 3; vgl. Art. 57 «Iura novit curia»). Doch sind sie in rechtlich komplexen Fällen und bei der Anwendbarkeit ausländischen Rechts angezeigt. Die rechtlichen Ausführungen sind von den tatsächlichen Darlegungen klar zu trennen.

3. Klageantwort

3.1 Allgemeines

79 Die Klageantwort dient dem *rechtlichen Gehör* der beklagten Partei. Hinsichtlich der formellen Anforderungen gelten sinngemäss die Bestimmungen der Klage (Art. 222 Abs. 2).

3.2 Antwortbegehren

80 Das Rechtsbegehren der beklagten Partei wird als Antwortbegehren (Antwortanträge) bezeichnet. Es lautet auf *Nichteintreten* oder (teilweise) *Abweisung* der Klage, je nachdem ob die Zulässigkeit der Klage oder deren materielle Begründetheit bestritten wird. Die Klage kann auch ganz oder teilweise anerkannt werden. Für den Fall, dass der Hauptantrag nicht durchdringt, können zudem *Eventualanträge* gestellt werden.

Da Parteien und Streitgegenstand mit der Klage festgelegt werden (s. N 118, 126 ff.), kommt der Bezeichnung der Parteien in der Klageantwort sowie dem Antwortbegehren grundsätzlich *keine selbständige Bedeutung* zu. Die Antwortanträge zur Sache dienen der Verdeutlichung und raschen Orientierung über die Stellungnahme des Beklagten. Das Fehlen von Anträgen schadet der beklagten Partei aber grundsätzlich nicht. Massgebend für ihre Stellungnahme gegenüber der Klage sind ihre Vorbringen in der Antwortbegründung und ihr sich daraus ergebender Wille (vgl. N 68). 81

Dem *Antrag auf Parteientschädigung* kommt dagegen eigenständige Bedeutung zu (Art. 58 Abs. 1). Auch bei sog. *doppelseitigen Klagen* (z.B. Erbteilungsklage, güterrechtliche Auseinandersetzung, Scheidungsfolgen) und mit der *Widerklage* (Art. 224) kann die beklagte Partei *selbständige Anträge* stellen. 82

3.3 Antwortbegründung

Die Begründung der Klageantwort enthält die formelle und materielle *Verteidigung gegen die Klage*. Diese kann bestehen in der Bestreitung der in der Klage angeführten rechtsbegründenden Tatsachen, im Zugeständnis derselben unter anderer rechtlicher Würdigung, in der Behauptung rechtshindernder oder rechtsvernichtender Tatsachen sowie in der Anerkennung des klägerischen Anspruchs unter Erhebung von *Gegenansprüchen,* wie Retention oder Verrechnung. 83

Ihre Bestreitungen und Behauptungen hat die beklagte Partei zu *substanzieren*. Sie soll sich zu allen in der Klageschrift enthaltenen Anträgen und Behauptungen im Einzelnen äussern (Art. 221 Abs. 2). Das Ausmass der Substanzierung der Bestreitungen richtet sich nach dem Detaillierungsgrad der klägerischen Behauptungen. Ein generelles Bestreiten detaillierter Behauptungen genügt den Anforderungen an die Substanzierungspflicht nicht (N 104). Für eigene Behauptungen hat der Beklagte die *Beweismittel* anzugeben und, soweit möglich, einzureichen (Art. 222 Abs. 2 i.V.m. 221 Abs. 1 lit. e und Abs. 2 lit. c und d). 84

Bestehen Einreden in Bezug auf die Zulässigkeit der Klage, so kann die beklagte Partei die Klageantwort nicht auf diese prozessualen Vorfragen beschränken (sog. uneinlässliche Klageantwort). Nur das *Gericht* kann einstweilen die *Beschränkung der Klageantwort* auf einzelne (formelle oder materielle) Vor- und Teilfragen anordnen (Art. 222 Abs. 2 i.V.m. 125 lit. a). 85

Die Antwortbegründung soll eine übersichtliche Darstellung der Bestreitungen und Gegenbehauptungen enthalten. Üblicherweise folgt die Klageantwort der *Systematik der Klageschrift*. Verteidigungsgründe, deren Gutheissung das weitere Eingehen auf die Sache unnötig macht (wie Verjäh- 86 rung, Verwirkung, fehlende Sachlegitimation, mangelnde Fälligkeit u.Ä.) werden zweckmässigerweise häufig vorangestellt und die einlässliche Verteidigung nachfolgend behandelt.

4. Behaupten, Bestreiten, Substanzieren

4.1 Behauptungsphase

87 Die Behauptungsphase umfasst den Zeitraum, während dem die Parteien die *tatsächlichen Vorbringen* zur Sache dem Gericht schriftlich oder mündlich in den gesetzlich vorgesehenen Formen vorzutragen haben. Dieser umfasst üblicherweise den *Schriftenwechsel* (Klageschrift, Klageantwort; Art. 221 f.), einen allfälligen zweiten Schriftenwechsel (Art. 225) und die *Verhandlung,* an der noch tatsächliche Vorbringen uneingeschränkt zulässig sind. Dazu gehört die Instruktionsverhandlung (Art. 226) und ausnahmsweise auch der erste Teil der Hauptverhandlung (vgl. Art. 229 Abs. 2). An die Behauptungsphase schliesst sich, soweit die Sache noch nicht spruchreif ist, das Beweisverfahren an (s. 10. Kap.; vgl. 11 N 126).

88 Zum Umfang und Detaillierungsgrad der tatsächlichen Vorbringen auf Kläger- und Beklagtenseite sind Lehre und Rechtsprechung zur Behauptungs-, Bestreitungs- und Substanzierungslast massgebend (s. N 90 ff.).

89 Nach Ende des Behauptungsverfahrens sind neue tatsächliche Vorbringen und Beweismittel (sog. *Noven*) nur noch unter eingeschränkten Voraussetzungen und wenn sie *ohne Verzug* geltend gemacht werden, zulässig (Art. 229; vgl. auch Art. 317 Abs. 1). Unterschieden werden sog. echte und unechte Noven. *Echte Noven* sind neue Tatsachen und Beweismittel, die erst nach Ende der Behauptungsphase entstanden sind oder entdeckt werden konnten. *Unechte Noven* sind dagegen solche, die bereits vorher vorhanden waren, aber nicht erwähnt wurden. Sie werden echten Noven nur gleichgestellt, soweit sie *trotz zumutbarer Sorgfalt* nicht vorher vorgebracht werden konnten, was mit den Novenvorbringen darzulegen ist. Mit Tatsachen und Beweismitteln, die aus Unsorgfalt nicht rechtzeitig vorgebracht wurden, sind die Parteien – ausser in Verfahren mit Untersuchungsgrundsatz – ausgeschlossen (vgl. Art. 229, Art. 317 Abs. 1).

4.2 Behauptungslast

90 Die Behauptungslast regelt, welche Partei die rechtserheblichen Tatsachen im Prozess zu behaupten hat (sog. *subjektive Behauptungslast*) und welche Partei die nachteiligen Folgen zu tragen hat, wenn entschei-

dungsrelevante Tatsachen nicht Prozessinhalt geworden sind (*objektive Behauptungslast;* s. BRÖNNIMANN, 26 ff., 130 ff.).

Die *subjektive Behauptungslast* ist in Prozessen mit Verhandlungsmaxime den Parteien überbunden. Welche Partei welche Tatsachen behaupten muss, richtet sich nach dem (den Anspruch begründenden) materiellen Recht und den *Beweislastregeln,* insbesondere Art. 8 ZGB. Jede Partei trifft die Behauptungslast für diejenigen Tatsachen, von denen sie die Entstehung ihrer Rechte oder den Untergang ihrer Verpflichtungen ableitet. Die klagende Partei hat in der Regel die rechtsbegründenden Tatsachen, die beklagte Partei die rechtshindernden und rechtsvernichtenden Tatsachen darzulegen (GULDENER, 166). 91

In Verfahren mit *Untersuchungsmaxime* ist die subjektive Behauptungslast der Parteien hingegen insofern reduziert, als das Gericht von Amtes wegen auch Tatsachen zu berücksichtigen hat, die von keiner Partei behauptet worden sind (BRÖNNIMANN, 104 ff.). Die Nachteile unterlassenen Behauptens treffen die Parteien aber unabhängig von der Art der Sachverhaltsermittlung als objektive Behauptungslast auch im Verfahren mit Untersuchungsmaxime, d.h. Lücken im Sachverhalt gehen zu Lasten der behauptungsbelasteten Partei (BRÖNNIMANN, 106 oben, 112; GULDENER, 166). 92

Wurde eine rechtserhebliche Tatsache allerdings in den Prozess eingeführt, so ist es grundsätzlich gleichgültig, welche Partei sie vorgetragen hat. Wenn aber die bestreitende Partei diese Tatsache lediglich eingebracht hat, um sie zu bestreiten, gilt die Tatsache als nicht behauptet und findet keine Berücksichtigung (BRÖNNIMANN, 37 f.; GULDENER, 166 f.). 93

Nicht vorgebrachte Tatsachen stehen im Endentscheid nicht bewiesenen gleich. 94

4.3 Bestreitungslast

Die Verhandlungsmaxime gebietet dem Gericht, zugestandene oder nicht bestrittene Tatsachen dem Urteil zugrunde zu legen. Will eine Partei diese Folge vermeiden, muss sie die entsprechenden Vorbringen der Gegenpartei bestreiten. Sie trifft eine entsprechende Bestreitungslast. 95

Behauptete Tatsachen können entweder ausdrücklich bestritten werden oder sinngemäss durch die Abgabe einer eigenen, der Behauptung widersprechenden Sachdarstellung. Ob eine *nicht ausdrücklich bestrittene Tatsache* als zugestanden zu betrachten ist, beurteilt sich nach dem gesamten Verhalten der Partei im Prozess. Im Zweifel hat das Gericht von seiner Fragepflicht Gebrauch zu machen (Art. 56; vgl. BGE *105* II 143, 145 f. E. 6a/bb). 96

97 Im Geltungsbereich der *Untersuchungsmaxime* entfällt die Bestreitungslast. Denn das Gericht hat unabhängig von den Bestreitungen von Amtes wegen abzuklären, ob die klagebegründenden Tatsachen vorliegen.

4.4 Substanzierungslast

4.4.1 Allgemeines

98 In Lehre und Praxis werden die Begriffe Behauptungslast und Substanzierungslast in der Regel unterschieden (BRÖNNIMANN, 22 ff., 26 ff.). Die Begriffe weisen aber Überschneidungen auf. Während die *Behauptungslast* festlegt, *was* alles behauptet werden muss, um den behaupteten Sachverhalt unter die massgebenden Rechtsnormen subsumieren zu können, und die Folgen regelt, wenn rechtserhebliche Tatsachen nicht behauptet worden sind, bestimmt die *Substanzierungslast* nicht nur im Hinblick auf die anwendbaren Rechtsnormen, sondern auch auf die Bestreitungen der Gegenpartei, *wie detailliert* die rechtserheblichen Tatsachen vorzutragen sind (BGE *127* III 365, 368 E. 2b; *108* II 337, 339 f. E. 2; BRÖNNIMANN, 23 ff., 129 f., 148 ff.).

99 Die Substanzierungslast ist wie die Behauptungs- und die Beweislast keine Rechtspflicht, sondern eine *Obliegenheit,* d.h. eine prozessuale Last, deren Nichterfüllung für die betreffende Partei lediglich prozessuale Nachteile zur Folge haben kann (s. 9 N 58).

100 Auch wenn die Substanzierung vor allem für die Behauptungen von Bedeutung ist, kann sie unter Umständen auch bei Bestreitungen eine wichtige Rolle spielen (s. N 104 ff.; BGE *105* II 143, 145 f. E. 6a/bb).

4.4.2 Substanziertes Behaupten

101 Die Parteien haben ihre Behauptungen ausreichend zu *substanzieren,* d.h. so präzise und detailliert darzulegen, dass eine rechtliche Subsumtion möglich ist und über die rechtserheblichen Tatsachen Beweis abgenommen werden kann. Eine Partei kann sich nicht mit allgemeinen *Behauptungen* begnügen. Wie weit ein Sachverhalt zu substanzieren ist, damit eine rechtliche Subsumtion möglich ist, bestimmt sich nach materiellem Recht (BGE *127* III 365, 368 E. 2b; *123* III 183, 187 f. E. 3e; *108* II 337, 339 ff. E. 2–3; *98* II 113, 116 f. E. 4a; BGer 4A_291/2007 E. 3.4; GULDENER, 164, 167 f.; BRÖNNIMANN, 23 ff., 30, 149 ff., 165 ff.). Setzt sich eine Forderung aus verschiedenen Rechnungsposten zusammen, so sind jedenfalls die einzelnen Positionen aufzuführen, wobei sich allerdings die Begründung in der

Klageschrift vorerst auf die wesentlichen bzw. die bestrittenen Positionen beschränken kann.

Aufgrund der Bestreitungen der Gegenpartei kann die Substanzierung der Klage in der Instruktionsverhandlung, dem zweiten Schriftenwechsel oder zu Beginn der Hauptverhandlung nötigenfalls noch ergänzt werden (Art. 225 f., 229 Abs. 2). 102

Ist eine Partei nicht in der Lage, sich vollständige Kenntnis über einen Sachverhalt zu verschaffen, so genügt es, wenn sie alle wesentlichen Umstände, soweit möglich und zumutbar, substanziert behauptet. Dies gilt namentlich auch bei einem nicht ziffernmässig nachweisbaren Schaden, der nach Art. 42 Abs. 2 OR durch den Richter zu schätzen ist (s. N 63; BGE *122* III 219, 221 f. E. 3a; *97* II 216, 218 E. 1; BRÖNNIMANN, 210 f.). 103

4.4.3 Substanziertes Bestreiten

Art. 222 Abs. 2 sieht vor, dass die beklagte Partei darzulegen hat, «welche Tatsachenbehauptungen der klagenden Partei *im Einzelnen* anerkannt oder bestritten werden». Damit ist grundsätzlich ein *substanziertes Bestreiten* verlangt. Die generelle Bestreitung detaillierter Behauptungen genügt der Substanzierungslast nicht (vgl. BGE *117* II 113 f.; *105* II 143, 146 E. 6a/bb; BRÖNNIMANN, 178 ff.). Die in der Praxis häufig gebrauchte Floskel, wonach alles bestritten werde, was nicht ausdrücklich anerkannt sei, erweist sich unter dem Blickwinkel der Substanzierung als wirkungslos (vgl. BRÖNNIMANN, 177). 104

An die Substanzierung der Bestreitung dürfen dennoch *nicht die gleichen Anforderungen gestellt* werden wie bei der Behauptung. Es muss genügen, wenn die Bestreitung ihrem Zweck entsprechend konkretisiert wird, um die behauptende Partei zu der ihr obliegenden Beweisführung zu veranlassen. Die Bestreitungslast darf nicht zu einer Umkehr der Behauptungs- und Beweislast führen (BGE *115* II 1 ff.; *105* II 143, 145 f. E. 6a/bb). 105

Massgebend für den *Umfang der Substanzierung* der Bestreitungen ist die Einlässlichkeit der Sachdarstellung der behauptungsbelasteten Partei sowie die *Möglichkeit und Zumutbarkeit einer substanzierten Bestreitung*. Schlichtes Bestreiten oder Bestreiten mit Nichtwissen genügt, wenn die bestreitende Partei den behaupteten Ereignissen so fern steht, dass ihr eine Substanzierung nicht zugemutet werden kann (BRÖNNIMANN, 179 f., 183; BGE *105* II 143, 146 E. 6a/bb). Ist aber die behauptungsbelastete Partei ausser Stande, den Sachverhalt aus eigener Kenntnis substanziert darzustellen, während die Gegenpartei die Verhältnisse genau kennt, so ist ihr die Substanzierung der Bestreitungen zuzumuten. 106

Eine solche *Mitwirkung* der Gegenpartei bei der Sachverhaltsermittlung wird nach Treu und Glauben auch beim Vorliegen *unbestimmter negativer* 107

Tatsachen verlangt (Pra *2004* Nr. 28 Erw. 4; BGE *119* II 305 f.; *76* II 51, 70 f.; *66* II 145, 147 f.; BRÖNNIMANN, 183 f., 219 ff.). Unbestimmte negative Tatsachen lassen sich auch durch mehrere positive Tatsachen nicht beweisen, z.B. die Nichtvornahme einer Handlung während längerer Zeit oder die Leistung ohne Rechtsgrund bei Art. 62 ff. OR (s. 10 N 52 f.; BRÖNNIMANN, 219 ff.; BK-KUMMER, Art. 8 ZGB N 196 ff.).

108 Genügt die bestreitende Partei ihrer Substanzierungslast nicht, so gilt die fragliche Tatsache – unter Vorbehalt der richterlichen Fragepflicht – als nicht bestritten und wird ohne weitere Prüfung dem Urteil zugrunde gelegt (BGE *117* II 113 f.).

§ 34 Rechtshängigkeit

1. Begriff und Bedeutung

109 Die Rechtshängigkeit (lis pendens, Litispendenz) ist ein prozessrechtlicher Begriff. Sie bezeichnet einen *Zustand,* an den sich *bestimmte Wirkungen* anknüpfen. Nach GULDENER (S. 230) besteht die Rechtshängigkeit in der Befestigung gewisser Grundlagen des Prozesses.

110 Mit der Rechtshängigkeit treten bestimmte Ausschluss- und Fixationswirkungen ein (s. N 118 ff.). Insbesondere ist eine zweite *identische Klage ausgeschlossen.* Mit Eintritt der Rechtshängigkeit ist das Gericht der Hauptsache zudem auch für die Beurteilung *vorsorglicher Massnahmen* zwingend zuständig (Art. 13 lit. a).

2. Beginn und Ende der Rechtshängigkeit

111 Den *Beginn* der Rechtshängigkeit bestimmt das Gesetz. Nach Art. 62 tritt die Rechtshängigkeit mit Einreichung des Schlichtungsgesuchs, der Klage, eines Gesuchs um vorsorgliche Massnahmen oder eines gemeinsamen Scheidungsbegehrens ein. Damit wird auf die *erste prozesseinleitende Handlung,* mit welcher die klagende Partei zum ersten Mal in bestimmter Form das Gericht um Rechtsschutz anruft, abgestellt. Der Zeitpunkt deckt sich mit dem von der bundesgerichtlichen Rechtsprechung für die Wahrung gesetzlicher Klagefristen entwickelten Begriff der *«Klageanhebung»* (s. dazu 9 N 155 ff.; vgl. auch Art. 64 Abs. 2). Massgebend ist der Zeitpunkt, in dem die Eingabe der Schweizerischen Post zuhanden des Gerichts übergeben, dem Gericht persönlich überbracht oder elektronisch eingereicht wird.

Beendet wird die Rechtshängigkeit durch die rechtskräftige Erledigung des Rechtsstreits, Vergleich oder Klageabstand (GULDENER, 240; s. 182 ff.). Die Rechtshängigkeit bleibt indessen *erhalten* bei einer Überweisung der Klage an ein anderes sachlich oder örtlich zuständiges Gericht (Art. 127, 224 Abs. 2). 112

Die *Widerklage* wird – auch wenn sie bereits im Schlichtungsverfahren erhoben wurde – nicht bereits mit der Einreichung der Klagebewilligung (Art. 209), sondern erst mit ihrer förmlichen Erhebung in der Klageantwort rechtshängig (Art. 224). Das Schicksal der Widerklage ist aber von jenem der Hauptklage unabhängig (Art. 14 Abs. 2). Die Rechtshängigkeit der Widerklage bleibt deshalb bestehen, wenn die Hauptklage rechtskräftig erledigt wird oder durch Vergleich oder Abstandserklärung erledigt wird. 113

3. Rechtshängigkeit bei fehlerhafter Klageeinleitung

Rechtshängigkeit tritt auch bei Fehlen von Prozessvoraussetzungen (z.B. Parteifähigkeit, Prozessfähigkeit, Zuständigkeit des Gerichts) ein (vgl. Botschaft, 7277). 114

Wurde die *Klage bei einem unzuständigen Gericht* oder nicht im richtigen Verfahren erhoben, kann sie ohne Rechtsverlust zurückgezogen oder das Nichteintreten auf die Klage abgewartet werden (Art. 63). Die Rechtshängigkeit der ersten Klage wird damit beendet. Die fehlerhaft eingeleitete Klage kann aber *innert Monatsfrist* seit dem Rückzug oder dem Nichteintretensentscheid bei der zuständigen Stelle und im richtigen Verfahren erneut eingebracht werden. In diesem Fall wird der Zeitpunkt der Rechtshängigkeit auf das Datum der ersten (unrichtigen) Klageeinleitung zurückbezogen (Art. 63), d.h. das Gesetz fingiert einen rückwirkenden Eintritt der Rechtshängigkeit der zweiten Klage. 115

Dies ist v.a. bedeutsam bei *gesetzlichen Verwirkungsfristen,* z.B. bei der Aberkennungsklage (Art. 83 Abs. 2 SchKG). Die *Nachfrist* zur gehörigen Klageeinleitung verkürzt sich, soweit das *SchKG* für einzelne Klagen kürzere Klagefristen vorsieht (Art. 63 Abs. 3), z.B. 20 Tage bei der Aberkennungsklage (Art. 83 Abs. 2 SchKG), 10 Tage bei der Lastenbereinigungsklage (Art. 140 SchKG) und der Arrestprosequierungsklage (Art. 279 SchKG). 116

4. Wirkungen der Rechtshängigkeit

4.1 Materiellrechtliche Wirkungen

117 Die Rechtshängigkeit ist ein prozessrechtliches Institut und hat an sich keine unmittelbar *materiellrechtlichen Wirkungen*. Da sich die Rechtshängigkeit aufgrund der gesetzlichen Regelung aber mit der Klageanhebung deckt (vgl. Art. 62 Abs. 1 und 64 Abs. 2; N 111), treten die Wirkungen, die daran anknüpfen, indirekt auch mit der Rechtshängigkeit ein. So bewirkt die Rechtshängigkeit indirekt die Unterbrechung der Verjährung (Art. 135 Ziff. 2 OR) und der Ersitzung (Art. 661 ff., 728 ZGB), den Beginn des Zinsenlaufs (Art. 105 Abs. 1 OR) und explizit die Wahrung gesetzlicher Klagefristen (Art. 64 Abs. 2; 9 N 153 ff.). Die Rechtshängigkeit des Scheidungsverfahrens berechtigt die Ehegatten zur Aufhebung des gemeinsamen Haushalts (Art. 275 ZPO).

4.2 Prozessrechtliche Wirkungen

4.2.1 Ausschluss- und Fixationswirkungen

118 Die Wirkungen der Rechtshängigkeit bestehen traditionell in bestimmten *Ausschluss- und Fixationswirkungen,* d.h. einerseits im Ausschluss bestimmter prozessualer Handlungen, andererseits in der Festlegung gewisser Grundlagen des Prozesses (Art. 64). Die Fixierung der «Grundlagen» des Prozesses auf den Zeitpunkt des Prozessbeginns leitet sich historisch aus dem römischrechtlichen Litiskontestationsgedanken her. Heute stützen sich die Ausschluss- und Fixationswirkungen auf sachliche Gründe und praktische Bedürfnisse, z.B. die Verhinderung der Gerichtsstandsflucht (N 125) und des forum running (N 133) sowie der Vermeidung widersprechender Urteile (s. N 121 ff.). Dadurch erklären sich auch die bestehenden Ausnahmen und Einschränkungen.

119 Die *Ausschlusswirkung* (oder Sperrwirkung) besteht darin, dass eine *identische Klage* über denselben Streitgegenstand nicht mehr anderweitig erhoben werden kann (Art. 59 Abs. 2 lit. d; s. N 121 ff.). Die *Fortführungslast* (Ausschluss des Klageabstands ohne Rechtskraftwirkung) knüpft nach Art. 65 ZPO – entgegen einigen bisherigen kantonalen Rechten – nicht mehr an die Rechtshängigkeit an, sondern tritt erst mit der Zustellung der Klage an die beklagte Partei ein. Erst ab diesem Zeitpunkt kann die Klage – ohne Zustimmung der Gegenpartei – nicht mehr ohne Anspruchsverlust zurückgezogen werden. Da die Rechtshängigkeit bereits im Schlichtungsverfahren

eintritt (s. Art. 62 Abs. 1), kann die Fortführungslast nicht schon in diesem Zeitpunkt eintreten, weil sonst der Zweck des Schlichtungsverfahrens verfehlt würde.

Die *Fixationswirkungen* bestehen darin, dass einerseits der *Gerichtsstand* fixiert wird (*perpetuatio fori*) und andererseits die *Parteien* und der *Streitgegenstand* festgelegt werden und nur noch beschränkt geändert werden können (Art. 64 Abs. 1, 83, 227 Abs. 1, 230, 317 Abs. 2 ZPO; s. N 125 ff.). Ein *Verbot der Veränderung bzw. Veräusserung des Streitobjekts* nach Rechtshängigkeit enthält die ZPO zu Recht *nicht mehr,* da Zuwiderhandlungen schon nach den bisherigen kantonalen Rechten nicht geahndet und namentlich nicht als zivilrechtlich nichtig (Art. 20 OR) angesehen werden konnten. Zum Schutz der Gegenpartei vor Veränderungshandlungen genügen *vorsorgliche Massnahmen zur Sicherung des Streitobjekts.* Bei der nicht zu verhindernden Veräusserung des Streitobjekts sind nur die *Folgen für die Sachlegitimation* der Parteien zu regeln (vgl. Art. 83 Abs. 1; 4 N 107 ff.). 120

4.2.2 Ausschluss einer zweiten identischen Klage

Die wesentlichste Wirkung der Rechtshängigkeit besteht im Ausschluss einer zweiten, identischen Klage. Die Klageidentität wird durch den *Streitgegenstand* bestimmt (s. N 18 ff.). Um feststellen zu können, ob Klageidentität vorliegt, ist die Bezifferung des Rechtsbegehrens und eine kurze Begründung oder zumindest die stichwortartige Bezeichnung des Streitgegenstands erforderlich (Art. 62 i.V.m. 202 Abs. 2, 221 Abs. 1, 244 Abs. 1 ZPO). 121

Ist der Streit über ein bestimmtes Recht oder Rechtsverhältnis zwischen den Parteien bereits hängig, so fehlt es einer zweiten identischen Klage an der Prozessvoraussetzung nach Art. 59 Abs. 2 lit. d, wenn erwartet werden kann, dass im ersten Prozess ein *vollstreckbares Sachurteil* ergehen wird. Diese Erwartung ist dann begründet, wenn im ersten Prozess die *Prozessvoraussetzungen* gegeben sind, insbesondere wenn das zuerst angerufene Gericht *zuständig* ist. Nötigenfalls hat das Zweitgericht den Vorentscheid des Erstgerichts über das Vorliegen umstrittener Prozessvoraussetzungen abzuwarten. 122

Das Bundesgericht hatte die Einrede der Rechtshängigkeit im Verhältnis zwischen einer ersten *negativen Feststellungsklage* und einer späteren *Leistungsklage* zunächst verneint, weil die (prioritäre) negative Feststellungsklage zwar im Falle der Gutheissung für die spätere Leistungsklage materielle Rechtskraft erzeuge, im Falle der Abweisung hingegen eine spätere Leistungsklage nicht ausschliessen müsse (BGE *105* II 229). Davon hat das Bundesgericht für die Auslegung von Art. 21 LugÜ jedoch Abstand ge- 123 nommen (BGE *123* III 414, 422 E. 5; s. N 24). Konsequenterweise hat es die Klageidentität von Feststellungs- und Leistungsklage dann auch für *Binnenverhältnisse* bestätigt (BGE *128* III 284, 286 ff. E. 3). Allerdings hat es – im Binnenverhältnis – schliesslich das *Feststellungsinteresse* der Klägerin im (prioritären) Feststellungsprozess *verneint,* da das Interesse einer Partei, unter mehreren möglichen Gerichtsständen im Inland den ihr zusagenden wählen zu können, für sich allein kein schutzwürdiges Feststellungsinteresse zu begründen vermöge (BGE *131* III 319, 324 ff., E. 3.5).

124 Die anderweitige Rechtshängigkeit ist – wie alle Prozessvoraussetzungen – *von Amtes wegen* zu beachten (Art. 60). Allerdings ist das zweitangerufene Gericht regelmässig auf Hinweise der beklagten Partei angewiesen. Die Ausschlusswirkung der Rechtshängigkeit hat zur Folge, dass auf die zweite Klage *nicht einzutreten* ist, weil die Prozessvoraussetzung der nicht anderweitigen Rechtshängigkeit (Art. 59 Abs. 2 lit. d) fehlt.

4.2.3 Fixierung des Gerichtsstands (perpetuatio fori)

125 Die örtliche Zuständigkeit bestimmt sich nach den Verhältnissen bei Eintritt der Rechtshängigkeit (Art. 64 Abs. 1 lit. b). Nachfolgende Veränderungen, insbesondere die Verlegung des Wohnsitzes oder Sitzes, ändern an der Zuständigkeit der Schlichtungsbehörde und des Gerichts nichts mehr. Die Fixierung des Gerichtsstands (sog. perpetuatio fori) ist nötig, um die beklagte Partei an einer «Gerichtsstandsflucht» zu hindern.

4.2.4 Fixierung der Parteien (erschwerter Parteiwechsel)

126 Mit der Rechtshängigkeit werden auch die Parteien definiert. Das prozesseinleitende Gesuch muss deshalb eine genaue Bezeichnung der Parteien und ihrer Vertreter enthalten (Art. 202 Abs. 2, 221 Abs. 1, 244 Abs. 1). Danach können die Parteien grundsätzlich nicht mehr geändert werden.

127 Vorbehalten bleiben blosse *Berichtigungen* bei irrtümlich falschen Parteibezeichnungen (ohne Wechsel der Identität der Partei), die *Rechtsnachfolge* durch Universal- oder Singularsukzession oder die *Zustimmung* der Gegenpartei zum gewillkürten Parteiwechsel (Art. 83 Abs. 4). Auch der Erwerber des Streitobjekts kann als Rechtsnachfolger in den Prozess eintreten (Art. 83 Abs. 1). Tritt er nicht ein, führt der Veräusserer den Prozess in eigenem Namen als Prozessstandschafter fort (s. 4 N 43, 107).

4.2.5 Fixierung des Streitgegenstands (erschwerte Klageänderung)

Mit der Rechtshängigkeit wird der Streitgegenstand grundsätzlich festgelegt. Das prozesseinleitende Gesuch muss denn auch ein Rechtsbegehren und eine Begründung oder zumindest die Bezeichnung des Streitgegenstands enthalten, womit der Streitgegenstand definiert wird (Art. 202 Abs. 2, 221 Abs. 1, 244 Abs. 1; s. N 52 f.). Die Klage soll danach nicht mehr beliebig geändert werden können. 128

Das Gesetz versucht einen Ausgleich zu finden zwischen dem Interesse einer möglichst beschleunigten Prozessführung (Rechtsfriedensziel) und dem Interesse an einer möglichst umfassenden Beurteilung der Sache (Rechtsschutzziel) und gewichtet Letzteres etwas höher (s. 1 N 15). Es *lässt* damit *Änderungen* und Ergänzungen des Streitgegenstands (Rechtsbegehren und Lebenssachverhalt) *in beschränktem Rahmen zu*. Vorausgesetzt wird ein Sachzusammenhang mit dem ursprünglichen Rechtsbegehren oder die Zustimmung der Gegenpartei (Art. 227, 230, 317 Abs. 2; s. N 36 ff.). 129

5. Rechtshängigkeit im internationalen Verhältnis

5.1 Allgemeines

Der *Beginn und* die *Wirkungen* der Rechtshängigkeit richten sich im internationalen Verhältnis grundsätzlich nach dem Recht des Staates, in welchem das *Verfahren hängig* ist oder war. Bei in der Schweiz anhängigen Prozessen ist daher die ZPO massgebend (s. N 117 ff.), soweit nicht *Staatsverträge* oder das *IPRG* besondere oder ergänzende Bestimmungen zur Rechtshängigkeit enthalten, welche der ZPO vorgehen. 130

Die *Prozessvoraussetzung* der nicht anderweitigen Rechtshängigkeit ist in der Schweiz auch im internationalen Verhältnis *von Amtes wegen* zu beachten (Art. 9 Abs. 1 IPRG; Art. 27 LugÜ II, Art. 59 ZPO). Hinsichtlich der Voraussetzungen und der Folgen der Rechtshängigkeit ist indessen zwischen allgemein internationalen Verhältnissen (nach IPRG) und dem Anwendungsbereich des LugÜ II zu unterscheiden. 131

5.2 Eintritt der Rechtshängigkeit

5.2.1 IPRG

132 Zur Beurteilung der zeitlichen Priorität von in der Schweiz und im Ausland erhobenen identischen Klagen ist für die in der Schweiz hängige Klage Art. 9 Abs. 2 IPRG massgebend. Danach wird die in der Schweiz angehobene Klage nach Art. 9 Abs. 2 IPRG «im Zeitpunkt der ersten für die Klageeinleitung notwendigen Verfahrenshandlung» rechtshängig. «Als solche genügt die Einleitung des Sühnverfahrens.» Damit deckt sich Art. 9 Abs. 2 IPRG mit *Art. 62 ZPO,* wonach die Rechtshängigkeit mit dem Schlichtungsgesuch oder mit der direkten Klageerhebung vor Gericht eintritt. Wann die im Ausland erhobene Klage als hängig zu betrachten ist, ist dagegen nach dem ausländischen Recht zu entscheiden.

5.2.2 LugÜ II

133 Im Anwendungsbereich des *LugÜ II* wird der Eintritt der Rechtshängigkeit *autonom* bestimmt. Art. 30 LugÜ II bringt gegenüber dem bisherigen Art. 21 LugÜ, welcher den Eintritt der Rechtshängigkeit teilautonom bestimmte, eine deutliche Verbesserung. Nach der Rechtsprechung des EuGH zu Art. 21 LugÜ wurde die Rechtshängigkeit von der «Endgültigkeit der Klageerhebung», die ihrerseits nach nationalem Recht zu bestimmen war, abhängig gemacht (EuGH, 7.6.1984, Zelger/Salinitri, Slg. 1984 IV 2409). Die Einleitung bei der Sühnebehörde genügte nicht (BGE *123* III 414). Damit war für die beklagte Partei die Möglichkeit gegeben, allenfalls nach Kenntnis der Klage, aber noch vor der sog. Endgültigkeit der Klageerhebung, an einem anderen, günstigeren Gerichtsstand, schneller die Rechtshängigkeit mit einer entgegengesetzten Klage zu erwirken (sog. *forum running*).

134 Dieser unbefriedigenden Situation wird mit dem *revidierten Lugano-Übereinkommen (LugÜ II),* welches der unter den EU-Mitgliedstaaten geltenden *EuGVO* nachgebildet ist, abgeholfen, indem die *Rechtshängigkeit* nun *autonom* definiert wird. Nach Art. 30 gilt ein Gericht zu dem *Zeitpunkt* als im Sinne der Art. 27–29 angerufen,

- (Ziff. 1) zu dem das zur Einleitung des Verfahrens dienende Schriftstück *beim Gericht eingereicht* worden ist, vorausgesetzt, dass der Kläger die von ihm zu ergreifenden Massnahmen zur Zustellung des Schriftstücks an den Beklagten nicht versäumt hat, oder
- (Ziff. 2) zu dem *die für die Zustellung verantwortliche Behörde das Schriftstück erhalten hat,* wenn die Zustellung an den Beklagten *vor* der Einreichung des Schriftstücks beim Gericht zu bewirken ist, vorausge-

setzt, dass der Kläger die von ihm zu ergreifenden Massnahmen zur Einreichung des Schriftstücks beim Gericht nicht versäumt hat.

Mit diesen Alternativen wird den hinsichtlich der Klageeinleitung unterschiedlichen Systemen der durch das Abkommen gebundenen Staaten Rechnung getragen. Damit soll sichergestellt werden, dass der frühestmögliche 135

Zeitpunkt massgebend ist und für die Parteien Chancengleichheit besteht (DASSER/OBERHAMMER, Art. 21 N 81). Da in Ziff. 1 die Einreichung *bei Gericht* verlangt ist, stellt sich die Frage, ob die Einreichung des *Schlichtungsgesuchs* bei der Schlichtungsbehörde bereits die Rechtshängigkeit in der Schweiz begründet. Dies ist wohl zu bejahen (DASSER/OBERHAMMER, Art. 21 N 82; s. auch BGer 4A_143/2007, E. 3.5 a.E.).

5.3 Ausschlusswirkung für identische Klagen

5.3.1 IPRG

Wurde eine *identische Klage* (s. N 18 ff.) nach den Feststellungen des schweizerischen Gerichts *zuerst im Ausland* anhängig gemacht, so sieht Art. 9 Abs. 1 IPRG das *«Aussetzen» des Verfahrens,* d.h. eine Sistierung, vor, wenn folgende Voraussetzungen gegeben sind (vgl. O. VOGEL, Rechtshängigkeit und materielle Rechtskraft im internationalen Verhältnis, SJZ *1990* 77 ff.): 136

- Die *Zuständigkeit* des ausländischen Gerichts steht fest.
- Es besteht eine *positive Anerkennungsprognose;* die Anerkennbarkeit beurteilt sich nach Art. 25 ff. IPRG.
- Die Entscheidung des ausländischen Gerichts ist *«in angemessener Frist»* zu erwarten. Diese zusätzliche Voraussetzung ist restriktiv zu handhaben, um nicht den Ausschlussgrund der anderweitigen Rechtshängigkeit im internationalen Verhältnis auszuhebeln (vgl. VOGEL, SJZ *1990* 82 f.). In angemessener Frist ist eine Entscheidung z.B. nicht zu erwarten, wenn aufgrund von Kriegswirren oder Korruption ein funktionierendes Rechtswesen im ausländischen Staat nicht mehr besteht. Bei Staaten mit bekanntermassen längeren Verfahrensdauern dürfte dies dagegen in der Regel kaum der Fall sein.

Ein *Nichteintreten* sieht Art. 9 Abs. 1 IPRG nicht vor. Ein Zuwarten bis zur rechtskräftigen ausländischen Entscheidung (Abs. 3) erscheint aber nicht immer zumutbar. Art. 9 Abs. 1 IPRG ist daher dahingehend zu ergänzen, dass auf die Zweitklage nicht eingetreten wird, wenn die Zuständigkeit des ausländischen Gerichts feststeht (ZR *1990* Nr. 58). 137

5.3.2 LugÜ II

138 Im Anwendungsbereich des LugÜ II verhindert Art. 27 LugÜ II (früher: Art. 21 LugÜ), dass in einem Vertragsstaat ein Verfahren über eine identische Klage zwischen denselben Parteien vor einem zweiten Gericht durchgeführt wird. Der Identitätsbegriff ist vertragsautonom auszulegen (s. N 32 ff.). Das später angerufene Gericht *setzt das Verfahren aus,* «bis die *Zuständigkeit* des zuerst angerufenen Gerichts *feststeht*», und erklärt sich dann für unzuständig. Es darf dessen Zuständigkeit aber nicht selbst überprüfen (EuGH, 27.6.1991, Overseas Union/New Hampshire, Slg. 1991-6, 3352).

139 In Bezug auf das zu erwartende Urteil des früher angerufenen Gerichts ist keine konkrete Anerkennungsprognose vorzunehmen, da im Anwendungsbereich des LugÜ II Urteile der Vertragsstaaten grundsätzlich *gegenseitig anerkannt* werden (Art. 33 Abs. 1 LugÜ II; vgl. N 219 f.; 13 N 29). Mit der «Unzuständigerklärung» nach Art. 27 Abs. 2 LugÜ II ist in der schweizerischen Terminologie Nichteintreten gemeint. Diese Regelung entspricht jener im Binnenverhältnis (Art. 59 ZPO; N 122, 124).

§ 35 Entscheid

1. Begriff

140 Ein Entscheid enthält entweder prozessleitende Anordnungen des Gerichts, die Beurteilung einer formellen oder materiellen Vorfrage, die autoritative Feststellung des Bestands oder Nichtbestands eines eingeklagten Anspruchs oder die Verfahrenserledigung ohne Anspruchsprüfung.

141 «Entscheid» ist ein Oberbegriff. Unterschieden werden verschiedene *Arten* von Entscheiden, je nach dem, welche Rechtsfragen (Prozessvoraussetzungen, materieller Anspruch, Erledigung ohne Anspruchsprüfung) inhaltlich beurteilt werden (N 142 ff.). Die Art des Entscheids ist bedeutsam für das zur Verfügung stehende Rechtsmittel. Die *Form* des Entscheids, d.h. die Bezeichnung (als Verfügung, Beschluss, Urteil oder Entscheid) richtet sich nach dem Spruchkörper und, z.B. bei Urteilen, auch nach dem Inhalt (N 157 ff.). Das Gesetz regelt zudem, welche *inhaltlichen Angaben* ein Entscheid enthalten muss (N 162 ff.).

2. Arten von Entscheiden

2.1 Prozessleitende und prozesserledigende Entscheide

Prozessleitende Entscheide dienen der Fortführung des Verfahrens, beenden dieses aber noch nicht. 142

Beispiele: Abweisung der Unzuständigkeitseinrede, Gewährung der unentgeltlichen Prozessführung (Art. 117 f.), Auferlegung eines Kostenvorschusses oder einer Sicherheitsleistung (Art. 98 f.), Beweisverfügung (Art. 154).

Prozesserledigende Entscheide führen das Verfahren innerhalb einer Instanz entweder ganz (*Endentscheide*) oder zum Teil *(Teilentscheide)* zu Ende. Prozesserledigende Entscheide sind je nach Inhalt entweder *Sachentscheide* (Sachurteile) oder *Prozessentscheide* (Nichteintretensentscheide bei Gutheissung prozessualer Einreden, Art. 236) oder *Abschreibungsentscheide* (Verfahrenserledigungen ohne Anspruchsprüfung, Art. 241 f.). 143

Beispiele: Gutheissung der Klage, Abweisung der Klage infolge Verjährung, Nichteintreten wegen Unzuständigkeit.

2.2 Prozessentscheide und Sachentscheide

Mit dem **Prozessentscheid** wird über das Vorhandensein oder Fehlen von *Prozessvoraussetzungen* oder über die Frage der gehörigen Einleitung der Klage entschieden. Der Prozessentscheid ist entweder 144
- ein *Endentscheid,* wenn eine Prozessvoraussetzung fehlt («Nichteintretensentscheid») oder
- ein *Zwischenentscheid,* wenn eine Prozesseinrede abgewiesen wird.

Der Prozessendentscheid beruht auf *eigener Rechtsfindung* des Gerichts oder – ausnahmsweise – auf *Parteierklärung* (z.B. Rückzug der Klage unter dem Vorbehalt der Wiedereinbringung; s. dazu 9 N 97, 109). 145

Mit dem **Sachentscheid** wird materiell über die Sache entschieden, d.h. ob und inwieweit der *eingeklagte Anspruch* begründet ist. Der Sachentscheid ist entweder 146
- ein *Sachendentscheid,* wenn über den eingeklagten Anspruch *vollständig* entschieden wurde, indem die Klage gutgeheissen, teilweise gutgeheissen oder abgewiesen wurde («Urteil»), oder
- ein *Vor- bzw. Zwischenentscheid,* wenn eine *materielle Vorfrage* beurteilt wurde, ohne dass der Prozess dadurch erledigt wurde (z.B. Feststellung der Sachlegitimation, Abweisung der Verjährungseinrede), oder

- ein *Teilentscheid,* wenn nur über einen *Teil des Rechtsbegehrens* entschieden wurde, weil der Rest beispielsweise noch eines Beweisverfahrens bedarf.

147 Der Sachendentscheid beruht auf *eigener Rechtsfindung des Gerichts,* «wenn und soweit das Gericht die Sachverhaltsvorbringen der Parteien materiellrechtlich würdigt, das heisst den geltend gemachten Anspruch inhaltlich beurteilt» (BGE *121* III 474, 477 f. E. 4a). Ein Sachendentscheid ergeht üblicherweise in *Form* eines Urteils, ein Vor- oder Zwischenentscheid häufig in Form einer Verfügung oder eines Beschlusses.

148 Ob ein Sach- oder ein Prozessentscheid vorliegt, entscheidet sich nicht nach der Bezeichnung des Urteils oder nach dem Wortlaut des Dispositivs, sondern allein nach dessen *Inhalt* (nach dem «sens de l'arrêt»: BGE *115* II 191; *116* II 745). Die Unterscheidung ist für die Wahl des dagegen möglichen Rechtsmittels massgebend.

2.3 Abschreibungsentscheide

149 Bei **Vergleich, Anerkennung oder Rückzug der Klage** erfolgt *keine materielle Anspruchsprüfung* durch das Gericht. Die Parteierklärungen beenden das Verfahren unmittelbar und sind gerichtlichen Urteilen gleichgestellt, d.h. sie erwachsen in Rechtskraft und sind vollstreckbar wie Urteile (Art. 241 Abs. 2; s. 9 N 72, 106 ff.). Sie sind Sachurteilssurrogate. Die formelle Erledigung des Verfahrens geschieht durch *Abschreibungsverfügung* des Einzelrichters oder des Präsidiums eines Kollegialgerichts, ausnahmsweise durch Beschluss des Kollegialgerichts. Der Abschreibungsentscheid ist rein *deklaratorisch* (Art. 241 Abs. 2 und 3).

150 Art. 242 sieht die **Gegenstandslosigkeit** bei Verfahrensbeendigungen «aus anderen Gründen» (als Vergleich, Anerkennung oder Rückzug) vor. Als gegenstandslos ist der Prozess abzuschreiben, wenn der *Streitgegenstand wegfällt.* Ebenso wird bei Untergang oder Tod einer Partei Gegenstandslosigkeit angenommen, wenn kein Rechtsnachfolger den Prozess weiterführen kann. Denn in solchen Fällen entfällt nicht nur die Parteifähigkeit, sondern die Partei als solche und der mit ihrer Person verknüpfte Streitgegenstand fällt dahin. Eine Anspruchsprüfung findet bei Gegenstandslosigkeit nicht mehr statt, doch können die mutmasslichen Prozessaussichten bei der Kostenverteilung eine Rolle spielen (s. 8 N 84).

151 *Beispiele:* Gegenstandslos wird

- der Ehescheidungsprozess durch den Tod eines Ehegatten,
- der Prozess gegen eine Kapitalgesellschaft nach deren Löschung im Handelsregister (vgl. ZR *1976* Nr. 89),

- die Eigentumsklage durch den Untergang der Sache,
- der Forderungsprozess durch den Erwerb der Forderung seitens des Beklagten infolge Konfusion,
- der vom Bestehen einer Betreibung oder eines Konkurses abhängige Prozess (betreibungs- oder konkursrechtliche Klage mit oder ohne Reflexwirkung auf das materielle Recht) durch Aufhebung der Betreibung bzw. Widerruf des Konkurses.

Häufig werden auch andere Fälle als gegenstandslos bezeichnet, für welche dieser Begriff streng genommen nicht zutrifft. Bei Fehlen von Prozessvoraussetzungen im Urteilszeitpunkt geht u.E. das *Nichteintreten* auf die Klage der Gegenstandslosigkeit stets vor. Deshalb ist bei nachträglich dahinfallendem Rechtsschutzinteresse auf die Klage nicht einzutreten. Wird die Forderung nach Eintritt der Rechtshängigkeit bezahlt, so liegt eine *Klageanerkennung durch konkludente Parteihandlung* vor. Das Verfahren ist zufolge Anerkennung abzuschreiben. 152

2.4 Endentscheide und Zwischenentscheide

In Bezug auf die *Anfechtbarkeit* von Entscheiden mit Rechtsmitteln wird unterschieden zwischen Endentscheiden, Vor- und Zwischenentscheiden sowie gewöhnlichen prozessleitenden Entscheiden. Dabei gilt Folgendes: 153

- *Endentscheide* sind *grundsätzlich anfechtbar,* unter Vorbehalt der gesetzlichen Ausnahmen (z.B. unterhalb der Streitwertgrenze, Art. 308 Abs. 2; bestimmte Summarentscheide, Art. 309). Auch Entscheide über vorsorgliche Massnahmen sind Endentscheiden gleichgestellt (Art. 301 Abs. 1 ZPO, Art. 98 i.V.m. 90 BGG).
- *Prozessleitende Entscheide* sind *grundsätzlich nicht anfechtbar,* ausser das Gesetz sehe dies ausdrücklich vor (sog. *«Inzidenzentscheide»,* z.B. Ausstand, Art. 50 Abs. 2; unentgeltliche Rechtspflege, Art. 121).
- *Vor- und Zwischenentscheide* sind anfechtbar, wenn sie *selbständig erlassen* wurden (Art. 308 Abs. 1 lit. a).

Vor- und Zwischenentscheide sind *Entscheide* über *formelle oder materielle Vorfragen,* die – wenn sie gegenteilig entschieden würden – den Prozess beenden würden (z.B. Abweisung der Unzuständigkeitseinrede oder der Verjährungseinrede). Sie werden rechtskräftig, wenn sie nicht angefochten werden, und können mit dem Endentscheid nicht mehr in Frage gestellt werden (Art. 237 Abs. 2). Die ZPO unterscheidet nicht zwischen Vor- und Zwischenentscheiden, sondern spricht nur von Zwischenentscheiden (Art. 237); das BGG verwendet beide Begriffe quasi synonym (Art. 92 f. BGG). 154

Das Gericht kann jedoch Entscheide über Vor- und Zwischenfragen auch *unselbstständig* fassen, d.h. intern ohne förmliche Mitteilung an die Parteien. Der Entscheid über die Vor- oder Zwischenfrage wird dann erst mit dem 155

Endentscheid eröffnet und kann mit diesem angefochten werden. Ein Anspruch der Parteien auf einen Zwischenentscheid besteht nicht (Art. 237 Abs. 1).

2.5 Übersicht über die Entscheidarten

156

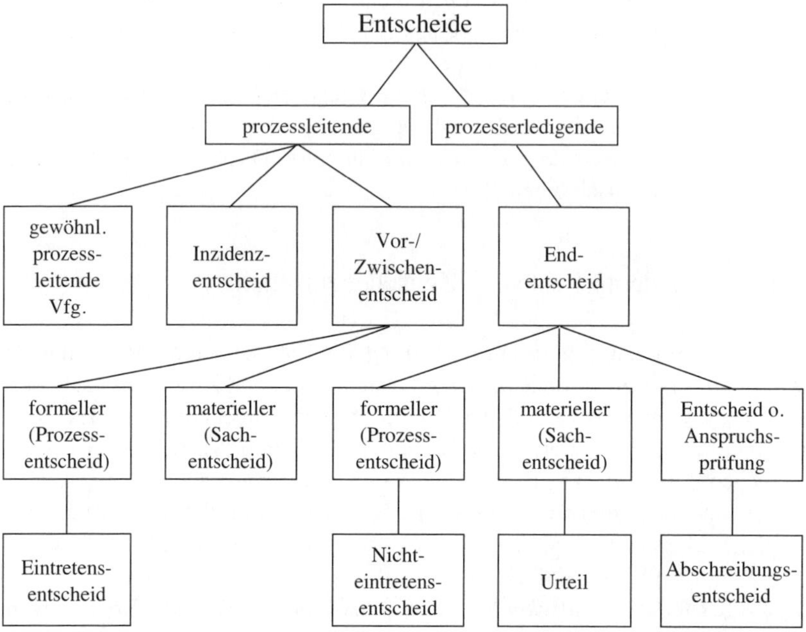

3. Form des Entscheids

157 Die Form des Entscheids richtet sich nach dem *Inhalt* und dem erlassenden *Gremium* (Einzelrichter, Kollegialgericht, Präsidium). Die ZPO gibt keine Richtlinien vor. Doch kann der Bundesrat für die Entscheide Formulare erlassen (Art. 400 Abs. 1). Im Übrigen bleibt dies dem kantonalen Recht überlassen. Aufgrund der bisherigen Praxis können Entscheide in vier Formen ergehen:

158 – *«Entscheid»* ist ein unspezifischer *Oberbegriff,* der für alle Entscheidarten (s. N 141) verwendet werden kann, d.h. prozesserledigende und prozessleitende, und zwar sowohl für Entscheide eines Einzelrichters als auch eines Kollegiums.

- «*Urteil*» ist materiellen *Sachendentscheiden* vorbehalten. 159
- «*Verfügung*» ist die Form für prozessleitende Entscheide eines Einzelrichters oder der Verfahrensleitung eines Kollegialgerichts (z.B. Beweisverfügungen, Gewährung der unentgeltlichen Rechtspflege), für prozesserledigende Entscheide des Einzelrichters, sofern sie nicht in Urteilsform ergehen, sowie für Abschreibungsentscheide der Verfahrensleitung eines Kollegialgerichts. 160
- «*Beschluss*» ist der Entscheid eines *Kollegialgerichts,* welcher nicht in Urteilsform erlassen wird, z.B. Nichteintretens- oder Abschreibungsbeschluss. 161

4. Inhalt des Entscheids

Inhaltlich muss ein Entscheid folgende Angaben enthalten (s. Art. 238): 162

- *Rubrum* (Bezeichnung und Zusammensetzung des Gerichts, Bezeichnung der Parteien und ihrer Vertretung, Ort und Datum des Entscheids)
- *beim begründeten Entscheid* zusätzlich: Prozessgeschichte (Sachverhalt, Rechtsbegehren und Prozessverlauf) und *Entscheidungsgründe* (= Begründung bzw. Erwägungen oder Motive)
- *Dispositiv* (Urteilsspruch) 163
  1. Sachentscheid, Prozessentscheid oder Abschreibungsentscheid
     - bei Gutheissung: Antwort auf das Rechtsbegehren
       «Der Beklagte wird verpflichtet, dem Kläger CHF 1000.– zu bezahlen.»
     - bei Abweisung: «Die Klage wird abgewiesen.»
     - bei Nichteintreten: «Auf die Klage wird nicht eingetreten.»
     - bei Abschreibung: «Das Verfahren wird zufolge Vergleichs als erledigt abgeschrieben.»
  2. Kosten- und Entschädigungsentscheid
     «– Die Verfahrenskosten von CHF 8000.– werden den Parteien je zur Hälfte auferlegt.
     – Es werden keine Parteientschädigungen zugesprochen.»
  3. Mitteilungsdispositiv (Aufzählung der Personen und Stellen, welchen der Entscheid mitgeteilt wird; vgl. Art. 240)
- *Rechtsmittelbelehrung* 164
- *Unterschrift* des Gerichts, d.h. der nach kantonalem Recht zuständigen gerichtlichen Urkundsperson(en), in der Regel Verfahrensleitung und/ oder Gerichtsschreiber/-in.

Das Gericht *kann* seinen Entscheid ohne *schriftliche Begründung* eröffnen und dadurch entsprechenden Aufwand und Kosten einsparen (SEOB = Schriftlicher Entscheid ohne Begründung). Aufgrund des Anspruchs auf 165 rechtliches Gehör muss das Gericht auf Verlangen einer Partei aber eine schriftliche Begründung nachliefern (Art. 239). Diese ist erforderlich für die Anfechtung des Entscheids (s. N 179). Bei Entscheiden, die der Beschwerde an das Bundesgericht unterliegen, sind zudem die präzisierenden Anforderungen von Art. 112 BGG zu beachten.

5. Entscheidfindung

5.1 Spruchreife

166 Ist die Sache spruchreif, fällt das Gericht seinen Endentscheid. Dabei kann es sich um einen Nichteintretensentscheid handeln, wenn wegen fehlender Prozessvoraussetzungen auf die Klage nicht eingetreten wird, oder um einen Sachentscheid, wenn die Klage materiell beurteilt wird (Art. 236 Abs. 1).

167 Auf dem Weg bis zum Endentscheid bzw. bis zur Spruchreife fällt das Gericht oft eine Reihe von prozessleitenden Entscheiden. Nötigenfalls führt es ein Beweisverfahren durch.

5.2 Tatsächliche Entscheidungsgrundlage

168 Der Endentscheid soll der Rechtslage entsprechen, wie sie im Zeitpunkt der Entscheidfällung besteht. Deshalb hat das Gericht dem Endentscheid – unter Vorbehalt rechtzeitiger Vorbringen – den *Sachverhalt* zugrunde zu legen, wie er *im Zeitpunkt der Entscheidfällung* besteht.

169 Eine *Ausnahme* gilt im *Aberkennungsprozess,* in welchem es um die Frage geht, «ob der Zahlungsbefehl begründet war, d.h. ob im Momente seines Erlasses die in Betreibung gesetzte Forderung und das Recht, sie auf dem Betreibungswege geltend zu machen, bestand (vgl. Art. 69 Ziff. 3 SchKG), also u.a. ob die Forderung *zur Zeit der Anhebung der Betreibung* fällig war» (BGE *41* III 158).

5.3 Methode

170 Die Entscheidfindung ist nicht ein schlichter Syllogismus, in welchem ein bestimmter Sachverhalt als Untersatz einem bestimmten Rechtssatz als Obersatz zu unterstellen und daraus die Rechtsfolge abzuleiten wäre.

171 «Rechtsanwendung geht nicht so vor sich, dass das Gericht zunächst den Tatbestand feststellt und sodann die Rechtssätze auf ihn zur Anwendung bringt. Das Gericht muss darnach trachten, nur diejenigen Tatsachen herauszugreifen, die von rechtlicher Bedeu-

tung sind. Welches diese Tatsachen sind, ergibt sich aufgrund der Rechtssätze. Um die in Betracht fallenden Rechtssätze zu finden, muss das Gericht von den Tatsachenbehauptungen ausgehen. Es findet also einerseits die Rechtssätze anhand der behaupteten Tatsachen und anderseits die rechtlich bedeutsamen Tatsachen anhand der Rechtssätze. Es muss sich daher in jedem Stadium des Verfahrens Tatbestand und Rechtssätze vor Augen halten und sie einander annähern, bis sich die Entscheidung ergibt.» (GULDENER, 156)

Die Tatsachen hat das Gericht dabei aufgrund der Parteibehauptungen 172
und der Beweise, welche kritisch zu *würdigen* sind, festzustellen. Sowohl bei der Tatsachenauswahl als auch bei der Beweiswürdigung und der Anwendung der Rechtssätze hat es die gesamten Umstände in Betracht zu ziehen und im Hinblick auf die Rechtsfolge zu *werten*.

5.4 Beratung

Während ein Einzelrichter alleine entscheidet, gilt beim Kolle- 173
gialgericht das *Mehrheitsprinzip* (Art. 236 Abs. 2). Das Mehrheitserfordernis betrifft nicht nur den Urteilsspruch, sondern auch dessen Begründung (GULDENER, 244 Fn. 26; BGE *111* Ib 116, 118 E. 2). Stimmenthaltung ist nicht zulässig (Botschaft, 7343). Ob die Beratung öffentlich ist, bestimmt das *kantonale Recht* (Art. 54 Abs. 2). Das kantonale Recht kann auch das Prozedere der Beratung im Einzelnen regeln.

In der bisherigen Praxis stellt in der (mündlichen) Beratung zunächst der 174
von der Verfahrensleitung bestimmte Referent einen Antrag und begründet diesen. Danach findet eine freie Beratung und anschliessend nötigenfalls eine Abstimmung statt. Die Gerichtsschreiberin oder der Gerichtsschreiber hat beratende Stimme und kann auch als Referent/-in eingesetzt werden.

Eine *Minderheit des Gerichts* ist berechtigt, ihre vom Entscheid *abwei-* 175
chende Meinung (dissenting opinion) unter Anführung der Gründe zu Protokoll zu geben. Auch der Gerichtsschreiberin oder dem Gerichtsschreiber muss dieses Recht nach heute herrschender Auffassung zustehen. Den Parteien ist der Umstand einer abweichenden Minderheitsmeinung bekanntzugeben (C. BAUDENBACHER, Anmerkungen zum Minderheitsvotum des überstimmten Richters in der zürcherischen Gerichtsverfassung, SJZ *1983* 153 ff.). Bei einer Urteilseröffnung im Dispositiv genügt ein Hinweis auf den Mehrheitsentscheid, im begründeten Urteil sind die Argumente der Gerichtsminderheit kurz anzuführen.

Eine Entscheidfällung auf dem *Zirkulationsweg* ist auch ohne ausdrückli- 176
che Regelung im kantonalen Recht zulässig. Bei oberen kantonalen Gerichten sowie in komplexen Fällen auch vor erster Instanz ist diese Art der Entscheidfindung die Regel. Im Zirkulationsverfahren legt der Referent seinen Antrag mit Begründung in Form eines Entscheidentwurfs den übrigen Gerichtsmitgliedern vor. Dabei muss aber sichergestellt sein, dass jede Ge-

richtsperson ihre Meinung zum Entscheidentwurf frei äussern und diesen annehmen, ablehnen oder eine mündliche Beratung verlangen kann. Besteht im Richterkollegium keine Einigkeit, sollte stets eine mündliche Beratung durchgeführt werden.

6. Eröffnung

177 Der vom Gericht gefällte Entscheid ist den Parteien zu eröffnen, d.h. er ist ihnen *schriftlich mitzuteilen*. Dies kann durch Übergabe in der Verhandlung geschehen oder durch ordnungsgemässe Zustellung (s. Art. 138 ff.; 9 N 23 ff.). Ab diesem Zeitpunkt laufen die Rechtsmittelfristen. Zur Fristberechnung s. Art. 142 f. (9 N 129 ff.).

178 Der Entscheid wird erst mit der Eröffnung definitiv. Bis zu diesem Zeitpunkt kann er daher vom Gericht noch in Wiedererwägung gezogen werden (GULDENER, 363 N 2a; HABSCHEID, N 447). Danach ist eine Abänderung des Entscheids durch das erkennende Gericht nicht mehr zulässig. Vorbehalten bleiben die Wiederherstellung bei Säumnisentscheiden (Art. 148 Abs. 3; s. 9 N 145 ff.) sowie die Erläuterung und Berichtigung (Art. 334).

179 Grundsätzlich sind Entscheide mit einer *Begründung* zu eröffnen (Art. 238 lit. g). Die schriftliche Eröffnung kann jedoch – aus prozessökonomischen Gründen – *auf das Dispositiv beschränkt* werden (SEOB; s. N 165). Bei mündlicher Eröffnung mit Übergabe des Entscheids wird dieser zudem mündlich kurz begründet (Art. 239). In beiden Fällen der Eröffnung im Dispositiv steht den Parteien das Recht zu, innert 10 Tagen seit der Übergabe oder Zustellung des Entscheids eine *schriftliche Begründung* zu verlangen (Art. 239 Abs. 2). Bei im Dispositiv eröffneten Entscheiden der oberen kantonalen Instanz beträgt die Frist der Parteien, um eine Begründung zu verlangen, 30 Tage (Art. 112 Abs. 2 BGG). Die Rechtsmittelfristen laufen für beide Parteien erst ab der Zustellung des begründeten Entscheids. Wird keine Begründung verlangt, fingiert das Gesetz einen Rechtsmittelverzicht (Art. 239 Abs. 2 Satz 2).

§ 36 Rechtskraft

1. Allgemeines

Das Ziel des Zivilprozesses ist eine möglichst rasche und *dauerhafte Wiederherstellung des Rechtsfriedens* (1 N 16). Das Urteil muss daher endgültig und verbindlich sein. Dies bedeutet zweierlei: 180
- die *Unabänderlichkeit* des Urteils (formelle Rechtskraft),
- die *Verbindlichkeit* des Urteils zwischen denselben Parteien (und ihren Rechtsnachfolgern) in späteren Prozessen (materielle Rechtskraft).

Die ZPO enthält bedauerlicherweise keine Bestimmungen über die Rechtskraft. Die Rechtskraft ergibt sich aber aus dem Rechtsmittelsystem, der Vollstreckung und der bisherigen Lehre und Rechtsprechung. 181

2. Formelle Rechtskraft

2.1 Begriff und Bedeutung

Die formelle Rechtskraft beendet die Rechtshängigkeit der Klage. Formelle Rechtskraft bedeutet, dass der Entscheid *nicht mehr mit einem ordentlichen Rechtsmittel* (Berufung) angefochten werden kann (vgl. Art. 315 Abs. 1). Die Beschwerden ans Bundesgericht sind keine ordentlichen Rechtsmittel und hemmen die formelle Rechtskraft deshalb nicht (s. 12 N 17). 182

Die formelle Rechtskraft kann jedoch nachträglich dahinfallen, wenn ein ausserordentliches Rechtsmittel gutgeheissen und der angefochtene Entscheid aufgehoben wird. 183

Die formelle Rechtskraft ist Voraussetzung für die materielle Rechtskraft. 184

2.2 Eintritt der formellen Rechtskraft

Die formelle Rechtskraft tritt ein, wenn der Entscheid nicht mehr mit einem ordentlichen Rechtsmittel angefochten werden kann. *Nicht berufungsfähige Entscheide* erwachsen daher mit der *Eröffnung bzw. Zustellung* (s. N 177 ff.) in Rechtskraft. 185

Urteile, die *mit Berufung anfechtbar* sind, werden formell rechtskräftig: 186
- mit unbenütztem *Ablauf der Rechtsmittelfrist,* wenn keine Berufung erhoben wird;

- mit dem *Eingang des Rückzugs* beim Gericht, wenn Berufung erhoben, aber wieder zurückgezogen wird (STAEHELIN/STAEHELIN/GROLIMUND, § 24 N 7).
- mit dem ausdrücklich erklärten *Verzicht* beider Parteien auf eine Berufung.

187 Die Berufung hemmt die Rechtskraft nur im Umfang der Anträge (Art. 315 Abs. 1 i.V.m. 311). Richtet sich die Berufung daher nur gegen einzelne Punkte des Urteils, so erwächst das Urteil in *Teilrechtskraft,* d.h. die nicht angefochtenen Punkte weden rechtskräftig, die angefochtenen Punkte dagegen noch nicht.

188 Formell rechtskräftig werden Endentscheide und selbständig anfechtbare Zwischenentscheide. *Entscheidsurrogate* (Klageanerkennung, Klagerückzug, Vergleich) beenden den Prozess unmittelbar; sie werden formell rechtskräftig, weil ihnen das Gesetz urteilsgleiche Wirkungen zuschreibt (Art. 241 Abs. 2). *Abschreibungsentscheide* werden deshalb nur hinsichtlich der Kostenfolgen rechtskräftig, da das Verfahren nach der ZPO bereits ohne Entscheid beendet ist (Art. 241 f.). Nicht anfechtbare prozessleitende Entscheide (z.B. Beweisverfügung) werden nicht rechtskräftig und können vom Gericht jederzeit in Wiedererwägung gezogen werden.

2.3 Vollstreckbarkeit

189 Formell rechtskräftige Entscheide sind grundsätzlich vollstreckbar. Eine Ausnahme besteht, wenn gegen ein rechtskräftiges Urteil ein ausserordentliches Rechtsmittel ergriffen und diesem aufschiebende Wirkung erteilt wurde (s. Art. 325 Abs. 1 ZPO; Art. 103 BGG). Bis zum Entscheid der Rechtsmittelinstanz über den Antrag auf aufschiebende Wirkung ist die Sache in einem Schwebezustand, was einer Vollstreckung regelmässig entgegensteht. Auch ein noch nicht rechtskräftiger Entscheid kann ausnahmsweise für vollstreckbar erklärt werden (Art. 315 Abs. 2 ZPO).

2.4 Formelle Rechtskraft im internationalen Verhältnis

190 Im internationalen Verhältnis stellt sich die Frage, ob ein gerichtlicher Entscheid formell rechtskräftig ist, immer nur im Zusammenhang mit der *Vollstreckung*. Das angloamerikanische Recht kennt den Begriff der formellen Rechtskraft nicht.

191 *Ausländische Entscheide* sind *in der Schweiz* vollstreckbar, wenn die ausländische Zuständigkeit begründet war, der Entscheid nicht mehr mit ordentlichen Rechtsmitteln angefochten werden kann und er nicht dem schweizeri-

schen (formellen oder materiellen) ordre public widerspricht (Art. 25 ff. IPRG). Das Staatsvertragsrecht und insbesondere das LugÜ II sehen z.T. erhebliche Vereinfachungen bei der gegenseitigen Anerkennung und Vollstreckung von Entscheiden der Vertragsstaaten vor (s. Art. 32 ff., 38 ff., 53 ff. LugÜ II). Nach Art. 54 LugÜ II muss der Staat, in dem die Entscheidung ergangen ist, auf Antrag eine Vollstreckbarkeitsbescheinigung ausstellen. Wird diese im Vollstreckungsstaat zusammen mit anderen Formalien vorgelegt, muss die Vollstreckung ohne weitere Prüfung durchgeführt werden (vgl. Art. 41 LugÜ II; 13 N 30).

Formell rechtskräftige *schweizerische Entscheide* können *im Ausland* 192
vollstreckt werden, wenn ein vollstreckungsrechtliches Abkommen (z.B. LugÜ II, bilaterales Vollstreckungsabkommen) oder das internationale Privatrecht des Vollstreckungsstaates dies vorsieht. Rechtsschutz ist vor den zuständigen Gerichten des Vollstreckungsstaats zu suchen.

3. Materielle Rechtskraft

3.1 Begriff und Bedeutung

Materielle Rechtskraft (res iudicata, abgeurteilte Sache) bedeutet, 193
dass das Urteil für spätere Prozesse der Parteien und ihrer Rechtsnachfolger *verbindlich* ist.

Das bedeutet zweierlei:

- Eine *identische Klage ist ausgeschlossen* (N 18 ff.). Ihr steht die Bin- 194
dungswirkung der *res iudicata* entgegen, die *von Amtes wegen* zu berücksichtigen ist (Art. 59 Abs. 1 und 2 lit. e). Auch eine entgegengesetzte Klage der beklagten Partei im Erstprozess ist eine identische Klage, welcher die materielle Rechtskraft des ersten Urteils entgegensteht.
- Das Ersturteil ist *präjudiziell für Vorfragen eines Zweitprozesses* mit 195
nicht identischem Streitgegenstand. Beim Entscheid über die spätere Leistungsklage ist das Gericht an das frühere Urteil betreffend die Feststellung des fraglichen Rechtsverhältnisses gebunden.

Beispiel: BGE *116* II 738

Frau S. hatte gegen ihren geschiedenen Ehemann auf Nichtigerklärung eines Gütertrennungsvertrages wegen absichtlicher Täuschung geklagt; diese Klage war abgewiesen worden. Mit einer zweiten Klage klagte sie auf Bezahlung von CHF 3 Mio. Vorschlagsdrittel, wobei sie beantragte, das Gericht habe die Ungültigkeit des Gütertrennungsvertrages festzustellen. Diese Frage war durch die Abweisung der ersten Klage rechtskräftig entschieden und band Parteien und Gericht im zweiten Prozess.

3.2 Rechtskrafttheorien

196 Über die Wirkung der Rechtskraft gibt es – namentlich in der deutschen Doktrin – verschiedene Theorien, nämlich materiellrechtliche, prozessrechtliche und gemischte. Die *materiellrechtliche Rechtskrafttheorie* geht davon aus, dass das materiell rechtskräftige Urteil, das unter Umständen nicht der wahren Rechtslage entspricht, eine *materiellrechtliche (Neu-)Gestaltung der Beziehungen der Parteien* enthält mit der Wirkung, dass das irrtümlich aberkannte Recht erlöscht bzw. das irrtümlich zuerkannte entsteht (vgl. 1 N 34). Diese Theorie wird heute nicht mehr in reiner Form vertreten. In der Schweiz folgen Lehre und Rechtsprechung der *prozessualen Rechtskrafttheorie* (BGE *121* III 474, 476 f. E. 2 m.H.; HABSCHEID, N 475).

197 Das *Wesen der materiellen Rechtskraft* ist demnach *rein prozessual* und besteht in der *Bindung jedes künftigen Gerichts an das Urteil und* im *Ausschluss* jeder neuen Verhandlung und Entscheidung über die bereits beurteilte Rechtsfolge. Eine Neuregelung der Parteibeziehungen ist damit nicht verbunden. Die heute herrschende prozessuale Rechtskrafttheorie beschränkt sich auf diese Bindungswirkung des Gerichts und der Parteien an das Urteil.

198 Die materielle Rechtskraft heisst allerdings für die Parteien, dass sie sich an das Urteil zu halten haben, so dass es für ihre Rechtslage massgebend ist. Über die Richtigkeit oder Unrichtigkeit der Entscheidung wird damit nichts ausgesagt (vgl. D. SCHWANDER, Die objektive Reichweite der materiellen Rechtskraft – Ausgewählte Probleme, Zürich 2002).

3.3 Umfang der materiellen Rechtskraft

199 Die Bindung an ein früheres Urteil bedeutet *Bindung an das Dispositiv*. Zur Feststellung der Bedeutung des Dispositivs und der Identität der Klage, auf welche es sich bezieht, ist aber die Urteilsbegründung heranzuziehen (BGE *121* III 474, 478 E. 4a; *115* II 187, 191; *101* II 378 f.; BGer 4C.314/2004, E. 1.3, 1.4; s. N 26).

«Zwar erwächst der Entscheid nur in jener Form in Rechtskraft, wie er im Urteilsdispositiv zum Ausdruck kommt, doch ergibt sich dessen Tragweite vielfach erst aus einem Beizug der Urteilserwägungen, namentlich im Falle einer Klageabweisung.» (BGE *121* III 478; *123* III 18)

200 Wird die *Verrechnung* einer Gegenforderung mit der eingeklagten Forderung gutgeheissen und die Klage deshalb abgewiesen, so muss sich die materielle Rechtskraft auch auf die verrechnete Forderung beziehen, was sich nur aus den Urteilserwägungen ergibt (GULDENER, 369 Fn. 38).

Genauso muss auch der *die Verrechnungseinrede ablehnende Entscheid* materiell rechtskräftig werden, da das Rechtsschutzinteresse an einer erneuten Beurteilung entfällt. Im Dispositiv findet dieser Entscheid zwar ebenfalls keinen Ausdruck, doch sind die Erwägungen zur Auslegung des Dispositivs heranzuziehen (OGer SH, Amtsbericht 1999 111 ff. = SJZ *2001* 234 ff. Nr. 18; so schon BGE *23* I 774, 781 E. 5; HABSCHEID, N 497; STAEHELIN/STAEHELIN/GROLIMUND, § 24 N 14). 201

3.4 Rechtskraftfähige Entscheide

In anspruchsbezogene materielle Rechtskraft erwachsen *Sachendentscheide* (N 146; BGE *123* III 16, 18 f. E. 2a; *121* III 474, 477 E. 4a; BGer 4C.263/2005, E. 2.1). Ein Sachurteil liegt auch dann vor, wenn die Klage mangels Substanzierung oder mangels Beweis abgewiesen wurde (BGE *116* II 738, 743 f. E. 2; *115* II 187, 189 ff. E. 3a und b). Dasselbe gilt für Säumnisurteile (Art. 234). 202

Teilurteile (d.h. Urteile, die nur über einen Teil des Streitgegenstands entscheiden, weil beispielsweise der andere Teil noch nicht spruchreif ist) erwachsen in Rechtskraft, wenn jener Teil der Klage ursprünglich auch separat hätte eingeklagt werden können, d.h. bei Teilbarkeit des eingeklagten Anspruchs. 203

Sachentscheide aufgrund *beschränkter Kognition* (Entscheide im summarischen Verfahren) können nur für das spätere Gericht mit ebenfalls beschränkter Kognition bindend sein, hingegen grundsätzlich nicht für das Gericht im ordentlichen Verfahren (11 N 236; s. aber BGE *126* III 496). Beim *Rechtsschutz in klaren Fällen* (Art. 257) kommt den Sachentscheiden dagegen umfassende materielle Rechtskraft zu, da die Kognition nicht eingeschränkt ist. Denn bei unklarer Rechts- oder Tatsachenlage ist die Sache ins ordentliche Verfahren zu verweisen (11 N 241 f., 264). 204

Prozessendentscheide (Nichteintretensentscheide) können nur hinsichtlich der beurteilten fehlenden Prozessvoraussetzungen bindend sein (BGE *115* II 187, 189 E. 3a). In Bezug auf die eingeklagten (und nicht beurteilten) materiellen Ansprüche werden Prozessentscheide nicht materiell rechtskräftig (STAEHELIN/STAEHELIN/GROLIMUND, § 24 N 10; vgl. auch BGE *124* III 21, 23 ff. E. 2). 205

Entscheidsurrogate sind in Bezug auf die materielle Rechtskraft Urteilen gleichgestellt (Art. 241 Abs. 2; 9 N 108). Wer die Klage anerkennt, zurückzieht oder einen Vergleich abschliesst, soll daran auch in einem späteren Prozess gebunden sein. Vorbehalten bleibt ein Klagerückzug unter Vorbehalt der Wiedereinbringung, welcher keine Rechtskraftfolge nach sich zieht (vgl. Art. 65; 9 N 109). 206

207 *Nicht* materiell rechtskräftig werden *prozessleitende* Entscheide. Auch Entscheide der *freiwilligen Gerichtsbarkeit* erwachsen nicht in materielle Rechtskraft (Art. 256 Abs. 2; BGE *128* III 318, 321 E. 2.2.1; BGer 4A_640/ 2009, E. 5.2).

3.5 Einzelfragen

3.5.1 Rechtskraft des abweisenden Scheidungsurteils

208 Ist ein gemeinsames Scheidungsbegehren rechtskräftig abgewiesen worden (z.B. weil kein Ehegatte i.S.v. Art. 113 ZGB auf Klage wechseln wollte), so steht einem neuen gemeinsamen Rechtsbegehren keine materielle Rechtskraft entgegen, weil das neue gemeinsame Scheidungsbegehren auf neuen Tatsachen (einer neuen Willensbildung) beruht.

209 Ist eine auf die vorausgehende zweijährige Trennung gestützte Scheidungsklage (Art. 114 ZGB) rechtskräftig abgewiesen worden – weil die Trennung im Zeitpunkt des Eintritts der Rechtshängigkeit noch nicht zwei Jahre andauerte –, so steht einer neuen Klage nach effektiver zweijähriger Trennungszeit keine materielle Rechtskraft entgegen.

210 Wird eine auf Unzumutbarkeit (Art. 115 ZGB) gestützte Scheidungsklage rechtskräftig abgewiesen, so steht einer neuen, auf denselben Scheidungsgrund gestützten Klage keine materielle Rechtskraft entgegen, wenn neue – vor oder nach dem ersten Urteil eingetretene – Tatsachen zur Begründung der Unzumutbarkeit vorgebracht werden, die für sich allein oder zusammen mit den früher geltend gemachten die Unzumutbarkeit begründen können.

211 Zur Teilrechtskraft s. Art. 315 Abs. 1 (N 187); vgl. auch Art. 282 Abs. 2.

3.5.2 Rechtskraft betreibungsrechtlicher Reflexklagen

212 Urteile über betreibungsrechtliche Streitigkeiten, auch solche mit Reflexwirkung auf das materielle Recht (Art. 107 Abs. 5, 108 f., 111 Abs. 5, 140 Abs. 2, 148, 155, 156 Abs. 1, 157 Abs. 4, 214, 242, 250 und 285 ff. SchKG), werden materiell rechtskräftig, entfalten nach der Auffassung des Bundesgerichts aber *nur für das betreffende Betreibungs- oder Konkursverfahren* und die darin strittige Frage (z.B. des privilegierten Pfändungsanschlusses, der Kollokation) *Rechtswirkungen* (BGE *61* III 85 f.; *65* III 30 f.; *98* II 318; SPÜHLER/GEHRI, SchKG I, 20 f.; a.M. GULDENER, Zwangsvollstreckung und Zivilprozess, ZSR 1955 I 19, 43 ff.).

3.5.3 Wirkung des Urteils gegenüber Dritten

Die materielle Rechtskraft bindet die Parteien und ihre Rechtsnachfolger. Aufgrund des materiellen Rechts entfalten jedoch gewisse Urteile auch Wirkungen für Dritte: 213

- *Gestaltungsurteile* wirken gegenüber jedermann, weil sie Rechte begründen, ändern oder aufheben. 214
- Die in *Prozessstandschaft* erstrittenen Urteile sind auch für die Berechtigten/Verpflichteten verbindlich (4 N 42 ff.). 215
- Das Urteil, das eine Forderung gegen eine *Kollektiv- oder Kommanditgesellschaft* zuspricht, ist auch für die Gesellschafter verbindlich, soweit deren solidarische Haftung in Frage steht. 216
- Das Urteil, das eine *Kollokationsklage* des abgewiesenen Gläubigers gegen die Konkursmasse gutheisst, wirkt auch gegen die übrigen Gläubiger (Art. 63 Abs. 3 KOV). 217

3.6 Materielle Rechtskraft im internationalen Verhältnis

218 Ob eine *ausländische Entscheidung* das Gericht und die Parteien eines späteren Verfahrens *in der Schweiz* bindet und eine identische Klage ausschliesst, beurteilt sich nach dem schweizerischem Recht (Art. 59 Abs. 2 lit. e ZPO) und ist *von Amtes wegen* zu berücksichtigen (Art. 59 Abs. 1 ZPO). Massgebend ist dabei, ob die ausländische Entscheidung in der Schweiz *anerkannt* wird (s. Art. 25 ff. IPRG, Art. 32 ff. LugÜ II; vgl. N 136). Durch die Anerkennung erstrecken sich die Wirkungen der ausländischen Entscheidung auf den Anerkennungsstaat. Der *Umfang* der Rechtskraftwirkung in objektiver und subjektiver Hinsicht (z.B. ob die Rechtskraft nur das Urteilsdispositiv oder auch die Erwägungen umfasst) bestimmt sich hingegen nach dem Recht des Entscheidungsstaates (KROPHOLLER, vor Art. 33 N 11).

219 Im Anwendungsbereich des *LugÜ II* bestimmt sich die Identität der Klage *vertragsautonom* (N 32 ff.). Eine erneute Klage über denselben Streitgegenstand ist nach der Rechtsprechung des EuGH unzulässig, wenn sich die Rechtsfolgen gegenseitig ausschliessen. Aus Art. 27 und 33 LugÜ II ergibt sich klar, dass widersprechende Urteile aus verschiedenen Vertragsstaaten verhindert werden sollen (EuGH, 30.11.1976, Rs. 42/76, De Wolf/Harry Cox BV, Ziff. 9 ff.; EuGH, 4.2.1988, Rs. 145/86, Hoffmann/Krieg, Ziff. 22; KROPHOLLER, Art. 32 N 7).

220 Ob die *materielle Rechtskraft schweizerischer Entscheide im Ausland* anerkannt wird und einer erneuten Klage über denselben Streitgegenstand entgegensteht, richtet sich nach dem Staatsvertragsrecht oder dem interna-

tionalen Privatrecht des ausländischen Staates. Umfang und Wirkung der materiellen Rechtskraft schweizerischer Urteile hat die Partei, die sich darauf beruft, dem ausländischen Gericht darzulegen. Im Anwendungsbereich des (revidierten) Lugano-Übereinkommens erfährt das schweizerische Urteil eine Wirkungserstreckung auf den Vertragsstaat, wenn kein Anerkennungshindernis vorliegt (Art. 33 ff. LugÜ II; vgl. 13 N 29).

8. Kapitel: Prozesskosten und unentgeltliche Rechtspflege

§ 37 Prozesskosten

1. Begriff

Die Prozesskosten umfassen die *Gerichtskosten* und die *Parteientschädigung* (Art. 95). 1

Gerichtskosten sind die Kosten des staatlichen Rechtsschutzes (Schlichtungsgebühr, Gerichtsgebühr) zuzüglich Barauslagen des Gerichts für Beweisführung, Übersetzung und Kindesvertretung (s. N 23 ff.). 2

Parteikosten (s. N 40 ff.) sind die den Parteien entstehenden Kosten für ihre Vertretung im gerichtlichen Verfahren. Die unterliegende Partei hat der obsiegenden eine *Parteientschädigung* zu leisten. Diese besteht aus den Anwaltskosten, oder ausnahmsweise einer Umtriebsentschädigung, sowie den notwendigen Auslagen. 3

Gerichtskosten und Parteientschädigungen richten sich nach dem *kantonalen Tarif* des Gerichtsorts (Art. 96). 4

2. Das Kostenproblem im Zivilprozess

2.1 Kostenrisiko

Wer prozessiert, läuft ein erhebliches Kostenrisiko. Die Kosten der staatlichen Rechtspflege werden den Parteien in Form von *Gerichtskosten* auferlegt. Zu Beginn des Prozesses werden von der *klagenden Partei* zudem meist *Vorschüsse* bis zur Höhe der voraussichtlichen Gerichtskosten verlangt (vgl. Art. 98). 5

Die *Kosten der eigenen Rechtsvertretung* haben die Parteien ihrem Anwalt regelmässig vorzuschiessen. Nach Beendigung des Prozesses haben die Parteien nach Massgabe ihres Unterliegens die eigenen Parteikosten zu tragen und die Parteikosten der Gegenpartei zu ersetzen. 6

Die vollständig unterliegende Partei hat daher in der Regel die vollen Gerichtskosten, die Kosten des eigenen Anwalts und die Parteikosten des Prozessgegners zu tragen. Diese Kosten können leicht – namentlich bei kleineren Streitwerten – den Streitwert erreichen oder übersteigen. 7

2.2 Gebot einer erschwinglichen Rechtspflege

8 Der Zugang zu den Gerichten soll durch das Kostenrisiko nicht so erschwert werden, dass der Rechtsweg nicht mehr beschritten wird. Deshalb soll die Rechtspflege erschwinglich bleiben.

9 Die Gerichtsgebühren decken denn auch die Ausgaben des Staates für das Gerichtswesen bei Weitem nicht. In den Kantonen und beim Bund stehen den Ausgaben für die Gerichte in der Regel Einnahmen von maximal einem Viertel der Ausgaben gegenüber (z.B. OGer und BezGer ZH: Ausgaben rund CHF 200 Mio., Einnahmen rund CHF 46 Mio., d.h. 23% [RB OG ZH, 2008 133 ff.]; Bundesgericht: Ausgaben rund CHF 90 Mio., Einnahmen rund CHF 16 Mio., d.h. 18% [Geschäftsbericht 2009, S. 12]).

2.3 Gefährdung des staatlichen Rechtsschutzes

10 Das hohe Kostenrisiko ist eine der Rechtswegbarrieren, welche den Rechtsuchenden von der Verfolgung seiner Rechte auf dem Rechtsweg abhalten können (vgl. 1 N 20). Das ist eine Gefahr für den Rechtsstaat, da der Rechtsuchende

- vor der Wahrnehmung seiner Rechte resigniert,
- versucht ist, zur Selbsthilfe zu greifen,
- das Vertrauen in den staatlichen Rechtsschutz verliert.

2.4 Milderung der Kostenbarriere

2.4.1 Kostenlose Verfahren

11 Aus sozialpolitischen Gründen sind bestimmte Verfahren – wie bisher – kostenlos (Art. 113 f.). Den Parteien dürfen in solchen Verfahren – ausser bei mutwilliger Prozessführung – *keine Gerichtskosten* auferlegt werden. Es sind dies folgende Verfahren:

12 – *arbeitsrechtliche Streitigkeiten* sowie arbeitsvermittlungsrechtliche Streitigkeiten bis zu einem Streitwert der Hauptklage von CHF 30 000.–;
– *Diskriminierungsprozesse* nach Gleichstellungsgesetz und Behindertengleichstellungsgesetz, Streitigkeiten nach dem *Mitwirkungsgesetz* und Streitigkeiten aus *Zusatzversicherung* zur sozialen Krankenversicherung, je ohne Streitwertbegrenzung;

13 – das *Schlichtungsverfahren* vor der Schlichtungsbehörde in *Mietsachen* (vgl. Art. 200) sowie das *Schlichtungsverfahren* bei landwirtschaftlicher

Pacht, nicht aber die entsprechenden Erkenntnisverfahren vor der Schlichtungsbehörde (Art. 212) oder dem Gericht.

Keine Kostenbefreiung besteht bei *mutwilliger oder böswilliger Prozessführung*. Prozessiert eine Partei wider besseres Wissen oder ohne erkennbares Rechtsschutzbedürfnis nur, um der anderen Partei zu schaden, dürfen ihr *Schlichtungs- bzw. Gerichtskosten* auferlegt werden (Art. 115). 14

Die *Kantone* können in ihrer Ausführungsgesetzgebung *weitere Kostenbefreiungen* vorsehen. Insbesondere können sie sich selbst, ihre Gemeinden und öffentlich-rechtliche Körperschaften von den Prozesskosten befreien. In diesem Fall gelten die Kostenbefreiungen im gleichen Umfang auch für den Bund (Art. 116). 15

2.4.2 Keine Parteientschädigung

Im *Schlichtungsverfahren* ist die Zusprechung von Parteientschädigungen generell ausgeschlossen (Art. 113). Vorbehalten bleiben lediglich Fälle bös- oder mutwilliger Prozessführung (Art. 115). Trifft die Schlichtungsbehörde indessen nach Art. 212 ZPO einen Entscheid, kann sie Parteientschädigungen zusprechen und – nach Massgabe von Art. 114 – Gerichtskosten auferlegen. 16

In kostenlosen Erkenntnisverfahren (Art. 114) sind die Parteien lediglich von der Tragung von Gerichtskosten befreit, nicht dagegen von der Bezahlung einer Parteientschädigung an die obsiegende Gegenpartei. Unklar ist, ob das kantonale Recht in solchen Verfahren eine Befreiung auch von der Entschädigungspflicht vorsehen kann (Art. 115 Abs. 1). 17

2.4.3 Kostenverteilung nach Ermessen

Das Gericht kann bei der Verteilung der *Prozesskosten aus Billigkeitsgründen* vom Prinzip des Unterliegens abweichen (Art. 107; s. N 81 ff.). Eine ermessensweise Kostenverteilung kommt namentlich in Betracht bei *Obsiegen im Grundsatz*, wenn die Bezifferung des Anspruchs schwierig war (z.B. im Haftpflichtprozess), wenn sich eine Partei *in guten Treuen* zur Prozessführung veranlasst sah, wenn das Verfahren als *gegenstandslos* abgeschrieben wird, in *familienrechtlichen Verfahren* und bei *ungleichen wirtschaftlichen Verhältnissen* (z.B. Klagen des Aktionärs gegen die AG). 18

Gerichtskosten, die weder von den Parteien noch Dritten veranlasst wurden, sondern z.B. durch (unnötige) Prozesshandlungen des Gerichts, können auf die *Staatskasse* genommen werden (Art. 107 Abs. 2). 19

2.4.4 Unentgeltliche Rechtspflege

20 Unentgeltliche Rechtspflege (d.h. unentgeltliche Prozessführung und unentgeltliche Rechtsverbeiständung) wird nur bei *Mittellosigkeit* der ansprechenden Partei bewilligt. Zudem kommt die unentgeltliche Rechtspflege bei juristischen Personen grundsätzlich nicht in Betracht, da sie nicht bedürftig sein können (BGE *131* II 306, 326 f. E. 5.2; s. N 111).

21 Dieses Institut bringt nicht mittellosen, aber in bescheidenen Verhältnissen lebenden Rechtsuchenden und juristischen Personen keine Hilfe. Sie sind auf eine *Rechtsschutzversicherung* angewiesen, wenn sie die Kostenrisiken eines möglichen Prozesses nicht tragen wollen. Bei grossen Streitwerten und guten Prozessaussichten bieten spezialisierte Versicherer im Einzelfall *Prozessfinanzierungen* gegen einen zu vereinbarenden Gewinnanteil am Prozessergebnis an, was zulässig ist (BGE *131* I 223, 230 ff. E. 4).

22 Um die Prozessführung nach Massgabe der wirtschaftlichen Verhältnisse zu erleichtern, haben andere Staaten ein nach den Einkommens- und Vermögensverhältnissen des Einzelnen abgestuftes System der *Prozesskostenhilfe* geschaffen (vgl. z.B. § 114 ff. dZPO, wo je nach wirtschaftlicher Lage volle Kostenbefreiung, Teilbefreiung oder Zahlung der Kosten in bis zu 48 Monatsraten vorgesehen ist). Im Ergebnis ähnlich wirkt sich die *teilweise Gewährung der unentgeltlichen Rechtspflege* aus (s. Art. 118 Abs. 2; N 119).

3. Gerichtskosten

3.1 Begriff

23 Für die Beanspruchung der Rechtspflege werden den Parteien Gebühren auferlegt, die als *Pauschalgebühren* auszugestalten sind. Es gibt Gebühren für das Schlichtungsverfahren und für das Erkenntnisverfahren (Art. 95 Abs. 2 lit. a, b). Die Pauschalgebühr umfasst sämtlichen Aufwand der Schlichtungsbehörde bzw. des Gerichts, der naturgemäss mit der Rechtspflege verbunden ist, also insbesondere die Kosten für Schlichtung bzw. Rechtsprechung, Schreib- und Kanzleiarbeiten, Kopien, Porti usw.

24 Hinzu kommen lediglich die *Barauslagen* des Gerichtes für das Beweisverfahren (Zeugenentschädigungen, Gutachtenskosten, Augenscheinskosten), Übersetzungen und die Kosten der Kindesvertretung (im eherechtlichen Verfahren der Eltern; Art. 95 Abs. 2 lit. c–e).

25 Im Allgemeinen fliessen die Gerichtskosten in die *Staatskasse*. Vereinzelt fallen sie als *Sporteln* dem Schlichtungsbeamten direkt als Entgelt zu.

3.2 Bemessung

Die *Kantone* erlassen *Tarife* für die Bemessung der Gerichtskosten (Art. 96). Dem verfassungsmässigen Grundsatz der *Gesetzmässigkeit* ist dabei Genüge getan, wenn die Schlichtungs- und Gerichtsgebühren nur dem Grundsatz nach im kantonalen Einführungsgesetz (Gerichtsorganisationsgesetz, Justizgesetz) und die Gebührentarife auf Verordnungsstufe geregelt sind. Neben dem Grundsatz der Gesetzmässigkeit sind durch die Tarife und deren Anwendung auch das *Kostendeckungsprinzip* und das *Äquivalenzprinzip* zu beachten (BGE *106* Ia 249 ff.; A. WURZBURGER, De la constitutionalité des émoluments judiciaire en matière civile, in: FS Poudret, 300 ff.). 26

In summarischen Verfahren nach SchKG richten sich die Gerichtsgebühren allerdings nicht nach dem kantonalen Tarif, sondern nach der *Gebührenverordnung zum SchKG* (Art. 48 ff. GebV SchKG). 27

Die Höhe der Gerichtsgebühren richtet sich nach dem Tarif. Dieser ist regelmässig nach Verfahrensart, Streitwert oder sonstiger Bedeutung des Streites abgestuft. Innerhalb des tariflichen Rahmens setzt das Gericht die Gebühr nach *Ermessen* fest. Es trägt dabei dem *Streitwert* (bei vermögensrechtlichen Streitigkeiten), der *Bedeutung des Prozesses* für die Parteien sowie dem *Umfang des gerichtlichen Aufwands* Rechnung. Für Entscheide ohne schriftliche Begründung und Erledigungen ohne Anspruchsprüfung kann eine Reduktion der Gerichtsgebühr vorgesehen werden. 28

3.3 Gerichtskostenvorschuss

3.3.1 Vorschusspflichtige Partei

Das Gericht kann von der *klagenden Partei* einen Kostenvorschuss *für die Gerichtsgebühren* verlangen (Art. 98). Das gilt auch für diejenige Partei, welche *Widerklage* erhebt. Keine Vorschusspflicht besteht für die beklagte Partei, auch nicht bei doppelseitigen Klagen. 29

Entgegen den meisten bisherigen Prozessordnungen ist eine Kostenvorschusspflicht derjenigen Partei, welche ein *Rechtsmittel* erhebt, in der ZPO nicht ausdrücklich vorgesehen. Zwar erwähnt die Botschaft (S. 7293): «Zum Vorschuss verpflichtet ist die klagende Partei ... sowie die Partei, die ein Rechtsmittel ergreift.» Diese Aussage findet im Gesetzeswortlaut jedoch keine Stütze. Eine analoge Anwendung von Art. 98 i.V.m. 101 auf das Rechtsmittelverfahren verbietet sich u.E., weil Kostenvorschüsse Rechtswegbarrieren darstellen, die einer klaren gesetzlichen Grundlage bedürfen. Diejenige Partei, welche das Rechtsmittel ergreift, kann aber durchaus auch 30 die beklagte Partei sein. Eine extensive Auslegung von Art. 98 auf das Rechtsmittelverfahren ist daher nicht zulässig, auch wenn dies in der Sache wünschbar wäre. Der Mangel kann indessen nur vom Gesetzgeber behoben werden.

3.3.2 Vorschusspflichtige Verfahren

31 *Grundsätzlich* ist in *allen Verfahren* ein Kostenvorschuss zu verlangen. *Kein Kostenvorschuss* ist in kostenlosen Verfahren zu erheben (Art. 113 Abs. 2, 114) oder wenn einer Partei die unentgeltliche Rechtspflege bewilligt wurde (Art. 118). Das kantonale Recht kann weitere Verfahren von der Vorschusspflicht ausnehmen (Art. 116).

32 Art. 98 ist eine *Kann-Vorschrift.* Sie stellt die Vorschusserhebung damit ins pflichtgemässe *Ermessen* des Gerichts. Dieses kann aus Billigkeitserwägungen auf eine Vorschusserhebung verzichten, beispielsweise bei offensichtlich knappen finanziellen Verhältnissen der klagenden Partei (vgl. Botschaft, 7293). Denkbar ist auch, dass das Gericht in ständiger Praxis generell bei bestimmten weiteren Verfahren auf die Erhebung von Kostenvorschüssen verzichtet. Allerdings muss die Befreiung von der Vorschusspflicht stets sachgerecht und rechtsgleich sein.

3.3.3 Höhe des Kostenvorschusses

33 Die Höhe des Kostenvorschusses richtet sich maximal nach den *mutmasslichen Gerichtskosten,* welche nach dem kantonalen Gebührentarif zu bestimmen sind (BGE *124* I 241, 244 E. 4a). Das Gericht kann den Vorschuss jedoch zunächst auch tiefer festsetzen. Unklar ist allerdings, ob je nach Stand des Verfahrens weitere Kostenvorschüsse verlangt werden können. U.E. sollte mit der ersten Kostenvorschussauflage jedenfalls klar zum Ausdruck gebracht werden, wenn damit die mutmasslichen Kosten des Verfahrens noch nicht abgedeckt sind und deshalb weitere Kostenvorschüsse vorbehalten bleiben.

3.3.4 Entscheid

34 Wenn die Voraussetzungen der *unentgeltlichen Rechtspflege* erfüllt sind, ist der klagenden Partei die Vorschusspflicht auf Gesuch hin zu erlassen (Art. 118 Abs. 1 lit. a; s. N 101, 132). Mit der Vorschussauflage ist die Partei nötigenfalls über die unentgeltliche Rechtspflege *aufzuklären* (Art. 97).

Der Entscheid über die Kostenvorschussauflage ist *beschwerdefähig* (Art. 103). Bei *Nichtleistung* des Vorschusses trotz Nachfrist wird auf die Klage nicht eingetreten (Art. 101). 35

3.4 Beweiskostenvorschuss

Für *Barauslagen,* die durch beantragte Beweismassnahmen verursacht werden (Gutachten, Zeugeneinvernahmen, Augenschein), hat das Gericht von der beweisführenden Partei einen Vorschuss (sog. Beweiskostenvorschuss; Art. 102 i.V.m. 95 Abs. 2 lit. c) zu verlangen. Bei Nichtleistung des Kostenvorschusses unterbleibt die beantragte vorschusspflichtige Beweismassnahme. Eine Nachfristansetzung ist nicht vorgesehen. 36

Wird ein *Beweismittel von beiden Parteien* beantragt (z.B. ein Gutachten), hat jede Partei die Hälfte der mutmasslichen Kosten vorzuschiessen. Ist eine Partei mit der Bezahlung ihrer Hälfte säumig, kann die andere Partei die zweite Hälfte vorschiessen, um die Abnahme des Beweismittels doch noch zu erwirken. 37

Soweit allerdings die uneingeschränkte *Untersuchungsmaxime* gilt (Art. 296 Abs. 1), darf die Beweisabnahme jedenfalls zugunsten der dadurch bevorzugten Partei nicht von der Leistung eines Kostenvorschusses abhängig gemacht werden (s. 10 N 38, 295; 11 N 387; vgl. BGer 5C.73/2004 E. 2; BGE *109* II 195, 198 E. 2–3; O. VOGEL, Der Richter erforscht den Sachverhalt von Amtes wegen, recht *1985* 64). 38

Der Entscheid über den Beweiskostenvorschuss erscheint *beschwerdefähig* (Art. 103), auch wenn die Beweisverfügung selbst nicht beschwerdefähig ist. 39

4. Parteikosten und Parteientschädigung

4.1 Begriff

Parteikosten sind die jeder Partei im Prozess entstandenen Kosten, nämlich ihre Anwaltskosten und ihre eigenen Kosten für Umtriebe und Auslagen. 40

Der obsiegenden Partei ist auf Antrag eine *Entschädigung für ihre Parteikosten* zuzusprechen (s. N 72). Diese umfasst die Anwaltskosten und die notwendigen Auslagen (z.B. Reise- und Telefonspesen). Anspruch auf eine angemessene Umtriebsentschädigung hat nur eine nicht anwaltlich vertretene Partei (Art. 95 Abs. 3), namentlich als Ausgleich für einen ihr entstandenen Erwerbsausfall (vgl. Botschaft, 7293). 41

4.2 Bemessung

42 Die *Kantone* haben nicht nur für die Gerichtskosten, sondern auch für die Bemessung der Parteientschädigung einen *Tarif* zu erlassen (Art. 96). Der Tarif ist in der Regel nach Streitwert abgestuft und trägt auch dem geleisteten Aufwand und teilweise der Qualität der Arbeit Rechnung (vgl. z.B. Reglement über die Parteientschädigung und die Entschädigung für die amtliche Vertretung im Verfahren vor dem Bundesgericht vom 31. März 2006 [SR 173.110.210.3]).

43 Ob eine Entschädigung ausschliesslich nach Stundenaufwand, wie sie in einzelnen Kantonen bisher üblich war (z.B. SH), weiterhin zulässig ist, erscheint fraglich. Das Gesetz sieht einen kantonalen «Tarif» vor. Damit wird im Sinne der Vereinheitlichung des Zivilprozessrechts auch eine Vereinheitlichung der Bemessungsgrundlagen und die Abschätzbarkeit der zu erwartenden Prozesskosten angestrebt. Der Gesetzgeber hat nur deshalb auf die Festsetzung eines bundesrechtlichen Tarifs verzichtet, um die Tarifhoheit weiterhin den Kantonen zu überlassen und den verschiedenen Kostenstrukturen in den Kantonen besser Rechnung zu tragen (Botschaft, 7292). U.E. ist zur *Berechenbarkeit der Prozesskosten* mindestens ein gespaltener Tarif nach Streitwert und Stundenaufwand nötig. Ansonsten kann das Gericht der ihm auferlegten Aufklärungspflicht über die *Prozess*kosten – und nicht nur über die Gerichtskosten – nicht genügend nachkommen (vgl. Art. 97).

44 Die *Höhe der Parteientschädigung* setzt das Gericht im Rahmen des kantonalen Tarifs des Gerichtsorts – und nicht etwa des Ortes der Anwaltskanzlei – nach *Ermessen* fest. Es berücksichtigt dabei die nach kantonalem Recht massgebenden Kriterien. Zur Bemessung der Parteientschädigung kann dem Gericht eine *Kostennote* eingereicht werden (Art. 105 Abs. 2).

45 Für die Bemessung der Parteientschädigung, namentlich für die Anwaltskosten, wird regelmässig auf den *Streitwert,* das Interesse der Parteien, die Bedeutung und *Schwierigkeit* des Prozesses, den *anwaltlichen Aufwand* und weitere Umstände, wie Nacht- und Sonntagsarbeit, abgestellt. Entschädigungspflichtig ist nur der für den Prozess *erforderliche Aufwand* für mindestens zweckmässige anwaltliche Vorkehren. Übertriebener Aufwand, den die entschädigungspflichtige Partei nicht zu vertreten hat, ist nicht zu vergüten (Art. 105 Abs. 2).

46 Die Parteientschädigung berührt das *Mandatsverhältnis* zwischen Anwalt und Klient grundsätzlich nicht, sofern sie nicht etwas anderes vereinbart haben. Häufig wird für das Mandat ausdrücklich oder konkludent ein Honorar nach Stundenaufwand vereinbart. Anwaltstarife oder Empfehlungen der kantonalen Anwaltsverbände sind aufgrund des Kartellrechts schon seit Längerem nicht mehr zulässig. Die Parteientschädigung kann tiefer oder höher ausfallen als das vereinbarte Honorar.

4.3 Sicherheitsleistung

4.3.1 Begriff

Als Sicherheitsleistung (Prozesskaution, cautio iudicatum solvi) wird die *Sicherstellung* einer allfälligen *Forderung der Gegenpartei auf Ersatz ihrer Parteikosten* bezeichnet. 47

4.3.2 Gesuch der beklagten Partei

Eine Sicherheitsleistung setzt ein entsprechendes Gesuch der beklagten Partei voraus. Das Gericht kann die Sicherheitsleistung nicht von Amtes wegen anordnen (s. Art. 99 Abs. 1). Die beklagte Partei hat ihren Antrag auf Sicherheitsleistung zu beziffern und zu begründen. Dabei ist mindestens ein Sicherstellungsgrund nach Art. 99 Abs. 1 glaubhaft zu machen. Vorausgesetzt ist zudem, dass ein mutmasslicher Anspruch auf Parteientschädigung besteht, d.h. dass die Partei im Hauptverfahren rechtzeitig einen Antrag auf Parteientschädigung gestellt hat (vgl. Art. 58 Abs. 1). 48

4.3.3 Sicherstellungspflichtige Partei

Sicherstellungspflichtig ist nur die *klagende Partei.* Das gilt auch für die Partei, welche *Widerklage* erhebt, für den Anspruch der Gegenpartei auf Parteientschädigung für den mit der Widerklage verbundenen Aufwand. Mangels klarer gesetzlicher Grundlage kann die Bestimmung u.E. aber nicht analog auf diejenige Partei, welche ein Rechtsmittel erhebt, angewendet werden (s. dazu N 30). Nicht sicherstellungspflichtig ist die *beklagte Partei.* 49

4.3.4 Sicherstellungspflichtige Verfahren

Eine Sicherstellungspflicht besteht bei Vorliegen der Voraussetzungen in allen Verfahren, sofern sie nicht gemäss Art. 99 Abs. 2 aus sozialpolitischen Gründen oder aufgrund der summarischen Art von der Sicherstellungspflicht generell ausgenommen sind. *Keine Sicherheit* ist daher zu leisten in *Scheidungsverfahren,* in *summarischen Verfahren* mit Ausnahme des Rechtsschutzes in klaren Fällen nach Art. 257 sowie in *vereinfachten Verfahren,* wenn sie *nicht allgemein vermögensrechtlicher Natur* nach Art. 243 Abs. 1 sind. 50

Die Sicherstellungspflicht entfällt auch in allen anderen Verfahren, wenn ein Gesuch um *unentgeltliche Rechtspflege* begründet ist (Art. 118 Abs. 1 lit. a; N 101, 132). 51

4.3.5 Sicherstellungsgrund

4.3.5.1 Allgemeines

52 Den Sicherstellungsgründen in Art. 99 Abs. 1 gemeinsam ist, dass die *künftige Vollstreckung* einer allfälligen Forderung auf Ersatz der Parteikosten *gefährdet* ist. Die im Gesetz genannten Sicherstellungsgründe sind abschliessend und aufgrund ihrer rechtswegbeschränkenden Natur eher restriktiv auszulegen.

53 Bei notwendiger Streitgenossenschaft besteht eine Sicherstellungspflicht nur, wenn bei *allen Streitgenossen* ein Sicherstellungsgrund gegeben ist (Art. 99 Abs. 2), da Streitgenossen für die Prozesskosten grundsätzlich solidarisch haften (vgl. Art. 106 Abs. 3).

4.3.5.2 Kein Wohnsitz oder Sitz in der Schweiz

54 Der Sicherstellungsgrund des fehlenden Wohnsitzes oder Sitzes in der Schweiz (Art. 99 Abs. 1 lit. a) kann schon bei Rechtshängigkeit bestehen oder im Verlaufe des Verfahrens bei einem Wegzug der klagenden Partei eintreten und bei einem Zuzug wieder entfallen. Zu beachten ist allerdings, dass wegen eines ausländischen Wohnsitzes oder Sitzes eine Sicherstellungspflicht nur auferlegt werden kann, sofern dem nicht *internationale Übereinkommen* oder *bilaterale Staatsverträge* entgegenstehen.

55 Nach Art. 17 des *Haager Übereinkommens* betreffend Zivilprozessrecht vom 1. März 1954 (HÜ54; SR 0.274.12) darf Angehörigen eines Vertragsstaats, die in irgendeinem Vertragsstaat Wohnsitz haben, nicht wegen ihrer Eigenschaft als ausländische Staatsangehörige oder wegen ihres ausländischen Wohnsitzes von den Gerichten eines anderen Vertragsstaats eine Sicherheitsleistung auferlegt werden. Nach Art. 14 des Haager Überereinkommens über den internationalen Zugang zur Rechtspflege vom 25. Oktober 1980 (HÜ80; SR 0.274.133) wird die Befreiung von der Sicherheitsleistung auf alle natürlichen und juristischen Personen mit gewöhnlichem Aufenthalt in einem Vertragsstaat ausgedehnt. Verlangt wird nach den Haager Übereinkommen aber lediglich die *Gleichstellung* mit den inländischen Staatsangehörigen bzw. im Inland wohnhaften Personen. Soweit diese aufgrund von Art. 99 Abs. 1 lit. b–d sicherstellungspflichtig sind, kann eine Sicherheitsleistung auch von Personen mit Wohnsitz in einem Vertragsstaat verlangt werden.

56 Verschiedene von der Schweiz abgeschlossene *bilaterale Staatsverträge* enthalten ähnliche Regelungen oder erklären die Grundsätze der Haager Übereinkommen für anwendbar: Vgl. z.B. die Erklärung zwischen der Schweiz und Estland vom 29. Oktober 1926 über die gegenseitige Anwendung der Haager Übereinkunft betreffend Zivilprozessrecht (SR 0.274.187.721; für weitere

Hinweise s. FRANK/STRÄULI/MESSMER, § 73 N 13 ff.). Dagegen stellt Art. I des Vertrages zwischen der Schweizerischen Eidgenossenschaft und den Vereinigten Staaten von Nordamerika vom 25. November 1850 (SR 0.142.113.361) nur auf die Staatsangehörigkeit ab, weshalb eine Sicherheitsleistung wegen eines ausländischen Wohnsitzes oder Sitzes in den USA möglich bleibt (BGE *121* I 108 ff.).

Art. 99 Abs. 1 lit. a kann mithin nur im Verhältnis zu Personen angewendet werden, die aufgrund ihres Wohnsitzes oder Sitzes im Ausland nicht durch eine staatsvertragliche Regelung vor der Kautionspflicht geschützt sind. 57

4.3.5.3 Zahlungsunfähigkeit

Der Begriff der Zahlungsunfähigkeit wird in Art. 99 Abs. 1 lit. b generell und durch die *exemplarische Aufzählung* von Einzeltatbeständen umschrieben. Demnach ist Zahlungsunfähigkeit namentlich gegeben, wenn über die beklagte Partei der Konkurs eröffnet wurde, sie sich im Nachlassverfahren befindet oder Verlustscheine gegen sie bestehen. Aufgrund der nicht abschliessenden Aufzählung fallen darunter auch *vergleichbare Institute ausländischer Zwangsvollstreckungsverfahren.* 58

Bei Zahlungsunfähigkeit dürften bei natürlichen Personen in der Regel die finanziellen Voraussetzungen der *unentgeltlichen Prozessführung* erfüllt sein, womit die beklagte Partei, wenn sie ein entsprechendes Gesuch stellt und der Prozess nicht von vornherein als mutwillig oder aussichtslos erscheint, von der Sicherstellung entlastet wird (Art. 118 Abs. 1 lit. a). 59

Umstritten ist in der Lehre, ob die klagende *Konkursmasse* sicherstellungspflichtig ist, wenn das Prozessrecht – wie hier – keine ausdrückliche Regelung enthält. Die herrschende Lehre steht einer Sicherstellungspflicht der (inländischen) Konkursmasse zu Recht ablehnend gegenüber (GULDENER, 409 Fn. 29; STAEHELIN/STAEHELIN/GROLIMUND, § 16 N 26; FRANK/STRÄULI/MESSMER, § 73 N 40; a.M. Botschaft, 7294). Sicherstellungspflichten sind restriktiv auszulegen, da sie die Rechtsdurchsetzung allgemein und konkret die Verfolgung von Masseansprüchen erschweren. Allein aus der Tatsache, dass es sich um eine Konkursmasse handelt, kann noch nicht auf Zahlungsunfähigkeit oder Anspruchsgefährdung geschlossen werden. Da Prozesskosten Masseschulden sind, besteht bei einer Konkursmasse zudem kaum Gefahr, dass die Gegenpartei zu Verlust kommt. Reichen die Aktiven der Konkursmasse zur Deckung der Prozesskosten nicht aus, so sind die Kosten von den Konkursgläubigern der Konkursverwaltung vorzuschiessen (Art. 230 f. SchKG; GULDENER, 409 Fn. 29). 60

4.3.5.4 Prozesskostenschulden

61 Unter den Begriff der *Prozesskostenschulden* (Art. 99 Abs. 1 lit. c) fallen noch offene Gerichtskosten sowie nachweislich noch nicht bezahlte, in früheren Verfahren zugesprochene Parteientschädigungen. Nicht massgebend ist, ob Zahlungsverzug vorliegt oder eine Stundung gewährt wurde. Entscheidend ist allein die Tatsache, dass die Kosten geschuldet und noch nicht bezahlt sind.

4.3.5.5 Erhebliche Gefährdung der Parteientschädigung

62 Art. 99 Abs. 1 lit. d ist ein Auffangtatbestand. Die Gefährdung der Vollstreckung einer allenfalls zuzusprechenden Parteientschädigung muss aufgrund konkreter Anhaltspunkte erheblich sein. Darunter fallen die *offenkundige Mittellosigkeit* ebenso wie *intransparente Einkommens- und Vermögensverhältnisse,* welche die Begleichung offener Schulden ins Belieben der verpflichteten Person stellen. Im Unterschied zur Zahlungsunfähigkeit ist nicht erforderlich, dass sich die klagende Partei bereits in Zahlungsschwierigkeiten befindet.

4.3.6 Art und Höhe der Sicherheitsleistung

63 Die Sicherstellung kann nur in *bar* (auf ein vom Gericht bezeichnetes Konto) oder durch *Garantie* einer in der Schweiz niedergelassenen *Bank* oder einer in der Schweiz zugelassenen *Versicherung* geleistet werden (Art. 100 Abs. 1). Andere Sicherstellungsmittel, wie die Hinterlegung von Wertschriften oder die Bürgschaft einer Person, sind – da zu unbestimmt – nicht vorgesehen und deshalb keine zulässigen Sicherheiten.

64 Die *Höhe* der Sicherheitsleistung richtet sich nach der Höhe der *mutmasslichen Parteientschädigung* entsprechend dem Tarif. Eine Kostennote über den bisher aufgelaufenen Aufwand kann eingereicht werden (vgl. Art. 105 Abs. 2). Sind in einem weit fortgeschrittenen Prozess die Prozessaussichten bereits absehbar, z.B. dass die klagende Partei mehrheitlich obsiegen wird, so kann dies u.E. ebenfalls berücksichtigt werden, da mit einer Parteientschädigung diesfalls nicht zu rechnen ist.

65 Die *nachträgliche Erhöhung, Reduktion oder Aufhebung* der Sicherheitsleistung ist auf Antrag einer Partei und unter Wahrung des rechtlichen Gehörs der Gegenpartei möglich (Art. 100 Abs. 2).

4.3.7 Verfahren und Entscheid

Die beklagte Partei hat ein *beziffertes und begründetes Gesuch* um Sicherheitsleistung einzureichen und die Tatsachen betreffend den Sicherstellungsgrund glaubhaft zu machen (N 48). Der klagenden Partei hat das Gericht Gelegenheit zur *Stellungnahme* zu gewähren. Da es sich bei der Sicherstellungspflicht um eine Prozessvoraussetzung handelt, hat das Gericht die massgebenden Tatsachen nötigenfalls von Amtes wegen abzuklären, wobei die Parteien eine Mitwirkungspflicht trifft (Art. 160). Der Entscheid des Gerichts über die Sicherheitsleistung ist *beschwerdefähig* (Art. 103). 66

Die Auflage zur Sicherheitsleistung ergeht an die klagende Partei unter Ansetzung einer *Zahlungsfrist* (Art. 101 Abs. 1). Zugleich ist sie auf die möglichen Arten der Sicherheitsleistung hinzuweisen (Art. 100 Abs. 1) und auf die Bestimmungen über die unentgeltliche Rechtspflege aufmerksam zu machen (Art. 97). Bei Nichtleistung der Sicherheit ist ihr eine *Nachfrist* anzusetzen mit dem Hinweis, dass im Falle der Nichtleistung auf die Klage nicht eingetreten würde (s. Art. 101 Abs. 3). Wird auf Gesuch hin die unentgeltliche Prozessführung bewilligt, entfällt die Sicherstellungspflicht (Art. 118 Abs. 1 lit. a). 67

5. Verteilung und Liquidation der Prozesskosten

5.1 Entscheid über die Prozesskosten

Das Gericht entscheidet über die Kosten- und Entschädigungsfolgen in der Regel mit dem *Endentscheid* (Art. 104 Abs. 1). 68

Von diesem Grundsatz sieht das Gesetz *drei Ausnahmen* vor (Art. 104 Abs. 2–4): 69

- Bei *Zwischenentscheiden* über formelle oder materielle Vorfragen können die bis dahin aufgelaufenen Prozesskosten bereits verlegt werden.
- Bei Entscheiden über *vorsorgliche Massnahmen* können die Prozesskosten nach Ausgang des Massnahmeverfahrens verlegt oder bei der Hauptsache belassen werden.
- Bei *Rückweisungsentscheiden* der oberen Instanz (z.B. zur Durchführung eines Beweisverfahrens) kann die *Verteilung* der Kosten- und Entschädigungsfolgen des Rechtsmittelverfahrens dem Entscheid des erstinstanzlichen Gerichts überlassen werden, um diese ausgangsgemäss zu verteilen. Hingegen hat das obere Gericht die Kosten des Rechtsmittelverfahrens bereits festzusetzen. 70

Ob diese Aufzählung von Ausnahmen abschliessend oder *exemplarisch* ist, ist unklar. U.E. lässt die Regel-Umschreibung in Abs. 1 Raum für weite- 71 re begründete Ausnahmen. So erscheint es insbesondere angebracht, von einer Partei *unnötig verursachte Kosten,* z.B. bei Ordnungsbussen, sofort zu verlegen.

72 Das Gericht entscheidet über die Verteilung der *Gerichtskosten von Amtes wegen* (Art. 105 Abs. 1). Eine *Parteientschädigung* wird – entsprechend der Dispositionsmaxime – indessen *nur auf Antrag* hin festgesetzt (Botschaft, 7296). Die Gerichtskosten und die Parteientschädigung der obsiegenden Partei werden aufgrund des kantonalen Tarifs nach Ermessen festgesetzt (s. N 26 ff., 42 ff.). Die Parteien können dem Gericht zur Festsetzung der Parteientschädigung, namentlich zur Beurteilung des entstandenen Aufwands, eine Kostennote ihres Anwalts einreichen (Art. 105 Abs. 2).

73 In *kostenlosen Verfahren* werden keine Gerichtskosten auferlegt, die Parteientschädigung an die obsiegende Partei bleibt davon aber unberührt (N 17).

74 Wird nur der Kostenentscheid angefochten, so ist – unabhängig vom zulässigen Rechtsmittel in der Hauptsache – *Beschwerde* zu erheben (Art. 110).

5.2 Verteilungsgrundsätze

5.2.1 Regel: Prinzip des Unterliegens

75 Die Prozesskosten werden den Parteien nach dem *Ausmass ihres Unterliegens im Prozess* auferlegt (Art. 106 Abs. 2). Das Unterliegen bestimmt sich nach dem Verhältnis zwischen dem Urteilsdispositiv und dem Rechtsbegehren der Partei.

76 Die klagende Partei unterliegt vollständig, wenn auf die Klage nicht eingetreten, diese zurückgezogen oder sie abgewiesen wird. Die beklagte Partei unterliegt vollständig, wenn die Klage gutgeheissen wird oder sie die Klage anerkennt (Art. 106 Abs. 1). Bei teilweisem Unterliegen werden die *Gerichtskosten* im Verhältnis des jeweiligen Unterliegens auf die Parteien verteilt. Im gleichen Verhältnis haben die Parteien auch die *Parteikosten* zu tragen.

77 Bei der Bemessung der *Parteientschädigung* ist zu berücksichtigen, dass jede Partei die andere nach dem Masse ihres Unterliegens zu entschädigen hat. Unterliegen beide Parteien teilweise, so sind die gegenseitigen Entschädigungspflichten einander in Bruchteilen gegenüberzustellen und zu verrechnen. Der überwiegend obsiegenden Partei wird dann eine Entschädigung im Umfang des Saldos aus der Bruchteilsverrechnung zugesprochen. Hat jede Partei zur Hälfte obsiegt, hat daher jede Partei ihre Parteikosten selbst zu tragen. Es sind keine Parteientschädigungen zuzusprechen.

Beispiel: Die Klägerin obsiegt zu rund 4/5, die Beklagte zu rund 1/5. 78
Die Gerichtskosten sind der Klägerin daher zu 1/5 und der Beklagten zu 4/5 aufzuerlegen. Die Beklagte hat die Klägerin zudem im Umfang von 3/5 (= 4/5 – 1/5) ihrer berechtigten Anwaltskosten zu entschädigen.

In einem Prozess mit *Widerklage* wird das Mass des Unterliegens einer 79
Partei ermittelt, indem die Summe der Rechtsbegehren aus Klage und Widerklage zur Summe des Unterliegens bei Klage und Widerklage jeder Partei ins Verhältnis gesetzt wird.

Eine *Vereinbarung* der Parteien über die Kostentragung ist für das Ge- 80
richt nicht verbindlich. Lediglich im Vergleich bindet die Kostenregelung das Gericht, soweit dadurch die Staatskasse nicht benachteiligt wird (Art. 109 Abs. 1 und 2 lit. b).

5.2.2 Ausnahmen

5.2.2.1 Kostenverteilung nach Ermessen

Das Gericht *kann* bei der Verteilung der Prozesskosten *aus Bil-* 81
ligkeitsgründen vom Prinzip des Unterliegens abweichen. Art. 107 Abs. 1 sieht eine Reihe von Ausnahmen und einen Auffangtatbestand vor, wenn eine ausgangsgemässe Kostenverteilung im Einzelfall, aufgrund der Verfahrensart oder der Fallkonstellation als unbillig erscheint.

War die *genaue Bezifferung* des Anspruchs für die klagende Partei 82
schwierig und hat sie *im Grundsatz obsiegt* (z.B. im Haftpflichtprozess), so kann von der Regel abgewichen werden (lit. a). Dasselbe gilt, wenn sich die unterliegende Partei *in guten Treuen* zur Prozessführung veranlasst sah, z.B. aufgrund ständiger Rechtsprechung, die ausgerechnet in diesem Fall geändert wurde, oder aufgrund eines treuwidrigen vorprozessualen Verhaltens der Gegenpartei (lit. b).

In *familienrechtlichen Verfahren* und in Verfahren bei eingetragener 83
Partnerschaft (lit. c und d) rechtfertigt sich eine ermessensweise Kostenverteilung v.a. bei stark unterschiedlicher Leistungsfähigkeit der Parteien oder wenn überwiegend nichtvermögensrechtliche Punkte (z.B. Kinderzuteilung und persönlicher Verkehr) streitig sind.

Bei *Gegenstandslosigkeit* der Klage sind die Kosten- und Entschädi- 84
gungsfolgen nach *Ermessen des Gerichts* festzusetzen, wenn das Gesetz nichts anderes vorsieht (lit. e). Eine hälftige Kostenverteilung sieht Art. 234 Abs. 2 vor. In der Gerichtspraxis haben sich *verschiedene Kriterien* herausgebildet, nach denen die Kosten eines gegenstandslos gewordenen Verfahrens zu verteilen sind. Danach berücksichtigt das Gericht je nach der Lage des Einzelfalls, welche Partei das Verfahren *veranlasst* hat, welche Partei im Falle einer materiellen Entscheidung *mutmasslich obsiegt* hätte bzw. unter-

legen wäre und bei welcher Partei die Gründe eingetreten sind, die dazu geführt haben, dass das Verfahren *gegenstandslos* geworden ist. Eine Rangordnung der verschiedenen Kriterien gibt es nicht; je nach den Verhältnissen des einzelnen Falles ist die angemessene Lösung zu treffen (FRANK/STRÄULI/MESSMER, § 65 N 1; GULDENER, 406 Fn. 6b). Sofern der Verfahrensstand eine klare Aussage über den voraussichtlichen Prozessausgang zulässt, steht dieses Kriterium regelmässig im Vordergrund. Wenn hingegen eine beklagte Aktiengesellschaft untergegangen und im Handelsregister gelöscht ist und das Verfahren deswegen als gegenstandslos abgeschrieben wird, bleiben die Kosten letztlich an der Klägerin als (formaler) Veranlasserin des Verfahrens hängen; denn eine Kostenauflage an die untergegangene Beklagte kommt in diesem Fall nicht mehr in Betracht (ZR *1977* Nr. 125 E. 5; *1976* Nr. 89).

85 Als Auffangtatbestand nennt lit. f *«andere besondere Umstände»,* die eine ausgangsgemässe Kostenverteilung als unbillig erscheinen lassen. Darunter fallen insbesondere sehr *ungleiche wirtschaftliche Verhältnisse,* wie sie z.B. bei Klagen des Aktionärs auf *Anfechtung von Generalversammlungsbeschlüssen* der Aktiengesellschaft (Art. 706a OR) oder *Verantwortlichkeitsklagen* des Aktionärs gegen den Verwaltungsrat einer Aktiengesellschaft (Art. 756 OR) vorliegen. Da sich bei diesen Klagen der Streitwert nach dem *Gesamtinteresse der Gesellschaft* bestimmt, sah zur Milderung der Kostenrisiken des Aktionärs das OR bisher schon eine Kostenverteilung nach Ermessen vor (aArt. 706a Abs. 3, aArt. 756 Abs. 2 OR; vgl. VOCK, 160 ff.). Nach dem nun aufgehobenen aArt. 756 Abs. 2 OR konnte bei einer Verantwortlichkeitsklage des Aktionärs auch die *nicht als Partei beteiligte Gesellschaft* zur Kostentragung herangezogen werden. Dies scheint nach der Aufhebung dieser Bestimmung nicht mehr möglich, wenn die Gesellschaft nicht Partei ist. Aus Art. 759 Abs. 2 OR, wonach mehrere Verantwortliche für den Gesamtschaden «gemeinsam» eingeklagt werden können, wurde zudem abgeleitet, dass der klagende Aktionär im Falle des Unterliegens grundsätzlich nur *eine* Parteientschädigung zu leisten hat (BGE *122* III 324 ff.). Wenn die beklagten Verantwortlichen hingegen in einem Interessenkonflikt stehen, der den Beizug mehrerer Anwälte rechtfertigt, besteht ein Anspruch auf mehrere Parteientschädigungen (BGE *125* III 138 ff.). Das Kostenrisiko bleibt daher für den Kleinaktionär gleichwohl unermesslich hoch.

86 Wurden Kosten weder von den Parteien noch Dritten veranlasst, können die Gerichtskosten auf die *Staatskasse* genommen werden (Art. 107 Abs. 2).

5.2.2.2 Kostenverteilung bei Vergleich

87 Bei einem *Vergleich* werden die Prozesskosten grundsätzlich entsprechend der Vereinbarung verlegt. Soweit der Vergleich keine Kostenregelung enthält oder diese zu Lasten der unentgeltlich prozessierenden Partei

und damit zu Lasten der Staatskasse geht, werden die Kosten nach den allgemeinen Regeln von Art. 106–108 verteilt.

5.2.2.3 *Unnötige Prozesskosten*

Unnötige Prozesskosten werden den Parteien oder Dritten (z.B. Rechtsbeistand, Zeugen, Gutachtern) nach dem *Verursacherprinzip* auferlegt (Art. 108). 88

Dritten können Kosten auferlegt werden, die sie schuldhaft verursacht haben (z.B. als falsus procurator, als nicht erscheinender Zeuge, für ungebührliche Rechtsschriften eines Anwalts). 89

Kosten, die weder von einer Partei noch von einer Drittperson (sondern vom Gericht unnötig) veranlasst wurden, können aus Billigkeitsgründen auf die Staatskasse genommen werden (Art. 107 Abs. 2). 90

5.2.3 Kostenhaftung

Für die Kosten haftet die Partei, der sie auferlegt wurden. Sind auf Kläger- oder Beklagtenseite *mehrere Haupt- oder Nebenparteien* beteiligt, so bestimmt das Gericht ihren jeweiligen Anteil an den Prozesskosten. Es kann auf solidarische Haftung erkennen (Art. 106 Abs. 3). 91

5.3 Liquidation der Prozesskosten

Die *Gerichtskosten* werden mit den geleisteten *Vorschüssen* verrechnet, unabhängig davon, welche Partei – die obsiegende oder die unterliegende – die betreffenden Vorschüsse bezahlt hat. Der Kanton muss somit von der kostenpflichtigen Partei nur noch den Betrag nachfordern, der mit den Vorschüssen noch nicht gedeckt ist (Art. 111 Abs. 1; Botschaft, 7299). 92

Die kostenpflichtige Partei hat der anderen Partei allenfalls die geleisteten Vorschüsse zu ersetzen sowie die zugesprochene *Parteientschädigung* zu bezahlen (Art. 111 Abs. 2). 93

Beispiel 1: A klagt gegen B eine Forderung von CHF 75 000.– ein. A muss einen Gerichtskostenvorschuss von CHF 10 000.– bezahlen. Schliesslich *obsiegt A* vollständig. 94

Die Gerichtskosten von CHF 12 000.– werden B auferlegt. Zudem wird B verpflichtet, A eine Parteientschädigung von 15 000.– zu bezahlen.

Das Gericht fordert deshalb CHF 2000.– Gerichtskosten von B ein. A hat gegenüber B einen Anspruch auf CHF 100 000.– (CHF 75 000.– Forderungsbetrag, CHF 10 000.– Gerichtskostenvorschuss, CHF 15 000.– Parteientschädigung).

Beispiel 2: A klagt gegen B eine Forderung von CHF 75 000.– ein. A muss einen Gerichtskostenvorschuss von CHF 10 000.– bezahlen. *B obsiegt* schliesslich vollständig, die Klage wird abgewiesen.

Die Gerichtskosten von CHF 12 000.– werden A auferlegt. Zudem wird A verpflichtet, B eine Parteientschädigung von 15 000.– zu bezahlen.

Das Gericht fordert noch CHF 2000.– Gerichtskosten von A nach. B hat gegenüber A einen Anspruch auf CHF 15 000.– Parteientschädigung.

95 Die *klagende Partei trägt* das *Inkassorisiko.* Sie hat dieses deshalb beim Entscheid, ob sie klagen will oder nicht, einzukalkulieren. Sie kann dazu auch die Bonität der beklagten Partei vorher abklären. Die beklagte Partei kann für eine gefährdete Parteientschädigung rechtzeitig eine Sicherheit beantragen (Art. 99).

96 Zur Liquidation der Prozesskosten bei *unentgeltlicher Rechtspflege* s. Art. 122 (N 142 ff.).

5.4 Inkasso der Gerichtskosten

97 Die Gerichtskosten können *gestundet* werden. Bei dauernder Mittellosigkeit können sie auch nachträglich *erlassen* werden (Art. 112 Abs. 1). Stundung und Erlass setzen ein *Gesuch* der betreffenden Partei bei der nach kantonalem Recht zuständigen Behörde voraus. Dabei muss es sich nicht um ein Gericht handeln. Es kann beispielsweise die mit dem Inkasso betraute kantonale Finanzverwaltung sein.

98 Da Gerichtskosten öffentlich-rechtliche Forderungen sind, auf welche die Art. 105 und 127 OR nicht direkt anwendbar sind, enthält Art. 112 eine ausdrückliche Regelung über *Verjährung und Verzinsung.* Gerichtskosten verjähren nach zehn Jahren seit «Abschluss des Verfahrens». Darunter ist der rechtskräftige Endentscheid zu verstehen (vgl. Botschaft, 7299). Der *Verzugszins* beträgt 5 Prozent und setzt eine *Mahnung* voraus.

§ 38 Unentgeltliche Rechtspflege

1. Begriff

Der Anspruch einer *mittellosen Person,* einen *nicht aussichtslosen Prozess* ohne Kostenrisiken und *nötigenfalls* mit Unterstützung eines *Rechtsbeistands* führen zu können, ergibt sich bereits aus Art. 29 Abs. 3 BV und wird in Art. 117 ZPO ausdrücklich bestätigt. 99

Die *unentgeltliche Rechtspflege* umfasst als Oberbegriff sowohl die unentgeltliche Prozessführung als auch die unentgeltliche Rechtsverbeiständung. *Unentgeltliche Prozessführung* bedeutet Erlass von der Tragung von Gerichtskosten. Die *unentgeltliche Rechtsverbeiständung* bewirkt, dass ein Anwalt oder eine Anwältin nach Wahl auf Staatskosten bestellt wird, wenn dies nötig ist. 100

2. Umfang der Kostenbefreiung

2.1 Erlass der Vorschuss- und Sicherstellungspflicht

Die *unentgeltliche Prozessführung* kann auf den Erlass der Vorschuss- und Sicherstellungspflicht *beschränkt* werden (Art. 118 Abs. 1 lit. a). Bereits der Antrag der gesuchstellenden Partei oder der gerichtliche Entscheid können sich (einstweilen) darauf beschränken. 101

2.2 Befreiung von Gerichtskosten

Unentgeltliche Prozessführung bedeutet die (einstweilige) Befreiung einer Partei von der Pflicht, Gerichtskosten und entsprechende Kostenvorschüsse zu bezahlen (Art. 118 Abs. 1 lit. b). Vorbehalten bleibt die Nachforderung, wenn die Partei zu finanziellen Mitteln gelangt ist (Art. 123; N 135 ff.). 102

2.3 Unentgeltliche Rechtsverbeiständung

Die bedürftige Partei hat Anspruch auf einen unentgeltlichen Rechtsbeistand, soweit dies zur Wahrung ihrer Rechte *notwendig* ist (Art. 118 Abs. 1 lit. c). Die Verbeiständung ist auf Anwältinnen und Anwälte gemäss BGFA beschränkt. 103

104 Ob die Bestellung eines unentgeltlichen Rechtsbeistands *notwendig* ist, hängt ab:

- von der Schwierigkeit der sich im Prozess stellenden Fragen,
- davon, ob die gesuchstellende Partei nicht ausreichend rechtskundig ist,
- davon, ob die Gegenpartei durch einen Anwalt vertreten ist, was nach dem Gebot der *Waffengleichheit* für die Bewilligung genügen kann.

105 Die unentgeltliche Rechtsverbeiständung ist in Verfahren mit Untersuchungsgrundsatz nicht ausgeschlossen. Das gilt auch im *Scheidungsverfahren,* auch bei gemeinsamem Scheidungsbegehren (vgl. BGE *110* Ia 27 ff.). Auch in *SchKG-Sachen* ist die unentgeltliche Rechtspflege grundsätzlich gewährleistet (N 114; BGE *121* I 60 ff.), doch ist eine anwaltliche Verbeiständung nicht immer erforderlich (BGE *122* I 8 ff.; *122* III 392 ff.; *118* III 27, 32 f. E. 3d).

106 Weder Art. 29 Abs. 3 BV noch die Art. 117 ff. ZPO geben einen Anspruch auf *ausserprozessuale unentgeltliche Rechtsberatung* (BGE *121* I 321 ff.). Doch besteht nach Art. 118 Abs. 1 lit. c die Möglichkeit, dass einer bedürftigen Partei *auf Antrag* ein unentgeltlicher Rechtsbeistand bereits vorprozessual *zur Vorbereitung des Prozesses* bestellt werden kann.

2.4 Kein Erlass der Entschädigungspflicht

107 Die Bewilligung der unentgeltlichen Prozessführung *entbindet* die unentgeltlich prozessierende Partei *nicht* von der Pflicht, die Gegenpartei im Falle des vollständigen oder teilweisen Unterliegens entsprechend zu entschädigen (Art. 118 Abs. 3).

3. Formelle Voraussetzungen

3.1 Gesuch

108 Die unentgeltliche Rechtspflege setzt ein Gesuch der bedürftigen Partei oder ihres Rechtsbeistands voraus. Von Amtes wegen wird die unentgeltliche Rechtspflege nicht gewährt. Doch besteht eine allgemeine *Aufklärungspflicht* des Gerichts über die Prozesskosten und die unentgeltliche Rechtspflege, wenn eine Partei nicht anwaltlich vertreten ist (Art. 97).

109 Die gesuchstellende Partei hat die materiellen Voraussetzungen der unentgeltlichen Rechtspflege glaubhaft zu machen. Insbesondere muss sie ihre *Bedürftigkeit nachweisen.* Zudem hat sie auch die *Nichtaussichtslosigkeit* des Prozesses und die *Notwendigkeit einer Rechtsverbeiständung* darzulegen.

3.2 Anspruchsberechtigte Personen

Anspruchsberechtigt sind grundsätzlich *nur natürliche Personen,* nach bundesgerichtlicher Rechtsprechung aber auch *Kollektiv- und Kommanditgesellschaften,* wenn die «Prozessarmut sowohl der Gesellschaft wie aller unbeschränkt haftenden Gesellschafter erstellt ist» (BGE *116* II 651, 656 E. 2d). 110

Juristische Personen sind nach ständiger Rechtsprechung *nicht* anspruchsberechtigt. Denn die unentgeltliche Rechtspflege ist auf natürliche Personen zugeschnitten (BGE *131* II 306, 326 E. 5.2.1 m.H.; *88* II 389 f., E. 3–4). Zwar hat das Bundesgericht festgehalten, dass für eine juristische Person ausnahmsweise ein Anspruch auf unentgeltliche Rechtspflege bestehen könne, wenn ihr einziges Aktivum im Streit liege und neben ihr auch die wirtschaftlich Beteiligten mittellos seien. Dabei sei der Begriff der «wirtschaftlich Beteiligten» weit zu verstehen; er umfasse neben den Gesellschaftern auch die Organe der juristischen Person oder gegebenenfalls interessierte Gläubiger (BGE *131* II 306, 327 E. 5.2.2; *119* Ia 337, 339 ff. E. 4c und e; vgl. auch BGE *126* V 42, 47 E. 4; vgl. auch § 116 dZPO). Mangels nachgewiesener Prozessarmut der Gesellschaft und der dahinterstehenden wirtschaftlich Beteiligten wurde die unentgeltliche Rechtspflege einer juristischen Person aber bisher stets abgelehnt (BGE *124* I 241, 246 f. E. 4d; BGer 5A_236/2007; 5A_460/2007; 2A.65/2002, E. 6.2). Das Problem besteht letztlich in der Schwierigkeit, die Bedürftigkeit einer juristischen Person zu definieren und nachzuweisen. 111

Ebensowenig anspruchsberechtigt wie eine juristische Person sind auch die *Konkurs- und die Nachlassmasse* (BGE *61* III 170; *116* II 651, 656 E. 2d; *131* II 306, 326 E. 5.2.1). 112

Der Anspruch aus Art. 117 ff. ZPO und Art. 29 Abs. 3 BV steht sowohl *Schweizern wie Ausländern mit in- und ausländischem Wohnsitz* und ungeachtet eines allfälligen Gegenrechts des ausländischen Wohnsitzstaates zu (BGE *120* Ia 217). Die verfassungsrechtliche Rechtsprechung geht damit über die Anforderungen des Haager Übereinkommens über den internationalen Zugang zur Rechtspflege vom 25. Oktober 1980 (HÜ80; SR 0.274.133) hinaus. Dieses sieht lediglich vor, dass Angehörige eines Vertragsstaates und Personen, die ihren gewöhnlichen Aufenthalt in einem Vertragsstaat haben, den eigenen Staatsangehörigen gleichgestellt werden (Art. 1 HÜ80). 113

3.3 Verfahrensarten

114 *Alle Verfahrensarten* sind der unentgeltlichen Rechtspflege zugänglich. Dies gilt grundsätzlich auch für Verfahren des *Schuldbetreibungs- und Konkursrechts* (BGE *122* I 8, 9 f. E. 2c; *122* III 392 ff.).

«Aufgrund dieser Rechtsprechung kommt das Bundesgericht insgesamt zum Schluss, dass nach einem zeitgemässen Verfassungsverständnis der Anspruch auf unentgeltliche Prozessführung unabhängig von der Rechtsnatur der Entscheidungsgrundlagen bzw. des in Frage stehenden Verfahrens für *jedes staatliche Verfahren* bestehe, in welches der Gesuchsteller einbezogen werde oder dessen er zur Wahrung seiner Rechte bedürfe» (BGE *119* Ia 264 E. 3a; *121* I 62).

115 Der Anspruch auf unentgeltliche Rechtspflege gilt jedoch nur für die staatliche Gerichtsbarkeit, *nicht* dagegen im *Schiedsgerichtsprozess.*

4. Materielle Voraussetzungen

4.1 Mittellosigkeit

116 Die gesuchstellende Partei hat *nachzuweisen,* dass sie ausser Stande ist, neben ihrem und ihrer Familie Lebensunterhalt die Gerichtskosten und ggf. den notwendigen Rechtsbeistand zu bezahlen. Dabei sind sowohl ihre *Einkommens-* als auch ihre *Vermögensverhältnisse im Zeitpunkt der Gesuchstellung* massgebend (BGE *120* Ia 179, 181 f. E. 3a). Auch wer seine Bedürftigkeit *selbst verschuldet* hat, ist zur unentgeltlichen Rechtspflege berechtigt. Doch kann diese unter Umständen wegen *Rechtsmissbrauchs* verweigert werden, etwa wenn die gesuchstellende Partei gerade im Hinblick auf den zu führenden Prozess eine Arbeitsstelle aufgegeben oder eine andere nicht angetreten hat (BGE *104* Ia 31, 34 E. 4). Juristische Personen werden grundsätzlich nicht als bedürftig angesehen (s. N 111; BGE *131* II 306, 326 E. 5.2.1).

117 Die familienrechtliche *Unterhalts- und Beistandspflicht* geht der Pflicht des Staates zur Gewährung der unentgeltlichen Rechtspflege vor (BGE *119* Ia 134; Pra *2006* Nr. 130 E. 4.3 [BGer 5P.346/2005]; Pra *2006* Nr. 143 E. 1.1 [BGer 5P.441/2005]). Bei der Beurteilung der Bedürftigkeit müssen daher die Einkommens- und Vermögensverhältnisse des andern Ehegatten berücksichtigt werden (BGE *85* I 1, 4 E. 3).

118 Die Gerichte gehen bei der Beurteilung der Bedürftigkeit von einem um die Steuern *erweiterten betreibungsrechtlichen Existenzminimum* aus. Zur Berechnung stellen die Gerichte in der Regel auf die Richtlinien (der Konferenz der Betreibungs- und Konkursbeamten der Schweiz vom 1. Juli 2009)

für die Berechnung des betreibungsrechtlichen Existenzminimums (Notbedarf) nach Art. 93 SchKG ab. In der (sehr unterschiedlichen) kantonalen Praxis wird der gesuchstellenden Partei stets ein *gewisser Freibetrag* über dem betreibungsrechtlichen Existenzminimum belassen, ohne die Prozessarmut deswegen zu verneinen. In einigen Kantonen wird die Bedürftigkeit bis zu 20% über dem betreibungsrechtlichen Existenzminimum noch bejaht, andere nehmen richtigerweise mehr oder weniger fixe Freibeträge an (vgl. BGE *118* Ia 369 ff.; *106* Ia 82).

Der über den zivilprozessualen Zwangsbedarf hinausgehende Betrag 119
muss in Beziehung gesetzt werden zu den im konkreten Fall zu erwartenden Gerichts- und Anwaltskosten. Massgebend für die Beurteilung der Bedürftigkeit ist dabei, ob es der gesuchstellenden Partei aufgrund ihres Freibetrags möglich und zumutbar erscheint, die Prozesskosten (Gerichts- und Anwaltskosten) bei weniger aufwändigen Prozessen *innert Jahresfrist,* bei kostspieligen Prozessen *innert zweier Jahre ratenweise zu tilgen* (Pra *2006* Nr. 143 E. 1.2; BGE *118* Ia 369, 370 f. E. 4a; *109* Ia 5, 8 f. E. 3a). Unter Umständen ist ihr daher die unentgeltliche Rechtspflege nur *in einem Teilbetrag* zu gewähren (Art. 118 Abs. 2).

Rückständige *Steuerschulden,* deren Höhe und Fälligkeitsdatum feststehen, sind beim Notbedarf zu berücksichtigen, soweit sie *tatsächlich bezahlt* werden (BGE *135* I 221, 224 ff. E. 5.2). Dasselbe gilt für tatsächlich erbrachte *Unterhaltsleistungen.* 120

Die Bedürftigkeit wird auch nicht dadurch ausgeschlossen, dass der Gesuchsteller ein *Motorfahrzeug* ohne Kompetenzqualität besitzt, dessen Betrieb er aus dem ihm für nicht lebensnotwendige Bedürfnisse belassenen Betrag finanziert (BGE *124* I 1 ff.; *124* I 97, 98 ff. E. 3). Von einem *Grundeigentümer* kann hingegen verlangt werden, einen Kredit auf sein Grundstück aufzunehmen, soweit dieses noch belastet werden kann (BGE *119* Ia 11 ff.), oder die Liegenschaft nötigenfalls zu verkaufen, um den Vermögenswert zu realisieren. Ein *Freizügigkeitsguthaben* ist als Vermögen anzurechnen, wenn ein *Barauszahlungsgrund* i.S.v. Art. 5 FZG vorliegt, der Versicherte aber freiwillig auf die Barauszahlung verzichtet (BGE *135* I 288, 289 f., E. 2.4). 121

4.2 Nichtaussichtslosigkeit des Prozesses

Aussichtslos sind Rechtsbegehren, wenn die *Gewinnaussichten erheblich geringer* sind *als die Verlustgefahren* und sie daher kaum mehr als ernsthaft bezeichnet werden können. Massgebend ist, ob eine Partei, die über die nötigen Mittel verfügt, sich bei vernünftiger Überlegung zu einem Pro- 122 zess entschliessen oder davon absehen würde; denn eine Partei soll einen Prozess, den sie auf eigene Rechnung und Gefahr nicht führen würde, nicht deshalb anstrengen können, weil er sie nichts kostet (BGE *109* Ia 5, 9 E. 4).

123 Aussichtslos ist z.B. eine *Insolvenzerklärung,* wenn der Schuldner über keine Aktiven verfügt, der Konkurs also sogleich wieder eingestellt würde (BGE *119* III 116).

4.3 Notwendigkeit der anwaltlichen Verbeiständung

124 Die Notwendigkeit der Rechtsverbeiständung ist eine *zusätzliche Voraussetzung* für die Bewilligung eines unentgeltlichen Rechtsbeistands. Diese Voraussetzung ist nicht objektiver Natur; sie kann je nach Fähigkeiten der bedürftigen Partei, Verfahren und Verbeiständung der Gegenpartei verschieden beurteilt werden. Allein aufgrund des Untersuchungsgrundsatzes kann die unentgeltliche Verbeiständung jedoch nicht abgelehnt werden (s. N 103 ff.).

5. Verfahren

125 Das *Gesuch* um unentgeltliche Rechtspflege kann bereits vor Eintritt der Rechtshängigkeit oder *jederzeit* im Laufe des Verfahrens beim urteilenden Gericht gestellt werden (Art. 119 Abs. 1). Wird es vor Eintritt der Rechtshängigkeit gestellt, so bestimmt sich der Gerichtsstand nach dem Forum der Hauptsache (Botschaft, 7303). Vor der *Rechtsmittelinstanz* ist ein erneutes Gesuch um unentgeltliche Rechtspflege zu stellen, da sich insbesondere die Prozessaussichten nun anders darstellen können (Art. 119 Abs. 5).

126 Die gesuchstellende Partei hat im Gesuch die Voraussetzungen der unentgeltlichen Rechtspflege darzulegen und insbesondere ihre *Mittellosigkeit nachzuweisen* (Art. 119 Abs. 2; N 109, 116 ff.). Dazu sind die Einkommens- und Vermögensverhältnisse sowie das betreibungsrechtliche Existenzminimum schlüssig darzulegen und mittels Urkunden zu belegen. Vielfach sehen die Kantone für das Gesuch ein Formular vor, das entsprechend auszufüllen und – begleitet von den erforderlichen Dokumenten (z.B. Lohnausweis, Steuererklärung) – dem Gericht einzureichen ist. Zwar gilt in diesem Verfahren ein beschränkter Untersuchungsgrundsatz, doch hat die gesuchstellende Partei bei der Abklärung ihrer finanziellen Verhältnisse mitzuwirken (BGE *120* Ia 179, 181 f. E. 3a; Botschaft, 7303). Im Gesuch kann die Partei den gewünschten *Rechtsbeistand ihrer Wahl* bezeichnen (Art. 119 Abs. 3), welcher vom Gericht eingesetzt wird, wenn keine Gründe dagegen sprechen.

Das Gericht entscheidet im *summarischen Verfahren.* Die Gegenpartei des Hauptprozesses ist in diesem Verfahren zwar nicht formell Partei. Dennoch *kann* sie *angehört* werden, da sie zur Abklärung der Vermögens- und Einkommensverhältnisse sowie der Erfolgsaussichten häufig beitragen kann. Die Gegenpartei muss hingegen angehört werden, wenn die klagende Partei von der Sicherheitsleistung für die Parteientschädigung (Art. 99) befreit werden will, da sie davon direkt betroffen würde (Art. 119 Abs. 3). 127

6. Entscheid

Die unentgeltliche Rechtspflege wirkt grundsätzlich *ab Gesuchstellung* für die Zukunft. Eine *mässige Rückwirkung* wurde aber schon bisher angenommen. So wurde der Aufwand, welchen der Rechtsbeistand unmittelbar vor dem Gesuch im Hinblick auf diesen Verfahrensschritt mit Instruktion, Klageeinleitung und Gesuch um unentgeltliche Rechtspflege hatte, ebenfalls als entschädigungspflichtig angesehen (BGE *122* I 203, 205 ff. E. 2c-f; *122* I 322, 325 f. E. 3b). In diesem Sinne sieht Art. 119 Abs. 4 nun ausdrücklich vor, dass *ausnahmsweise* die unentgeltliche Rechtspflege sogar *rückwirkend* bewilligt werden kann. 128

Zwar lässt Art. 118 Abs. 1 lit. c *vorprozessualen Aufwand* zur unentgeltlichen Rechtspflege zu. Dabei ist vor allem an die Erarbeitung einer Scheidungskonvention für die Scheidung auf gemeinsames Begehren zu denken (Art. 111 f. ZGB; Botschaft, 7302). Dies entbindet die ansprechende Partei jedoch nicht davon, vorprozessual *rechtzeitig* ein Gesuch um unentgeltliche Rechtsverbeiständung zu stellen (s. Art. 119 Abs. 1). Ob eine Rückwirkung auf vorprozessualen Aufwand eines Anwalts möglich ist, hängt von der zeitlichen Nähe zur Rechtshängigkeit und zum Gesuch um unentgeltliche Rechtsverbeiständung ab. 129

Für das Verfahren um unentgeltliche Rechtspflege dürfen *keine Gerichtskosten* erhoben werden, und zwar auch dann nicht, wenn das Gesuch abgewiesen wird. Vorbehalten sind bös- und *mutwillige Gesuche,* wenn die Partei offensichtlich nicht bedürftig ist (Art. 119 Abs. 6). Zu denken ist an eine vermögende Partei, die den Prozess durch dieses Zwischenverfahren nur verzögern will, oder an eine Partei, welche dem Gericht unwahre Angaben macht, um die Rechtswohltat zu erschleichen (Botschaft, 7303). 130

Die gesuchstellende Partei kann die Verweigerung der unentgeltlichen Rechtspflege mit *Beschwerde* anfechten (Art. 121). Der Gegenpartei steht diesbezüglich – mangels Rechtsschutzinteresses – kein Rechtsmittel zu. Gegen die (gleichzeitige) Befreiung von der Sicherheitsleistung für die Parteientschädigung kann sie hingegen Beschwerde führen (Art. 103). 131

7. Wirkungen

7.1 Kostenbefreiung und Bestellung eines Rechtsbeistands

132 Die Gewährung der unentgeltlichen Prozessführung bedeutet Befreiung von Vorschüssen, Sicherstellungen und Gerichtskosten. Die *Gerichtskosten* werden (einstweilen) auf die Staatskasse genommen.

133 Die unentgeltliche Rechtsverbeiständung entlastet von der Bezahlung des *eigenen Rechtsbeistands*. Dieser wird *vom Gericht bestellt* und steht in einem *öffentlich-rechtlichen Verhältnis* zum Staat (BGE *122* I 322, 325 f. E. 3b). Eine vorzeitige Entlassung bedarf daher eines entsprechenden Entscheids des Gerichts (vgl. BGE *132* V 205 f. E. 5.1.4). Der unentgeltliche Rechtsbeistand wird aus der Staatskasse bezahlt, soweit die Kosten bei Obsiegen nicht von der Gegenpartei erhältlich gemacht werden können (N 143, 147 f.; BGE *122* I 322, 326 E. 3b und c). Bei der Bemessung seiner Entschädigung ist die Mehrwertsteuer zu berücksichtigen (BGE *122* I 4).

134 *Nicht* befreit ist die unentgeltlich prozessierende Partei dagegen von der *Entschädigung der Gegenpartei* im Falle des Unterliegens (Art. 118 Abs. 3).

7.2 Nachzahlung

135 Eine Partei, die unentgeltlich prozessiert hat, kann *während oder nach abgeschlossenem Prozess* zur *Nachzahlung* der erlassenen Gerichts- und Vertretungskosten angehalten werden, wenn sie nachträglich zu Vermögen (z.B. durch Erbschaft) oder ausreichendem Einkommen gelangt (Art. 123 Abs. 1; ebenso Art. 64 Abs. 4 BGG). Auch der Prozessausgang kann dazu führen, dass die Partei danach über genügend finanzielle Mittel verfügt.

136 Der betroffenen Partei ist zur Nachzahlung Gelegenheit zur *Stellungnahme* einzuräumen. Im Streitfall entscheidet das Gericht über die Nachzahlungspflicht. Soweit das kantonale Organisationsrecht nichts anderes bestimmt, ist diejenige Gerichtsbehörde zum Entscheid über die Nachzahlungspflicht zuständig, welche seinerzeit die unentgeltliche Rechtspflege gewährt hatte.

137 Der Nachzahlungsanspruch *verjährt* 10 Jahre nach rechtskräftigem Abschluss des Verfahrens (Art. 123 Abs. 2; vgl. N 98). Die Verjährungsfrist von 10 Jahren kann gehemmt und unterbrochen werden (Botschaft, 7305).

138 Der Nachzahlungsentscheid stellt einen *Justizverwaltungsakt* dar, welcher nicht mit Beschwerde anfechtbar ist (vgl. Art. 318), sondern nur mit einem kantonalen Rechtsmittel gegen Justizverwaltungsakte.

8. Entzug der unentgeltlichen Rechtspflege

Fallen die Voraussetzungen der unentgeltlichen Rechtspflege *im Laufe des Prozesses dahin,* so kann diese entzogen werden (BGE *122* I 5, 6 f. E. 4a und b; ZR *2010* Nr. 9 E. 4a). Die unentgeltlich prozessierende Partei ist nach Treu und Glauben verpflichtet, erhebliche Änderungen ihrer finanziellen Verhältnisse dem Gericht mitzuteilen. Der Entzug erfolgt grundsätzlich *für die Zukunft.* Wenn die unentgeltliche Rechtspflege von Anfang an zu Unrecht gewährt worden ist, weil die betreffende Partei bereits im Zeitpunkt des Entscheids über genügend Mittel verfügte, kann sie zur *Nachzahlung* der bereits angefallenen Kosten verpflichtet werden (Art. 123; Botschaft, 7303). 139

Da die *Gerichtskosten* grundsätzlich *erst im Endentscheid* festgesetzt und danach fällig werden, bedeutet dies regelmässig, dass der Entzug der unentgeltlichen Prozessführung in Bezug auf die gesamten Gerichtskosten Wirkung entfaltet. Haben sich die finanziellen Verhältnisse der Partei allerdings nicht in einem Ausmass verbessert, das es ihr erlauben würde, auch für die bereits verursachten Gerichtskosten aufzukommen, kann der Entzug ausnahmsweise ausdrücklich auf die künftig entstehenden Gerichtskosten beschränkt werden (vgl. Art. 118 Abs. 3, 123). 140

Vor einem Entscheid über den Entzug der unentgeltlichen Rechtspflege ist die betroffene Partei in jedem Fall *anzuhören.* Der Entscheid über den Entzug der unentgeltlichen Rechtspflege ist mit *Beschwerde* anfechtbar (Art. 121). 141

9. Liquidation der Prozesskosten

Art. 122 Abs. 1 regelt die *Durchführung der Kostenregelung* bei unentgeltlicher Rechtspflege. Die Liquidation der Kosten schlägt sich im Entscheiddispositiv nieder. Die Prozesskosten werden auch bei unentgeltlich prozessierenden Parteien grundsätzlich nach dem *Prinzip des Unterliegens* verteilt (Art. 106 ff.; N 75 ff.). Die unentgeltlich prozessierende Partei ist im Falle des Unterliegens jedoch von der Tragung der Gerichtskosten befreit, nicht hingegen von der Entschädigungspflicht an die Gegenpartei (Art. 118 Abs. 3). 142

Für den Fall des vollständigen oder überwiegenden *Unterliegens* der unentgeltlich prozessierenden Partei werden die Kosten wie folgt liquidiert (Art. 122 Abs. 1): 143

- Der unentgeltliche *Rechtsbeistand* wird *aus der Staatskasse angemessen entschädigt* (Art. 122 Abs. 1 lit. a). Es muss keine volle Entschädigung erfolgen. Den Kantonen steht es frei, für die unentgeltliche Verbeiständung einen besonderen Tarif zu erlassen oder beim Tarif über die Parteientschädigungen Reduktionen vorzusehen (Art. 96). Die Entschädigung muss aber *angemessen* sein (vgl. BGE *132* I 201, 213 ff. E. 8: CHF 180.– pro Stunde als verfassungsrechtliches Minimum). Der unentgeltliche Rechtsbeistand ist nicht berechtigt, sich durch Nebenabrede ein zusätzliches Honorar von der verbeiständeten Person oder Dritten versprechen zu lassen (BGE *122* I 322, 326 E. 3b).

144 – Die *Gerichtskosten,* die vom Gericht nach Tarif (Art. 96) festgesetzt werden, werden der unentgeltlich prozessierenden Partei erlassen bzw. auf die Staatskasse genommen (Art. 122 Abs. 1 lit. b). Der obsiegenden Gegenpartei werden allfällige *Vorschüsse,* die sie geleistet hat, *zurückerstattet* (Art. 122 Abs. 1 lit. c), soweit sie nicht selbst teilweise kostenpflichtig wird.

– Die unentgeltlich prozessierende Partei hat der Gegenpartei die entsprechend dem Ausmass des Unterliegens festgesetzte *Parteientschädigung* zu leisten (Art. 122 Abs. 1 lit. d; vgl. Art. 118 Abs. 3).

145 *Beispiel 1 (Vollständiges Unterliegen):* A klagt gegen B eine Forderung von CHF 75 000.– ein. A muss einen Gerichtskostenvorschuss von CHF 10 000.– bezahlen. *B* wird die *unentgeltliche Prozessführung und Rechtsverbeiständung* durch RA X gewährt. Schliesslich obsiegt A vollständig.

RA X wird mit CHF 12 000.– aus der Staatskasse entschädigt («angemessene Entschädigung»). Die Gerichtskosten von CHF 12 000.– werden B auferlegt, aber zufolge unentgeltlicher Prozessführung auf die Staatskasse genommen. Der geleistete Gerichtskostenvorschuss von CHF 10 000.– wird an A zurückerstattet. B wird verpflichtet, A eine Parteientschädigung von CHF 15 000.– zu bezahlen («voller Tarif»).

A hat gegenüber B einen Anspruch auf CHF 90 000.– (CHF 75 000.– Forderungsbetrag, CHF 15 000.– Parteientschädigung).

146 *Beispiel 2 (Überwiegendes Unterliegen):* Sachverhalt wie in Beispiel 1.

A obsiegt nur teilweise; er erhält CHF 50 000.– zugesprochen.

RA X wird mit CHF 12 000.– aus der Staatskasse entschädigt («angemessene Entschädigung»). Die Gerichtskosten von CHF 12 000.– werden A zu ⅓ und B zu ⅔ auferlegt, aber zufolge unentgeltlicher Prozessführung von B wird sein Kostenanteil auf die Staatskasse genommen. Der geleistete Gerichtskostenvorschuss wird A im Umfang von CHF 6000.– (CHF 10 000.– minus 4000.–) zurückerstattet. B wird verpflichtet, A eine Parteientschädigung im Umfang von ⅓, d.h. CHF 5000.–, zu bezahlen («voller Tarif»).

A hat gegenüber B einen Anspruch auf CHF 55 000.– (CHF 50 000.– Forderungsbetrag, CHF 5000.– Parteientschädigung).

147 *Obsiegt* die unentgeltlich prozessierende Partei vollständig, wird die unterliegende Gegenpartei nach den allgemeinen Regeln zu den Prozesskosten verurteilt (Art. 106). Sie trägt demnach die *Gerichtskosten* und hat der unentgeltlich prozessierenden Partei auch eine *volle Parteientschädigung* (volles Anwaltshonorar) zu bezahlen (Botschaft, 7304; Pra *2010* Nr. 47 E. 3.2; vgl. Bsp. 3). Obsiegt die unentgeltlich prozessierende Partei nicht vollständig, aber überwiegend, werden die Gerichts- und Parteikosten nach Mass-

gabe des Unterliegens auf die Parteien verteilt (Art. 106 f.). Bei der Liquidation der Kosten ist dem Umstand der unentgeltlichen Rechtspflege Rechnung zu tragen (Art. 122; vgl. Bsp. 4).

Bei (voraussichtlicher) *Uneinbringlichkeit der Parteientschädigung* von der Gegenpartei ist dem unentgeltlichen Rechtsbeistand eine *angemessene Entschädigung* (d.h. meist ein reduziertes Honorar) aus der Staatskasse auszurichten. Die Ausfallhaftung des Kantons für eine angemessene Entschädigung folgt aus der öffentlich-rechtlichen Natur des Rechtsverhältnisses zwischen dem unentgeltlichen Rechtsbeistand und dem Staat. Im Umfang der Zahlung geht die Entschädigungsforderung auf den Staat über (Art. 122 Abs. 2). Für eine allfällige *Differenz* zum vollen Honorar muss sich der unentgeltliche Rechtsbeistand aber weiterhin an die *Gegenpartei* halten. 148

Beispiel 3 (Vollständiges Obsiegen): Sachverhalt wie in Beispiel 1. 149
B obsiegt vollständig, die Klage wird abgewiesen.
Die Gerichtskosten von CHF 12 000.– werden A auferlegt. Zudem wird A verpflichtet, B eine Parteientschädigung von CHF 15 000.– zu bezahlen.
Das Gericht fordert noch CHF 2000.– Gerichtskosten von A nach. B hat gegenüber A einen Anspruch auf CHF 15 000.– Parteientschädigung. Ist diese Forderung uneinbringlich oder voraussichtlich uneinbringlich, wird RA X mit CHF 12 000.– aus der Staatskasse angemessen entschädigt und die Forderung geht in diesem Umfang auf den Staat über. RA X steht im Umfang von CHF 3000.– weiterhin ein Honoraranspruch gegenüber A zu.

Beispiel 4 (Überwiegendes Obsiegen): Sachverhalt wie in Beispiel 1. 150
A obsiegt teilweise und erhält CHF 25 000.– zugesprochen.
Die Gerichtskosten von CHF 12 000.– werden A zu ⅔, d.h. CHF 8000.–, auferlegt und in diesem Umfang mit dem Vorschuss verrechnet; B werden die Kosten im Umfang von ⅓, d.h. CHF 4000.–, auferlegt und zufolge unentgeltlicher Prozessführung von B wird sein Kostenanteil auf die Staatskasse genommen. Zudem wird A verpflichtet, B eine Parteientschädigung im Umfang von ⅓, d.h. CHF 5000.–, zu bezahlen.

A hat gegenüber dem Gericht einen Anspruch auf Rückerstattung von CHF 2000.– Vorschuss. Ist die Parteientschädigung von CHF 5000.– voraussichtlich uneinbringlich, wird RA X mit CHF 4000.– aus der Staatskasse entschädigt und die Forderung gegenüber A geht in diesem Umfang auf den Staat über; der Staat kann seine Forderung mit der Rückerstattungsforderung verrechnen und hätte damit noch einen Restanspruch von CHF 2000.– gegenüber A. RA X steht im Umfang von CHF 1000.– weiterhin ein Honoraranspruch gegenüber A zu.

9. Kapitel: Prozessuales Handeln des Gerichts und der Parteien

§ 39 Prozessuales Handeln des Gerichts

1. Prozessleitung

1.1 Förderung des Prozesses

Mit dem Eintritt der Rechtshängigkeit liegt die Aufgabe der Förderung des Prozesses hauptsächlich beim Gericht: Es gilt der Grundsatz der *richterlichen Prozessleitung*. Das Gericht entscheidet durch welche Prozesshandlungen das Verfahren seinem Endentscheid zugeführt wird. Das Kollegialgericht kann die Prozessleitung an eines seiner Mitglieder delegieren (Art. 124 Abs. 1 und 2). 1

Das Gericht fördert den Prozess durch *Fristansetzung* für schriftliche Eingaben oder zur Erfüllung anderer Lasten, durch *Vorladung* der Parteien zu Verhandlungen und durch *prozessleitende Entscheide* bis zum Endentscheid (s. N 12 f., 22). Auch die Verhandlungsführung und Ausübung der gerichtlichen Fragepflicht (Art. 56) gehört zur Prozessleitung. Die Prozessleitung ist dem *Beschleunigungsgebot,* d.h. dem Grundsatz einer beförderlichen Prozesserledigung, verpflichtet (Art. 29 Abs. 1 BV, Art. 6 Ziff. 1 EMRK). 2

Vorladungen, gerichtliche Schreiben, prozessleitende Verfügungen und Endentscheide hat das Gericht den Parteien ordnungsgemäss *zuzustellen* (s. N 23 ff.). 3

Ein *Rechtsmittel* besteht gegen prozessleitende Anordnungen – abgesehen von den gesetzlichen Ausnahmen – *nicht,* sondern erst gegen den Endentscheid.

1.2 Verfahrensvereinfachungen

Das Gericht kann *jederzeit* versuchen, eine *Einigung* zwischen den Parteien herbeizuführen, indem es sie zu einer Einigungsverhandlung (Referentenaudienz) vorlädt oder ihnen an der Instruktions- oder Hauptverhandlung oder anlässlich eines Augenscheins einen Vergleichsvorschlag unterbreitet (Art. 124 Abs. 3). 4

5 Zur Vereinfachung des Prozesses kann die Verfahrensleitung das Verfahren auch zunächst auf einzelne Fragen *beschränken,* insbesondere formelle oder materielle Vorfragen, wie Zuständigkeit, Prozessfähigkeit, Sachlegitimation, Verjährung usw. Ebenso können Klagen *vereinigt* oder *getrennt* werden (Art. 125). Eine Vereinigung der Verfahren ist auch bloss zur Durchführung einzelner gemeinsamer Verfahrenshandlungen möglich, wie Verhandlungen, Augenschein, Beweisabnahmen. In der Praxis ist das meist sinnvoller als eine vollständige Vereinigung der Verfahren.

6 Eine *Sistierung* des Verfahrens widerspricht an sich dem *Beschleunigungsgebot.* Aus *prozessökonomischen Gründen* kann eine Sistierung aber zweckmässig sein, insbesondere wenn der Ausgang des Prozesses von einem anderen Verfahren abhängt, z.B. von einem (weit fortgeschrittenen) Strafprozess oder einem anderen Zivilprozess. Prozesse zu den gleichen Rechtsfragen vor anderen Gerichten sind in der Regel aber kein ausreichender Grund für eine länger dauernde Sistierung (vgl. BGE *135* III 127, 130 ff., E. 2–4). Eine ungerechtfertigte Sistierung stellt eine Rechtsverzögerung dar, welche mit Beschwerde anfechtbar ist (Art. 126 Abs. 2 i.V.m. 319). Ein besonders geregelter Fall der Sistierung ist Art. 207 SchKG.

7 Verfahren, die bei verschiedenen (örtlich, sachlich oder funktionell zuständigen) Gerichten rechtshängig sind und miteinander in einem *engen sachlichen Zusammenhang* stehen, können an das zuerst angerufene Gericht überwiesen werden, wenn dieses mit der *Überweisung* einverstanden ist (Art. 127). Der erforderliche enge Sachzusammenhang ist gegeben, wenn die Klagen auf demselben Sachverhalt beruhen.

Beispiele:
- Prozesse gegen verschiedene verurteilte Mittäter an deren jeweiligem Wohnsitz.
- Anfechtungen der Mietzinserhöhungen eines Wohnblocks durch verschiedene Mieterinnen und Mieter, die aufgrund unterschiedlicher Streitwerte beim Einzelrichter (kleinere Wohnungen) und beim Kollegialgericht hängig sind (grössere Wohnungen).

8 Wurden verschiedene Gerichte gleichzeitig angerufen, erscheint eine Verständigung der Gerichte über die Übernahme aller Verfahren möglich. Die Überweisung beendet die Rechtshängigkeit vor dem überweisenden Gericht. Der Überweisungsentscheid ist mit Beschwerde anfechtbar (Art. 127 Abs. 2).

1.3 Verfahrensdisziplin

9 Der Verfahrensleitung (Einzelrichter oder Präsidium des Kollegialgerichts) obliegen die sog. sitzungspolizeilichen Aufgaben. Sie hat für *Ruhe und Ordnung* im Gerichtssaal sowie allgemein für *Anstand* im schrift-

lichen und mündlichen Verfahren zu sorgen. Dazu stehen ihr disziplinarische Sanktionen gegen fehlbare Personen (Parteien oder Dritte) zur Verfügung (Art. 128 Abs. 1 und 2). Beim Entscheid über die zu verhängende Sanktion ist das Verhältnismässigkeitsprinzip zu beachten.

Ordnungsbussen sind mit *beschwerdefähigem Entscheid* zu verhängen 10
(Art. 128 Abs. 4) und mit Kostenfolgen verbunden (Art. 108). Andere Sanktionen, wie der Verweis und der Ausschluss aus der Verhandlung, werden sofort vollzogen und im Protokoll vermerkt. Sie können in der Regel nicht mit Beschwerde angefochten (Art. 319), sondern nur mit allgemeiner Aufsichtsbeschwerde nach kantonalem Recht gerügt werden.

Mutwillige oder böswillige Prozessführung liegt vor, wenn ein Prozess 11
wider besseres Wissen geführt wird, um der Gegenpartei zu schaden. Auch in solchen (eher seltenen) Fällen kann eine Ordnungsbusse gegen die Partei und/oder die Rechtsvertretung verhängt werden (Art. 128 Abs. 3). Soweit ein Rechtsschutzinteresse fehlt, ist auf die Klage zudem nicht einzutreten.

2. Prozesshandlungen des Gerichts

2.1 Allgemeines

Zu den Prozesshandlungen des Gerichts gehören Vorladungen, 12
andere prozessleitende Verfügungen (wie Fristansetzungen, Beweisanordnungen), Zustellungen, Verhandlungen, Beweisabnahmen, Protokollführung und Entscheide.

Die Prozesshandlungen des Gerichts umfassen jegliches Tätigwerden des 13
Gerichts im Laufe des Verfahrens und im Hinblick auf die ordnungsgemässe Erledigung des Prozesses. Dies geschieht durch *tatsächliches Handeln* des Gerichts (z.B. Aktenanlage, Protokollführung) sowie durch prozessleitende Anordnungen (sog. *prozessleitende Verfügungen i.w.S.).* Solche können ganz verschiedene Inhalte haben. Sie ergehen entweder formell als *Verfügungen* und sind dann sog. prozessleitende Verfügungen i.e.S. (z.B. Beweisverfügungen) oder sie sind nur materiell Verfügungen, indem sie den Parteien oder Dritten bestimmte Pflichten auferlegen, ergehen aber in *Briefform* (z.B. Vorladung, briefliche Fristansetzung zur Stellungnahme).

Prozessleitende Verfügungen (i.w.S.), welche den Parteien prozessuale 14
Pflichten auferlegen, sind ihnen ordnungsgemäss *zuzustellen* (N 23 ff.). Solche Verfügungen sind aber in der Regel nicht selbständig anfechtbar, sondern erst mit dem Endentscheid.

15

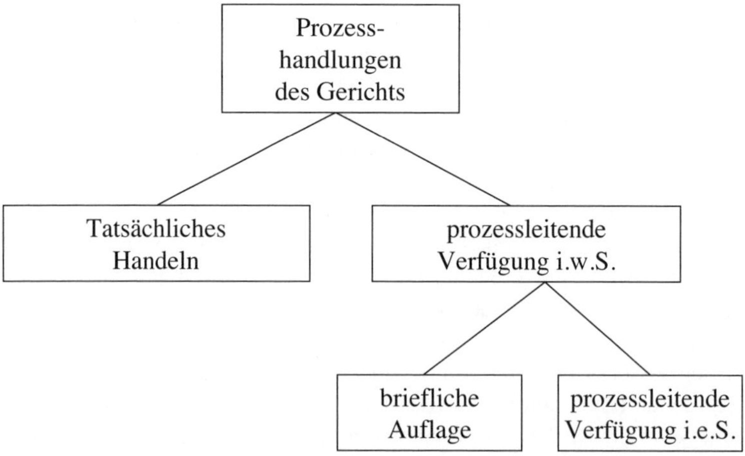

2.2 Vorladungen

2.2.1 Begriff und Bedeutung

16 Vorladung ist die *Aufforderung* des Gerichts an eine Person, als Partei, Parteivertreter, Zeuge/Zeugin oder sachverständige Person vor Gericht *zu erscheinen.*

17 Die Vorladung ermöglicht die Ausübung des *rechtlichen Gehörs.* Sie ist deshalb dem Adressaten ordnungsgemäss nach Art. 138 ff. zuzustellen (s. N 23 ff.).

2.2.2 Form und Zeitpunkt

18 Die Vorladung ist *schriftlich* zu erlassen und muss unterschrieben sein. Sie muss den Adressaten nennen, die Eigenschaft, in welcher er vorgeladen wird, die Prozesssache, Ort und Zeit des Erscheinens, die Art der Verhandlung, die Belehrung über die Verfahrenspflichten und die Säumnisfolgen (Art. 133; vgl. auch Art. 161, 278). Regelmässig werden gedruckte *Formulare* verwendet.

19 Die Vorladung muss mindestens *10 Tage vor dem Termin versendet* werden (Art. 134). Massgebend ist das Versanddatum, d.h. die *Postaufgabe,* nicht die Ankunft beim Adressaten. Vorbehalten sind gesetzliche Spezialvorschriften mit kürzeren Vorladungsfristen, z.B. Art. 168 und 181 SchKG (Botschaft, 7307).

20 *In besonders dringlichen Fällen* kann eine kurzfristigere Vorladung notwendig sein, z.B. bei Kindesschutzmassnahmen oder bei Abreise einer Partei

ins Ausland. Hat die betreffende Person indessen nicht rechtzeitig Kenntnis von der Vorladung erhalten, kann nicht auf die Säumnisfolgen erkannt werden, wenn sie nicht mit einer so kurzfristigen Vorladung rechnen musste. Sofern sie allerdings noch rechtzeitig vor der Verhandlung von der Vorladung Kenntnis erhalten hat, erscheint eine Berufung auf die Verletzung von Verfahrensregeln rechtsmissbräuchlich (s. N 25).

Eine *Verschiebung* des angesetzten Termins kommt nur *aus zureichenden* 21
Gründen in Betracht, z.B. bei Krankheit oder Ortsabwesenheit aufgrund bereits gebuchter Reisen (Art. 135). Die darum ersuchende Partei hat den Grund nötigenfalls mittels Urkunden glaubhaft zu machen.

2.3 Entscheide

Das prozessuale Handeln des Gerichts umfasst auch den Erlass 22
verschiedenster Arten von Entscheiden (s. 7 N 140 ff.). Bis zum Endentscheid trifft das Gericht häufig eine Reihe prozessleitender Entscheide (i.e.S.), z.B. bezüglich vorsorgliche Massnahmen, Gewährung der unentgeltlichen Rechtspflege, Ausstand, Zuständigkeit, Sistierung, Beweisabnahme. Prozesssleitende Verfügungen machen daher einen wesentlichen Teil der gerichtlichen Prozesshandlungen aus (s. N 12 f.).

2.4 Zustellungen

2.4.1 Begriff und Bedeutung

Die Zustellung ist die *formgerechte Übermittlung* gerichtlicher 23
Sendungen (Vorladungen, fristauslösende Schreiben, prozessleitende Verfügungen, Eingaben der Gegenpartei zur Kenntnisnahme oder zur Stellungnahme und Entscheide) an die betreffende Person (Partei, Zeuge usw.). Erforderlich ist in der Regel ein Zustellungsnachweis (Empfangsbestätigung; vgl. Art. 138 Abs. 1).

Grundsätzlich entfaltet nur eine dem Adressaten ordnungsgemäss, d.h. 24
gesetzeskonform, zugestellte Sendung ihre *prozessrechtliche Wirkung,* was insbesondere für den Eintritt der Säumnisfolgen von Bedeutung ist.

Allerdings kann sich der Adressat nach *Treu und Glauben* nur dann auf 25
Zustellungsfehler berufen, wenn er von der gerichtlichen Sendung keine Kenntnis erlangt hat. Hat er trotz Zustellungsmängeln davon rechtzeitig Kenntnis erhalten, gilt die Zustellung in dem Zeitpunkt als erfolgt, in welchem ihm das Schriftstück tatsächlich zugegangen ist (HAUSER/SCHWERI, § 177 N 39; BGE *112* III 81, 84 f. E. 2).

26 Die *nicht ordnungsgemässe Zustellung* einer Vorladung oder eines anderen für das Verfahren wesentlichen Schriftstücks kann noch im Anerkennungs- und Vollstreckungsverfahren eingewendet werden und ein *Hindernis* für die Anerkennung oder Vollstreckung darstellen (Art. 81 Abs. 2 SchKG). Im internationalen Vollstreckungsrecht bildet die Nichtzustellung der Vorladung (Art. 27 Abs. 2 lit. a IPRG) bzw. des verfahrenseinleitenden oder eines gleichwertigen Schriftstücks (Art. 34 Ziff. 2 LugÜ II) einen Grund zur Verweigerung der Anerkennung oder Vollstreckung; im Anwendungsbereich des LugÜ II kann dies allerdings erst im Rechtsmittelverfahren eingewendet werden (Art. 41 LugÜ II; s. 7 N 191 f.; 13 N 10, 30).

2.4.2 Form und Arten

2.4.2.1 Allgemeines

27 Die Zustellung gerichtlicher Sendungen erfolgt gewöhnlich durch die *Post* oder ausnahmsweise durch eine vom Gericht beauftragte Person (z.B. Weibel, Polizei; Art. 138 Abs. 1). Mit Zustimmung der betroffenen Person möglich ist auch die Zustellung *auf elektronischem Weg* mit anerkannter digitaler Signatur, welche die Authentizität und Integrität der gerichtlichen Sendung gewährleistet (Art. 139; s. N 38 f.). Ist eine Partei durch einen Anwalt oder eine Anwältin vertreten, erfolgt die Zustellung an die *Vertretung* (Art. 137).

28 Die Zustellung von *Vorladungen, Verfügungen i.w.S. und Entscheiden* (s. N 15 f., 22) hat in einer Weise zu erfolgen, welche den *Empfang des Schriftstücks bestätigt* (Art. 138 Abs. 1). Dies geschieht per Post mittels eingeschriebener Sendung oder als Gerichtsurkunde (mit Rückschein), durch elektronische Zustellung mit Empfangsbestätigung oder durch direkte Übergabe gegen *Empfangsbestätigung*. Eine Zustellung mittels «A-Post Plus» genügt daher nicht (vgl. BGer 2C.430/2009). Andere gerichtliche Sendungen, d.h. solche, die keine Fristen auslösen und keinen Zustellungsnachweis erfordern, können mit gewöhnlicher Post versandt oder schlicht übergeben werden (Art. 138 Abs. 4), z.B. Fristerstreckungen.

2.4.2.2 Effektive Zustellung

29 Gültig ist die Zustellung, wenn die Sendung dem *Adressaten persönlich* oder einer nach Art. 138 Abs. 2 zum Empfang eingeschriebener Sendungen *berechtigten Person* übergeben wurde. Für die Zustellung massgebend ist der *Zeitpunkt*, in dem die gerichtliche Sendung in den *Machtbe-*

reich des Adressaten gelangt ist. Ob er von deren Inhalt tatsächlich Kenntnis erlangt hat, ist irrelevant (BGE *122* III 320).

2.4.2.3 Fiktive Zustellung

Eine *Zustellungsfiktion* tritt – entsprechend bisheriger Rechtsprechung – in zwei Fällen schuldhafter *Zustellungsvereitelung* ein, nämlich bei Annahmeverweigerung und bei Nichtabholung einer eingeschriebenen Sendung trotz Prozessrechtsverhältnis (Art. 138 Abs. 3). 30

Verweigert der Adressat oder eine empfangsberechtigte Person die Annahme der gerichtlichen Sendung, gilt diese im Zeitpunkt der *Annahmeverweigerung* als zugestellt (Art. 138 Abs. 3 lit. b; vgl. BGE *109* III 1, 3 E. 2b). 31

Bei der *Nichtabholung einer avisierten Postsendung* wird die Zustellung am 7. Tag nach dem erfolglosen Zustellungsversuch fingiert (Art. 138 Abs. 3 lit. a; vgl. BGE *127* I 31, 34 f. E. 2; *117* III 4 E. 2; *100* III 3 ff. betr. Postfachinhaber; BGE *116* III 59, 61 E. 1b und c betr. postlagernd adressierte Sendungen; BGE *123* III 492 f. E. 1 betr. Zurückbehaltungsauftrag). Die Zustellungsfiktion kann allerdings nur eintreten, sofern die Person aufgrund eines bestehenden Prozessrechtsverhältnisses mit Zustellungen rechnen musste. Beim ersten, den Prozess einleitenden Schriftstück kann die Fiktion deshalb in der Regel nicht zum Tragen kommen. Bestehen für das Gericht Anhaltspunkte, dass die Zustellung nicht ordnungsgemäss erfolgt ist (z.B. an eine nicht berechtigte Person) oder die Adresse nicht mehr stimmt, kann die Zustellung ebenfalls nicht fingiert werden, sondern ist ordnungsgemäss zu wiederholen (BGE *130* III 396, 399 E. 1.2.3; *119* V 89, 94 E. 4b/aa; ZR *1999* Nr. 43 E. 6.5). 32

Wer *während eines hängigen Verfahrens* den *Wohnort verlässt,* hat die Adressänderung dem Gericht mitzuteilen, für die Nachsendung von Gerichtsurkunden besorgt zu sein oder einen Zustellungsbevollmächtigten zu bestellen. Andernfalls trägt er das Risiko, gerichtliche Sendungen allenfalls nach Art. 138 Abs. 3 lit. a fiktiv zugestellt zu erhalten (vgl. BGE *119* V 89, 94 E. 4b/aa). 33

2.4.2.4 Zustellung ins Ausland

Die Zustellung ist nach kontinentaleuropäischem Verständnis ein *Hoheitsakt.* Deshalb können gerichtliche Zustellungen – sofern nicht ein entsprechender bilateraler Staatsvertrag dies erlaubt – nicht mit eingeschriebener Postsendung ins Ausland spediert werden und umgekehrt vom Ausland in die Schweiz. Es ist vielmehr der *Rechtshilfeweg* zu beschreiten. Ge- 34 genüber Staaten, mit welchen kein Staatsvertrag besteht, hat die Zustellung auf *diplomatischem Weg* (via das EJPD) zu erfolgen.

35 Zwischen den Vertragsstaaten des *Haager Übereinkommens* über die Zustellung gerichtlicher und aussergerichtlicher Schriftstücke in Zivil- und Handelssachen vom 15. November 1965 (*HZÜ;* SR 0.274.131) erfolgen die Zustellungen vom und ins Ausland über die im Übereinkommen vorgesehenen *Zentralbehörden* (s. Anhang des HZÜ; in der Schweiz sind dies die oberen kantonalen Gerichte und das EJPD). Die Zustellung richtet sich nach dem *Recht des Empfängerstaates,* d.h. das Recht dieses Staates bestimmt, wann die Zustellung *ordnungsgemäss* erfolgt ist. Dies ist v.a. bedeutsam, wenn die Sendung nicht dem Adressaten persönlich ausgehändigt werden konnte.

36 Bisherige, namentlich *bilaterale Abkommen* der Schweiz zu Zustellungsfragen bleiben bestehen (Art. 25 HZÜ), und sehen z.T. den *direkten Behördenverkehr* vor (so z.B. mit Deutschland, SR 0.274.181.362) oder erlauben gar *direkte Zustellungen* ins Ausland (so z.B. mit Österreich, SR 0.274.181.631).

37 Eine im Ausland wohnende Partei kann zudem im Laufe des Verfahrens jederzeit verpflichtet werden, ein *Zustellungsdomizil in der Schweiz* zu bezeichnen. Im Unterlassungsfall können Zustellungen an sie durch öffentliche Bekanntmachung, in der Regel im kantonalen Amtsblatt, erfolgen (Art. 140, 141 Abs. 1 lit. c). Dabei kann sie auch ein elektronisches Zustelldomizil wählen, was den Rechtsverkehr der im Ausland wohnenden Partei mit dem Gericht erheblich vereinfachen kann (Art. 139).

2.4.2.5 Elektronische Zustellung

38 Mit *Zustimmung* der betroffenen Person kann die Zustellung auf elektronischem Weg erfolgen (Art. 139, Art. 39 Abs. 2 BGG). Diese Zustellungsweise setzt entsprechende technische Einrichtungen der Gerichtsbehörden voraus, insbesondere eine *Zustellplattform* mit Zustellungsnachweis, die Verschlüsselung der Sendungen und eine *anerkannte digitale Signatur* der Behörde. Nur die elektronische Zustellung mit anerkannter digitaler Signatur gewährleistet die Authentizität und Integrität der gerichtlichen Sendung. Unzulässig ist es, gerichtliche Sendungen mit gewöhnlicher E-Mail zu verschicken, da damit die Sicherheitsanforderungen und der Zustellungsnachweis nicht erfüllt werden können. Die Einzelheiten werden mit Verordnung des Bundesrates über die elektronische Übermittlung im Rahmen von Zivil- und Strafprozessen sowie von Schuldbetreibungs- und Konkursverfahren vom 18. Juni 2010 (AS 2010 3105; Übermittlungsverordnung, VeÜ-ZSSchK) geregelt.

Das *Bundesgericht* ist bereits seit Inkrafttreten des BGG technisch für den elektronischen Rechtsverkehr gerüstet (s. dazu Reglement des Bundesgerichts über den elektronischen Rechtsverkehr mit Parteien und Vorinstanzen vom 5. Dezember 2006 [ReRBGer, SR 173.110.29]; A. DOLGE, Elektronischer Rechtsverkehr zwischen Bundesgericht und Parteien, AJP *2007* 299 ff.; SPÜHLER/DOLGE/VOCK, Art. 39 N 2 ff.). Die *Kantone* sind in der Pflicht, diese Möglichkeiten für ihre Gerichte ebenfalls einzurichten, auch wenn dies bis zum Inkrafttreten der Schweizerischen Zivilprozessordnung nicht gelingen wird. 39

2.4.2.6 *Ediktalzustellung*

Bei *unbekanntem Aufenthaltsort* des Adressaten hat die Zustellung durch *Publikation im kantonalen Amtsblatt* oder im Schweizerischen Handelsamtsblatt (SHAB) zu erfolgen (sog. Ediktalzustellung). Der Aufenthaltsort des Zustellungsempfängers darf weder bekannt noch eruierbar sein. Die klagende Partei bzw. das Gericht müssen alle sachdienlichen und zumutbaren *Nachforschungen* zur Ermittlung des Aufenthaltsortes des Adressaten unternommen haben, ansonsten der Entscheid nichtig ist (Art. 141 Abs. 1 lit. a; BGE *129* I 361, 364 E. 2.2). 40

Ein vergleichbarer Tatbestand liegt vor, wenn die Zustellung *unmöglich* oder aufgrund aussergewöhnlicher Umtriebe nahezu unmöglich ist. Dies ist aber nicht leichthin anzunehmen. Gewisse Anstrengungen sind vom Gericht zu verlangen (Art. 141 Abs. 1 lit. b). 41

Eine öffentliche Publikation der Zustellung ist auch möglich, wenn eine Partei mit Wohnsitz und Aufenthalt im Ausland – trotz Aufforderung – *kein Zustellungsdomizil* in der Schweiz bezeichnet hat. 42

Die Zustellung gilt *fiktiv am Tag der Publikation* als erfolgt (Art. 141 Abs. 2). 43

2.5 Verhandlung und Protokollierung

Der wesentliche Inhalt von *Verhandlungen* und *Beweismassnahmen* ist zu protokollieren (Art. 235; Art. 176, 182, 187 Abs. 2, 193). Für die entsprechenden Prozesshandlungen der Parteien und des Gerichtes erbringt das *Protokoll* den Beweis (Art. 179). 44

Stets ist nur der *wesentliche Inhalt* der Parteidarstellungen und der Zeugenaussagen (vgl. BGE *126* I 15 ff.) ins Protokoll aufzunehmen. Ferner sind nicht separat ausgefertigte prozessleitende Entscheide (z.B. Erlass des persönlichen Erscheinens, Gewährung der unentgeltlichen Prozessführung) ins Protokoll aufzunehmen. 45

46 Wesentliche Ereignisse ausserhalb des Protokolls (z.B. Telefonate der Parteien mit dem Gericht) sind ihrem wesentlichen Inhalt nach in sog. *Aktennotizen* festzuhalten und zu den Akten zu nehmen.

3. Fehlerhafte Prozesshandlungen des Gerichts

3.1 Fehlerhafte Prozesshandlungen im Allgemeinen

47 Fehlerhafte Prozesshandlungen hat das Gericht *vor dem Endentscheid zu verbessern,* in der Regel durch *fehlerfreie Wiederholung* der Prozesshandlung. Eine fehlerhafte Prozesshandlung darf nicht Grundlage des Endentscheids werden.

Beispiele:
- Der Zeuge wurde nicht auf sein *Zeugnisverweigerungsrecht* wegen Verwandtschaft aufmerksam gemacht (vgl. Art. 161 Abs. 2). Die Beweisaufnahme ist zu wiederholen bzw. der Zeuge kann nach entsprechender Belehrung seine Zeugenaussage validieren (s. 10 N 106, 116, 153).
- Fehlerhafte *Zustellung* einer Vorladung an eine nicht empfangsberechtigte Person. Die Säumnisfolge kann nicht eintreten und die Zustellung muss ordnungsgemäss wiederholt werden, es sei denn, die säumige Partei habe tatsächlich rechtzeitig davon Kenntnis erhalten, so dass ihre Berufung auf die nicht ordnungsgemässe Zustellung rechtsmissbräuchlich wäre (s. N 25).

48 Basiert der Endentscheid gleichwohl auf fehlerhaften Prozesshandlungen des Gerichts, hat die Behebung der Verfahrensmängel im Rechtsmittelverfahren zu geschehen.

3.2 Fehlerhafte Entscheide im Besonderen

49 Das Gebot der *Rechtssicherheit* steht einer Verbesserung fehlerhafter Entscheide entgegen. Entscheide sind grundsätzlich im Rechtsmittelverfahren zu korrigieren und nicht durch das erkennende Gericht auf dem Wege der Wiedererwägung. Dabei ist allerdings je nach Entscheidart zu differenzieren.

3.2.1 Prozessleitende Entscheide

50 – **Grundsatz:** *Prozessleitende Entscheide i.e.S.* (N 12 f., 22; 7 N 142) erwachsen nicht in Rechtskraft. Sie können, wenn sie sich als fehlerhaft erweisen, vom Gericht jederzeit bis zum Endentscheid in *Wiedererwägung* gezogen werden (7 N 188 a.E.).

Beispiele: Änderung der Beweisverfügung (Art. 154 Satz 2); Entzug der unentgeltlichen Rechtspflege ex nunc (Art. 120).

Die Rechtssicherheit gebietet, dass *anfechtbare prozessleitende Entscheide* zuungunsten der Parteien nicht leichthin abgeändert werden können. Eine Änderung ist aber nicht ausgeschlossen. Es ist im Einzelfall das Interesse an der richtigen Rechtsanwendung gegen das Vertrauen der Parteien in den Bestand des prozessleitenden Entscheids abzuwägen. 51

Beispiele: Die rückwirkende Gewährung der unentgeltlichen Rechtspflege ist wiedererwägungsweise möglich, wenn sich der ursprünglich ablehnende Entscheid des Gerichts im Urteilszeitpunkt als falsch herausstellt. Dagegen rechtfertigen falsche Berechnungen des Gerichts, die zur unberechtigten Gewährung der unentgeltlichen Rechtspflege geführt haben, nur einen Entzug für die Zukunft.

– **Ausnahme:** *Vor- und Zwischenentscheide* erwachsen in Rechtskraft. Damit wird eine formelle oder materielle Vorfrage *endgültig entschieden*. Eine Wiedererwägung ist daher grundsätzlich ausgeschlossen. Vorbehalten bleibt eine Änderung bei Vorliegen von Revisionsgründen. 52

Beispiel: Das Gericht bejaht mit Vorentscheid seine Zuständigkeit gestützt auf den Wohnsitz des Beklagten. Ergibt sich im Beweisverfahren, dass der Wohnsitz des Beklagten rein fiktiv war, bleibt die Zuständigkeit gleichwohl bestehen. Ein nachträglicher Nichteintretensentscheid ist ausgeschlossen.

3.2.2 Endentscheide

– **Grundsatz:** Endentscheide erwachsen in Rechtskraft. Sie können vom erkennenden Gericht, auch wenn sie fehlerhaft sind, *nicht mehr aufgehoben bzw. wiedererwogen* werden. Dies ist ein Gebot der *Rechtssicherheit*. Ein Endentscheid kann fehlerhaft sein, wenn er auf einer fehlerhaften Prozesshandlung beruht, wenn die Sachverhaltsfeststellung mangelhaft war oder eine Rechtsfrage falsch beurteilt wurde. Eine Korrektur bzw. Überprüfung des fehlerhaften Endentscheids bleibt dem *Rechtsmittelverfahren* vorbehalten. Steht kein Rechtsmittel zur Verfügung, bleibt es beim fehlerhaften Entscheid. 53

– **Ausnahme:** Unbeachtlich sind dagegen *Nicht- oder Scheinentscheide,* die zwar wie gerichtliche Entscheide aussehen, aber nicht von einem Gericht ausgehen. Sie entfalten keine rechtlichen Wirkungen. 54

Beispiele:
- Ein Entscheid, der nur vom Gerichtsschreiber und nicht vom Gericht erlassen wurde (OGer SH, Amtsbericht 1995 80 f.).
- Ein blosser Entscheidantrag (Entwurf), der an die Parteien versandt wurde (KassGer ZH, RB *1998* Nr. 51, ZR *2000* Nr. 19 [Minderheitsmeinung]).

55 Als *Nichturteil* betrachtet das Bundesgericht auch ein Urteil, das den Parteien *nicht mitgeteilt* worden ist (BGE *122* I 99).

§ 40 Prozessuales Handeln der Parteien

1. Prozessuale Lasten und Pflichten

1.1 Prozessuale Lasten

56 Prozesshandlungen der Parteien werden, auch wenn sie für den normalen Fortgang des Verfahrens notwendig sind, in der Regel nicht erzwungen. Deshalb handelt es sich nicht um eigentliche Pflichten, sondern um Lasten der Parteien. Das Handeln liegt in ihrem eigenen Interesse, denn die Unterlassung hat *prozessuale Nachteile* zur Folge.

57 Es bestehen für die Parteien namentlich die folgenden *prozessualen Lasten:*

- Die klagende Partei trifft nach der gerichtlichen Zustellung der Klage an die beklagte Partei die *Fortführungslast* (s. Art. 65). Die beklagte Partei, die nicht rechtzeitig die Unzuständigkeitseinrede erhoben hat, trifft die *Einlassungslast*.
- 58 Die Parteien trifft für die von ihnen behaupteten Ansprüche und Einwendungen die *Behauptungs-, Substanzierungs- und Beweislast.* Bei Nichterfüllung dieser Lasten wird ihr Standpunkt nicht berücksichtigt. Die Gegenpartei trifft die *Bestreitungslast,* ansonsten die behaupteten Tatsachen als zugestanden gelten.
- 59 Die Parteien trifft eine *Mitwirkungslast* an Beweismassnahmen (Art. 160 i.V.m. 164).
- 60 Diejenige Partei, welche die ihr obliegenden Prozesshandlungen nicht *rechtzeitig* vornimmt, treffen die Folgen der *Säumnis*: Bei Fristversäumnis tritt die angedrohte Rechtsfolge ein (z.B. Nichteintreten auf die Klage bei Nichtleistung des Kostenvorschusses trotz Nachfrist; Art. 101 Abs. 3); bei Versäumung eines Verhandlungstermins findet das Säumnisverfahren statt (s. N 142 ff.; 11 N 133 ff.).

1.2 Prozessuale Pflichten

61 Wird dagegen ein prozessuales Verhalten einer Partei oder einer Drittperson unter eine *Disziplinar- oder Strafsanktion* gestellt oder direkt erzwungen, so stellt das betreffende Verhalten eine *prozessuale Pflicht* der Partei oder Drittperson dar.

Zu den prozessualen Pflichten gehören:
- Pflicht, den Prozess wahrheitsgemäss und nach Treu und Glauben zu führen (vgl. Art. 128 Abs. 3); 62
- Pflicht, die Regeln des Anstands im Verfahren einzuhalten (Art. 128 Abs. 1);
- Pflicht der Parteien und Dritter, an Abstammungsgutachten mitzuwirken (Art. 296 Abs. 2); 63
- Pflicht Dritter, an Beweiserhebungen mitzuwirken (Art. 167).

2. Prozesshandlungen der Parteien

2.1 Begriff

Prozesshandlungen der Parteien umfassen jegliches Handeln der Parteien im Laufe des Verfahrens. Es sind Handlungen, die rechtliche *Wirkungen im Prozess* haben. Sie können verschiedene Inhalte haben. Dazu gehören schriftliche *Eingaben* (Rechtsschriften, Verfahrensanträge, Anträge auf vorsorgliche Massnahmen, Stellungnahmen), mündliche *Plädoyers* und *Willenserklärungen* mit prozessrechtlichen Wirkungen (z.B. Vergleich, Klagerückzug, Klageanerkennung, Bestätigung des Scheidungswillens [Art. 287 Abs. 2 i.V.m. Art. 111 f. ZGB]). Die Prozesshandlungen umfassen aber auch *tatsächliches Parteihandeln,* z.B. die Entgegennahme oder Verweigerung gerichtlicher Zustellungen. 64

Prozesshandlungen sind zu unterscheiden von rechtsgeschäftlichen Handlungen der Parteien, für deren Eintritt und Wirkungen ausschliesslich materielles Recht gilt. *Beispiel:* die im Prozess abgegebene Verrechnungserklärung. 65

2.2 Arten

2.2.1 Erwirkungs- und Bewirkungshandlungen

Die Lehre unterscheidet bei den Prozesshandlungen der Parteien zwischen Erwirkungs- und Bewirkungshandlungen. 66

- **Erwirkungshandlungen** sind jene Prozesshandlungen, die bestimmt und geeignet sind, vom Gericht eine bestimmte Entscheidung zu erwirken. Sie erzielen nicht selbst eine bestimmte Wirkung, sondern wollen diese nur indirekt über das *Tätigwerden des Gerichts* erreichen. 67

Zu den Erwirkungshandlungen zählen die meisten Prozesshandlungen der Parteien, z.B. schriftliche Eingaben oder mündliche Vorträge. Sie enthalten 68

Anträge, Prozesseinreden, tatsächliche und rechtliche Behauptungen, Angriffs- und Verteidigungsmittel, Beweisofferten etc.

69 Erwirkungshandlungen können von den Parteien bis zum Entscheid grundsätzlich *zurückgezogen* oder *abgeändert* werden. Die geänderten Vorbringen unterliegen der richterlichen Würdigung.

70 – **Bewirkungshandlungen** sind Handlungen, die im Rahmen des Prozesses unmittelbar eine bestimmte Wirkung herbeiführen («bewirken»).

71 Hierzu gehören namentlich *prozessuale Willenserklärungen* der Parteien, wie etwa die *Zustimmung* zu Prozesshandlungen der Gegenpartei (Klageänderung [Art. 227 Abs. 1 lit. b], Rückzug der Klage ohne Rechtskraftfolge [Art. 65 a.E.]) oder eines Dritten (z.B. schlichter Parteiwechsel [Art. 84 Abs. 4]).

72 *Vergleich, Klageanerkennung und Klagerückzug* beenden den Prozess nach der ZPO *unmittelbar* (Art. 241 Abs. 2; s. N 93, 106; 7 N 149). Es handelt sich um Bewirkungshandlungen.

73 Die *Bestätigung des Scheidungswillens und der (Teil-)Konvention* in der Anhörung schafft die Grundlage für die gerichtliche Aussprechung der Scheidung auf gemeinsames Begehren und die Genehmigung der unumstrittenen Scheidungsfolgen (Art. 279, 288).

74 Auch die *Rechtsmittelerklärung* und der *Rückzug eines Rechtsmittels* ist eine Bewirkungshandlung. Dagegen stellen die mit der Rechtsmittelerklärung in der Rechtsmittelschrift zwingend verbundenen Anträge und Behauptungen Erwirkungshandlungen dar (s. Art. 311, 321).

75 Eine Rücknahme von Bewirkungshandlungen richtet sich nach den Regeln über die Willensmängel (Art. 21 ff. OR) und ist nur möglich, wenn nicht nachfolgende Prozessschritte dies ausschliessen oder wenn ein Revisionsgrund vorliegt (Art. 328 Abs. 1 lit. c).

2.2.2 Vorbringen zur Hauptsache und zum Verfahren

76 Die Erwirkungshandlungen umfassen:

- die *Vorbringen zur Hauptsache* in den (Haupt-)Rechtsschriften (Klageschrift, Klageantwort, Replik und Duplik) und/oder in den entsprechenden mündlichen Vorträgen,

77 – *verfahrensrechtliche Anträge* (z.B. unentgeltliche Rechtspflege, zweiter Schriftenwechsel, Sicherheitsleistung) sowie allfällige *Stellungnahmen* der Gegenpartei dazu,

- Anträge betreffend *vorsorgliche Massnahmen* sowie die entsprechende Stellungnahme der Gegenpartei dazu,

– Stellungnahmen zu verfahrensrechtlichen Fragen auf gerichtliche Aufforderung hin (z.B. zur Ernennung einer sachverständigen Person und zu den Gutachterfragen; zu einer vom Gericht vorgesehenen Sistierung des Verfahrens).

Vorbringen zur Hauptsache und Verfahrensanträge können in einer einzigen schriftlichen Eingabe gestellt werden, sind aber sowohl hinsichtlich der Anträge als auch der Begründung klar voneinander zu trennen. 78

2.2.3 Einseitige und zweiseitige Prozesshandlungen

Während die meisten Prozesshandlungen der Parteien *einseitig* 79
sind (Anträge, Einreden, Behauptungen, Beweisofferten), gibt es auch einzelne zweiseitige Prozesshandlungen oder *Prozessverträge:* Schiedsvertrag, Prorogationsvertrag, gerichtlicher Vergleich, Vereinbarung über die Verfahrenssprache, wenn das kantonale Recht dies ermöglicht (Art. 129 Satz 2; s. z.B. FR: BGE *121* I 196, 202 E. 3b).

Der *Prorogationsvertrag* (Art. 199 Abs. 1; 11 N 18 f.) und der *Schieds-* 80
vertrag (Art. 357 f.) haben nur prozessrechtliche Wirkungen. Ist die *Gültigkeit des Vertrages,* in welchem die Prorogations- oder Schiedsklausel enthalten ist, strittig, so wird diese Abrede grundsätzlich nicht von der allfälligen Ungültigkeit des Vertrages erfasst, da regelmässig der Prozessvertrag gerade auch für den Streit über die Gültigkeit des materiellrechtlichen Vertrages abgeschlossen wurde (vgl. Art. 178 Abs. 3 IPRG).

2.2.4 Übersicht

81

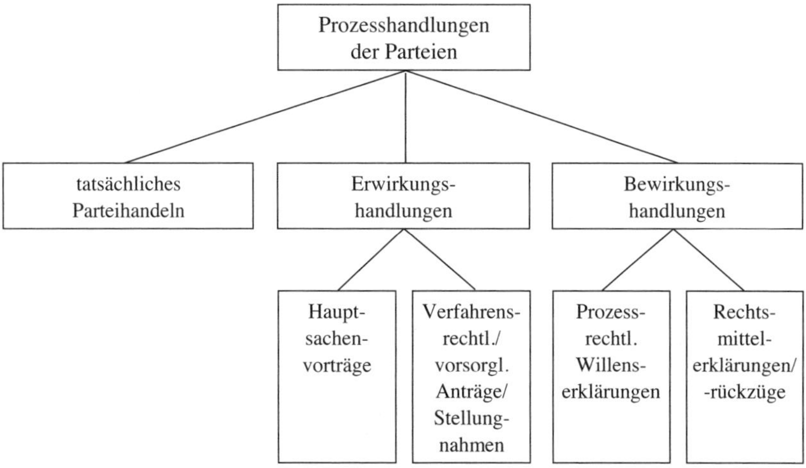

2.3 Form

82 Prozesshandlungen sind in der *Amtssprache* des Gerichtskantons vorzunehmen. In *mehrsprachigen* Kantonen regelt der Kanton den Sprachgebrauch (Art. 129). Entweder können sich die Parteien einer der im Kanton gesprochenen Sprachen bedienen oder sie müssen die Sprache des betreffenden Kantonsteils verwenden (s. VS, GR, BE, FR; s. dazu BGE *121* I 196, 202 E. 3b; *106* Ia 299 ff.). Soweit der Kanton die freie Wahl der Sprache vor kantonalen Behörden garantiert (FR, BE, GR), kann sich eine Partei für ein Rechtsmittel an die obere kantonale Instanz – unabhängig von der bisherigen Verfahrenssprache – der Sprache ihrer Wahl bedienen (BGer 9C_517/2009 E. 5–8).

83 Prozesshandlungen können *mündlich* vorgenommen werden, soweit das Gesetz nicht *Schriftlichkeit* verlangt, z.B. mündliche oder schriftliche Klageerhebung (Art. 202, 220, 244, 252 Abs. 2). Das Behauptungsverfahren kann mündlich oder schriftlich sein (Art. 221 f., 225, 226, 244 f.).

84 Soweit *Schriftform* vorgeschrieben ist, müssen die Eingaben *unterzeichnet* sein. Das gilt auch für *elektronische Eingaben,* die mit einer anerkannten elektronischen Signatur versehen sein müssen (Art. 130 Abs. 1 und 2; Art. 6 f. ZertES). Die Details werden durch Verordnung des Bundesrates geregelt. Eingaben in Papierform sind in *genügender Anzahl* für das Gericht und jede Gegenpartei einzureichen (Art. 131).

85 Schriftliche Eingaben dürfen *keinen ungebührlichen Inhalt* aufweisen und *nicht weitschweifig* sein. Sie müssen *leserlich und verständlich* sein. Gegebenenfalls setzt das Gericht Nachfrist zur Verbesserung an. Querulatorische und rechtsmissbräuchliche Eingaben können zurückgeschickt werden (Art. 132; s. N 118).

2.4 Inhalt

86 Inhaltlich können die Prozesshandlungen der Parteien sehr verschieden sein.

87 Schriftliche Eingaben und mündliche Vorträge enthalten in der Regel folgende Angaben:

- den Adressaten bzw. die Anrede,
- die Prozessbezeichnung (Parteibezeichnungen, Streitsache und – soweit bekannt – Prozessnummer),
- die Rechtsbegehren (Anträge),
- die Begründung, d.h. die tatsächlichen Parteivorbringen,
- allfällige rechtliche Ausführungen, was insbesondere bei komplexen Rechtsfragen oder bei der Anwendbarkeit von ausländischem Recht empfehlenswert ist. Die rechtlichen Ausführungen sind klar von den Tatsachenbehauptungen abzugrenzen.

2.5 Auslegung

Der Inhalt einer Prozesshandlung ist durch *Auslegung* zu ermitteln. Es ist nicht auf die unrichtige Bezeichnung oder eine missverständliche Ausdrucksweise abzustellen (s. Art. 18 OR). Dabei gelten die für privatrechtliche Erklärungen massgebenden Auslegungsregeln (vgl. BGE *105* II 149, 152 E. 2a). Die Partei kann nötigenfalls im Rahmen der richterlichen Fragepflicht zur Klarstellung aufgefordert werden (Art. 56). 88

2.6 Bedingungsfeindlichkeit

Der Prozess muss in bestimmten Schritten voranschreiten und beförderlich zu Ende geführt werden. Er darf nicht von der Ungewissheit einer Bedingung abhängen. Eine Klage kann daher nicht unter einer Bedingung erhoben, zurückgezogen oder anerkannt werden. 89

Zulässig sind *Eventualbegehren* neben einem Hauptbegehren, *Eventualwiderklagen* (für den Fall der Gutheissung der Hauptklage), eventuelle Tatsachenbehauptungen neben einer Hauptbehauptung (Eventualmaxime). In diesen Fällen wird der Prozessgang nicht aufgehalten, sondern es ergibt sich aus diesem selbst, ob die Bedingung eintritt. 90

Auch *prozessuale Gestaltungsrechte* sind *unbedingt und unwiderruflich* auszuüben. 91

Beispiele:

- Wahlmöglichkeit zwischen dem ordentlichen und einem Spezialgericht (Bezirksgericht und Handelsgericht: ZR *1988* Nr. 55).
- Zustimmungserklärung zur Klageänderung (Art. 227 Abs. 1 lit. a) oder zum Wiedereinbringungsvorbehalt beim Klagerückzug (Art. 65).

2.7 Besonderheiten bei Vergleich, Klageanerkennung, Klagerückzug

2.7.1 Begriffe

Vergleich, Klageanerkennung, Klagerückzug enthalten Willenserklärungen der Parteien, welche den Prozess beenden. Klageanerkennung und Klagerückzug werden auch als *Prozessabstand* bezeichnet. 92

Vergleich und Abstandserklärung haben unmittelbar 93

- *eine materiellrechtliche Seite* (vollständiger oder teilweiser Verzicht auf den Anspruch, vollständige oder teilweise Anerkennung des Anspruchs) und
- *eine prozessrechtliche Seite* (Beseitigung des Prozesses).

Man spricht daher von der *Doppelnatur* des Vergleichs und der Abstandserklärung.

94 Der **Vergleich** ist ein materiellrechtlicher *Vertrag,* und zwar ein Innominatkontrakt, durch welchen die Parteien mittels gegenseitigen Nachgebens den Streit oder die Ungewissheit über ein Rechtsverhältnis beseitigen. Ein Vergleich kann vor Gericht oder aussergerichtlich geschlossen werden. Es muss zwischen den Parteien noch kein Rechtsstreit vor Gericht hängig sein.

95 Ein Vergleich wird zum *gerichtlichen Vergleich,* wenn er vor Gericht abgeschlossen oder diesem eingereicht wird. Alsdann beendigt er den Prozess ganz oder zum Teil (Teilvergleich). Er erlangt daher *prozessrechtliche Wirkungen* (N 106 ff.). Um der Klarheit willen ist im Vergleichstext auf den Prozess Bezug zu nehmen, die Kostenverteilung zu regeln und die Abschreibung des Verfahrens übereinstimmend zu beantragen.

96 Die klagende Partei kann durch **Rückzug der Klage** und die beklagte Partei durch **Klageanerkennung** den Prozess beenden. Beide Erklärungen sind prozessrechtlicher Natur und haben unmittelbar die *materiellrechtliche Wirkung* des Anspruchsverzichts bzw. der Anspruchsanerkennung.

97 Vom (gewöhnlichen) Klagerückzug *zu unterscheiden* sind:

- der *Klagerückzug unter Vorbehalt der Wiedereinbringung und der einstweilige Verzicht* in einem frühen Prozessstadium, welchen keine materiellrechtliche Wirkung zukommt (s. Art. 63 Abs. 1, 65; N 109),
- der Forderungsverzicht durch *zweiseitigen Erlassvertrag,* welcher als materiellrechtlicher Vertrag nur prozessrechtliche Wirkung (im Sinne eines Vergleichs) entfalten kann, wenn er dem Gericht eingereicht wird.

2.7.2 Zulässigkeit

98 Aus der *Dispositionsmaxime* ergibt sich, dass die Parteien durch übereinstimmende Willenserklärungen mittels Vergleich oder durch einseitige Willenserklärung mittels Klageanerkennung oder Klagerückzug den Prozess jederzeit beenden können.

99 Ein *Vergleich* oder eine *Klageanerkennung* ist nur im Rahmen der *Dispositionsbefugnis der Parteien* zulässig bzw. wirksam. Das bedeutet, der eingeklagte Anspruch muss der freien Verfügbarkeit der Parteien unterliegen.

100 *Beispiele:*

- Nicht disponibel sind im Scheidungsverfahren der Scheidungspunkt und die Kindsbelange. Die Parteien können in diesen Fragen nur – aber immerhin – übereinstimmende Anträge stellen.
- Die Anerkennung der Vaterschaftsklage ist zulässig (Art. 260 ZGB); die Anerkennung der Anfechtung der Vaterschaft ist dagegen (zugunsten des Kindeswohls) ausgeschlossen; ein Vergleich ist bei beiden Klagen (zugunsten des Kindeswohls) ausgeschlossen.

Der *Klagerückzug* ist dagegen unbeschränkt zulässig. Es steht der klagenden Partei in allen Verfahren jederzeit frei, auf die Klage und damit indirekt auch auf die eingeklagten Ansprüche zu verzichten («res iudicata»). 101

Eine *inhaltliche Prüfung* des Vergleichs, der Anerkennung oder des Rückzugs *findet nicht statt*. Das Gericht achtet lediglich darauf, ob die Willenserklärung aufgrund der Dispositionsbefugnis zulässig ist. 102

2.7.3 Form

Der *gerichtliche Vergleich* erfordert *Schriftlichkeit,* d.h. Unterzeichnung des Vergleichs oder des entsprechenden Protokolls durch die Parteien (Art. 208 Abs. 1, Art. 241). Er kann auch aussergerichtlich in Schriftform abgeschlossen und dem Gericht eingereicht werden. 103

Klageanerkennung und Klagerückzug erfolgen durch schriftliche Erklärung oder Erklärung zu Protokoll. Entgegen dem ungenauen Wortlaut (von Art. 208 Abs. 1 und 241 Abs. 1) muss die *Unterzeichnung durch die erklärende Partei* allein genügen. Werden indessen die Kostenfolgen nicht ausgangsgemäss verlegt, liegt (materiell) ein Vergleich vor, der von beiden Parteien zu unterzeichnen ist. 104

Gestützt auf den Vergleich, die Klageanerkennung oder den Klagerückzug schreibt das Gericht das Verfahren ab (Art. 241 Abs. 3). Der *Abschreibungsentscheid* ist rein *deklaratorisch*. 105

2.7.4 Wirkungen

2.7.4.1 Unmittelbare Prozessbeendigung

Wird dem Gericht ein Vergleich, eine Klageanerkennung oder ein Klagerückzug eingereicht oder zu Protokoll erklärt, so wird der Prozess *ipso iure*, d.h. ohne gerichtlichen Erledigungsentscheid, beendet. Der «guten Ordnung halber» ist das Verfahren noch durch «Abschreibungsentscheid» zu erledigen (Art. 241 Abs. 2 und 3; Botschaft, 7345). 106

2.7.4.2 Vollstreckbarkeit und materielle Rechtskraft

Gerichtliche Vergleiche und Schuldanerkennungen, die auf Geldzahlung oder Sicherheitsleistung lauten, sind nach Art. 80 Abs. 2 SchKG *vollstreckbaren gerichtlichen Urteilen gleichgestellt*. 107

Die ZPO stellt den Vergleich, die Klageanerkennung und den Klagerückzug *einem rechtskräftigen Urteil gleich* (Art. 208 Abs. 2, 241 Abs. 2). Sie entfalten deshalb *materielle Rechtskraft,* d.h. eine zweite Klage zu demsel- 108 ben Streitgegenstand ist ausgeschlossen. Ihr steht das Prozesshindernis der «res iudicata» entgegen (7 N 206; STAEHELIN/STAEHELIN/GROLIMUND, § 24 N 11).

109 *In bestimmten Fällen des Klagerückzugs* tritt die materielle Rechtskraft indessen nicht ein:

- bei Klagerückzug infolge fehlender Zuständigkeit oder nicht gehöriger Klageeinleitung zwecks Wiedereinbringung der Klage am zuständigen Ort bzw. in gehöriger Weise (Art. 63 Abs. 1; sog. *Klagerückzug unter Vorbehalt der Wiedereinbringung*),
- beim *einstweiligen Verzicht* vor Zustellung der Klage an die Gegenpartei zur Beantwortung, z.B. wenn der Kostenvorschuss nicht geleistet wird (Art. 65; vgl. 8 N 35),
- in einem späteren Prozessstadium bei *Zustimmung* der Gegenpartei zum Klagerückzug unter Vorbehalt der Wiedereinbringung (Art. 65).

In solchen Fällen ergeht daher ein *Nichteintretensentscheid* und nicht ein Abschreibungsentscheid.

2.7.5 Willensmängel

110 Als rechtsgeschäftsähnliche Parteierklärungen können Vergleich, Klageanerkennung und Klagerückzug wegen materiellrechtlicher Mängel angefochten werden, insbesondere wegen Willensmängeln (Art. 21 ff. OR; BGE *130* III 49, 51 f. E. 1.2 m.H.). *Zu beachten* ist jedoch, dass es im Wesen des Vergleichs liegt, dass dadurch eine Ungewissheit in rechtlicher und/oder tatsächlicher Hinsicht beseitigt wird. Beim Vergleich besteht daher *kein Irrtum,* wenn die durch den Vergleich beseitigte *Ungewissheit* nachträglich behoben wird. Beim Vergleich über gegenseitige Leistungen ist zudem ein Rücktritt nach Art. 107 OR ausgeschlossen.

111 Die Anfechtung des Vergleichs oder der Abstandserklärung hat auf dem Wege der *Revision* zu geschehen (Art. 328 Abs. 1 lit. c). Denn da die *Prozessbeendigung ipso iure* eintritt, fehlt es an einem Anfechtungsobjekt für ein ordentliches Rechtsmittel. Mangels Entscheidqualität können ein Vergleich, eine Klageanerkennung oder ein Klagerückzug weder mit Berufung noch mit Beschwerde angefochten werden. Als Revisionsgrund kommen vor allem Willensmängel in Betracht (Botschaft, 7380).

112 Rechtskräftig genehmigte *Vereinbarungen über die vermögensrechtlichen Scheidungsfolgen* können bei Mängeln im Vertragsschluss primär mit *Berufung* angefochten werden, da mit dem Scheidungsurteil ein Anfechtungsobjekt vorliegt (Art. 279 Abs. 2, 289). Nach Ablauf der Berufungsfrist bleibt eine Revision nach Art. 328 Abs. 1 lit. a möglich.

3. Fehlerhafte Prozesshandlungen der Parteien

3.1 Allgemeines

Erwirkungshandlungen können grundsätzlich bis zum Entscheid *widerrufen oder abgeändert* werden, insbesondere können auch fehlerhafte tatsächliche Behauptungen zurückgenommen bzw. richtiggestellt werden. Auch der Widerruf von *Zugeständnissen* ist möglich (s. 10 N 16). Die geänderten Prozesshandlungen unterliegen der Würdigung durch das Gericht (N 69). 113

Bewirkungshandlungen können dagegen nicht frei zurückgenommen werden (N 75). *Prozessrechtliche Willenserklärungen* können jedoch wegen *Willensmängeln* angefochten werden, solange dies nicht durch nachfolgende Prozessschritte ausgeschlossen ist. Im Falle von Willensmängeln bei Vergleich, Klageanerkennung und Klagerückzug besteht ein besonderer Revisionsgrund (Art. 328 Abs. 1 lit. c; s. auch N 111 f.). 114

3.2 Fehlerhafte Eingaben

Genügen *schriftliche Eingaben* den gesetzlichen Anforderungen nicht, setzt das Gericht Frist zur *Verbesserung* an (Art. 132). Erfasst werden nur *formelle Mängel,* wie fehlende Unterschrift, fehlende Vollmacht, Unleserlichkeit. Dies gilt für papierene wie elektronische Dokumente in gleicher Weise. 115

Mängel in inhaltlicher Hinsicht (z.B. unvollständige Anträge, fehlende oder ungenügende Behauptungen/Bestreitungen, Substanzierungen) bilden in der Regel keinen Grund für eine Verbesserung. Lediglich wenn der Streitgegenstand aufgrund der Klageschrift überhaupt nicht erkennbar ist, ist wegen *«Unverständlichkeit»* eine Nachfrist zur Verbesserung anzusetzen. Gleiches gilt für *ungebührliche* und *weitschweifige* Eingaben (Art. 132 Abs. 2). 116

Werden Eingaben – *wider Treu und Glauben* – bewusst fehlerhaft eingereicht, z.B. um den Prozess zu verzögern oder in den Genuss längerer Fristen zu gelangen, hat das Gericht keine Nachfrist anzusetzen, sondern auf die mangelhafte Eingabe abzustellen. 117

Für *querulatorische und rechtsmissbräuchliche Eingaben* sieht Art. 132 Abs. 3 vor, dass das Gericht diese ohne weiteres zurückschicken kann. Darunter sind Eingaben von gerichtsnotorischen Rechtsuchenden zu verstehen, denen ein Rechtsschutzinteresse weitgehend abgeht. 118

119 *Disziplinarmassnahmen* nach Art. 128 bleiben in allen Fällen vorbehalten, wenn der Anstand verletzt oder der Geschäftsgang gestört wird.

3.3 Säumnis bei Fristen und Terminen

120 Das Verfahren nimmt auch bei Säumnis einer Partei seinen Fortgang. Säumnis der klagenden Partei bzw. der beklagten Partei führt zur Entscheidung nach Aktenlage ohne die Vorbringen der säumigen Partei (Art. 223, 234; s. N 141 ff.).

3.4 Fehlende Vertretungsmacht der Prozessvertretung

121 Die fehlende Vertretungsmacht kann durch *Genehmigung* seitens der Partei geheilt werden. Erfolgt keine Genehmigung, sind die Prozesshandlungen des falsus procurator *nichtig,* d.h. unbeachtlich.

3.5 Prozessunfähigkeit einer Partei

122 Ist eine Partei ausser Stande, den Prozess gehörig zu führen, so kann das Gericht sie anhalten, einen Vertreter zu bestellen, u.U. selbst einen Vertreter bezeichnen oder die Vormundschaftsbehörde benachrichtigen, damit diese das Nötige vorkehrt (Art. 69).

123 Die Prozesshandlungen einer prozessunfähigen Partei können durch *Genehmigung* des gesetzlichen Vertreters oder des (allenfalls nachträglich eingesetzten) Beistands geheilt werden. Erfolgt keine Genehmigung, so sind die Prozesshandlungen der prozessunfähigen Partei *nichtig,* d.h. unbeachtlich. Vorbehalten bleibt die Ausübung höchstpersönlicher Rechte durch eine prozessunfähige Person (z.B. die Willenserklärung zum Scheidungspunkt).

§ 41 Fristen und Termine

1. Allgemeines

Im Interesse der Herstellung des Rechtsfriedens muss der Prozess beförderlich durchgeführt werden. Diesem Zweck dienen die *prozessualen Zeitbestimmungen.* 124

Die Schweiz ist Vertragsstaat des *Europäischen Übereinkommens über die Berechnung von Fristen* vom 16. Mai 1972 (SR 0.221.122.3), welches im Interesse einer Vereinheitlichung der Vorschriften über die Berechnung von Fristen von Mitgliedern des Europarats abgeschlossen wurde. 125

2. Fristen

2.1 Begriff

Frist ist die Zeitspanne, innert welcher eine Prozesshandlung vorgenommen werden muss. 126

Gesetzliche Fristen sind jene, deren Dauer das Gesetz bestimmt. Sie können nicht erstreckt werden (Art. 144 Abs. 1). Eine Abkürzung kommt nur in den vom Gesetz vorgesehenen Fällen vor. Gesetzliche Fristen sind z.B. die *Rechtsmittelfristen.* 127

Gerichtliche Fristen sind jene, deren Dauer vom Gericht im Einzelnen festgesetzt wird. Häufig werden sie als *richterliche Fristen* bezeichnet (s. z.B. Art. 46 Abs. 1 BGG), wogegen gerichtliche Fristen als Oberbegriff für gesetzliche und richterliche Fristen verwendet wird. Gerichtliche (richterliche) Fristen können erstreckt werden, wenn die Partei rechtzeitig darum ersucht und *zureichende Gründe* für eine Erstreckung glaubhaft macht (Art. 144). *Beispiele:* Fristen für die Einreichung der Rechtsschriften (z.B. Art. 222 Abs. 1), die Bezahlung von Kostenvorschüssen (Art. 101). 128

2.2 Fristberechnung

2.2.1 Beginn und Ende der Frist

Der *Tag der Eröffnung* oder Mitteilung der Frist wird *nicht mitgezählt* (Art. 142 Abs. 1 ZPO; Art. 44 Abs. 1 BGG; vgl. auch Art. 77 Ziff. 1 OR). 129

Beispiel: Das Urteil wird dem Kläger am 31. Mai von der Post ausgehändigt. Am folgenden Tag (1.6.) beginnt die 30-tägige Berufungsfrist und endet folglich am 30. Juni.

130 Ist eine *Frist nach Monaten* (z.B. die Klagefristen nach Art. 75 ZGB, Art. 706a OR) oder nach Jahren (z.B. Art. 521, 533 ZGB) bestimmt, so endet sie an dem Tag, der *dieselbe Zahl* trägt wie der Tag, an dem die Frist zu laufen begann. Fehlt der entsprechende Tag, so endet die Frist am *letzten Tag des Monats* (Art. 142 Abs. 2; vgl. auch Art. 77 Ziff. 3 OR).

Beispiel: Die Frist für die Anfechtung eines am 31. März gefassten Vereinsbeschlusses endet am 30. April und nicht erst am 2. Mai.

131 Fällt der letzte Tag der Frist auf einen *Samstag, Sonntag* oder staatlich *anerkannten Feiertag,* so endet die Frist am nächsten Werktag (Art. 143 Abs. 3; Art. 45 Abs. 1 BGG).

2.2.2 Einhaltung der Frist

132 Die *Frist ist eingehalten,* wenn die Handlung *am letzten Tage* bis 24 Uhr bzw. Geschäftsschluss dem Gericht gegenüber vorgenommen worden ist. Bei Benützung der Schweizerischen Post genügt die Postaufgabe. *Personen im Ausland* wahren gesetzliche und gerichtliche Fristen, wenn die Eingabe am letzten Tag der Frist bei der Schweizerischen Post oder bei einer schweizerischen diplomatischen oder konsularischen Vertretung eintrifft (Art. 143 Abs. 1; vgl. Art. 48 Abs. 1 BGG).

133 Beim *elektronischen Versand* ist die Bestätigung der Zustellplattform des empfangenden Gerichts massgebend (Art. 143 Abs. 2; vgl. Art. 48 Abs. 2 BGG).

134 Wird eine Eingabe *nicht der zuständigen Gerichtsbehörde oder -instanz innerhalb eines Kantons* eingereicht, so gelten – sofern das kantonale Organisationsrecht keine ausdrückliche Bestimmung enthält – die Regeln von Art. 30 Abs. 2 und Art. 48 Abs. 3 BGG sinngemäss als allgemeine Rechtsgrundsätze (vgl. BGE *118* Ia 241, 243 f. E. 3c). Die Eingabe ist rechtzeitig, wenn sie fristgerecht einer anderen kantonalen Behörde eingereicht worden ist. Sie ist von dieser Behörde *der zuständigen Behörde* – allenfalls nach einem Meinungsaustausch – unverzüglich *zu überweisen.*

135 Für die *Einhaltung gesetzlicher Klagefristen* gilt Art. 63 Abs. 1 (s. N 158 ff.). Wurde die *Klage bei einem unzuständigen Gericht* erhoben, muss eine Prozessüberweisung nicht stattfinden. Die Klage kann ohne Rechtsverlust zurückgezogen und beim zuständigen Gericht wieder eingebracht werden (Art. 63 Abs. 1; Botschaft, 7277). Die Rechtshängigkeit des zweiten Prozesses wird auf das Datum der ersten Klageeinreichung zurückbezogen. Dies ist v.a. bedeutsam bei *gesetzlichen Verwirkungsfristen,* z.B. bei der Aberkennungsklage (Art. 83 Abs. 2 SchKG; der Vorbehalt in Art. 63 Abs. 3 bezieht sich nur auf die Dauer der Nachfrist; s. dazu N 160; 7 N 115 f.).

Die Frist für *Zahlungen an das Gericht* (z.B. Kostenvorschüsse, Sicherheitsleistungen) ist eingehalten, wenn der Betrag spätestens am letzten Tag der Frist zugunsten des Gerichts der *Schweizerischen Post übergeben* worden ist (bei Posteinzahlungen) oder einem *Post- oder Bankkonto in der Schweiz belastet* worden ist (Art. 143 Abs. 3; vgl. Art. 48 Abs. 4 BGG). Im internationalen Zahlungsverkehr ist die Zeit bis zum Eintreffen des Betrages auf dem Bank- oder Postkonto des Gerichts einzukalkulieren, um die Frist einzuhalten. 136

2.2.3 Gerichtsferien

Gerichtsferien bewirken den *Stillstand des Fristenlaufs* sowohl bei gesetzlichen als auch bei gerichtlichen Fristen (Art. 145 Abs. 1 und 3; s. auch Art. 46 Abs. 1 BGG). *Bei Zustellung während des Stillstands* beginnt der Fristenlauf am ersten Tag nach Ende des Stillstands. *Verhandlungen* können während des Stillstands nur mit Zustimmung der Parteien durchgeführt werden (Art. 146). 137

Summarische Verfahren sowie das *Schlichtungsverfahren* sind vom Fristenstillstand während der Gerichtsferien *ausgenommen* (Art. 145 Abs. 2). Für gerichtliche Verfahren in *Schuldbetreibungs- und Konkurssachen* bleiben die Bestimmungen des SchKG über die *Betreibungsferien* und den Rechtsstillstand vorbehalten (Art. 145 Abs. 4 i.V.m. Art. 56 ff. SchKG; zur Nichtinkraftsetzung des rev. Art. 56 SchKG s. D. SCHWANDER, Fragwürdiger Inkraftsetzungsbeschluss des Bundesrates zur Schweizerischen ZPO, SJZ *2010* 306 ff.). 138

Auf die Berechnung *gesetzlicher Klagefristen* finden die Regeln über die Gerichtsferien keine Anwendung, da dies der Rechtsnatur der Verwirkungsfristen zuwiderliefe (vgl. N 156; BGE *119* II 434, 435 E. 2a). 139

3. Termine

Termine sind Zeitangaben, an welchen eine Partei- oder Beweisverhandlung vor Gericht stattfindet. Ort, Datum, Zeit, Erscheinensgrund, die Säumnisfolgen usw. werden den vorgeladenen Parteien (Zeugen oder sachverständigen Personen) mit der Vorladung bekanntgegeben (Art. 133; s. N 18 ff.). 140

Eine *Verschiebung* des Termins kann *aus zureichenden Gründen* bewilligt werden (Art. 135; N 21). 141

4. Säumnis

142 Von Säumnis spricht man, wenn eine Partei die von ihr geforderte *Prozesshandlung nicht fristgerecht* vornimmt oder zu einem *Termin nicht erscheint* (Art. 147 Abs. 1). Die Säumnis der Parteien bei der Einhaltung von Fristen und der Wahrnehmung von Verhandlungsterminen darf den *Fortgang des Verfahrens* nicht hindern. Das Verfahren wird deshalb ohne die versäumte Handlung weitergeführt (Art. 147 Abs. 2), wenn das Gesetz nicht etwas anderes vorsieht, wie z.B. eine Nachfristansetzung.

Beispiel für Säumnisfolge: Entscheid nach Aktenlage, wenn eine Partei nicht zur Hauptverhandlung erscheint, bzw. Gegenstandslosigkeit des Verfahrens, wenn beide nicht erscheinen (Art. 234).

Beispiele für Nachfristansetzung bei Säumnis: Art. 101 Abs. 3 (betr. Vorschuss- oder Sicherheitsleistung), Art. 223 Abs. 1 (betr. Klageantwort).

143 *Auf die Folgen der Säumnis* werden die Parteien und Dritte mit der Vorladung oder mit der Fristansetzung vom Gericht *hingewiesen* (Art. 147 Abs. 3).

144 Die Säumnis in der Verhandlung tritt ein, wenn die Person zum festgesetzten Zeitpunkt nicht da ist. Eine sog. «Respektstunde» kennt das Gesetz nicht und ist im Zeitalter der Mobiltelefonie auch nicht mehr notwendig. Dass das Gericht einige Minuten zuwartet, gebietet jedoch das Verhältnismässigkeitsprinzip.

5. Wiederherstellung

5.1 Voraussetzung

145 Die (ältere) Lehre bezeichnet die Wiederherstellung auch als «restitutio in integrum», «Wiedereinsetzung in den vorigen Stand» oder «Restitution». Eine *versäumte Frist oder Verhandlung* kann unter bestimmten Voraussetzungen wiederhergestellt werden. Auch wenn bereits ein Säumnisentscheid ergangen ist, bleibt eine Wiederherstellung möglich (vgl. Art. 148 Abs. 3).

146 Art. 148 verlangt für eine Wiederherstellung, dass die säumige Partei *kein oder nur ein leichtes Verschulden* an der Säumnis trifft. Dies ist dann gegeben, wenn aufgrund von Umständen, die vom Willen der säumigen Partei unabhängig sind, ein rechtzeitiges Handeln bzw. Erscheinen vor Gericht unmöglich war, z.B. bei plötzlicher Krankheit, Unfall, Unwetter, nicht vorhersehbarem Verkehrszusammenbruch und dergleichen. Auch persönliche Umstände oder ein entschuldbarer Irrtum können ein rechtzeitiges Handeln oder Erscheinen verhindert haben. Die Säumnis muss aus der Sicht einer sorg-

fältig handelnden Person entschuldbar sein. Schlichtes Vergessen oder falsche Terminierung sind dagegen als grobes Verschulden zu werten (HAUSER/ SCHWERI, § 199 N 35, 54).

Massgebend ist die Verhinderung der Partei und, wenn sie vertreten ist, 147
auch diejenige ihres *Vertreters*. Der Hinderungsgrund muss derart schwerwiegend sein, dass er die betroffene Person davon abhält, selbst zu handeln oder eine Drittperson mit der Vornahme der Rechtshandlung zu betrauen (BGE *119* II 86, 87 E. 2). Das *Verschulden von Hilfspersonen,* derer sich die Partei oder ihr Vertreter bedienen, müssen sie sich wie ihr eigenes Verschulden anrechnen lassen (BGer 4C.244/2005 E. 3; BGE *114* Ib 67, 69 ff. E. 2 und 3).

5.2 Verfahren und Entscheid

Das *Wiederherstellungsgesuch* muss *spätestens 10 Tage nach* 148
Wegfall des Hindernisses gestellt werden. Die versäumte Handlung muss innerhalb der Frist noch nicht nachgeholt werden (anders: Art. 50 Abs. 1 BGG, Art. 33 Abs. 4 SchKG). Das Gesuch ist derjenigen Instanz einzureichen, welche die Säumnisfolgen angeordnet hat oder sie anordnen müsste. Die Säumnisgründe und die Einhaltung der 10-tägigen Frist sind glaubhaft zu machen (Art. 148 Abs. 1 und 2).

Das Gericht gibt der *Gegenpartei* Gelegenheit zur *Stellungnahme* 149
(Art. 149) und damit zu einem allfälligen *Verzicht auf die Säumnisfolgen,* was aufgrund der Dispositionsmaxime möglich sein muss.

Das *Gericht entscheidet endgültig* über die Wiederherstellung. Heisst es 150
die Wiederherstellung gut, gewährt es der säumigen Partei eine *Nachfrist* oder lädt die Parteien erneut zu einem *Verhandlungstermin* vor. Es findet eine Wiedereinsetzung in den Stand, wie er vor der Säumnis bestand, statt.

5.3 Wiederherstellung bei Säumnisentscheiden

Auch eine Partei, gegen welche bereits ein Säumnisentscheid er- 151
gangen ist, kann unter den erwähnten Voraussetzungen innert 10 Tagen nach Wegfall des Hindernisses, spätestens aber *innert 6 Monaten seit Rechtskraft* des Entscheids, ein Wiederherstellungsgesuch stellen und die Aufhebung des Säumnisentscheids verlangen (Art. 148 Abs. 3). Die Wiederherstellung bezweckt lediglich, dass die säumige Partei ihre versäumte Handlung nachholen kann, und nicht eine inhaltliche Überprüfung des Entscheids (STAEHELIN/ STAEHELIN/GROLIMUND, § 17 N 13).

Gegen einen Säumnisentscheid kann häufig jedoch auch ein *ordentliches* 152
Rechtsmittel (Berufung oder Beschwerde) ergriffen und die Aufhebung des

angefochtenen Säumnisentscheids verlangt werden. Die Rechtsmittelinstanz sollte – um Kompentenzkonflikte und widersprüchliche Entscheide zu vermeiden – der Vorinstanz Gelegenheit geben, sich zum Wiederherstellungsgesuch zu äussern. Wurde ein ordentliches Rechtsmittel ergriffen, geht dieses u.E. grundsätzlich vor, v.a. wenn ausser der Säumnis noch andere Anfechtungsgründe vorgebracht werden. Der Vorteil des Wiederherstellungsgesuchs liegt jedoch darin, dass es häufig länger als ein ordentliches Rechtsmittel ergriffen werden kann.

6. Wahrung gesetzlicher Klagefristen

6.1 Das Problem

153 Die Klagefristen des Zivilrechts und des Schuldbetreibungs- und Konkursrechts sind *Verwirkungsfristen*.

Beispiele:
- Monatsfrist für die Anfechtung von Vereinsbeschlüssen (Art. 75 ZGB),
- Zweimonatsfrist für die Anfechtung von Generalversammlungsbeschlüssen der AG (Art. 706a Abs. 1 OR),
- Jahresfrist für die erbrechtliche Ungültigkeits- und Herabsetzungsklage (Art. 521 und 533 ZGB; BGE *98* II 177),
- die – meist 10- oder 20-tägigen – Klagefristen des SchKG (Art. 83 Abs. 2, 140, 279, 292 SchKG).

154 Weil es sich um gesetzliche Klagefristen handelt, bestimmte schon unter bisherigem kantonalem Prozessrecht das *Bundesrecht,* mit welcher prozessualen Handlung diese *eingehalten* waren und ob und gegebenenfalls wie versäumte Fristen *wiederhergestellt* werden konnten.

155 Für die Einhaltung gesetzlicher Klagefristen definierte das Bundesgericht den bundesrechtlichen Begriff der *Klageanhebung*. Massgebend war dafür jede prozesseinleitende oder -vorbereitende Handlung der klagenden Partei, mit welcher sie zum ersten Mal in bestimmter Form den Schutz des Gerichts anrief (BGE *118* II 487 E. 3). Dies war mit der Postaufgabe des Schlichtungsgesuchs erfüllt (BGE *98* II 181 f. E. 11).

156 Das Bundesgericht erkannte zudem, dass weder eine kantonale noch die *bundesrechtliche* Vorschrift über die *Wiederherstellung* prozessualer Fristen (damals Art. 35 OG) auf die Klagefristen des materiellen Rechtes anwendbar sei (BGE *101* II 88 f.). Gesetzliche Klagefristen würden auch nicht durch kantonales Fristenrecht – z.B. durch die *Gerichtsferien* – verlängert (BGE *123* III 69), und zwar auch solche nicht, deren Dauer nicht bundesgesetzlich festgelegt, sondern durch das Gericht zu bestimmen sei (z.B. Art. 961 Abs. 3 ZGB; BGE *119* II 434, 435 E. 2a).

Gesetzliche Klagefristen wurden durch *unrichtige Klageeinleitung* nicht eingehalten (BGE *108* III 41 ff.). Die unrichtige Klageeinleitung allein sollte jedoch nicht zu einem Rechtsverlust führen. Die kantonalen Prozessgesetze suchten deshalb zum Teil Wege, um diese Folge zu vermeiden (z.B. durch Aufrechterhaltung der Rechtshängigkeit). Soweit diese Möglichkeit nicht bestand, konnte bei «verbesserlichen Fehlern» mit einer analogen Anwendung von Art. 139 OR (BGE *112* III 125 f. E. 4) und später explizit mit Art. 34 Abs. 2 GestG geholfen werden. Diese Regelung wurde in erweiterter Form nun in Art. 63 Abs. 1 ZPO übernommen (vgl. Botschaft, 7277). 157

6.2 Die Lösung

Die Umschreibung der Rechtshängigkeit in Art. 62 Abs. 1 entspricht inhaltlich dem bundesrechtlichen Begriff der *Klageanhebung* (Botschaft, 7277). Für die *Einhaltung gesetzlicher Klagefristen* ist die Rechtshängigkeit massgebend (Art. 64 Abs. 2 i.V.m. Art. 62 Abs. 1), wobei Postaufgabe des Gesuchs oder der Klage genügt (Art. 143). Zu beachten bleibt, dass ein Gesuch um vorsorgliche Massnahmen für die Klageanhebung bzw. den Eintritt der Rechtshängigkeit genügt (s. 7 N 111). 158

Aufgrund ihrer Rechtsnatur als *Verwirkungsfristen* können versäumte zivil- oder vollstreckungsrechtliche Klagefristen *nicht wiederhergestellt* werden, auch nicht gestützt auf Art. 148. 159

Wurde eine Klage mit Verwirkungsfrist jedoch beim *unzuständigen Gericht* oder im *falschen Verfahren* eingereicht, so kann die Klage *innert eines Monats* seit dem Rückzug der Klage oder dem Nichteintretensentscheid bei der zuständigen Stelle und im richtigen Verfahren wieder eingebracht werden. Dabei wird die Rechtshängigkeit der Klage auf den Zeitpunkt der ersten (unrichtigen) Klageeinleitung zurückbezogen, womit die Verwirkungsfrist eingehalten ist. Sieht das *SchKG* eine *kürzere Klagefrist* vor, gilt diese auch für die Wiedereinbringung der Klage (Art. 63). 160

10. Kapitel: Beweisrecht

§ 42 Begriff, Gegenstand und Arten des Beweises

1. Begriff

Rechtsfolgen knüpfen sich an bestimmte Tatsachen. Im Zivilprozess sind zunächst die *Tatsachen* festzustellen, auf deren Grundlage die Rechtssätze anzuwenden sind. Die Feststellung bestrittener Tatsachen geschieht im *Beweisverfahren*. 1

Beweisen heisst dabei, die Wahrheit oder Unwahrheit einer Sachbehauptung feststellen. 2

«Beweis» nennt man auch die *Beweismittel:* Zeugnis, Urkunde, Augenschein, Gutachten, schriftliche Auskunft, Parteibefragung und Beweisaussage. 3

Beweis bezeichnet schliesslich das *Ergebnis* der Beweisführung: den erbrachten Beweis der behaupteten Tatsache. 4

2. Gegenstand des Beweises

Gegenstand des Beweises bilden rechtserhebliche, streitige Tatsachen, Erfahrungssätze und Rechtssätze (Art. 150 f.) 5

2.1 Tatsachen – Erfahrungssätze – Rechtssätze

2.1.1 Tatsachen

Zu beweisen sind Tatsachen, bei deren Verwirklichung die Rechtsfolge eintritt (z.B. Schaden – Kausalzusammenhang – Verschulden bei der ausservertraglichen Haftung). Neben *äusseren* sind auch *innere Tatsachen* (Wissen und Wollen einer Person) zu beweisen. 6

Indizien sind Tatsachen, die selbst nicht Tatbestandsmerkmal sind, die aber auf Tatbestandsmerkmale schliessen lassen. 7

Hilfstatsachen sind relevant für die Würdigung von Beweismitteln. 8

2.1.2 Erfahrungssätze

9 *Erfahrungssätze* über bestimmte Geschehensabläufe oder über Ursache und Wirkung müssen durch die *Erkenntnisse der betreffenden Wissenschaft* nachgewiesen werden.

10 *Übung und Ortsgebrauch* haben nach schweizerischer Lehre und Rechtsprechung keine objektive Geltung, sind aber als ausdrücklicher oder stillschweigender Vertragsinhalt Beweisgegenstand (BK-KRAMER, Art. 1 OR N 224 ff.). Dazu gehören auch *Handelsbräuche und Usanzen* einer bestimmten Branche, wie beispielsweise die SIA-Normen. Übung und Ortsgebrauch müssen bewiesen werden, soweit sie nicht gerichtsnotorisch oder im kantonalen Privatrecht (Art. 5 Abs. 2 ZGB) normiert sind.

Beispiele:
- Kündigungstermine für Wohn- und Geschäftsmiete (Art. 266c, 266d OR).
- Bestimmung von Bestandteilen, Früchten und Zugehör von Sachen, Zutrittsrechte (Art. 642 Abs. 2, 643 Abs. 2, 644 Abs. 2, 699 Abs. 1 ZGB).

2.1.3 Rechtssätze

11 Rechtssätze bedürfen wegen des Grundsatzes «iura novit curia» grundsätzlich keines Beweises. Soweit das Gericht vom anwendbaren *ausländischen Recht* oder *Gewohnheitsrecht* keine sichere Kenntnis hat, kann es die Parteien zur *Mitwirkung* auffordern. Bei vermögensrechtlichen Prozessen kann es ihnen auch den *Nachweis des ausländischen Rechts* auferlegen (Art. 150 Abs. 2 ZPO i.V.m. Art. 16 Abs. 1 IPRG).

2.2 Rechtserheblichkeit und Streitigkeit

2.2.1 Rechtserhebliche Tatsachen und Erfahrungssätze

12 Beweis ist nur über Tatsachen abzunehmen, welche *Tatbestandsmerkmale* sind oder welche als Indizien geeignet sind, solche wahrscheinlich zu machen. Erfahrungssätze sind nur erheblich, wenn sie für die rechtliche Beurteilung der Sache von Bedeutung sind.

Darüber, was rechtlich erheblich ist, muss das Gericht vor Einleitung des Beweisverfahrens entscheiden.

2.2.2 Streitige Tatsachen und Erfahrungssätze

Soweit die Verhandlungsmaxime (Art. 55 Abs. 1) gilt, müssen nicht bestrittene Tatsachen nicht bewiesen werden. Auch über nicht bestrittene Erfahrungssätze und Übungen muss kein Beweis erhoben werden. 13

Das Zugestehen einer Tatsache im Prozess schliesst den Beweis aus. Das *Zugeständnis* ist kein Beweismittel, sondern lässt eine zunächst strittige Parteibehauptung unstreitig werden. Das Zugeständnis kann im Rahmen der Parteivorträge oder einer formlosen Parteibefragung erfolgen (s. N 147, 275). 14

Die *aussergerichtliche Anerkennung* einer Tatsache ist dagegen Gegenstand des Beweises und bildet ein Indiz für die im Prozess bestrittene Tatsache. 15

Ein Widerruf eines Zugeständnisses ist möglich, wenn Willensmängel geltend gemacht werden. Ansonsten ist dies eine Frage der Beweiswürdigung. 16

Ausnahmsweise kann das Gericht über unbestrittene Tatsachen und Erfahrungssätze (von Amtes wegen) Beweis anordnen, wenn es an der Richtigkeit der Behauptung zweifelt oder der Sachverhalt von Amtes wegen festzustellen ist (Art. 153; s. N 292 ff.). 17

2.2.3 Bekannte Tatsachen und Erfahrungssätze

Nicht zu beweisen sind *offenkundige oder allgemeinnotorische Tatsachen*. Auch *gerichtsnotorische* Tatsachen, z.B. aus anderen Prozessen bekannte Beweisergebnisse, müssen nicht bewiesen werden (Art. 151). 18

Beispiel: Die Behauptung, Mineralwasser sei ein Naturprodukt, dessen Qualität von der Bodenbeschaffenheit abhängt, ist eine allgemein bekannte Tatsache, über welche nicht Beweis abzunehmen ist (BGE *117* II 323).

Privates Wissen, z.B. über örtliche Verhältnisse oder Branchenkenntnisse, darf ein Richter verwenden, wenn er dieses Wissen in den Prozess einführt und den Parteien Gelegenheit gibt, sich dazu zu äussern (vgl. N 243 ff.). Hat der Richter dagegen aus eigener Wahrnehmung Kenntnisse vom Streitgegenstand, kommt er als Zeuge in Frage, was u.U. einen Ausstandsgrund sein kann. 19

Tatsachen, für welche eine *tatsächliche Vermutung* spricht (s. N 63 ff.), sind ebenfalls nicht zu beweisen. Zu beweisen ist aber die Vermutungsbasis. 20

Allgemein anerkannte *Erfahrungssätze* und sog. «Lebenserfahrung» bedürfen ebenfalls keines Beweises (Art. 151; vgl. BGE *123* III 241, 243 E. 3a; s. auch K. SPÜHLER, Wann sind Grundsätze der Lebenserfahrung allgemeine Rechtssätze, SJZ *1997* 392 ff.).

3. Arten des Beweises

3.1 Unmittelbarer und mittelbarer Beweis

21 Der **unmittelbare Beweis** belegt die beweisbedürftige Tatsache.

Beispiel: Der Zeuge war beim Vertragsschluss dabei.

22 Der **mittelbare oder Indizienbeweis** erlaubt Schlüsse auf die beweisbedürftige Tatsache.

Beispiel: Eine schriftliche Vertragsurkunde ist ein Indiz dafür, dass ein Vertrag mit diesem Inhalt zwischen den Parteien geschlossen wurde.

3.2 Hauptbeweis – Gegenbeweis – Beweis des Gegenteils

23 **Hauptbeweis** ist der der *beweisbelasteten Partei* obliegende Beweis. Durch diesen soll das Gericht von der Wahrheit einer erheblichen Tatsachenbehauptung überzeugt werden.

24 **Gegenbeweis** ist der Beweis der *Gegenpartei* der beweisbelasteten Partei (sog. Beweisgegner), welche selbst Beweismittel anruft, um den Hauptbeweis nicht gelingen zu lassen. Es genügt, dass beim Gericht *Zweifel* an der Richtigkeit der Sachdarstellung der beweisbelasteten Partei entstehen, so dass der Hauptbeweis nicht erbracht ist (BGE *120* II 397).

25 **Beweis des Gegenteils** ist der Beweis, mit welchem eine *gesetzliche Vermutung beseitigt* werden soll. Dieser ist wiederum ein *Haupt*beweis, gegen welchen der Gegenpartei der Gegenbeweis zusteht.

Beispiel: Ist eine Person in hoher Todesgefahr verschwunden oder seit Langem nachrichtenlos abwesend, kann sie für *verschollen erklärt* werden (Art. 35 ff. ZGB). Diese Vermutung kann beseitigt werden, wenn innert Jahresfrist seit der Auskündigung jemand glaubhaft erklärt, er habe die verschwundene Person gesehen, oder wenn sich die verschwunden geglaubte Person selbst meldet (weitere Bsp. s. N 56 ff.).

4. Beweismass

26 Nicht jede erhebliche und bestrittene Tatsache muss zur vollen Überzeugung des Gerichts gebracht, also strikt bewiesen werden. In einzelnen Verfahren genügt Glaubhaftmachen, und in Fragen des Kausalzusammenhangs kann die – oft auf die allgemeine Lebenserfahrung gestützte – überwiegende Wahrscheinlichkeit eines bestimmten Kausalverlaufs genügen.

4.1 Strikter Beweis

Tatbestandsmerkmale müssen im Allgemeinen bewiesen, d.h. zur *vollen Überzeugung des Gerichts* gebracht werden. Hiefür kann es aber genügen, dass ein Sachverhalt mit *an Sicherheit grenzender Wahrscheinlichkeit* erstellt ist, wenn völlige Sicherheit nicht zu gewinnen ist. 27

Beispiel: Für die Berichtigung des in der letztwilligen Verfügung Begünstigten gemäss Art. 469 Abs. 3 ZGB wird ein strikter Beweis verlangt. Dagegen kann das Gericht – wenn die Verfügung *mehrere Auslegungen* zulässt – auf ein *geringeres Beweismass* abstellen und die allgemeine Lebenserfahrung und den favor testamenti usw. heranziehen (BGE *124* III 414). 28

4.2 Überwiegende Wahrscheinlichkeit

Wo ein *strikter Beweis naturgemäss nicht möglich oder nicht zumutbar* ist, genügt der Nachweis der überwiegenden Wahrscheinlichkeit (BGE *130* II 321, 324 f. E. 3.2–3.3; *128* III 271, 275 f. E. 2b/aa m.w.H.). So lässt die Praxis zum Nachweis des Kausalzusammenhangs die überwiegende Wahrscheinlichkeit eines bestimmten Kausalverlaufs genügen, und zwar sowohl beim *natürlichen Kausalzusammenhang* zwischen einer Handlung und einem Schaden als auch beim *hypothetischen Kausalzusammenhang* zwischen einer unterlassenen Handlung und dem Schaden (BGE *132* III 715, 719 ff. E. 3 betr. Prospekthaftung). 29

Beispiele: 30

- Der durch einen Skiunfall – Aufprall auf einen Baumstrunk – querschnittgelähmte Kläger hatte zu beweisen, dass die vom verantwortlichen Unternehmen unterlassene Sicherung der Skipiste, wäre sie erfolgt, seine Querschnittlähmung verhindert hätte. «Dabei genügt es, wenn nach den Erfahrungen des Lebens und dem gewöhnlichen Lauf der Dinge eine überwiegende Wahrscheinlichkeit für diesen *hypothetischen Kausalverlauf* spricht» (BGE *121* III 363).
- Die Beklagte, die sich mit der Vermittlung von Waren- und Börsentermingeschäften befasste, hatte den Kläger durch telefonische Kontaktnahme zu Investitionen in Termingeschäfte animiert, ihn aber nicht ausreichend über das Verlustrisiko aufgeklärt. Zum Beweis des *hypothetischen Kausalzusammenhangs* zwischen dieser Unterlassung und dem dem Kläger entstandenen Schaden genügt eine nach den Erfahrungen des Lebens und dem gewöhnlichen Lauf der Dinge begründete überwiegende Wahrscheinlichkeit (BGE *124* III 165).

Ein gesetzlicher Anwendungsfall ist auch die *richterliche Schadensschätzung nach Art. 42 Abs. 2 OR*, wobei allerdings die Grundlagen der Schätzung strikt zu beweisen sind (BGE *128* III 277 f. E. 2b betr. Anzahl der vom Arbeitnehmer bezogenen Ferientage). Eine überwiegende Wahrscheinlichkeit genügt auch, um den *Eintritt des Versicherungsfalls* (BGE *130* III 321, 31

323 ff. E. 3 betr. Diebstahlsversicherung) oder die Freiwilligkeit eines Schadenereignisses (Pra *1991* Nr. 230 betr. Selbstmord bei Lebensversicherung; s. dazu O. VOGEL, ZBJV *1992* 279 ff.) zu beweisen. Zur Produkthaftung s. BGE *133* III 81, 88 E. 4.

4.3 Glaubhaftmachen

32 Für bestimmte Rechtsfolgen verlangt das materielle Recht nur Glaubhaftmachen (Art. 256b Abs. 2, 260b Abs. 2, 961 Abs. 3 ZGB; Art. 82 Abs. 2, 272 Abs. 1 SchKG). Insbesondere sind die Voraussetzungen der Anordnung *vorsorglicher Massnahmen* nur glaubhaft zu machen (s. hinten 11 N 291). In Verfahren mit Beweisbeschränkung, d.h. *summarischen Verfahren,* genügt in der Regel Glaubhaftmachen (Art. 254; s. 11 N 233).

33 *Glaubhaft gemacht* ist eine Behauptung, wenn das Gericht von ihrer Wahrheit nicht völlig überzeugt ist, sie aber *überwiegend für wahr hält,* obwohl nicht alle Zweifel beseitigt sind. Nach der Umschreibung des Bundesgerichts braucht nicht die volle Überzeugung des Gerichts vom Vorhandensein einer Tatsache herbeigeführt zu werden, sondern es genügt, wenn eine gewisse Wahrscheinlichkeit dafür spricht, auch wenn das Gericht noch mit der Möglichkeit rechnet, dass sie sich nicht verwirklicht haben könnte (BGE *130* II 321, 325 E. 3.3; *120* II 393, 397 f. E. 4c; *88* I 11, 14 E. 5a; GULDENER, 323 Fn. 27).

34 *Beispiele:*

- Betrifft eine Erfindung ein Verfahren zur Herstellung eines *bekannten* Erzeugnisses – im Gegensatz zur Herstellung eines neuen Erzeugnisses (Art. 67 Abs. 1 PatG) –, so hat der Patentinhaber, der eine Patentverletzung behauptet, diese nur glaubhaft zu machen (Art. 67 Abs. 2 PatG). «Es genügt, wenn er Anhaltspunkte nachweist, so dass eine gewisse Wahrscheinlichkeit für die widerrechtliche Benutzung spricht» (BGE *116* II 363).
- In ähnlicher Weise haben Arbeitnehmerinnen und Arbeitnehmer eine Diskriminierung bezüglich Aufgabenzuteilung usw. nur glaubhaft zu machen, um in den Genuss der gesetzlichen Vermutung zu kommen, welche den Arbeitgeber zum Beweis des Gegenteils zwingt (Art. 6 GlG; s. N 61 Ziff. 6).
- Beim Arrest hat der Gläubiger den Bestand der Arrestforderung glaubhaft zu machen (Art. 272 Abs. 1 Ziff. 1 SchKG; BGE *135* III 474).

§ 43 Beweislast

1. Begriff und Bedeutung

1.1 Begriff

Die Regeln über die Beweislast bestimmen, welche Partei die *Folgen der Beweislosigkeit* zu tragen hat. Da das Gericht auch urteilen muss, wenn über einen erheblichen Sachumstand im Beweisverfahren keine Gewissheit zu erlangen ist, bestimmen die Beweislastregeln, *«gegen die beweispflichtige Partei zu entscheiden,* diese also die Folgen der Beweislosigkeit» tragen zu lassen (BGE *107* II 275). 35

Hat das Gericht jedoch im Beweisverfahren den strittigen Sachverhalt festgestellt – und sei es auch von Amtes wegen oder gestützt auf Beweismittel, die von der nicht beweisbelasteten Partei beigebracht wurden (BGE *119* III 104) –, so wird die Beweislastverteilung irrelevant. 36

Begrifflich ist zu unterscheiden zwischen subjektiver und objektiver Beweislast: 37

- Die **subjektive Beweislast (= Beweisführungslast)** gibt Antwort auf die Frage: Wer hat Beweis zu *führen?*
- Die **objektive Beweislast** beantwortet die Frage: Wer trägt das Risiko der *Beweislosigkeit?*

Diese zunächst akademisch anmutende Unterscheidung erhält im Bereich der Untersuchungs- und der Offizialmaxime Bedeutung: Gilt die *uneingeschränkte Untersuchungsmaxime* (Art. 296), so entfällt die *subjektive Beweislast.* Soweit das Gericht den Sachverhalt von Amtes wegen zu erforschen hat, kann die Beweisabnahme daher nicht von der Leistung von Kostenvorschüssen abhängig gemacht werden (s. N 294; 8 N 38; 11 N 387). Gilt *überdies die Offizialmaxime* (Art. 296 Abs. 3), so entfällt die *objektive Beweislast.* 38

Beispiel: Bei der Zuteilung der elterlichen Sorge (Art. 133 ZGB) hat das Gericht immer zugunsten des Kindeswohls und damit nicht zu Lasten einer (beweisbelasteten) Partei zu entscheiden.

1.2 Bedeutung

Durch die Beweislastregeln will der Gesetzgeber erreichen, dass das Urteil im Falle der Beweislosigkeit für *diejenige Partei nachteilig* ist, für welche das Versagen der Rechtsdurchsetzung *weniger unbillig* ist. 39

40 *Beispiele:*

- Für fremden Schaden wird grundsätzlich nur bei Verschulden gehaftet. Deshalb hat normalerweise die geschädigte Partei das Verschulden der haftpflichtigen Partei zu beweisen (Art. 41 OR). Bei Beweislosigkeit bleibt es bei der Grundregel, dass den Schaden selbst zu tragen hat, wer ihn erleidet.
- Dagegen wird bei der Haftung aus Vertrag das Verschulden des Vertragspartners vermutet, so dass er sich exkulpieren muss (Art. 97 Abs. 1 OR). Bei Beweislosigkeit besteht daher Haftung entsprechend der vertraglichen Bindung. Ähnlich verhält es sich bei Kausalhaftungen mit dem Entlastungsbeweis (s. Art. 55, 56, 58 OR).

2. Beweislastregeln des materiellen Rechts

41 Die Beweislast bestimmt sich nach materiellem Recht. Soweit das zu beurteilende Rechtsverhältnis dem Bundesprivatrecht untersteht, entscheidet sich die Frage der Beweislast ebenfalls nach diesem Recht.

42 *Im internationalen Verhältnis* bestimmt sich die Beweislast nach der *lex causae,* d.h. dem auf die Sache anwendbaren Recht.

2.1 Allgemeine Beweislastregel von Art. 8 ZGB

43 «Wo das Gesetz es nicht anders bestimmt, hat derjenige das Vorhandensein einer behaupteten Tatsache zu beweisen, der aus ihr Rechte ableitet.» Diese allgemeine Regel in Art. 8 ZGB besagt Folgendes:

44 – **Rechtserzeugende oder rechtsbegründende Tatsachen** hat zu beweisen, wer im Prozess daraus ein Recht oder Rechtsverhältnis geltend macht: z.B. den Abschluss des Darlehensvertrages bei Rückforderung der Darlehenssumme, die Verletzung durch das Motorfahrzeug des Beklagten bei der Schadenersatzforderung.

45 – Rechtshindernde **oder rechtsaufhebende Tatsachen** hat zu beweisen, wer sie behauptet: z.B. die Rückzahlung des Darlehens, die Verjährung der Forderung, die Unterbrechung des Kausalzusammenhanges durch grobes Selbstverschulden.

46 *Beispiele:*

- Der Arbeitnehmer hat für seine Lohnforderung daher den *Abschluss des Arbeitsvertrages,* der Arbeitgeber dagegen dessen *Untergang* zu beweisen (Pra *1999* Nr. 91).
- Wer der anderen Partei Rechtsmissbrauch vorwirft, hat die besonderen Umstände nachzuweisen, aufgrund derer anzunehmen ist, dass Rechtsmissbrauch vorliegt (BGE *134* III 52, 58 f. E. 2.1).

47 Bei der Verteilung der Beweislast kommt es *nicht* auf die *Parteirollen* an. Im Aberkennungsprozess (Art. 83 Abs. 2 SchKG) hat der *beklagte* Gläubiger die Beweislast für die forderungsbegründenden Tatsachen.

2.2 Besondere Beweislastregeln

ZGB und OR enthalten für zahlreiche Einzelfälle besondere Beweislastregeln. So wird insbesondere durch *gesetzliche Vermutungen* die Beweislast in dem Sinne umgekehrt, als bestimmte anspruchsbegründende Tatsachen von der ansprechenden Partei nicht nachgewiesen werden müssen, sondern umgekehrt vom Anspruchsgegner das Nichtvorhandensein der Tatsache bewiesen werden muss (s. N 56 ff.). 48

Beispiele: Art. 54 Abs. 2, 55 Abs. 1, 56 Abs. 1, 97 Abs. 1, 103 Abs. 2, 106 Abs. 1 OR, Art. 3 Abs. 1, 32 Abs. 1, 101, 200 (s. dazu BGE *118* II 28), 226, 248 ZGB.

Eine neuartige Lösung für den Fall der Beweislosigkeit findet sich in Art. 15 Abs. 2 DSG: «Kann weder die Richtigkeit noch die Unrichtigkeit von Daten bewiesen werden, so kann der Kläger verlangen, dass bei den Daten ein entsprechender Vermerk angebracht wird.»

3. **Negative Tatsachen**

Aus dem gemeinen Recht stammt der Grundsatz «Negativa non sunt probanda» (Negative Tatsachen sind nicht zu beweisen). Dieser Satz gilt aber *nicht* mehr. Vielmehr sind auch *negative Tatsachen grundsätzlich zu beweisen,* wenn daraus Ansprüche abgeleitet werden. Die beweisführende Partei hat den Beweis des Nichtbestehens einer Tatsache zu erbringen, indem sie positive Sachumstände nachweist, von denen auf die negative Tatsache geschlossen werden kann. *In Ausnahmefällen* kann der Negativbeweis jedoch *unzumutbar* sein, namentlich wenn unbestimmte negative Tatsachen zu beweisen sind oder wenn die zu beweisenden Tatsachen nur dem Beweisgegner bekannt sein können. Zu unterscheiden sind bestimmte und unbestimmte negative Tatsachen (s. VON GREYERZ, 21 ff., 27 ff.; BK-KUMMER, Art. 8 ZGB N 194 ff.). 49

3.1 Bestimmte Negativa

Wo das Gesetz den Beweis einer bestimmten negativen Tatsache auferlegt, hat die beweisführende Partei diesen dadurch zu erbringen, dass sie *positive Sachumstände* (sog. Indizien, s. N 7) *nachweist, aus denen die negative Tatsache gefolgert werden kann.* 50

Beispiel: Der nach Art. 97 OR in Anspruch genommene Vertragspartner hat zu beweisen, dass ihn *kein Verschulden* trifft. Das kann er durch den Beweis tun, dass er alles nach den Umständen Mögliche und Zumutbare vorgekehrt habe, woraus sich ergibt, dass ihn kein Verschulden an der Nicht- oder Schlechterfüllung trifft. 51

3.2 Unbestimmte Negativa

52 Unbestimmte negative Tatsachen sind Tatsachen, die nur durch eine unbestimmte Vielzahl negativer Einzeltatsachen bewiesen werden könnten. Die Tatsache war nirgends oder nie vorhanden, z.B. das *Nichthandeln* während einer bestimmten Zeit oder die *Unkenntnis* eines Sachverhalts. Unbestimmte negative Tatsachen können nicht bewiesen werden.

Beispiel: Eine Marke ist geschützt, «soweit sie im Zusammenhang mit den Waren und Dienstleistungen gebraucht wird, für die sie beansprucht wird» (Art. 11 Abs. 1 MSchG). Nach fünfjährigem Nichtgebrauch kann das Recht ausser bei wichtigen Gründen für den Nichtgebrauch nicht mehr geltend gemacht werden (Art. 12 Abs. 1 MSchG).

Im Prozess um die Frage des *Nichtgebrauchs der Marke* hätte nach der allgemeinen Beweislastregel derjenige, der dies behauptet, den Nichtgebrauch während fünf Jahren zu beweisen. Wegen der Unmöglichkeit dieses negativen Beweises kehrt *Art. 12 Abs. 3 MSchG* die Beweislast um: «Wer den Nichtgebrauch der Marke nach Abs. 1 geltend macht, hat ihn glaubhaft zu machen; der Beweis des Gebrauchs obliegt sodann dem Markeninhaber.»

53 Nach bundesgerichtlicher Rechtsprechung wird die *Pflicht zum Beweis* unbestimmter negativer Tatsachen allgemein dadurch *gemildert,* dass der Beweisgegner nach Treu und Glauben verpflichtet wird, zur Beweisführung beizutragen, indem er das Gegenteil beweist. Misslingt ihm dieser gegenteilige Beweis, kann dies im Rahmen der Beweiswürdigung als Indiz für die Richtigkeit der Behauptung der beweispflichtigen Partei gewertet werden (BGE *119* II 305 f.; *106* II 29, 31 E. 2; *98* II 231, 243 E. 5). Dies bewirkt *im Ergebnis eine Umkehrung der Beweislast,* auch wenn das Bundesgericht diesen Ausdruck vermeidet.

4. Beweislastumkehr

54 Eine Umkehrung der Beweislast findet nicht nur bei unbestimmten negativen Tatsachen, sondern auch bei gesetzlichen und tatsächlichen Vermutungen und bei Beweisvereitelung statt. In einzelnen Fällen stellt das Gesetz die Beweislastumkehr sogar ins pflichtgemässe Ermessen des Gerichts (s. N 68).

4.1 Vermutungen

55 Zu unterscheiden sind gesetzliche und tatsächliche Vermutungen.

4.1.1 Gesetzliche Vermutungen

Gesetzliche Vermutungen (praesumptiones iuris) sind *durch das Gesetz* gezogene, dem normalen Geschehensverlauf entsprechende *Schlussfolgerungen*. Es handelt sich entweder um Tatsachen- oder um Rechtsvermutungen. 56

Der Vermutungsträger muss nur die *Vermutungsbasis beweisen*. Für die Vermutungsfolge wird die Beweislast umgekehrt. Der Gegner hat *das Gegenteil der Vermutung* zu beweisen (z.B. Art. 256a Abs. 1, 262 Abs. 3 ZGB). 57

Gesetzliche Vermutungen hat nicht nur der Gesetzgeber geschaffen, sondern im Wege der Lückenfüllung (Art. 1 ZGB) auch das *Bundesgericht*. 58

Beispiele:
– Wartet der Betroffene, dem das Medienunternehmen die *Gegendarstellung* verweigert, mit der Anrufung des Gerichts mehr als 20 Tage zu, so ist «von der Vermutung auszugehen, der Betroffene habe an der gerichtlichen Geltendmachung des Gegendarstellungsrechts kein schützenswertes Interesse mehr». Er hat alsdann zu beweisen, dass er ein ausreichendes Interesse bewahrt hat (BGE *116* II 6).
– Der Anspruch einer Person auf nachehelichen Unterhalt erscheint *rechtsmissbräuchlich,* wenn sie mit einer anderen Person in einem *gefestigten Konkubinat* lebt, welches ihr vergleichbare Vorteile bietet wie die Ehe. «Das Bundesgericht hat daher eine *Tatsachenvermutung* in dem Sinne aufgestellt, dass bei einem Konkubinat, das im Zeitpunkt der Einleitung der Abänderungsklage bereits *fünf Jahre* gedauert hat, grundsätzlich davon auszugehen ist, es handle sich um eine Schicksalsgemeinschaft ähnlich einer Ehe. Dem unterhaltsverpflichteten Kläger obliegt dann nur der entsprechende Nachweis. Hingegen ist es Sache der unterhaltsberechtigten Beklagten, zu beweisen, das Konkubinat sei nicht so eng und stabil, dass sie Beistand und Unterstützung ähnlich wie in einer Ehe erwarten könne, oder dass sie trotz des qualifizierten Konkubinats aus besondern und ernsthaften Gründen weiterhin Anspruch auf die Scheidungsrente erheben dürfe» (BGE *118* II 235, 237 f. E. 3a; s. auch BGE *124* III 52, 54, E. 2a; *116* II 394, 396 E. 2c; *114* II 295).

– Bei **Tatsachenvermutungen** wird von einer oder mehreren Tatsachen auf eine andere äussere oder auf eine innere *Tatsache geschlossen*. 59

Beispiele:
- Art. 16 Abs. 1 OR: «... wird vermutet, dass die Parteien vor Erfüllung der Form nicht verpflichtet sein *wollen*».
- BGE *126* III 13 (zu hypothetischen Geschehensabläufen).

– Bei **Rechtsvermutungen** wird aus einem bestimmten Sachverhalt auf das Bestehen oder Nichtbestehen eines *Rechtsverhältnisses geschlossen*. 60

Beispiele: 61
(1) Art. 16 ZGB: Die *Urteilsfähigkeit* wird gesetzlich vermutet. Wer sie bestreitet, hat daher das *Gegenteil* zu beweisen. Dieser Beweis ist aber geleistet, wenn die handelnde Person «ihrer allgemeinen Verfassung nach im Normalfall und mit Wahrscheinlichkeit als urteilsunfähig gelten muss». Dann steht der Gegenpartei der *Gegenbeweis* offen, dass die betreffende Person trotz ihrer grundsätzlichen Urteilsunfähigkeit in einem luziden Intervall gehandelt hat (BGE *124* III 5, 8 E. 1b).

(2) Art. 255 Abs. 1, 262 Abs. 1 ZGB: Aus der bestehenden Ehe oder aus dem Beischlaf in der kritischen Zeit wird auf die *Vaterschaft* geschlossen.

(3) Art. 930 ZGB: Der Besitz lässt auf das *Eigentum* schliessen.

(4) Art. 17 OR: Aus der Existenz eines abstrakten Schuldbekenntnisses wird auf das *Bestehen einer Schuld* geschlossen (BGE *105* II 187).

(5) Art. 543 Abs. 3 OR: Die *Vertretungsmacht* des einfachen Gesellschafters, dem die Geschäftsführung übertragen ist, wird vermutet. Im internen Verhältnis (zu den anderen Gesellschaftern) ist die Vermutung widerlegbar, im externen Verhältnis (zu Dritten, denen ein Gesellschaftsverhältnis kundgetan wurde) dagegen nicht (= Fiktion, s. N 62; BGE *124* III 355).

(6) Eine neuartige Vermutung schafft Art. 6 GlG, wonach eine *Diskriminierung* bezüglich der Aufgabenzuteilung, der Gestaltung der Arbeitsbedingungen, der Entlöhnung, der Aus- und Weiterbildung, der Beförderung und der Entlassung vermutet wird, wenn sie von der betroffenen Person *glaubhaft* gemacht wird. Die Vermutungsbasis und der vermutete Sachverhalt stimmen dabei überein, doch muss dieser nur glaubhaft gemacht werden, um die Beweislast des Arbeitgebers auszulösen (s. auch Art. 12 Abs. 3 MSchG; N 52).

62 – Eine **Fiktion** (praesumptio iuris et de iure) liegt vor, wenn der *Beweis des Gegenteils* durch das Gesetz *ausgeschlossen* ist.

Beispiel: Art. 156 OR: «Eine Bedingung *gilt* als erfüllt ...».

4.1.2 Tatsächliche Vermutungen

63 Tatsächliche Vermutungen (praesumptiones hominis) sind *Schlussfolgerungen* aus bewiesenen Tatsachen auf weitere nicht bewiesene Tatsachen, welche das Gericht *aufgrund der Lebenserfahrung zieht* (Erfahrungsvermutung, natürliche Vermutung).

64 Die tatsächlichen Vermutungen gehören daher zur *Beweiswürdigung* (s. N 87 ff.) und bewirken *keine Umkehrung* der Beweislast. Sie wirken sich aber *ähnlich* aus: Die beweisbelastete Partei hat die Indizien, welche die Vermutungsbasis bilden, zu beweisen, um von der tatsächlichen Vermutung profitieren zu können. Der Beweisgegner muss nicht den Beweis des Gegenteils, sondern nur den *Gegenbeweis* erbringen, was durch *Erwecken von Zweifeln* an der Richtigkeit der Indizien und der daraus gezogenen Schlussfolgerung geschehen kann.

65 *Beispiele:*

(1) Bekanntestes Beispiel einer tatsächlichen Vermutung ist die *Vermutung des Beischlafs* gestützt darauf, dass ein Mann und eine Frau beieinander übernachtet haben. Damit wird dem Kläger geholfen, der den Beischlaf beweisen muss (Art. 262 Abs. 1 ZGB). Das Bundesgericht geht davon aus, der Gesetzgeber habe hier nicht einen direkten Beweis verlangen können, «les relations sexuelles étant par essence un fait de nature si intime que cette preuve est exclue sauf dans des cas tout à fait exceptionnels» (BGE *43* II 564; *75* II 104; *95* II 81).

(2) Bei der *Sachmängelhaftung* entsprechen vermutungsweise der Preis der Sache ihrem objektiven Wert und die Kosten der Mangelbehebung der Wertdifferenz zwischen mängelfreier und mangelhafter Sache (BGE *111* II 162).

(3) Mit einer natürlichen Vermutung arbeitet das Bundesgericht auch bei der *Arzthaftung:* «Soweit die Möglichkeit negativer Auswirkungen der Behandlung aber erkennbar ist, muss der Arzt alle Vorkehrungen treffen, um deren Eintritt zu verhindern. ... Deren Eintritt begründet dann eine natürliche Vermutung, dass nicht alle gebotenen Vorkehrungen getroffen worden sind und somit eine objektive Sorgfaltspflichtverletzung vorliegt. ... Die Vermutung kann vom Arzt erschüttert werden, indem er zum Beispiel dartut, welche konkreten Vorkehren er im Einzelnen getroffen hat und nachweist, dass nach dem aktuellen Stand der medizinischen Wissenschaft auch bei Anwendung aller Sorgfalt ein nicht beherrschbares Restrisiko verbleibt oder eine ernstzunehmende Möglichkeit eines atypischen Kausalverlaufs besteht.» (BGE *120* II 250)

Die *deutsche Lehre* kennt den *Prima-facie-Beweis* (Anscheinsbeweis). Er 66 erlaubt, dass bei typischen Lebenssachverhalten gestützt auf Erfahrungssätze, welche die Überzeugung des Gerichts zu begründen vermögen, zunächst ein Tatbestandsmerkmal vermutet wird. Der Beweisgegner muss dann einen atypischen Lebenssachverhalt darlegen und beweisen. Der Anscheinsbeweis dient vorab für die Feststellung von *Fahrlässigkeit und Kausalzusammenhang* bei Schadenersatzprozessen. Im Ergebnis ähnlich reduziert das *Bundesgericht* das erforderliche Beweismass, indem es erklärt: «Es muss vielmehr genügen, wenn das Gericht in Fällen, wo der Natur der Sache nach ein direkter Beweis nicht geführt werden kann, die Überzeugung gewinnt, dass die *überwiegende Wahrscheinlichkeit* für einen bestimmten Kausalverlauf spricht» (BGE *107* II 273: s. dazu N 29 ff.).

4.2 Beweisvereitelung

Wenn die Gegenpartei der beweisführenden Partei durch ihr Ver- 67 halten deren Beweislage erschwert oder ihr den Beweis vereitelt hat, rechtfertigt sich die Umkehrung der Beweislast.

Beispiele:

- Beweisvereitelung bei der aktienrechtlichen Verantwortlichkeitsklage gegen den Verwaltungsrat: Hat der Verwaltungsrat einer konkursiten Gesellschaft die gesetzlich vorgeschriebene *Buchhaltung nicht aufbewahrt* und damit dem Abtretungsgläubiger den Beweis der Überschuldung der Gesellschaft durch pflichtwidriges und schuldhaftes Verhalten vereitelt, so hat der Verwaltungsrat die Folgen der Beweislosigkeit zu tragen (Kantonsgericht Zug, 22.2.1996, in GVP ZG 1996, 57 = SJZ *1998* 366 Nr. 28).
- Beweisvereitelung beim Auto-Gewährleistungsstreit durch *Verschrottung* des Wagens (ZR *1999* Nr. 36, S. 144).

4.3 Beweislastumkehr nach richterlichem Ermessen

Im Wettbewerbsrecht *kann* das Gericht *vom Werbenden* den Be- 68 weis für die Richtigkeit von in der Werbung enthaltenen Tatsachenbehauptungen verlangen, «wenn dies unter Berücksichtigung der berechtigten Interessen des Werbenden und anderer am Verfahren beteiligter Personen im Einzelfall als angemessen erscheint» (Art. 13a UWG).

5. Behauptungs- und Substanzierungslast

5.1 Behauptungslast

69 Rechtsbegründende und rechtsaufhebende Tatsachen müssen, soweit die Verhandlungsmaxime gilt, behauptet werden. Die Behauptungslast richtet sich dabei nach den Beweislastregeln des Bundesprivatrechts, ist aber ein *prozessrechtliches* Institut. Die ZPO bestimmt deshalb, bis zu welchem Zeitpunkt behauptet werden muss bzw. wann die Parteivorbringen verspätet sind (vgl. Art. 229; s. 7 N 87 ff.).

5.2 Substanzierungslast

70 Die Substanzierungslast bedeutet, dass die Parteien die rechtserheblichen Tatsachen – d.h. rechtsbegründende und rechtsaufhebende Tatsachen – nicht nur in den Grundzügen, sondern *so umfassend, detailliert und klar* darzulegen haben, *dass darüber Beweis abgenommen werden kann.* Wie weit ein Sachverhalt zu substanzieren ist, damit die einzelnen Tatsachen unter die Tatbestandselemente der anzuwendenden Rechtsnormen subsumiert werden können, ergibt sich weiterhin aus dem materiellen Recht. Denn das Prozessrecht stellt keine speziellen Substanzierungsanforderungen (s. z.B. Art. 221 Abs. 1 lit. d; s. 7 N 101 ff.).

71 Bei *Bestreitungen* dürfen nicht die gleichen Anforderungen an die Substanzierung gestellt werden wie bei Behauptungen. Die Bestreitungslast darf nicht zu einer Umkehr der Behauptungs- und Beweislast führen. Eine generelle Bestreitung detaillierter Behauptungen genügt jedoch nicht. Es muss auf die einzelnen Behauptungen eingegangen werden. Bestreitungen sind ihrem Zweck entsprechend zu *konkretisieren,* um die behauptende Partei zu veranlassen, den ihr obliegenden Beweis zu führen. Massgebend für den *Umfang der Substanzierung* der Bestreitung sind die Einlässlichkeit der Sachdarstellung der behauptungsbelasteten Partei sowie die Möglichkeit und Zumutbarkeit einer substanzierten Bestreitung. *Schlichtes Bestreiten* oder *Bestreiten mit Nichtwissen* genügen, wenn die bestreitende Partei den behaupteten Ereignissen so fern steht, dass ihr eine Substanzierung nicht zugemutet werden kann, so z.B. bezüglich Mass und Berechnung von Scha-

denersatz (BGE *117* II 113 f.; *115* II 1, 2 f. E. 4; *105* II 143, 146 E. 6a/bb; BRÖNNIMANN, 179 ff.). Eine *weiter gehende Substanzierungspflicht* der Gegenpartei ist nur zu erwägen, wo die beweisbelastete Partei sich im Beweisnotstand befindet und die belangte Partei dem Sachverhalt und dem Beweis viel näher steht (vgl. N 53, 7 N 106).

Das *Privatrecht* bestimmt, *wie weit* ein Sachverhalt substanziert werden 72
muss, damit er unter die Normen des materiellen Rechts subsumiert werden kann. Die *ZPO* bestimmt dagegen, *bis zu welchem Zeitpunkt* eine Substanzierung der Parteibehauptungen noch möglich ist. Die Substanzierung hat grundsätzlich im Behauptungsverfahren zu erfolgen (Art. 221 f., 226, 228). Eine Ergänzung im Beweisverfahren ist nur bei Vorliegen neuer Tatsachen ausnahmsweise zulässig (Art. 229 ZPO).

6. Beweislastverträge

Umstritten ist in der Lehre, ob Abreden darüber, wer die Beweis- 73
last – in Abweichung von der gesetzlichen Regelung – zu tragen hat, unter Vorbehalt von Art. 27 ZGB und Art. 20 ff. OR zulässig sind (vgl. BGE *85* II 504). Nachdem der VE ZPO Beweislastverträge in einem neuen Abs. 2 von Art. 8 ZGB ausdrücklich zulassen wollte, entschieden sich Bundesrat und Gesetzgeber nach Kritik in der Vernehmlassung gegen eine ausdrückliche Regelung. Befürchtet wurden nachteilige Regelungen in AGB zu Lasten schwächerer Vertragspartner. U.E. sind Beweislastverträge nach dieser gesetzgeberischen Entscheidung *unzulässig*.

§ 44 Recht auf Beweis und freie Beweiswürdigung

1. Recht auf Beweis

1.1 Begriff und Bedeutung

Das Recht auf Beweis ergibt sich aus dem verfassungsrechtlichen 74
Anspruch auf rechtliches Gehör (Art. 29 Abs. 2; s. auch Art. 53 Abs. 1 ZPO) und wurde vom Bundesgericht unter kantonalem Prozessrecht auch aus Art. 8 ZGB abgeleitet (BGE *108* Ia 294). Dieses Recht ist nun in Art. 152 ZPO ausdrücklich verankert.

Das Recht auf Beweis gibt den Parteien einen Anspruch, Beweise zu Tat- 75
sachen, die für den Ausgang des Verfahrens von Bedeutung sein können, zu *beantragen*. Zudem haben sie einen Anspruch darauf, dass das Gericht *form-*

und fristgerecht offerierte Beweismittel abnimmt, wenn sie *zulässig* und zum Beweis substanziert behaupteter, rechtserheblicher Tatsachen *tauglich* sind (Art. 152; vgl. BGE *133* III 189, 195 E. 5.2.2; *122* III 219, 223 f. E. 3c; *114* II 289, 291 E. 2a).

76 Beweisanträge müssen die *Formen* von Art. 129 ff. einhalten und fristgerecht eingereicht worden sein (Art. 142 ff., 222 f., 226, 229). *Zulässig* sind alle in Art. 168 genannten Beweismittel (s. N 146 ff.).

77 Das Gericht ist jedoch nicht verpflichtet, allen Beweisanträgen unbesehen und unbeschränkt stattzugeben (Botschaft, 7312). Die Ablehnung von Beweisanträgen ist ohne Verletzung des Rechts auf Beweis möglich bei unzulässigen oder *rechtswidrig erlangten Beweismitteln* sowie bei untauglichen Beweismitteln oder zulässiger *antizipierter Beweiswürdigung* (s. N 82 ff.).

78 Die Nichtabnahme rechtzeitig angebotener, zulässiger und tauglicher Beweismittel stellt eine *Rechtsverletzung* dar, die mit dem Rechtsmittel gegen den Endentscheid gerügt werden kann (s. Art 308 ff., 319 ff.).

1.2 Rechtswidrig erlangte Beweismittel

79 *Kein Anspruch* besteht auf die Abnahme rechtswidrig erlangter Beweismittel. Grundsätzlich besteht kein Interesse an solchen Beweismitteln. Nur wenn keine anderen tauglichen Beweismittel zur Verfügung stehen und das *Interesse an der Wahrheitsfindung überwiegt,* können sie ausnahmsweise berücksichtigt werden (Art. 152 Abs. 2).

80 Dabei ist die Schwere der Rechtsgutsverletzung zur Erreichung des Beweismittels gegen das Interesse an der Wahrheitsfindung im Zivilprozess *abzuwägen* (s. N 155 f.).

81 Irrelevant ist, ob die beweisführende Partei selbst oder eine Drittperson den Rechtsbruch zur Beschaffung des Beweismittels begangen hat.

1.3 Antizipierte Beweiswürdigung

82 Die Abnahme offerierter Beweismittel entfällt, wenn das Gericht solche Beweismittel auf dem Wege zulässiger *antizipierter Beweiswürdigung* ausschliesst. Antizipierte Beweiswürdigung bedeutet, dass das Gericht angebotene Beweismittel ablehnen kann, wenn es seine *Überzeugung* durch andere Beweismittel *bereits gewonnen* hat oder wenn es das offerierte Beweismittel für *untauglich* hält, d.h. wenn dieses nicht geeignet ist, die behauptete Tatsache zu beweisen (Botschaft, 7312; BGE *122* III 219, 223 f. E. 3c). Das gilt sowohl für den Haupt- als auch für den Gegenbeweis (BGE *115* II 305; s. dazu O. VOGEL, recht *1991* 38 ff.).

Ist von vornherein klar, dass die streitige Tatsachenbehauptung mit dem beantragten Beweismittel *nicht bewiesen werden kann,* darf eine Beweiserhebung unterbleiben (BGE *122* III 219, 223 f. E. 3c). 83

Beispiel: Ein beantragter Zeuge war im fraglichen Zeitpunkt gar nicht anwesend, so dass er aus eigener Wahrnehmung nichts wird berichten können.

Entbehrlich ist die Abnahme weiterer Beweise auch, wenn die fragliche Tatsachenbehauptung *bereits rechtsgenüglich bewiesen oder widerlegt* ist, so dass das Beweismittel am Beweisergebnis nichts mehr zu ändern vermag (BGer 4C.469/2004 E. 1.3; BGE *122* III 219, 223 f. E. 3c; *114* II 289, 291 E. 2a), oder wenn es das Gericht infolge Zeitablaufs für ausgeschlossen hält, dass durch weitere Beweismassnahmen noch Näheres in Erfahrung gebracht werden könnte (BGE *98* II 245). 84

Wird das Gericht zu einer bestimmten Tatsachenbehauptung mit einer *Vielzahl von Beweisanträgen* konfrontiert, kann es die Partei auffordern, die wichtigsten Beweismittel zu bezeichnen. Kommt die Partei dieser Aufforderung nicht nach, kann das Gericht an ihrer Stelle eine Auswahl treffen, um die Beweisabnahme auf ein *vernünftiges Mass* zu beschränken (Botschaft, 7312; BGer 5P.296/2005 E. 4 zum summarischen Verfahren). 85

Die Verletzung des Rechts auf den Beweis bzw. eine ungerechtfertigte antizipierte Beweiswürdigung kann erst mit dem *Rechtsmittel gegen den Endentscheid* gerügt werden (Art. 308 ff., 319 ff.). Gegen den Entscheid der oberen kantonalen Instanz kann beim Bundesgericht *Beschwerde in Zivilsachen* erhoben werden. Dabei spielt es keine Rolle, ob eine Verletzung von Art. 8 ZGB, Art. 53 Abs. 1, 152, 157 ZPO oder Art. 29 Abs. 1 und 2 BV geltend gemacht wird (Art. 72 Abs. 2 lit. b, 74, 95 lit. a BGG). Subsidiär – insbesondere wenn es am notwendigen Streitwert fehlt – ist die *Verfassungsbeschwerde* gegeben, wobei dann nur die Verletzung verfassungsmässiger Rechte gerügt werden kann (Art. 113, 116 BGG). 86

2. Freie Beweiswürdigung

2.1 Begriff und Bedeutung

Der Grundsatz der freien Beweiswürdigung ist nun in Art. 157 verankert und ersetzt die punktuellen Regelungen im materiellen Bundesrecht (z.B. aArt. 139, 254 ZGB, aArt. 274d, 343 OR). 87

Freie Beweiswürdigung bedeutet, dass sich das Gericht seine Überzeugung nach *freier Würdigung der Beweismittel* bildet. Es entscheidet grundsätzlich *frei von Beweisregeln* über den *Beweiswert* der abgenommenen 88

Beweismittel und bildet sich daraus seine Überzeugung über Bestand oder Nichtbestand der behaupteten Tatsachen. Es gibt keine Hierarchie der Beweismittel. Allerdings bestehen noch vereinzelte Beweisregeln, welche die freie Beweiswürdigung in einzelnen Punkten einschränken (s. N 96 ff.).

89 Der Grundsatz der freien Beweiswürdigung umfasst herkömmlich auch den *Wegfall von Zulassungsschranken* für Beweismittel. Der Ausschluss von bestimmten Beweismitteln aus generellen, nicht auf den konkreten Fall bezogenen Erwägungen ist unzulässig. *Beispiel:* Zeugen unter oder über einem bestimmten Alter.

90 Bei der *Beweiswürdigung* prüft das Gericht die einzelnen Beweismittel auf ihren *Beweiswert*. Es untersucht, inwiefern ein Beweismittel rechtserhebliche, klare Aussagen enthält, ob es in sich oder zu anderen Beweismitteln Widersprüche aufweist; es berücksichtigt die Entstehungsgeschichte der Aussagen und die Nähe zu den Parteien und schliesst daraus auf die Glaubwürdigkeit bzw. den Beweiswert des einzelnen Beweismittels. Die richterliche Beweiswürdigung muss *sachgerecht* und *nachvollziehbar* sein und im Urteil *begründet* werden.

91 *Kinder unter 14 Jahren* werden gemäss Art. 171 Abs. 1 zwar als Zeugen angehört, aber nicht auf die Straffolgen von Art. 307 StGB hingewiesen. Ihre Aussagen unterliegen aber ebenso der freien Beweiswürdigung wie diejenigen älterer und entsprechend belehrter Zeugen. Der Beweiswert ihrer Aussagen ist nicht generell von Gesetzes wegen reduziert. Das Gericht kann jedoch die Vernehmung eines Kindes mit Rücksicht auf dessen Wohl im konkreten Fall ablehnen (Art. 160 Abs. 2).

2.2 Würdigung des Verhaltens der Parteien

92 In die freie Beweiswürdigung ist das Verhalten der Parteien im Prozess mit einzubeziehen, namentlich die *unberechtigte Mitzuwirkungsverweigerung* einer Partei bei der Beweiserhebung (Art. 164). Ein solches Verhalten kann als Basis einer tatsächlichen Vermutung den Beweis für die hauptbeweispflichtige Partei schaffen. Das heisst, die Mitwirkungsverweigerung ist bei der Beweiswürdigung zu Lasten dieser Partei zu berücksichtigen.

93 Entsprechendes gilt im Falle der *Beweisvereitelung* durch Vernichtung von Beweismitteln durch die Gegenpartei. Die bestrittene und nicht mehr beweisbare Tatsache gilt für die beweisführende Partei als bewiesen (s. N 67).

3. Beweisregeln

3.1 Begriff

Beweisregeln sind gesetzliche Normen oder Grundsätze der Gerichtspraxis, die *generell* entweder bestimmte Beweismittel *ausschliessen* oder die *Beweiskraft* (den Beweiswert) eines Beweismittels genau umschreiben. 94

Die ZPO kennt nur noch sehr vereinzelte Beweisregeln. Da diese aber auf gleicher (Gesetzes-)Stufe wie der Grundsatz der freien Beweiswürdigung stehen, gehen sie diesem im konkreten Fall vor. In diesem Sinne sind die Beweisregeln also *Einschränkungen der freien Beweiswürdigung*. 95

3.2 Gesetzliche Beweisregeln

Art. 179 bestimmt, dass **öffentliche Register und öffentliche Urkunden** vollen Beweis bilden bis zum Nachweis ihrer Unrichtigkeit. Dem entspricht Art. 9 Abs. 1 ZGB, der allerdings nur für Register und Urkunden des Bundesprivatrechts gilt. Die *erhöhte Beweiskraft* beschränkt sich auf die Feststellungen, welche die Urkundsperson bei der Errichtung der öffentlichen Urkunde machen konnte. 96

Beispiel: Die erhöhte Beweiskraft ist darauf beschränkt, *dass* die Vertragsparteien vor der Urkundsperson die beurkundeten Erklärungen abgegeben haben, nicht dagegen auf die von der Urkundsperson nicht überprüfbare Richtigkeit des Erklärungs*inhalts*.

Die ZPO kennt zwei Formen der Parteieinvernahme mit unterschiedlichen Strafandrohungen: die **Parteibefragung** mit Ordnungsbusse (Art. 191) und die **Beweisaussage** mit Kriminalstrafe nach Art. 306 StGB (Art. 192). Dies deutet darauf hin, dass nach dem Willen des Gesetzgebers Aussagen (zu eigenen Gunsten) im Rahmen einer Beweisaussage höheres Gewicht zukommen soll als solchen in der einfachen Parteibefragung (s. auch Botschaft, 7326). 97

Gemäss Art. 169 kann ein Zeuge über Tatsachen befragt werden, die er *unmittelbar* wahrgenommen hat. Der sog. **Zeuge vom Hörensagen** soll laut Botschaft (S. 7314 f., 7321) ausgeschlossen sein. Das ist u.E. eine unnötige und unverhältnismässige Einschränkung des Rechts auf Beweis und der freien richterlichen Beweiswürdigung, die sich durch nichts rechtfertigen lässt. Zeugen vom Hörensagen können häufig durch antizipierte Beweiswürdigung ausgeschlossen werden. Ein genereller Ausschluss ist jedoch nicht gerechtfertigt, da sie im Einzelfall als Indizienbeweis oder als Hilfstatsachen für die Glaubwürdigkeit anderer Beweismittel durchaus tauglich sein können (s. N 162). 98

99 Die **Vertraulichkeit des Schlichtungs- und Mediationsverfahrens** (Art. 205 Abs. 1, 216) impliziert, dass die damit betrauten Personen im nachfolgenden Prozess *nicht als Zeugen* über die in jenen Verfahren gemachten Parteiaussagen angehört werden können. Ebensowenig dürfen von ihnen Protokolle oder Handnotizen zur Edition als Urkunden herausverlangt werden.

100 Im **summarischen Verfahren** gilt eine Beweismittelbeschränkung (Art. 254). Grundsätzlich ist Beweis mittels Urkunden zu erbringen, andere Beweismittel sind nur ausnahmsweise zulässig.

§ 45 Mitwirkungspflicht und Verweigerungsrecht

1. Allgemeines

101 Die allgemeine Mitwirkungspflicht der Parteien und Dritter bei der Beweiserhebung sowie ihre Verweigerungsrechte werden in Art. 160 ff. einheitlich und *für alle Beweismittel gleich* geregelt.

2. Mitwirkungspflicht

2.1 Begriff und Inhalt

102 *Jedermann* ist bei zivilprozessualen *Beweiserhebungen* mitwirkungspflichtig. Die Mitwirkungspflicht trifft die Parteien und Drittpersonen in gleicher Weise (Art. 160). Sie gilt für natürliche und juristische Personen und betrifft alle Verfahrensarten (Botschaft, 7316).

103 Die Mitwirkungspflicht umfasst die *Aussagepflicht* (als Partei oder Zeuge/Zeugin), die *Editionspflicht* (von Urkunden und Augenscheinsobjekten) sowie *Duldungspflichten* (bei Augenschein und Gutachten). Art. 160 Abs. 1 präzisiert zudem, dass Zeugen und Zeuginnen sowie Parteien *wahrheitsgemäss* auszusagen haben. Die Aufzählung der einzelnen Mitwirkungspflichten in Art. 160 ist *nicht abschliessend*.

104 Die Mitwirkungspflicht besteht unabhängig vom Alter der Person. Das Gesetz legt weder ein Mindest- noch ein Höchstalter fest, denn dies käme einer starren Beweisregel und damit einer Einschränkung des Rechts auf Beweis und freie Beweiswürdigung gleich (s. N 94 ff.).

Bei *Minderjährigen* hat das Gericht über die Mitwirkungspflicht im Einzelfall zu entscheiden. Es nimmt dabei auf die Verhältnisse im konkreten Fall Rücksicht, insbesondere auf das Denkvermögen des Kindes, seine Beziehungen zu den Parteien, das Beweisthema und v.a. auf eine mögliche Beeinträchtigung des physischen oder psychischen Wohls der minderjährigen Person (Botschaft, 7316). 105

Die Prozessbeteiligten, d.h. Parteien und Dritte, sind über ihre Mitwirkungspflicht, die möglichen Verweigerungsrechte und die Sanktionen bei unberechtigter Verweigerung *aufzuklären* (Art. 161 Abs. 1). Die Belehrung muss klar und vollständig sein. Sie ist grundsätzlich *konstitutiv* für die Verwertung des betreffenden Beweismittels sowie für die Verhängung von Strafen und anderer Nachteile (Art. 161 Abs. 2). Wurde die Belehrung unterlassen bzw. vergessen, ist die Beweiserhebung in ordnungsgemässer Form zu wiederholen, wobei es in der Regel genügt, wenn die mitwirkungspflichtige Person ihre Mitwirkung nach entsprechender Belehrung bestätigt. 106

Aus *berechtigter Verweigerung* darf weder einer Partei noch einer Drittperson ein Nachteil entstehen (Art. 162). 107

2.2 Mitwirkungslast der Parteien

Für die *Parteien* ist die Mitwirkung eine *prozessuale Last*. Unberechtigte Verweigerung hat weder Strafe noch Zwang zur Folge, sondern wird lediglich bei der Beweiswürdigung zu ihren Lasten berücksichtigt. 108

2.3 Mitwirkungspflicht Dritter

Die Mitwirkungspflicht Dritter ist dagegen eine *echte prozessrechtliche Pflicht*, die – unter Strafandrohung (Art. 167) oder gar unter direktem Zwang – gehörig erfüllt werden muss. Dazu gehören die Zeugnis-, Auskunfts- und Editionspflicht sowie die Duldungspflicht von Augenscheinen und die Mitwirkung bei Gutachten. 109

Die Mitwirkungspflicht ist eine allgemeine *Bürgerpflicht,* die dem Staat gegenüber besteht. Sie kann deshalb nur im *Wohnsitzstaat* durchgesetzt werden. Soweit sich eine im Ausland wohnhafte Drittperson nicht freiwillig Beweismassnahmen in der Schweiz unterzieht, z.B. für eine Zeugeneinvernahme in die Schweiz reist oder Urkunden freiwillig ediert, sind die Beweismittel auf dem *Rechtshilfeweg* durch die zuständigen Gerichtsbehörden am Wohnsitz der Drittperson erheben zu lassen (s. N 323 ff.). 110

Im interkantonalen Verhältnis ist das Gericht frei, ob es die Beweise im anderen Kanton selbst erheben oder die zuständigen kantonalen Gerichte 111 darum ersuchen will (Art. 195; s. hinten N 319 ff.). Es hat dabei die Bedeutung der konkreten Beweiserhebung für den Prozessausgang sowie die der mitwirkungspflichtigen Person entstehenden Umtriebe und Kosten zu berücksichtigen.

112 Dritte sind für ihre Mitwirkung angemessen zu *entschädigen* (Art. 160 Abs. 3). Dazu gehören in erster Linie der Ersatz von Wegkosten und eine Umtriebsentschädigung (z.B. Zeugenentschädigung). Dagegen ist eine Entschädigung für Verdienstausfall nur ausnahmsweise gerechtfertigt, da unselbständig Erwerbende in der Regel keinen Lohnausfall erleiden (vgl. Art. 324a OR) und selbständig Erwerbende einen konkreten Verdienstausfall (z.B. Ablehnung eines Auftrags wegen Zeitmangel, Umsatzeinbusse wegen Abwesenheit vom Geschäft) nachweisen müssten, was bei kürzer dauernden Zeugeneinvernahmen jedenfalls kaum der Fall sein dürfte. Die Kantone können Entschädigungsreglemente erlassen.

2.4 Aufklärungspflicht des Gerichts

113 Das Gericht hat die Parteien und Dritte über die *Mitwirkungspflicht* und die Folgen bei *Säumnis* (s. Art. 164, 167) sowie *allfällige Verweigerungsrechte* aufzuklären (Art. 161 Abs. 1). Die Belehrung muss klar und vollständig sein. Sie ist grundsätzlich *konstitutiv* für die Verwertung des Beweismittels und die Verhängung von Säumnisfolgen (Botschaft, 7316). In der Regel geschieht dies mit der Vorladung zur Zeugen- oder Parteibefragung unter Beilage der gesetzlichen Bestimmungen im Wortlaut.

114 Wurde die Aufklärung über die Mitwirkungspflicht und die *Säumnisfolgen* (Art. 164, 167) unterlassen, kann nicht auf die Säumnisfolgen erkannt werden. Nötigenfalls muss daher die Aufforderung zur Mitwirkung ordnungsgemäss mit der entsprechenden Aufklärung wiederholt werden.

115 Auch über das *Verweigerungsrecht* (s. N 117 ff.) hat das Gericht aufzuklären. Dies geschieht üblicherweise nicht nur in der Vorladung, sondern, sobald ein solches Recht erkennbar ist (s. insb. Art. 166), zusätzlich in der Verhandlung vor der Einvernahme zur Sache. Wurde die Aufklärung über das Verweigerungsrecht vollständig unterlassen, ist das Beweismittel grundsätzlich nicht verwertbar.

116 Das Beweismittel darf allerdings *verwertet* werden, wenn eine Verweigerung der betroffenen Person im konkreten Fall unberechtigt gewesen wäre oder wenn sie ihre Aussagen nach einer nachträglichen Belehrung über das Verweigerungsrecht bestätigt, d.h. vom Verweigerungsrecht keinen Gebrauch macht (Art. 161 Abs. 2). Diese Zustimmung der betreffenden Person zur Verwertung muss nicht in der Form des jeweiligen Beweismittels erfolgen, sondern kann schriftlich mitgeteilt oder mündlich zu Protokoll erklärt werden.

3. Verweigerungsrecht

3.1 Begriff und Bedeutung

Die allgemeine Mitwirkungspflicht kann zu *Gewissens- und Interessenkonflikten* führen. Soweit die Zivilprozessordnung solche anerkennt, statuiert sie deshalb *Verweigerungsrechte*. Dies gilt sowohl gegenüber Dritten als auch gegenüber den Parteien. 117

Das Verweigerungsrecht gibt der Drittperson oder der Partei das Recht, die Mitwirkung in den gesetzlich bestimmten Fällen zu verweigern. 118

3.2 Arten der Verweigerung

3.2.1 Berechtigte und unberechtigte Verweigerung

Berechtigte Verweigerung liegt vor, wenn eine Partei oder ein Dritter gestützt auf ein *gesetzliches Verweigerungsrecht* die Mitwirkung verweigert. Daraus darf der verweigernden Partei kein Nachteil entstehen. Verweigert eine Partei oder ein Dritter die Mitwirkung, *ohne* sich auf ein *Verweigerungsrecht* berufen zu können, gilt die Verweigerung als *unberechtigt*. Die verweigernde Partei hat dann in Kauf zu nehmen, dass die zu beweisende Tatsache zu ihren Lasten als bewiesen angesehen wird (Art. 164). Gegenüber verweigernden Dritten kann die Mitwirkung mittels Ordnungsbusse oder in besonders wichtigen Fällen gar mit polizeilichem Zwang erzwungen werden (Art. 167). 119

3.2.2 Verweigerungsrecht der Parteien und Dritter

Je nach der mitwirkungspflichtigen Person wird zwischen den Verweigerungsrechten der Parteien und Dritter unterschieden. Während *Dritten* ein umfassendes Verweigerungsrecht zukommt, haben die *Parteien* immer nur ein beschränktes Verweigerungsrecht. Und während Dritte die Mitwirkung verweigern dürfen, wenn sie sich selbst belasten müssten, steht den Parteien ein vergleichbares Recht nicht zu. 120

3.2.3 Umfassendes und beschränktes Verweigerungsrecht

Ein umfassendes Verweigerungsrecht liegt vor, wenn die Person die Mitwirkung *vollständig* verweigern darf. Bei einem beschränkten Ver- 121 weigerungsrecht darf dagegen nur die Mitwirkung in Bezug auf *eine einzelne Frage oder eine einzelne Handlung* unterlassen werden.

3.3 Verweigerungsrecht der Parteien

122 Den Parteien steht nur ein auf einzelne Punkte *beschränktes Verweigerungsrecht* zu (Art. 163). Eine Partei darf die Mitwirkung verweigern, wenn:

- die Mitwirkung einer *nahestehenden Person* i.S.v. Art. 165 (d.h. insbesondere Angehörigen; s. N 127 ff.) zum *rechtlichen Nachteil* gereichen würde (Abs. 1 lit. a);
- sie ein *Berufsgeheimnis* nach Art. 321 StGB verletzen würde (Abs. 1 lit. b; die Ausnahmen gemäss Art. 166 Abs. 1 lit. b gelten sinngemäss; s. N 134 ff.);
- bei *anderen gesetzlich geschützten Geheimnissen* das Geheimhaltungsinteresse das Interesse an der Wahrheitsfindung *ausnahmsweise* überwiegt, was glaubhaft zu machen ist; grundsätzlich haben solche Geheimnisse hinter die prozessrechtliche Mitwirkungspflicht zurückzutreten (Abs. 2; Botschaft, 7318).

123 Zu beachten ist, dass einer Partei – im Unterschied zu einer Drittperson – kein Verweigerungsrecht zukommt, um *sich selbst* zu schützen. Das Gericht darf das (unberechtigte) Schweigen einer Partei zu ihren Lasten würdigen (Art. 164; s. N 108).

3.4 Verweigerungsrecht Dritter

124 Einer Drittperson kann ein umfassendes oder ein beschränktes Verweigerungsrecht zukommen.

Ein *umfassendes Verweigerungsrecht* (Art. 165) ist Drittpersonen vorbehalten, die in einer bestimmten *verwandtschaftlichen* oder in einer anderen sehr *engen persönlichen Beziehung zu einer Partei* stehen. Solche Drittpersonen brauchen ihre Verweigerung nicht weiter zu begründen, denn bei ihnen liegt der Interessen- und Loyalitätskonflikt auf der Hand.

125 Zu beachten ist, dass diese Drittpersonen durchaus *mitwirken dürfen,* aber sie können nicht zur Mitwirkung gezwungen werden. Wenn sie freiwillig mitwirken, würdigt das Gericht den Beweiswert ihres Beitrages nach freiem Ermessen.

126 Auch das *beschränkte Verweigerungsrecht* (Art. 163) dient dazu, einer Drittperson Gewissens- und Interessenkonflikte zu ersparen. Zudem wird das besondere Vertrauen und öffentliche Interesse an einem Geheimnis-

schutz gewisser Berufspersonen gewahrt. Anders als beim umfassenden Verweigerungsrecht muss die Drittperson den Dispensationsgrund jedoch *glaubhaft machen,* da andernfalls das Verweigerungsrecht ausgehöhlt würde.

3.4.1 Umfassendes Verweigerungsrecht

Das Recht, jede Aussage zu verweigern, steht den nächsten *Angehörigen einer Partei* zu: dem Ehegatten, dem Partner, nahen Verwandten und anderen nahestehenden Personen (Art. 165). Die gesetzliche Aufzählung ist *abschliessend* (Botschaft, 7318). 127

Im Einzelnen kommt folgenden Drittpersonen ein umfassendes Verweigerungsrecht zu: 128

- dem *Ehegatten,* dem *registrierten Partner* oder der *registrierten Partnerin* einer Partei (lit. a), und zwar auch noch nach aufgelöster Ehe oder Partnerschaft;
- der Person, die mit einer Partei in *faktischer Lebensgemeinschaft* lebt (lit. a), allerdings nur solange die Lebensgemeinschaft tatsächlich besteht; 129
- dem anderen Elternteil, mit dem eine Partei ein *gemeinsames Kind* hat (lit. b);
- *Verwandten oder Verschwägerten* in gerader Linie oder in der Seitenlinie *bis zum dritten Grad.* Die registrierte Partnerschaft ist der Ehe gleichgestellt (Abs. 2), d.h. auch Angehörige des Partners oder der Partnerin geniessen ein Verweigerungsrecht. Stiefgeschwister sind Geschwistern gleichgestellt (Abs. 3). Dagegen entfaltet die faktische Lebensgemeinschaft kein Verweigerungsrecht der Angehörigen (Botschaft, 7318). 130
- *Pflegekindverhältnisse* führen ebenfalls zu Verweigerungsrechten (lit. d); 131
- dem aufgrund kinder- oder erwachsenenschutzrechtlicher Massnahmen *eingesetzten Beistand* – offensichtlich aber nicht der verbeiständeten hilfsbedürftigen Person – steht ein Verweigerungsrecht zu (lit. e).

3.4.2 Beschränktes Verweigerungsrecht

Eine Drittperson hat das Recht, bei Vorliegen bestimmter Voraussetzungen, die *glaubhaft zu machen* sind, die Mitwirkung *in einzelnen Punkten zu verweigern* (Art. 166). So kann sie beispielsweise einzelne Fragen als Zeugin nicht beantworten oder eine einzelne Urkunde nicht edieren. 132

Einer Drittperson steht in folgenden Situationen oder Funktionen das Recht zu, die Mitwirkung zu verweigern:

- **Rechtlicher Nachteil** (Abs. 1 lit. a): Der Drittperson steht ein Verweigerungsrecht zu, wenn sie durch die Mitwirkung *sich selbst* oder eine ihr 133 *nahestehende Person* i.S.v. Art. 165 *einem zivil- oder strafrechtlichen Nachteil* aussetzen würde.

134 – **Berufsgeheimnis** (Abs. 1 lit. b): Die strafrechtlich geschützten *Berufsgeheimnisse nach Art. 321 StGB* werden durch das Verweigerungsrecht weitgehend gewahrt. Das Prozessrecht kann die Mitwirkungspflicht jedoch autonom regeln. Den in Art. 321 StGB genannten Personen steht kein Verweigerungsrecht zu, wenn das Prozessrecht sie zur Mitwirkung verpflichtet. Es besteht dann auch keine Strafbarkeit (Art. 321 Ziff. 3 StGB; BGE *95* I 448).

135 Hinsichtlich des Verweigerungsrechts der Berufspersonen ist zu differenzieren:

– Das Verweigerungsrecht der *Anwaltschaft* und der *Geistlichen* gilt *absolut*. Der erhöhte Schutz beruht auf dem Gedanken, dass diese Geheimnisträgerinnen und -träger ein ganz besonderes Vertrauen des Publikums geniessen (BGE *91* I 200; *87* IV 105). Anders als im Strafprozess (vgl. dazu Botschaft StPO, BBl 2006 1203) wird deshalb im Zivilprozess der Geheimnisschutz gewahrt.

136 – Für *Revisorinnen und Revisoren* geht die Mitwirkungspflicht dagegen entsprechend bisheriger Lehre und Rechtsprechung stets vor (vgl. Botschaft StPO, BBl 2006 1201 ff.); eine Bestrafung nach Art. 321 StGB entfällt dann (Art. 321 Ziff. 3 StGB).

137 – Bei den *übrigen Trägerinnen und Trägern von Berufsgeheimnissen* nach Art. 321 StGB entfällt das Verweigerungsrecht, wenn sie einer *Anzeigepflicht* unterliegen oder von der Geheimhaltungspflicht durch den Geheimnisherrn oder die Aufsichtsbehörde *entbunden werden*. Wenn die Berufsperson allerdings glaubhaft zu machen vermag, dass das Interesse an der Geheimhaltung jenes der Wahrheitsfindung überwiegt, bleibt das Verweigerungsrecht trotz Entbindung oder Anzeigepflicht bestehen. Zu denken ist an den Fall, dass ein Arzt die tödliche Krankheit seines Patienten, der ihn in Unkenntnis der Wahrheit entbunden hat, nicht offenbaren muss, wenn zu befürchten ist, dass der Patient dadurch psychisch sehr schwer belastet würde.

138 – **Amtsgeheimnis** (Abs. 1 lit. c): *Beamtinnen und Beamte* i.S.v. Art. 110 StGB sowie *Behördenmitglieder* können die Mitwirkung zu Tatsachen verweigern, die dem Amtsgeheimnis unterliegen, soweit sie von ihrer vorgesetzten Behörde nicht zur Aussage *ermächtigt* worden sind und auch keiner *Anzeigepflicht* unterliegen. Die mitwirkungspflichtige Person selbst hat bei der «vorgesetzten Behörde» i.S.v. Art. 320 Ziff. 2 StGB um die Ermächtigung zur Mitwirkung zu ersuchen.

139 – Geschützte **Vermittlungsperson** (Abs. 1 lit. d): *Ombudspersonen* sowie *Mediatorinnen* und *Mediatoren* kommt, soweit sie keine Behördenmitglieder sind, ebenfalls ein Verweigerungsrecht zu und bewahrt sie so vor

Interessenkonflikten. Diese Vermittlungspersonen können ihre Aufgaben im Bereich der Streitschlichtung und Konfliktlösung nur sinnvoll erfüllen, wenn von den Streitparteien nicht befürchtet werden muss, dass das Offenbarte später in einem Prozess verwendet werden kann (s. Art. 216). Die Mitglieder einer *Schlichtungsbehörde* (Art. 197, 200) fallen bereits unter Abs. 1 lit. c.

- **Medienschaffende** (Abs. 1 lit. e): Redaktionelle Mitarbeiterinnen und Mitarbeiter eines periodisch erscheinenden Mediums sowie deren Hilfspersonen haben ein Verweigerungsrecht über die Autorschaft, Inhalt und Quellen der ihnen anvertrauten Informationen. Dieses Recht entspricht dem strafrechtlichen Quellenschutz gemäss Art. 28a StGB. 140
- **Andere gesetzlich geschützte Geheimnisträger** (Abs. 2): Abs. 2 ist ein *Auffangtatbestand* für alle gesetzlich geschützten Geheimnisse, die nicht unter Abs. 1 subsumiert werden können, z.B. das *Bankgeheimnis* (Art. 47 BankG), aber auch Geheimnisse nach Art. 35 DSG, Art. 321bis und 321ter StGB, Art. 4 OHG, Art. 15 BetmG, Art. 2 des Bundesgesetzes über die Schwangerschaftsberatungsstellen (SR 857.5). Zu beachten ist, dass solche Geheimnisträgerinnen und -träger *grundsätzlich mitwirkungspflichtig* sind. Ihnen steht ein Verweigerungsrecht nur dann zu, wenn sie glaubhaft darlegen können, dass das Geheimhaltungsinteresse das Interesse an der Wahrheitsfindung überwiegt. Allerdings ist stets auch zu prüfen, ob nach Ergreifen von Schutzmassnahmen das Geheimnis dennoch offenbart werden kann (Art. 156). 141

Abs. 3 enthält einen Vorbehalt zugunsten spezialgesetzlicher Regelungen über die Datenbekanntgabe im Sozialversicherungsrecht (s. Art. 50a AHVG, Art. 86a BVG). 142

3.5 Unberechtigte Verweigerung

Die unberechtigte Verweigerung *einer Partei* bleibt, da die Mitwirkung der Parteien lediglich eine prozessuale Last ist, ohne Disziplinar-, Straf- oder Zwangssanktion (Art. 164; s. N 108). Einzige Ausnahme bildet die Mitwirkung bei der Abklärung der *Abstammung* eines Kindes, welche notfalls auch gegenüber einer Partei zwangsweise durchgesetzt werden kann (Art. 296 Abs. 2). 143

Die unberechtigte Mitwirkungsverweigerung *einer Drittperson* unterliegt verschiedenen Sanktionen, nämlich Ordnungsbusse, Strafandrohung nach Art. 292 StGB, zwangsweiser Durchsetzung und Kostenfolgen (Art. 167 Abs. 1). Der unberechtigten Verweigerung gleichgestellt wird die *Säumnis* der Drittperson (Art. 167 Abs. 2). 144

145 Über die im Einzelfall angemessene Sanktion entscheidet das Gericht. Der Entscheid ist mit *Beschwerde* anfechtbar (Art. 167 Abs. 3). Dabei kann die betroffene Drittperson fehlende Rechtmässigkeit, nicht aber blosse Unangemessenheit rügen. Sie kann insbesondere geltend machen, ihre Verweigerung sei berechtigt gewesen.

§ 46 Beweismittel

1. Allgemeines

1.1 Zulässige Beweismittel

146 Die Zivilprozessordnung kennt die folgenden Beweismittel: Zeugnis, Urkunde, Augenschein, Gutachten, schriftliche Auskunft, Parteibefragung und Beweisaussage (Art. 168). Die Aufzählung ist *abschliessend.*

147 Das *Zugeständnis* in einer formlosen Parteibefragung (s. N 14 ff., N 275) ist kein Beweismittel, da es eine Behauptung unbestritten werden lässt.

148 Auch das *Schiedsgutachten* (Art. 189) ist streng genommen kein Beweismittel, denn es setzt bestimmte Tatsachen auch für das Gericht verbindlich ausser Streit. Die betreffenden Tatsachen sind mithin rechtlich nicht mehr strittig (s. N 247 ff.).

149 Die ZPO geht – entsprechend bisherigem Zivilprozessrecht – von einem *numerus clausus* der Beweismittel aus (Art. 168 Abs. 1). Dies scheint auf den ersten Blick den Kernprinzipien des Beweisrechts – Recht auf Beweis und freie Beweiswürdigung – zu widersprechen. Die Rechtssicherheit und das Gebot eines fairen Verfahrens gebieten jedoch eine klare Aussage des Gesetzes darüber, wie, wann und mit welchen Mitteln Beweis zu führen ist. Das *geschlossene Beweismittelsystem* bietet Gewähr dafür, dass das Gericht seine Überzeugung nur auf Erhebungen stützt, die in den gesetzlich vorgesehenen, die Mitwirkung der Parteien sichernden Formen erfolgten (vgl. Botschaft, 7320).

150 Eine Ausnahme besteht in *Kindsbelangen* (Zuteilung der elterlichen Sorge, Regelung des persönlichen Verkehrs, Kinderunterhalt, Kindesschutz; Art. 133, 273, 276, 307 ff. ZGB), welche stets der *Untersuchungs- und Offizialmaxime* unterstehen (Art. 296). Da dem Gericht als Richtschnur seines Entscheids einzig das *Kindeswohl* dient, muss es alle denkbaren Erkenntnismöglichkeiten heranziehen können (Art. 168 Abs. 2). Es sind daher auch Beweismittel zulässig, die nicht den Formen von Art. 168 Abs. 1 entsprechen. Es gilt der sog. *Freibeweis* (Art. 168 Abs. 2; s. dazu O. VOGEL, FS Hegnauer, 609 ff., 624 ff.; BGE *122* I 55).

Als *Erkenntnismittel* des Gerichts in Kindsbelangen kommen namentlich in Betracht die formlose Anhörung des Kindes in Abwesenheit der Eltern und ihrer Anwälte (Art. 298), Berichte der Kinderschutzbehörde, der Jugendhilfe, der Lehrpersonen, formlose Gespräche mit Betreuungspersonen und dgl. Diese Erhebungen sind dabei an *keine besonderen Formen* gebunden, insbesondere kommen auch mündliche (telefonische) oder formlose schriftliche Auskünfte in Betracht. Auch «Zeugen vom Hörensagen» sind beim Freibeweis nicht ausgeschlossen. 151

1.2 Unzulässige Beweismittel

1.2.1 Missachtung prozessualer Formvorschriften

Beweismittel, die durch das geschlossene System von Art. 168 konkludent *ausgeschlossen* sind, dürfen nicht verwertet werden. Ausgeschlossen sind z.B. private Zeugnisurkunden, weil Zeugnis grundsätzlich mündlich vor Gericht abzulegen ist und schriftliche Auskünfte von Privatpersonen ebenfalls vom Gericht eingeholt werden (vgl. Art. 169 ff., 190). 152

Dasselbe gilt für Beweismittel, die durch *Verletzung prozessualer Normen* gewonnen wurden, z.B. Zeugenaussagen ohne Hinweis auf das Zeugnisverweigerungsrecht. Die Zeugeneinvernahme kann aber wiederholt werden bzw. der Zeuge kann seine Aussage nach entsprechendem Hinweis bestätigen (Art. 161 Abs. 2); macht er aber vom *Verweigerungsrecht* Gebrauch, so darf die frühere Aussage nicht verwertet werden (BGE *96* I 441). Eine Verwertung bleibt indessen möglich, wenn die (nachträgliche) Verweigerung unberechtigt ist (Art. 161 Abs. 2). 153

Wird indessen bei der Beschaffung eines Beweismittels eine *Verfahrensvorschrift* missachtet, die weder bestimmt noch geeignet ist, die Beibringung dieses Beweismittels zu verhindern, so bewirkt dies nicht, dass das auf diesem Weg erhobene Beweismittel nicht verwertet werden dürfte, z.B. die Verletzung von Vorladungsfristen (vgl. auch BGE *96* I 441). 154

1.2.2 Rechtswidrig erlangte Beweismittel

Rechtswidrig erlangt ist ein Beweismittel, wenn bei seiner Beschaffung gegen strafrechtliche Normen verstossen wurde. Unwesentlich ist dabei, ob der Rechtsbruch durch eine Partei oder Dritte geschah. *Beispiele:* Gestohlene Urkunden (Art. 139 StGB), unbefugt auf Tonträger aufgenommene Gespräche (Art. 179ter StGB). 155

156 Auf diese Weise erlangte Beweismittel dürfen im Zivilprozess nur ausnahmsweise verwertet werden. Beim Entscheid darüber müssen die Schwere der rechtswidrigen Handlung und das Rechtsschutzinteresse der beweisführenden Partei an der Wahrheitsfindung gegeneinander abgewogen werden. (Art. 152 Abs. 2; s. N 79 ff.; vgl. auch K. SPÜHLER, Verwendung von legal und illegal beschafften Beweismitteln unter besonderer Berücksichtigung des Daten- und Geheimnisschutzes, ZZZ *2004* 147 ff.).

1.3 Wahrung schutzwürdiger Interessen

157 Die Wahrheitserforschung im Prozess kann in die geschäftlichen Interessen oder die Persönlichkeitsrechte, insbesondere in die Geheimsphäre, von Parteien und Dritten eingreifen. Deshalb bestimmt Art. 156, dass das Gericht die schutzwürdigen Interessen einer *Partei oder Dritter* bei der Beweisabnahme zu wahren hat. Darunter fallen insbesondere die *Geschäftsgeheimnisse,* aber auch Geheimnisse aus der *Persönlichkeits- und Privatsphäre* einer Person. Die Gefährdung schutzwürdiger Geheimhaltungsinteressen ist durch die betroffene mitwirkungspflichtige Person *glaubhaft zu machen.*

158 Als *Schutzmassnahmen* in Betracht kommen die Beschränkung des Akteneinsichtsrechts oder der Parteiöffentlichkeit bei Beweisabnahmen, die Teilabdeckung von Urkunden und dgl. (Botschaft, 7314). Die im Einzelfall zu treffende Schutzmassnahme muss *verhältnismässig* sein. Schutzmassnahmen können auch bewirken, dass ein Geheimnisträger zur Mitwirkung verpflichtet bleibt und sich nicht auf ein *Verweigerungsrecht* berufen kann (vgl. N 137, 141).

159 Das Geheimhaltungsbedürfnis einer Partei oder Drittperson steht in einem Spannungsverhältnis zum Anspruch der Parteien auf *rechtliches Gehör.* Sie müssen sich zu den abgenommenen Beweismitteln äussern, und das Gericht muss sein Urteil begründen können. Das Gericht darf daher nur auf Beweismittel abstellen, die den Parteien wenigstens in den wesentlichen Grundzügen zur Kenntnis gebracht worden sind.

1.4 Gemeinschaftlichkeit der Beweismittel

160 Einmal vorgelegte oder abgenommene Beweismittel werden «gemeinschaftlich». Das heisst, jede Partei kann sich auf sie berufen und z.B. Ergänzungsfragen an einen Zeugen oder die sachverständige Person (innerhalb des Beweisthemas) stellen. Es kommt auch vor, dass dieselben Zeugen von beiden Parteien aufgerufen werden.

2. Zeugnis

2.1 Begriff und Wesen

Zeugin oder Zeuge ist eine Person, die *nicht selbst Partei* ist und zur Feststellung von Tatsachen im Prozess über *eigene Wahrnehmungen* einvernommen wird (Art. 169 ff.). 161

Nur die *eigenen* Wahrnehmungen sind taugliche Zeugnisangaben. Das Zeugnis *«vom Hörensagen»* wurde vom Gesetzgeber bewusst ausgeschlossen (s. N 98; Botschaft, 7321). Zwar vermag die nicht selbst wahrgenommene Tatsache allein keinen rechtsgenügenden Beweis zu erbringen, kann aber ein Indiz sein oder als Hilfstatsache für die Würdigung einer anderen Zeugen- oder Parteiaussage oder die Auslegung von Urkunden erheblich sein. Der nicht mehr zeitgemässe Ausschluss des Zeugnisses vom Hörensagen ist unverhältnismässig und widerspricht dem Recht auf Beweis und freie Beweiswürdigung, ist aber als Bundesrecht von den Gerichten nicht überprüfbar. 162

Das Zeugnis ist allgemein ein schlechtes Beweismittel, dies trotz seiner Häufigkeit. Denn meist ist die Erinnerung der Zeuginnen und Zeugen selektiv und lückenhaft, weil für sie die für die Partei wesentliche Tatsache nicht wichtig war und deshalb nicht oder nur ungenau erinnert werden kann. Ausserdem unterliegen Zeuginnen und Zeugen häufig (bewusst oder unbewusst) nachträglichen Beeinflussungen und Suggestionen. 163

2.2 Die Person des Zeugen

2.2.1 Zeugnisfähigkeit und Zeugnispflicht

Grundsätzlich ist *jedermann, der nicht Partei ist, fähig,* Zeuge oder Zeugin zu sein. Generelle Ausschlussgründe gibt es nicht. Im Einzelfall kann jedoch das Alter oder der Gesundheitszustand Grund dafür sein, dass das Gericht auf eine Zeugeneinvernahme verzichtet, sei es aufgrund antizipierter Beweiswürdigung oder weil das Beweismittel aufgrund dauernder Vernehmungsunfähigkeit des Zeugen nicht erreichbar erscheint. 164

Beispiel: Verzicht auf eine Einvernahme, wenn der Zeuge nachweislich an «Alzheimer» erkrankt ist.

Auch *Kinder* können Zeugen sein. Über deren Einvernahme entscheidet das Gericht unter Berücksichtigung des *Kindeswohls* (Art. 160 Abs. 2). Kinder unter dem 14. Altersjahr werden zwar unter Wahrheitspflicht, aber nicht unter der Strafdrohung von Art. 307 StGB einvernommen. Ihre Aussagen 165 unterliegen, gleich wie diejenigen anderer Zeugen, der freien Beweiswürdigung.

166 Ein Recht, bestimmte Personen *abzulehnen,* die in besonderer Nähe zur beweisführenden Partei stehen, besteht *nicht*. Über den Beweiswert einer Zeugenaussage entscheidet das Gericht nach freier Beweiswürdigung (s. N 90).

167 Die Zeugnispflicht ergibt sich ausdrücklich aus der allgemeinen *Mitwirkungspflicht* (Art. 160 Abs. 1 lit. a). Für das Recht auf Zeugnisverweigerung gelten die allgemeinen *Verweigerungsrechte* nach Art. 165 f. (s. N 124 ff.). Das Gericht hat die Zeuginnen und Zeugen über ihre Mitwirkungspflicht, die Verweigerungsrechte und die Folgen bei Säumnis *aufzuklären* (Art. 161; N 113 ff.).

2.2.2 Keine Parteistellung

168 Als Zeuginnen oder Zeugen *ausser Betracht* fallen Personen, denen selbst *Parteistellung* zukommt. Solche Personen sind als Partei einzuvernehmen (s. N 283 ff.; Art. 191 f.).

169 Nicht als Zeugen gehört werden können z.B. *Organe* von juristischen Personen oder Handelsgesellschaften ohne eigene Rechtspersönlichkeit. Diese Personen werden als parteiidentisch betrachtet. Auch gesetzliche Vertreter und *Nebenparteien* (Art. 74) kommen als Zeugen nicht in Frage. Dagegen kann der Litisdenunziat, der nicht am Prozess teilnimmt (Art. 79 Abs. 2), Zeuge sein.

2.2.3 Abgrenzung zur sachverständigen Person

170 Der Unterschied des Zeugen zur sachverständigen Person liegt darin:

- dass der Zeuge nur *über wahrgenommene Tatsachen* aussagen kann, nicht aber eine Meinung darüber äussern oder Fachwissen mitteilen oder anwenden muss; der Zeuge ist im Gegensatz zur sachverständigen Person *nicht ersetzbar;*
- *dass die sachverständige Person* aufgrund ihres Fachwissens vom Gericht erst eingesetzt wird und im Gegensatz zum Zeugen *Hilfsperson des Gerichts* ist, weshalb für sie die gerichtlichen *Ausstandsregeln* gelten.

171 Konnte ein Zeuge Wahrnehmungen aufgrund seiner besonderen Fachkunde machen oder diese fachkundig beurteilen, so spricht man vom *sachverständigen Zeugen* (BGE *94* I 421 f.). Einem sachverständigen Zeugen kann das Gericht auch Fachfragen sowie Fragen zur Würdigung der Tatsachen aufgrund seines Fachwissens stellen (Art. 175).

Beispiele: Ein Arzt wird Augenzeuge eines Unfalls und leistet erste Hilfe. Er kann sowohl Aussagen zum Unfall als auch zu den festgestellten Verletzungen des Verunfallten machen.

2.3 Zeugeneinvernahme

Der Zeuge wird vom Gericht zur Einvernahme *vorgeladen* und über seine Mitwirkungspflichten und Verweigerungsrechte *aufgeklärt* (Art. 170, 161). Das Gericht bestimmt den Ort der Einvernahme. Es kann ausnahmsweise auch von den Parteien an die Verhandlung mitgebrachte Zeugen einvernehmen (Art 170 Abs. 2 und 3). 172

Der Zeuge hat vor dem Gericht *persönlich zu erscheinen* und das Zeugnis *mündlich* abzulegen. Auch der Zeuge, dem ein Verweigerungsrecht zusteht, hat zu erscheinen und die Verweigerung zu Protokoll zu erklären. 173

Der Zeuge ist vor der Einvernahme zur Wahrheit zu ermahnen und auf die Straffolgen von Art. 307 StGB hinzuweisen. Bei Kindern unter 14 Jahren entfällt der Hinweis auf Art. 307 StGB (Art. 171). Zudem ist der Zeuge auf ein allfälliges Verweigerungsrecht aufmerksam zu machen (Art. 161). Der Ablauf der Zeugeneinvernahme richtet sich nach den Art. 171 ff. Für seine Aufwendungen und allfälligen Erwerbsausfall ist der Zeuge angemessen zu *entschädigen* (Art. 160 Abs. 3; s. N 112). 174

Über die Zeugeneinvernahme ist ein schriftliches *Protokoll* aufzunehmen. Die Aussagen sind in ihrem *wesentlichen Inhalt* zu protokollieren und von der Zeugin bzw. dem Zeugen zu *unterzeichnen*. Zusätzliche Tonband- oder Videoaufnahmen der Einvernahme sind möglich (Art. 176). 175

Der trotz ordnungsgemässer Vorladung *nicht erscheinende Zeuge* kann – soweit er über die Säumnisfolgen aufgeklärt wurde (Art. 161; s. N 113 f.) – mit den Disziplinar- und Kostenfolgen nach Art. 167 belegt werden. Das Gericht kann ihn namentlich mit Ordnungsbusse *bestrafen* und ihm die durch sein Verhalten verursachten Kosten- und Entschädigungsfolgen auferlegen. Notfalls kann das Gericht ihn unter Androhung von Art. 292 StGB erneut vorladen oder gar *polizeilich vorführen* lassen. 176

Die *unberechtigte Verweigerung der Aussage* bewirkt dieselben Disziplinar- und Kostenfolgen (Art. 167). Der anwesende Zeuge ist auf die konkrete Folge seiner Aussageverweigerung nochmals ausdrücklich aufmerksam zu machen. 177

3. Urkunde

3.1 Begriff

178 Das Gesetz geht von einem weiten Urkundenbegriff aus. Urkunde in diesem weiten Sinn ist jeder Gegenstand, der einen *Gedanken festhält*. Unter den Urkundenbegriff fallen sowohl *schriftliche* als auch *elektronische* Urkunden. Aber auch andere Dokumente und Objekte fallen darunter, z.B. Zeichnungen, Pläne, Grenzzeichen, Plomben, Fotos, Filme, Tonaufzeichnungen und dgl. (Art. 177). Entgegen dem verwirrlichen Gesetzeswortlaut ist die Beweiseignung nicht Begriffselement der Urkunde, sondern erst im Rahmen der Beweiswürdigung zu prüfen. Es genügt daher, wenn die Urkunde eine *Tatsache kundtut*.

3.2 Arten von Urkunden

3.2.1 Dispositivurkunde – Zeugnisurkunde

179 *Dispositivurkunden* verkörpern eine Rechtshandlung, insbesondere eine Willenserklärung. *Beispiele:* Testament, Vertrag.

180 *Zeugnisurkunden* enthalten Aufzeichnungen über das Wissen einer Person. *Beispiele:* private Bestätigungsschreiben, Quittungen, Geschäftsbücher, Arztzeugnisse. Ihr Beweiswert ist sehr unterschiedlich; sie können v.a. Beweis gegen ihren Aussteller bilden. Da Personen als Zeugen vernommen oder als Parteien befragt werden müssen, stellen Zeugnisurkunden im Allgemeinen keine tauglichen Beweismittel dar. Dagegen können Geschäftsbücher als Beweis dienen, wenn sie zuverlässig und vollständig geführt sind. Ähnliches gilt grundsätzlich für Arztzeugnisse aufgrund der Strafdrohung von Art. 318 StGB, zumindest solange keine gegenteiligen Anhaltspunkte vorliegen.

3.2.2 Öffentliche Urkunde – Privaturkunde

181 *Öffentliche Urkunden* sind von einer Amtsstelle oder einer Person öffentlichen Glaubens (Notar) in vorgeschriebener Form erstellte Urkunden. Nach Art. 9 ZGB und Art. 179 erbringen sie bis zum Beweis der Unrichtigkeit vollen Beweis (s. vorne N 96). *Beispiele:* Auszug aus dem Zivilstandsregister, öffentlich beurkundeter Grundstückkaufvertrag, gerichtliches Urteil.

182 *Privaturkunden* sind von Privatpersonen ausgestellt. *Beispiele:* Offerten, Verträge, Quittungen, Schuldanerkennungen, Briefe, E-Mails.

3.2.3 Schriftliche Urkunde – elektronische Urkunde

Schriftliche Urkunden sind Dokumente, welche Tatsachen in Text- und/oder Bildform sichtbar festhalten. Auch *Kopien* gelten so lange als Urkunden, bis deren Echtheit begründet angezweifelt wird (Art. 180 i.V.m. 178). *Beispiele:* Verträge, Pläne, Fotos. 183

Elektronische Urkunden sind digitale oder elektronische Dokumente, die auf einem Speichermedium niedergelegt sind und mit Hilfe üblicher technischer Geräte sichtbar gemacht werden können. Elektronische Dateien können in der Regel kopiert werden, ohne dass sie sich vom Original unterscheiden. Eine anerkannte elektronische Signatur gewährleistet die Authentizität und Integrität eines elektronischen Dokuments (vgl. Art. 14 Abs. 2bis OR, Art. 130 Abs. 2 ZPO). Ausdrucke oder Abschriften von elektronischen Dokumenten können unter Umständen schriftliche Urkunden sein, allerdings nur i.S.v. Kopien. *Beispiele:* DVD, MP3, E-Mail-files. 184

3.3 Echtheit der Urkunde

Die Echtheit der Urkunde oder ihrer Kopie wird *vermutet* (vgl. Art. 178). 185

Zur Beweisabnahme über die Echtheit der Urkunde kommt es nur dann, wenn sie *substanziert,* d.h. unter Angabe von Gründen, *bestritten* wird (Art. 178) oder wenn das Gericht begründete Zweifel an der Echtheit hat (Art. 180 Abs. 1). 186

Kommt es zum Echtheitsbeweis, obliegt die (objektive und subjektive) *Beweislast* für die Echtheit derjenigen Partei, welche sich auf die Urkunde beruft. Der Beweis kann mit allen zulässigen Beweismitteln geführt werden, insbesondere z.B. mit Zeugenbeweis oder Gutachten aufgrund von Vergleichsstücken oder einer Schriftprobe des angeblichen Verfassers. 187

3.4 Editionspflicht

3.4.1 Prozessrechtliche Editionspflicht

Die Pflicht zur Herausgabe von Urkunden durch die Parteien und Dritte ist eine prozessuale Pflicht, die sich nach der allgemeinen *Mitwirkungspflicht* (Art. 160 ff.) richtet. Die beweisführende Partei kann die *Edition* von Urkunden verlangen, die sich *beim Prozessgegner* oder *bei Dritten* befinden. 188

189 Die *Parteien* trifft eine *prozessuale Last,* die in ihren Händen befindlichen Urkunden dem Gericht vorzulegen. Die Editionspflicht findet ihre Grenze aber an den berechtigten Geheimhaltungsinteressen einer Partei (Art. 156; s. ZR *2000* Nr. 40 betr. Tagebuch; SPÜHLER/VOCK, Urkundenedition nach den Prozessordnungen der Kantone Zürich und Bern, SJZ *1999* 43). Bei unberechtigter Verweigerung der Edition oder bei Beseitigung von Urkunden ist dieses Verhalten in die freie Beweiswürdigung einzubeziehen (Art. 164; s. vorne N 67, 108, 143).

190 *Dritte* haben Urkunden vorzulegen, wenn sich diese nicht auf Tatsachen beziehen, bezüglich welcher sie die Mitwirkung verweigern können. Bei unberechtigter Verweigerung gilt Art. 167.

3.4.2 Materiellrechtliche Editionspflicht

191 In bestimmten Rechtsverhältnissen besteht eine materiellrechtliche Editionspflicht (z.B. Art. 400 Abs. 1, 418k Abs. 2 OR) oder eine *allgemeine Auskunftspflicht* (z.B. Art. 170, 607 Abs. 3, 610 Abs. 2 ZGB).

192 *Vor Beginn des Hauptprozesses* kann – wenn die Gegenseite nicht freiwillig Hand bietet – allenfalls ein Editionsbegehren im *summarischen Verfahren* nach Art. 257 gestellt werden. Dieses ist mit der materiellrechtlichen Editionspflicht zu begründen (vgl. BGE *82* II 564).

193 *Art. 963 OR* (allgemeine Editionspflicht bezüglich Geschäftsbuchhaltung) betrachtet das Bundesgericht zwar nicht als materiellrechtliche, sondern als *prozessrechtliche Bestimmung* des Bundesrechts. Diese Bestimmung ermöglicht aber auch Editionsbegehren vor Anhebung des materiellen Rechtsstreites (BGE *93* II 62; *96* I 463).

194 *Im hängigen Prozess* können materiellrechtliche Editions- oder Auskunftsbegehren vor dem Beweisverfahren im Rahmen vorsorglicher Massnahmen gestellt werden. Damit können allenfalls Informationen für die rechtzeitige Substanzierung der Klage beschafft werden.

3.5 Einreichung der Urkunde

195 Die Urkunde kann grundsätzlich in *Kopie* eingereicht werden. Das Original ist nur auf Aufforderung hin einzureichen, wenn Zweifel an der Echtheit bestehen (s. Art. 180 Abs. 1 i.V.m. 178).

196 Bei *umfangreichen Urkunden* sind die für die Beweisführung wesentlichen Stellen zu bezeichnen. Die Urkunde muss aber vollständig eingereicht werden (Art. 180 Abs. 2).

Beispiel: Ist umstritten, ob in einem Vertrag eine Rechtswahl getroffen wurde, genügt es nicht, die letzte Seite eines umfangreichen Vertrages mit der Rechtswahlklausel einzureichen. Es muss der vollständige Vertragstext eingereicht und die Rechtswahlklausel markiert werden.

Fremdsprachige Urkunden sind zusammen mit einer *Übersetzung* in die Amtssprache einzureichen, jedenfalls wenn die Sprache dem Gericht und der Gegenpartei nicht verständlich ist. 197

4. Augenschein

4.1 Begriff

Augenschein ist die *Beweiserhebung* zur unmittelbaren Feststellung von Tatsachen durch die *eigene Sinneswahrnehmung des Gerichts*. Als Augenschein bezeichnet man nicht nur die Besichtigung eines Objekts, sondern auch die Wahrnehmung durch den Gehör-, Geruchs-, Geschmacks- oder Tastsinn (Art. 181). 198

Der Augenschein kann dem Gericht allerdings auch als *Informationsquelle* dienen, um unbestrittene Parteivorbringen *besser zu verstehen*. Es kann deshalb einen Augenschein auch von Amtes wegen anordnen (Art. 181 Abs. 1). Allerdings ist in Verfahren mit Verhandlungsmaxime Zurückhaltung angebracht, um nicht eine Partei zu bevorteilen. 199

4.2 Objekte des Augenscheins

Als Augenscheinsobjekte kommen insbesondere in Betracht das *Streitobjekt* (z.B. eine Maschine, ein Auto, Lärm- und Geruchsimmissionen auf einem Grundstück), *örtliche Verhältnisse* auf einem privaten Grundstück oder Strassen- und Verkehrsverhältnisse. *Bewegliche Sachen* sind dem Gericht nach Möglichkeit einzureichen (Art. 181 Abs. 3). 200

Der *Körper einer Person* kann bei Schadenersatzforderungen aus Körperverletzung Objekt des Augenscheins sein, soweit dies der Person zumutbar ist. *Beispiel:* Ausmass einer Gesichtsentstellung im Genugtuungsprozess. Andernfalls ist eine sachverständige Person mit der körperlichen Untersuchung zu betrauen, die ihre Erkenntnisse im Rahmen eines *Gutachtens* festhält (Art. 183 ff. i.V.m. Art. 160 Abs. 1 lit. c). 201

4.3 Duldungspflicht

202 *Parteien und Dritte* sind verpflichtet, an ihrer Person und an den in ihrem Gewahrsam stehenden Sachen einen Augenschein zu dulden (Art. 160 Abs. 1 lit. c). Die *Verweigerungsrechte* richten sich für die Parteien nach Art. 163 und für Dritte nach Art. 165 f. Der Einlass in Liegenschaften kann gegenüber unberechtigt verweigernden Dritten notfalls polizeilich erzwungen werden (Art. 167). Die unberechtigte Weigerung einer Partei ist zu ihren Lasten zu berücksichtigen (Art. 164).

4.4 Durchführung des Augenscheins

203 Der Augenschein ist in *Anwesenheit der Parteien* durchzuführen (Art. 29 Abs. 2 BV, Art. 53 Abs. 1, 152; BGE *121* V 150, 152 f. E. 4). Zum Augenschein kann das Gericht, soweit sinnvoll, auch *sachverständige Personen* und Zeuginnen und Zeugen beiziehen (Art. 181 Abs. 2).

204 Aus berechtigten Gründen kann jedoch die *Parteiöffentlichkeit beschränkt* werden (vgl. Art. 156; BGE *116* Ia 94, 99 f. E. 3b). Das Teilnahmerecht der Parteien ist auch eingeschränkt, wenn aufgrund der Natur der Streitsache ein Augenschein *unangemeldet* durchgeführt werden muss, z.B. bei unbefugter Parkplatzbenützung oder bei Lärmimmissionen von Tieren (vgl. ZR *1985* Nr. 102 betr. Papageien).

205 Das *Protokoll* des Augenscheins hat die *Wahrnehmungen des Gerichts* genau wiederzugeben. Zeichnungen, Fotografien, Filme und dgl. können dem Protokoll als Ergänzung beifügt werden (Art. 182). Das *Urteil* darf nur auf Ergebnisse des Augenscheins abstellen, die aus den Akten ersichtlich sind (vgl. BGE *106* Ia 73, 74 f. E. 2a).

5. Gutachten

5.1 Begriff und Wesen

206 Das Gutachten verschafft dem Gericht das *Fachwissen,* welches es *zur Wahrnehmung und/oder Beurteilung rechtserheblicher Tatsachen* benötigt.

207 Als *Gegenstand* des Gutachtens kommt alles in Betracht, was Beweisthema sein kann (s. N 5 ff.). In der Praxis kommt dem Gutachten häufig eine für den Prozessausgang *entscheidende Bedeutung* zu.

Das Gutachten wird von einer *sachverständigen Person* erstattet. Diese muss über ein *besonderes Fachwissen* verfügen und von den Parteien *unabhängig* sein (Art. 183). 208

Die Aufgabe der sachverständigen Person kann bestehen in: 209
- der *Feststellung von Tatsachen* aufgrund ihrer Fachkunde,
- der *Mitteilung von Erfahrungssätzen* ihres Fachgebietes,
- der *Beurteilung von Tatsachen* aufgrund ihres Fachwissens und der daraus fliessenden Erfahrungssätze.

Die Abgrenzung von Tat- und Rechtsfragen kann im Einzelfall schwierig sein. Der sachverständigen Person dürfen sog. gemischte Tat- und Rechtsfragen gestellt werden. Die Rechtsfragen *abschliessend* zu beurteilen, ist aber Aufgabe des Gerichts. 210

Beispiel: Die einem Bausachverständigen häufig unterbreitete Frage nach der Mangelhaftigkeit des Bauwerks ist eine gemischte Tat- und Rechtsfrage. Für die Beantwortung sind die tatsächlichen (technischen) Eigenschaften ebenso massgebend wie der Vertragsinhalt. Die sachverständige Person kann feststellen, was gemäss Devis vereinbart war und ob technische bzw. handwerkliche Mängel vorhanden sind. Dagegen bleibt die Entscheidung, ob eine Vertragsverletzung vorliegt, beim Gericht. 211

Ein Gutachten kann auf *Parteiantrag oder von Amtes wegen* angeordnet werden (Art. 183 Abs. 1). In Verfahren mit Verhandlungsmaxime ist allerdings mit der amtswegigen Gutachteneinholung Zurückhaltung zu üben, um nicht eine nachlässig prozessierende Partei zu begünstigen. 212

Als Beweismittel wird regelmässig nur das Gutachten einer *gerichtlich bestellten* sachverständigen Person betrachtet. Ein *Privatgutachten,* welches von einer Partei eingeholt und dem Gericht vorgelegt wurde, hat nur die Bedeutung von Parteivorbringen (Botschaft, 7325). Dagegen ist ein (von den Parteien gemeinsam in Auftrag gegebenes) *Schiedsgutachten* auch für das Gericht verbindlich, aber ebenfalls kein Beweismittel (s. N 148, 246 ff.). Zum Unterschied des Gutachtens zum Zeugnis s. vorne N 170 f. 213

5.2 Die sachverständige Person

Die sachverständige Person muss über ein *besonderes Fachwissen* verfügen, von den Parteien *unabhängig* sein und den Auftrag grundsätzlich *persönlich* erfüllen (Art. 183). Sie wird quasi *Hilfsperson des Gerichts.* 214

5.2.1 Unabhängigkeit

Die sachverständige Person muss von den Verfahrensbeteiligten unabhängig sein. Da sie Hilfsperson des Gerichts wird, gelten für sie diesel- 215 ben *Ausstandsregeln wie für Gerichtspersonen* (Art. 183 Abs. 2 i.V.m. 47 ff.; s. 2 N 23 ff.).

216 Aus denselben Gründen hat die sachverständige Person das *Gebot der Gleichbehandlung* der Parteien zu beachten. So hat sie namentlich bei Abklärungen oder einem Augenschein beide Parteien in gleicher Weise einzubeziehen.

217 Allfällige Ausstandsgründe hat die sachverständige Person von sich aus *offenzulegen*. Eine Partei, welche den Ausstand verlangen will, hat das Ausstandsgesuch *unverzüglich* nach Kenntnis des Ausstandsgrunds zu stellen, ansonsten Verwirkung anzunehmen ist (vgl. Art. 49).

218 Eine geschädigte Person (beispielsweise in einem Zivilprozess betreffend Verletzung des UWG und des URG) kann nicht sachverständige Person sein (vgl. BGE *124* I 34 zu einem entsprechenden Strafprozess), obwohl es u.U. sehr schwierig ist, in hochspezialisierten Fachgebieten sachverständige Personen zu finden, welche von den Parteien unabhängig sind. Wenn dies unmöglich ist, kann der Beweis allenfalls nicht erbracht werden.

5.2.2 Fachwissen

219 Die sachverständige Person muss über das spezifische *Fachwissen* verfügen, welches für die Beantwortung der gerichtlichen Fragen erforderlich ist. Sie muss zudem auch in der Lage sein, ein in formeller und materieller Hinsicht *fachgerechtes gerichtliches Gutachten* zu erstellen. Dies bedeutet namentlich, dass sie die gutachterlichen Verfahrensregeln (Gleichbehandlungsgebot, Umfang der Abklärungen, persönliche Leistungspflicht, Schweigepflicht usw.) beherrschen muss. Deshalb ist von der sachverständigen Person auch Erfahrung in der gutachterlichen Tätigkeit zu fordern. Während bei mündlichen Gutachten diese letztere Anforderung oft weniger wichtig ist, kommt dieser bei schriftlichen Gutachten eine entscheidende Bedeutung zu.

5.2.3 Persönliche Leistungspflicht

220 Die sachverständige Person ist verpflichtet, das Gutachten *persönlich* zu erstellen. Für untergeordnete Arbeiten ist sie berechtigt, Hilfspersonen beizuziehen, z.B. für Sekretariatsarbeiten. Zieht die sachverständige Person indessen für Fachfragen Hilfspersonen bei, bedarf sie einer gerichtlichen *Ermächtigung*. Wesentlich bleibt aber auch dann, dass die massgebenden Feststellungen und Beurteilungen im Gutachten von ihr persönlich stammen und zudem offengelegt wird, für welche Arbeiten welche Hilfsperson beigezogen wurde (vgl. ZR *2001* Nr. 22 E. IV.1–3).

5.2.4 Natürliche oder juristische Person

Aus der Geltung der Ausstandsregeln, der persönlichen Leistungspflicht und der Strafsanktion (Art. 307 StGB) wird von der älteren Lehre gefolgert, dass *nur natürliche Personen* als sachverständige Personen bestellt werden können. Von einer juristischen Person oder einem öffentlichrechtlichen Institut (z.B. Empa) sollte daher die verantwortliche Sachbearbeiterin als sachverständige Person bestellt werden (GULDENER, 349 Fn. 4 a.E.). 221

Die herrschende neuere Lehre geht dagegen davon aus, dass ausnahmsweise auch eine *juristische Person* als sachverständige Person bestellt werden kann, wenn die Institution aufgrund ihrer Organisation und Infrastruktur Gewähr für eine fachgerechte Begutachtung bietet und es weniger auf die persönlichen Eigenschaften der sachverständigen Person ankommt. Aus dem Gutachten muss allerdings ersichtlich sein, welche natürliche Person für dessen Inhalt verantwortlich zeichnet (STAEHELIN/STAEHELIN/GROLIMUND, § 18 N 123; BSK ZPO-DOLGE, Art. 183 N 27). Bei der Instruktion ist dem Umstand, dass die konkrete, das Gutachten erstellende Person noch nicht bekannt ist, Rechnung zu tragen. *Beispiele:* Empa, Kantonaler Kinder- und Jugendpsychiatrischer Dienst, Psychiatrische Universitätsklinik. 222

5.2.5 Rechtsverhältnis zwischen Gericht und sachverständiger Person

Zwischen Gericht und sachverständiger Person besteht ein *öffentlich-rechtliches Rechtsverhältnis,* welches als mitwirkungsbedürftige Verfügung oder als verwaltungsrechtlicher Vertrag ausgestaltet sein kann. Die Regeln des Auftrags- oder allenfalls Werkvertragsrechts (Art. 394 ff., 363 ff. OR) finden nicht direkt, sondern nur subsidiär (d.h. lückenfüllend) als kantonales öffentliches Recht Anwendung (s. BSK ZPO-DOLGE, Art. 184 N 1 ff.). 223

Der sachverständigen Person steht für die Erstellung des Gutachtens ein *Entschädigungsanspruch* zu (Art. 184 Abs. 3 Satz 1). Die *Höhe* der Entschädigung richtet sich nach Vereinbarung, Gesetz oder den für diese Art von Arbeiten üblichen Ansätzen (z.B. von Berufsverbänden). 224

Bei *Pflichtverletzungen* der sachverständigen Person, z.B. bei Säumnis oder Mangelhaftigkeit des Gutachtens (vgl. Art. 188), kann der Entschädigungsanspruch reduziert werden oder entfallen. 225

Der Entscheid des Gerichts über die *Festsetzung der Entschädigung* ist von der sachverständigen Person *und* den Parteien mit *Beschwerde* anfechtbar (Art. 184 Abs. 3 Satz 2). 226

5.3 Verfahren

5.3.1 Verfahrensrechte der Parteien

227 Da dem Gutachten für den Prozessausgang häufig entscheidende Bedeutung zukommt, stehen den Parteien bei der Gutachtenserstellung verschiedene Mitwirkungs- und Anhörungsrechte zu, welche sich teilweise aus Art. 29 Abs. 1 BV und Art. 6 Ziff. 1 EMRK ableiten lassen, teilweise aber darüber hinausreichen.

228 Es sind dies folgende Rechte:

- Anhörungsrecht zur *Person und Anzahl* des oder der Sachverständigen (Art. 183 Abs. 1 Satz 2),
- Anspruch auf eine *unabhängige und fachlich geeignete* sachverständige Person (vgl. Art. 183 Abs. 2, Art. 184 Abs. 4 i.V.m. 188),
- Anhörungsrecht zur gerichtlichen Fragestellung an die sachverständige Person (Art. 185 Abs. 2),
- Anspruch auf *Gleichbehandlung* durch die sachverständige Person (vgl. Art. 183 Abs. 2, Art. 184 Abs. 4 i.V.m. 188),
- Recht, *Erläuterungs- und Ergänzungsfragen* zum Gutachten zu beantragen (Art. 187 Abs. 3),
- Recht, zu *Fachrichtervoten* vor Urteilsfällung Stellung zu nehmen (Art. 183 Abs. 3),
- Recht, zum Gutachten (sowie zum übrigen *Beweisergebnis*) Stellung zu nehmen (Art. 232).

5.3.2 Bestellung und Instruktion der sachverständigen Person

229 Die sachverständige Person wird durch das Gericht *ernannt*. Die Parteien sind dazu *vorgängig anzuhören*. Es steht dem Gericht frei, ob es den Parteien Gelegenheit gibt, Vorschläge für eine sachverständige Person einzureichen, oder ob es selbst einen Vorschlag unterbreitet. Wesentlich ist, dass die Parteien gegen die vorgeschlagene Person *Einwendungen* (wegen fehlender Unabhängigkeit und Fachkompetenz) erheben können (Art. 183 Abs. 1).

230 Die *Fragestellung* erfolgt ebenfalls durch das Gericht; die Parteien erhalten aber Gelegenheit, sich zur Fragestellung zu äussern, und können Änderungen oder Ergänzungen der Fragen beantragen (Art. 185 Abs. 1 und 2).

231 Stellen sich Fragen aus verschiedenen Fachgebieten oder ist eine Frage sehr umstritten, können *mehrere* sachverständige Personen beauftragt werden (Art. 183 Abs. 1, 187 Abs. 3).

232 Die sachverständige Person wird vom Gericht ermahnt, das Gutachten nach bestem Wissen und Gewissen abzugeben, und auf die *Straffolgen von Art. 307 StGB* hingewiesen. Diese Belehrung ist Gültigkeitserfordernis für

das Gutachten und Voraussetzung für eine Bestrafung nach Art. 307 StGB. Ferner ist die sachverständige Person auf das Amtsgeheimnis und die Straffolgen von Art. 320 StGB sowie auf die Folgen von Säumnis und mangelhafter Auftragserfüllung aufmerksam zu machen (Art. 184 Abs. 2 i.V.m. 188).

5.3.3 Abklärungen der sachverständigen Person

Häufig benötigt die sachverständige Person aufgrund ihres Fachwissens weitere tatsächliche Angaben, die sich nicht aus den Akten ergeben. 233
Mit *Zustimmung des Gerichts* kann sie deshalb eigene Abklärungen tätigen. Dabei hat sie sich an das Gleichbehandlungsgebot zu halten. Die Abklärungen sind im Gutachten *offenzulegen* (Art. 186 Abs. 1).

Die *Beweiserhebungen* der sachverständigen Person sind *formlos,* d.h. 234 nicht an die gesetzlichen Beweisformen gebunden (Art. 186 Abs. 1). Dennoch ist die Belehrung mitwirkender Personen über allfällige *Verweigerungsrechte* (Art. 163, 165 f.) sinnvoll, um nicht nachträglich eine formelle Beweiserhebung durch das Gericht zu provozieren. Das Gericht hat die Beweiserhebungen nötigenfalls in gesetzlicher Beweisform zu wiederholen (Art. 186 Abs. 2).

Die *Duldungs- und Mitwirkungspflicht der Parteien und Dritter* an den 235 Beweiserhebungen der sachverständigen Person stützt sich auf Art. 160 Abs. 1 lit. c. Beim Abstammungsgutachten richtet sich die besondere Mitwirkungspflicht nach Art. 296 Abs. 2 ZPO; die Verweigerungsrechte sind dabei explizit ausgeschlossen. Für den Weigerungs- und Säumnisfall gelten die allgemeinen Bestimmungen, d.h. notfalls ist die Untersuchung gegenüber Dritten zu *erzwingen* (Art. 167) und *das Verhalten einer Partei* ist nach den Grundsätzen der Beweisvereitelung zu ihren Lasten zu *würdigen* (Art. 164).

5.3.4 Erstattung des Gutachtens

Das Gutachten kann *schriftlich oder mündlich* in einer Verhand- 236 lung oder anlässlich eines Augenscheins erstattet werden. Das mündliche Gutachten ist zu *protokollieren* (Art. 187 Abs. 1 und 2). Bei hochtechnischen Gutachten ist eine Kombination von schriftlicher und mündlicher Gutachtenserstattung häufig sinnvoll.

Auch wenn die sachverständige Person quasi Hilfsperson des Gerichts ist, 237 darf sie an der Urteilsberatung nicht (mit beratender Stimme) mitwirken bzw. zur Urteilsberatung beigezogen werden, da dies dem Anspruch der Parteien auf rechtliches Gehör widersprechen würde. Die Parteien müssen an einer Erläuterung der sachverständigen Person teilnehmen bzw. sich dazu äussern können (vgl. Art. 187 Abs. 1).

238 Bei *Säumnis* der sachverständigen Person kann der Auftrag entschädigungslos widerrufen werden (Art. 188 Abs. 1).

239 Das Gutachten muss *vollständig, klar und schlüssig* sein (s. dazu BSK ZPO-DOLGE, Art. 183 N 9 ff.). Nötigenfalls ist es auf dem Wege der *Erläuterung und Ergänzung* zu verbessern (vgl. Art. 187 Abs. 1 und 4, 188 Abs. 2). Muss aufgrund eines nicht verbesserlichen, mangelhaften Gutachtens nachträglich eine andere sachverständige Person mit dem Gutachten beauftragt werden, spricht man von *Obergutachten* (s. Art. 188 Abs. 2 a.E.; ZR *2001* Nr. 22). Für ein unbrauchbares (d.h. unverwertbares) Gutachten besteht kein Entschädigungsanspruch. Teilweise steht aber erst nach dem Obergutachten fest, ob und in welchem Umfang das ursprüngliche Gutachten wirklich unbrauchbar war.

5.3.5 Keine «démission du juge»

240 Der sachverständigen Person obliegt es lediglich, die in ihr Fachwissen fallenden Sachfragen zu beantworten, *nicht* aber *dem Gericht den Subsumtionsentscheid abzunehmen*. Es bleibt Aufgabe des Gerichts, zu entscheiden, ob es gestützt auf die aus dem Gutachten (und anderen Beweismitteln) gewonnenen Erkenntnisse, die Anspruchsgrundlagen einer Klage als bewiesen erachtet oder nicht. Auch hat das Gericht beispielsweise die Glaubwürdigkeit von Zeugen- oder Parteiaussagen ohne Beizug von Psychiatern selbst zu beurteilen, soweit nicht eigentliche Krankheitszustände vorliegen.

241 Das Gutachten muss vom Gericht in den Grundzügen verstanden und nachvollzogen werden können. Das Gericht darf sich der gutachterlichen Meinung nicht einfach unterwerfen.

242 *Beispiel* (von N 211): Wenn die sachverständige Person einen Mangel des Bauwerks feststellt und den Schaden auf ca. CHF 50 000.– beziffert, kann das Gericht den Fall damit noch nicht als gelöst betrachten. Es hat vielmehr zu prüfen, was die Parteien vereinbart hatten, ob nachvollziehbar ein Mangel vorliegt, welcher auf einer Vertragsverletzung beruht, ob ein Kausalzusammenhang zwischen der Vertragsverletzung und dem Schaden am Bauwerk vorliegt und ob die gutachterliche Schätzung des Schadens nachvollziehbar und schlüssig ist und wie sie sich zur Parteibehauptung und den übrigen Beweismitteln verhält.

5.4 Sachverständiges Gericht

243 Durch das *Fachwissen von Gerichtspersonen* wird unter Umständen ein Beweisverfahren, insbesondere ein Gutachten, überflüssig. Aller-

dings müssen die *Parteien vor Urteilsfällung* Gelegenheit haben, sich zur Fachmeinung der Gerichtsperson *äussern* und diese bestreiten zu können.

Die eigene Fachkunde seiner Mitglieder darf das Gericht daher nur verwerten, soweit es diese den Parteien *offengelegt* und sie zur *Stellungnahme* aufgefordert hat (Art. 183 Abs. 3). Dies hat v.a. bei Handelsgerichten, die aus branchenspezifischen Fachleuten zusammengesetzt sind, grössere Bedeutung (Botschaft, 7324; zu einfachen Patentstreitigkeiten vgl. BGE *125* III 32). 244

Das Fachvotum der Gerichtsperson muss mündlich oder schriftlich in den Prozess eingeführt und *in den Akten festgehalten* werden, z.B. im Protokoll oder in einem Brief an die Parteien. Nur so ist eine Überprüfung im Rechtsmittelverfahren möglich. 245

5.5 Schiedsgutachten

5.5.1 Begriff und Wesen

Das Schiedsgutachten bezweckt die *verbindliche Feststellung rechtserheblicher Tatsachen* durch eine fachkundige Drittperson. Die Parteien können ein Schiedsgutachten *jederzeit* vereinbaren, sei es bei Abschluss eines Vertrages, bei Entstehen eines Rechtsstreits oder noch während des Prozesses (vgl. Art. 189 Abs. 1). 246

Das Schiedsgutachten ist – entgegen der systematischen Einordnung in Art. 189 – kein Beweismittel, sondern die *verbindliche Ausserstreitstellung von Tatsachen* durch die Parteien. Die vom Schiedsgutachten erfassten Tatsachen sind mithin nicht mehr streitig (s. N 13). Es dient damit der *Prozessvermeidung* oder jedenfalls der Prozessvereinfachung. 247

Das Schiedsgutachten ist ein *eigenständiges Institut,* dessen Rechtsnatur umstritten ist. Von der herrschenden Lehre und Rechtsprechung wird es dem *materiellen Recht* zugeordnet (BGE *129* III 535, 537 E. 2; *67* II 146, 148 E. 2; BERGER/KELLERHALS, N 139). Allerdings kommen ihm, wenn es im Prozess eingereicht wird, insofern *prozessrechtliche Wirkungen* zu, als die entsprechenden Tatsachen auch für das Gericht verbindlich ausser Streit gestellt sind und darüber kein Beweis mehr abzunehmen ist (BSK ZPO-DOLGE, Art. 189 N 3 ff.). 248

Wesentlich ist, dass der Schiedsgutachter wie ein Schiedsrichter durch beide Parteien *gemeinsam* ernannt wird. Beide Parteien müssen zudem in gleicher Weise die Möglichkeit haben, ihren Standpunkt zu vertreten und *Fragen* an den Schiedsgutachter zu richten. 249

Terminologisch zu unterscheiden sind die Vereinbarung unter den Parteien, ein Schiedsgutachten einzuholen (*Schiedsgutachtensvereinbarung,* Schiedsgutachtensabrede), und der Vertrag der Parteien mit dem Schieds- 250 gutachter *(Schiedsgutachtervertrag).* Diese notwendige terminologische Trennung wird in der Praxis leider häufig nicht gemacht, was zu Verwirrung führen kann.

251 Das Schiedsgutachten *unterscheidet sich vom Schiedsspruch* dadurch, dass es auf einzelne Fragen tatsächlicher Art aus dem Gesamtkomplex eines Rechtsstreits beschränkt ist. Es stellt also nur einen *Teilaspekt* ausser Streit. Zudem ist das Verfahren im Gegensatz zum Schiedsgerichtsverfahren *einfach und formlos,* ohne Schriftenwechsel und ohne Rechtsbegehren. In der Praxis kommt es aber immer wieder vor, dass aufgrund unklarer oder missverständlicher Formulierungen in den vertraglichen Vereinbarungen umstritten ist, ob ein Schiedsgutachten oder ein Schiedsspruch vorliegt. Entscheidend ist dabei stets der *Wille der Vertragsparteien,* der Inhalt der Schiedsgutachtensvereinbarung und des Schiedsgutachtervertrags unter Einbezug aller Umstände. Auch von Bedeutung ist, wie der Beauftragte den ihm erteilten Auftrag verstanden hat (BGE *117* Ia 365 = Pra *1992* Nr. 153 E. 5b, 6).

5.5.2 Gegenstand

252 Ein Schiedsgutachten ist nur möglich bei *Ansprüchen,* die der *freien Parteidisposition* unterliegen (vgl. Art. 189 Abs. 3 lit. a). Nicht schiedsgutachtensfähig sind daher v.a. familienrechtliche und statusrechtliche Angelegenheiten (z.B. Ehescheidung, Feststellung des Kindesverhältnisses, Kinderunterhalt).

253 *Gegenstand* des Schiedsgutachtens kann grundsätzlich alles sein, *was Beweisgegenstand sein kann,* d.h. die Feststellung und/oder Beurteilung rechtserheblicher Tatsachen, die Mitteilung von Erfahrungssätzen und in beschränktem Umfang ausländisches Recht (s. vorne N 5 ff., 207 ff.). Nicht möglich sind reine Rechtsgutachten, da sie für das Gericht nicht bindend sein können.

254 *Beispiele:* Ein Schiedsgutachten kann eingeholt werden zur Geologie eines Baugrunds, zur Qualität gelieferter Ware, zum Verkehrswert einer Liegenschaft, zum Wert eines Unternehmens oder Aktienpakets.

5.5.3 Form der Schiedsgutachtensvereinbarung

255 Die Schiedsgutachtensvereinbarung hat insofern weitreichende Konsequenzen, als die verbindliche Feststellung bestimmter Tatsachen der gerichtlichen Beurteilung entzogen wird. Das Gesetz verlangt deshalb für die Schiedsgutachtensvereinbarung die *Schriftform* oder eine andere Form, welche den *Nachweis durch Text* ermöglicht (Art. 189 Abs. 2). Letztere Form, welche auf den elektronischen Verkehr zugeschnitten ist, verzichtet auf das Unterschriftserfordernis.

5.5.4 Bestellung des Schiedsgutachters

Der Schiedsgutachter muss – wie die sachverständige Person (s. N 215 ff.) – *unabhängig und fachlich geeignet* sein und die gutachterliche Leistung *persönlich* erbringen. Zudem hat er die Verfahrensrechte der Parteien und das *Gleichbehandlungsgebot* zu beachten. Dies hat deshalb besondere Bedeutung, weil eine Anfechtung des Schiedsgutachtens nur noch aus beschränkten Gründen möglich ist (Art. 189 Abs. 3; s. N 261 ff.). 256

Die Parteien haben den Schiedsgutachter *gemeinsam* zu beauftragen. Das Rechtsverhältnis der Parteien mit dem Schiedsgutachter untersteht dem *Auftragsrecht* (Art. 394 ff. OR), ausnahmsweise dem Werkvertragsrecht. Die Auftragserteilung ist zwar formlos möglich, doch empfiehlt es sich, die beauftragte Person klar als Schiedsgutachter zu bezeichnen und ihre Aufgaben sowie die Verfahrenspflichten der Parteien und des Schiedsgutachters möglichst genau zu umschreiben (s. N 251). 257

Der Schiedsgutachter hat den Parteien das Schiedsgutachten auftragsgemäss *mündlich oder schriftlich* zu erstatten und allfällige *Erläuterungs- und Ergänzungsfragen* zu beantworten. Die *Entschädigung* des Schiedsgutachters ist Sache der Parteien (Art. 394 Abs. 3 OR). Wurde nichts anderes zwischen den Parteien vereinbart, haben sie die Entschädigung – als Folge des gemeinsamen Auftrags – je hälftig zu übernehmen. 258

5.5.5 Wirkung des Schiedsgutachtens

Die Wirkung des Schiedsgutachtens besteht darin, dass die damit *festgestellten Tatsachen für die Parteien und* – in einem gerichtlichen oder schiedsgerichtlichen Prozess – auch *für das Gericht verbindlich* sind (Art. 189 Abs. 3). 259

Gegen das Schiedsgutachten bestehen *keine Rechtsmittel*. Es kann aber auch *nicht unmittelbar vollstreckt* werden. Verweigert die unterlegene Partei die Erfüllung, so muss die anspruchsberechtigte Partei ihre Ansprüche auf dem *Weg der Klage* durchsetzen, kann sich dabei aber auf das Schiedsgutachten bzw. die darin verbindlich festgestellten Tatsachen berufen. 260

5.5.6 Unverbindlichkeit des Schiedsgutachtens

Das Schiedsgutachten kann im gerichtlichen Verfahren nicht frei überprüft werden. Es muss aber gewisse *rechtsstaatliche Mindestanforderungen* erfüllen, wenn es das Gericht binden soll. Wenn das Schiedsgutachten auf *schweren Verfahrensfehlern* beruht oder *schwere inhaltliche Mängel* aufweist, kann sich die belastete Partei auf die Unverbindlichkeit berufen (Art. 189 Abs. 3; BGE *129* III 535, 538 E. 2.1). 261

262 Die Frage nach dem Vorliegen eines Schiedsgutachtens und dessen allfälliger Unverbindlichkeit ist deshalb *im Prozess über die Streitsache* zu klären. Dabei trägt die Partei, welche sich auf das Schiedsgutachten beruft, die *Beweislast* für dessen Vorliegen, insbesondere in Bezug auf die gegenständlichen und förmlichen Voraussetzungen (Art. 189 Abs. 1, 2 und 3 lit. a; s. N 252 ff.). Die Gegenpartei, welche Einwendungen gegen das Schiedsgutachten erhebt, kann dagegen grobe Mängel des Schiedsgutachtens oder des Verfahrens i.S.v. Abs. 3 lit. a und b nachweisen. Gelingt ihr dies, ist das Schiedsgutachten unverbindlich. Das heisst, das Gericht hat nötigenfalls ein Beweisverfahren zur Feststellung der umstrittenen Tatsachen durchzuführen.

263 In diesem Sinne angefochten werden kann das Schiedsgutachten aus folgenden Gründen:

- *Verletzung der Ausstandsgründe* (Art. 189 Abs. 3 lit. b i.V.m. Art. 183 Abs. 2): Massgebend sind auch für Schiedsgutachter die gerichtlichen Ausstandsregeln gemäss Art. 47 ff.

264 - *Verletzung des Gleichbehandlungsgebots* (Art. 189 Abs. 3 lit. c): Keiner Partei darf bei der Wahl des Schiedsgutachters ein Vorrecht zukommen und der Schiedsgutachter muss die Parteien gleich behandeln und in gleicher Weise anhören. Beide Parteien müssen Gelegenheit haben, ihren Standpunkt zu vertreten, Fragen an den Gutachter zu richten und an einem allfälligen Augenschein teilzunehmen.

265 - *Offensichtliche Unrichtigkeit* (lit. c): Inhaltlich genügt nicht jede Unrichtigkeit des Schiedsgutachtens, um dessen Unverbindlichkeit zu bewirken. Vielmehr ist eine offenkundige, d.h. für jede sachverständige Person bei sorgfältiger Prüfung *sofort in die Augen springende Abweichung von der wirklichen Sachlage* erforderlich. Blosse Zweifel an der Richtigkeit genügen nicht (BGE *129* III 535 E. 2.1, 2.2).

6. Schriftliche Auskunft

6.1 Begriff und Wesen

266 Das Gericht kann schriftliche Auskünfte von *Amtsstellen* und *ausnahmsweise* auch von *Privaten* einholen (Art. 190). Schriftliche Auskünfte einer Privatperson sind namentlich in Fällen geeignet, wo ein Zeuge Aussagen ohnehin nur aufgrund schriftlicher Unterlagen erteilen könnte. Die in der Praxis häufigsten Beispiele sind Lohnauskünfte des Arbeitgebers, Auskünfte der Pensionskasse über die Höhe des Freizügigkeitsguthabens und Berichte des behandelnden Arztes einer Partei.

Die schriftliche Auskunft wird *durch das Gericht eingeholt.* Schriftliche Berichte oder Bestätigungsschreiben, welche eine Partei eingeholt und dem Gericht eingereicht hat, genügen der Bestimmung nicht und sind als Beweismittel unbeachtlich (vgl. Art. 168). 267

Die schriftliche Auskunft ist zwar eine Mischform aus Urkundenbeweis, Gutachten und Zeugnis, ist aber als *eigenständiges Beweismittel* ausgestaltet (Art. 168 lit. e). Befriedigt die schriftliche Auskunft das Gericht nicht, kann es eine *nachträgliche Zeugeneinvernahme* der Auskunftsperson über die betreffenden Tatsachen anordnen (Botschaft, 7326). 268

6.2 Auskunftspflicht

Die Auskunftspflicht der Amtsstelle oder Privatperson ist eine *prozessrechtliche Pflicht,* die sich auf Art. 160 stützt. 269

Das Gericht hat die um Auskunft ersuchte Stelle oder Person über ihre Mitwirkungspflicht, die Verweigerungsrechte und die Säumnisfolgen *aufzuklären* (Art. 161). Nicht erforderlich, aber zweckmässig ist die Ermahnung zur Wahrheit verbunden mit dem Hinweis, dass nötigenfalls die *Bestätigung der Auskunft durch Zeugenaussage* verlangt werden könne (vgl. auch Botschaft, 7326). 270

Besondere Bedeutung kommt bei schriftlichen Auskünften den Verweigerungsgründen wegen *Berufs- oder Amtsgeheimnissen* zu (Art. 166 Abs. 1 lit. b und c). Nötigenfalls hat das Gericht von einer Partei daher die Entbindung vom Berufsgeheimnis zu verlangen, bevor es eine entsprechende Berufsperson um Auskunft ersucht. 271

Unberechtigte Verweigerung zieht die Folgen von Art. 167 nach sich. Bei *falscher Auskunft* kommt eine Bestrafung wegen Art. 307 StGB nicht in Betracht, weil die schriftliche Auskunft keine Zeugenaussage ist. Denkbar ist allerdings eine Bestrafung wegen Falschbeurkundung (Art. 251 StGB), weil die schriftliche Auskunft bestimmt und geeignet ist, eine Tatsache von rechtlicher Bedeutung zu beweisen. 272

7. Parteibefragung und Beweisaussage

7.1 Begriff

Die Parteieinvernahme ist eine *förmliche Befragung einer Partei* zur beweismässigen Feststellung von Tatsachen. Das Gesetz sieht zwei verschiedene Formen der Einvernahme vor: die Parteibefragung (Art. 191) und die Beweisaussage (Art. 192). 273

7.2 Arten der Parteieinvernahme

7.2.1 Formelle und formlose Parteieinvernahme

274 Die *formelle Parteieinvernahme,* sowohl in Form der Parteibefragung (Art. 191) als auch der Beweisaussage (Art. 192), ist ein vollständiges *Beweismittel,* welches – im Rahmen der freien Beweiswürdigung – auch zu eigenen Gunsten Beweis bilden kann.

275 Von diesen beiden Formen formeller Parteieinvernahmen (Art. 191 und 192) zu unterscheiden ist die sog. informative oder *formlose Parteibefragung*. Sie entspringt der *richterlichen Fragepflicht* und dient der Klärung des Sachverhalts und der Parteivorbringen im Rahmen des Behauptungsverfahrens, d.h. der Trennung bestrittener und unbestrittener Tatsachen. Die formlose Parteibefragung kann nur zu Zugeständnissen führen, aber nie Beweis für eigene, zu beweisende Tatsachen bilden (vgl. N 14 ff., 147). Sie ist *kein Beweismittel.*

276 Im *Scheidungsverfahren* sind die Parteien stets von Amtes wegen persönlich zu befragen. Die Befragung ist formlos und stellt ein persönliches Mitwirkungsrecht der Parteien dar. Für die Scheidung auf gemeinsames Begehren ergibt sich die Anhörung der Parteien aus Art. 287. Bei der Scheidung auf Klage ergibt sich die (formlose) Parteibefragung aus Art. 291 i.V.m. 277 Abs. 3 und 278.

7.2.2 Parteibefragung nach Art. 191

277 Die *Parteibefragung* ist die *einfachere und mildere Form* der Parteieinvernahme. Zwar unterliegen die Parteien auch hier der Wahrheitspflicht, doch werden bewusst wahrheitswidrige Aussagen nur *disziplinarisch* geahndet (Botschaft, 7326).

278 Jede Partei kann auch *zu eigenen Beweisthemen* eine Parteibefragung beantragen. Aussagen zu eigenen Gunsten sind zu berücksichtigen, doch ist ihr Beweiswert aufgrund der Selbstbefangenheit der Partei meist gering, weshalb zum Beweis der Tatsache meist zusätzliche Beweismittel erforderlich sind.

7.2.3 Beweisaussage nach Art. 192

279 Die *Beweisaussage* ist eine *qualifizierte Form* der Parteieinvernahme. Sie erfolgt unter der Strafandrohung von *Art. 306 StGB.*

Durch die Beweisaussage wird die betreffende Partei unter zusätzlichen Druck gesetzt, da vorsätzliche Falschaussagen als Vergehen strafbar sind (Art. 306 StGB). Um eine missbräuchliche Druckausübung auszuschliessen, kann die Beweisaussage *nur von Amtes wegen,* und nicht auf Antrag der Gegenpartei, angeordnet werden. Die Beweisaussage ist ausschliesslich ein *gerichtliches Instrument* (Botschaft, 7326). 280

Die Beweisaussage ist geeignet, Beweis auch zugunsten der aussagenden Partei zu erbringen. Das Gesetz lässt *beide Parteien* zur Beweisaussage zu, d.h. sowohl die beweisführende Partei als auch die Gegenpartei. 281

Nach der Konzeption des Gesetzgebers ist die Beweisaussage *nicht subsidiär,* d.h. es müssen nicht alle anderen Beweismittel abgenommen werden, bevor sie angeordnet werden darf. In der Praxis besteht aber *meist eine Stufenfolge,* indem die Beweisaussage erst nach vorausgegangener Parteibefragung angeordnet wird, um letzte Zweifel des Gerichts zu beseitigen (Botschaft, 7326). 282

7.3 Parteistellung

Als Partei einvernommen werden alle Personen, denen im Prozess Parteistellung zukommt. Dazu gehören insbesondere: 283

- *die Parteien* (Art. 66) inklusive aller *Streitgenossen,* auch solcher, die am Prozess nicht aktiv teilnehmen (Art. 70 ff.);
- *Haupt- und Nebenintervenienten* (Art. 73, 74 ff.);
- *der gesetzliche Vertreter einer Partei:* Der gesetzliche Vertreter kann an Stelle oder neben der vertretenen Partei einvernommen werden;
- *Mitglieder von Personengesellschaften* und *Organe* von juristischen Personen und öffentlich-rechtlichen Anstalten (Art. 159); Personen mit Organstellung einer öffentlichen Verwaltung; 284
- *Organe einer Einzelfirma:* Bei einer Einzelfirma ist der Firmeninhaber Partei. Verfügt die Einzelfirma aber über zahlreiche Angestellte und kommen auch anderen Personen als dem Firmeninhaber rechtliche oder faktische Leitungs- oder Geschäftsführungsfunktionen zu, sind sie ebenfalls als Partei zu befragen;
- *der Konkursverwalter bzw. der Sachwalter/Liquidator und der Gemeinschuldner:* Sowohl im Masseprozess als auch in den von der Konkursverwaltung weitergeführten Zivilprozessen ist formell der konkursite Schuldner Partei. Der Konkursverwalter – und im Nachlassverfahren der Sachwalter oder Liquidator – ist jedoch mehr als ein Vertreter des Schuldners. Er nimmt die Vermögensinteressen der Gläubiger und des Schuldners, der nicht mehr verfügungsberechtigt ist, wahr und vertritt die «Konkursmasse». Deshalb ist er als parteiidentisch zu betrachten und als 285

Partei, nicht als Zeuge, einzuvernehmen. Im Prozess der Abtretungsgläubiger sind dagegen diese formell Partei und nicht mehr der konkursite Schuldner. Wie bei einer gewöhnlichen Zession (Art. 164 ff. OR) kann der Schuldner in solchen Verfahren als Zeuge gehört werden.

7.4 Aussagepflicht

286 Die Aussagepflicht der Parteien stützt sich auf Art. 160 Abs. 1 lit. a. Verweigerungsrechte bestehen nur im beschränkten Umfang von Art. 163 (rechtliche Nachteile oder Berufsgeheimnisse). Das Gericht hat die Partei über ihre Mitwirkungspflicht, allfällige Verweigerungsrechte und die Säumnisfolgen *aufzuklären* (Art. 161).

287 *Unberechtigte Aussageverweigerung* ist zu Lasten der aussagepflichtigen Partei bei der Beweiswürdigung zu berücksichtigen (Art. 164). Bewusst *falsche Parteiaussagen* lösen die Straffolgen von Art. 191 bzw. bei falscher Beweisaussage die Mitteilung an die Strafbehörden zur Verfolgung nach Art. 306 StGB aus.

7.5 Parteieinvernahme

288 Das Gericht hat die Partei vor der Einvernahme zur Wahrheit zu *ermahnen* und für den Fall von Falschaussagen auf die *Straffolgen* nach Art. 191 (bei der Parteibefragung) bzw. Art. 306 StGB (bei der Beweisaussage) konkret und verständlich hinzuweisen.

289 Für das *Protokoll* über die Parteibefragung und die Beweisaussage gelten sinngemäss die Vorschriften über das Protokoll bei der Zeugeneinvernahme (Art. 193 i.V.m. 176). Ein Wortprotokoll muss nicht geführt werden; es genügt, den *wesentlichen Inhalt der Aussagen* zu protokollieren.

§ 47 Beweisverfahren

1. Allgemeines

1.1 Beweisführungslast der Parteien

290 Der ordentliche Zivilprozess wird von der Verhandlungsmaxime beherrscht. In Prozessen mit *Verhandlungsmaxime* tragen die Parteien die Verantwortung für die Sammlung des Prozessstoffes: Sie haben die Tatsa-

chenbehauptungen vorzubringen und die entsprechenden Beweismittel zu bezeichnen. Sie tragen daher die volle Beweisführungslast (Art. 55 Abs. 1; s. vorne N 37). Das Gericht kann sich grundsätzlich mit der *formellen Wahrheit* begnügen: Was die Parteien übereinstimmend behaupten, ist für das Gericht bindend und schliesst eine Beweiserhebung aus (Botschaft, 7313).

In den Verfahren mit *Untersuchungsmaxime* hat das *Gericht* zwar eine *Mitverantwortung* bei der Beweisführung; die Hauptlast liegt aber gleichwohl bei den Parteien, da nur sie die Beweismittel kennen. Das Gericht kann oder muss aber unter Umständen von Amtes wegen Beweise erheben (Art. 55 Abs. 2, 153; s. N 293 f.). 291

1.2 Beweiserhebung von Amtes wegen

Im Interesse der *materiellen Wahrheit* sieht das Gesetz in bestimmten Fällen Ausnahmen zur Beweisführung durch die Parteien vor (Botschaft, 7313). Unberührt davon bleibt die objektive Beweislast der Parteien (s. N 37). 292

– **In Verfahren mit Untersuchungsgrundsatz** trägt das Gericht eine Mitverantwortung für die Feststellung des Sachverhaltes. Es ist für die Beweiserhebung nicht an die Parteianträge gebunden und hat nötigenfalls von Amtes wegen Beweise abzunehmen (Art. 153 Abs. 1). Der Untersuchungsgrundsatz findet sich v.a. in den *besonderen Verfahrensarten,* d.h. im vereinfachten Verfahren (Art. 247 Abs. 2), im Verfahren vor Konkurs- und Nachlassgericht und der freiwilligen Gerichtsbarkeit (Art. 255) sowie in ehe- und kindesrechtlichen Verfahren (Art. 272, 277 Abs. 3, 296). 293

Trotz Untersuchungsgrundsatz müssen die *Parteien* jedoch *mitwirken*: Sie haben die erforderlichen Beweismittel zu bezeichnen – allenfalls unter Mithilfe des Gerichts. Die Untersuchungsmaxime entbindet die Parteien auch nicht von der Bezahlung entsprechender *Vorschüsse* (Art. 102 Abs. 3). Bezahlt eine Partei den Beweiskostenvorschuss nicht rechtzeitig, so kann die Beweisführung auch in Verfahren mit Untersuchungsgrundsatz unterbleiben. Nur im Bereich der uneingeschränkten Untersuchungs- *und* Offizialmaxime – also in Angelegenheiten, in denen das Gericht den Sachverhalt nicht nur *festzustellen*, sondern zu *erforschen* hat (Art. 296, kindesrechtliche Verfahren) – muss unabhängig von der Bezahlung von Vorschüssen Beweis erhoben werden. 294

– **Bei erheblichen Zweifeln** an der Richtigkeit einer nicht streitigen Tatsache *kann* das Gericht von sich aus Beweis erheben (Art. 153 Abs. 2). Diese Möglichkeit besteht auch im ordentlichen Prozess mit *Verhandlungsmaxime*. Beim Entscheid, ob ein amtswegiges Beweisverfahren durchgeführt werden soll, steht dem Gericht Ermessen zu. Es darf nur darum gehen, krass unbilli- 295 ge Entscheidungen zu verhindern. Das Gesetz will im Interesse der materiellen Wahrheit *unhaltbare Konsequenzen* der Verhandlungsmaxime vermeiden (Botschaft, 7313).

296 *Beispiel:* Bei Säumnis der beklagten Partei soll das Gericht nicht gezwungen sein, gestützt auf den unwidersprochen gebliebenen Sachverhalt ein Urteil zu erlassen, wenn die Vorbringen der anwesenden klagenden Partei keineswegs glaubwürdig sind. Es soll dem Gericht möglich sein, Beweismittel für die behaupteten Tatsachen zu verlangen, wenn es daran erhebliche Zweifel hat.

2. Im ordentlichen Verfahren

2.1 Beweisantretung

297 Die Parteien haben Beweis anzutreten, d.h. die *Beweismittel zu nennen*. Das muss in den *Rechtsschriften* bzw. *Parteivorträgen,* jedenfalls *spätestens mit dem zweiten* (schriftlichen oder mündlichen) *Vortrag* geschehen (vgl. 221 Abs. 1 lit. e, 222 Abs. 2, 229 Abs. 1 und 2). Ein spezielles Beweisantretungsverfahren, wie es in einigen Kantonen früher gestützt auf die Beweisauflage des Gerichts üblich war (z.B. ZH, TG, SH), ist in der ZPO nicht mehr vorgesehen.

298 Angebotene Beweismittel werden in der Regel als *Beweisofferte* («B.O.») bezeichnet. Die blosse Nennung von Beweismitteln heisst *Verbalofferte,* das Einreichen von Urkunden, Augenscheinsobjekten und das Mitbringen von Zeugen *Realofferte*.

2.2 Beweiseinwendungen

299 Mit Beweiseinwendungen kann geltend gemacht werden, ein Beweismittel sei *unzulässig* oder *untauglich*. Auch ein besonderes Beweiseinwendungsverfahren ist – anders als bisher in einigen Kantonen – in der ZPO nicht mehr vorgesehen. Die Einwendungen gegen die von der Gegenpartei genannten Beweismittel müssen deshalb bereits im Schriftenwechsel oder in den Parteivorträgen vorgebracht werden.

2.3 Beweisverfügung

300 Da nur über rechtserhebliche bestrittene Behauptungen Beweis abgenommen wird, hat das Gericht den Parteien bekanntzugeben, *über welche Behauptungen* Beweis abgenommen und welche der offerierten *Beweis-*

mittel zugelassen werden. Dies geschieht in der Beweisverfügung des Gerichts bzw. des Instruktionsrichters (Art. 154). Mit der Beweisverfügung wird gleichzeitig über die objektive und subjektive Beweislast (Beweisführungslast) entschieden (s. N 37).

Auch in komplexen Verfahren bestimmt das Gericht in der Beweisverfügung direkt, welcher Partei der Haupt- bzw. Gegenbeweis für welche behaupteten Tatsachen obliegt und welche zulässigen Beweismittel abgenommen werden (s. 11 N 127 f.). 301

In der ZPO nicht mehr vorgesehen ist ein zweistufiges Verfahren, bestehend aus Beweisauflage und Beweisabnahme, wie es in vielen Kantonen üblich war (z.B. ZH, TG, SH). In der Beweisauflage bezeichnete das Gericht die zu beweisenden Behauptungen, verteilte die Beweislast und gab den Parteien Gelegenheit zur Bezeichnung der entsprechenden Beweismittel. Nach der Beweisantretung und den gegenseitigen Beweiseinwendungen entschied das Gericht in einer zweiten Stufe über die Abnahme der offerierten Beweismittel. 302

Die Beweisverfügung ist als prozessleitender Entscheid *nicht anfechtbar*. Sie kann aber jederzeit, wenn es sich als nötig erweist, *abgeändert oder ergänzt* werden (Art. 154 Satz 2). 303

2.4 Beweisabnahme

Die Beweisabnahme findet grundsätzlich *unmittelbar* vor dem gesamten Prozessgericht statt. Eine *mittelbare* Beweisabnahme durch eine *Delegation* des Gerichtes ist aber möglich, insbesondere wenn dies aus Zeit- und Kostengründen oder wegen des Kindeswohls als sinnvoll erscheint. Für den Prozessausgang wesentliche Beweismittel sollten aber möglichst durch das gesamte Gericht abgenommen werden. Eine Partei kann die Beweisabnahme durch das gesamte urteilende Gericht verlangen, wenn sie wichtige Gründe geltend macht (Art. 155 Abs. 1 und 2). 304

Die Beweisabnahme erfolgt grundsätzlich in der *Hauptverhandlung* (Art. 231), doch kann bereits der *Instruktionsrichter* Beweise abnehmen (Art. 226 Abs. 3). Nach der Beweisabnahme ist den Parteien Gelegenheit zur *Stellungnahme zum Beweisergebnis* einzuräumen (Art. 232; 11 N 129 f.). 305

Sind Beweiserhebungen *in einem anderen Kanton* erforderlich, richtet sich die Rechtshilfe nach Art. 195 f. (s. N 319 ff.). Das Prozessgericht kann die Beweise im anderen Kanton entweder direkt selbst erheben oder das zuständige Gericht um rechtshilfeweise Beweiserhebung ersuchen. 306

Im *internationalen Verhältnis* ist zwischen den Vertragsstaaten insbesondere das Haager Übereinkommen über die Beweisabnahme in Zivil- und Handelssachen (HBewÜ) zu beachten (s. N 323 ff.). 307

3. Im vereinfachten Verfahren

308 Das Gericht hat nötigenfalls darauf *hinzuwirken,* dass die Parteien ungenügende Angaben zum Sachverhalt ergänzen und die *Beweismittel bezeichnen* (Art. 247 Abs. 1). Diese Bestimmung appelliert an die richterliche Fragepflicht (Art. 56). Damit soll das Gericht eine gewisse Mitverantwortung bei der Beweisführung in allen vereinfachten Verfahren wahrnehmen.

309 Wo die – meist sozialpolitisch motivierte – *Untersuchungsmaxime* gilt (s. 11 N 172 ff.), hat das Gericht den Sachverhalt von Amtes wegen festzustellen und nötigenfalls von Amtes wegen Beweis zu erheben (Art. 247 Abs. 2 i.V.m. 153; z.B. in Miet-, Pacht- und Arbeitsstreitigkeiten). Allerdings ist das Gericht auch in diesen Verfahren in der Regel auf die Mitwirkung der Parteien angewiesen (s. N 293 f.). Wird ein Beweisverfahren durchgeführt, richtet sich dieses grundsätzlich nach den Art. 154 f. (s. N 297 ff.).

4. In familienrechtlichen Verfahren

310 Die familienrechtlichen Verfahren sind beherrscht vom *Untersuchungsgrundsatz.* Lediglich in Bezug auf die güterrechtliche Auseinandersetzung und den nachehelichen Unterhalt gilt die Verhandlungsmaxime (Art. 272, 277, 296). In familienrechtlichen Verfahren findet in der Regel eine mündliche Verhandlung mit persönlicher Anhörung der Parteien statt. In Scheidungsverfahren soll das Gericht versuchen, eine Einigung über die Scheidungsfolgen zu erzielen (Art. 291 Abs. 2).

311 Fehlen notwendige *Urkunden für die Beurteilung vermögensrechtlicher Scheidungsfolgen,* fordert das Gericht die Parteien auf, diese nachzureichen (Art. 277 Abs. 2). Das Beweisverfahren ist damit häufig *weniger förmlich* als im ordentlichen Verfahren. Ist ein umfassendes Beweisverfahren unumgänglich, richtet sich dieses nach den allgemeinen Bestimmungen (Art. 154 f.; s. N 297 ff.; 11 N 372 f.).

312 Eine eigentliche amtswegige Beweiserhebung findet nur in *Kindsbelangen* statt, wo die uneingeschränkte *Untersuchungs- und Offizialmaxime* gilt. Hier hat das Gericht zugunsten des Kindeswohls den wahren Sachverhalt, nötigenfalls unabhängig von den Parteianträgen und ungeachtet geleisteter Beweiskostenvorschüsse, von Amtes wegen abzuklären. Das Gericht ist dabei nicht an die allgemein zulässigen Beweismittel gebunden. Es gilt der Freibeweis (Art. 168 Abs. 2 i.V.m. 296; s. N 150 f., 294).

5. Im summarischen Verfahren

Das summarische Verfahren ist durch *Beweisbeschränkung* gekennzeichnet (s. 11 N 229, 232 ff.). Der Beweis ist grundsätzlich mit *Urkunden* zu führen. Andere Beweismittel sind nur zugelassen, wenn sie ohne wesentliche Verzögerung zu erheben oder unerlässlich sind (Art. 254). Dabei genügt das blosse *Glaubhaftmachen* der bestrittenen Tatsachen. Ein formelles Beweisverfahren mittels Beweisverfügung findet nicht statt. 313

6. Vorsorgliche Beweisaufnahme

Besteht die Gefahr, dass ein Beweismittel im Zeitpunkt der Beweisabnahme im ordentlichen Prozess nicht mehr vorhanden (Umbau einer Liegenschaft, zu befürchtender Tod eines Zeugen) oder nur erschwert zugänglich wäre, so kann *vor Beginn des Prozesses* oder *des Beweisverfahrens* die Abnahme eines solchen Beweises verlangt werden. Voraussetzung ist das Glaubhaftmachen der *Notwendigkeit der Beweissicherung* (Art. 158 Abs. 1 lit. b). Ebenfalls möglich ist eine vorsorgliche Beweisabnahme, sofern ein *materieller Anspruch* besteht (lit. a; z.B. Art. 204 Abs. 2, 367 Abs. 2, 427 Abs. 1 OR). 314

Für die Beweissicherung *vor* Anhebung des Hauptprozesses sieht das Gesetz zwei *zwingende, alternative Gerichtsstände* vor: den Gerichtsstand am Ort, wo die Zuständigkeit für die *Hauptsache* gegeben ist, oder am Ort, wo die *Massnahme* vollstreckt werden soll, d.h. wo sich die zu vernehmende Person oder der in Augenschein zu nehmende Gegenstand befindet (Art. 13). 315

Ist der Prozess bereits *hängig*, ist das *Hauptsachengericht* auch für die vorsorgliche Beweisaufnahme zuständig (Art. 158 Abs. 1). 316

7. Rechtshilfe

7.1 Allgemeines

Soweit sich beweisrelevante Personen oder Objekte (Urkunden, Zeugen, Augenscheinsobjekte, sachverständige Personen) ausserhalb des Hoheitsgebiets des Prozessgerichts befinden, gelten folgende *Grundsätze:* 317

(1) Die *Mitwirkungspflicht* einer Person im Beweisverfahren besteht grundsätzlich nur ihrem Wohnsitz- oder Sitzstaat gegenüber.

(2) Die Befugnis der *Gerichte*, Beweis aufzunehmen, ist als hoheitliche Tätigkeit auf das *Territorium* ihres Staates bzw. Zuständigkeitsbereichs begrenzt.

(3) Jedes im Beweisverfahren tätige Gericht – das Prozessgericht und das Rechtshilfegericht – wendet für die Beweisabnahme (also für die Fragen, welche Beweismittel zulässig und in welchen Formen sie abzunehmen sind) grundsätzlich *sein eigenes* Prozessrecht, d.h. die *lex fori,* an.

318 Diese Grundsätze erschweren naturgemäss Beweisverfahren, welche das Territorium des Prozessgerichts überschreiten. Deshalb geht die Tendenz dahin, die *Rechtshilfe* im Beweisverfahren zu erleichtern. Während dies im interkantonalen Verhältnis mit *Art. 194 ff. ZPO* vollbracht ist, bedeutet im internationalen Verhältnis das Haager Übereinkommen über die Beweisaufnahme im Ausland in Zivil- oder Handelssachen vom 18. März 1970 (*HBewÜ;* SR 0.274.132) zwischen den Vertragsstaaten eine grosse Erleichterung.

7.2 Interkantonale Rechtshilfe

319 Die Mitwirkungspflicht der Parteien und Dritter (Art. 160) gilt schweizweit. Sie müssen deshalb einer Vorladung in den Prozesskanton Folge leisten. Es besteht kein Anspruch darauf, als Zeuge vom Gericht des Wohnkantons angehört zu werden. Das Prozessgericht kann Beweise aber auch ausserhalb seines Territoriums selbst erheben oder rechtshilfeweise erheben lassen.

320 Die gegenseitige *Rechtshilfepflicht* der Zivilgerichte ergibt sich bereits aus der Bundesverfassung und ist in Art. 194 ZPO ausdrücklich festgehalten. Erfasst wird damit sowohl die inner- als auch die interkantonale Rechtshilfe. Das Gesetz stellt einem Gericht *zwei Möglichkeiten* zur Verfügung, um Prozesshandlungen ausserhalb seines territorialen Zuständigkeitsbereichs vorzunehmen: die «Selbsthilfe» und die Rechtshilfe (Botschaft, 7327).

321 – *«Selbsthilfe»* (Art. 195): Das Gericht darf die betreffende Prozesshandlung am fremden Ort selbst vornehmen. Es kann beispielsweise einen Augenschein in einem anderen Kanton durchführen. Dazu bedarf es weder eines Rechtshilfegesuchs noch einer Mitteilung an die Behörden des andern Kantons. Die ganze Schweiz gilt insofern als einheitlicher Gerichtsraum. Die direkte Beweisaufnahme im anderen Kanton ermöglicht es dem Gericht, einen unmittelbaren Eindruck zu gewinnen und Verzögerungen des Verfahrens zu vermeiden.

322 – *Rechtshilfe* (Art. 196): Oft ist es jedoch einfacher, den klassischen Rechtshilfeweg zu beschreiten und beim zuständigen auswärtigen Gericht ein entsprechendes Rechtshilfegesuch zu stellen (Art. 196). Eine rogatorische Zeugeneinvernahme kann beispielsweise ökonomischer sein als eine lange Hin- und Rückreise des urteilenden Gerichts oder des Zeugen, insbesondere wenn es sich nicht um einen zentralen Zeugen handelt.

7.3 Internationale Rechtshilfe

Das Haager Übereinkommen über die Beweisaufnahme im Ausland in Zivil- und Handelssachen vom 18. März 1970 (HBewÜ; SR 0.274.132) bringt im Verhältnis zu den Vertragsstaaten einerseits Erleichterungen in Bezug auf die Rechtshilfeersuchen (Art. 1–14), anderseits die Möglichkeit der Beweisaufnahme durch diplomatische und konsularische Vertreter und durch «Beauftragte» (Art. 15–22). Jeder Vertragsstaat bezeichnet sog. *zentrale Behörden,* welche für die Entgegennahme ausländischer Rechtshilfeersuchen zuständig sind. 323

Gegenüber Nichtvertragsstaaten des Haager Beweisübereinkommens ermöglicht Art. 11 IPRG ein gewisses Entgegenkommen. 324

Zu den oben (N 317) genannten Grundsätzen ergeben sich daraus folgende Einschränkungen: 325

(1) *Mitwirkungspflichtig* bleibt eine Person gegenüber den staatlichen Behörden an ihrem Wohnsitz bei deren Ausführung von Rechtshilfegesuchen (Art. 10: Zwangsmassnahmen). Bei – durch die Wohnsitzbehörden *genehmigten* – Beweisaufnahmen durch diplomatische und konsularische Vertreter sowie Beauftragte geht das Übereinkommen auch von einer Mitwirkungspflicht aus (Art. 21), rechnet aber in Art. 22 auch mit der – mangels Hoheitsbefugnissen sanktionslosen – «Weigerung einer Person mitzuwirken».

(2) Beweisaufnahmen *ohne Anwendung von Zwang* können in einem Vertragsstaat durch *diplomatische oder konsularische Vertreter* des Staates des Prozessgerichts oder Beauftragte erfolgen, 326
- wenn sie durch die zuständige Behörde des Ersuchsstaates *genehmigt* sind
- und wenn die dabei von der Behörde festgesetzten *Auflagen* erfüllt werden.

(3) Im allgemein internationalen Verhältnis können nach Art. 11 Abs. 2 IPRG unter den dort genannten Voraussetzungen auf Begehren der ersuchenden Behörde auch *ausländische Verfahrensformen* angewendet oder berücksichtigt werden, ebenso nach Art. 9 Abs. 2 und Art. 21 lit. a HBewÜ im Rechtshilfeverkehr mit den Vertragsstaaten. 327
- Zurückhaltung mit entsprechenden Genehmigungen ist dabei insbesondere beim *sog. Pre-trial-discovery-Verfahren* des amerikanischen Prozessrechts in Bezug auf die Urkundenedition und erst recht in Bezug auf die Zeugeneinvernahme «durch Beauftragte» geboten, weil die Zeugen hier nicht unter dem Schutz des Gerichts stehen, wie es nach schweizerischer Überzeugung notwendig ist.

- Unbedenklicher ist die Abnahme *eidesstattlicher Erklärungen* und die Ausstellung von *Urkunden in Formen des ausländischen Rechts,* wenn schweizerische Formen nicht anerkannt werden und deshalb ein schützenswerter Rechtsanspruch im Ausland nicht durchgesetzt werden könnte (vgl. Art. 11 Abs. 3 IPRG).

11. Kapitel: Gang und Arten des Verfahrens

§ 48 Schlichtungsverfahren

1. Vorprozessuale Streitschlichtung

Ein Prozess kostet Zeit, Geld und Nerven. Das Ergebnis ist aufgrund der zahlreichen prozessualen Hürden häufig unberechenbar und kann gar für beide Parteien unbefriedigend ausfallen. Es entspricht daher von jeher einem Bedürfnis, zu *schlichten statt* zu *richten.* Die Aussöhnung der Parteien, insbesondere die *vergleichsweise* Verständigung, vermag den *Rechtsfrieden* (1 N 16) meist besser wiederherzustellen als ein nach verbissen geführtem Prozess erstrittenes Urteil. Die Herstellung des Rechtsfriedens durch Vergleich ist umso wertvoller, je früher sie erzielt wird, am wertvollsten also, wenn sie *vor Beginn des Prozesses* mit seinen Belastungen erfolgen kann. 1

In der Schweiz hat die vorprozessuale Streitschlichtung durch staatliche Behörden Tradition. Die in zahlreichen Kantonen bestehende Institution der *Friedensrichter,* Vermittler oder Sühnbeamten geht auf französischen Einfluss zurück und hat sich *bewährt* (1 N 43). Die Schlichtungsquote liegt regelmässig zwischen der Hälfte und zwei Dritteln aller Fälle (z.B. ZH rund 50%, SH 68%). Die Schlichtungsbehörden erreichen damit eine wesentliche Entlastung der Gerichte, namentlich von kleineren Fällen, deren Streitwert einen Prozess häufig kaum rechtfertigt. Wie in einigen Kantonen bisher schon billigt die ZPO den Schlichtungsbehörden deshalb in einem beschränkten Umfang auch *Spruchkompetenzen* zu, nämlich bis zu einem *Streitwert von CHF 2000.–.* Einige Kantone kannten bisher keine aussergerichtlichen Schlichtungsbehörden. Dort fand vor Beginn des Prozesses eine Einigungsverhandlung vor dem Gerichtspräsidenten statt. Dieses System kann mit der ZPO beibehalten werden, auch wenn damit keine Entlastung der Gerichte verbunden ist (vgl. Botschaft, 7242, 7243 f.). 2

In den vergangenen Jahren haben *alternative Streitbeilegungsmethoden* («Alternative Dispute Resolution», *ADR*) international zunehmend an Bedeutung gewonnen, namentlich die *Mediation.* Diese Methode aussergerichtlicher Streitbeilegung hat Vorteile in allen Bereichen, in welchen die *Parteien,* ob sie es wollen oder nicht, auch *künftig miteinander zu tun* haben werden. Dies kann beispielsweise in Familien-, Nachbarschafts- und wirtschaftlichen Verhältnissen der Fall sein. Die ZPO nimmt diese moderne Tendenz auf. Sie ist alternativen Streitschlichtungsmethoden gegenüber offen und sieht deshalb die 3

Mediation ausdrücklich als *Alternative für einen Schlichtungsversuch* bei der Schlichtungsbehörde vor, wenn beide Parteien dies wünschen (Art. 213; vgl. Botschaft, 7252 ff., 7327; s. dazu hinten N 76 ff.).

2. Schlichtungsbehörden

2.1 Aufgaben und Organisation

4 Aufgabe der Schlichtungsbehörde ist es, im Schlichtungsverfahren zu versuchen, die Parteien *zu versöhnen,* d.h. den Rechtsstreit gütlich beizulegen. Dazu gehört es auch, die Parteien auf unbegründete Standpunkte hinzuweisen und sie auf Beweis- und Kostenrisiken eines Prozesses aufmerksam zu machen. Ist eine Aussöhnung nicht möglich, stellt die Schlichtungsbehörde der klagenden Partei die *Klagebewilligung* aus (Art. 209; N 52 ff.).

5 Die Schlichtungsbehörde hat neben der Schlichtungsbefugnis auch *Entscheidungskompetenzen in Bagatellstreitigkeiten.* In vermögensrechtlichen Streitigkeiten mit einem Streitwert bis CHF 2000.– kann sie einen *Entscheid* fällen, wenn die klagende Partei dies verlangt (Art. 212; N 63 ff.). In bestimmten Streitigkeiten kann sie den Parteien von sich aus einen *Urteilsvorschlag* unterbreiten (Art. 210; N 56 ff.). In diesen Fällen erfüllt die Schlichtungsbehörde auch gerichtliche Funktionen. Dies dient dem Rechtsfrieden und einer bürgernahen, kostengünstigen und effizienten Justiz, stellt aber an die Schlichtungspersonen gewisse *fachliche Anforderungen.*

6 Die *Kantone* sind in der *Organisation* ihrer Schlichtungsbehörden frei. Vorbehalten bleiben lediglich die besonderen Anforderungen an die paritätischen Schlichtungsbehörden nach Art. 200. Angesichts der Entscheidungskompetenzen muss die Schlichtungsbehörde über *richterliche Unabhängigkeit* verfügen.

2.2 Allgemeine Schlichtungsbehörde

7 In den meisten Kantonen ist das Schlichtungsverfahren ausserhalb des erstinstanzlichen Gerichts stehenden *Schlichtungsbehörden* übertragen, sog. *Friedensrichterämtern, Vermittlern, Gemeinderichtern* usw. Möglich bleibt aber auch die Durchführung des Schlichtungsversuchs durch das Gerichtspräsidium oder eine andere erstinstanzliche Gerichtsperson, wie es in einigen Kantonen (z.B. BE, BS, NE und JU) bisher üblich war (Botschaft, 7328). Die Durchführung der (gerichtlichen) Schlichtung ist für sich allein noch kein Ausstandsgrund für eine Gerichtsperson (Art. 47 Abs. 2 lit. b).

Die *Friedensrichter- oder Schlichtungskreise* umfassen eine oder mehrere Gemeinden, in grösseren Städten einen Teil des Stadtgebiets. Das *Amt* des Friedensrichters wird – ausser in grossen Städten – meistens von nicht juristisch ausgebildeten Personen im Nebenamt bekleidet. Sie handeln dabei herkömmlich vor allem nach dem «gesunden Menschenverstand» und zeichnen sich durch Lebenserfahrung, Einfühlungsvermögen und v.a. schlichtende Fähigkeiten aus. Da den Schlichtungsbehörden in Verfahrensfragen und in Bagatellstreitigkeiten aber auch Entscheidkompetenzen zukommen, wird künftig ein *juristisches Basiswissen* erforderlich sein. 8

2.3 Paritätische Schlichtungsbehörden

Das Gesetz sieht in zwei Fällen paritätische Schlichtungsstellen vor, welche in ihren jeweiligen Fachgebieten auch als *Rechtsberatungsstellen* fungieren (Art. 200, 201 Abs. 2): 9

- eine Schlichtungsstelle für Streitigkeiten aus *Miete und Pacht von Wohn- und Geschäftsräumen* mit paritätischen Vertretern der Mieter- und Vermieterseite, welche bisherigem Recht entspricht;
- eine Schlichtungsstelle nach dem *Gleichstellungsgesetz,* welche mit Vertretern der Sozialpartner und beider Geschlechter neu sogar ein *doppeltes Paritätserfordernis* erfüllen muss. Dies kann in kleineren Kantonen zu unverhältnismässigen Schwierigkeiten bei der Suche nach fachlich geeigneten Personen führen. 10

3. Der Beginn des Zivilprozesses

3.1 Allgemeines

Ein Zivilprozess beginnt entweder mit *Einreichung eines Schlichtungsgesuchs* (Art. 197 i.V.m. 202 Abs. 1 und 2, 213) oder mit *direkter Klageerhebung beim Gericht* (Art. 198 f.). 11

Die Einreichung (Postaufgabe) der Eingabe wirkt in beiden Fällen *fristwahrend* für gesetzliche Klagefristen und begründet die *Rechtshängigkeit* (Art. 62). Dies gilt auch, wenn die Parteien an Stelle des Schlichtungsversuchs eine Mediation durchzuführen wünschen (s. Art. 62 i.V.m. 213; s. dazu N 93). 12

Die Einreichung der Klage (oder eines Gesuchs im summarischen Verfahren) beim Gericht eröffnet das *gerichtliche Verfahren,* das sog. *Erkenntnisverfahren.* Je nach Streitsache bestehen verschiedene Verfahrensarten: 13

- das ordentliche Verfahren (Art. 219 ff.),
- das vereinfachte Verfahren (Art. 243 ff.),

- das summarische Verfahren (Art. 248 ff.) und
- familienrechtliche Verfahren (Art. 271 ff., 295 ff., 305 ff.).

3.2 Grundsatz: Obligatorisches Schlichtungsverfahren

14 Das Schlichtungsverfahren ist *grundsätzlich obligatorisch* (Art. 197). Der Prozess kann – ausser in den gesetzlich vorgesehenen Fällen – nicht ohne Klagebewilligung (N 52 ff.) eingeleitet werden.

15 Die Parteien können allerdings auch an Stelle des Schlichtungsversuchs eine Mediation durchführen (s. Art. 213; N 22, 76 ff.). Unter gewissen Voraussetzungen ist auch ein Verzicht einer oder beider Parteien auf das Schlichtungsverfahren möglich (s. Art. 199; N 18 ff.).

3.3 Ausnahme: Direkte Klageeinleitung beim Gericht

3.3.1 Direkte Klageeinleitung von Gesetzes wegen

16 Die ZPO nimmt bestimmte Streitigkeiten vom Schlichtungsverfahren aus, sei es weil eine Aussöhnung naturgemäss nicht möglich ist oder um das Verfahren zu beschleunigen (Art. 198). In solchen Fällen ist die Klage oder das Gesuch *direkt beim zuständigen Gericht* einzuleiten.

17 Vom Schlichtungsverfahren ausgenommene Streitigkeiten sind:

- *summarische Verfahren* (vgl. Art. 248 ff.);
- Klagen über den *Personenstand;*
- *Scheidungsverfahren* und Verfahren zur Auflösung der eingetragenen Partnerschaft sowie die entsprechenden streitigen Abänderungs- und Ergänzungsverfahren (vgl. Art. 274, 284 Abs. 3, 294, 307);
- bestimmte *Klagen des SchKG:* die Aberkennungsklage (Art. 83 Abs. 2 SchKG), Feststellungsklage (Art. 85*a* SchKG), Widerspruchsklage (Art. 106–109 SchKG), Anschlussklage (Art. 111 SchKG), Aussonderungs- und Admassierungsklage (Art. 242 SchKG), Kollokationsklage (Art. 148 und 250 SchKG), Klage auf Feststellung neuen Vermögens (Art. 265*a* SchKG), Klage auf Rückschaffung von Retentionsgegenständen (Art. 284 SchKG);
- Streitigkeiten, für die eine *einzige kantonale Instanz* zuständig ist (s. Art. 5 und 6);
- die Hauptintervention, die Widerklage und die Streitverkündungsklage;
- wenn das *Gericht Frist für eine Klage gesetzt* hat, z.B. zur Unterlassungs- oder Beseitigungsklage in immaterialgüterrechtlichen Streitigkeiten oder zur definitiven Eintragung eines Bauhandwerkerpfandrechts (Art. 961 Abs. 3 ZGB).

3.3.2 Verzicht auf das Schlichtungsverfahren

3.3.2.1 Einvernehmlicher Verzicht

Das Schlichtungsverfahren kann im Einverständnis beider Parteien bei vermögensrechtlichen Streitigkeiten unterbleiben, wenn der Streitwert mindestens CHF 100 000.– beträgt (Art. 199 Abs. 1). In komplexen, grossen Handelssachen ist dies sinnvoll, da eine Einigung im Schlichtungsverfahren ohnehin regelmässig nicht möglich ist. Es ist sogar eine Prorogation der oberen kantonalen Instanz möglich (Art. 8). 18

Die Vereinbarung der Parteien über die direkte Klageeinleitung beim Gericht wird als *Prorogationserklärung* bezeichnet. Der Verzicht auf das Schlichtungsverfahren muss indessen nicht ausdrücklich sein, die beklagte Partei kann sich auf die direkte Klageeinleitung auch *konkludent einlassen,* indem sie sich dieser nicht widersetzt (Botschaft, 7329). 19

3.3.2.2 Einseitiger Verzicht

Die klagende Partei *kann* einseitig auf ein Schlichtungsverfahren verzichten, wenn die beklagte Partei Sitz oder *Wohnsitz im Ausland* hat oder *unbekannten Aufenthalts* ist (Art. 199 Abs. 2). Da die Gegenpartei in solchen Fällen in der Regel nicht zur Schlichtungsverhandlung erscheinen würde, wäre ein Schlichtungsverfahren häufig ohnehin zwecklos. Allerdings ist daran zu denken, dass mit dem Schlichtungsgesuch die Rechtshängigkeit begründet werden kann. 20

Die Wahlmöglichkeit der klagenden Partei, ob bei Verfahren nach dem *Gleichstellungsgesetz* ein Schlichtungsverfahren durchgeführt werden soll, entspricht bisherigem Recht (aArt. 11 GlG). 21

3.4 Mediation

Die Parteien können sich darauf verständigen, an Stelle des obligatorischen Schlichtungsversuchs eine Mediation durchzuführen. *Rechtshängigkeit* der Streitsache wird aber nur durch das *Schlichtungsgesuch* an die Schlichtungsbehörde begründet (vgl. Art. 62). Im Falle einer Mediation wird das Schlichtungsverfahren ausgesetzt. Nur die Schlichtungsbehörde ist jedoch befugt, bei Scheitern der Mediation die Klagebewilligung auszustellen (s. Art. 213; N 95). 22

4. Schlichtungsverfahren

4.1 Schlichtungsgesuch

23 Das Schlichtungsverfahren wird durch das Schlichtungsgesuch der klagenden Partei eingeleitet. Dieses kann bei der Schlichtungsbehörde *schriftlich* – in den Formen von Art. 130 – eingereicht *oder mündlich* zu Protokoll erklärt werden (Art. 202). Telefonische Anmeldungen genügen diesem Erfordernis nicht.

24 Das Schlichtungsgesuch hat folgende *Angaben* zu enthalten:

- Name, Wohnsitz oder Sitz und genaue Adresse beider Parteien;
- das Rechtsbegehren

  Beispiel: «Der Beklagte sei zu verpflichten, dem Kläger CHF 20 000.– zu bezahlen, unter Kosten- und Entschädigungsfolgen.»
- den Streitgegenstand, d.h. eine kurze Sachverhaltsschilderung, woraus sich der im Rechtsbegehren zum Ausdruck kommende Anspruch herleitet

  Beispiel: «Die Forderung stützt sich auf den Darlehensvertrag vom 27.2.2005. Das Darlehen wurde am 20.2.2010 per 30.9.2010 gekündigt und seither nicht zurückbezahlt.»

25 Die *genaue Bezeichnung der Parteien, des Rechtsbegehrens und des Streitgegenstands* ist wesentlich für die Begründung der Rechtshängigkeit.

Ein *ungenügendes Schlichtungsgesuch* ist – je nach Schwere des Mangels vorgängig schriftlich oder mündlich in der Schlichtungsverhandlung – zu *verbessern* (Art. 132).

4.2 Vorbereitung der Schlichtungsverhandlung

26 Die Schlichtungsbehörde *prüft* das *Schlichtungsgesuch* auf Vollständigkeit. Ferner prüft sie ihre *Zuständigkeit* und das Vorliegen der *Prozessvoraussetzungen* summarisch. Bei offensichtlich fehlerhafter Einleitung gibt sie der klagenden Partei Gelegenheit zur Verbesserung bzw. zum Rückzug des Gesuchs. Nötigenfalls erlässt sie einen Nichteintretensentscheid.

27 Verläuft die summarische Prüfung positiv, stellt die Schlichtungsbehörde das Schlichtungsgesuch *unverzüglich* der Gegenpartei zu und lädt die Parteien gleichzeitig zu einer *Schlichtungsverhandlung* vor (Art. 202 Abs. 3). Diese soll innert 2 Monaten stattfinden (Art. 203 Abs. 1).

28 Ein *Schriftenwechsel* findet *grundsätzlich nicht* statt. Diese Möglichkeit bleibt ausschliesslich den paritätischen Schlichtungsbehörden vorbehalten, sofern ein Urteilsvorschlag oder ein Entscheid in Frage kommt (Art. 202 Abs. 4).

Die *Vorladung* zur Schlichtungsverhandlung ist mindestens 10 Tage vor der Verhandlung zu versenden. Es gelten die allgemeinen Bestimmungen über die Vorladung und die gerichtliche Zustellung (Art. 133 ff., 136 ff.). Die Parteien sind auf die Säumnisfolgen nach Art. 206 aufmerksam zu machen (Art. 147 Abs. 3). 29

Zu beachten ist, dass die *Nichtabholung* eingeschriebener Sendungen durch die beklagte Partei in der Regel noch nicht als Zustellungsvereitelung betrachtet werden kann. Denn solange kein Prozessrechtsverhältnis besteht, muss die beklagte Partei nicht mit gerichtlichen Zustellungen rechnen. Die Vorladung ist in solchen Fällen grundsätzlich zu wiederholen. Allenfalls ist die klagende Partei aufzufordern, eine ladungsfähige Adresse der beklagten Partei zu bezeichnen, oder es sind von Amtes wegen sachdienliche Nachforschungen über deren Aufenthaltsort anzustellen. Nötigenfalls ist die Vorladung durch Publikation im Amtsblatt vorzunehmen. 30

Bei Parteien mit *ausländischem Wohnsitz* oder Sitz ist, sofern die klagende Partei nicht auf das Schlichtungsverfahren verzichtet (vgl. Art. 199 Abs. 2), die Vorladung zur Schlichtungsverhandlung auf dem Rechtshilfeweg vorzunehmen, was bei der Terminierung – ohne Rücksicht auf Art. 203 Abs. 1 – bereits zu beachten ist. 31

4.3 Schlichtungsverhandlung

4.3.1 Verfahrensgrundsätze

4.3.1.1 Formlosigkeit und Mündlichkeit

Das Verfahren vor der Schlichtungsbehörde ist *formlos und mündlich* (Art. 201 Abs. 1). Die Verhandlung dient der freien Erörterung der Streitsache und dem Führen von Vergleichsgesprächen. Die Parteien haben deshalb auch persönlich zur Schlichtungsverhandlung zu erscheinen (Art. 204 Abs. 1). 32

4.3.1.2 Nichtöffentlichkeit und Vertraulichkeit

Die Schlichtungsverhandlung ist *vertraulich* (Art. 205) und deshalb *nicht öffentlich*. Nur vor paritätischen Schlichtungsstellen kann die Verhandlung ausnahmsweise öffentlich erklärt werden, wenn ein öffentliches Interesse besteht (Art. 203 Abs. 3). 33

Die Vertraulichkeit ist Voraussetzung für die Schlichtung. Nur so ist eine möglichst grosse Offenheit der Parteien bei der Vergleichsverhandlung gewährleistet. Die Parteien müssen sich darauf verlassen können, dass ihre 34

Aussagen und Zugeständnisse im Schlichtungsverfahren *im nachfolgenden Prozess nicht* gegen sie *verwertet* werden können (Art. 205). Das Verhandlungsprotokoll ist deshalb nicht detailliert abzufassen. Der Schlichtungsbeamte kann zudem im nachfolgenden Prozess weder als Zeuge über den Inhalt der Verhandlung einvernommen werden noch kann ein allfälliges detailliertes (Hand-)Protokoll der Schlichtungsverhandlung als Urkunde beigezogen werden (Art. 166 Abs. 1 lit. c; vgl. 10 N 138 f.).

35 Zur Begründung eines Urteilsvorschlags oder eines Entscheids ist die Verwendung der Parteiaussagen und allfälliger Zugeständnisse dagegen zulässig (Art. 205 Abs. 2 i.V.m. 210, 212).

4.3.1.3 Pflicht zum persönlichen Erscheinen

36 Um ein Gespräch zwischen den Parteien zu ermöglichen, verlangt Art. 204 Abs. 1 deren *persönliches Erscheinen.* Die *Begleitung* durch einen Rechtsbeistand oder eine Vertrauensperson ist möglich. Der Rechtsbeistand muss – anders als im nachfolgenden gerichtlichen Verfahren – nicht über ein Anwaltspatent verfügen.

37 Unnötige Kosten durch verspätete Terminverschiebungsgesuche können der fehlbaren Partei auferlegt werden (Art. 108). Bei Störung des Geschäftsgangs kommt eine Disziplinierung nach Art. 128 in Betracht.

4.3.1.4 Vertretungsrecht in Ausnahmefällen

38 Keine Erscheinenspflicht trifft Parteien mit *Wohnsitz ausserhalb des Gerichtskantons* sowie Personen, die wegen *Krankheit, Alter* oder aus *anderen wichtigen Gründen* (z.B. länger dauernder Landesabwesenheit) verhindert sind (Art. 204 Abs. 3). Der Vertretungsgrund ist (z.B. durch Arztzeugnis) *glaubhaft zu machen.*

39 Als (private) *Vertretung* kann jede handlungsfähige Person bestellt werden; die berufsmässige Vertretung ist auf Anwältinnen und Anwälte sowie nach kantonalem Recht allfällig dazu befugte, patentierte Personen beschränkt. Die Vertretung hat sich durch *Vollmacht* zu legitimieren (Art. 68 Abs. 2 und 3).

40 Im *Arbeitsrechtsprozess* kann sich der Arbeitgeber bzw. der Versicherer durch eine angestellte Person und im *Mietrechtsprozess* der Vermieter durch die Liegenschaftsverwaltung vertreten lassen, wenn der jeweilige Vertreter zum Abschluss eines Vergleichs speziell bevollmächtigt ist (Art. 204 Abs. 3 lit. c).

41 Eine Partei, die nicht persönlich erscheinen muss und sich vertreten lässt, hat dies *vor dem Verhandlungstermin* nicht nur der Gegenpartei, sondern vor

allem auch der Schlichtungsbehörde *mitzuteilen* bzw. um Dispensation zu ersuchen (Art. 204 Abs. 4). Liegt nämlich kein hinreichender Vertretungsgrund vor, riskiert sie an der Schlichtungsverhandlung als säumig zu gelten (s. Art. 206). Die Schlichtungsbehörde entscheidet, ob ein Dispensationsgrund nach Art. 204 Abs. 3 gegeben ist.

4.3.2 Schlichtungsversuch

An der Verhandlung findet der eigentliche Schlichtungsversuch 42 statt. Die Schlichtungsbehörde hat die klagende Partei anzuhalten, ihr Rechtsbegehren zu begründen, und die beklagte Partei aufzufordern, dazu Stellung zu nehmen. Es soll eine *freie Aussprache der Parteien* stattfinden. Der Schlichtungsbeamte hat auf eine gütliche Einigung der Parteien hinzuwirken. Er kann die Parteien auch auf die Beweis- und Kostenrisiken des Prozesses hinweisen. Die Äusserungen im Schlichtungsverfahren sind für das gerichtliche Erkenntnisverfahren unpräjudiziell. Deshalb ist über den Ablauf der Schlichtungsverhandlung kein detailliertes, sondern nur ein *Ergebnisprotokoll* zu führen (vgl. Art. 205 Abs. 1).

Ist eine Einigung nicht möglich, so hat die Schlichtungsbehörde die Kla- 43 gebewilligung auszustellen. Darin zu bezeichnen ist das Rechtsbegehren und der Streitgegenstand nach den Angaben der klagenden Partei im Schlichtungsgesuch und allfälligen Konkretisierungen an der Verhandlung. Bei unbestimmtem Streitwert sind die Parteien anzuhalten, diesen zu beziffern (vgl. Art. 91 Abs. 2).

Das Verhandeln zur Sache in der Schlichtungsverhandlung stellt *keine* 44 *Einlassung* dar, solange die klagende Partei nicht nach Art. 212 einen Entscheid verlangt. Die beklagte Partei kann daher vor Gericht immer noch die Unzuständigkeitseinrede erheben.

Eine *zweite Schlichtungsverhandlung* macht nur selten Sinn. Mit Zu- 45 stimmung beider Parteien können jedoch weitere Schlichtungsverhandlungen durchgeführt werden. Die Schlichtungsbehörde kann auch mit der Ausstellung der Klagebewilligung zuwarten, um den Parteien *Bedenkfrist* für einen Vergleichsvorschlag oder die Möglichkeit zu Vergleichsverhandlungen einzuräumen. Spätestens *nach einem Jahr* ist das Schlichtungsverfahren aber abzuschliessen (Art. 203 Abs. 4).

4.3.3 Beweiserhebung

Wesentliche *Urkunden* haben die Parteien nach Treu und Glauben 46 und entsprechend dem Zweck des Schlichtungsverfahrens der Schlichtungsbehörde vorzulegen. Die Behörde kann die Parteien auffordern, weitere

Urkunden einzureichen. Zudem kann sie einen *Augenschein* vornehmen (Art. 203 Abs. 2).

47 Ein eigentliches *Beweisverfahren* soll an der Schlichtungsverhandlung hingegen *nicht* stattfinden. Die Beweisabnahme bleibt grundsätzlich dem gerichtlichen Verfahren vorbehalten.

48 Wenn jedoch ein *Urteilsvorschlag* oder *Entscheid* zur Diskussion steht, kommt – im Interesse der materiellen Richtigkeit – die Abnahme einzelner weiterer Beweismittel, z.B. einer Zeugenaussage, in Betracht. Diese erweiterten Möglichkeiten sind vor allem für die *paritätischen Schlichtungsbehörden* gedacht (Art. 200; s. N 9 f.). Grundsätzlich ist mit Beweiserhebungen jedoch *grösste Zurückhaltung* geboten, da das Schlichtungsverfahren formlos und einfach bleiben soll (Botschaft, 7331).

4.4 Abschluss des Schlichtungsverfahrens

4.4.1 Einigung

49 Die Einigung ist der erfolgreiche Abschluss des Schlichtungsverfahrens. Kommt es zu einem *Vergleich,* einer *Anerkennung* oder einem *vorbehaltlosen Rückzug* der Klage vor der Schlichtungsbehörde, so ist der Vergleich oder die Abstandserklärung im Wortlaut zu Protokoll zu nehmen (Art. 208). Auch die Kostenverteilung sollte darin geregelt werden. Ein Vergleich ist von beiden Parteien zu unterzeichnen, bei Klageanerkennung und Klagerückzug unter entsprechender Kostenfolge genügt die Unterschrift der erklärenden Partei.

50 Die klagende Partei kann in diesem Verfahrensstadium ihre Klage dagegen auch jederzeit ohne Anspruchsverlust zurückziehen, um sie später wieder einzubringen (vgl. Art. 65). Bei einem Rückzug ist deshalb genau festzuhalten, ob nur das Schlichtungsgesuch (ohne Abstandsfolge) oder ob die Klage (vorbehaltlos unter Verzicht auf den materiellen Anspruch) zurückgezogen wird.

51 Vergleich, Klageanerkennung und vorbehaltloser Klagerückzug haben die *Wirkung eines rechtskräftigen gerichtlichen Urteils,* d.h. sie sind wie Urteile vollstreckbar. Deshalb ist jeder Partei ein Protokollauszug auszuhändigen (Art. 208).

4.4.2 Klagebewilligung

52 Kommt keine Einigung zu Stande, so hat die Schlichtungsbehörde die *Klagebewilligung* auszustellen. Diese Urkunde bescheinigt der kla-

genden Partei die erfolglose Durchführung des Schlichtungsverfahrens und erlaubt ihr die Einleitung des Prozesses beim Gericht.

Die Klagebewilligung hat die in Art. 209 Abs. 2 aufgeführten Angaben zu enthalten: 53

- Namen und Adressen der Parteien sowie ihrer Vertretung,
- das Rechtsbegehren und den Streitgegenstand,
- eine allfällige Widerklage,
- Datum der Einleitung des Schlichtungsverfahrens (d.h. Postaufgabe des Schlichtungsgesuchs),
- Verfügung über die Kosten (d.h. Höhe und einstweiliger Träger der Kosten),
- Datum und Unterschrift.

Die Klagebewilligung hat nur eine *beschränkte zeitliche Gültigkeit* von grundsätzlich 3 Monaten. Ist jedoch eine bundesrechtliche Klagefrist kürzer, so ist diese kürzere Frist auch für die Weiterführung des Prozesses beim Gericht massgebend (Art. 209 Abs. 4 Satz 2; z.B. Art. 279 Abs. 2 SchKG: 10 Tage für die Arrestprosequierungsklage). Für die Wahrung gesetzlicher Klagefristen ist dies insofern von Bedeutung, als solche Klagen nach Ablauf der Klagebewilligung unwiderruflich verwirkt sind (s. N 74 und 9 N 153 ff.). 54

In *Mietstreitigkeiten* vor der paritätischen Schlichtungsbehörde ist die *Klagebewilligung stets dem Vermieter* auszustellen, welcher innert *30 Tagen* Klage beim zuständigen (Miet-)Gericht zu erheben hat (Art. 209 Abs. 1 lit. a und Abs. 4). 55

4.4.3 Urteilsvorschlag

Der Urteilsvorschlag nimmt eine *Mittelstellung* zwischen einem behördlichen Vergleichsvorschlag und einem Entscheid ein. Er entfaltet die gleichen Wirkungen wie ein gerichtlicher Vergleich unter Widerrufsvorbehalt, d.h. mit Widerrufsrecht der Parteien. Vergleichbar ist er auch mit einem Strafbefehl im Strafprozess. Bleiben beide Parteien passiv, wird der Urteilsvorschlag zum rechtskräftigen und vollstreckbaren Entscheid. Jeder Partei steht es aber frei, den Urteilsvorschlag ohne Angabe von Gründen abzulehnen und damit die Fortsetzung des Verfahrens zu bewirken. 56

Schon das *bisherige Recht* sah in bestimmten *Streitigkeiten aus Miete und Pacht* vor, dass die Schlichtungsbehörde einen sog. Entscheid fällen konnte, der im Grunde genommen ein Urteilsvorschlag war (aArt. 274a lit. c i.V.m. 274f OR). 57

Gemäss Art. 210 ist der Urteilsvorschlag jedoch als *freie Wahlmöglichkeit* der Behörde ausgestaltet und gilt neu für *alle Schlichtungsbehörden*. Ein Urteilsvorschlag ist zulässig: 58

- auf dem Gebiet des *Gleichstellungsrechts* unbeschränkt (lit. a),
- im *Miet- und Pachtrecht* im bisherigen, beschränkten Rahmen (lit. b),
- in allen *vermögensrechtlichen Streitigkeiten* bis zu einem Streitwert von CHF 5000.– (lit. c), d.h. auch solchen des Miet- und Pachtrechts.

59 Ein Urteilsvorschlag eignet sich v.a., wenn in *spruchreifen Fällen* eine Einigung gleichwohl nicht erzielt werden konnte. Der Urteilsvorschlag ist wie ein gerichtlicher Entscheid abzufassen und zu eröffnen (Art. 210 Abs. 2 i.V.m. 238). Er muss aber nach der Konzeption des Gesetzes *nicht begründet* werden, und zwar selbst dann nicht, wenn die Parteien dies verlangen (Botschaft, 7334). Dennoch ist u.E. eine kurze mündliche oder schriftliche Begründung mit Blick auf das rechtliche Gehör und die Akzeptanz des Urteilsvorschlags bei den Parteien geboten. Die Parteien sind zudem auf die Möglichkeit, den Urteilsvorschlag durch einseitige Parteierklärung abzulehnen, sowie die Folgen der Rechtskraft bei Nichtablehnung hinzuweisen (Art. 211 Abs. 4).

60 Zur *Ablehnung* des Urteilsvorschlags genügt die schriftliche Erklärung einer Partei. Diese ist der Schlichtungsbehörde *innert 20 Tagen ab Erhalt* des schriftlichen Entscheids einzureichen. Eine Begründung ist nicht erforderlich (Art. 211). Die Ablehnungserklärung einer Partei hat die Erteilung der *Klagebewilligung* zur Folge. Diese ist immer der klagenden Partei zu erteilen, unabhängig davon, welche Partei den Urteilsvorschlag abgelehnt hat.

61 Nur in den *Mietrechtsstreitigkeiten* nach Art. 210 Abs. 1 lit. b (Hinterlegung, missbräuchliche Miet- und Pachtzinsen, Kündigungsschutz und Erstreckung) stellt die paritätische Schlichtungsbehörde die *Klagebewilligung der ablehnenden Partei* zu, was zu einem Wechsel der Parteirollen führen kann (Art. 211 Abs. 2). Wenn diese Partei jedoch nicht rechtzeitig innert der Verwirkungsfrist beim Gericht klagt, wird der Urteilsvorschlag rechtskräftig (Art. 211 Abs. 3).

62 Die einfache Ablehnungsmöglichkeit ist der Ausgleich dafür, dass der Urteilsvorschlag nicht aufgrund eines eigentlichen Erkenntnisverfahrens erlassen wurde. Ausserdem bleibt den Parteien der volle gerichtliche Instanzenzug gewahrt (Botschaft, 7334).

4.4.4 Entscheid

63 In vermögensrechtlichen Streitigkeiten mit einem Streitwert bis maximal CHF 2000.– (sog. *Bagatellstreitigkeiten*) hat die Schlichtungsbehörde eine *Entscheidkompetenz, sofern* die klagende Partei einen entsprechenden *Antrag* stellt (Art. 212). Ohne solchen Antrag darf die Schlichtungsbehörde nicht entscheiden, sondern hat entweder die Klagebewilligung zu erteilen oder bloss einen Urteilsvorschlag zu erlassen.

Solange die klagende Partei keinen Antrag auf Entscheid gestellt hat, kann sie ihr Schlichtungsgesuch gefahrlos zurückziehen; danach bewirkt ein *Rückzug* Abstandsfolge (Art. 65). Darauf hat die Schlichtungsbehörde hinzuweisen (Botschaft, 7334). 64

Der Antrag der klagenden Partei zwingt die Schlichtungsbehörde nicht zu einem Entscheid, sie *kann* lediglich entscheiden (Kann-Vorschrift). Ein Entscheid kommt v.a in Betracht, wenn der Fall bereits am (ersten) Verhandlungstermin *spruchreif* ist. Aufwändige Beweisverfahren über mehrere Termine gehören nicht vor die Schlichtungsbehörde, zumal das Verfahren rein mündlich ist (Botschaft, 7334). 65

Der Entscheid der Schlichtungsbehörde unterliegt der *Beschwerde* (Art. 319 ff.). 66

4.5 Kosten

Die Kosten des Schlichtungsverfahrens trägt im Falle des Rückzugs des Gesuchs, der Säumnis und der Klagebewilligung *die klagende Partei*. Sie kann die Kosten der Klagebewilligung aber mit der Klage wieder geltend machen (Art. 207). 67

Im Falle eines *Urteilsvorschlags* oder eines *Entscheids* regelt die Schlichtungsbehörde auch die Verteilung der Schlichtungskosten. 68

Parteientschädigungen werden im Schlichtungsverfahren *keine* zugesprochen (Art. 113 Abs. 1). 69

In *kostenlosen Verfahren* können – ausser in Fällen von Mutwilligkeit – auch für das Schlichtungsverfahren keine Kosten erhoben werden (Art. 113 ff.). 70

4.6 Säumnisverfahren

Erscheint die *klagende Partei* ungerechtfertigt nicht zur Verhandlung, gilt das Schlichtungsgesuch als zurückgezogen. Die Schlichtungsbehörde hat das Verfahren als erledigt abzuschreiben. Dasselbe gilt, wenn *beide Parteien* säumig sind (Art. 203 Abs. 1 und 3). Die Kosten des Schlichtungsverfahrens sind der klagenden Partei aufzuerlegen (Art. 207 Abs. 1 lit. b). 71

Bei Säumnis der *beklagten Partei* hat die Schlichtungsbehörde wie bei Nichteinigung zu verfahren. Das heisst, sie stellt die Klagebewilligung aus und auferlegt die Kosten der klagenden Partei. Sie kann aber auch einen Urteilsvorschlag oder, falls beantragt, einen Entscheid erlassen und entscheidet dann ausgangsgemäss auch über die Kostenfolgen (Art. 203 Abs. 2). 72

5. Wirkungen des Schlichtungsgesuchs

5.1 Unterbrechung der Verjährung

73 Das Schlichtungsgesuch unterbricht die Verjährung (Art. 135 Ziff. 2 OR). Es genügt die Postaufgabe des Schlichtungsgesuchs durch die klagende Partei (BGE *65* II 166). Die Verjährung beginnt von neuem zu laufen, wenn der Rechtsstreit vor der befassten Instanz abgeschlossen ist (Art. 138 Abs. 1 OR).

5.2 Rechtshängigkeit

74 Das Schlichtungsgesuch bewirkt die Rechtshängigkeit des Streitgegenstands (Art. 62; 7 N 111). Dies ist eine wesentliche Neuerung gegenüber vielen kantonalen Prozessordnungen. Durch die Postaufgabe des Schlichtungsgesuchs werden auch *gesetzliche Klagefristen* (z.B. Art. 75, 521, 533 ZGB; Art. 273 Abs. 1–3 OR i.V.m. Art. 209 Abs. 4 ZPO; Art. 706a Abs. 1 OR; Art. 279 Abs. 2 SchKG) eingehalten (s. 9 N 153 ff.).

75 Für die Frage der zeitlichen Priorität verschiedener identischer oder zusammenhängender Klagen *im internationalen Verhältnis* ist für die Rechtshängigkeit in der Schweiz ebenfalls auf die Einreichung des Schlichtungsgesuchs abzustellen (Art. 9 Abs. 2 IPRG). Im Anwendungsbereich des LugÜ II wird der Eintritt der Rechtshängigkeit vertragsautonom definiert (Art. 30 LugÜ II). Massgebend ist der Zeitpunkt, zu dem das verfahrenseinleitende Schriftstück *beim Gericht* eingereicht wurde. Auch diese Umschreibung wird mit Einreichung des Schlichtungsgesuchs erfüllt, wenn anschliessend innert Frist Klage erhoben wird (s. 7 N 134 f.).

§ 49 Mediation

1. Begriff und Wesen

Die Mediation ist ein *aussergerichtliches Streitschlichtungsverfahren,* welches den Regeln des Privatrechts unterliegt. Sie dient der Beilegung von Streitigkeiten in allen möglichen Rechtsbereichen (Zivilrecht, Verwaltungsrecht, Strafrecht) und kann grundsätzlich unabhängig von einem Gerichtsverfahren jederzeit durchgeführt werden. Sowohl national wie auch international hat dieses Institut in den vergangenen Jahren zunehmend an Bedeutung gewonnen (s. N 3; vgl. Botschaft, 7335). Überall dort, wo die Parteien weiterhin miteinander leben oder arbeiten müssen, hat die Mediation ihre typischen Anwendungsfelder, so z.B. in Familie und Wirtschaft. 76

Mediation bedeutet im Wesentlichen Vermittlung durch eine *neutrale und unabhängige Drittperson.* Die Mediation ist *freiwillig* und *vertraulich.* Zwischen den Parteien und dem Mediator bzw. der Mediatorin besteht ein *vertragliches Verhältnis,* welches den Regeln des Auftragsrechts (Art. 394 ff. OR) folgt. 77

Ziel der Mediation ist es, dass die Streitparteien ihren Streit gütlich beilegen. Dies geschieht dadurch, dass sie in mehreren vom Mediator oder der Mediatorin moderierten Sitzungen ihre gegenseitigen Interessen und Positionen reflektieren und *selbst eine Lösung erarbeiten,* diese in einer Vereinbarung verbindlich festhalten und nötigenfalls für die Zukunft Verhaltensregeln zur Streitvermeidung definieren. Die Aufgabe des Mediators oder der Mediatorin besteht darin, die Gespräche der Parteien zu moderieren, nicht eine Lösung vorzuschlagen. Lässt sich der Streit der Parteien nicht lösen oder sind sie nicht mediationsfähig, ist die Mediation *gescheitert.* 78

Der Mediator oder die Mediatorin hat nur *Vermittlungsfunktion.* Insofern ist die Mediation *mit der behördlichen Schlichtung verwandt.* Während der behördliche Schlichtungsversuch jedoch aus einer formlosen mündlichen Einigungsverhandlung besteht, ist die Mediation stärker strukturiert und benötigt stets mehrere Sitzungen. Sie kann dafür – im günstigen Fall – eine nachhaltige Lösung für die Zukunft bieten, welche über den konkreten Rechtsstreit hinausreicht. 79

Den Mediatoren und Mediatorinnen kommen *keinerlei Entscheidbefugnisse* zu. Die fehlende Möglichkeit zur autoritativen Streitbeilegung unterscheidet die Mediation deutlich vom gerichtlichen Verfahren und von der Schiedsgerichtsbarkeit. 80

2. Mediator und Mediatorin

81 «Mediator» bzw. «Mediatorin» ist keine geschützte Berufsbezeichnung. Jeder und jede kann sich «Mediator» bzw. «Mediatorin» nennen. Zwar bestehen anerkannte Ausbildungsgänge, die mit einem entsprechenden Titel abgeschlossen werden können (so z.B. «Mediator/Mediatorin SAV», verliehen vom Schweizerischen Anwaltsverband, «Mediator/Mediatorin SDM-FSM», verliehen vom Schweizerischen Dachverband für Mediation, oder «Mediator/Mediatorin SKWM», verliehen von der Schweizerischen Kammer für Wirtschaftsmediation; Botschaft, 7335). Doch ist eine entsprechende Qualifikation nicht Voraussetzung für eine Mediation i.S.v. Art. 213 ff.

82 Da das Gesetz – bedauerlicherweise – keine fachlichen Voraussetzungen verlangt, kommen nicht nur qualifizierte Vermittlerinnen und Vermittler, sondern auch alle anderen unabhängigen Vertrauenspersonen der Parteien für eine «Mediation» in Betracht (vgl. Botschaft, 7335 f.). Die gesetzlichen Wirkungen der Mediation (s. Art. 213 f., 216 f.) treten daher bei selbsternannten «Mediatoren» bzw. «Mediatorinnen» in gleicher Weise ein wie bei fachlich ausgewiesenen Personen.

83 Einziges begriffswesentliches Merkmal eines Mediators bzw. einer Mediatorin ist, dass sie *von den Parteien unabhängig* sein müssen. Eine Vermittlung zwischen den Streitparteien setzt Neutralität und Unparteilichkeit des Vermittlers bzw. der Vermittlerin voraus. Das bedeutet wohl auch, dass keine der Parteien einen bestimmenden Einfluss auf die Wahl des Mediators oder der Mediatorin haben darf. Der Mediator oder die Mediatorin schliesst den Mediationsvertrag mit beiden Parteien gemeinsam ab und ist beiden Parteien gegenüber in gleicher Weise verpflichtet. Parteilichkeit bedeutet Schlechterfüllung des Vertrages und hat entsprechende Folgen für die Entschädigung des Mediators bzw. der Mediatorin.

3. Organisation und Durchführung der Mediation

84 Die Mediation ist eine *privatrechtliche Angelegenheit* sowohl unter den Parteien als auch zwischen ihnen und dem Mediator bzw. der Mediatorin. Weder die Schlichtungsbehörde noch das Gericht haben sich um die Organisation und Durchführung der Mediation zu kümmern. Eine Ausnahme besteht lediglich in den der Offizialmaxime unterliegenden Kinderbelangen (s. Art. 297). Die Mediation ist vom Gericht völlig unabhängig (Art. 215, 216 Abs. 1). Die Behörden können Interessierte aber sachdienlich, z.B. durch Merkblätter, informieren.

Der Mediator oder die Mediatorin wird *nicht gerichtlich eingesetzt,* weshalb das Gericht auch keine Verantwortung für die fachlichen Anforderungen und die Unabhängigkeit der Mediatoren und Mediatorinnen zu tragen hat. Vielmehr obliegt es den Parteien selbst, sich auf eine solche Person sowie auf das Prozedere zu einigen und mit dieser Person einen entsprechenden Mediationsvertrag abzuschliessen. 85

Zu unterscheiden ist der *Mediationsvertrag,* d.h. der Vertrag, den die Parteien gemeinsam mit dem von ihnen gewählten Mediator abschliessen, von der Vereinbarung zwischen den Parteien, worin sie sich einigen, eine Mediation durchzuführen (*Mediationsabrede*). Zwar können Mediationsabrede und Mediationsvertrag zusammenfallen. Die Parteien eines Vertrages können aber im Hinblick auf allfällige künftige oder bereits bestehende Streitigkeiten auch – bereits bei Vertragsabschluss oder jederzeit später – vereinbaren, vor einem Prozess zuerst den mediativen Weg zu beschreiten. Das Gericht oder die Schlichtungsbehörde sind an solche Absprachen aber nicht gebunden, sondern haben ihr Verfahren durchzuführen, wenn sie von einer Partei angerufen werden. Es gibt keine Einrede der Mediation. Eine Mediation setzt stets das aktuelle Einverständnis beider Parteien voraus. 86

Der privaten Organisationsautonomie entspricht es auch, dass grundsätzlich allein die Parteien für die *Kosten* der Mediation aufzukommen haben (vgl. Art. 218; Botschaft, 7336 f.). 87

4. Verhältnis der Mediation zum gerichtlichen Verfahren

4.1 Allgemeines

Die ZPO regelt das Verfahren der Mediation sowie die fachlichen und persönlichen Anforderungen an den Mediator oder die Mediatorin nicht, sondern überlässt dies dem Privatrecht und einzelnen Verbandsrichtlinien, z.B. des SAV (s. N 81 f.). Es wird lediglich das Verhältnis der Mediation zum gerichtlichen Verfahren geregelt (Art. 213 ff.). 88

Die Mediation kann im Zusammenhang mit einem Zivilprozess in zweifacher Hinsicht in Erscheinung treten, als Alternative zum Schlichtungsversuch (Art. 213) oder als Zwischenverfahren im Rahmen eines bereits laufenden Prozesses vor erster oder zweiter Instanz (Art. 214; vgl. Botschaft, 7336). 89

Aufgrund ihrer privatrechtlichen Ausgestaltung ist die Mediation *vom gerichtlichen Verfahren unabhängig* (Art. 216 Abs. 1). Weder das Gericht noch die Schlichtungsbehörde haben ein Weisungsrecht. Die Mediatoren 90 und Mediatorinnen sind weder der Schlichtungsbehörde noch dem Gericht, sondern nur den Parteien rechenschaftspflichtig. Wer in einer Sache bereits als Vermittler oder Vermittlerin tätig war, darf später zudem nicht als Gerichtsperson mitwirken (Art. 47 Abs. 1 lit. b; Botschaft, 7337).

91 Ebenfalls ausgeschlossen ist umgekehrt, dass ein nebenamtlicher Schlichtungsbeamter oder Richter die von ihm behandelten Fälle als Mediator weiterbearbeitet und bei Scheitern der Mediation wieder sich bzw. seiner Behörde überlässt. Dies ist weder mit einer unabhängigen Justiz noch mit einer unabhängigen Mediation vereinbar.

92 Die Mediation muss – wie das Schlichtungsverfahren – *Vertraulichkeit* gewährleisten. Nur so ist eine erfolgversprechende Vermittlung überhaupt möglich (Art. 216 Abs. 1; s. N 34). Das Gesetz respektiert die Vertraulichkeit der Mediation, indem Äusserungen der Parteien *ohne ihre Einwilligung* in einem späteren Gerichtsverfahren *nicht verwertet* werden dürfen (Art. 216 Abs. 2). Entsprechend haben Mediatorinnen und Mediatoren ein beschränktes Verweigerungsrecht (Art. 166 Abs. 1 lit. d). Weder deren Einvernahme als Zeuge zum Inhalt der Mediation noch ein Beizug von Gesprächsprotokollen ist gegen den Willen einer Partei zulässig.

4.2 Mediation und Schlichtungsverfahren

93 Die *Mediation* ist eine Alternative zum Schlichtungsversuch (Art. 213 Abs. 1). Die Mediation allein begründet *keine Rechtshängigkeit* und wahrt bzw. unterbricht allfällige Verjährungs- und Verwirkungsfristen nicht. Dies wird nur durch die Einreichung eines Schlichtungsgesuchs bei der Schlichtungsbehörde erreicht (Art. 62). Um die Rechtshängigkeit der Sache zu begründen, müssen die Parteien deshalb ein *Schlichtungsgesuch* einreichen und gemeinsam eine Mediation beantragen. Sie können den Mediationsantrag bereits im Schlichtungsgesuch oder erst an der Schlichtungsverhandlung stellen (Art. 213 Abs. 2). Wird er im Schlichtungsgesuch gestellt, findet keine Schlichtungsverhandlung statt. Die Parteien können ohne Weiteres die Vermittlung organisieren.

94 Da das Verfahren weiterhin bei der Schlichtungsbehörde rechtshängig ist, haben die Parteien diese über das *Ergebnis der Mediation* in jedem Fall zu informieren. War die Mediation *erfolgreich,* kann die Schlichtungsbehörde das Verfahren als gegenstandslos abschreiben. Verlangen beide Parteien die Genehmigung der Vereinbarung, entscheidet die Schlichtungsbehörde darüber (Art. 217; s. N 98 ff.).

95 Die Mediation ist *gescheitert,* wenn sich die Sache und/oder die Parteien als nicht mediationsfähig erweisen oder eine Partei *einseitig* auf die Fortsetzung der Mediation *verzichtet,* was sie jederzeit kann. Nach entsprechender

Mitteilung an die Schlichtungsbehörde stellt diese der klagenden Partei – wie nach einem gescheiterten Schlichtungsversuch – die *Klagebewilligung* aus (Art. 213 Abs. 3 i.V.m. 209). Ein Urteilsvorschlag oder gar ein Entscheid kommt nach gescheiterter Mediation in der Regel nicht in Betracht (Botschaft, 7336). Wurde jedoch bereits eine Schlichtungsverhandlung durchgeführt und ist der Fall spruchreif, so ist dies nicht ausgeschlossen (ebenso STAEHELIN/STAEHELIN/GROLIMUND, § 20 N 53).

4.3 Sistierung des gerichtlichen Verfahrens

Auch nach Einreichung der Klage beim Geicht bleibt eine Media- 96
tion jederzeit möglich, sei es auf Empfehlung des Gerichts oder auf gemeinsamen Antrag der Parteien (Art. 214 Abs. 1 und 2). Das gerichtliche Verfahren ist bis zur ordentlichen Beendigung oder zum einseitigen Abbruch der Mediation zu sistieren (Art. 214 Abs. 3).

Ob *vorsorgliche Massnahmen* trotz Sistierung angeordnet werden können 97
oder dem Zweck der Mediation zuwiderlaufen, hat das Gericht im Einzelfall zu entscheiden. Sicherungsmassnahmen bleiben aber trotz Sistierung möglich (ungenau Botschaft, 7336).

4.4 Genehmigung der Vereinbarung

Den Parteien steht es frei, das Ergebnis der Mediation gerichtlich 98
genehmigen zu lassen (Art. 217). Je nach dem, ob die einvernehmliche Lösung im Rahmen des Schlichtungs- oder des Erkenntnisverfahrens erzielt wurde, ist entweder die *Schlichtungsbehörde* oder das *Gericht* Genehmigungsinstanz.

Der *Genehmigungsantrag* ist von den Parteien *gemeinsam* zu stellen. Sie 99
können diesen Antrag auch bereits in die in der Mediation getroffene Vereinbarung aufnehmen. Ein einseitiger Antrag nur einer Partei genügt nicht.

Nach welchen *Kriterien* die *Genehmigung* auszusprechen ist, sagt das 100
Gesetz nicht. Gerichtlich genehmigt werden kann jedoch nur, was im weitesten Sinn unter den mit dem Schlichtungsgesuch definierten Streitgegenstand fällt und *vollstreckbar* ist. Blosse nicht justiziable Absichtserklärungen ohne Sanktionsfolgen, Entschuldigungen, Auslegungen und dgl. können nicht gerichtlich genehmigt werden.

Die Genehmigungsinstanz hat sich auf eine *formelle Prüfung* zu be- 101
schränken. Sie hat lediglich zu prüfen, ob die mit der Vereinbarung geregelten Ansprüche der freien Disposition der Parteien unterliegen, ob die Ver-

einbarung *klar* und widerspruchsfrei ist und nicht gegen *zwingendes Recht* verstösst. Diese beschränkte Überprüfung entspricht der Dispositionsmaxime (Art. 58 Abs. 1). Eine Prüfung auf nicht offensichtliche Unangemessenheit hat die Genehmigungsinstanz – entgegen der Botschaft (S. 7337) – nicht vorzunehmen (STAEHELIN/STAEHELIN/GROLIMUND, § 20 N 55). Lediglich in familienrechtlichen Verfahren mit Untersuchungs- und Offizialmaxime muss – namentlich zugunsten des Kindeswohls – eine weiter gehende Prüfung auf Angemessenheit stattfinden (s. N 370 f., 375).

102 Wenn die Vereinbarung *nicht genehmigt* werden kann, hat die Schlichtungsbehörde die Klagebewilligung zu erteilen bzw. das Gericht das Verfahren fortzusetzen. Es kann den Parteien aber auch eine Frist zur *Nachbesserung* der Vereinbarung einräumen. Ausserdem steht es der klagenden Partei in einem frühen Prozessstadium auch frei, die Klage ohne Abstandsfolge zurückzuziehen (Art. 65).

103 Mit dem *Genehmigungsentscheid* hat die Schlichtungsbehörde oder das Gericht gleichzeitig das Verfahren als erledigt abzuschreiben und die Verfahrenskosten zu verlegen.

104 Die Genehmigung der Vereinbarung bewirkt, dass sie *wie ein gerichtliches Urteil vollstreckbar* ist, d.h. einen definitiven und nicht nur provisorischen Rechtsöffnungstitel darstellt. Zugleich schafft sie im Rahmen der Vereinbarung eine *res iudicata.*

4.5 Kosten der Mediation

105 Die Kosten der Mediation tragen die Parteien grundsätzlich selbst (Art. 218 Abs. 1). Dies entspricht dem privatrechtlichen Mediationsverhältnis (Art. 215). Die Verteilung der Kosten unter den Parteien unterliegt ihrer Parteiautonomie. Dem gemeinsamen Vertrag der Parteien mit dem Mediator bzw. der Mediatorin entspricht in der Regel die hälftige Teilung der Mediationskosten, doch ist auch eine Kostenübernahme durch die stärker interessierte oder wirtschaftlich stärkere Partei denkbar.

106 Einen allgemeinen Anspruch auf *unentgeltliche Mediation* gibt es nicht. Eine Ausnahme besteht in *kindesrechtlichen Angelegenheiten* nicht vermögensrechtlicher Natur, z.B. Streitigkeiten über das Besuchsrecht oder über die Zuteilung der elterlichen Sorge. In solchen Verfahren ist eine unentgeltliche Mediation zu bewilligen, wenn die folgenden zwei Voraussetzungen kumulativ erfüllt sind (s. Art. 218 Abs. 2):

- *Mittellosigkeit* der Parteien: Diese Voraussetzung entspricht derjenigen bei der unentgeltlichen Rechtspflege (lit. a; vgl. auch Art. 117 lit. a); und

– *gerichtliche Empfehlung* einer Mediation (lit. b): Dies wird das Gericht nur tun, wenn es im konkreten Fall eine Mediation für geeignet hält, eine nachhaltige Lösung zu erzielen.

Wie bei der unentgeltlichen Rechtspflege ist die Kostenbefreiung nicht endgültig, sondern steht unter dem Nachforderungsvorbehalt des Kantons (Art. 123). Der (bundesrechtliche) Anspruch auf unentgeltliche Mediation versteht sich als gesetzliches Minimum (Art. 218 Abs. 3). Die Kantone sind frei, weitere Kostenerleichterungen zu gewähren. 107

§ 50 Ordentliches Verfahren

1. Begriff

Das ordentliche Verfahren ist der *Grundtyp des gerichtlichen Verfahrens vor erster Instanz.* Seine Bestimmungen gelangen deshalb sinngemäss auch in allen anderen Verfahrensarten sowie im Rechtsmittelverfahren zur Anwendung, soweit das Gesetz nichts anderes bestimmt (Art. 219). 108

Das ordentliche Verfahren *beginnt* mit der *Einreichung der Klage beim Gericht* (Art. 220). Es schliesst sich grundsätzlich an das Schlichtungsverfahren an. Vorbehalten bleibt die direkte Klageeinleitung, wenn die Voraussetzungen von Art. 198 f. erfüllt sind. 109

2. Anwendungsbereich

Das ordentliche Verfahren kommt immer dann zur Anwendung, wenn das Gesetz *keine andere Verfahrensart* (vereinfachtes Verfahren, summarisches Verfahren, familienrechtliches Verfahren) vorsieht. Es findet daher v.a. in *vermögensrechtlichen Prozessen* mit einem Streitwert von über CHF 30 000.– Anwendung, z.B. bei entsprechenden Forderungsprozessen, sachen- und erbrechtlichen Prozessen. Auch *SchKG-Klagen* mit einem Streitwert über CHF 30 000.– werden gemäss der ZPO im ordentlichen Verfahren durchgeführt (allerdings ohne Schlichtungsverfahren, Art. 198 lit. e), soweit nicht das summarische Verfahren (Art. 251) anwendbar ist. 110

Bisher wurden betreibungsrechtliche Streitigkeiten mit Reflexwirkung auf das materielle Recht (z.B. Feststellungs-, Widerspruchs- Anschluss-, Lastenbereinigungs-, Aussonderungs-, Kollokationsklagen; Art. 85a Abs. 4, 109 Abs. 4, 111 Abs. 5, 140 Abs. 2, 148, 156 Abs. 1, 157, 242 Abs. 2, 250, 265a Abs. 4, 284 SchKG) in vielen Kantonen streitwertunabhängig im beschleunigten Verfahren behandelt (vgl. aArt. 25 SchKG, der mit der ZPO 111 aufgehoben wird). Nach der ZPO finden solche Klagen neu im ordentlichen Verfahren statt, sobald der Streitwert CHF 30 000.– übersteigt. Dies erscheint wenig sachgerecht und verzögert die Zwangsvollstreckung (d.h. das Pfändungs-, Pfandverwertungs- oder Konkursverfahren) in ungerechtfertigter Weise. Es ist zu hoffen, dass die Gerichte im Rahmen ihrer Prozessleitungsbefugnisse diese Verfahren auch künftig möglichst «beschleunigt» behandeln (vgl. Art. 124 Abs. 1).

3. Elemente des Verfahrens

3.1 Allgemeines

112 Jedes gerichtliche Verfahren weist eine Reihe von *Verfahrensabschnitten* (Phasen) auf, die sich aus der Natur des Prozesses ergeben, jedoch je nach Verfahrensart unterschiedlich ausgestaltet sein können. Jeder Prozess beginnt mit der *Behauptungsphase*, wo die Parteien dem Gericht den rechtswesentlichen Sachverhalt vortragen. Daran schliesst sich – wenn nötig – die *Beweisphase* an, worauf das Gericht entscheidet (*Entscheidphase*). Diese Verfahrensabschnitte können je nach Verfahrensart *schriftlich oder mündlich* sowie *mittelbar oder unmittelbar* ausgestaltet sein.

113 Das ordentliche Verfahren ist ein grundsätzlich *gemischt* schriftliches und mündliches Verfahren. Für den ersten Teil der *Behauptungsphase* (Klagebegründung und Klageantwort) gilt *Schriftlichkeit.* Dieser wird ergänzt durch eine (fakultative) *mündliche* Vorbereitungsverhandlung (Instruktionsverhandlung) oder direkt die mündliche Hauptverhandlung.

114 *Rein schriftlich* kann die Behauptungsphase gestaltet werden, wenn für Replik und Duplik das schriftliche Verfahren angeordnet wird (Art. 225) und auf eine Instruktionsverhandlung verzichtet wird. Rein mündlich kann die Behauptungsphase dagegen nur im vereinfachten Verfahren (Art. 244 f.) oder im summarischen Verfahren (Art. 252 f.) sein, nicht dagegen im ordentlichen Verfahren.

115 Die Hauptverhandlung dient v.a. der Beweisphase, kann aber auch noch Elemente der Behauptungsphase (s. Art. 229) umfassen.

3.2 Behauptungsphase

3.2.1 Schriftenwechsel

Im ordentlichen Verfahren gilt die *Verhandlungsmaxime* (Art. 55 Abs. 1). Die Parteien müssen das Gericht zunächst über die tatsächlichen Geschehnisse, die Grundlage des Rechtsstreites bilden, ins Bild setzen. 116

Das ordentliche Verfahren wird durch *schriftliche Klage* eingeleitet (Art. 220 f.; s. 7 N 51 ff.). Anschliessend erhält die beklagte Partei Gelegenheit zur *Klageantwort und allfälligen Widerklage.* Letztere ist der klagenden Partei zur Widerklageantwort zuzustellen. Eine Wider-Widerklage ist indessen ausgeschlossen. Die klagende Partei muss ihre Ansprüche bereits mit der Klage erheben (Art. 224). 117

Die Parteien haben in dieser Phase ihrer *Behauptungslast* (7 N 90 ff.) zu genügen. Sie haben die für den Entscheid über das Rechtsbegehren notwendigen Tatsachen vorzutragen, und zwar sowohl hinsichtlich der Zulässigkeit der Klage (Prozessvoraussetzungen) als auch hinsichtlich der materiellen Anspruchsbegründung. Gleichzeitig haben sie bereits in dieser Phase die *Beweismittel* zu bezeichnen und Urkunden einzureichen (10 N 297). Die beantragten Beweismittel sind dabei den jeweiligen Behauptungen zuzuordnen (vgl. Art. 221 Abs. 1 lit. e). 118

Soweit nötig, *kann* das Gericht einen *zweiten Schriftenwechsel* (Replik und Duplik) anordnen oder zur *Instruktionsverhandlung* vorladen (Art. 225, 226). 119

3.2.2 Prüfung prozessualer und materieller Vorfragen

Zu Beginn des Prozesses prüft das Gericht die Prozessvoraussetzungen und entscheidet darüber nötigenfalls durch Prozessentscheid (7 N 69). 120

Das Gericht kann den Schriftenwechsel oder die Verhandlung deshalb zunächst auf prozessuale Vorfragen (z.B. Zuständigkeit, Prozessfähigkeit) oder materielle Vorfragen (z.B. Sachlegitimation, Verjährung) beschränken (Art. 125 lit. a; vgl. 7 N 85). Dies kann von Amtes wegen oder auf Parteiantrag hin erfolgen. 121

3.2.3 Vorbereitung der Hauptverhandlung

Innerhalb der Behauptungsphase hat das Gericht zur Behebung von Unklarheiten und zur Vervollständigung unvollständiger Vorbringen der Parteien seiner *Fragepflicht* (Art. 56), gegebenenfalls auch seiner *Aufklärungspflicht* (Art. 56, 97) zu genügen. 122

123 Dies geschieht in der Regel in einer *Verhandlung,* namentlich der *Instruktionsverhandlung* (Art. 226). In komplexen Fällen kann die Fragepflicht auch *schriftlich* ausgeübt werden (vgl. Art. 225). Dies kommt vor allem dann in Betracht, wenn es um technische oder buchhalterische Fragen geht.

124 Die Instruktionsverhandlung dient der *Vorbereitung der Hauptverhandlung* und eignet sich für das Gericht besonders, um bestehende Unklarheiten in Bezug auf tatsächliche Vorbringen und bezeichnete Beweismittel durch Ausübung der Fragepflicht auszuräumen und die Parteien nötigenfalls über die Rechtslage und die Prozesskosten aufzuklären. Sie gibt den Parteien Gelegenheit, ihre Vorbringen zu vervollständigen, und ermöglicht auch eine vergleichsweise Einigung.

125 Findet *keine Instruktionsverhandlung* statt, können die Parteien im ersten Teil der *Hauptverhandlung* ihren Tatsachenvortrag und ihre Beweismittel ergänzen. Im Anschluss an die Parteivorträge kann das Gericht nötigenfalls seine Fragepflicht ausüben (vgl. Art. 228, 229).

3.3 Beweisphase

126 Sind erhebliche tatsächliche Behauptungen bestritten (10 N 12 ff.), so muss darüber Beweis abgenommen werden. Dabei ergeben sich folgende Verfahrensschritte:

3.3.1 Beweisverfügung

127 Die Beweisphase wird durch die Beweisverfügung eingeleitet. Diese enthält die Verteilung der Beweislast für die rechtserheblichen Behauptungen der Parteien sowie die von den Parteien dazu bezeichneten Beweismittel (Art. 154). Dabei haben die Parteien – unter Vorbehalt zulässiger Noven (Art. 229) – keine Gelegenheit mehr, ihre bisherigen Beweisofferten zu vervollständigen (s. 10 N 297, 300).

128 Ein mehrstufiges Verfahren, wie es z.B. der Kanton Zürich bisher kannte, mit der gerichtlichen Beweisauflage an die Parteien (Verteilung der Beweislast für die rechtserheblichen Behauptungen), den Beweiseingaben der Parteien, anschliessenden gegenseitigen Beweiseinwendungen und schliesslich einem gerichtlichen Beweisabnahmeentscheid, ist auch in komplexen Fällen nicht vorgesehen. Unklarheiten sind im Vorbereitungsverfahren (Art. 226) zu klären.

3.3.2 Beweisabnahme

Die Beweisabnahme durch das Gericht erfolgt vor dem «urteilenden Gericht» (*unmittelbar*) oder vor einem delegierten Referenten oder Instruktionsrichter (*mittelbar;* s. Art. 155; 10 N 304 ff.). Sie kann in einer oder mehreren Verhandlungen oder – bei schriftlichen Auskünften und Gutachten – auf schriftlichem Wege stattfinden. 129

Die Beweisabnahme findet in der Regel in der *Hauptverhandlung* nach den Parteivorträgen statt (Art. 228 ff.). An die Beweisabnahme schliessen sich die Schlussvorträge der Parteien an. Allenfalls bedarf es mehrerer Termine zur Hauptverhandlung. Doch können die Beweise auch bereits in der *Instruktionsverhandlung* abgenommen werden (Art. 226 Abs. 3). 130

3.3.3 Schlussvorträge

In den «Schlussvorträgen» der *Hauptverhandlung* haben die Parteien Gelegenheit, ihren Rechtsstandpunkt nochmals darzulegen und *zum Beweisergebnis Stellung zu nehmen* (rechtliches Gehör). Die Schlussvorträge finden in der Regel mündlich im Anschluss an die Beweisabnahme statt. Jeder Partei stehen zwei Vorträge zu. Die Parteien können aber gemeinsam beantragen, stattdessen *schriftliche Stellungnahmen* einreichen zu dürfen (Art. 232). 131

3.4 Entscheidphase

Nach Abschluss der Hauptverhandlung tritt der Prozess in die Entscheidphase ein. Diese umfasst die *Entscheidfindung* des Gerichts und endet mit der *Eröffnung* des gerichtlichen Urteils an die Parteien (s. 7 N 166 ff., 177 ff.). 132

4. Säumnisverfahren

4.1 Begriff und Bedeutung

Säumnis einer Partei liegt vor, wenn sie eine ihr obliegende *prozessuale Last* nicht oder nicht termin- oder fristgerecht erfüllt (Art. 147 Abs.1; 9 N 142 ff.). Da die Prozesshandlungen der Parteien regelmässig nicht erzwungen werden können, muss der Fortgang des Verfahrens bei deren Ausbleiben durch *prozessuale Säumnisfolgen* sichergestellt werden. 133

134 Die Regeln über das *Säumnisverfahren* bestimmen, wie bzw. *auf welcher Grundlage* zu entscheiden ist, wenn eine Partei in der Behauptungsphase mit ihren Vorbringen säumig bleibt.

4.2 Voraussetzungen des Säumnisverfahrens

135 Um das Säumnisverfahren durchführen zu können, wird vorausgesetzt, dass

- eine Partei *säumig* ist, d.h. die von ihr verlangte Prozesshandlung nicht zum vorgesehenen Zeitpunkt erfolgt ist (Art. 147 Abs. 1; s. 9 N 142 ff.);
- an die Säumnis *Verwirkungsfolgen* geknüpft sind, d.h. das Verfahren ohne die versäumte Handlung weitergeführt wird (vgl. Art. 147 Abs. 2); soweit die Säumnisfolgen erst an die *zweite Säumnis* anknüpfen (vgl. Art. 101 Abs. 3, 223), kann die *erste Säumnis* nur disziplinarische (Art. 128) und Kostenfolgen (Art. 108) haben;
- 136 die säumige Partei über die Säumnisfolgen *belehrt* worden ist (Art. 147 Abs. 3) und
- die Aufforderung zur Vornahme der unterlassenen Prozesshandlung der Partei *ordnungsgemäss zugestellt* worden ist (Art. 136 ff.; s. 9 N 23 ff.).

137 Werden diese Voraussetzungen missachtet, leidet das Urteil an einem Mangel, der im Rechtsmittelverfahren oder allenfalls noch im Anerkennungs- und Vollstreckungsverfahren geltend gemacht werden kann.

4.3 Säumnisfolgen

4.3.1 Bundesgerichtliche Rechtsprechung

138 Schon bisher waren kantonale Vorschriften, welche an prozessuale Säumnis den Verlust des materiellen Rechts oder des Klagerechts oder die Fiktion des Klagerückzugs knüpften, bundesrechtswidrig und damit nichtig (BGE *118* II 479, 485 E. 2g: «Denn zuständig zur Regelung des Untergangs privater Rechte infolge Zeitablaufs und Untätigseins des Berechtigten ist allein der Zivilgesetzgeber»). Bei Säumnis der klagenden Partei konnte daher nur *einstweiliger* Klagerückzug ohne Rechtskraftfolge angenommen werden. Zusammengefasst ausgedrückt: *Säumnis bewirkt Prozessverlust, nicht aber Rechtsverlust.*

139 Von dieser Rechtsprechung bleiben «die Folgen prozessualer Säumnisse in jenen Verfahren unberührt, die durch ein Sachurteil erledigt werden» (BGE *118* II 279, 486. E. 2i a.E.), also z.B. die Folgen nicht innert Frist

substanzierter Behauptungen oder Bestreitungen, nicht rechtzeitiger Nennung von Beweismitteln oder der Nichtleistung von Barvorschüssen für die Beweisabnahme.

4.3.2 Säumnisfolgen der ZPO

Die bundesgerichtliche Rechtsprechung wurde bei den in der ZPO vorgesehenen Säumnisfolgen berücksichtigt. 140

Bei der *Klageantwort* tritt das Säumnisverfahren *erst nach zweimaliger Säumnis* der beklagten Partei ein (Art. 223 Abs. 1). Ist die Sache aufgrund der Klageschrift spruchreif, trifft das Gericht den Endentscheid *aufgrund der bisherigen Aktenlage*. Andernfalls lädt es beide Parteien zur Hauptverhandlung vor (Art. 223 Abs. 2). 141

Bei Säumnis einer Partei an der *Hauptverhandlung* treten die Säumnisfolgen *schon bei erstmaliger Säumnis* ein. Das Gericht entscheidet *aufgrund der Aktenlage* und der mündlichen Vorbringen der anwesenden Partei (Art. 234). 142

Beim *Entscheid aufgrund der Aktenlage* hat das Gericht die *Zulässigkeit* (d.h. die Prozessvoraussetzungen) und die *rechtliche Begründetheit der Klage* gleichwohl zu prüfen (iura novit curia). Eine *Beweisabnahme* findet im Säumnisverfahren nur statt, soweit das Gericht den Sachverhalt *von Amtes wegen* abzuklären hat (was im ordentlichen Verfahren allerdings kaum der Fall ist) oder an der Richtigkeit einer nicht streitigen Tatsache *erhebliche Zweifel* bestehen (Art. 153; s. 10 N 17, 292 ff.). Die bisherigen Eingaben und bereits eingereichte bzw. abgenommene Beweismittel der säumigen Partei sind aber zu berücksichtigen. 143

Bei *Säumnis beider Parteien* ist eine Hauptverhandlung nicht durchführbar. Das Verfahren wird als *gegenstandslos* abgeschrieben unter hälftiger Kostenverteilung auf die Parteien (Art. 234 Abs. 2). Der Entscheid hat – anders als bei der Säumnis nur einer Partei – keine materielle Rechtskraft (Art. 242; Botschaft, 7342). 144

4.4 Wiederherstellung

Eine versäumte Frist oder ein versäumter Termin können auf Gesuch der säumigen Partei wiederhergestellt werden, wenn sie kein grobes Verschulden an der Säumnis trifft (Art. 148). Auch ein bereits ergangenes Säumnisurteil kann durch die Wiederherstellung aufgehoben werden (9 N 145 ff.). 145

§ 51 Vereinfachtes Verfahren

1. Begriff und Wesen

146 Dem vereinfachten Verfahren geht – wie dem ordentlichen Verfahren – grundsätzlich ein *Schlichtungsversuch* voraus (Art. 197 f.). Es ist ebenso wie dieses ein vollständiges Verfahren, das keine Beweis- oder Kognitionsbeschränkungen kennt. Gegenüber dem ordentlichen Verfahren zeichnet es sich aber durch eine *Vereinfachung der Behauptungsphase* aus. Merkmale des vereinfachten Verfahrens sind die *vereinfachte Klageeinleitung* (Art. 244), vorherrschende *Mündlichkeit* (Art. 245), die *verstärkte Mitwirkung des Gerichts* (Art. 247), die angestrebte Erledigung am ersten Termin (Art. 246 Abs. 1), ein teilweise erweitertes Novenrecht (Art. 247 i.V.m. 229 Abs. 2 und 3) und Kostenerleichterungen bei bestimmten Verfahren (Art. 113 f.).

147 Im Übrigen verläuft das vereinfachte Verfahren wie das ordentliche (Art. 219): So erfolgt die *Beweisabnahme* in denselben Formen (Art. 231), die Parteien haben das Recht auf *Schlussvorträge* (Art. 232) und auch der Entscheid wird in gleicher Art gefällt und eröffnet (Art. 236 ff.; Botschaft, 7349). Ebenso kann für das *Säumnisverfahren* auf das ordentliche Verfahren verwiesen werden (s. N 133 ff.).

148 Durch die Vereinfachungen in der Behauptungsphase wird eine *gewisse Beschleunigung* des Verfahrens erreicht. Eigentliche Beschleunigungsmassnahmen, wie die Verkürzung der Fristen oder die Aufhebung des Fristenstillstands, sind aber – anders als in einigen kantonalen Prozessordnungen – nicht mehr vorgesehen. Die Ansetzung kürzerer richterlicher Fristen liegt jedoch im Ermessen der Prozessleitung. Damit bleibt das vereinfachte Verfahren bezüglich Raschheit deutlich hinter den Möglichkeiten der bisherigen beschleunigten Verfahren einiger Kantone (z.B. ZH, SH) zurück.

149 Das vereinfachte Verfahren ersetzt das sog. *einfache und rasche Verfahren,* das der Bund den Kantonen für einzelne Verfahren aus sozialpolitischen Gründen bisher vorgeschrieben hatte (z.B. im Unterhalts-, Arbeits-, Miet- und Konsumentenrecht). Die entsprechenden Bestimmungen des Bundesprivatrechts werden mit der ZPO aufgehoben (vgl. z.B. aArt. 280 ZGB, aArt. 12 GlG, aArt. 274–274g, 301 und 343 OR, aArt. 47 und 48 LPG; vgl. Botschaft, 7346). Bedauerlich ist, dass aArt. 25 SchKG, der für Streitsachen im beschleunigten Verfahren den Kantonen die Erledigung innert (häufig utopischen) 6 Monaten nahegelegte, durch die ZPO ersatzlos aufgehoben wird und diese Verfahren bei höheren Streitwerten nun gar dem ordentlichen Verfahren zugewiesen werden, was wenig sachgerecht erscheint (s. N 111).

Das vereinfachte Verfahren ist einerseits ein *ökonomisches und laienfreundliches Verfahren* für Streitigkeiten mit kleinerem Streitwert, andererseits dienen seine besonderen Eigenschaften vor allem der *sozial schwächeren Partei* («*sozialer Zivilprozess*»; vgl. Botschaft, 7345 f.). Die kantonale Gerichtsorganisation sieht dafür zu Recht häufig die funktionelle Zuständigkeit eines *Einzelgerichts* vor (vgl. kantonales Gerichtsorganisationsrecht). Einzelne Kantone weisen arbeits- bzw. mietrechtrechtliche Streitigkeiten zudem in die sachliche Zuständigkeit besonderer *Arbeits- bzw. Mietgerichte* (s. N 196 ff., 227 f.). 150

Im vereinfachten Verfahren können die Kantone als Rechtsvertreter der Parteien – ausser Anwälten – patentierte Sachwalter und Rechtsagenten zulassen. Im Arbeits- und Mietprozess können zudem noch qualifizierte berufliche Vertreter vom kantonale Recht zugelassen werden (Art. 68 Abs. 1 lit. b und d; s. N 188, 221). 151

2. Anwendungsbereich

Dem vereinfachten Verfahren unterliegen *sämtliche vermögensrechtlichen Streitigkeiten mit einem Streitwert bis zu CHF 30 000.–* (Art. 243 Abs. 1), beispielsweise sachen- und erbrechtliche Streitigkeiten, Forderungsstreitigkeiten, inkl. *arbeitsrechtliche Streitigkeiten, miet- und pachtrechtliche Streitigkeiten* (im Unterschied zum bisherigen Recht werden Miete und Pacht nicht mehr streitwertunabhängig verfahrensmässig privilegiert; vgl. aArt. 274d Abs. 1 OR), konsumentenrechtliche Streitigkeiten sowie materiellrechtliche *SchKG-Klagen* (z.B. Aberkennungs-, Arrestprosequierungsklagen) und betreibungsrechtliche SchKG-Klagen mit Reflexwirkung auf das materielle Recht (z.B. Widerspruchs-, Kollokations-, Lastenbereinigungs-, Aussonderungsklagen; vgl. auch N 111). 152

Sozialpolitisch besonders sensible Materien werden dem vereinfachten Verfahren hingegen *wie bisher ohne Rücksicht auf den Streitwert* zugewiesen (Art. 243 Abs. 2). Das Gesetz zählt die privilegierten Materien *abschliessend* auf. Es sind dies die Streitigkeiten: 153

- nach dem Gleichstellungsgesetz;
- wegen Gewalt, Drohung oder Nachstellungen im Familienkreis und in der Partnerschaft nach Art. 28b ZGB;
- aus Miete und Pacht von Wohn- und Geschäftsräumen sowie landwirtschaftlicher Pacht, wenn es um die Kernbereiche des Mieter- und Pächterschutzes geht (Kündigungsschutz und Schutz vor missbräuchlichen Miet- bzw. Pachtzinsen); in den übrigen Bereichen gilt die Streitwertgrenze nach Abs. 1;

- zur Durchsetzung des Auskunftsrechts nach dem Datenschutzgesetz (Art. 15 Abs. 4 DSG);
- nach dem Mitwirkungsgesetz;
- aus Zusatzversicherungen zur sozialen Krankenversicherung nach dem Krankenversicherungsgesetz.

154 Streitwertunabhängig gilt das vereinfachte Verfahren schliesslich auch für *selbstständige Klagen in Kinderbelangen* (Art. 295), insbesondere die Unterhaltsklage des Kindes gegen seine Eltern und die Vaterschaftsklage.

155 *Nicht* zur Anwendung kommt das vereinfachte Verfahren jedoch vor der *einzigen kantonalen Instanz* oder vor dem *Handelsgericht* (Art. 243 Abs. 3). Dies ist wenig verständlich, da Streitigkeiten mit einem Streitwert bis zu CHF 30 000.– auch vor solchen Instanzen nicht komplex sein müssen (a.A. Botschaft, 7347). Dadurch werden solche Verfahren nur unnötig verzögert und verteuert.

3. Vereinfachungen in der Behauptungsphase

3.1 Möglichkeiten der Klageeinleitung

156 Anders als im ordentlichen Verfahren stehen der klagenden Partei *drei verschiedene Formen* der Klageeinleitung zur Verfügung:

- Die Einreichung einer ausführlichen *Klageschrift* wie im ordentlichen Verfahren (Art. 221). Dies ist in rechtlich oder tatsächlich schwierigen Fällen sinnvoll (s. auch Art. 245 Abs. 2).

157 – Die Einreichung einer *Klageanmeldung,* welche wie das Schlichtungsgesuch (Art. 202 Abs. 2) lediglich den Streitgegenstand definiert (Art. 244 Abs. 1). Anzugeben sind die Parteien, das Rechtsbegehren, der Streitgegenstand sowie nötigenfalls der Streitwert. Nicht erforderlich ist dagegen eine Begründung der Klage (Art. 244 Abs. 2), weder in tatsächlicher noch in rechtlicher Hinsicht. Auch müssen die Beweismittel noch nicht bezeichnet werden, doch sind die verfügbaren Urkunden und die Klagebewilligung der Klageanmeldung beizufügen (Art. 244 Abs. 3).

158 – *Mündliche Klageanmeldung* beim Gericht durch Vorsprache auf der Gerichtskanzlei, worüber die zuständige Gerichtsperson ein Protokoll mit den Angaben nach Art. 244 Abs. 1 (Parteien, Rechtsbegehren, Streitgegenstand und Streitwert) aufzunehmen hat. Die Klagebewilligung und allfällige zum Beweis dienende Urkunden sind mitzubringen (Art. 244 Abs. 3).

159 Darin zeigt sich die *Laienfreundlichkeit* des Verfahrens. Nach der Konzeption des Gesetzes soll es einer Partei, selbst wenn sie nicht schreibge-

wandt ist, möglich sein, ihre Rechtsansprüche ohne Hilfe eines Rechtsanwalts durchzusetzen. Der Bundesrat bzw. das EJPD wird zudem noch ein laientaugliches *Formular* für die schriftliche Klageanmeldung zur Verfügung stellen (Art. 400 Abs. 2). In der Vernehmlassung wurde die Möglichkeit von sog. «Formularklagen» begrüsst (Botschaft, 7347). Die Verwendung des Formulars ist aber in jedem Fall freiwillig.

3.2 Verstärkte Mündlichkeit und Flexibilität

Im typischen Fall einer *Klageanmeldung* wird diese der beklagten Partei zur Kenntnis zugestellt (Art. 245 Abs. 1). Gleichzeitig werden die Parteien zur *Hauptverhandlung* vorgeladen, an der sie Klage und Klageantwort mündlich substanzieren können. Auf diese Weise läuft die Behauptungsphase vollständig mündlich ab. 160

Reicht die klagende Partei dagegen eine *ausführliche Klageschrift* ein, beginnt das vereinfachte Verfahren gleich wie das ordentliche: Der beklagten Partei wird Frist zur schriftlichen *Klageantwort* angesetzt (Art. 245 Abs. 2; Botschaft, 7347 f.). Danach werden die Parteien zur *Hauptverhandlung* vorgeladen. 161

Es bestehen mithin *zwei Varianten* des vereinfachten Verfahrens: Entweder ein *rein mündliches Verfahren* (Klageanmeldung, Hauptverhandlung) oder ein *gemischt schriftliches und mündliches Verfahren* (Klageschrift, Klageantwort, Hauptverhandlung). Durch die Form der Klageeinleitung hat es die klagende Partei in der Hand, den weiteren Verlauf des vereinfachten Verfahrens zu beeinflussen. Doch kann das Gericht auch bei blosser Klageanmeldung einen förmlichen Schriftenwechsel anordnen (Art. 246 Abs. 2). 162

Der Prozessablauf kann den Bedürfnissen des Einzelfalls *flexibel* angepasst werden. Wenn es die Verhältnisse erfordern, kann das Gericht einen Schriftenwechsel (nach der Klageanmeldung, dem ersten Schriftenwechsel oder dem ersten Termin der Hauptverhandlung) anordnen oder Instruktionsverhandlungen durchführen (Art. 246 Abs. 2). Damit besteht eine erhebliche Flexibilität, um das vereinfachte Verfahren nahezu zum ordentlichen auszubauen. Dies wird dem Sinn des vereinfachten Verfahrens im Regelfall indessen nicht entsprechen. 163

Die Formerleichterungen und die Mündlichkeit sollen nach dem Willen des Gesetzgebers das Verfahren *beschleunigen.* Idealerweise soll der Prozess am ersten Termin (der Hauptverhandlung) abgeschlossen werden (Art. 246 Abs. 1; Botschaft, 7348). Dies ist allerdings nur möglich, wenn die tatsächlichen und rechtlichen Verhältnisse sehr einfach sind oder ein *vorgängiger Schriftenwechsel* stattgefunden hat, welcher den Parteien und dem Gericht die *Vorbereitung* auf die Hauptverhandlung erleichtert. Wenn sich jedoch 164 ein Beweisverfahren abzeichnet, das die Prüfung der verfügbaren Urkunden sprengt, wird ein weiterer Termin (der Hauptverhandlung) zur Beweisabnahme notwendig sein.

3.3 Erweiterte richterliche Fragepflicht

165 Besonders betont wird in Art. 247, dass das *Gericht durch entsprechende Fragen darauf hinwirkt,* dass die Parteien ungenügende Angaben zum Sachverhalt ergänzen und Beweismittel bezeichnen. Damit ist keine Untersuchungsmaxime statuiert, aber die Verantwortung des Gerichts besonders hervorgehoben, im Interesse der *materiellen Wahrheit* bei der Sammlung des Prozessstoffs notfalls behilflich zu sein.

166 Das Gericht soll einer nicht oder schlecht vertretenen Partei sagen können, worauf es bei ihrem Anspruch ankommt und sie speziell nach Beweismitteln für streitige Tatsachen fragen dürfen. Auch wenn nur eine Partei vertreten ist, liegt es in der Verantwortung des Gerichts, durch entsprechende Fragen ein Ungleichgewicht in der Ausdrucksfähigkeit und im rechtlichen Wissen notfalls auszugleichen. Dem Gericht obliegt daher eine im Verhältnis zur allgemeinen richterlichen Fragepflicht (Art. 56) leicht verstärkte Fragepflicht. In dieser Bestimmung äussert sich das Bestreben des Gesetzgebers, der materiellen Wahrheit gegenüber der formellen Wahrheit Vorrang zu gewähren. Wenn sich jedoch zwei anwaltlich vertretene Parteien gegenüberstehen, darf und soll sich das Gericht wie im ordentlichen Prozess zurückhalten (vgl. Botschaft, 7348).

167 Die Verantwortung des Gerichts geht noch eine Stufe weiter, soweit die soziale Untersuchungsmaxime gilt (vgl. N 172 ff.).

3.4 Erweitertes Novenrecht

168 Wenn die Parteien direkt nach der Klageanmeldung oder nach einem vorgängigen Schriftenwechsel zur *Hauptverhandlung* geladen werden, steht ihnen bei ihren *ersten Parteivorträgen* zu Beginn der Hauptverhandlung noch ein uneingeschränktes *Novenrecht* zu (Art. 228 i.V.m. 229 Abs. 2).

169 In den Verfahren mit *Untersuchungsmaxime* besteht zudem ein *unbeschränktes Novenrecht* bis zur Urteilsberatung (Art. 229 Abs. 3). Allerdings können den Parteien bei dilatorischem Verhalten die durch die verspäteten Vorbringen entstandenen Mehrkosten auferlegt werden (Art. 108; Botschaft, 7348 f.).

3.5 Verhandlungsmaxime – Untersuchungsmaxime

Kein Merkmal des vereinfachten Verfahrens ist die Untersuchungsmaxime. Die meisten vereinfachten Verfahren unterliegen, wie der ordentliche Prozess, der *Verhandlungsmaxime.* 170

Doch sieht das Gesetz – wie bisher – in bestimmten Materien aus sozialpolitischen Gründen zum Schutz der mutmasslich schwächeren Partei die *Untersuchungsmaxime* vor (Art. 247 Abs. 2). Es sind dies die klassischen Bereiche des *sozialen Zivilprozesses,* Miet-/Pacht- und Arbeitsrecht bis zu einem Streitwert von CHF 30 000.– sowie die weiteren Materien gemäss Art. 243 Abs. 2. 171

Die *«soziale Untersuchungsmaxime»* oder «gemilderte Verhandlungsmaxime» bedeutet, dass das Gericht den Sachverhalt auch seinerseits feststellen soll. Es ist für die Tatsachensammlung *mitverantwortlich.* Da dem Zivilgericht aber kein Ermittlungsapparat zur Verfügung steht, ist es auf die tatsächlichen Ausführungen der Parteien angewiesen. Es bleibt daher grundsätzlich *Sache der Parteien, das Tatsächliche des Streites vorzutragen und die Beweismittel zu nennen.* Solange *keine Zweifel an der Vollständigkeit* der von den Parteien vorgetragenen Tatsachen und Beweismittel bestehen, braucht das Gericht nicht nach weiteren Tatsachen und Beweismitteln zu forschen, sondern darf auf die Parteivorbringen abstellen (BGE *125* III 231, 238 f. E. 4a; BGer 4C.211/2004, E. 2.1 [zu aArt. 274d Abs. 3 OR]; BGE *107* II 233, 236 E. 2c [zu aArt. 343 Abs. 4 OR]; BRÖNNIMANN, 101 ff., 105 f., 111 f.; BRÖNNIMANN, Gedanken zur Untersuchungsmaxime, ZBJV *1990* 329 ff., 345 ff.). 172

Den Parteien obliegt also gleichwohl die *Behauptungs- und Substanzierungslast.* Das Gericht hat lediglich zu prüfen, ob die Tatsachenbehauptungen der Parteien *vollständig* sind. Im Rahmen der Sachverhaltsabklärung ist richterliches Fragen daher ein *Untersuchungsmittel* und hat nicht bloss klärenden Charakter (BRÖNNIMANN, 75 f.). Die Fragepflicht des Gerichts geht weiter als die allgemeine Pflicht nach Art. 56. Da die Parteien in ihrer Verfügungsbefugnis über den Streitgegenstand jedoch nicht eingeschränkt sind, ist das Gericht an einen übereinstimmenden Sachvortrag der Parteien gebunden und hat keinen Anlass, den Sachverhalt weiter zu erforschen (vgl. BGE *107* II 233, 236, E. 2c; BRÖNNIMANN, 77 f.). Die Untersuchungsmaxime entbindet den Kläger insbesondere auch nicht von einer klaren Bezifferung des Rechtsbegehrens (BGer 4C.340/2004, E. 4). 173

Den Parteien obliegt auch die objektive und subjektive *Beweislast* und es trifft sie, soweit das Verfahren nicht kostenlos ist, die Pflicht zur Leistung von *Beweiskostenvorschüssen* (Art. 102; Botschaft, 7295). Das Gericht ist jedoch *nicht an die Beweisanträge der Parteien gebunden.* Es kann die er- 174 forderlichen Beweise auch von Amtes wegen erheben, doch ist davon nur zurückhaltend Gebrauch zu machen.

175 Wenn eine *Partei* trotz richterlicher Aufforderung ihre *Mitwirkungspflicht* versäumt, insbesondere die genügende Substanzierung trotz Aufforderung unterlässt oder verlangte Beweiskostenvorschüsse nicht leistet (wenn das Verfahren nicht kostenlos ist), schützt sie auch die Untersuchungsmaxime nicht vor dem Verlust des Anspruchs.

176 Zu den Besonderheiten bei Kinderbelangen s. Art. 102 Abs. 3 Satz 2, 295 f. und N 393 ff., 10 N 294, 312.

4. Der arbeitsrechtliche Prozess im Besonderen

4.1 Rechtspolitische Zielsetzung

177 Das materielle Arbeitsrecht ist geprägt vom Gedanken des *Schutzes der Arbeitnehmerin bzw. des Arbeitnehmers* als schwächerer Vertragspartei. Diesem Zweck dienen die zwingenden oder teilzwingenden Vorschriften des Arbeitsrechts, welche die Vertragsfreiheit einschränken (Art. 361 f. OR). Die materiellen Schutznormen würden indessen in vielen Fällen wirkungslos bleiben, wenn sie nicht durch *prozessuale Schutznormen* gestärkt würden.

178 Die prozessualen Normen zum Schutz der arbeitnehmenden Partei haben folgende Ziele:

- *Abbau von Rechtswegbarrieren* durch die Gewährung arbeitnehmerfreundlicher *Gerichtsstände,* (begrenzte) *Kostenlosigkeit* des Verfahrens (Art. 114; 8 N 12) sowie eventuell die *Zulassung von Verbandsfunktionären* als Prozessvertreter (vgl. Art. 68 Abs. 2 lit. d).
- *Gewährleistung der Wahrheitsfindung* durch die *Untersuchungsmaxime,* da die Geltung der Verhandlungsmaxime den Arbeitnehmer im Prozess trotz materieller Begründetheit seiner Ansprüche leicht scheitern lassen könnte.
- *Gewährleistung eines effektiven Rechtsschutzes* durch das *vereinfachte Verfahren,* da der Arbeitslohn die *Existenzgrundlage des Arbeitnehmers* und seiner Familie ist, weshalb ein rasches und überwiegend mündliches Verfahren geboten erscheint. Die Kantone sehen zudem teilweise *Sondergerichte* für Arbeitsstreitigkeiten vor (N 196 ff.).

179 Lohnforderungen können hingegen nicht schon während der Prozessdauer vorläufig vollstreckt werden, weil nach herrschender Auffassung Leistungsmassnahmen auf Geldzahlung unzulässig sind (N 285).

4.2 Die prozessualen Bestimmungen im Einzelnen

4.2.1 Gerichtsstand

Der Erleichterung des Zugangs zu den Gerichten dient neben dem Gerichtsstand am Wohnsitz bzw. Sitz der beklagten Partei der *Gerichtsstand* am Ort der *gewöhnlichen Arbeitsverrichtung* (Art. 34 Abs. 1), der in der Regel in der Nähe des Wohnsitzes des Arbeitnehmers liegen wird. Bei entsandten Arbeitnehmern ist zusätzlich das Gericht am Entsendeort zuständig (Art. 34 Abs. 2). Auf diese Gerichtsstände kann die arbeitnehmende Partei nicht zum Voraus oder durch Einlassung verzichten. Möglich sind nur Gerichtsstandsvereinbarungen nach Entstehung der Streitigkeit (Art. 35). Das gilt nicht nur für arbeitsrechtliche Streitigkeiten aus dem OR, sondern auch solche aus dem Gleichstellungs-, Mitwirkungs-, und Arbeitsvermittlungsgesetz. 180

Im Anwendungbereich des *LugÜ II* besteht für *Klagen des Arbeitnehmers* neben dem Gerichtsstand am Wohnsitz des Arbeitgebers ein Gerichtsstand am Ort der *gewöhnlichen Arbeitsverrichtung* oder – bei Tätigkeit in mehreren Staaten – am Ort der Niederlassung, die den Arbeitnehmer eingestellt hat (Art. 19 LugÜ II). Die alternativ zur Verfügung gestellten Gerichtsstände sind *teilzwingend,* indem Gerichtsstandsvereinbarungen – zugunsten eines Drittorts oder eines der alternativen Gerichtsstände – nur dann wirksam sind, wenn sie *nach* der Entstehung der Streitigkeit abgeschlossen werden (Art. 21 LugÜ II). Der *Arbeitgeber* kann den Arbeitnehmer hingegen nur an seinem *Wohnsitzgerichtsstand* verklagen. Vorbehalten bleibt eine Widerklage (Art. 20 LugÜ II). 181

Für die *übrigen internationalen Verhältnisse* gilt nach Art. 115 Abs. 1 IPRG ein alternativer Gerichtsstand am Wohnsitz des Beklagten oder am Ort, «wo der Arbeitnehmer gewöhnlich seine Arbeit verrichtet». Der *Arbeitnehmer* kann überdies an seinem schweizerischen Wohnsitz oder gewöhnlichen Aufenthaltsort klagen (Art. 115 Abs. 2 IPRG). Für Klagen auf Anwendung der Arbeits- und Lohnbedingungen besteht eine Zuständigkeit am schweizerischen Ort, an den der Arbeitnehmer zur Verrichtung auch nur eines Teils der Arbeit aus dem Ausland entsandt worden ist. Diese Gerichtsstände jedoch sind *nicht zwingend.* 182

Diese Gerichtsstände gelten selbstverständlich nicht nur für arbeitsvertragliche Streitigkeiten während des Arbeitsverhältnisses, sondern auch solche *nach* Beendigung des Arbeitsvertrags. Soweit zum Voraus abgeschlossene Gerichtsstandsvereinbarungen unwirksam sind (Art. 35 ZPO, Art. 21 LugÜ II), muss dies sinngemäss auch für *Schiedsabreden* (Schiedsklauseln) gelten. 183

4.2.2 Verbandsklagerecht

184 Nach Art. 89 können Vereine oder Organisationen, die nach ihren *Statuten zur Wahrung der Interessen bestimmter Personengruppen* befugt sind, im eigenen Namen auf *Verletzung der Persönlichkeit* der Angehörigen dieser Personengruppen klagen. Darunter fallen insbesondere Gewerkschaften und Personalverbände.

185 *Besondere gesetzliche Regelungen* über die Verbandsklage bleiben vorbehalten. Dazu gehören Art. 7 Abs. 1 GlG und Art. 15 Abs. 2 Mitwirkungsgesetz, welche die Möglichkeit einer Verbandsklage zur *Feststellung* einer Diskriminierung oder einer Verletzung des Mitwirkungsgesetzes schon bisher punktuell vorgesehen hatten.

4.2.3 Schlichtungsverfahren

186 Während im gewöhnlichen Arbeitsprozess (mit Hauptklagestreitwert von nicht über CHF 30 000.–) das Schlichtungsverfahren in der Regel vor der *allgemeinen Schlichtungsbehörde* (Friedensrichter, Schlichter) stattfindet, ist bei Diskriminierungen im Erwerbsleben zwingend eine Schlichtung vor der (in doppelter Hinsicht) *paritätischen Schlichtungsbehörde* (Art. 200; s. N 9 f.) vorgesehen. Anders als die gewöhnliche Schlichtungsbehörde ist die paritätische Schlichtungsbehörde für Diskriminierungen im Erwerbsleben gleichzeitig auch *Rechtsberatungsstelle* (Art. 201 Abs. 2).

4.2.4 Vereinfachtes Verfahren mit Untersuchungsmaxime

187 Das vereinfachte Verfahren und die Untersuchungsmaxime gelten in arbeitsrechtlichen Prozessen mit einem *Streitwert der Hauptklage bis zu CHF 30 000.–* (Art. 243 Abs. 1, 247 Abs. 2 lit. b Ziff. 2). Im *Diskriminierungs- und im Mitwirkungsstreit* ist dies *unabhängig vom Streitwert* der Fall (Art. 243 Abs. 2, 247 Abs. 2 lit. a). Das Gericht hat bei der Sammlung des Tatsachenstoffs in geeigneter Weise durch Ausübung der Aufklärungs- und Fragepflicht mitzuwirken und kann notfalls von Amtes wegen Beweise abnehmen (Art. 247 Abs. 2, 153 Abs. 1; N 172 ff.). Folge der Untersuchungsmaxime ist ein *unbeschränktes Novenrecht* (Art. 229 Abs. 3).

188 Soweit es das kantonale Recht zulässt, kann sich die arbeitnehmende Partei auch im gerichtlichen Verfahren von einer nichtanwaltlichen, *beruflich qualifizierten Vertretung* (z.B. Gewerkschaftssekretär) vertreten lassen (Art. 68 Abs. 2 lit. d). Dies ist sinnvoll, um der arbeitnehmenden Partei, die häufig nicht rechtskundig ist, auf kostengünstige und effiziente Weise zu ihrem Recht zu verhelfen. Entgegen dem (zu engen) Wortlaut beschränkt

sich die Möglichkeit der Kantone auf Zulassung beruflich qualifizierter Vertreter nicht auf Streitigkeiten vor besonderen Arbeitsgerichten, sondern kann auch für entsprechende Streitigkeiten vor den ordentlichen Gerichten ermöglicht werden (z.B. Art. 68 JG SH).

4.2.5 Kostenlosigkeit des Verfahrens

Arbeitsrechtliche Prozesse mit einem Hauptklagestreitwert bis zu CHF 30 000.– sind *kostenlos*. Im Diskriminierungs- und im Mitwirkungsstreit gilt dies unabhängig vom Streitwert. Die Kostenlosigkeit betrifft sowohl das *Schlichtungsverfahren* als auch das *gerichtliche Verfahren* (Art. 113 f.). Bei *bös- oder mutwilliger Prozessführung* ist aber eine Kostenauflage möglich (Art. 115). 189

Kostenlosigkeit bedeutet, dass die Parteien (Arbeitgeber und Arbeitnehmer) *keine Vorschüsse* und *keine Gerichtskosten* zu bezahlen haben. Dies gilt auch für Streitigkeiten über prozessuale Nebenpunkte (BGE *104* II 222). Die Kostenlosigkeit entbindet jedoch grundsätzlich nicht von einer *Parteientschädigung* an die obsiegende Gegenpartei (vgl. 8 N 11 ff., 17). 190

4.2.6 Besondere Regelungen im Gleichstellungsgesetz

Das Gleichstellungsgesetz enthält für den Diskriminierungsprozess zum Schutz der mutmasslich diskriminierten Partei Bestimmungen, welche ihre Position verbessern sollen. 191

Als *vorsorgliche Massnahme* kann das Gericht im Prozess auf Anfechtung einer Kündigung die *provisorische Wiedereinstellung* der Arbeitnehmerin oder des Arbeitnehmers für die Dauer des Verfahrens anordnen, wenn es wahrscheinlich erscheint, dass die Voraussetzungen für die Aufhebung der Kündigung erfüllt sind (Art. 10 Abs. 3 GlG; N 284). 192

Art. 6 GlG sieht für den Diskriminierungsbeweis zudem eine *«Beweislasterleichterung» bzw. eine Beweislastumkehr vor* (s. 10 N 34, 61 Ziff. 6). 193

4.3 Gerichtsorganisation

4.3.1 Besondere Schlichtungsbehörden

Die ZPO sieht lediglich bei *Diskriminierungen im Erwerbsleben* eine besondere, *paritätisch besetze Schlichtungsbehörde* vor. Die paritätische Besetzung aus Arbeitgeber- und Arbeitnehmerschaft muss einerseits den öffentlichen und privaten Sektor und andererseits die Geschlechter 194 gleichmässig vertreten (Art. 200 Abs. 2). Dadurch ist die Wahl geeigneter Personen namentlich in kleinen Kantonen sehr einschränkt. Dass für eine zahlenmässig äusserst geringe Anzahl Fälle eine im Verhältnis zu allen übrigen Streitigkeiten, welche in der Regel von einer einzelnen Schlichtungsperson (Friedensrichter, Schlichter) behandelt werden, eine mindestens drei Mitglieder umfassende Schlichtungsbehörde geschaffen werden muss, hat nur politische Gründe und lässt sich sachlich kaum rechtfertigen (s. N 10). Die paritätische Schlichtungsbehörde für Diskriminierungen im Erwerbsleben ist zugleich auch *Rechtsberatungsstelle* (Art. 201 Abs. 2).

195 Die *gewöhnlichen arbeitsrechtlichen Streitigkeiten* werden in der Regel durch die allgemeine Schlichtungsbehörde (Friedensrichter) geschlichtet, der keine Rechtsberatungsfunktionen zukommt. Es steht den Kantonen im Rahmen ihrer Organisationsautonomie aber frei, auch die gewöhnlichen arbeitsrechtlichen Streitigkeiten einer besonderen Schlichtungsstelle zuzuweisen (vgl. z.B. BE, JU).

4.3.2 Besondere Arbeitsgerichte

196 Die Kantone können im Rahmen ihrer Organisationsautonomie für arbeitsrechtliche Streitigkeiten *anstatt der ordentlichen Gerichte* auch besondere *Arbeitsgerichte mit paritätischer Vertretung* der Arbeitgeber- und Arbeitnehmerschaft vorsehen. In einigen Kantonen (ZH, BE, LU, FR, SO, BS, AG, VD, VS, NE, GE und JU) bestanden bisher für die Entscheidung arbeitsrechtlicher Streitigkeiten *Sondergerichte,* sog. Arbeitsgerichte, Conseils oder Tribunaux des Prud'hommes, Gewerbekammern (FR) oder untechnisch «Gewerbliche Schiedsgerichte» (BS). In den Kantonen ZH, BE und VD gab es nur in grösseren Städten Arbeitsgerichte. Dies wird im Wesentlichen so bleiben (s. plädoyer 3/2010, 24–29).

197 Die paritätische Zusammensetzung der Gerichte aus Vertretern der Arbeitgeber- und der Arbeitnehmerseite soll ihre *Unparteilichkeit* gewährleisten. Die Mitwirkung von Berufsangehörigen der Prozessparteien als *Fachrichter* soll nach Möglichkeit auch den Beizug von Sachverständigen entbehrlich machen (Art. 183 Abs. 3; 10 N 243 ff.) und damit zur *Beschleunigung* des Verfahrens beitragen.

198 Dem Gegenstand nach ist die sachliche Zuständigkeit der Arbeitsgerichte auf *Streitigkeiten aus Arbeitsvertrag* beschränkt, wobei dies in den einzelnen Kantonen unterschiedlich umschrieben ist. Meist sind die Arbeitsgerichte nur bis zur *Streitwertgrenze* von CHF 30 000.– zuständig (Ausnahmen bisher: ZH, AG und GE). Von Bundesrechts wegen sind sie auch für den *Mitwirkungsstreit* zuständig (Art. 15 Abs. 1 Mitwirkungsgesetz).

4.3.3 Abgrenzungsprobleme bei Arbeitsgerichten

Aus der beschränkten Zuständigkeit der besonderen Arbeitsgerichte ergeben sich in verschiedener Hinsicht prozessuale Schwierigkeiten: 199

4.3.3.1 Sachliche Zuständigkeit

Das Arbeitsgericht ist zuständig für Streitigkeiten aus dem Arbeitsverhältnis. Ob eine Streitigkeit aus Arbeitsvertrag (oder aus Auftrag usw.) vorliegt, ist nach der neueren Rechtsprechung des Bundesgerichts zur *«doppelrelevanten Tatsache»* (BGE *122* III 252) erst in der sog. «Begründetheitsstation», d.h. im Zeitpunkt der materiellen Beurteilung des Anspruchs, zu prüfen. Diese Praxis widerspricht bei Arbeitsgerichten in jedem Fall der Prozessökonomie. 200

Wird zusammen mit einer arbeitsvertraglichen Forderung eine Forderung aus einem anderen Rechtsgrund eingeklagt *(Klagehäufung)*, fehlt für Letztere die sachliche Zuständigkeit des Arbeitsgerichts, so dass darauf nicht eingetreten werden kann bzw. diese Sache dem dafür zuständigen Gericht zu überweisen ist. 201

4.3.3.2 Anspruchskonkurrenz

Fällt von *mehreren* zur Begründung eines Anspruches geltend gemachten *Rechtsgründen* nur einer in die sachliche Zuständigkeit des Arbeitsgerichts, so hat es nach dem *Grundsatz der richterlichen Rechtsanwendung* (Art. 57; iura novit curia) gegebenenfalls auch die nicht in seine Zuständigkeit fallenden Rechtsgründe zu prüfen. Das ist z.B. der Fall, wenn der Arbeitgeber wegen schuldhafter Schadenszufügung durch den Arbeitnehmer gegen diesen klagt und sowohl Art. 321e OR als auch Art. 41 OR anruft (BGE *91* II 66). 202

4.3.3.3 Verrechnung

Erklärt der Beklagte gegenüber der Forderung des Klägers aus dem Arbeitsverhältnis die Verrechnung mit einer *Gegenforderung aus anderem Rechtsgrund*, so ist – bei Begründetheit der Gegenforderung – die eingeklagte Forderung bis zu deren Höhe im Zeitpunkt der Verrechenbarkeit untergegangen (Art. 124 Abs. 2 OR). 203

Das Bundesgericht fordert in diesem Falle (BGE *85* II 106): 204

- dass entweder das Arbeitsgericht auch die nicht in seine Sachkompetenz fallende Gegenforderung beurteilt

– oder dass das Arbeitsgericht dem Beklagten Frist ansetzt, um die Verrechnungsforderung beim sachlich zuständigen Gericht (des gleichen Kantons) einzuklagen, und die Vollstreckbarkeit seines Urteils bis zum rechtskräftigen Entscheid über die Gegenforderung aufschiebt.

205 Diese Lösung muss unabhängig vom kantonalen Organisationsrecht stets angewandt werden, wenn die Verrechnungsforderung nicht vom Arbeitsgericht geprüft wird.

4.3.3.4 Widerklage

206 Die beklagte Partei kann am Gerichtsstand der Hauptklage Widerklage erheben, wenn ein *sachlicher Zusammenhang* besteht (Art. 14) und *dieselbe Verfahrensart* anwendbar ist (Art. 224). Soweit sich Klage und Widerklage ausschliessen (Art. 94), kann ohnehin keine den *Streitwert* des vereinfachten Verfahrens (und damit die Kompetenz des Arbeitsgerichts) übersteigende Widerklage erhoben werden.

207 Erhebt die beklagte Partei vor Arbeitsgericht eine Widerklage, deren Rechtsgrund *nicht das Arbeitsverhältnis* ist, so ist das Arbeitsgericht sachlich nicht zuständig. Sinnvollerweise ist die sachliche Zuständigkeit des Arbeitsgerichts so weit zu umschreiben oder auszulegen, dass sie die mit der Hauptklage zu behandelnde *Widerklage umfasst* (Art. 224), ansonsten das kantonale Organisationsrecht bundesrechtswidrig wäre.

5. Der miet- und pachtrechtliche Prozess im Besonderen

5.1 Rechtspolitische Zielsetzung

208 Die Verknappung des Bodens und Missbräuche auf dem Immobilien- und Wohnungsmarkt führten den Gesetzgeber im Interesse der Mieter und Pächter von *Wohn- oder Geschäftsräumen* zu starken Eingriffen in die Vertragsfreiheit. *Zwingende Vorschriften* sollen den *Mieter als schwächere Vertragspartei* vor Missbräuchen im Mietwesen – bei der Festsetzung des Mietpreises und bei Mietpreiserhöhungen, bei Koppelungsgeschäften und bei der Kündigung – gegen den Vermieter als stärkere Vertragspartei schützen. Für *Pächter* von Wohn- und Geschäftsräumen sowie landwirtschaftlichen Grundstücken gelten vergleichbare Schutzbestimmungen.

209 Die materiellen Schutzbestimmungen wurden ergänzt durch besondere miet- und pachtrechtliche Verfahrensbestimmungen (aArt. 274–274g, aArt. 301 OR), die nun in die ZPO übernommen werden. Diese Verfahrensvorschriften sind auf *alle «Streitigkeiten, welche mit der Benützung der Mietsache im Zusam-*

menhang stehen», anzuwenden, gleichgültig «ob der geltend gemachte Anspruch materiell als vertraglicher, quasivertraglicher oder ausservertraglicher zu qualifizieren ist», also auch auf die Klage des *Hauptvermieters gegen den Untermieter* aus der Benutzung der Mietsache (BGE *120* II 117).

Der durch das materielle Recht geschaffene Rechtsschutz des Mieters soll nicht daran scheitern, dass er sich scheut, den Rechtsweg zu beschreiten. Die prozessualen Schutznormen bezwecken: 210

- den *Abbau von Rechtswegbarrieren* durch den teilzwingenden *Gerichtsstand am Ort der gelegenen Sache* bei der Miete und Pacht unbeweglicher Sachen (Art. 33), die Einsetzung beratender und vorentscheidender *Schlichtungsbehörden,* deren Verfahren *kostenlos* ist, die Verpflichtung der Schlichtungsbehörde und des Gerichts, bei Abweisung eines Begehrens auf Anfechtung der Kündigung *von Amtes wegen* die Frage der Mieterstreckung zu prüfen (Offizialmaxime);
- die *Gewährleistung der Wahrheitsfindung* durch die *Untersuchungsmaxime;*
- die *Gewährleistung eines effektiven Rechtsschutzes* durch die beratende Funktion und das Verfahren vor den besonderen paritätischen Schlichtungsbehörden sowie das vereinfachte Verfahren vor Gericht. Eine *Sondergerichtsbarkeit* in der Form paritätisch zusammengesetzter *Mietgerichte* sehen dagegen nur verhältnismässig wenige Kantone vor.

Keine besonderen privat- und prozessrechtlichen Schutznormen bestehen für die Miete und Pacht beweglicher Sachen. Unter dem miet- und pachtrechtlichen Prozess sind daher nur die im vereinfachten Verfahren behandelten Streitigkeiten aus *Miete und Pacht unbeweglicher Sachen gemäss Art. 243 Abs. 1 und 2 lit. c* zu verstehen. 211

5.2 Die prozessualen Bestimmungen im Einzelnen

5.2.1 Gerichtsstand

Bei der Miete und Pacht *unbeweglicher Sachen* sind die Schlichtungsbehörde und das Gericht am *Ort der gelegenen Sache* zuständig (Art. 33). Dies ist der Ort, «der für das Beweisverfahren am günstigsten ist» und an welchem «der Ortsgebrauch, auf den das Gesetz wiederholt verweist, am ehesten bekannt ist» (Botschaft Mietrecht, BBl *1985* I 1468). Dieser Gerichtsstand ist *teilzwingend,* da der Mieter und Pächter von Wohn- und Geschäftsräumen und der Pächter von landwirtschaftlichen Grundstücken *nicht zum Voraus* oder durch Einlassung auf diesen Gerichtsstand *verzichten* kann (Art. 35). Dies gilt sinngemäss auch für Schiedsabreden. Bei der Miete 212 und Pacht von *Wohnräumen* können die Parteien einzig die (örtlich zuständige) Schlichtungsbehörde als Schiedsgericht einsetzen (Art. 361 Abs. 4).

213 Im *Anwendungsbereich des LugÜ II* besteht eine zwingende internationale Zuständigkeit im Vertragsstaat der gelegenen unbeweglichen Sache (Art. 22 Ziff. 1 Abs. 1 LugÜ II); bei der Miete durch natürliche Personen bis zu sechs aufeinanderfolgenden Monaten und fehlendem Wohnsitz beider Parteien im Belegenheitsstaat *(Ferienhausmieten)* gilt alternativ der allgemeine Gerichtsstand (Art. 22 Ziff. 1 Abs. 2 LugÜ II).

214 Für das *übrige internationale Verhältnis* kennt das IPRG keinen besonderen Mietrechtsgerichtsstand. Es gilt der allgemeine Gerichtsstand (Art. 112 IPRG), evtl. derjenige am Erfüllungsort (Art. 113 IPRG).

5.2.2 Kompetenzattraktion

215 Das für die *Ausweisung zuständige Gericht* hat aufgrund der bisherigen gesetzlichen Regelung und der Rechtsprechung auch über die *Anfechtung ausserordentlicher Kündigungen* und bei der Kündigung aus wichtigen Gründen (Art. 266g OR) auch über *Erstreckungsbegehren* zu entscheiden, gleichgültig welches Verfahren zuerst hängig ist. In diesen Fällen ist *eine Beweisbeschränkung* allerdings nicht zulässig (BGE *117* II 554; *118* II 302, 305 f. E. 4a; *119* II 141). Auch wenn *aArt. 274g OR* mit der ZPO – ohne nähere Begründung – *aufgehoben* wurde, erscheint die Kompetenzattraktion des Ausweisungsgerichts gestützt auf die bisherige Rechtsprechung und die sachlichen Gründe, die für die gleichzeitige Beurteilung sprechen, weiterhin geboten. Das *Ausweisungsverfahren* richtet sich nun nach *Art. 257* (vgl. Botschaft, 7352). Zuständig ist in der Regel der Einzelrichter im summarischen Verfahren. Liegen allerdings keine klaren Verhältnisse (s. N 261 f.) vor, so kann das Ausweisungsgericht auf das Ausweisungsgesuch *nicht eintreten* (Art. 257 Abs. 3) und die Sache muss – nach diesem Umweg – im ordentlichen oder vereinfachten Verfahren bei der paritätischen Schlichtungsbehörde erneut eingeleitet werden (vgl. auch MEIER, 373). Dafür kann sich die klagende Partei auf die Rückwirkung der Rechtshängigkeit nach Art. 63 berufen.

5.2.3 Verbandsklagerecht

216 Vereine oder Organisationen, die nach ihren *Statuten zur Wahrung der Interessen bestimmter Personengruppen* befugt sind, können im eigenen Namen auf *Verletzung der Persönlichkeit* der Angehörigen dieser Personengruppen klagen (Art. 89). Darunter fallen Mieter- und Vermieterverbände.

5.2.4 Vereinfachtes Verfahren mit Untersuchungsmaxime

Dem gerichtlichen Verfahren geht stets ein *Schlichtungsverfahren* vor der qualifizierten *paritätischen Schlichtungsbehörde* voraus (Art. 197, 200 Abs. 1), welches allerdings einige Besonderheiten aufweist: Bei Vorliegen öffentlicher Interessen kann die Schlichtungsverhandlung für öffentlich erklärt werden (Art. 203 Abs. 3). Die Klagebewilligung hat lediglich eine Gültigkeitsdauer von 30 Tagen. Wenn Miet- oder Pachtzinserhöhungen angefochten werden, ist sie der Vermieter-/Verpächterseite zuzustellen, in den übrigen Fällen der klagenden Partei (Art. 209 Abs. 1 und 4). 217

Das *vereinfachte Verfahren* und die *Untersuchungsmaxime* gelten in Streitigkeiten aus Miete und Pacht von Wohn- und Geschäftsräumen sowie aus landwirtschaftlicher Pacht mit einem *Streitwert der Hauptklage bis zu CHF 30 000.–* (sog. miet- und pachtrechtliche Prozesse; Art. 243 Abs. 1, 247 Abs. 2 lit. b Ziff. 1). *Unabhängig vom Streitwert* gilt dies zudem in den *Kernbereichen des Mieter- und Pächterschutzes,* nämlich der Hinterlegung von Miet- und Pachtzinsen, dem Schutz vor missbräuchlichen Miet- und Pachtzinsen, dem Kündigungsschutz und der Erstreckung des Miet- und Pachtverhältnisses (Art. 243 Abs. 2, 247 Abs. 2 lit. a). 218

Das Gericht hat im Rahmen der sozialen Untersuchungsmaxime bei der Sammlung des Tatsachenstoffs durch Ausübung der Fragepflicht behilflich zu sein und kann notfalls von Amtes wegen Beweise abnehmen (Art. 247 Abs. 2, 153 Abs. 1; N 172 ff.). Folge der Untersuchungsmaxime ist zudem ein *unbeschränktes Novenrecht* (Art. 229 Abs. 3). Ein *Prozessbeitritt* des Ehegatten des Mieters ist im Mietrechtsprozess jederzeit möglich, soweit es sich um eine Familienwohnung handelt (Art. 54; vgl. BGE *115* II 361, 365 E. 4c). 219

Die *Offizialmaxime* gilt im Verfahren über Wohn- und Geschäftsmieten insofern, als die Schlichtungsbehörde und das Gericht, wenn sie ein Begehren um Anfechtung der Kündigung abweisen, *von Amtes wegen die Frage der Mieterstreckung prüfen* müssen (Art. 273 Abs. 5 OR). Der Mieter kann zu einem entsprechenden Antrag veranlasst werden (R. GMÜR, Kündigungsschutz – Prozessuales rund um den «Entscheid» der Schlichtungsbehörde, mp *1990* 121 ff., 128). 220

Soweit es das kantonale Recht zulässt, können sich Mieter und Vermieter im Miet- oder Pachtrechtsprozess durch eine nichtanwaltliche, *beruflich qualifizierte Vertretung* (z.B. Liegenschaftenverwaltung, Mieterverbandsvertreter) vertreten lassen (Art. 68 Abs. 2 lit. d). Entgegen dem (zu engen) Wortlaut beschränkt sich die Möglichkeit der Kantone auf Zulassung beruflich qualifizierter Vertreter nicht auf Streitigkeiten vor besonderen Mietgerichten, sondern ist auch für entsprechende Streitigkeiten vor den ordentlichen Gerichten möglich (z.B. Art. 68 JG SH). 221

5.2.5 Kostenlosigkeit des Schlichtungsverfahrens

222 Prozesse über Miete und Pacht von Wohn- und Geschäftsräumen sowie aus landwirtschaftlicher Pacht sind *vor der Schlichtungsbehörde unabhängig vom Streitwert kostenlos* (Art. 113 Abs. 3 lit. c). Parteientschädigungen an die Gegenpartei werden im Schlichtungsverfahren ohnehin nicht zugesprochen (Art. 113 Abs. 1). Bei *bös- oder mutwilliger Prozessführung* können der fehlbaren Partei jedoch Gerichtskosten und Parteientschädigungen auferlegt werden (Art. 115).

223 Für einen Entscheid nach Art. 212 kann die Schlichtungsbehörde u.E. Kosten erheben (Art. 114). *Keine Kostenlosigkeit* besteht zudem im *gerichtlichen Verfahren* (Art. 114). Hier gelten für Kosten und Parteientschädigungen die üblichen kantonalen Tarife (Art. 96). Es steht den Kantonen aber frei, in weiter gehendem Umfang Kostenbefreiungen zu gewähren (vgl. Art. 116).

5.3 Gerichtsorganisation

5.3.1 Besondere Schlichtungsbehörden

224 Die Kantone haben kantonale, regionale oder kommunale Schlichtungsbehörden einzusetzen, in welchen Vermieter- und Mieterschaft paritätisch vertreten sind (Art. 200 Abs. 1). Die Funktionen der Schlichtungsbehörde umfassen:

- *Beratung* der Parteien in allen Miet- und Pachtfragen (Art. 201 Abs. 2).
- *Vermittlung* zwischen den Parteien in Streitfällen (Art. 201 Abs. 1, 202 ff.; s. vorn N 42 ff.).
- 225 *Entscheid* in Streitigkeiten mit einem Streitwert von bis zu CHF 2000.–, wenn ein Antrag der klagenden Partei vorliegt (Art. 212; N 63 ff.).
- *Urteilsvorschlag* bei Streitigkeiten mit einem Streitwert bis zu CHF 5000.– und ohne Streitwertbegrenzung in den vom Gesetz vorgesehenen Kernbereichen des Mieterschutzes, nämlich der Hinterlegung von Miet- und Pachtzinsen, dem Schutz vor missbräuchlichen Miet- und Pachtzinsen, dem Kündigungsschutz und der Erstreckung des Miet- und Pachtverhältnisses (Art. 210 Abs. 1 lit. b und c; N 56 ff.). Zwar enthält Art. 210 lediglich eine Kann-Vorschrift, doch sollte u.E. die besonders qualifizierte Mietschlichtungsbehörde den Parteien aus Kosten- und Effizienzgründen in solchen Fällen stets einen Urteilsvorschlag machen.
- 226 *Ausstellung der Klagebewilligung,* wenn eine Einigung nicht zu Stande kommt oder der Urteilsvorschlag abgelehnt wurde (Art. 209, 211 Abs. 2).

- *Überweisung des Begehrens des Mieters an die Behörde, bei welcher ein Ausweisungsverfahren hängig ist,* in den Fällen der ausserordentlichen Kündigung. Die Kantone sind frei in der Bezeichnung der *Ausweisungsbehörde.* Häufig wird das Einzelgericht im summarischen Verfahren nach Art. 257 dafür zuständig sein (vgl. Botschaft, 7352; N 215).
- Als *Schiedsgericht* kann die Schlichtungsbehörde amten, wenn die Parteien es verlangen.

5.3.2 Besondere Mietgerichte

Hinsichtlich der Organisation der richterlichen Behörden im Miet-/Pachtrecht sind die Kantone frei. Sie haben die Kompetenz weit überwiegend innerhalb der *ordentlichen* Gerichte angesiedelt und mit dem vereinfachten Verfahren häufig *Einzelgerichte* betraut. 227

Nur die Kantone ZH, FR, VD und GE kannten bisher – nach dem Muster der Arbeitsgerichte organisierte – aus Mietern und Vermietern paritätisch zusammengesetzte *Mietgerichte.* Dies wird auch weiterhin so bleiben (s. plädoyer 3/2010, 24–29). 228

§ 52 Summarisches Verfahren

1. Begriff und Wesen

Das summarische Verfahren ist seinem Wesen nach ein abgekürztes Verfahren, in welchem den Parteien nicht alle Angriffs- und Verteidigungsmittel zur Verfügung stehen. Gekennzeichnet ist es durch eine *Beweisbeschränkung,* d.h. eine Beschränkung der Beweismittel und des Beweismasses. Allerdings gibt es davon auch Ausnahmen. 229

Das summarische Verfahren dient vor allem der *vorläufigen Regelung* des Streitgegenstands, der schnellen Handhabung *klaren materiellen* Rechts und der *nichtstreitigen (freiwilligen) Gerichtsbarkeit.* 230

Das summarische Verfahren soll – was zwar nicht begriffswesentlich ist – auch ein *schnelles* Verfahren sein. Die Schnelligkeit des Verfahrens wird dadurch erzielt, dass es einem *Einzelgericht* übertragen wird und entweder schriftlich oder *mündlich* ist, wobei beiden Parteien in der Regel nur ein Vortrag zusteht und die *Säumnisfolgen* grundsätzlich nach der ersten Säumnis eintreten (vgl. Art. 234, 256 Abs. 1). 231

2. Beweisbeschränkung

2.1 Umfang

232 Die im summarischen Verfahren übliche *Beweisbeschränkung* ist ausgestaltet als:

– *Beweismittelbeschränkung,* indem nur *Urkunden* und andere *Beweismittel* zulässig sind, die *ohne Verzug* erhoben werden können, z.B. Parteibefragung, Augenschein (Art. 254 Abs. 1 und 2 lit. a). Als lex specialis enthält das *SchKG* für die summarischen Verfahren eine ausdrückliche Beschränkung auf den *Urkundenbeweis* als Grundlage des Begehrens um definitive Rechtsöffnung und zum Nachweis der Einwendungen der Tilgung und der Stundung (Art. 80, 81 und 85 SchKG). In Verfahren mit *Untersuchungsmaxime* (z.B. Kinderbelange, freiwillige Gerichtsbarkeit) ist eine Beweismittelbeschränkung hingegen ausgeschlossen (Art. 254 lit. c, 255).

233 – *Beweismassbeschränkung,* indem die tatsächlichen Grundlagen des Begehrens und/oder der Einwendungen nur *glaubhaft zu machen,* d.h. nicht strikt zu beweisen sind (10 N 32 f.). Im Verfahren zur Beurteilung *vorsorglicher Massnahmen* kann wesensgemäss nur *Glaubhaftmachen* der Voraussetzungen verlangt werden (N 291).

234 Die beiden Arten der Beweisbeschränkung können im gleichen Verfahren *kombiniert* sein.

Beispiel: In Verfahren betreffend *provisorische Rechtsöffnung* bedarf der Kläger einer *Urkunde* als Rechtsöffnungstitel, nämlich einer durch Unterschrift bekräftigten Schuldanerkennung (Art. 82 Abs. 1 SchKG). Der Beklagte kann diese entkräften, indem er *Einwendungen nur glaubhaft macht* (Art. 82 Abs. 2 SchKG).

2.2 Summarische Verfahren im eigentlichen Sinne

235 Die ZPO fasst verschiedenartige Verfahrenstypen unter dem Titel «summarisches Verfahren» zusammen. Summarische Verfahren im eigentlichen Sinn sind nur solche mit *Beweisbeschränkung,* d.h. mit Beweismittel- und/oder Beweismassbeschränkung. Die in diesen Verfahren ergehenden Entscheide sind daher *nicht endgültiger Natur,* vielmehr bleibt die endgültige Abklärung der Sachlage in einem *nachfolgenden Verfahren mit vollen Beweismöglichkeiten* vorbehalten. Es handelt sich v.a. um vorsorgliche Massnahmen.

Aus der Beweisbeschränkung folgt eine *beschränkte materielle Rechtskraft.* Entscheide im eigentlichen summarischen Verfahren sind für das Gericht im *ordentlichen* Verfahren nicht bindend (7 N 204). Hingegen entfalten sie materielle Rechtskraft für ein Verfahren derselben Erkenntnisstufe. 236

Beispiel: Nach Abweisung eines Rechtsöffnungsbegehrens steht einem *zweiten* Rechtsöffnungsbegehren *in derselben Betreibung* die Einrede der abgeurteilten Sache entgegen (vgl. BGE *100* III 51). 237

2.3 Summarische Verfahren im uneigentlichen Sinne

In gewissen «summarischen» Verfahren müssen *alle Beweismittel* abgenommen werden und blosses *Glaubhaftmachen genügt nicht.* Das gilt für alle Verfahren, die zu Urteilen mit *voller materieller Rechtskraft* führen. «Mit bloss glaubhaft gemachten Tatsachen und eingeschränkten Beweismitteln darf sich das Gericht nur bei Urteilen begnügen, welche die materielle Rechtskraft nicht endgültig festlegen» (BGE *117* II 559). 238

Die Beweismittel- und Beweismassbeschränkung gelten daher nicht, wenn für das betreffende Verfahren *volle Beweiskognition erforderlich* ist, das Begehren aber – falls die im summarischen Verfahren gegebenen Beweismöglichkeiten nicht ausreichen – *nicht dem ordentlichen Gericht überwiesen werden kann.* Dies gilt beispielsweise für nichtstreitige Verfahren (freiwillige Gerichtsbarkeit). 239

Beispiele: 240
- Die sog. «Angelegenheiten aufgrund des Zivilgesetzbuches und des Obligationenrechtes» (Art. 249 f.) werden dem summarischen Verfahren zugewiesen. Es handelt sich zum Teil um *nichtstreitige Rechtssachen* (z.B. das Begehren um Berichtigung des Zivilstandsregisters, Art. 42 ZGB), zum Teil um streitige Verfahren. In diesen Verfahren müssen grundsätzlich *alle Beweismittel* zugelassen werden (Art. 254 Abs. 2 lit. b).
- Über das *Einsichtsrecht des Aktionärs* nach Art. 697h Abs. 2 OR ist mit voller Beweiskognition zu entscheiden (BGE *120* II 355).

Ein untypisches summarisches Verfahren liegt auch vor, wenn das Begehren nur bei Vorliegen *unbestrittener oder* – mit den zulässigen Beweismitteln – *sofort beweisbarer tatsächlicher Verhältnisse* gutgeheissen werden kann und andernfalls die Sache im ordentlichen Verfahren abgeklärt werden muss (s. Art. 257 Rechtsschutz in klaren Fällen; N 258 ff.). 241

Begrifflich sind diese Verfahren eigentlich keine summarischen Verfahren (GULDENER, 589). Die *Entscheide* erwachsen in *volle materielle Rechtskraft,* d.h. sie sind für Gerichte im ordentlichen Verfahren verbindlich. 242

3. Anwendungsbereich

3.1 Allgemeines

243 Das summarische Verfahren hat *grosse praktische Bedeutung*. Der Anwendungsbereich des Verfahrens ist sehr weit (Art. 248). Er umfasst:

- die vom Gesetz (der ZPO oder anderen Bundesgesetzen) dem summarischen Verfahren explizit oder implizit zugewiesenen Fälle,
- den Rechtsschutz in klaren Fällen,
- gerichtliche Verbote,
- vorsorgliche Massnahmen und
- die freiwillige Gerichtsbarkeit.

3.2 Angelegenheiten des ZGB und OR

244 Die Art. 249 f. enthalten die traditionellen *Kataloge* der wichtigsten Summarsachen aus *ZGB* und *OR,* welche den bisherigen Aufzählungen in den kantonalen Rechten entsprechen. Dabei handelt es sich überwiegend um Angelegenheiten der freiwilligen Gerichtsbarkeit (z.B. Kraftloserklärung eines Wertpapiers), doch fallen auch streitige Verfahren darunter (z.B. das Gegendarstellungsrecht).

245 Die Aufzählungen sind *nicht abschliessend.* Die summarischen Angelegenheiten des *Familienrechts* finden sich zudem in den Art. 271, 302 und 305 ZPO. Auf eine Zusammenstellung der Summarsachen aus den *Spezialgesetzen* des Bundesprivatrechts hat der Gesetzgeber verzichtet (Botschaft, 7349). So enthalten z.B. die immaterialgüterrechtlichen Gesetze besondere Bestimmungen über vorsorgliche Massnahmen, für die ebenfalls das summarische Verfahren gilt (s. N 288).

3.3 Angelegenheiten des SchKG

246 Nach Art. 251 gilt das summarische Verfahren – wie bisher nach aArt. 25 Ziff. 2 SchKG – für Entscheide, die vom Rechtsöffnungs-, vom Konkurs-, vom Arrest- oder vom Nachlassgericht getroffen werden, ferner für die Bewilligung des nachträglichen Rechtsvorschlags, des Rechtsvorschlags in der Wechselbetreibung, die Aufhebung oder Einstellung der Betreibung und den Entscheid über das Vorliegen neuen Vermögens.

4. Elemente des Verfahrens

4.1 Behauptungsphase

4.1.1 Allgemeines

Dem summarischen Verfahren geht *kein Schlichtungsversuch* voraus (Art. 198 lit. a). Das Behauptungsverfahren ist entweder *rein schriftlich oder ausnahmsweise rein mündlich*. Das Verfahren soll rasch sein, die *Fristen* sind daher wesentlich *kürzer* als im ordentlichen Verfahren anzusetzen. Widerklage und Streitverkündung sind aufgrund der Natur des Verfahrens ausgeschlossen. 247

Es gilt grundsätzlich die *Verhandlungsmaxime*. Ausnahmen bestehen einzig im nichtstreitigen Verfahren und im Konkurs- und Nachlassverfahren (Art. 255) sowie in eherechtlichen, kindesrechtlichen und partnerschaftsrechtlichen Summarverfahren (Art. 272, 296, 306). 248

Das Gesetz bezeichnet – entsprechend gängiger Praxis – die verfahrenseinleitende Eingabe im summarischen Verfahren als *«Gesuch»* und nicht als Klage; die Parteien sind dementsprechend Gesuchsteller und Gesuchsgegner statt Kläger und Beklagter. *Materiell* ist das Gesuch in den kontradiktorischen Summarverfahren jedoch eine *Klage*. In der Terminologie kommt die (in der Regel) beschränkte Beweiskognition zum Ausdruck. 249

4.1.2 Begründetes Gesuch oder mündliche Anmeldung

Das Verfahren wird durch ein *schriftliches Gesuch* eingeleitet. Nur *in Ausnahmefällen* kann das Gesuch *mündlich* beim Gericht gestellt werden (Art. 252). Das Gesetz erwähnt nicht, welche Angaben das Gesuch zu enthalten hat. Es gelten deshalb sinngemäss die Anforderungen an die Klageschrift (Art. 219 i.V.m. 221). Das Gesuch muss demnach die Bezeichnung der Parteien, ein *Rechtsbegehren,* den Streitwert und eine *Begründung,* bestehend aus den wesentlichen Tatsachenbehauptungen und den einzeln dazu bezeichneten Beweismitteln, enthalten. Die zum Beweis notwendigen Urkunden sind beizulegen. 250

Diese Anforderungen müssen gesetzessystematisch sinngemäss auch für die *mündliche Anmeldung in dringlichen oder einfachen Fällen* gelten (Art. 219). Die *Gerichtskanzlei* hat über die mündliche Anmeldung ein Protokoll mit den wesentlichen Angaben nach Art. 221 aufzunehmen. Dazu gehören die Parteibezeichnungen, das Rechtsbegehren und eine kurze Begründung mit den entsprechenden Beweismitteln. Eine schriftliche Anmeldung ist im summarischen Verfahren – anders als in Art. 244 – nicht vorgesehen. Damit werden aber gerade in den einfachsten und dringendsten 251

Summarverfahren realitätsfremde und laienfeindliche Hürden aufgestellt. U.E. sollte in einfachen und dringlichen Fällen, insbesondere wenn ohnehin eine Verhandlung durchgeführt wird, eine mündliche oder schriftliche Klageanmeldung, welche den Anforderungen von Art. 244 entspricht, genügen.

4.1.3 Gesuchsantwort oder Verhandlung

252 Die Gegenpartei erhält, wenn das Begehren nicht von vornherein aussichtslos ist, Gelegenheit zur *Stellungnahme* (Art. 253). Das Gericht entscheidet, ob diese schriftlich oder ausnahmsweise mündlich in einer Verhandlung zu erfolgen hat (Art. 256 Abs. 1). Auch die Gegenpartei hat ihre Beweismittel beizulegen und zu bezeichnen (Art. 254).

253 Beiden Parteien steht in der Regel nur ein *einziger schriftlicher* (ausnahmsweise mündlicher) *Vortrag* zu. Ein doppelter Schriftenwechsel oder eine Verhandlung nach durchgeführtem schriftlichem Verfahren entspricht dem summarischen Verfahren nicht (vgl. Botschaft, 7350). Das *rechtliche Gehör* der gesuchstellenden Partei bleibt aber vorbehalten, wenn mit der Stellungnahme der Gegenpartei neue, für den Entscheid wesentliche Tatsachen vorgebracht werden.

4.2 Beweisphase

254 Die Beweisphase ist in den typischen Summarverfahren durch eine *Beweismittelbeschränkung* gekennzeichnet. Es werden primär nur *Urkunden,* die von den Parteien rechtzeitig (mit der Eingabe, ausnahmsweise in der Verhandlung) eingereicht wurden, berücksichtigt (Art. 254 Abs. 1). Weitere Beweismittel werden nur berücksichtigt, wenn dies *ohne wesentliche Verzögerung* möglich ist, z.B. wenn die Partei ein Augenscheinsobjekt einreicht oder sich das Gericht zu einem Augenschein oder einer fömlichen Parteibefragung entscheidet. Ein *eigentliches Beweisverfahren* findet jedoch *nicht* statt.

255 In Verfahren mit *Untersuchungsmaxime* dürfen die Beweismittel nicht beschränkt werden (Art. 254 Abs. 2 lit. c). Das Beweismass bleibt aber auf Glaubhaftmachen reduziert. Der *Verfahrenszweck* erfordert darüber hinaus nur selten eine uneingeschränkte Beweisabnahme (z.B. Art. 341 f.).

4.3 Entscheidphase

256 Entscheidfindung und Eröffnung entsprechen grundsätzlich dem ordentlichen Verfahren (s. 7 N 166 ff., 177 ff.). Allerdings entscheidet im summarischen Verfahren in der Regel ein *Einzelgericht.* Da zudem meist

kein eigentliches Beweisverfahren stattfindet und blosses Glaubhaftmachen der Tatsachen genügt (Beweisbeschränkung), kann die Entscheidfindung *rasch* erfolgen, sei es unmittelbar nach dem Schriftenwechsel oder nach einer allfälligen Verhandlung. Die schriftliche Begründung des Entscheids darf entsprechend dem summarischen Verfahren knapp ausfallen (Botschaft, 7351). Aufgrund der grundsätzlich beschränkten Beweiskognition und der grundsätzlich beschränkten materiellen Rechtskraft (s. N 236) werden materielle Entscheide im summarischen Verfahren üblicherweise nicht als Urteil, sondern als Entscheid oder Verfügung bezeichnet.

5. Rechtsschutz in klaren Fällen

5.1 Begriff und Wesen

Dieses Institut war unter dem Titel *«Befehlsverfahren»* zur schnellen Handhabung klaren Rechts in zahlreichen deutschschweizerischen Kantonen bereits bekannt und hatte sich bewährt (ZH, SH, TG, SG, AR, AI, GL, ZG, LU, UR, SZ, OW, NW, SO). Es wird deshalb mit der schweizerischen ZPO schweizweit eingeführt (Art. 257). 257

Der Rechtsschutz in klaren Fällen dient dazu, bei liquiden Verhältnissen, d.h. *klarer Sach- und Rechtslage,* schnell zu einem vollstreckbaren Sachurteil zu gelangen. Das Urteil erwächst in *volle materielle Rechtskraft.* Es handelt sich daher nicht um ein summarisches Verfahren im eigentlichen Sinne (N 241 f.). Die klagende Partei hat damit die *Wahl* den Prozess im ordentlichen bzw. vereinfachten Verfahren oder im summarischen Verfahren durchzuführen. Diese Option steht der klagenden Partei jedoch nicht zur Verfügung, wenn das Verfahren der Offizialmaxime unterliegt, welche v.a. in Kinderbelangen gilt (Art. 257 Abs. 2 i.V.m. Art. 296). 258

Gegenstand dieses Verfahrens können nicht nur – wie bisher – Rechtsbegehren auf ein *Tun oder Unterlassen oder eine Rechtsgestaltung* sein, sondern neu auch Rechtsbegehren auf *Geldzahlung* (Botschaft, 7351). Damit steht dem Forderungsgläubiger eine neue effiziente Möglichkeit zur Rechtsdurchsetzung gegen den zahlungsunwilligen Schuldner zur Verfügung. Funktionsgemäss ist der «Rechtsschutz in klaren Fällen» damit ein Instrument des *Gläubigerschutzes* (Botschaft, 7352). 259

Ein *Anwendungsfall* ist beispielsweise die *Ausweisung von Mieterinnen und Mietern* sowie Pächterinnen und Pächtern infolge *ausserordentlicher Kündigung,* so bei Zahlungsverzug (Art. 257*d* OR) oder Konkurs (Art. 266*h* OR; vgl. Botschaft, 7352). Möglich sind aber z.B. auch Besitzesschutzbegehren (Art. 927–929 ZGB), sofern die Verhältnisse klar sind. 260

5.2 Voraussetzungen

261 Das summarische Verfahren nach Art. 257 ist nur erfolgreich, wenn folgende Voraussetzungen erfüllt sind:

- Der *Sachverhalt* muss *klar* (liquid) sein, d.h. die Tatsachen müssen *unbestritten oder sofort* durch Urkunden oder Augenscheinsobjekte *beweisbar* sein (lit. a). Die Beschränkung der Beweismittel ist hier sehr ausgeprägt. Denn *im Zweifel ist die Sache im ordentlichen Prozess abzuklären.* Expertisen, Zeugen- und Parteibefragungen widersprechen dieser Verfahrensart.

262 – Die *Rechtslage* muss *klar* sein (lit. b). Klares Recht liegt vor, wenn eine im Rahmen *bewährter Lehre und Rechtsprechung* sich bewegende Auslegung den Sinn eines Rechtssatzes oder Rechtsbegriffs deutlich ergibt (GULDENER, 158 N 15).

263 Die *Gegenpartei* muss *angehört* werden (Art. 253). Wenn sie die behaupteten Tatsachen bestreitet oder Einreden gegen den geltend gemachten Anspruch erhebt, kann der schnelle Rechtsschutz scheitern, wenn die Sachlage nicht mehr klar erscheint. Dazu genügen glaubhafte Vorbringen, offensichtlich haltlose Behauptungen vermögen das Verfahren hingegen nicht aufzuhalten (vgl. Botschaft, 7352).

5.3 Wirkungen

264 Die *Gutheissung des Gesuchs* hat *volle materielle Rechtskraft.* Einem späteren ordentlichen Prozess steht die *res iudicata* entgegen. Dies ist eine Ausnahme vom Grundsatz, wonach Summarentscheiden nur auf Summarverfahren beschränkte materielle Rechtskraft zukommt (vgl. N 241 f., 7 N 204).

265 Ist die Sach- und Rechtslage nicht liquid, d.h. nicht klar genug, erlässt das Gericht einen *Nichteintretensentscheid* (Art. 257 Abs. 3). Hingegen kommt es nicht zu einer (materiellen) Abweisung des Gesuchs. Die klagende Partei kann ihren Anspruch in der Folge im ordentlichen (oder vereinfachten) Verfahren geltend machen, wo ein umfassendes Beweisverfahren mit umfassender gerichtlicher Kognition möglich ist. Art. 63 über die Rückwirkung der Rechtshängigkeit der Klage findet Anwendung, wenn diese innert eines Monats seit Erhalt des Nichteintretensentscheids im ordentlichen (oder vereinfachten) Verfahren beim zuständigen Gericht eingeleitet wird.

6. Gerichtliche Verbote

Gerichtliche Verbote dienen dem *Schutz des Grundeigentums*. Erfasst werden von Art. 258 nur *allgemeine Verbote,* die sich gegen einen *unbestimmten Personenkreis* richten. Es handelt sich um ein *einseitiges Verfahren.* Eine konkrete Besitzesstörung durch bestimmte Personen (z.B. nachbarliche Immissionen) ist in einem streitigen Verfahren zu klären, bei klaren Verhältnissen über den «Rechtsschutz in klaren Fällen» (Art. 257; Botschaft, 7352) oder einstweilen durch vorsorgliche Massnahmen. 266

Das Verbot kann jede hinreichend *konkrete Störung* untersagen (z.B. «Betreten verboten», «Durchfahrt verboten», «Parkverbot», «Fussballspielen verboten»). Das gerichtliche Verbot stellt eine *amtliche Verfügung* i.S.v. Art. 292 StGB dar. Widerhandlungen können mit *Busse* bis zu 2000 Franken bedroht werden. Das Verbot muss publiziert und auf dem Grundstück klar signalisiert werden, um wirksam zu sein (Art. 259). 267

Legitimiert zum Antrag ist nur eine am Grundstück *dinglich berechtigte Person* (z.B. Eigentümerin oder Baurechtsinhaberin; Art. 258), nicht etwa eine Mietpartei. Sie hat ihr dingliches Recht zu beweisen und eine bestehende oder drohende *Störung glaubhaft* zu machen (Art. 258). Sind diese Voraussetzungen erfüllt, bewilligt das Gericht das Gesuch ohne vorgängige Anhörung möglicher Betroffener. 268

Gegen das Verbot kann jedermann innert 30 Tagen seit der öffentlichen Bekanntmachung (in der Regel im kantonalen Amtsblatt) *und* der Signalisation auf dem Grundstück *Einsprache* erheben (Art. 260). Die Einsprache bedarf keiner Begründung. Sie führt zur *Unwirksamkeit des Verbots gegenüber der einsprechenden Person.* Um das Verbot auch gegenüber dieser Person durchzusetzen, muss die verbotsberechtigte Person den ordentlichen (oder vereinfachten) Prozessweg beschreiten (Botschaft, 7353). 269

7. Freiwillige Gerichtsbarkeit

Die ZPO unterstellt die *freiwillige Gerichtsbarkeit* dem summarischen Verfahren (Art. 248 lit. e, vgl. Art. 249 ff.). Zwingend *zuständig* ist das Gericht oder die Behörde am Wohnsitz oder Sitz der gesuchstellenden Partei, sofern das Gesetz nichts anderes bestimmt (Art. 19). Ausnahmen bestehen im Sachenrecht (Art. 29 Abs. 4 zwingend Ort des Grundbuchs für Rechte an Grundstücken; Art. 30 Abs. 2 alternativ Ort der gelegenen Sache für Rechte an beweglichen Sachen). 270

Im Gegensatz zu den kontradiktorischen summarischen Verfahren ist das Verfahren in Angelegenheiten der freiwilligen Gerichtsbarkeit *nichtstreitig.* Es handelt sich um ein *Einparteienverfahren,* d.h. ein Gesuchsverfahren, 271 welches mit einer gerichtlichen Bewilligung oder der Feststellung einer Tatsache oder eines Rechtsverhältnisses endet (vgl. 1 N 8). Als Ausgleich für die fehlende Gegenpartei gilt im nichtstreitigen Verfahren die *Untersuchungsmaxime* (Art. 255 lit. b).

272 Der gesuchstellenden Partei stehen die allgemeinen Rechtsmittel zur Verfügung. Wurde ihrem Antrag allerdings entsprochen, so ist sie nicht beschwert. Gleichwohl kann sich ein Entscheid der freiwilligen Gerichtsbarkeit im Nachhinein als unrichtig erweisen. Art. 256 Abs. 2 sieht deshalb insofern eine *Besonderheit* vor, als eine *unrichtige Anordnung* auf Antrag oder von Amtes wegen *aufgehoben oder abgeändert* werden kann, sofern nicht das Gesetz oder die Rechtssicherheit dem entgegenstehen (z.B. Korrektur eines fehlerhaften Erbscheins; Botschaft, 7351).

8. Vorsorgliche Massnahmen

8.1 Begriff

273 Unter vorsorglichen Massnahmen versteht man Anordnungen des Gerichts, mit denen einer Partei *vor oder während* des ordentlichen Prozesses *vorläufiger Rechtsschutz* gewährt wird. Deshalb wird statt von vorsorglichen Massnahmen auch von einstweiligem Rechtsschutz oder einstweiligen Verfügungen gesprochen.

8.2 Bedeutung

274 Im Prozess dauert es lange, bis ein rechtskräftiges Urteil vorliegt. Die Parteien müssen aber dagegen geschützt werden können,

- dass das Streitobjekt während des Prozesses ihrem späteren Zugriff entzogen wird (Sicherungsmassnahmen),
- dass Rechte und Pflichten innerhalb eines Dauerrechtsverhältnisses während der Prozessdauer ungeregelt der Willkür und der Selbsthilfe der Parteien anheimgestellt bleiben (Regelungsmassnahmen),
- dass das angestrebte Prozessziel durch den Zeitablauf während der Prozessdauer ganz oder teilweise illusorisch wird (Leistungsmassnahmen).

8.3 Arten

8.3.1 Sicherungsmassnahmen

Sie sollen die *künftige Vollstreckung des Urteils* sicherstellen und dienen daher der *Erhaltung des bestehenden Zustands* während der Prozessdauer, allenfalls schon vor der Rechtshängigkeit eines Prozesses. 275

Sicherungsmassnahmen können beispielsweise bestehen in: 276

- einem Veräusserungsverbot (mit Strafandrohung nach Art. 292 StGB) oder der Beschlagnahme des Streitobjekts,
- Massnahmen zur Sicherung des Verbots, *ohne Zustimmung* des andern Ehegatten über Vermögenswerte *zu verfügen,* einschliesslich Grundbuchsperre (Art. 271 i.V.m. Art. 178 Abs. 2 und 3 ZGB),
- Hinterlegung der Unterhaltsbeiträge im Unterhaltsprozess (Art. 303 ZPO),
- Anordnung der Sicherstellung von Unterhaltsleistungen im Scheidungsprozess (Art. 271 ZPO i.V.m. Art. 132 Abs. 2 ZGB) und bei der Erbschaftsklage (BGE *122* III 213, 216 E. 3 und 4),
- Vormerkung von Verfügungsbeschränkungen (Art. 960 ZGB) oder vorläufigen Eintragungen im Grundbuch (Art. 961 ZGB),
- Anordnung der Hinterlegung im Prätendentenstreit (Art. 168 Abs. 3 OR),
- Zahlungsverbot bei Kraftloserklärungen (Art. 982, 1072 OR).

Die Sicherung der *künftigen Vollstreckung einer Geldforderung* ist durch den *Arrest* abschliessend geregelt. Eine vorsorgliche Massnahme, die diesem Zweck dient, ist als *«verkappter Arrest»* unzulässig (BGE *86* II 295 E. 2). 277

8.3.2 Regelungsmassnahmen

Mit ihnen soll für die Prozessdauer ein *Dauerrechtsverhältnis* vorläufig gestaltet und innerhalb desselben eine *vorläufige Friedensordnung* hergestellt werden. *Beispiele* von Regelungsmassnahmen sind: 278

- Regelung des Getrenntlebens, der Zuweisung der Wohnung, der Kinderzuteilung, des Besuchsrechtes und der Unterhaltsbeiträge im Eheschutz und im Scheidungsverfahren (Art. 271 ZPO i.V.m. Art. 172 ff. ZGB, Art. 276 ZPO),
- Regelung des Wohnverhältnisses während des mietrechtlichen Verfahrens (Art. 270e lit. b OR; z.B. Verfügungen betreffend Umbau- und Renovationsarbeiten am Mietobjekt),
- Entzug der Vertretungsbefugnis gegenüber dem Kollektivgesellschafter (Art. 250 ZPO i.V.m. Art. 565 Abs. 2 OR),
- Massnahmen bei Klagen auf Auflösung einer Kollektivgesellschaft (Art. 574 Abs. 3 OR), einer Aktiengesellschaft (Art. 625 Abs. 2 und 643

Abs. 3 OR; zu den Aktionärsklagen allgemein s. VOCK, 181), einer Genossenschaft (Art. 831 Abs. 2 OR).

279 *Beispiel* einer Regelungsmassnahme im *Immissionsprozess* (OGer ZH, 27.6.1983; vgl. Endentscheid ZR *1985* Nr. 102):

Zwei Nachbarinnen einer Halterin von zwei afrikanischen Graupapageien klagen gegen diese wegen unzumutbarer Immissionen durch die Pfiffe und Schreie der Papageien (Art. 684 ZGB). Sie verlangen, es sei der Papageienhalterin zu verbieten, in ihrem Hause bei offenen Fenstern und Türen und im dazugehörigen Garten Papageien, Sittiche und andere lärmende Vögel zu halten.

Durch *vorsorgliche Massnahme* wird für die Haltung der Tiere *während der Prozessdauer* angeordnet, dass sie nur vormittags von zehn bis zwölf und nachmittags von zwei bis vier Uhr im Freien sein dürfen. In der übrigen Zeit müssen sie im Hause gehalten werden.

8.3.3 Leistungsmassnahmen

8.3.3.1 Zweck

280 Sie dienen der *vorläufigen Vollstreckung behaupteter Ansprüche* während der Prozessdauer. Die Möglichkeit vorläufiger Vollstreckung muss vor allem gegeben sein, wenn der eingeklagte *Unterlassungsanspruch durch die Prozessdauer untergeht* oder die dannzumalige *Urteilsvollstreckung* für die klagende Partei *wertlos* wäre.

281 *Beispiele:*

- *Untergang des eingeklagten Anspruchs durch die Prozessdauer:*
  - Untergang des Unterlassungsanspruchs zufolge *Wegfalls der Wiederholungsgefahr* (vgl. BGE *95* II 501):

    Der Club Méditerranée hatte wegen der «Medityrannis»-Karikatur H. U. Stegers im Tages-Anzeiger vom 8. Juli 1967 u.a. auf Unterlassung weiterer Veröffentlichungen dieser Karikatur geklagt. Voraussetzung des Unterlassungsurteils ist, dass der zu verbietende rechtswidrige Eingriff ernstlich droht (6 N 8 f.). Das war im Zeitpunkt des bundesgerichtlichen Urteils (21. März 1969) nicht mehr der Fall, weshalb das Unterlassungsbegehren abgewiesen werden musste. (Richtigerweise hätte darauf zufolge Wegfalls einer Prozessvoraussetzung nicht eingetreten werden sollen.) – In solchen Fällen drängt sich ein Antrag auf ein vorsorgliches Verbot während der Prozessdauer auf.

  - Untergang des Anspruchs auf Unterlassung der verbotenen Konkurrenztätigkeit durch *Ablauf der* regelmässig auf höchstens drei Jahre begrenzten *Dauer des Konkurrenzverbots* (Art. 340a Abs. 1 OR);

282 – *Kontraproduktive Wirkung* der seinerzeitigen Vollstreckung des Urteils *für die klagende Partei*, z.B. die Urteilspublikation im Persönlichkeitsschutzrecht, welche die Persönlichkeitsverletzung ins Gedächtnis der Öffentlichkeit zurückruft (Art. 28 g ff. ZGB Gegendarstellung).

8.3.3.2 Unterlassungsansprüche

Leistungsmassnahmen sind zulässig für Unterlassungsansprüche, wenn die gesuchstellende Partei glaubhaft macht, dass sie *von einer unrechtmässigen schädigenden Handlung bedroht* ist, z.B.: 283
- Verbot drohender Verletzungen der Persönlichkeitsrechte,
- Verbot der Ausübung einer Konkurrenztätigkeit bei Glaubhaftmachen der Voraussetzungen von Art. 340b Abs. 3 OR (ZR *1972* Nr. 105),
- Verbote im gewerblichen Rechtsschutz (Art. 65 URG, Art. 59 MSchG, Art. 38 DesG, Art. 77 PatG, Art. 43 SSchG; s. auch BGE *124* III 72 betr. Kassensturz «Contra-Schmerz»).

8.3.3.3 Positive Leistungsansprüche

Grundsätzlich zulässig sind Leistungsmassnahmen zur vorläufigen Vollstreckung von *Ansprüchen auf ein Tun,* z.B. 284
- auf Beseitigung von Persönlichkeitsverletzungen durch *Gegendarstellungen* (Art. 28g ff. ZGB),
- auf *provisorische Wiedereinstellung* der Arbeitnehmerin oder des Arbeitnehmers im Kündigungsschutzprozess nach *Gleichstellungsgesetz,* «wenn es wahrscheinlich erscheint, dass die Voraussetzungen für die Aufhebung der Kündigung erfüllt sind» (Art. 10 Abs. 3 GlG).

Dagegen sind nach herrschender Auffassung Leistungsmassnahmen zur vorläufigen Vollstreckung von *Ansprüchen auf Geldzahlung grundsätzlich unzulässig.* Davon bestehen jedoch einzelne *Ausnahmen:* 285
- Verpflichtung zur Zahlung von Unterhaltsbeiträgen bei vermuteter Vaterschaft (Art. 303 ZPO) und von Unterstützungsleistungen (Art. 329 Abs. 3 ZGB i.V.m. Art. 303 ZPO);
- Verpflichtung der unterhaltspflichtigen Partei zur Zahlung von Unterhaltsbeiträgen an die unterhaltsberechtigte Partei nach Eintritt der Teilrechtskraft des Scheidungsurteils im Scheidungspunkt (und damit nach Wegfall der ehelichen Unterhaltspflicht gemäss Art. 163 ZGB; Art. 276 Abs. 3 ZPO);
- Anordnung vorläufiger Abschlagszahlungen im *Kernenergiehaftpflichtprozess* (Art. 24 KHG);
- *Anweisung an die (Dritt-)Schuldner* eines unterhaltspflichtigen *Ehegatten während hängigem Prozess.* Nach Rechtskraft des Scheidungs- oder Unterhaltsurteils ist die Drittschuldneranweisung hingegen eine Vollstreckungsmassnahme sui generis (Art. 271 ZPO i.V.m. Art. 132 Abs. 1 ZGB, Art. 302 ZPO).

8.3.4 Beweissicherungsmassnahmen

286 Beweissicherungsmassnahmen werden zwar oft den vorsorglichen Massnahmen zugerechnet, unterscheiden sich von diesen aber insofern, als nur der *drohende Verlust des Beweismittels* glaubhaft zu machen ist, nicht dagegen die wahrscheinliche Begründetheit des Hauptbegehrens (Art. 158; 10 N 314 ff.). Mit Bezug auf die örtliche Zuständigkeit und das Verfahren gelten die Bestimmungen über die vorsorglichen Massnahmen (Art. 158 Abs. 2 i.V.m. Art. 13 und 261 ff.).

8.4 Gesetzliche Regelungen

287 Die *ZPO* regelt die Voraussetzungen, den Inhalt und das Verfahren *einheitlich für alle vorsorglichen Massnahmen* in den Art. 261 ff.

288 Zahlreiche Regelungen vorsorglicher Massnahmen in Bundesgesetzen werden deshalb mit dem Inkrafttreten der ZPO aufgehoben (z.B. aArt. 28c ff., 137, 282 f. ZGB, aArt. 14 UWG, aArt. 17 KG). Die entsprechenden Bestimmungen in den *immaterialgüterrechtlichen Gesetzen* wurden dagegen revidiert, da die Regelungsdichte der vorsorglichen Massnahmen in der ZPO für die jeweiligen Immaterialgüterrechte als ungenügend erachtet wurde (Art. 65 URG, Art. 59 MSchG, Art. 38 DesignG, Art. 77 PatG, Art. 43 SSchG, Art. 15 DSG). Diese Bestimmungen regeln – ergänzende – Inhalte vorsorglicher Massnahmen.

289 Vorbehalten bleiben einzelne besondere Regelungen in anderen Bundesgesetzen (Art. 269). Es sind dies die Bestimmungen

- des SchKG über sichernde Massnahmen bei der Vollstreckung von Geldforderungen (insb. Arrest),
- des ZGB über erbrechtliche Sicherungsmassregeln (insb. Erbschaftsinventar und Erbschaftsverwaltung) sowie
- des Patentgesetzes über die Klage auf Lizenzerteilung.

8.5 Voraussetzungen vorsorglicher Massnahmen

8.5.1 Allgemeines

290 Vorsorgliche Massnahmen können *vor oder nach Rechtshängigkeit* des Hauptprozesses verlangt werden. Die Voraussetzungen für den Erlass vorsorglicher Massnahmen unterscheiden sich nach der Art der geforderten Massnahmen. So ist die Herstellung einer vorläufigen Friedensordnung durch *Regelungsmassnahmen* im Scheidungsprozess und bei anderen

Auseinandersetzungen über Dauerrechtsverhältnisse auch dann erforderlich, wenn das Hauptbegehren (z.B. die Scheidungsklage) wahrscheinlich unbegründet ist. Umgekehrt werden an die Voraussetzungen des nicht leicht wieder gutzumachenden Nachteils und der Hauptsachenprognose erhöhte Anforderungen gestellt werden, wenn eine *Leistungsmassnahme* (N 280 ff.) einen besonders schwerwiegenden Eingriff in die Rechtsstellung der Gegenpartei darstellt.

Die Voraussetzungen vorsorglicher Massnahmen werden in *Art. 261 ZPO* umschrieben. Da die Voraussetzungen vor Einleitung oder im Anfangsstadium des Prozesses nicht strikte bewiesen werden können, genügt blosses *Glaubhaftmachen* (vgl. 10 N 32 f.). Das gilt sowohl für vorprozessuale vorsorgliche Massnahmen als auch für solche nach Rechtshängigkeit des Hauptprozesses. Glaubhaft gemacht werden müssen folgende Voraussetzungen: 291

8.5.2 Drohender, nicht leicht wieder gutzumachender Nachteil

Die gesuchstellende Partei hat die *Verletzung oder Gefährdung ihres Anspruchs,* den dadurch drohenden, nicht leicht wieder gutzumachenden *Nachteil* sowie die *Notwendigkeit oder zeitliche Dringlichkeit* vorsorglicher Massnahmen zur Vermeidung dieses Nachteils glaubhaft zu machen (Art. 261 Abs. 1 lit. a und b). Es fällt nicht nur ein drohender finanzieller Schaden in Betracht, sondern *jeder Nachteil,* insbesondere auch der durch den Zeitablauf – die Prozessdauer – begründete Nachteil (Beispiele s. N 281 f.). 292

In die Nachteilsprognose sind beide Parteien einzubeziehen. Es ist abzuwägen: 293

- ob der *Nachteil der gesuchstellenden Partei* überwiegt, der dann droht, wenn sie den Hauptprozess gewinnt, diesen Prozessgewinn aber wegen der Ablehnung der vorsorglichen Massnahme nicht durchsetzen kann,
- oder ob es der *Nachteil des Gesuchsgegners* ist, den dieser für den Fall seines Obsiegens im Hauptprozess dadurch erleidet, dass er während der Prozessdauer wegen der vorsorglichen Massnahme in der Ausübung seiner Rechte eingeschränkt ist. Bei drohendem Schaden kann die Anordnung vorsorglicher Massnahmen auf Antrag des Gesuchsgegners nötigenfalls von einer *Sicherheitsleistung* abhängig gemacht werden (Art. 264; s. N 308).

Beispiel: Bei der Nachteilsprognose hat die Sicherungsmassnahmen i.S.v. Art. 178 ZGB verlangende Ehefrau *glaubhaft darzulegen,* dass eine ernsthafte und aktuelle Gefährdung vorliegt. «Die Gefährdung muss *aufgrund objektiver Anhaltspunkte als wahrscheinlich* erscheinen, und zwar in nächster Zukunft» (BGE *118* II 381). 294

8.5.3 Wahrscheinliche Begründetheit des Hauptbegehrens

295 Die gesuchstellende Partei hat auch die Begründetheit des Hauptbegehrens glaubhaft zu machen. Der Erlass vorsorglicher Massnahmen ist nicht gerechtfertigt, wenn das Hauptbegehren des Klägers unbegründet oder wenig aussichtsreich ist. Es ist daher eine sog. *Hauptsachenprognose* zu treffen. Dabei ist festzustellen, ob die Hauptsache den «fumus boni iuris» habe (Rep. 1975 254).

296 Diese Voraussetzung wird in der ZPO *nicht ausdrücklich* genannt, aber als im Glaubhaftmachen des drohenden Nachteils enthalten betrachtet (vgl. Botschaft, 7354). Bei der Hauptsachenprognose können allerdings nur die *tatsächlichen Behauptungen glaubhaft gemacht* werden, wogegen die rechtliche Begründetheit der Klage nur mehr oder weniger eingehend geprüft werden kann (BGE *104* Ia 413).

297 Eine *Ausnahme* besteht im *Scheidungsprozess,* wo die wahrscheinliche Begründetheit des Hauptbegehrens irrelevant ist. Während des Scheidungsprozesses sind z.B. die Kinderbelange und der Ehegattenunterhalt zu regeln, unabhängig von der mutmasslichen Begründetheit des Scheidungsbegehrens.

8.6 Entscheid über vorsorgliche Massnahmen

298 Art. 262 Abs. 1 ermächtigt das Gericht allgemein, *die geeigneten Massnahmen* zu treffen. Aufgrund der *Generalklausel* kommt jede vorsorgliche Massnahme in Betracht, die geeignet ist, den drohenden Nachteil abzuwenden. Die anschliessende *Aufzählung* möglicher Massnahmen in Abs. 2 ist nur *beispielhaft.* Mögliche vorsorgliche Massnahmen sind etwa:

- ein Verbot an die Gegenpartei, z.B. eine Firma weiterzubenutzen oder eine Konkurrenztätigkeit auszuüben;
- eine Anordnung zur Beseitigung eines rechtswidrigen Zustands, z.B. die Beschlagnahme von Plagiaten und Falsifikaten;
- eine Anweisung an eine Registerbehörde, insb. Vormerkung bzw. vorläufige Eintragung im Grundbuch (Art. 960 und 961 ZGB) oder Anmerkung einer sog. Grundbuchsperre oder Sperrung der Bekanntgabe von Personendaten im Zivilstandsregister (Art. 46 ZStV);
- eine Anweisung an Dritte, z.B. an Banken betreffend Verfügungssperren auf Konten;
- eine Sachleistung, z.B. Herausgabe einer widerrechtlich entzogenen oder vorenthaltenen Sache an den Gesuchsteller;
- eine Geldleistung in den vom Gesetz vorgesehenen Fällen (z.B. Unterhaltsbeiträge, Art. 299 ZPO; Art. 24 KHG).

Die immaterialgüterrechtlichen Gesetze enthalten explizit weitere mögliche Massnahmen, z.B. zur Beweissicherung und Ermittlung der Herkunft widerrechtlich hergestellter Gegenstände und zur vorläufigen Vollstreckung von Unterlassungs- und Beseitigungsansprüchen sowie die Beschlagnahme (Art. 65 URG, Art. 42 MSchG, Art. 38 DesG, Art. 77 PatG, Art. 43 SSchG). 299

Ob der Gesuchsteller bestimmte Massnahmen verlangen müsse oder einfach den Erlass der «geeigneten Massnahmen» verlangen könne, ist umstritten. In Verfahren mit *Dispositionsmaxime* ist zu fordern, dass die gesuchstellende Partei einen klaren und bestimmten Antrag stellt (Art. 252 i.V.m. 221; s. 7 N 58 ff.). Auf ein Gesuch mit einem blossen Antrag auf «geeignete Massnahmen» ist nicht einzutreten. In ihrer Wirkung unzureichende Massnahmen kann das Gericht nicht über den Antrag hinaus verschärfen. Hingegen können beantragte Verbote von Amtes wegen mit einer Strafandrohung versehen werden (Art. 258 f., 262 lit. a). In Verfahren mit *Offizialmaxime* (z.B. Kinderbelange, inkl. Kinderunterhalt) ist das Gericht nicht an die Anträge der Parteien gebunden (Art. 296). 300

Die angeordnete Massnahme muss *verhältnismässig* sein. Das heisst, sie muss in zeitlicher und sachlicher Hinsicht *notwendig und geeignet* sein und es dürfen *keine milderen (geeigneten) Alternativen* zur Verfügung stehen. Die Anordnung darf nie weiter gehen, als es zum vorläufigen Schutz des glaubhaften Anspruchs wirklich nötig ist (vgl. BGE *94* I 10; Botschaft, 7354). Einer weniger eingreifenden Massnahme, die denselben Zweck erfüllt, ist deshalb der Vorzug zu geben. 301

Beispiel: Bei der Sperre aller Vermögenswerte bei einer Bank muss ein fixer monatlicher Betrag oder ein einzelnes Konto ausgenommen werden, damit die betroffene Partei ihren laufenden Verpflichtungen und Lebenshaltungskosten nachkommen kann, wenn davon auszugehen ist, dass die Person über keine weiteren liquiden Vermögenswerte verfügt. 302

Die Sonderregelung in Bezug auf *Massnahmen gegen Medien* (Art. 266) entspricht aArt. 28c Abs. 3 ZGB, der mit der ZPO aufgehoben wird. 303

Da vorsorglicher Rechtsschutz unverzüglich greifen muss, trifft das Gericht zugleich die erforderlichen *Vollstreckungsmassnahmen* (Art. 267). Das Gericht kann diese Massnahmen auf Antrag oder von Amtes wegen anordnen. 304

8.7 Besonderheiten des Verfahrens

8.7.1 Vor oder nach Anhebung des Hauptprozesses

Vorsorgliche Massnahmen können schon *vor* Anhebung des Hauptprozesses oder *während* desselben erlassen werden. *Sachlich zuständig* 305 ist im ersten Falle gewöhnlich ein *Einzelgericht* im summarischen Verfahren, im zweiten Fall das *Hauptsachengericht.*

306 In beiden Fällen findet das *summarische Verfahren* Anwendung (Art. 248 lit. d), auch wenn die Hauptsache einer anderen Verfahrensart untersteht. Bei Anordnung vorsorglicher Massnahmen vor der Klageeinleitung wird der gesuchstellenden Partei *Frist zur Klage* angesetzt (Art. 263).

307 Nach Einleitung des ordentlichen Prozesses fallen *noch nicht beurteilte vorsorgliche Massnahmen* oder die Änderung bisheriger Massnahmen in die Kompetenz des ordentlichen Gerichts. So sind Eheschutzbegehren, soweit sie die Verhältnisse nach *Rechtshängigkeit* des Scheidungsverfahrens berühren, dem Scheidungsgericht zur Entscheidung im Rahmen vorsorglicher Massnahmen zu überweisen (vgl. Art. 276 Abs. 2; BGE *129* III 60; s. N 344).

8.7.2 Sicherheitsleistung und Schadenersatzpflicht

308 Die vorsorgliche Massnahme ist von der Leistung einer *Sicherheit* abhängig zu machen, wenn der Gegenpartei ein *Schaden* erwachsen kann (Art. 264 Abs. 1). Dazu ist ein *Antrag* der Gegenpartei erforderlich, doch kann bei superprovisorischer Anordnung vorsorglicher Massnahmen *von Amtes wegen* eine vorgängige Sicherheitsleistung verlangt werden (Art. 265 Abs. 3).

309 Die geleistete Sicherheit ist *freizugeben,* wenn feststeht, dass keine Schadenersatzklage erhoben wird. Bei Ungewissheit setzt das Gericht Frist zur Klage an (Art. 264 Abs. 3).

310 Die *Schadenersatzpflicht* für den Fall, dass der eingeklagte Anspruch nicht bestanden hat, ist eine *gemilderte Kausalhaftung* (mit Exkulpationsmöglichkeit). Dies entspricht der bisherigen Regelung der meisten Kantone. Beweist die Gesuchstellerin, dass sie ihr Gesuch in guten Treuen gestellt hatte, so kann das Gericht die Ersatzpflicht herabsetzen oder gänzlich von ihr entbinden (Art. 264). Entsprechende Bestimmungen im Persönlichkeits-, Datenschutz-, Wettbewerbs- und Immaterialgüterrecht werden mit Inkrafttreten der ZPO als überflüssig aufgehoben. Hingegen bleibt Art. 273 Abs. 1 SchKG (Arrestschadenersatz) bestehen.

8.7.3 Superprovisorische Massnahmen

311 Vorsorgliche Massnahmen werden in der Regel erst nach vorgängiger Anhörung der Gegenpartei angeordnet (Art. 253). *In dringlichen Fällen,* insbesondere bei *Vereitelungsgefahr,* können die notwendigen Massnahmen indessen *ohne Anhörung der Gegenpartei* angeordnet werden. Die *Anhörung* der Gegenpartei ist in einem Bestätigungsverfahren *nachzuholen*

(Art. 265 Abs. 1 und 2). In der Praxis sind superprovisorische vorsorgliche Massnahmen nicht selten.

Die gesuchstellende Partei hat die *Dringlichkeit* der Massnahme und die *Gefährdung,* die durch eine vorgängige Anhörung der Gegenpartei entstehen würde, durch eine plausible Darstellung der Faktenlage und allfällige Belege *glaubhaft zu machen.* Das Gericht darf diese Voraussetzungen – ohne Verletzung des rechtlichen Gehörs – nicht leichthin als gegeben erachten. Wenn eine Schädigung der Gegenpartei absehbar ist, hat das Gericht zudem den Vollzug der Massnahme *ex officio* von einer vorgängigen *Sicherheitsleistung* der gesuchstellenden Partei abhängig zu machen (Art. 265 Abs. 3). Die Offizialmaxime gleicht die fehlende vorgängige Anhörung der Gegenpartei aus (Botschaft, 7356). 312

Mit der Eröffnung der vorsorglichen Massnahme ist der Gegenpartei *nachträglich* Gelegenheit zur *Stellungnahme* einzuräumen (Art. 265 Abs. 2). Dies kann – nach Ermessen des Gerichts – in einer sofort anberaumten Verhandlung oder auf schriftlichem Wege erfolgen. Anschliessend entscheidet das Gericht unverzüglich definitiv über die vorsorgliche Massnahme. Erst der (definitive) Massnahmeentscheid ist – je nach Streitwert – mit Berufung oder Beschwerde *anfechtbar.* 313

8.7.4 Geltungsdauer und Änderungen

Als *vorläufige Regelungen* müssen die Massnahmen – je nach Entwicklung der Sachlage während des Prozesses – *angepasst* werden können. Das gilt auch, wenn sie sich nachträglich als ungerechtfertigt herausstellen, d.h. die Voraussetzungen ihrer Anordnung im Zeitpunkt des Erlasses nicht gegeben waren (Art. 268 Abs. 1). 314

Grundsätzlich fallen vorsorgliche Massnahmen mit der *Rechtskraft des Endentscheides* dahin. Sie werden durch den «endgültigen» Rechtsschutz abgelöst (Art. 268 Abs. 2). 315

Das Gericht kann jedoch eine *begrenzte Weitergeltung anordnen,* vor allem wenn es der Vollstreckung dient. Zu denken ist an die Vormerkung einer Verfügungsbeschränkung (Art. 960 Abs. 1 Ziff. 1 ZGB), einer vorläufigen Eintragung (Art. 961 Abs. 1 Ziff. 1 ZGB) oder einer Grundbuchsperre (Art. 178 Abs. 3 ZGB), die bis zur Anpassung des Grundbuchs an das Urteil fortdauern müssen. Von Gesetzes wegen weiter gelten dagegen vorsorgliche Massnahmen nach Teilrechtskraft des Scheidungsurteils, wenn das Verfahren über die Scheidungsfolgen fortdauert (vgl. Art. 276 Abs. 3; N 346). 316

8.8 Im internationalen Verhältnis

8.8.1 Im Hauptprozess

317 Im Hauptprozess ist das Sachgericht nach den Regeln seines Rechts zur Anordnung vorsorglicher Massnahmen zuständig. Diese Auffassung liegt sowohl dem IPRG wie dem LugÜ II zugrunde, wie sich e contrario aus Art. 10 IPRG und Art. 31 LugÜ II – der ausdrücklichen Statuierung einer Zuständigkeit *ausserhalb* des Hauptprozesses – ergibt (vgl. SPÜHLER/MEYER, 76 ff.).

318 Die explizite Einräumung dieser Zuständigkeit im Scheidungs- und Trennungsprozess in Art. 62 IPRG ist aufgrund von Art. 10 IPRG eigentlich entbehrlich. Das gilt auch für die analoge Anwendung von Art. 62 IPRG im Prozess betreffend Ergänzung des Scheidungsurteils, um die Massnahmenzuständigkeit des Hauptsachengerichts zu begründen (vgl. BGE *116* II 97).

8.8.2 Ausserhalb des Hauptprozesses

8.8.2.1 Rechtsquellen

319 *Art. 10 IPRG* sieht die Zuständigkeit der «schweizerischen Gerichte oder Behörden» zum Erlass vorsorglicher Massnahmen vor, «auch wenn sie für die Entscheidung in der Sache selbst nicht zuständig sind».

320 Nach *Art. 31 LugÜ II* sind die Gerichte eines durch das Übereinkommen gebundenen Staates zum Erlass der in dessen Recht «vorgesehenen einstweiligen Massnahmen» – einschliesslich solcher, die auf Sicherung gerichtet sind – auch dann zuständig, «wenn für die Entscheidung in der Hauptsache das Gericht eines anderen durch dieses Übereinkommen gebundenen Staates aufgrund dieses Übereinkommens zuständig ist».

8.8.2.2 Gemeinsame Grundsätze

321 Für die Anwendung von Art. 10 IPRG und Art. 31 LugÜ II lassen sich – trotz im Einzelnen zum Teil kontroverser Lehrmeinungen – folgende Regeln festhalten (ZK-VOLKEN, Art. 10 N 3 ff., WALDER, IZPR, 229 ff.; WALTER, 507 ff.; KROPHOLLER, Art. 31 N 5 ff., KOFMEL EHRENZELLER, in: DASSER/OBERHAMMER, Art. 24 N 6 ff.):

322 – *Zuständigkeit:*
  – Beide Normen legen nur die *internationale Zuständigkeit* fest. Für die *örtliche Zuständigkeit* ist – da für die Hauptsache eine Auslandszuständigkeit nach IPRG oder nach LugÜ II vorausgesetzt ist – auf die

nationalen Zuständigkeitsregeln abzustellen, in der Schweiz also auf die *ZPO*.
  - Trotz einer *Gerichtsstandsvereinbarung* muss es möglich bleiben, bei einem anderen als dem prorogierten Gericht um einstweiligen Rechtsschutz nachzusuchen, wenn dieses andere Gericht allein in der Lage ist, eine sofort vollstreckbare Massnahme rechtzeitig anzuordnen (BGE *125* III 451, 454 E. 3a).

- *Zulässigkeit* vorsorglicher Massnahmen: 323
  Vorsorgliche Massnahmen sind sowohl *vor* Anhebung des Hauptprozesses als *auch während der Hängigkeit des Hauptprozesses* im Ausland zulässig. Die Rechtshängigkeit der Hauptklage steht dem nicht entgegen.

- *Anwendbares Recht:* 324
  - Für die Beurteilung der Hauptsachenprognose gilt die *lex causae.*
  - Dagegen ist die *lex fori* für die allgemeinen *Voraussetzungen* massgebend, also insbesondere die Nachteilsprognose und das Beweismass (Glaubhaftmachen), und für den *Inhalt* der vorsorglichen Massnahmen. Art. 31 LugÜ II hält dementsprechend fest: «Die *im Recht eines* durch dieses Übereinkommen *gebundenen Staates vorgesehenen einstweiligen Massnahmen,* einschliesslich solcher, die auf eine Sicherung gerichtet sind, können ... beantragt werden ...». Dazu sollten – obwohl es sich hierbei nicht um vorsorgliche Massnahmen im eigentlichen Sinne handelt (N 286) – auch *Beweissicherungsmassnahmen* gehören, da die besondere Dringlichkeit dies gebietet.

- Vollstreckung von *Leistungsmassnahmen auf Geldzahlung:* 325
  Vorsorgliche Leistungsmassnahmen gemäss Art. 31 LugÜ II sind *anzuerkennen und zu vollstrecken,* wenn sie sachlich erforderlich und zeitlich dringend sind, rechtzeitiges Handeln des Hauptsachengerichts unmöglich ist, die Erhaltung des praktischen Wertes der im Hauptverfahren geltend zu machenden Ansprüche gewährleistet ist und die antragstellende Partei Sicherheit leistet (BGE *125* III 451, 457 E. 3b zum entsprechenden Art. 24 LugÜ 1988).

Leistungsmassnahmen zur *vorläufigen Vollstreckung von Ansprüchen auf Geldzahlung* sind z.T. in anderen europäischen Rechten leichter zu erhalten. Der EuGH erkannte, dass es sich bei Massnahmeentscheiden niederländischer Gerichte zugunsten niederländischer Gläubiger über die vorläufige Erbringung einer vertraglichen Geldleistung durch die Beklagte mit Wohnsitz in Deutschland nur dann um eine einstweilige Massnahme i.S.v. Art. 24 EuGVÜ (entspricht Art. 31 EuGVO bzw. LugÜ II) und damit um einen gemäss dem Übereinkommen vollstreckbaren Entscheid handle, wenn: 326

- die *Rückzahlung* des zugesprochenen Betrages an den Antragsgegner für den Fall *gewährleistet* ist, dass der Antragsteller in der Hauptsache nicht obsiegt, und
- die angeordnete Massnahme nur bestimmte *Vermögensgegenstände* des Antragsgegners betrifft, die sich *im örtlichen Zuständigkeitsbereich* des angerufenen Gerichts befanden oder befinden müssten.

Der EuGH gelangte so zu einem Vollstreckungsverbot für solche Leistungsmassnahmen, soweit nicht eine andere (z.B. eine Hauptsachen-)Zuständigkeit gegeben ist (EuGH 17.11.1998, i.S. van Uden/Deco-Line, Rs. C-391/95, Slg. 1998–11, 7139; EuGH 27.4.1999, i.S. Mietz/Intership, Rs. C-99/96).

8.8.2.3 Besondere Regelungen

327 *Besondere Gerichtsstände* für Massnahmebegehren ausserhalb eines Hauptprozesses bestehen:
- für *Eheschutz-* und *ehegüterrechtliche Massnahmen* am Wohnsitz oder gewöhnlichen Aufenthalt jedes Ehegatten (Art. 46, 51 lit. c IPRG);
- im *Erbrecht:* Sichernde Massnahmen über in der Schweiz gelegenes Vermögen eines Erblassers mit letztem Wohnsitz im Ausland (Art. 89 IPRG; vgl. SPÜHLER/MEYER, 77).

9. Schutzschrift

9.1 Begriff und Wesen

328 «Die Schutzschrift ist ein vorbeugendes Verteidigungsmittel gegen einen erwarteten Antrag auf Erlass einer einstweiligen Verfügung und verfolgt das Ziel, den Erlass einer vorsorglichen Verfügung zu verhindern, indem entweder mündliche Verhandlung verlangt oder der Sachstandpunkt dem Gericht schon zum Voraus unterbreitet wird» (BGE *119* Ia 53, 57 f.).

329 Die Zulässigkeit von *Schutzschriften* war in der Schweiz teilweise umstritten (dagegen: ZR *1983* Nr. 121; dafür: ZR *1997* Nr. 46; SG GVP *1988* Nr. 63; GÜNGERICH, 89). Die Handelsgerichte ZH, AG, BE und SG sowie einige weitere Gerichte nahmen Schutzschriften – teilweise ohne klare gesetzliche Grundlage – für eine Aufbewahrungszeit von sechs Monaten entgegen (vgl. GÜNGERICH, 24; HESS, 31 ff., 182). Kontrovers war die Frage, ob der vom Gesuchsteller bezeichneten allfälligen Gegenpartei davon Mitteilung zu machen sei (dafür: ZR *2009* Nr. 46; ZR *1997* Nr. 46; M. LEUPOLD, Die Schutzschrift – Grundsätzliches und prozessuale Fragen, AJP *1998* 1076 ff., 1083; dagegen, falls vom Gesuchsteller nicht anders beantragt: HESS, 190). Als *modernes Verteidigungsmittel* ist die Schutzschrift vielen europäischen Staaten bekannt (Botschaft, 7357). Art. 270 ZPO enthält nun eine klare gesetzliche Regelung.

330 Einsetzbar ist die Schutzschrift *gegen sämtliche Massnahmen,* die *ohne vorgängige Anhörung* verfügt werden können. Namentlich in *immaterialgüter- und wettbewerbsrechtlichen Angelegenheiten* ist die Schutzschrift von Bedeutung, denn sie kann *grossen Schaden verhindern.* Zum Zuge kommt sie

auch gegen Massnahmen ausserhalb der ZPO, insbesondere den *Arrest nach SchKG* (s. U. BOLLER, Der neue Arrestgrund von Art. 271 Abs. 1 Ziff. 6 revSchKG, AJP *2010* 187 ff., 196 f.) oder das einseitige *Exequaturverfahren nach dem rev. Lugano-Übereinkommen.*

9.2 Legitimation und Verfahren

Wer *befürchtet,* dass gegen ihn demnächst eine *superprovisorische Massnahme* getroffen wird, kann sich mit einer sog. Schutzschrift an das *zuständige Gericht* wenden und die Gründe darlegen, die gegen die Massnahme oder zumindest gegen eine überfallartige Anordnung sprechen (Abs. 1). Mit der Schutzschrift greift eine vorausschauende potentielle Gegenpartei ihrem rechtlichen Gehör vor. Andererseits steht das Gericht einem superprovisorischen Gesuch – wird es wirklich gestellt – auch nicht mehr ganz unvoreingenommen gegenüber (vgl. BGE *119* Ia 53). 331

Die Schutzschrift ist der potentiellen gesuchstellenden Partei *nicht zur Kenntnis* zu bringen, da der Zweck der Schutzschrift sonst vereitelt würde. Sie ist ihr erst dann mitzuteilen, falls sie ein entsprechendes Begehren um superprovisorische Massnahmen einreicht (Art. 270 Abs. 2). 332

Da die Schutzschrift einem potentiellen Verfahren vorgreift, muss ihre Wirksamkeit zeitlich begrenzt sein. *Nach sechs Monaten* wird sie vom Gesetz als *unbeachtlich* erklärt und kann der betreffenden Partei ohne weiteres zurückgeschickt werden (Art. 270 Abs. 3; Botschaft, 7358). 333

§ 53 Familienrechtliche Verfahren

1. Begriff

Unter familienrechtlichen Verfahren werden die *eherechtlichen Verfahren* (Scheidung, Trennung, Eheungültigkeit und die entsprechenden Abänderungs- bzw. Ergänzungsverfahren), die vergleichbaren *Verfahren bei eingetragener Partnerschaft* und die *kindesrechtlichen Verfahren* (Vaterschaft, Unterhalt) verstanden. *Kinderbelange* (elterliche Sorge, persönlicher Verkehr, Unterhalt, Kindesschutzmassnahmen) sind zudem häufig auch in eherechtlichen Verfahren zu beurteilen. 334

Dagegen werden *Kindesschutzmassnahmen ausserhalb eherechtlicher Verfahren* und *erwachsenenschutzrechtliche Massnahmen* (vormundschaftliche Massnahmen) in der Deutschschweiz derzeit regelmässig von den Vormundschaftsbehörden im Verwaltungsverfahren beurteilt, in der Romandie teilweise von Gerichten. Die Entscheide der Vormundschaftsbehörde sind 335 auf dem *Verwaltungsweg* anfechtbar. Mit der *Revision des Vormundschaftsrechts* werden die erweiterten Entscheidkompetenzen im Kindes- und Erwachsenenschutz von Bundesrechts wegen in die Zuständigkeit qualifizierter *Fachbehörden* (mit Fachkräften aus den Bereichen Jurisprudenz, Sozialarbeit und Pädagogik oder Psychologie) gelegt, welche von den Kantonen zu schaffen sind. Diese können entweder als Verwaltungsbehörden oder als Gerichte ausgestaltet werden. Das *Verfahren* bleibt wie bis anhin – abgesehen von bundesrechtlichen Vorgaben (vgl. nArt. 314, 443 ff. ZGB) – Sache der Kantone (s. N 411 ff.).

2. Bedeutung und rechtspolitische Zielsetzung

336 Im Gegensatz zu rein vermögensrechtlichen Streitigkeiten sind in familienrechtlichen Verfahren stets auch *persönliche Rechte* der Parteien und allenfalls der Kinder im Spiel, die für die Betroffenen sehr wichtig oder existenziell sein können. Zu entscheiden ist insbesondere über

- Abstammung,
- Auflösung der Ehe oder eingetragenen Partnerschaft,
- Unterhalt der getrennten oder geschiedenen Partner und der Kinder,
- Regelung der elterlichen Sorge und Obhut sowie des Besuchsrechts,
- Einschränkungen der Handlungsfähigkeit bei Erwachsenenschutzmassnahmen und Einschränkungen der persönlichen Freiheit bei fürsorgerischer Unterbringung.

337 Ein gerichtlicher Entscheid, der die Verfahrensrechte, die Grundrechte und die Existenzsicherung der Beteiligten sowie die Rechte der Kinder wahrt und der materiellen Wahrheit möglichst entspricht, liegt zugleich auch im *öffentlichen Interesse.* Von öffentlichem Interesse sind vor allem:

- die Erhaltung der Familie als engste Gemeinschaft der Gesellschaft,
- die Sorge für das Kindeswohl beim Auseinandergehen, bei Unfähigkeit oder Pflichtvergessenheit der Eltern,
- die Existenzsicherung (Vermeidung von Sozialhilfe) nach einer Scheidung, wenn genügend Mittel zum Unterhalt vorhanden sind.

338 Das *Familienrecht* war in den vergangenen Jahrzehnten einem *erheblichen gesellschaftlichen und rechtlichen Wandel* unterworfen. Die Scheidungsraten haben sich stetig erhöht und liegen heute bei rund 50%. Singlehaushalte und das Zusammenleben in nichtehelichen Lebensgemeinschaften und Patchworkfamilien hat deutlich zugenommen. Das *Scheidungsrecht* wurde per 1.1.2000 revidiert und den Realitäten angepasst, indem die Voraussetzungen für eine Scheidung vereinfacht wurden. *Eingetragene Partnerschaften* gleichgeschlechtlicher Paare wurden 2007 anerkannt und müssen bei Scheitern wieder

aufgelöst werden. Die *Rechte der Kinder* wurden – nicht nur unter dem Einfluss der UNO-Kinderrechtskonvention – v.a. in den eherechtlichen Verfahren gestärkt. Als Letztes wurde das *Vormundschaftsrecht* einer grundlegenden Revision unterzogen, welche die Rechte des Schutzbedürftigen stärken und die Professionalität der Behörden verbessern soll (BBl 2009 141 ff.). Mit dem Inkrafttreten ist 2013 zu rechnen. Gemeinsam ist den Entwicklungen, dass die Vielfalt der Lebensformen geachtet wird und das *Selbstbestimmungsrecht* des Menschen und die *Rechte des Individuums* heute höher gewichtet werden als früher. Gleichwohl kommt der *Ehe und der Familie* als Kern der Gesellschaft eine wesentliche Funktion für das Staatswesen zu, die *verfassungsrechtlichen Schutz* geniesst (Art. 14 BV).

Aufgrund ihrer Bedeutung für die Betroffenen waren eherechtliche und kindesrechtliche Verfahren von jeher in starkem Mass bundesrechtlich geregelt. Mit Inkrafttreten der ZPO werden die entsprechenden prozessualen Bestimmungen des Scheidungs- und Kindesrechts in die ZPO überführt. 339

Die besonderen prozessualen Bestimmungen bezwecken vor allem: 340

- die Gewährleistung der *Wahrheitsfindung,* des *Kindeswohls* und der *Existenzsicherung.* Deshalb gilt überwiegend die *Untersuchungsmaxime* (Ausnahme: Ehegattenunterhalt, Güterrecht) und in Kinderbelangen das *Untersuchungsverfahren* mit *Offizialmaxime.* Die Untersuchungsmaxime bedingt die *persönliche Erscheinenspflicht* der Parteien.
- die Gewährleistung eines effektiven Rechtsschutzes durch zwingende alternative Gerichtsstände am Wohnsitz der Parteien (Art. 23 ff.). und durch ein rasches und überwiegend mündliches Verfahren.

Familienrechtliche Verfahren sind an den erstinstanzlichen Gerichten *zahlenmässig sehr bedeutend.* Eherechtliche Verfahren (Eheschutz, Scheidungen) werden zudem häufig mit einer Einigung abgeschlossen. Die Kantone legen gemeinsame Scheidungsbegehren mit umfassender Einigung regelmässig in die Hand eines *Einzelrichters.* Häufig sind Einzelrichter auch in streitigen oder teilstreitigen Scheidungsverfahren sachlich zuständig (z.B. ZH, SH). 341

3. Eherechtliche Verfahren

3.1 Eheschutz und vorsorgliche Massnahmen

Für Massnahmen zum *Schutz der ehelichen Gemeinschaft* (Art. 172–179 ZGB), die weiteren gerichtlichen Zuständigkeiten im Eherecht sowie für Begehren auf *Drittschuldneranweisung und Sicherstellung* nach Vorliegen eines rechtskräftigen Scheidungsurteils (Art. 132 ZGB) gilt grundsätzlich das *summarische Verfahren* gemäss Art. 248 ff. (Art. 271). 342

343 Dabei sind allerdings folgende *Besonderheiten* zu beachten: Es gilt die *Untersuchungsmaxime* (Art. 272), und zwar nicht nur für Kinderbelange, sondern für alle Anordnungen, insbesondere auch für den Ehegattenunterhalt. Damit das Gericht seiner Untersuchungspflicht nachkommen kann, ist eine *Verhandlung* durchzuführen, wenn die Verhältnisse nicht schon aufgrund der schriftlichen Eingaben klar sind, und die Parteien trifft eine *persönliche Erscheinenspflicht,* die nur aus wichtigen Gründen erlassen werden kann. Das Gericht versucht zudem, eine Einigung zwischen den Parteien herbeizuführen (Art. 273). Im Übrigen gelten die allgemeinen Bestimmungen über das summarische Verfahren nach Art. 248 ff. Das gilt insbesondere für die inhaltlichen Anforderungen an das Gesuch (Art. 252; s. N 250 f.) und die beschränkte materielle Rechtskraft von Massnahmeentscheiden (vgl. BGE *127* III 496, 498 E. 3).

344 Die *vom Eheschutzgericht angeordneten Massnahmen dauern* – wie schon nach bisherigem Recht – *im Scheidungsverfahren fort,* doch kann das Scheidungsgericht diese bei veränderten Verhältnissen auf Antrag abändern (Art. 276 Abs. 2). Für noch nicht entschiedene Eheschutzmassnahmen bleibt das Eheschutzgericht auch nach Rechtshängigkeit des Scheidungsverfahrens noch zuständig. Eine Abschreibung wegen Gegenstandslosigkeit oder eine Überweisung der Sache an das Scheidungsgericht kommt daher grundsätzlich nicht in Betracht (s. BGE *129* III 60). Doch kann die gesuchstellende Partei ihr Gesuch zurückziehen und im Scheidungsverfahren erneut anbringen.

345 Für *vorsorgliche Massnahmen im Scheidungsverfahren* sind die Bestimmungen über die Massnahmen zum Schutz der ehelichen Gemeinschaft sinngemäss anwendbar (Art. 276 Abs. 1). Das heisst auch, dass – im Gegensatz zum Hauptverfahren (d.h. dem Scheidungsverfahren; Art. 277) – die Untersuchungsmaxime auch für den vorsorglichen Ehegattenunterhalt gilt (vgl. Art. 272). Das Gericht trifft die *nötigen* vorsorglichen Massnahmen. Zur Pflicht, im Verfahren betreffend vorsorgliche Massnahmen die Kinder anzuhören, s. Art. 298; BGE *126* III 497, 498 f. E. 4.

346 Im Hinblick auf die Teilrechtskraft des Scheidungsurteils bestimmt Art. 276 Abs. 3 ausdrücklich, dass das (obere) Gericht *vorsorgliche Massnahmen* auch anordnen (oder ändern) kann, wenn die Ehe zwar rechtskräftig geschieden ist, das *Verfahren über die Scheidungsfolgen* aber *andauert* (vgl. ZR *2001* Nr. 4). Dies ist eine Ausnahme vom allgemeinen Grundsatz, wonach vorsorgliche Massnahmen mit der Rechtskraft des Entscheids dahinfallen (Art. 268 Abs. 2). Es bedeutet aber auch, dass bestehende vorsorgliche Massnahmen des vorinstanzlichen Gerichts weiter gelten, soweit sie nicht durch rechtskräftig beurteilte (d.h. nicht angefochtene und vollstreckbare) Scheidungsfolgen dahingefallen sind (vgl. BGer 5P.121/2002, E. 2 und 3).

3.2 Scheidungsverfahren

3.2.1 Gerichtsstand

Der Gerichtsstand für eherechtliche Gesuche und Klagen befindet sich zwingend am Wohnsitz eines Ehegatten (Art. 23). 347

Im *internationalen Verhältnis* ist das Gericht am Wohnsitz der beklagten Partei oder dasjenige am Wohnsitz der klagenden Partei zuständig, wenn diese sich seit einem Jahr in der Schweiz aufhält oder das Schweizer Bürgerrecht besitzt (Art. 59 IPRG). Dies gilt grundsätzlich auch für die Regelung der Scheidungsfolgen (Art. 63 Abs. 1 IPRG). Für Massnahmen zum Schutze der Person (z.B. Regelung der elterlichen Sorge und des persönlichen Verkehrs) oder des Vermögens eines *Kindes* sind nach Art. 85 Abs. 1 IPRG und Art. 5 des Haager Kindesschutzübereinkommens (KSA) die Gerichte des Staates zuständig, in dem das Kind seinen *gewöhnlichen Aufenthalt* hat (vgl. BGE *124* III 176, 179 f. E. 4). Für Begehren betreffend den *Unterhalt* des Kindes ist das KSA jedoch nicht anwendbar. Der Gerichtsstand richtet sich nach Art. 5 Ziff. 2 lit. c LugÜ II bzw. Art. 63 Abs. 1 IPRG. 348

3.2.2 Verfahrensmaximen

Das Scheidungsverfahren wird von verschiedenen Verfahrensmaximen beherrscht. Die *güterrechtliche Auseinandersetzung* und der *persönliche Unterhalt* unterstehen der *Verhandlungsmaxime* (Art. 277 Abs. 1). 349

Dagegen gelten die *Untersuchungs- und Offizialmaxime* für den *Scheidungspunkt in favorem matrimonii* (zugunsten des Bestands der Ehe; Art. 277 Abs. 3, 291, 287 ZPO i.V.m. Art. 111 Abs. 1 ZGB) sowie für die *Kinderbelange* (Art. 296). Das bedeutet, dass das Gericht den Sachverhalt von Amtes wegen feststellt und nicht an übereinstimmende Parteianträge gebunden ist (BGE *128* III 411, 413 f. E. 3.2.1). Diese Grundsätze gelten auch für die Teilung der während der Ehe geäufneten Austrittsleistungen der *beruflichen Vorsorge* (Art. 280 Abs. 3), da dieser Bereich der freien Parteidisposition entzogen ist. 350

Konsequenz der Untersuchungsmaxime ist die *persönliche Erscheinenspflicht* der Parteien (Art. 278) und ein *unbeschränktes Novenrecht* (Art. 229 Abs. 3). 351

3.2.3 Widerklage und Klageänderung

Eine *Widerklage* ist nur bei der Scheidung auf Klage möglich, um einen eigenen Scheidungsanspruch nach Art. 114 f. ZGB mit einer selbständigen Klage geltend zu machen (und eine Abschreibung der Klage infolge 352

Klagerückzugs der Gegenseite zu verhindern; Art. 224). Eine Widerklage ist auch nach dem Wechsel vom gemeinsamen Scheidungsbegehren zur Scheidungsklage zulässig (BGE *129* III 487 E. 3.3).

353 Die *Scheidungsklage* kann bis zum Beginn der Urteilsberatung in eine *Trennungsklage* oder umgekehrt die Trennungsklage in eine Scheidungsklage *geändert* werden (Art. 293, 294 Abs. 2). Sinngemäss muss dies auch für die nichtstreitigen Scheidungs- bzw. Trennungsverfahren auf *gemeinsames Begehren* gelten. *Geänderte Rechtsbegehren* müssen zudem, wenn sie auf *neuen Tatsachen und Beweismitteln* beruhen, im erstinstanzlichen Verfahren und auch noch im Berufungsverfahren zugelassen werden (Art. 230, 317 Abs. 2).

3.2.4 Einleitung des Verfahrens

354 Das Scheidungsverfahren wird – ohne vorangehendes Schlichtungsverfahren – *direkt beim Gericht* eingeleitet (Art. 274). Es bestehen dazu drei verschiedene Möglichkeiten:

355 – gemeinsames Scheidungsbegehren mit *vollständiger Einigung* über die Scheidungsfolgen (zum Inhalt und den Belegen s. Art. 285),

356 – gemeinsames Scheidungsbegehren mit *Teileinigung* über die Scheidungsfolgen (zum Inhalt und den Belegen s. Art. 286). Die Teileinigung muss mindestens den Scheidungspunkt umfassen, die Scheidungsfolgen können ganz oder teilweise umstritten sein,

357 – *Scheidungsklage,* wenn keine Einigung über die Scheidung besteht oder eine Partei ihren Scheidungsanspruch nach Art. 114 f. ZGB unabhängig vom (allenfalls nicht konstanten) Willen der Gegenpartei durchsetzen will; der notwendige Inhalt der Klage ergibt sich aus Art. 290.

358 Art. 275 hält zudem fest, dass mit der Rechtshängigkeit des Scheidungsverfahrens jeder Ehegatte berechtigt ist, den Haushalt aufzuheben. Dabei handelt es sich jedoch um eine materiellrechtliche Bestimmung, die eigentlich nicht in ein Prozessgesetz gehört und die überdies heute kaum mehr praktische Bedeutung hat.

3.2.5 Drei Verfahrensarten

3.2.5.1 Scheidung auf gemeinsames Begehren mit vollständiger Einigung

359 Das Scheidungsverfahren auf gemeinsames Begehren ist ein *nichtstreitiges Verfahren.*

360 Reichen die Parteien eine vollständige Vereinbarung über die Scheidungsfolgen mit den nötigen Belegen und mit gemeinsamen Anträgen hinsichtlich der Kinder dem Gericht ein, findet eine *Anhörung der Parteien*

statt. Das Gericht hört die Parteien *getrennt und zusammen* an, um sich davon zu überzeugen, dass *Scheidungsbegehren und Vereinbarung* auf freiem Willen und reiflicher Überlegung beruhen (Art. 287 ZPO i.V.m. Art. 111 Abs. 1 ZGB). Da *Scheidungsgrund* der gemeinsame und *freie Wille* der Parteien zur Scheidung ist, hat sich das Gericht von dessen Vorliegen in favorem matrimonii aufgrund der Untersuchungs- und Offizialmaxime zu überzeugen.

Sind die Voraussetzungen für eine Scheidung auf gemeinsames Begehren 361 *erfüllt,* so spricht das Gericht die Scheidung aus und genehmigt die Vereinbarung, die ins Urteilsdispositiv aufzunehmen ist (Art. 279 Abs. 2, 288 Abs. 1). Sind einzelne *Scheidungsfolgen nicht genehmigungsfähig* und eine nachträgliche Einigung darüber nicht möglich, so wird das Verfahren in Bezug auf diese kontradiktorisch fortgesetzt, indem das Gericht einer Partei die Klägerrolle zuweist (Art. 288 Abs. 2 analog).

Wenn das Gericht zum Schluss gelangt, dass die *Voraussetzungen* für ei- 362 ne Scheidung auf gemeinsames Begehren *nicht erfüllt* sind, so weist es das gemeinsame Scheidungsbegehren durch *Sachurteil* ab und setzt jedem Ehegatten eine *Frist* an, um das Begehren durch eine Klage zu ersetzen. Die Rechtshängigkeit bleibt während der Frist bestehen und vorsorgliche Massnahmen gelten weiter (Art. 288 Abs. 3).

3.2.5.2 Scheidung auf gemeinsames Begehren mit Teileinigung

Die Parteien können auch gemeinsam die Scheidung verlangen 363 und den Entscheid über die Scheidungsfolgen, über die sie sich nicht einig sind, dem Gericht überlassen (Art. 286 ZPO i.V.m. Art. 112 ZGB). Das Scheidungsverfahren auf gemeinsames Begehren mit Teileinigung ist ein *teilstreitiges Verfahren,* bestehend aus einem nichtstreitigen ersten Teil und einem streitigen zweiten Teil.

Das Verfahren beginnt nichtstreitig mit einem gemeinsamen Scheidungsbe- 364 gehren. Jeder Ehegatte ist jedoch *berechtigt,* zu den streitigen Scheidungsfolgen *begründete Anträge* zu stellen. Wie im Verfahren mit Volleinigung findet eine *Anhörung* zum *Scheidungswillen* und zu einer allfälligen *Teilvereinbarung* über die Scheidungsfolgen statt. Das Gericht kann – wenn die Voraussetzungen der Scheidung erfüllt sind – im Anschluss an die Anhörung versuchen, auch bezüglich der übrigen Scheidungsfolgen noch eine *Einigung* zu erzielen (Art. 124 Abs. 3, 291 analog). Gelingt dies, endet das Verfahren wie jenes der Volleinigung mit dem Scheidungsurteil (Art. 288 Abs. 1; N 361).

Kommt keine Volleinigung zu Stande, wird das Verfahren in Bezug auf 365 die streitigen Scheidungsfolgen *kontradiktorisch* fortgesetzt, indem das Gericht einer Partei die Klägerrolle zuweist (Art. 288 Abs. 2). Das bedeutet, dass ein auf die streitigen Scheidungsfolgen beschränkter Schriftenwechsel, bestehend aus Klage und Klageantwort, angeordnet wird und anschliessend die Hauptverhandlung stattfindet.

3.2.5.3 Scheidungsklage

366 Die Scheidung auf Klage ist ein gewöhnliches kontradiktorisches Verfahren. Die Scheidungsklage kann – wie im vereinfachten Verfahren – mit ausführlicher *Klageschrift* oder mit blosser *Klageanmeldung* (ohne Begründung) eingereicht werden (Art. 290).

367 Das Gericht lädt die Parteien darauf hin – d.h. vor einer allfälligen Begründung der Klage und vor einer Klageantwort – zur *Einigungsverhandlung* vor (Art. 291). In dieser Verhandlung klärt das Gericht zunächst ab, ob der geltend gemachte *Scheidungsgrund* nach Art. 114 oder 115 ZGB vorliegt. Ein Wechsel des Scheidungsgrunds zur Scheidung auf gemeinsames Begehren findet nur statt, wenn die zweijährige Trennungsdauer noch nicht erfüllt ist und beide Parteien mit der Scheidung i.S.v. Art. 111 f. ZGB einverstanden sind (Art. 292).

368 Steht ein Scheidungsgrund (nach Art. 112, 114 oder 115 ZGB) fest, versucht das Gericht zwischen den Parteien eine *Einigung über die Scheidungsfolgen* zu erzielen (Art. 291 Abs. 2). Im Hinblick auf eine Einigung können die Parteien vor der Einigungsverhandlung aufgefordert werden, dem Gericht schriftliche Unterlagen einzureichen (Art. 277 Abs. 2).

369 Ist der *Scheidungsgrund umstritten* oder kommt über die *Scheidungsfolgen keine vollständige Einigung* zu Stande, setzt das Gericht der klagenden Partei Frist zur Klagebegründung an (Art. 291 Abs. 3). Diese beschränkt sich auf die noch umstrittenen Punkte (vgl. Art. 125 lit. a). Soweit allerdings eine begründete Klage eingereicht wurde und sich aufgrund der Einigungsverhandlung keine neuen Vorbringen ergeben, kann – entgegen dem zu engen Wortlaut – direkt der beklagten Partei Frist zur Klageantwort angesetzt werden.

3.2.6 Genehmigung der Vereinbarung

370 Die *Vereinbarung* über die Scheidungsfolgen ist vom Gericht daraufhin zu prüfen, ob sie aus *freiem Willen* und nach reiflicher Überlegung geschlossen wurde und ob sie *klar, vollständig und nicht offensichtlich unangemessen* ist. Auch darf sie keine widerrechtlichen oder übermässig persönlichkeitsbeschränkenden Bestimmungen enthalten. Offensichtlich unangemessen ist beispielsweise ein Verzicht auf Ehegattenunterhalt, wenn die anspruchsberechtigte Person (s. Art. 125 ZGB) dadurch bedürftig würde,

während die unterhaltspflichtige Person genügend finanzielle Mittel zur Rentenleistung hätte. Die Vereinbarung wird erst mit der Genehmigung durch das Gericht rechtsgültig und ist in das Urteilsdispositiv aufzunehmen (Art. 279). Zu Entscheiden über Kinderbelange s. N 375.

Die Vereinbarung über die Teilung der Austrittsleistungen der *beruflichen Vorsorge* wird genehmigt, wenn sie *gesetzeskonform* ist und die nötigen Durchführbarkeitsbestätigungen der Vorsorgeeinrichtungen vorliegen. Eine *Angemessenheitsprüfung* findet statt, wenn ein *Ehegatte ganz oder teilweise* auf seinen Anspruch auf grundsätzlich hälftige Teilung der Austrittsleistungen *verzichtet* hat. Die Einigung der Parteien wird mit der Genehmigung durch das Gericht auch für die Vorsorgeeinrichtungen verbindlich und ist diesen vom Gericht mitzuteilen (Art. 280; vgl. BGE *129* V 444). 371

3.2.7 Beweisverfahren

Im Scheidungsverfahren ist das Beweisverfahren in der Regel weniger förmlich. Stellt das Gericht fest, dass für die Beurteilung von vermögensrechtlichen Scheidungsfolgen notwendige *Urkunden* fehlen, so fordert es die Parteien auf, diese *nachzureichen* (Art. 277 Abs. 2). Die Parteien trifft eine Mitwirkungspflicht (Art. 160). 372

Ist ein ausführliches Beweisverfahren, z.B. im Güterrecht, notwendig, erlässt das Gericht – wie im ordentlichen – Prozess eine *Beweisverfügung*. Zu beachten ist, dass Amtspersonen sowie *Mediatorinnen* und Mediatoren, die im Rahmen einer Familienberatung oder einer Familienmediation für die Ehegatten tätig waren, ein *beschränktes Verweigerungsrecht* zukommt (Art. 166 Abs. 1 lit. c und Abs. 2). 373

3.2.8 Entscheid

Das Gericht befindet mit dem Entscheid über die Scheidung auch über deren Folgen. Es gilt der Grundsatz der *Einheit des Entscheids*. Lediglich die güterrechtliche Auseinandersetzung kann nötigenfalls – wie bisher – in ein separates Verfahren verwiesen werden (Art. 283). Dies ist nach der Rechtsprechung aber nur dann zulässig, wenn die güterrechtliche Auseinandersetzung keinen Einfluss auf die Höhe der Unterhaltsbeiträge hat (BGE *130* III 537, 544 ff. E. 4 und 5; *95* II 65, 68 E. c; *84* II 145; *80* II 5; *77* II 18, 22). 374

Die *genehmigte Vereinbarung* hat das Gericht ins *Urteilsdispositiv* aufzunehmen (Art. 279 Abs. 2). Zudem beurteilt das Gericht die Scheidungsfolgen, über die sich die Parteien nicht einig sind. Über die *Kinderbelange entscheidet* das Gericht aufgrund der Offizialmaxime stets selbst. Einer dies- 375 bezüglichen Parteivereinbarung kommt lediglich die Bedeutung übereinstimmender Anträge zu.

376 *Fehlt* es an einer *Vereinbarung* der Parteien über die Teilung der während der Ehe erworbenen Guthaben der *beruflichen Vorsorge,* so entscheidet das Gericht über die Teilung und legt den zu überweisenden Betrag fest, sofern die Austrittsleistungen feststehen und die Durchführbarkeitsbestätigungen vorliegen (Art. 281 Abs. 1). Andernfalls entscheidet das Gericht lediglich über das Teilungsverhältnis und überweist die Sache nach Rechtskraft dieses Entscheids von Amtes wegen dem nach dem Freizügigkeitsgesetz zuständigen Gericht (in der Regel dem kantonalen Sozialversicherungsgericht; Art. 281 Abs. 2). Dieses hat dann über die Höhe der Leistungen der Vorsorgeeinrichtungen an die Ehegatten zu entscheiden (BGE *129* V 245; *129* V 251; *129* V 444; *135* V 436).

377 Bei der Festlegung von *Unterhaltsbeiträgen* durch Vereinbarung oder Urteil ist anzugeben (Art. 282):

- von welchem Einkommen und Vermögen jedes Ehegatten ausgegangen wird;
- wie viel für den Ehegatten und wie viel für jedes Kind bestimmt ist;
- welcher Betrag zur gebührenden Deckung des Unterhalts des berechtigten Ehegatten fehlt, wenn eine nachträgliche Erhöhung der Rente vorbehalten wird;
- ob und in welchem Masse sich die Rente der Veränderung der Lebenskosten anpasst (Indexierung).

Diese Angaben stellen Erleichterungen für einen allfälligen späteren Abänderungsprozess dar.

3.2.9 Rechtsmittel und Teilrechtskraft

378 Die Scheidung der Ehe gestützt auf ein *gemeinsames Begehren* kann nur wegen *Willensmängeln* mit Berufung angefochten werden (Art. 289). Diese Einschränkung betrifft nur den *Scheidungspunkt* und die weiteren Punkte, in denen eine *Parteivereinbarung* vorliegt. Der gerichtliche Entscheid über streitige Scheidungsfolgen und die Kinderbelange ist jedoch uneingeschränkt anfechtbar. Kommt es im Verfahren der Scheidungsklage zu einer Vereinbarung (vgl. Art. 291 Abs. 2), ist der gerichtliche Entscheid mit Berufung anfechtbar (Art. 308), doch beschränken sich die Berufungsgründe gegen die Vereinbarung – analog Art. 289 – ebenfalls auf Willensmängel.

379 Die Einlegung eines Rechtsmittels hemmt den Eintritt der Rechtskraft nur im Umfang der Anträge (Art. 315 Abs. 1). Der *Teilrechtskraft* kommt im Scheidungsrecht besondere praktische Bedeutung zu. Bleibt der Scheidungspunkt unangefochten, so wird die Scheidung rechtskräftig, auch wenn der

Streit um die Scheidungsfolgen weitergeht. Die Rechtskraft ist für alle nicht angefochtenen Punkte zu bescheinigen. Wenn aber der persönliche Unterhaltsbeitrag des Ehegatten angefochten wird, so kann die Rechtsmittelinstanz auch die an sich rechtskräftigen Unterhaltsbeiträge für die Kinder neu beurteilen (Art. 282 Abs. 2), da im Gesamtquantitativ Zusammenhänge bestehen.

3.3 Verfahren auf Änderung oder Ergänzung des Scheidungsurteils

3.3.1 Gerichtsstand

Der zwingende *Gerichtsstand für eherechtliche Gesuche und Klagen am Wohnsitz einer Partei* (Art. 23) gilt auch für das Änderungs- und die Ergänzungsverfahren. 380

Im *internationalen Verhältnis* besteht für Änderungs- und Ergänzungsklagen neben dem Scheidungsgerichtsstand nach Art. 59 f. IPRG zusätzlich die Zuständigkeit des (schweizerischen) Gerichts, das die Scheidung oder Trennung ausgesprochen hat (Art. 64 IPRG). Für *Schutzmassnahmen im Sinne des KSA* (z.B. Regelung der elterlichen Sorge und des persönlichen Verkehrs) sind die Gerichte des Staates zuständig, in dem die minderjährige Person ihren *gewöhnlichen Aufenthalt* hat. Für Begehren betreffend den *Unterhalt* des Kindes ist das KSA nicht anwendbar. Der Gerichtsstand richtet sich nach Art. 5 Ziff. 2 LugÜ II bzw. Art. 64 IPRG (BGE *124* III 176). Für die (ergänzende) Teilung der beruflichen Vorsorge sind die Gerichte am Wohnsitz einer Partei (Art. 23 ZPO, Art. 64 IPRG) oder subsidiär am Ort der Vorsorgeeinrichtung zuständig (Art. 3 IPRG). Hat das ausländische Gericht das Teilungsverhältnis bereits festgelegt, ist das Verfahren über die Höhe des Ausgleichs der Austrittsleistungen bei dem nach Art. 73 BVG zuständigen Sozialversicherungsgericht einzuleiten (BGE *135* V 425, 427, E. 1.2). 381

3.3.2 Änderungsverfahren

Über die *Änderung* der rechtskräftig beurteilten Scheidungsfolgen können die Parteien eine *schriftliche Vereinbarung* treffen (Art. 284 Abs. 2). Dies kann jedoch nur gelten, soweit die Scheidungsfolgen der freien Parteidisposition unterliegen. *Vorbehalten* bleiben *Kinderbelange* (elterliche Sorge, persönlicher Verkehr, Kinderunterhalt), die zur Gültigkeit der Zustimmung der Vormundschaftsbehörde (bzw. künftig der Kindesschutzbehörde) bedürfen (Art. 134 Abs. 3 ZGB). Eine private Vereinbarung erscheint auch 382 ausgeschlossen, wenn es um eine Änderung des Scheidungsurteils in Bezug auf die (nicht der freien Parteidisposition unterliegenden) *Austrittsleistungen*

der beruflichen Vorsorge geht, da diese auch gegenüber den Vorsorgeeinrichtungen durchsetzbar sein muss und dazu einer gerichtlichen Genehmigung bedarf.

383 Für bestimmte streitige Änderungen der Kinderbelange ist die *Vormundschaftsbehörde* zuständig, namentlich wenn nur der persönliche Verkehr neu zu regeln ist oder Kindesschutzmassnahmen zu ergreifen sind. Sind weitere oder andere Punkte streitig, ist das *Gericht* für alle sich stellenden Fragen sachlich zuständig (Art. 284 Abs. 1 ZPO i.V.m. Art. 129, 134 ZGB). Für *streitige Abänderungsverfahren* vor Gericht sind die Bestimmungen über die Scheidungsklage sinngemäss anwendbar (Art. 284 Abs. 3).

3.3.3 Ergänzungsverfahren

384 Keine Regelung enthält die ZPO für das Verfahren bei *Ergänzungen* eines (meist ausländischen) Scheidungsurteils. Da in solchen Fällen das Scheidungsurteil lückenhaft ist, muss hinsichtlich der fehlenden Punkte das Scheidungsverfahren quasi nachgeholt werden. *Analog* anwendbar sind deshalb die *Bestimmungen über das Scheidungsverfahren,* und zwar sowohl über das gemeinsame Begehren als auch über die Scheidungsklage. Eine Vereinbarung der Parteien kann unter den Voraussetzungen von Art. 279 f. ZPO genehmigt werden.

385 Die sachliche Zuständigkeit der Vormundschaftsbehörde bleibt vorbehalten, wenn lediglich Punkte zu ergänzen sind, die in ihre alleinige Zuständigkeit fallen (Besuchsrecht, Kindesschutzmassnahmen; Art. 134 ZGB).

3.4 Verfahren auf Ehetrennung und Eheungültigkeitsklage

386 Die Bestimmungen über die Scheidungsklage gelten sinngemäss auch für die Trennungs- und die Eheungültigkeitsklage (Art. 294). Die Eheungültigkeit ist stets auf dem Klageweg geltend zu machen (Art. 106, 108 ZGB). Eine Ehetrennung kann dagegen nicht nur durch Klage, sondern weiterhin auch durch gemeinsames Begehren (mit Voll- oder Teileinigung) eingereicht werden (Art. 117 Abs. 1 ZGB). Entgegen dem zu engen Wortlaut von Art. 294 muss für gemeinsame Trennungsbegehren daher sinngemäss das Verfahren für gemeinsame Scheidungsbegehren (Art. 285 ff.) zur Anwendung gelangen.

4. Kinderbelange

4.1 Untersuchungs- und Offizialmaxime

In allen Kinderbelangen gilt die *uneingeschränkte Untersuchungs- und Offizialmaxime* (Art. 296), d.h. ein eigentliches Untersuchungsverfahren. Das Gericht *erforscht* den Sachverhalt von Amtes wegen und erhebt notfalls von Amtes wegen Beweise. Auch die Nichtleistung von Kostenvorschüssen entbindet das Gericht – anders als in Verfahren mit sozialer Untersuchungsmaxime – nicht von der Sachverhaltsermittlung (Art. 102 Abs. 3 Satz 2). Es gilt zudem der sog. *Freibeweis,* d.h. das Gericht ist in der Beweiserhebung nicht auf den numerus clausus der Beweismittel beschränkt (s. 10 N 150 f., 312). Diese Verfahrensgrundsätze sind bezüglich Kinderbelangen *in allen Verfahren,* d.h. sowohl in eherechtlichen Verfahren als auch in Abstammungs- und Unterhaltsprozessen sowie in den Angelegenheiten des summarischen Verfahrens, anwendbar. 387

4.2 Kinderbelange in eherechtlichen Verfahren

Haben die Parteien eines eherechtlichen Verfahrens (Eheschutz, Scheidung, Änderung des Scheidungsurteils usw.) gemeinsame unmündige Kinder, hat das Gericht im Rahmen des eherechtlichen Verfahrens auch Anordnungen in Bezug auf die Kinder zu treffen (elterliche Sorge, persönlicher Verkehr, Kinderunterhalt usw.). Das Gericht hört die Parteien in der Scheidungsverhandlung (Art. 287, 291) persönlich an (Art. 297 Abs. 1). Es kann sie zu einem Mediationsversuch auffordern (Art. 297 Abs. 2). 388

Art. 298 schreibt i.S.v. Art. 12 der UNO-Kinderrechtskonvention vor, dass die *Kinder* in geeigneter Weise durch das Gericht selbst oder durch eine beauftragte Drittperson *angehört* werden, soweit nicht ihr Alter oder andere wichtige Gründe dagegen sprechen (s. BGE *127* III 295, 296 f. E. 2a). Kinder sind grundsätzlich *ab Schulalter* anzuhören (BGE *131* III 553 ff.: ab 6 Jahre). Die Anhörung hat *in kindgerechter Art und Weise* zu erfolgen und in Abwesenheit der Eltern und ihrer Anwälte. Es genügt, dass im *Protokoll* der Anhörung lediglich die für den Entscheid wesentlichen *Ergebnisse* festgehalten werden, damit das rechtliche Gehör der Parteien gewahrt wird (Art. 298 Abs. 2; BGE *122* I 53). Die Anhörung ist ein persönlichkeitsbezogenes *Mitwirkungsrecht* des Kindes sowie *Untersuchungsmittel* des Gerichts zugleich. Das urteilsfähige Kind kann die Verweigerung seiner Anhörung mit Beschwerde anfechten (Art. 298 Abs. 3). 389

390 Das Gericht kann, wenn nötig, die *Vertretung des Kindes* durch eine Beiständin oder einen Beistand anordnen (Art. 299). Die Vertretung ist in folgenden Fällen *zu prüfen* (Art. 299):

- wenn die Eltern bezüglich der Zuteilung der elterlichen Obhut oder Sorge oder bezüglich wichtiger Fragen des persönlichen Verkehrs unterschiedliche Anträge stellen,
- wenn die Vormundschaftsbehörde oder ein Elternteil dies beantragen
- oder wenn die Anhörung der Eltern oder des Kindes Zweifel an der Angemessenheit der gemeinsamen Anträge der Eltern über die Zuteilung oder den persönlichen Verkehr erwecken oder den Erlass von Kindesschutzmassnahmen nahelegen.

391 Eine Vertretung des Kindes ist zudem stets anzuordnen, wenn das urteilsfähige Kind sie verlangt (Art. 299 Abs. 2). Durch die Vertretung wird das *Kind Partei.* Dies ist ein eigentlicher Einbruch ins traditionelle Zweiparteien-Prozessrechtssystem. Das Kind wird aber *nur in Bezug auf die Kinderbelange* Partei. Es steht nicht auf der Kläger- oder Beklagtenseite, sondern kämpft als *Drittpartei für seine eigenen Interessen.*

392 Neu *ernennt* das *Gericht die Beiständin* oder den Beistand selbst, nicht mehr die Vormundschaftsbehörde. Die Beiständin oder der Beistand muss eine in fürsorgerischen *und* rechtlichen Belangen *erfahrene Person* sein (Art. 299 Abs. 1). Die Vertretung des Kindes kann für das Kind *Anträge* stellen und *Rechtsmittel* ergreifen, soweit es um die Zuteilung der elterlichen Obhut oder Sorge, grundlegende Fragen des persönlichen Verkehrs oder um Kindesschutzmassnahmen geht (Art. 300). Entsprechende Entscheide sind ihr daher zu eröffnen (Art. 301 lit. c). Neu ist indessen, dass alle *Entscheide* über Kindsbelange in eherechtlichen Verfahren *Kindern von mindestens 14 Jahren* – ebenso wie den Eltern – zu *eröffnen* sind (Art. 301 lit. b).

4.3 Selbständige Klagen

4.3.1 Vereinfachtes Verfahren

393 Für die selbständigen Klagen in Kinderbelangen, d.h. Abstammungs- und Unterhaltsklagen, ist das vereinfachte Verfahren anwendbar (Art. 295), und zwar *unabhängig vom Streitwert.*

394 Bei Unterhaltsklagen ist zunächst ein *Schlichtungsversuch* vor der Schlichtungsbehörde durchzuführen, bei *Abstammungsklagen* kann *direkt beim Gericht* geklagt werden (vgl. Art. 198 lit. b). Wird die Unterhaltsklage mit der Vaterschaftsklage verbunden, entfällt der Schlichtungsversuch.

395 Wie in allen kindesrechtlichen Verfahren gilt die *Untersuchungs- und Offizialmaxime* (Art. 296; s. N 387; BGE *128* III 411, 413 f. E. 3.2.1).

4.3.2 Abstammungsklagen

Die Klagen auf Anfechtung der Vaterschaftsvermutung (Art. 256 und 258 ZGB), auf Anfechtung der Vaterschaftsanerkennung (Art. 259 Abs. 2, 260a ZGB), auf «Feststellung» der Vaterschaft (Art. 261 ZGB) sowie die Anfechtungsklagen gegen die Adoption (Art. 269 und 269a ZGB) sind *Gestaltungsklagen* (6 N 30 ff.). 396

Der *Gerichtsstand* für diese Klagen befindet sich zwingend am *Wohnsitz* einer der Parteien (Art. 25). Im *internationalen Verhältnis* sind die Abstammungsklagen am gewöhnlichen Aufenthalt des Kindes oder am Wohnsitz von Mutter oder Vater zu erheben (Art. 66 IPRG). 397

Die *Beweislast* im Abstammungsprozess wird durch gesetzliche Vermutungen erleichtert (Art. 256a f., 260b, 262 ZGB; s. 10 N 56 f.). Die *Mitwirkungspflicht der Parteien und Dritter* bei der Aufklärung der Abstammung kann notfalls erzwungen werden (Art. 296 Abs. 2). Sie können sich nicht auf ihre Verweigerungsrechte (Art. 163, 165) berufen. 398

4.3.3 Unterhaltsklagen

Die Unterhaltsklage (Art. 279 ZGB) ist eine *Leistungsklage* (6 N 1 ff.). Sie kann aber mit der Vaterschaftsklage verbunden werden (vgl. Art. 303 ZPO). 399

Für die Unterhaltsklage sind die Gerichte am Wohnsitz der klagenden *oder* der beklagten Partei zwingend zuständig (Art. 26). *Im Anwendungsbereich des LugÜ II* besteht der Gerichtsstand für *Unterhaltssachen* am Wohnsitz oder gewöhnlichen Aufenthalt des Unterhaltsberechtigten, evtl. am Ort der zusammengehörigen Abstammungsklage (Art. 5 Ziff. 2 LugÜ II; EuGH 20.3.1997, Farrell/Long, Slg. 1997-3, 1709). 400

Vereinbarungen über die Unterhaltspflicht, die in einem gerichtlichen Verfahren geschlossen werden, bedürfen zu ihrer Gültigkeit der gerichtlichen *Genehmigung* (Art. 287 Abs. 3 ZGB). Dies bedeutet, dass die Vereinbarung ins *Urteilsdispositiv* aufzunehmen ist (Art. 279 Abs. 2 analog). 401

Dieselben Grundsätze gelten auch für Klagen auf *Abänderung des Unterhalts* (Art. 286 Abs. 2 ZGB). 402

4.4 Summarische Verfahren

Das summarische Verfahren ist anwendbar für *vorsorgliche Massnahmen* und *Drittschuldneranweisungen* in Kinderbelangen (Art. 291 f. ZGB; Art. 271 ff. i.V.m. 261 ff. ZPO), zur Leistung eines besonderen Beitrags bei nicht vorgesehenen *ausserordentlichen Bedürfnissen* des Kindes 403

(Art. 286 Abs. 2 ZGB) sowie für Entscheide nach dem Haager *Rückführungsübereinkommen* und dem Haager *Kindesentführungsübereinkommen* (Art. 302 ff. ZPO). Für die letzteren Entscheide ist das obere kantonale Gericht als einzige Instanz zuständig (Art. 7 BG-KKE).

5. Verfahren betreffend eingetragene Partnerschaft

404 Der *Gerichtsstand* für Gesuche und Klagen bei eingetragener Partnerschaft ist zwingend am Wohnsitz einer Partei (Art. 24). *Im internationalen Verhältnis* gelten die Scheidungsgerichtsstände von Art. 59 und 60 IPRG analog (Art. 65a IPRG). Ausserdem besteht eine Notzuständigkeit am Eintragungsort (Art. 65b IPRG).

405 Für die summarischen Verfahren (s. Art. 305) und das Hauptverfahren betreffend Auflösung oder Ungültigkeit der eingetragenen Partnerschaft gelten die *entsprechenden Bestimmungen des Scheidungsverfahrens* sinngemäss (Art. 306 f.).

6. Verwandtenunterstützungsklagen

406 Für Verwandtenunterstützungsklagen (Art. 328 f. ZGB) ist das Gericht *am Wohnsitz einer der Parteien zwingend zuständig* (Art. 26).

407 Zum *Verfahren* schweigt sich die ZPO aus. Gemäss Art. 329 ZGB finden die Bestimmungen über die Unterhaltsklage des Kindes entsprechende Anwendung. Das muss sinngemäss auch für die prozessrechtlichen Bestimmungen nach Art. 295 f. ZPO gelten. Anwendbar ist damit – unabhängig vom Streitwert – das *vereinfachte Verfahren,* und das Gericht hat den Sachverhalt von Amtes wegen zu *erforschen.*

7. Kindes- und Erwachsenenschutz sowie fürsorgerische Unterbringung

7.1 Geltendes Vormundschaftsrecht

408 Das *Entmündigungsverfahren* ist den *Kantonen* überlassen (Art. 373 Abs. 1 ZGB). Die Abklärung des Sachverhalts erfolgt von Amtes wegen (BGE *124* I 44 E. 3d), ausgenommen die – vorab für das administrative Verfahren statuierte – *Pflicht zur Anhörung* (Art. 374 Abs. 1 ZGB) und die Pflicht zur Einholung eines *Gutachtens* vor der Entmündigung wegen Geisteskrankheit (Art. 374 Abs. 2 ZGB). Eine psychiatrische Zwangsbegutachtung ist zulässig (BGE *124* I 43 E. 3).

Beim gerichtlichen Verfahren der *fürsorgerischen Freiheitsentziehung* statuiert das *Bundesrecht* (Art. 397f ZGB, vgl. Art. 5 EMRK): 409
- die obligatorische mündliche Einvernahme der betroffenen Person im unmittelbaren Verfahren (BGE *115* II 134 f.),
- die Pflicht, wenn nötig einen Rechtsbeistand zu bestellen,
- ein einfaches und rasches Verfahren (BGE *127* III 388 E. 3a).

Die Deutschschweizer Kantone haben für das erstinstanzliche Verfahren häufig Verwaltungsbehörden für zuständig erklärt. Deren Entscheide sind entweder durch Verwaltungsgerichte oder durch Zivilgerichte überprüfbar. In der romanischen Schweiz sind für diese wesentlichen vormundschaftlichen Entscheide häufig besondere Gerichte (Tribunaux tutélaires) zuständig. 410

7.2 Revidiertes Kindes- und Erwachsenenschutzrecht

Das Kindes- und Erwachsenenschutzrecht wird im *ZGB* (an Stelle des Vormundschaftsrechts) geregelt (BBl *2009* 141 ff.). Dort finden sich auch die bundesrechtlichen Bestimmungen über Organisation, Zuständigkeit und Verfahren. Die ZPO wird durch die Revision des Kindes- und Erwachsenenschutzrechts kaum tangiert (vgl. Anhang 2 zur ZPO). 411

Für die Anordnung von Massnahmen zum Schutz hilfsbedürftiger Erwachsener ist die *Erwachsenenschutzbehörde,* für Kindesschutzmassnahmen (ausserhalb eherechtlicher Verfahren) die *Kindesschutzbehörde* zuständig. Im Interesse einer Professionalisierung hat der Bund in die Organisationsautonomie der Kantone eingegriffen und verlangt, dass die Kantone im Bereich des Kindes- und Erwachsenenschutzes *Fachbehörden* einsetzen (nArt. 314, 440 ZGB; s. N 335). Diese können als Verwaltungsbehörden oder als Gerichte ausgestaltet werden. In Bezug auf das *Verfahren* bestehen *detaillierte bundesrechtliche Vorgaben* (nArt. 314 ff., 440 ff. ZGB). Im Übrigen bleibt es den Kantonen überlassen, das Verfahren zu regeln. Sie können dieses dem kantonalen Verwaltungsverfahrensrecht unterstellen oder ein besonderes, ergänzendes Verfahrensrecht (im EG ZGB oder einem separaten Gesetz) erlassen, subsidiär gilt sinngemäss die ZPO (nArt. 450 f. ZGB). 412

Das Verfahren ist ein *Untersuchungsverfahren.* Die Kinder- und Erwachsenenschutzbehörde (KESB) wird *von Amtes wegen,* auf Anzeige hin oder auf Antrag der betroffenen Person tätig (vgl. nArt. 443 ZGB). Sie erforscht den *Sachverhalt* von Amtes wegen, d.h. es gilt die Untersuchungs- und Offizialmaxime; sie ermittelt die rechtserheblichen Tatsachen selbst (nArt. 446 ZGB). Die betroffene Person ist *anzuhören,* wenn dies nicht als unverhältnismässig erscheint; bei fürsorgerischer Unterbringung ist die Anhörung – angesichts der Schwere des Eingriffs – durch das Kollegium vorzunehmen (nArt. 447 ZGB). 413

414 Die KESB zieht die notwendigen Erkundigungen ein und erhebt die notwendigen Beweise, d.h. auch das *Beweisverfahren* wird von Amtes wegen durchgeführt (nArt. 446 Abs. 2). Die am Verfahren beteiligten Personen und Dritte trifft eine *Mitwirkungspflicht* bei der Abklärung des Sachverhalts, welche nötigenfalls *zwangsweise* durchgesetzt werden kann (nArt. 448 ZGB; vgl. auch nArt. 449 ZGB).

415 Auf Antrag oder *von Amtes wegen* kann die KESB *vorsorgliche Massnahmen* treffen, notfalls superprovisorisch ohne Anhörung der am Verfahren beteiligten Personen mit nachträglicher Gelegenheit zur Stellungnahme. Entscheide über vorsorgliche Massnahmen sind mit Beschwerde anfechtbar (nArt. 445 ZGB).

416 Gegen Entscheide der KESB kann *Beschwerde* beim nach kantonalem Recht zuständigen Gericht schriftlich und begründet erhoben werden. Die Beschwerde ist ein *vollständiges Rechtsmittel.* Es können damit Rechtsverletzungen, unvollständige Feststellung des Sachverhalts und Unangemessenheit gerügt werden (nArt. 450 f. ZGB). Die KESB kann stattdessen ihren Entscheid aber auch in *Wiedererwägung* ziehen (nArt. 450d Abs. 2 ZGB). Für das Rechtsmittelverfahren bei *fürsorgerischer Unterbringung* ist zwingend eine Anhörung durch die Rechtsmittelinstanz und ein Gutachten vorgesehen (nArt. 450e ZGB).

417 Das Verfahren ist häufig ein Einparteienverfahren mit der schutzbedürftigen Person als Partei. Aus den verfahrensrechtlichen Bestimmungen des nZGB wird deutlich, dass das Verfahren eher einem *Verwaltungsverfahren* als einem Zivilprozess entspricht, da die Behörde alle Verfahrensschritte von Amtes wegen und notfalls mit Zwang vornehmen kann. Auch im Rechtsmittelverfahren ist – wie im Verwaltungsverfahren – eine Wiedererwägung durch die Vorinstanz noch möglich, was den Grundsätzen des Zivilprozessrechts krass zuwiderläuft. Deshalb erscheinen die Regeln des Verwaltungsverfahrens als geeigneter als diejenigen der ZPO.

§ 54 Verfahren vor Bundesgericht als einziger Instanz

1. Anwendungsbereich

418 Das *Bundesgesetz über den Bundeszivilprozess vom 4. Dezember 1947 (BZP; SR 273)* wird mit der ZPO – anders als die kantonalen Prozessordnungen – nicht aufgehoben. Es findet in den vom *Bundesgericht als einziger Instanz* zu beurteilenden *zivilrechtlichen Klagen zwischen Bund und Kantonen oder zwischen Kantonen* weiterhin Anwendung (Art. 120 lit. b BGG). Zudem wird es auch in einigen öffentlich-rechtlichen Streitigkeiten zwischen Bund und Kantonen bzw. zwischen Kantonen für anwendbar er-

klärt (Art. 120 Abs. 3). Wenig verständlich ist, dass der Gesetzgeber das betagte Gesetz nicht durch die sinngemässe Anwendung der schweizerischen Zivilprozessordnung auch in diesen Verfahren ersetzt hat.

2. Behauptungsphase

Das Verfahren nach der BZP ist ein *ordentliches Verfahren, welches dem Verfahren der ZPO ähnelt bzw. dessen Vorbild war.* Im Schriftenwechsel sollen die Parteien sämtliche Angriffs- und Verteidigungsmittel auf einmal vorbringen (Art. 19 Abs. 1 BZP). Grundsätzlich findet ein *einfacher Schriftenwechsel*, bestehend aus Klageschrift und Klageantwort (Art. 23, 29 BZP) statt. Nötigenfalls gibt es eine Möglichkeit zur Replik und Duplik (Art. 32 Abs. 2 BZP). 419

Nach Abschluss des Schriftenwechsels wird das *Vorbereitungsverfahren* durchgeführt, in welchem der Instruktionsrichter in mündlicher Verhandlung mit den Parteien den *Streitfall erörtert* und sie veranlasst, ihre Ausführungen nötigenfalls zu verdeutlichen. Die Parteien haben in der Regel persönlich zu erscheinen (Art. 35 Abs. 1 BZP). 420

3. Beweisphase

Der Instruktionsrichter bestimmt die notwendigen Beweismittel in der *Beweisverfügung* (Art. 37 BZP). 421

Die *Beweisabnahme* erfolgt entweder durch den *Instruktionsrichter* (Art. 35 Abs. 2 BZP) oder *ausnahmsweise in der Hauptverhandlung,* wenn die unmittelbare Wahrnehmung durch das Gericht aus besonderen Gründen geboten ist (Art. 35 Abs. 3 BZP). 422

4. Hauptverhandlung

Die Hauptverhandlung dient der Abnahme von Beweismitteln, die aufgrund ihrer Bedeutung *unmittelbar* durch das Gericht zu erheben sind. Das Gericht kann auf Antrag oder von Amtes wegen die Sache zur Ergänzung der Instruktion an den Instruktionsrichter zurückweisen (Art. 67 BZP). 423

Hält das Gericht die Beweiserhebung für vollständig, so erhalten die Parteien das Wort zur *Begründung ihrer Anträge, zu Replik und Duplik.* Evtl. folgen weitere Beweiserhebungen und ein weiterer Vortrag der Parteien. Anschliessend an die Schlussvorträge der Parteien findet, soweit tunlich, die *Urteilsberatung und Urteilsfällung* statt (Art. 68 BZP). 424

12. Kapitel: Rechtsmittel

§ 55 Das Rechtsmittelsystem

1. Bedeutung

Das Rechtsmittelsystem stellt eine *rechtsstaatliche Garantie zur Erlangung eines möglichst richtigen Urteils* dar (Art. 5, 29, 30, 191 BV). Angesichts der Unzulänglichkeit menschlicher Erkenntnis und der Fehlerhaftigkeit menschlicher Entscheidungen soll es die Überprüfung gerichtlicher Urteile ermöglichen. Dabei wird zwischen Rechtsmitteln und Rechtsbehelfen unterschieden. Das *Rechtsmittel* zielt auf Aufhebung oder Abänderung des angefochtenen Entscheides, der *Rechtsbehelf* nur dessen Klarstellung. 1

2. Aufbau des Rechtsmittelsystems

Das schweizerische Rechtsmittelsystem war – bei allen kantonalen Unterschieden – von jeher gekennzeichnet durch die *Abgrenzung zwischen endgültigen und nicht endgültigen Entscheiden.* BGG und ZPO zielen darauf ab, dass möglichst alle Entscheide der Überprüfung durch das Bundesgericht unterliegen. 2

3. Endgültige und nicht endgültige Entscheide

Die Begriffe «endgültige» und «nicht endgültige Entscheide» lassen sich nur innerhalb ein und derselben Instanz bestimmen. Endgültige Entscheide sind materielle und prozessuale *Endentscheide.* Ein solcher liegt vor bei Sachurteilen, d.h. wenn das kantonale Gericht über den streitigen Anspruch materiell entschieden hat. Endentscheide sind auch negative Prozessentscheide (Nichteintretensentscheide; s. 7 N 144). Alle *übrigen Entscheide* sind nicht endgültig. Man spricht von *Zwischenentscheiden;* diese bringen einen Prozess vorwärts in Richtung Endentscheid (vgl. 7 N 153 ff.). 3

Endgültige Entscheide der oberen kantonalen Instanz sind mit Einheitsbeschwerde in Zivilsachen (Art. 72 ff. BGG) oder mit der subsidiären Verfassungsbeschwerde beim Bundesgericht anfechtbar (Art. 113 ff. BGG). 4

Das gilt grundsätzlich auch für erstinstanzliche Entscheide kantonaler Handelsgerichte (Art. 6) oder für Entscheide in Direktprozessen der oberen kantonalen Instanz (Art. 8). 5

4. Wenig differenziertes Rechtsmittelsystem

6 Das dargestellte Rechtsmittelsystem (N 2 ff.) wird ergänzt durch die *Revision,* welche die Korrektur rechtskräftiger Urteile entweder gestützt auf neue Tatsachen erlaubt oder wenn durch strafbare Handlungen auf den Prozessausgang eingewirkt wurde. Daneben wurde auf Bundesebene neu die sog. Willensmängelrevision eingeführt (Art. 328 ff.).

7 Gesamthaft betrachtet ist das *Rechtsmittelsystem* gegenüber dem früheren Recht *weniger differenziert.* In den Kantonen und auf Bundesebene bestehen im Wesentlichen nur noch je zwei Rechtsmittel (Berufung/Beschwerde – Einheitsbeschwerde in Zivilsachen/subsidiäre Verfassungsbeschwerde).

5. Gefahren eines zu gut ausgebauten Rechtsmittelsystems

8 Dem *Rechtsschutzziel* des Zivilprozesses entspricht zwar ein möglichst starker Ausbau des Rechtsmittelsystems.

9 Die *Gefahren* sind aber nicht zu verkennen: Die *Prozessdauer* wird mit jeder Instanz verlängert. Wenn auch Zwischen- und Inzidenzentscheide (z.B. vorsorgliche Massnahmen) über mehrere Instanzen gezogen werden können, ruht derweilen oft der Hauptprozess, dessen Erledigung mehrere Jahre braucht.

§ 56 Grundzüge des Rechtsmittelrechts

1. Eigenschaften der Rechtsmittel

1.1 Devolutive und nicht devolutive Rechtsmittel

10 *Devolutiv* ist ein Rechtsmittel, über welches eine *höhere Instanz* entscheidet.

11 *Nicht devolutiv* ist ein Rechtsmittel, über welches *dieselbe Instanz* entscheidet, von welcher der angefochtene Entscheid ausgegangen ist.

12 Die meisten Rechtsmittel sind naturgemäss *devolutiv:* Weil mit ihnen Mängel des angefochtenen Urteils gerügt werden, soll über sie eine andere, höhere Instanz entscheiden. Da der Prozess in diesem Fall an eine höhere Instanz «gezogen» werden kann, spricht man vom *Instanzenzug.* Dieser Begriff beinhaltet zugleich den Grundsatz, dass die obere Instanz nicht auf Begehren eintritt, über welche die untere Instanz noch nicht entschieden hat.

Nicht devolutiv sind regelmässig die Revision und die Erläuterung und die Berichtigung.

1.2 Vollkommene und unvollkommene Rechtsmittel

Vollkommen ist ein Rechtsmittel, wenn die Rechtsmittelinstanz das angefochtene Urteil – im Rahmen der Rechtsmittelanträge – *insgesamt,* d.h. sowohl auf richtige Tatsachenfeststellung als auch auf richtige Rechtsanwendung, überprüft. Der Kontrolle unterliegen auch die Ermessensentscheide der Vorinstanz. Die Beurteilung hat dabei regelmässig unabhängig von Einzelrügen der Parteien, aber im Rahmen der Parteianträge von Amtes wegen zu erfolgen, d.h. die Rechtsmittelinstanz hat den Streit einer unabhängigen neuen Beurteilung zu unterziehen. 13

Unvollkommen ist ein Rechtsmittel, das nur eine beschränkte Überprüfung erlaubt, z.B. nur richtige Rechtsanwendung. 14

1.3 Ordentliche und ausserordentliche Rechtsmittel

Ordentliche (suspensive) Rechtsmittel hemmen den Eintritt von Rechtskraft und Vollstreckbarkeit mindestens im Umfang der Rechtsmittelanträge *(Suspensivwirkung).* Zum Teil kann solchen Rechtsmitteln die *aufschiebende Wirkung entzogen* oder mindestens die *einstweilige Vollstreckbarkeit* angeordnet werden. 15

Ausserordentliche (nicht suspensive) Rechtsmittel hemmen die Rechtskraft und Vollstreckbarkeit nicht von Gesetzes wegen *(keine Suspensivwirkung).* Es kann ihnen jedoch *aufschiebende Wirkung* erteilt werden, womit Rechtskraft und Vollstreckbarkeit des Entscheides gehemmt werden. Alle Rechtsmittel gemäss BGG sind ausserordentliche Rechtsmittel. 16

Die *neueste Tendenz* geht dahin, diesen Unterschied (weitgehend) abzuschaffen. So haben alle Rechtsmittel ans Bundesgericht von Gesetzes wegen keine aufschiebende Wirkung. 17

1.4 Reformatorische und kassatorische Rechtsmittel

Reformatorische Rechtsmittel führen, wenn sie begründet sind, zur Ausfällung eines *neuen Entscheides* der Rechtsmittelinstanz. 18

Kassatorische Rechtsmittel bewirken dagegen, wenn begründet, nur die Aufhebung des angefochtenen Entscheides und, soweit nötig, die Rückweisung an die untere Instanz zu verbesserter Entscheidung. 19

20 Im Zivilprozess sind die Rechtsmittel teilweise reformatorischer Natur. Auch bei der Gutheissung eines reformatorischen Rechtsmittels hat jedoch die Rechtsmittelinstanz die Möglichkeit, den noch nicht spruchreifen Prozess zur Durchführung weiterer Erhebungen (insbesondere Ergänzung des Beweisverfahrens) und zu neuer Entscheidung an die untere Instanz *zurückzuweisen.* Diese ist an die dem Rückweisungsentscheid zugrunde liegende Auffassung *gebunden.*

1.5 Rechtsmittel mit und ohne Novenrecht

21 *Mit Novenrecht* sind Rechtsmittel ausgestaltet, wenn vor der Rechtsmittelinstanz *neue tatsächliche Behauptungen und/oder neue Beweismittel* zulässig sind. Sie ermöglichen im vollen Umfang die Fortführung des Prozesses in der Rechtsmittelinstanz.

22 *Echte* Noven sind solche Tatsachen, die erst *nach* dem anzufechtenden Entscheid eingetreten sind, und die für sie anzubietenden Beweismittel. *Unechte* Noven sind dagegen Tatsachen, die sich vor diesem Zeitpunkt verwirklicht haben, die aber aus Unsorgfalt oder mangels Kenntnis der Partei nicht geltend gemacht worden sind.

23 Beispiel: Die Zulassung von Noven bei der *Weiterziehung des Konkursdekrets* ist *bundesrechtlich* geregelt: Unechte Noven können im Rechtsmittelverfahren ohne weiteres geltend gemacht werden (Art. 174 Abs. 1 SchKG). Für die Geltendmachung echter Noven über die Tilgung der Schuld hat der Schuldner zudem seine Zahlungsfähigkeit glaubhaft zu machen (Art. 174 Abs. 2 SchKG).

24 *Ohne Novenrecht* ausgestaltete Rechtsmittel dienen nur der Überprüfung des angefochtenen Entscheides auf bisheriger Grundlage (z.B. regelmässig ehemalige staatsrechtliche Beschwerde gemäss Art. 84 ff. OG).

25 Die Frage des Novenrechts ist letztlich eine solche der *Eventualmaxime.* Wenn alle möglichen Behauptungen und Beweismittel schon in der ersten Instanz vorgetragen werden müssen, liegt eine hundertprozentige Eventualmaxime vor.

2. Zulässigkeitsvoraussetzungen der Rechtsmittel

2.1 Zulässigkeitsvoraussetzungen und Prüfungsbefugnis

26 So wie bei der *Klage* zu unterscheiden ist zwischen den Voraussetzungen des Eintretens auf die Sache – den Prozessvoraussetzungen (7 N 69 ff.) – und dem Sachentscheid, ist beim *Rechtsmittel* zwischen den

Zulässigkeitsvoraussetzungen des Rechtsmittels und seiner sachlichen Begründetheit zu trennen.

Volle bundesrechtliche Kognition hat eine Kassationsinstanz hingegen insoweit, als sie an Stelle eines aufgehobenen Urteils selbst einen Sachentscheid fällt: BGE *107* II 122, *112* II 96. Dies gilt aber logischerweise nur innerhalb des zulässigerweise erhobenen Rügegrundes. 27

Die *Zulässigkeitsvoraussetzungen* umschreiben die Gegebenheiten, die für das *Eintreten auf das Rechtsmittel* erforderlich sind, insbesondere die Einhaltung der Rechtsmittelfrist, die Rechtzeitigkeit, die Beschwer usw. (s. N 27 ff.). 28

Die bei unvollkommenen Rechtsmitteln beschränkte *Prüfungsbefugnis,* die *Kognition,* wird regelmässig durch die *Anfechtungsgründe* umschrieben. 29

2.2 Art der angefochtenen Entscheidung

Die einzelnen Rechtsmittel sind je nur gegen bestimmte Arten von Entscheiden gegeben, so z.B. gegen Sachentscheide, gegen Prozessentscheide usw. 30

2.3 Streitwert

Die ordentlichen Rechtsmittel sind in vermögensrechtlichen Streitigkeiten nur *über einem bestimmten Streitwert* zulässig. 31

Für die Frage der Zulässigkeit von Rechtsmitteln sind die im Zeitpunkt der Fällung des anzufechtenden Urteils *noch strittigen* Rechtsbegehren massgeblich. Vom Streitwert gemäss Rechtsbegehren sind also die Streitwerte der im Laufe des Verfahrens fallen gelassenen oder anerkannten Rechtsbegehren abzuziehen. 32

2.4 Legitimation

Zur Ergreifung eines Rechtsmittels sind die *Parteien, Nebenparteien und ihre Rechtsnachfolger* legitimiert. 33

Es muss indessen allgemein gelten, dass der Dritte einen gerichtlichen Entscheid, der in seine Rechte eingreift, auf dem Rechtsmittelweg anfechten kann (z.B. das urteilsfähige Kind im Eheprozess seiner Eltern, Art. 298 Abs. 3). 34

2.5 Rechtzeitigkeit

35 Die Rechtsmittel müssen innert bestimmter *Frist* eingereicht werden.

2.6 Beschwer

36 Das für jeden prozessualen Rechtsbehelf erforderliche *Rechtsschutzinteresse* wird als Voraussetzung eines Rechtsmittels *Beschwer* genannt. Auf ein Rechtsmittel ist nur einzutreten, soweit der Rechtsmittelkläger durch den angefochtenen Entscheid beschwert ist.

37 Für die Bestimmung der Beschwer fallen nur die Bestimmungen des *Dispositivs* in Betracht, nicht auch die Erwägungen (BGE *106* II 119).

38 Zu unterscheiden ist die formelle und die materielle Beschwer.

Formelle Beschwer: Die Beschwer ist grundsätzlich eine formelle Zulässigkeitsvoraussetzung. Beschwert ist eine Partei dann, wenn das Dispositiv des angefochtenen Entscheides von ihren Anträgen abweicht. *Nicht formell beschwert* ist daher z.B. der Scheidungskläger, dessen Klage gutgeheissen wurde; die Gesuchsteller eines gemeinsamen Scheidungsbegehrens, die geschieden wurden; der Scheidungsbeklagte, der mit der Scheidung einverstanden war, wenn die Scheidung ausgesprochen wird.

39 *Materielle Beschwer:* Nur materielle Beschwer liegt vor, wenn den Anträgen der Partei entsprochen wurde, ihre Rechtsstellung aber doch durch das Urteil beeinträchtigt ist. Das kann der Fall sein:

- wenn der Scheidungskläger seine gutgeheissene Klage um der Erhaltung der Ehe willen zurückziehen oder in oberer Instanz in eine Trennungsklage umwandeln will,
- wenn der vor erster Instanz mit der Scheidungsklage einverstandene Scheidungsbeklagte sein Einverständnis zulässigerweise widerrufen und Abweisung der Scheidungsklage beantragen will (BGE *76* II 257; BÜHLER/SPÜHLER, N 49 zu aZGB 146),
- wenn die Partei den Vergleich als wegen Willensmängeln unverbindlich anfechten will.

40 In BGE *120* II 7 hat das Bundesgericht neben der formellen auch das Vorliegen einer materiellen Beschwer geprüft und ist – da sie fehlte – auf das Rechtsmittel nicht eingetreten.

3. Grundsätze des Rechtsmittelverfahrens

3.1 Rechtsmittelbelehrung

Es bestehen regelmässig Vorschriften, wonach die Parteien im Urteil über die möglichen *Rechtsmittel* zu *belehren* seien. 41

Eine *falsche* Rechtsmittelbelehrung – z.B. die Angabe einer längeren als der gesetzlichen Rechtsmittelfrist oder die Nennung des falschen Rechtsmittels – darf einem Rechtsuchenden, der sich auf sie verlassen durfte, nicht schaden. Auf eine von der zuständigen Behörde erteilte, sachlich unrichtige Rechtsmittelbelehrung darf sich eine Partei nach Treu und Glauben verlassen, es sei denn, sie oder ihr Anwalt habe die Voraussetzung des fraglichen Rechtsmittels tatsächlich gekannt oder es sei ihr als grober Fehler anzulasten, dass sie die Unrichtigkeit nicht erkannt habe (BGE *106* Ia 17, *117* Ia 422). Eine fehlerhafte Rechtsmittelbelehrung vermag aber nicht ein nicht gegebenes Rechtsmittel zu schaffen (BGE *108* III 25 f.). 42

3.2 Verbot der reformatio in peius

Nach der Dispositionsmaxime bestimmt die Rechtsmittelklägerschaft mit ihren *Anträgen,* in welchem Umfang das vorinstanzliche Urteil abgeändert werden soll und darf. Darüber hinaus darf die Rechtsmittelinstanz nicht gehen. Insbesondere darf sie das Urteil *nicht zu ihren Ungunsten* abändern, ausser im Bereich der vollen Offizialmaxime. 43

3.3 Anschlussrechtsmittel

Der *angefochtene Entscheid* kann daher ausserhalb der Offizialmaxime nur gestützt auf ein vom Gegner ergriffenes Rechtsmittel *zuungunsten des Rechtsmittelklägers abgeändert* werden. 44

Um die Partei, die sich mit dem Urteil abfinden will und nicht selbstständig ein Rechtsmittel ergreift, in dem von der Gegenpartei erhobenen Rechtsmittelverfahren nicht zu benachteiligen, sehen die Prozessgesetze für einzelne Rechtsmittel eine Anschlussmöglichkeit für die Gegenpartei vor. Das *Anschlussrechtsmittel* muss ausdrücklich geregelt sein. 45

3.4 Rechtsmittelverzicht

46 Nach der Dispositionsmaxime kann grundsätzlich auf *Rechtsmittel verzichtet* werden, und zwar:

- auf *ordentliche* Rechtsmittel soweit frei verfügbare Rechte im Streit liegen, schon *vor Erlass* des Entscheides, jedenfalls aber nach Erlass (vgl. BGE *113* Ia 30 f.);

47 – auf *ausserordentliche* Rechtsmittel, *erst nach Kenntnis* des in Frage stehenden Grundes. Ein zum Voraus erklärter Verzicht auf diese Rechtsmittel wird als sittenwidrig oder als unzulässige Persönlichkeitsbeschränkung (Art. 27 Abs. 2 ZGB) betrachtet.
  Zum Verzicht auf Rechtsmittel allgemein vgl. SPÜHLER/VOCK, 6 f.

3.5 Zulässige Rügen

48 Die Zulässigkeit der einzelnen Rügen ist sehr verschieden. Es ist stets zu untersuchen, ob mit einem bestimmten Rechtsmittel Tat- und Rechtsfragen, nur Rechtsfragen oder Tatfragen nur auf Willkür hin (offensichtlich unrichtige Sachverhaltsfeststellung: Art. 320 lit. b ZPO, Art. 97 Abs. 1 BGG) gerügt werden können. Weil entweder wegen Nichtzulässigkeit von Rügen ganz oder teilweise auf ein Rechtsmittel nicht eingetreten werden kann, ist man versucht, auch hier von einer *Zulässigkeitsvoraussetzung* zu sprechen. Dies wird klar, wenn z.B. mit der subsidiären Verfassungsbeschwerde (Art. 113 ff. BGG) keine Verfassungsrügen gegen das erstinstanzliche Urteil oder wenn mit einer kantonalen Beschwerde (Art. 320 ZPO) weder Rechts- noch qualifizierte Tatsachenrügen vorgebracht werden. Streng logisch liegt hier eine – zusätzliche – Prozessvoraussetzung vor. Die Missachtung der obigen Kriterien führt denn auch wie bei den typischen Prozessvoraussetzungen zu einem gänzlichen oder teilweisen Nichteintreten.

3.6 Beispiele

49 Die Tatfrage einerseits und die Rechtsfrage andererseits können *kaum generell-abstrakt unterschieden werden.* Am besten behilft sich die Lehre mit Beispielen. Zum neuen Recht gibt es noch keine. Mit aller Vorsicht müssen sie aus der bisherigen Praxis im Gerichtsalltag genommen werde. Es werden in diesem Zusammenhang jedoch keine Gerichtsentscheidungen zitiert, weil sich die Verhältnisse, wenn auch teilweise nur marginal, mit dem neuen Recht geändert haben.

Tatfrage	Rechtsfrage
Grundsatz		50
Tatfrage ist, ob die rechtserheblichen Tatsachen sich verwirklicht haben.	Rechtsfrage ist die rechtliche Würdigung der Tatsachen, die Rechtsanwendung gestützt auf die festgestellten Tatsachen.
Beweiswürdigung, auch der Schluss aus Indizien ist Tatfrage.	Feststellungen aufgrund allgemeiner Lebenserfahrung sind Rechtsfragen. Lebenserfahrungssätze sind Normen.
Bei der Urteilsfähigkeit	
Verminderte Urteilsfähigkeit eines 14-jährigen Kindes, das wegen Verspätung auf den Zug aufspringt.	
Tatfrage sind die Feststellungen über die geistigen Fähigkeiten und das Wissen einer Person; über Krankheitszustände.	Rechtsfrage sind die Schlussfolgerungen aus den festgestellten Tatsachen auf die Urteilsfähigkeit.
Bei der Vertragsauslegung	
Tatfrage ist die Feststellung, was die Parteien beim Vertragsschluss dachten und wollten (auch ihr innerer Wille); ebenso Schlüsse auf den Vertragswillen aus dem späteren Verhalten der Parteien.	Rechtsfrage ist die Auslegung nach dem Vertrauensgrundsatz, d.h. die Beantwortung der Frage, welche Bedeutung den Willensäusserungen der Parteien beim Vertragsschluss nach Treu und Glauben zukommt.
Bei der Auslegung letztwilliger Verfügungen		51
Tatfrage sind die tatsächlichen Feststellungen, aus denen der Wille des Erblassers erschlossen wird.	Rechtsfrage ist im Gegensatz zur Vertragsauslegung auch der innere Wille des Erblassers einschliesslich seiner Motive, «weil sich hier von der Tatfrage die reine Rechtsfrage nicht trennen lässt, ob der ermittelte Wille auch einen genügenden Ausdruck in der gesetzlich vorgesehenen Form gefunden hat».

Tatfrage	Rechtsfrage
Bei Grundlagenirrtum	
Tatfrage ist, ob überhaupt ein Irrtum vorlag.	Rechtsfrage ist, ob der Irrtum ein wesentlicher im Sinne des Gesetzes sei.
Kausalzusammenhang	
Tatfrage ist der natürliche Kausa lzusammenhang, z.B. ein in freier Beweiswürdigung aufgrund von Zeugenaussagen festgestellter Kausalverlauf.	Rechtsfrage ist der adäquate Kausalzusammenhang, d.h. die Frage, ob der (verbindlich festgestellte) natürliche Kausalzusammenhang (bzw. das Ereignis!) nach dem gewöhnlichen Lauf der Dinge und der allgemeinen Lebenserfahrung geeignet ist, einen Erfolg von der Art des eingetretenen herbeizuführen oder zu begünstigen.
Tatfrage ist die Feststellung des Schadens.	Rechtsfrage ist, ob das vorinstanzliche Gericht den Rechtsbegriff des Schadens verkannt habe.

§ 57 Kantonale Rechtsmittel

1. Zwei Hauptrechtsmittel

52 Die Anzahl der kantonalen Rechtsmittel war im bisherigen Recht in den Kantonen recht verschieden. Die ZPO beschreitet hier einen *Mittelweg* (Botschaft, 7369) im Vergleich zu den in den kantonalen Zivilprozessordnungen enthaltenen Rechtsmittelordnungen. So war die Zürcher ZPO mit ihrem sehr differenzierten Rechtsmittelsystem und drei Instanzen wesentlich breiter ausgebaut. Die Expertenkommission schlug für das kantonale Verfahren *drei Hauptrechtsmittel* vor: die Appellation, den Rekurs und die Beschwerde. Der Bundesrat folgte in seinem Entwurf den mit den Vernehmlassungen eingebrachten Bedenken und schlug *nur noch zwei Hauptrechtsmittel* vor, nämlich die Berufung und die Beschwerde. Daneben fanden die *Erläuterung* und *Berichtigung* sowie die *Revision* in die schweizerische Zivilprozessordnung Eingang (Botschaft, 7369 f.). Das Parlament billigte diese Ordnung ebenfalls.

53 *Vorzuziehen* wären jedoch *drei kantonale Rechtsmittel* gewesen. Es bestehen ernsthafte Befürchtungen, dass die Berufung zu stark mit zweitrangigen Streitigkeiten belastet wird. So kann die Berufung auch gegen erstinstanzliche vorsorgliche Massnahmeentscheide ergriffen werden. Das liegt

auch nicht im Sinne des summarischen Verfahrens (Frank/Sträuli/Messmer vor §§ 204 ff. N 1).

Zur Vermeidung von Irrtümern muss mit aller Deutlichkeit betont werden, dass die Rechtsmittelordnung der schweizerischen Zivilprozessordnung *nur im kantonalen Rechtsmittelverfahren Gültigkeit* hat. Alle zivilrechtlichen Rechtsmittel ans Bundesgericht werden hingegen von Art. 72 ff. BGG geregelt. 54

Es stellt sich die Frage, ob die kantonalen Rechtsmittel kautionspflichtig sind. Für das erstinstanzliche Verfahren findet sich die Rechtsgrundlage hiefür in Art. 98. 55

2. Berufung

Die Berufung ist in den Art. 308–318 geordnet. Die Berufung ist *das zentrale* Rechtsmittel. 56

2.1 Anfechtungsobjekt

Mit der Berufung ist jeder *erstinstanzliche Entscheid der streitigen und der freiwilligen Gerichtsbarkeit* weiterziehbar. Dabei spielt keine Rolle, in welchem erstinstanzlichen Verfahren er ergangen ist. Es kann sich um einen Endentscheid oder um einen Zwischenentscheid (über formelle und materielle Vorfragen) oder einen Entscheid über vorsorgliche Massnahmen handeln. Nicht berufungsfähig sind hingegen prozessleitende Verfügungen (z.B. Ablehnung einer Fristerstreckung, Beweisbeschluss, Ordnungsbusse usw.). 57

2.2 Ausnahmen

Es gibt zahlreiche *Ausnahmen* (Art. 309). Sie bedürfen im Sinne einer rechtsstaatlichen Verfahrenshandhabung einer *restriktiven Auslegung.* Das Gleiche gilt für die Entscheide einzelner kantonaler Instanzen (z.B. Handelsgerichte, Immaterialgüterentscheide, Direktprozesse; vgl. Art. 5 ff.). Gewisse *betreibungsrechtliche Entscheide* sind hingegen nicht berufungsfähig, drängen doch die betreffenden Streitigkeiten auf rasche Erledigung (Art. 309 lit. b Ziff. 6; Botschaft, 7371 f.). Der Berufung nicht unterliegen sodann Entscheide, die nach SchKG in die Zuständigkeit des Konkurs- und des Nachlassgerichtes fallen (Art. 309). Nicht angefochten werden kann 58 sodann ein *selbständiger Kostenentscheid*, und zwar auch dann nicht, wenn die Hauptsache berufungsfähig wäre (Botschaft, 7323).

2.3 Streitwert

59 Der *Streitwert* muss *mindestens CHF 10 000.–* betragen. Es gilt der Betrag, der im Zeitpunkt des erstinstanzlichen Urteils noch streitig war (Botschaft, 7371). Die Streitwertgrenze muss logischerweise auch für eine Berufung gegen vermögensrechtliche vorsorgliche Massnahmenentscheide gelten.

2.4 Berufungsgründe

60 Die Berufung ist ein vollkommenes Rechtsmittel. Damit können mit ihm *alle tatsächlichen und rechtlichen Fragen* des Verfahrens und des Entscheides angefochten werden (Art. 310). Die Berufungsinstanz ist das obere kantonale Gericht, das jeder Kanton selbständig zu bezeichnen hat. Bei den Rügen spielt es keine Rolle, ob materiell- oder verfahrensrechtliche Fragen, solche des kantonalen, eidgenössischen oder internationalen Rechts zur Behandlung stehen (Botschaft, 7372). Für einen allfälligen Weiterzug ans Bundesgericht ist es empfehlenswert, die verschiedenen Arten von Rügen schon gegenüber der oberen kantonalen Instanz auseinanderzuhalten.

2.5 Einreichung der Berufung

61 Die Berufung ist *schriftlich und begründet an die obere kantonale Instanz* zu richten (Art. 311 ZPO). Die Frist beträgt 30 Tage (Art. 311 Abs. 1; gegen Summarentscheide nur 10 Tage, Art. 314 Abs. 1 ZPO). Es handelt sich um eine gesetzliche, d.h. nicht erstreckbare Frist. Die Frist kann allenfalls wiederhergestellt werden.

62 Für eine *Vorschusspflicht* der Gerichtskosten fehlt die notwendige gesetzliche Grundlage (vgl. 8 N 52 ff.).

2.6 Berufungsantwort

63 Die Rechtsmittelinstanz stellt die Berufung der Gegenpartei zu. Die *Frist zur Antwort* beträgt 30 Tage. Bei offensichtlicher oder klar unzu-

lässiger Berufung verzichtet die Berufungsinstanz auf die Einholung einer Antwort (Art. 311 ZPO).

Die berufungsbeklagte Partei hat die Berufungsantwort einzureichen. An 64
diese Rechtsschrift werden *dieselben* Anforderungen gestellt wie an die Berufungsschrift im betreffenden Verfahren. Einer Antwort bedarf es nicht, wenn die Berufung unzulässig oder offensichtlich unbegründet sowie wenn sie verspätet ist. Das bedeutet, dass in solchen Fällen die Berufungsinstanz das Urteil ohne Weiterungen fällt.

2.7 Anschlussberufung

Die *Anschlussberufung* ist neben der Berufungsantwort das 65
stärkste Verteidigungsmittel der berufungsbeklagten Partei. Sie ist nicht nur eine Art Widerklage, sie ist mit Bezug auf ihre Wirkungen einer Berufung gleichgestellt; sie kann bei gänzlicher oder teilweiser Berufung für den Beklagten zu einem besseren Resultat führen als das Urteil der unteren Instanz (reformatio in peius für die berufungsführende Partei). Die Anschlussberufung ist abhängig von der Berufung. Wird diese z.B. vor Beginn der Urteilsberatung zurückgezogen, so fällt die Berufung ebenfalls dahin (vgl. Art. 313 Abs. 2 lit. c).

Ist der erstinstanzliche Entscheid im *summarischen Verfahren ergangen,* 66
ist eine Anschlussberufung nicht gegeben (vgl. Art. 314 Abs. 2).

2.8 Aufschiebende Wirkung

Die Berufung ist ein sog. *ordentliches Rechtsmittel,* dem (im Um- 67
fang der Berufungsanträge) aufschiebende Wirkung zukommt, sobald die Berufung eingereicht worden ist. Ausnahmsweise kommt der Berufung keine aufschiebende Wirkung zu, weil das Gesetz dies ausdrücklich festhält. Dies ist beim Gegendarstellungsrecht der Fall, ansonsten der Rechtsschutz des Klägers weitgehend wertlos würde (Art. 315). Eine Berufung gegen einen Entscheid über *vorsorgliche Massnahmen* hat *keinen Suspensiveffekt.* Das Gericht kann die Vollstreckung vorsorglicher Massnahmen aufschieben, wenn einer Partei ein nicht leicht wieder gutzumachender Nachteil zukommt (vgl. Art. 315 Abs. 5).

Ansonsten hemmt der *Suspensiveffekt* der Berufung die Rechtskraft und 68
die Vollstreckbarkeit. In klaren Fällen kann die Berufungsinstanz die *aufschiebende Wirkung entziehen* (Art. 315 Abs. 2).

Werden mit der Berufung nur einzelne *Punkte des erstinstanzlichen Ent-* 69
scheides angefochten, erwachsen die übrigen Punkte des Urteils – von Son-

derfällen abgesehen – in Rechtskraft und können vollstreckt werden. Diese Lösung entspricht moderner Prozessrechtsauffassung.

2.9 Verfahren in der Berufungsinstanz und Noven

70 Das *Berufungsverfahren* ist ein *eigenständiges Verfahren* (Botschaft, 7374). Das Gestaltungsrecht gestattet es der Berufungsinstanz, das Verfahren adäquat zu handhaben. So kann z.B. ein zweiter Schriftenwechsel angeordnet oder eine mündliche Verhandlung durchgeführt werden, an der auch Beweise abgenommen werden, z.B. aufgrund von zulässigen Noven.

71 Es gelten dieselben Verfahrensmaximen wie in der Vorinstanz.

72 Mit dem *Entscheid* kann die Berufung abgewiesen oder die Sache neu entschieden werden. Ferner besteht die Rückweisungsmöglichkeit (Art. 318 Abs. 1 lit. c).

73 Das *Novenrecht* wird in Art. 317 strenger als bisher im Durchschnitt der Kantone geordnet. Es müssen zwei Voraussetzungen kumulativ gegeben sein:

- In zeitlicher Hinsicht müssen die Noven nach ihrer Entdeckung *ohne Verzug* (in einigen Tagen) geltend gemacht werden.
- Die Noven konnten trotz zumutbarer Sorgfalt vor erster Instanz nicht bereits vorgebracht werden.

74 Parallel dazu ist die *Klageänderung* neu geordnet worden (Art. 317 Abs. 2 i.V.m. Art. 227 Abs. 2). Voraussetzungen sind gleiche Verfahrensart, sachlicher Zusammenhang mit dem bisherigen Anspruch, Vorliegen neuer Tatsachen und Beweismittel.

3. Beschwerde

3.1 Verhältnis der Beschwerde zur Berufung

75 Die *Beschwerde* ist gegenüber der Berufung das *subsidiäre Rechtsmittel.*

76 Bei vermögensrechtlichen Streitigkeiten, welche *mangels erforderlichen Streitwertes* nicht mit Berufung bei der oberen kantonalen Instanz angefochten werden können, ist die Beschwerde gegeben. Ferner ist die Beschwerde in den Fällen gegeben, in denen die *Berufung in der ZPO ausdrücklich ausgeschlossen ist. Rechtsverzögerung* einer unteren kantonalen Instanz kann ebenfalls mit Beschwerde an das obere kantonale Gericht gerügt werden. (vgl. Art. 319 lit. c).

Daneben gibt es eine Reihe von erstinstanzlichen Entscheiden im Zusammenhang mit dem der Berufung unterliegenden Sachentscheid und prozessleitende Verfügungen, in denen die ZPO *ausdrücklich die Beschwerde vorsieht* (z.B. bei Ordnungsbusse; Verweigerung der Kindsanhörung und der Bestellung eines Kindesvertreters, Art. 298 Abs. 3 und 299 Abs. 3). Sodann dürfen andere nicht der Berufung unterliegende erstinstanzliche Entscheide und prozessleitende Verfügungen mit Beschwerde angefochten werden, aber nur, wenn sie für die betreffende Partei einen *nicht leicht wieder gutzumachenden Nachteil* bringen. Beweispflichtig dafür ist die beschwerdeführende Partei (vgl. Art. 319 lit. b Ziff. 2). 77

3.2 Beschwerdegründe

Mit Bezug auf die Rüge der *unrichtigen Rechtsanwendung* gilt dasselbe wie bei der Berufung (vgl. N 61). Die Kognition der Beschwerdeinstanz ist somit weiter gefasst, als sie es bei den verschiedenen kantonalen Nichtigkeitsbeschwerden war (vgl. Art. 320 lit. a). 78

Mit Bezug auf die *Tatsachenrügen* ist die Beschwerde (Art. 320 lit. a) weit enger als die Berufung. Es sind Tatsachenrügen nur möglich, wenn eine *willkürliche* Feststellung der Tatsachen durch die untere kantonale Instanz vorliegt. Der Inhalt des Willkürbegriffes folgt aus Art. 9 BV. Die Latte ist hoch. Nur krass aktenwidrige tatsächliche Feststellungen erfüllen die Willkür. Der Willkürbegriff der ZPO ist übereinstimmend mit demjenigen für Beschwerden ans Bundesgericht i.S.v. Art. 97 Abs. 1 BGG (Botschaft, 7377). Liegt Willkür bei einem berufungsfähigen Entscheid vor, ist sie mit Berufung geltend zu machen. 79

3.3 Beschwerdeerhebung

Die Beschwerde ist *schriftlich und begründet* einzureichen. Die Beschwerdefrist beträgt *30 Tage,* gegen Entscheide im summarischen Verfahren und gegen prozessleitende Verfügungen nur zehn Tage (Art. 321 Abs. 1 und 2). Das Gesetz kennt teilweise noch kürzere Fristen, vor allem im SchKG (z.B. Wechselbetreibung). Wegen Rechtsverzögerung kann jederzeit Beschwerde eingereicht werden (Art. 321 Abs. 4). 80

3.4 Beschwerdeantwort

81 Die Gegenpartei ist zur *Beschwerdeantwort* berechtigt (Art. 322). Das Rechtsmittelgericht kann auch von der Vorinstanz eine Stellungnahme verlangen (Art. 324). Die Stellungnahme ist allen Beteiligten zur Kenntnis zu bringen (rechtliches Gehör).

3.5 Fehlen einer Anschlussbeschwerde

82 Beim Rechtsmittel der Beschwerde ist im Gegensatz zur Berufung eine *Anschlussbeschwerde nicht gegeben* (Art. 323 ZPO). Entspricht ein Entscheid beiden Parteien nicht, so müssen sie einzeln je Beschwerde erheben. Die Beschwerden können vereinigt werden (vgl. Art. 125 lit. c).

3.6 Verfahren

83 Die Rechtsmittelinstanz kann *aufgrund der Akten* entscheiden. Jegliche *Noven sind ausgeschlossen* (Art. 327 Abs. 2). Diese Formulierung zeigt, dass sie das Verfahren ganz oder teilweise auch mündlich durchführen kann.

84 Die Beschwerdeinstanz kann, wenn auf die Beschwerde einzutreten ist, die Sache neu entscheiden, falls sie spruchreif ist. Ansonsten erfolgt Rückweisung an die Vorinstanz mit Bindungscharakter für diese. Sie kann die Beschwerde auch unter Bestätigung des erstinstanzlichen Entscheides abweisen.

85 Gegen einen *Rückweisungsentscheid der oberen kantonalen Instanz* kann Beschwerde in Zivilsachen Bundesgericht erhoben werden (SPÜHLER/DOLGE/VOCK, Art. 91 N 3), evtl. subsidiäre Verfassungsbeschwerde.

3.7 Beschwerde in LugÜ-II-Vollstreckungssachen

86 Nachträglich wurde Art. 327a in die ZPO eingefügt. Es handelt sich um dasjenige Rechtsmittel, das nach den Art. 38–52 LugÜ II *gegen eine Vollstreckbarerklärung eines Entscheides aus einem LugÜ-II-Staat* ergriffen werden kann. Im Wesentlichen geht es darum, dass gegen die Entscheidung über den Antrag auf Vollstreckbarerklärung eines solchen Entscheides jede Partei einen Rechtsbehelf einlegen kann (Art. 43 LugÜ II). Dieser ist in der Schweiz die Beschwerde. Erstinstanzlich zuständig ist bei Geldforderungen

der Rechtsöffnungsrichter und im Übrigen der kantonale Vollstreckungsrichter (s. LugÜ II, Anhang II).

Die Beschwerde nach Art. 327a weicht in verschiedenen Punkten von der gewöhnlichen Beschwerde ab. So hat die Beschwerdeinstanz mit Bezug auf die Verweigerungsgründe *volle Kognition* (Art. 34 LugÜ II), die *Beschwerdefrist* beträgt im Regelfall einen Monat (Art. 43 Abs. 5 LugÜ II) und von Gesetzes wegen besteht *aufschiebende Wirkung* (Art. 327a Abs. 2). 87

4. Revision

4.1 Gesetzliche Regelung

Das Rechtsmittel der *Revision* war schon bisher in allen Kantonen bekannt. Auch das BGG kennt die Revision (Art. 151–158; N 135 ff.). Diese Regelung bildete Vorlage für die Revision in der ZPO. Die *«beiden Revisionen»* sind sehr ähnlich, weisen jedoch bei den Revisionsgründen und beim Verfahren nicht geringe Verschiedenheiten auf. Die Art. 326 ff. ZPO sind für die Revision von Entscheiden der beiden kantonalen Instanzen massgeblich. Die praktische Bedeutung der Revision ist eher gering. Aus rechtspolitischen Gründen ist sie aber nicht wegzudenken. 88

4.2 Zweck der Revision

Die *Revision* dient letztlich der *materiellen Wahrheit.* Sie hilft der Korrektur gewisser Versehen oder erlaubt die Berücksichtigung gewisser neu entdeckter Fakten (neue Tatsachen, neue Beweismittel usw.). 89

4.3 Revisionsgründe

Art. 328 lit. a und b regeln die *beiden klassischen Revisionsgründe.* Es handelt sich um nachträglich entdeckte neue Tatsachen und Beweismittel sowie Einwirken auf das Urteil durch eine strafbare Handlung. 90

Den Revisionsgrund *der schweren Verfahrensmängel* kennt die ZPO *nicht.* Dies im Gegensatz zu vielen ehemals kantonalen Regelungen. Schwere Verfahrensmängel können mit der Berufung oder der Beschwerde angefochten werden. 91

Neu hinzugekommen ist die *EMRK-Revision.* Wenn ein Urteil des Gerichtshofes für Menschenrechte die Verletzung der EMRK mit Einschluss der zugehörigen Protokolle feststellt, hat die innerstaatliche Gerichtsbarkeit 92 im Wege der Revision ihres Urteils entsprechende Verletzungen zu beseitigen (Art. 328 Abs. 2 ZPO).

93 Schliesslich wurde mit Art. 328 Abs. 1 lit. c ein neuer Revisionsgrund geschaffen, der schon in etlichen Kantonen vorbestanden hat (so § 293 Abs. 2 ZPO/ZH). Mit dieser Art der Revision *(Willensmängelrevision)* kann ein Prozessentscheid über einen *Vergleich, eine Klageanerkennung oder ein Klagerückzug angefochten* werden (FRANK/STRÄULI/MESSMER, § 293 N 10 ff.).

4.4 Fristen

94 Es besteht eine *Doppelfrist:* 90 Tage ab Kenntnis (sichere Kenntnis, Botschaft, 7381 f.) des Revisionsgrundes, spätestens aber nach 10 Jahren. Keine Frist gilt für die «Verbrechens-/Vergehensrevision».

4.5 Verfahren

95 Die Revision bedarf als *Anträge* die Aufhebung des angefochtenen Entscheides und bejahendenfalls das Begehren für einen neuen Entscheid in der Sache. Das Revisionsbegehren ist beim iudex a quo (Gericht, das entschieden hat) einzureichen. Auf Parteiantrag hin oder von Amtes wegen können sichernde Massnahmen angeordnet werden. Je nach Interessenlage kann die Vollstreckung des zur Revision beantragten Entscheides erfolgen (Botschaft, 7381). Letzteres ist als Ausnahmefall zu behandeln.

4.6 Entscheid

96 Die Revisionsinstanz hat *folgende Möglichkeiten*: Nichteintreten, teilweise oder ganze Ablehnung, teilweise oder ganze Gutheissung. Allenfalls ist ein neuer selbständiger Entscheid durch das Revisionsgericht zu fällen.

97 Der neue Entscheid in der Sache unterliegt demselben Rechtsmittel wie der ursprüngliche Entscheid. Handelt es sich um ein Revisionsverfahren in der oberen kantonalen Instanz, so ist gegen deren neuen Sachentscheid die Einheitsbeschwerde an das Bundesgericht gegeben (Art. 72 ff. BGG).

5. Erläuterung und Berichtigung

5.1 Zweck

Art. 334 regelt die *Erläuterung* und die *Berichtigung*. Materielle Fragen sind jedoch stets mit den Hauptrechtsmitteln zu rügen. 98

Bei der *Berichtigung* geht es um die Korrektur von Rechnungs- und Schreibfehlern. Sie ist die mindere Form der Erläuterung. Mit der *Erläuterung* werden in der Regel Widersprüche zwischen den Urteilserwägungen und dem Urteilsdispositiv verlangt (SPÜHLER/VOCK, 13. Kap.). 99

Gemeinsam ist der Erläuterung und Berichtigung, dass sie *keine Rechtsmittel*, sondern nur *Rechtsbehelfe* sind (STAEHELIN/STAEHELIN/GROLIMUND, § 26 N 67). Erläuterung und Berichtigung können aufgrund eines Gesuchs einer Partei oder von Amtes wegen vorgenommen werden (Botschaft, 7382). 100

Weder die Erläuterung noch die Berichtigung dürfen den *Inhalt* des Entscheides abändern. Der Entscheid über das Gesuch um Erläuterung und Berichtigung ist mit Beschwerde anfechtbar (Art. 334 Abs. 3). 101

5.2 Verfahren und Rechtsmittel

Der Erläuterung und Berichtigung unterliegen *alle Sach- und Prozessentscheide und auch vorsorgliche Massnahmenentscheide*. Örtlich und sachlich zuständig ist das Gericht, das den zu erläuternden oder zu berichtigenden Entscheid gefällt hat (iudex a quo). Auch schon vollstreckte Entscheide sind berichtigungs- oder erläuterungsfähig. 102

Das Verfahren ist einfach. Das angegangene Gericht holt, soweit nötig, die *Stellungnahme der Gegenpartei* ein. Das Gesuch hat *keine aufschiebende Wirkung,* doch kann das Gericht die Vollstreckung aufschieben (Art. 334 Abs. 2 i.V.m. 331 Abs. 2). 103

Gegen den Entscheid eines erstinstanzlichen Gerichts über die Erläuterung oder Berichtigung ist die *Beschwerde* an die obere kantonale Instanz zulässig. Entscheidet diese, dürfte die subsidiäre Verfassungsbeschwerde gemäss den Art. 113 ff. BGG gegeben sein. 104

Ein *erläuterter oder berichtigter Entscheid* wird den Parteien neu eröffnet (Art. 334 Abs. 4). 105

§ 58 Bundesrechtsmittel in Zivilsachen

1. Übersicht

106 Das BGG regelt Stellung und Organisation des Bundesgerichtes und enthält allgemeine Verfahrensbestimmungen von der Prüfung der Zuständigkeit und der Rechtsmittelvoraussetzungen bis zur Urteilsvollstreckung. Sodann werden die Rechtsmittel ans Bundesgericht geregelt, wobei hier die *Beschwerde in Zivilsachen* von besonderem Interesse ist. Anschliessend wird das Beschwerdeverfahren geordnet (Anfechtungsobjekt, Beschwerdegründe, Frist usw.). Dann folgen die übrigen Rechtsmittel ans Bundesgericht, nämlich die subsidiäre Verfassungsbeschwerde, die Revision, die Erläuterung und Berichtigung.

2. Beschwerde in Zivilsachen

107 Das *primäre Rechtsmittel* in Zivilsachen ist die Beschwerde gemäss Art. 72 BGG.

2.1 Zulässigkeitsvoraussetzungen

108 Wie ausgeführt, dürfte die *wesentlichste Änderung des BGG* in der *Einführung der Einheitsbeschwerde* liegen (Art. 72 ff. BGG).

2.1.1 Beschwerdefrist

109 Die *Beschwerdefrist* beträgt 30 Tage. Hievon bestehen z.B. für SchKG-Sachen Ausnahmen (10 Tage und bei der Wechselbetreibung 5 Tage). Die Frist beginnt mit Eröffnung der vollständigen Ausfertigung des angefochtenen Entscheides zu laufen (Art. 100 BGG).

2.1.2 Anfechtungsobjekt

110 Die Beschwerde richtet sich in der Regel gegen *Zivilentscheide und SchKG-Entscheide* der oberen kantonalen Instanz (Art. 75 BGG) und gegen Urteile von nationalen und internationalen *Schiedsgerichten* (nArt. 77 BGG, in der Fassung der ZPO). Das Vorliegen einer *Zivilsache* hängt ausschliesslich von der rechtlichen Natur des Streitgegenstandes ab. Die im kantonalen Verfahren vorher angewendete Verfahrensart ist nicht massge-

bend (BGE *135* III 485). Es muss sich nur um eine Zivilsache, nicht aber um eine Zivilstreitigkeit handeln.

Einzugehen ist sodann auf die *Vorinstanzen* einer zivilprozessualen Einheitsbeschwerde. Gemäss Art. 75 Abs. 1 BGG ist die Beschwerde grundsätzlich nur zulässig gegen *letztinstanzliche kantonale Entscheide* (auch Teilentscheide). Es gibt aber Ausnahmen wie z.B. die Entscheide des eidgenössischen *Patentgerichtes* (s. BBl *2008* 303 ff.). Vorinstanz kann auch das *Bundesverwaltungsgericht* sein (s. Anwendungsfälle in Art. 72 Abs. 2 lit. b BGG). Für Rügen, die dem Bundesgericht vorgetragen werden, gilt deshalb der Grundsatz der Erschöpfung des kantonalen Instanzenzuges. 111

Die letzte kantonale Instanz muss als *Rechtsmittelinstanz* entschieden haben (Grundsatz der *«double instance»*). Von diesem Prinzip werden *drei Ausnahmen* vorgesehen: Erstens ist für immaterialgüterrechtliche Streitigkeiten nur eine kantonale Instanz nötig und zweitens macht das BGG eine Ausnahme für die Handelsgerichte, wie sie in den Kantonen ZH, BE, AG und SG bestehen. Mit dem Inkrafttreten der ZPO sind aber kantonale Kassationsgerichte als dritte kantonale Instanzen nicht mehr erlaubt. 112

Für Klagen mit einem *Streitwert von mindestens 100 000 Franken* ist unter gewissen Voraussetzungen (Zustimmung der beklagten Partei usw.) das obere Gericht eines Kantons sachlich zuständig. Gegen dessen Urteil sind weder Berufung noch Beschwerde zulässig, hingegen kantonal Revision sowie Erläuterung und Berichtigung sowie die bundesgerichtlichen Rechtsmittel. 113

2.1.3 Streitwert

In *Zivilsachen mit Einschluss der SchKG-Sachen* und der unmittelbar mit dem Zivilrecht in Zusammenhang stehenden öffentlich-rechtlichen Streitigkeiten kann in der Regel nur noch ein Rechtsmittel, die Beschwerde, ans Bundesgericht ergriffen werden. Die für die Beschwerde massgebliche *Streitwertgrenze* beträgt 30 000 Franken und in arbeits- und mietrechtlichen Fällen 15 000 Franken (Art. 74 Abs. 1 BGG; vgl. aber N 116). 114

Unterhalb dieser Limiten ist eine Beschwerde in Zivilsachen nur zulässig, wenn sich eine *Rechtsfrage von grundsätzlicher Bedeutung* stellt; der Begriff der grundsätzlichen Bedeutung wird vom Bundesgericht *zurückhaltend ausgelegt* (vgl. Pra *2008* Nr. 106). Eine Frage von grundsätzlicher Bedeutung liegt vor, wenn diese eine erhebliche Rechtsunsicherheit darstellt und daher dringend einer Klärung durch das Bundesgericht bedarf (BGE *135* III 399 f.; s. dazu weiter BGE *133* III 645, *134* III 354). 115

Die Streitwertgrenze gilt *nicht*, wenn nur eine einzige kantonale Instanz bundesrechtlich zuständig ist (Immaterialgüterrecht) sowie gegen Entscheide 116 der kantonalen Aufsichtsbehörde in SchKG-Sachen und gegen solche des Konkurs- und Nachlassgerichts (Art. 74 Abs. 2 lit. b–d BGG).

2.1.4 Legitimation

117 Die *Legitimation* ist in nArt. 76 BGG (in der Fassung der ZPO) geordnet. Legitimiert sind neben Privaten in den Fällen nach Art. 72 Abs. 2 lit. b BGG (öffentlich-rechtliche Entscheide im Zusammenhang mit dem Zivilrecht) gewisse Bundesbehörden (Art. 76 Abs. 1 lit. b BGG).

2.2 Verfahren

2.2.1 Allgemeines

118 Das Verfahren der Beschwerde ans Bundesgericht besteht in einem *einfachen Schriftenwechsel.* Weil das Beschwerdeverfahren reformatorischer Natur (Ausnahme Schiedsgerichtsurteile) ist, sind die *Anträge* von den Parteien möglichst genau zu stellen. Geldforderungen sind zu beziffern (BGE *134* III 235, 380). Nicht zulässig ist nach dem Bundesgericht eine bedingte Beschwerde, für den Fall, dass auch eine andere Partei Beschwerde erheben würde (BGE *134* III 332). Dies ist zu bedauern, da das Institut der Anschlussbeschwerde fehlt.

119 Die Verfahren vor Bundesgericht werden in einer der *Amtssprachen* geführt, d.h. in Deutsch, Französisch, Italienisch oder Rumantsch Grischun (Art. 42 BGG). Die Sprache bestimmt sich in der Regel nach derjenigen des angefochtenen Entscheides. Die Parteien können eine andere Amtssprache verwenden. Urkunden, die nicht in einer Amtssprache eingereicht werden, brauchen bei Verzicht der Parteien nicht übersetzt zu werden; in der Praxis wird dies vor allem englischsprachige Urkunden betreffen. Das Bundesgericht kann im Übrigen eine Übersetzung anordnen (Art. 54 Abs. 4 BGG).

120 Insoweit als das BGG keine eigenen Verfahrensbestimmungen enthält, sind die *Bestimmungen der BZP* entsprechend anwendbar.

2.2.2 Keine aufschiebende Wirkung

121 Die Beschwerde ans Bundesgericht hat in der Regel *keine aufschiebende Wirkung.* Vorbehalten ist die Anfechtung von Gestaltungsurteilen (Art. 103 Abs. 1 und Abs. 2 lit. a BGG). Der Instruktionsrichter oder die Instruktionsrichterin kann auf Parteiantrag oder von Amtes wegen eine andere Verfügung treffen (Art. 103 Abs. 3 BGG).

2.2.3 Massgebender Sachverhalt und zulässige Rügen

Art. 95–97 BGG regeln, was *beim Bundesgericht gerügt werden kann.* In Zivilsachen ist dies *Bundesrecht (alle Stufen),* Völkerrecht, kantonales Verfassungsrecht und interkantonales Recht. Sodann kann die Rüge erhoben werden, entgegen dem schweizerischen internationalen Privatrecht sei *ausländisches Recht* nicht oder nicht richtig (Letzteres nur in nicht vermögensrechtlichen Sachen) angewendet worden. 122

Die *Feststellung* des *Sachverhaltes* durch die kantonale Instanz kann angefochten werden, wenn sie offensichtlich falsch ist oder auf einer Rechtsverletzung beruht; die Behebung des Mangels muss für den Ausgang des Verfahrens entscheidend sein. Art. 97 BGG darf nicht mit Art. 105 BGG verwechselt werden. Die erste Bestimmung besagt, was mit der Einheitsbeschwerde mit Bezug auf den Sachverhalt gerügt werden kann, die zweite regelt, welchen Sachverhalt das Bundesgericht seinem Entscheid zugrunde legen kann. 123

Die *Einheitsbeschwerde hat zur Folge, dass die Art der erhobenen Rügen keinen Einfluss* auf das zu ergreifende Rechtsmittel hat. 124

So kann eine *Verletzung von Verfassungsbestimmungen auch bei Beschwerden in Zivilsachen an das Bundesgericht gerügt werden* (Art. 95 lit. a, 113 BGG). 125

2.2.4 Beweisverfahren

Für das Beweisverfahren verweist das BGG weitgehend auf die *BZP* (Art. 55 f. BGG). Zusätzlich werden nur Probleme geordnet, die seit Erlass der BZP augenfällig geworden sind. Das Gericht kann zur Wahrung überwiegender öffentlicher und privater Interessen von Beweismitteln unter Ausschluss der Parteien bzw. der Gegenpartei Kenntnis nehmen. Zur Wahrung des rechtlichen Gehörs muss aber im Falle der Verwendung des Beweismittels das Gericht den wesentlichen Inhalt der Gegenpartei mitteilen und ihr Gelegenheit zur Äusserung geben. Im Rahmen der zivilrechtlichen Rechtsprechung des Bundesgerichtes spielt allerdings das *Beweisverfahren vor Bundesgericht eine sehr marginale Rolle.* 126

2.2.5 Urteilsverfahren

Die Art. 57–61 BGG regeln das Urteilsverfahren. Eine *mündliche Parteiverhandlung* bildet vor Bundesgericht die *Ausnahme.* Sie bedarf der ausdrücklichen Anordnung durch das Abteilungspräsidium. Gemäss Art. 58 BGG entscheidet das Bundesgericht auf dem Weg der *Aktenzirkulation.* Eine mündliche Beratung erfolgt nur auf richterliche Anordnung bzw. richterli- 127 ches Verlangen hin sowie wenn sich keine Einstimmigkeit ergibt. Es wäre für die Begründung von höchstrichterlichen Entscheidungen wichtig, dass auch möglichst viele einstimmige Urteile mündlich beraten und nicht auf dem Zirkulationsweg erledigt würden.

2.2.6 Vereinfachtes Verfahren

128 Für das *Beschwerdeverfahren vor Bundesgericht* kann unter gewissen Voraussetzungen das sog. vereinfachte Verfahren des BGG zur Anwendung kommen (Art. 108 BGG). Darunter fallen u.a.: Nichteintreten auf offensichtlich unzulässige Beschwerden sowie auf solche ohne hinreichende Begründung, Abweisung bzw. Gutheissung offensichtlich unbegründeter bzw. begründeter Beschwerden.

2.3 Kosten und Entschädigungen

129 Grundsätzlich sieht Art. 62 BGG eine allgemeine *Pflicht zur Sicherstellung der Gerichtskosten* vor. Die Kautionspflicht für Prozessentschädigungen ist hingegen eine relative und besteht nur bei fehlendem festen Wohnsitz in der Schweiz oder auf Antrag der Gegenpartei bei nachweislicher Zahlungsunfähigkeit. Sodann besteht nach Art. 63 BGG eine allgemeine Vorschusspflicht für Barauslagen.

130 Bedürftigkeit und fehlende Aussichtslosigkeit begründen einen Anspruch auf unentgeltliche Prozessführung, bei Notwendigkeit auch auf einen unentgeltlichen Rechtsbeistand (Art. 64 BGG).

3. Subsidiäre Verfassungsbeschwerde

3.1 Zweck

131 Neben der *Einheitsbeschwerde* hat die subsidiäre *Verfassungsbeschwerde* auch in Zivilsachen Bedeutung, ähnlich wie früher die staatsrechtliche Beschwerde. Die subsidiäre Verfassungsbeschwerde ist in Art. 113–119 BGG geordnet. Sie wurde, vor allem aus Gründen politischer Weitsicht etwas unkonventionell, d.h. direkt in die laufenden parlamentarischen Beratungen eingeführt. Es ging darum, dass auch Prozesse mit kleinerem Streitwert an das Bundesgericht weitergezogen werden können.

3.2 Zulässigkeit und Verfahren

Mit der subsidiären Verfassungsbeschwerde muss eine *Verfassungsverletzung gerügt* werden. Art. 114 BGG verlangt die kantonale Letztinstanzlichkeit des Anfechtungsobjektes. Legitimiert ist insbesondere, wer *rechtlich geschützte Interessen* an der Aufhebung oder der Änderung des letztinstanzlichen kantonalen Entscheides geltend macht. 132

In einem Zivilprozess kommen als Rügegründe z.B. in Betracht Art. 8 BV (Rechtsgleichheit), Art. 29 BV (Rechtliches Gehör und übrige Verfahrensgarantien), Art. 30 BV (unabhängiges Gericht und Anspruch auf unabhängiges gerichtliches Verfahren). Führt eine Partei *gleichzeitig Einheitsbeschwerde und subsidiäre Verfassungsbeschwerde* (z.B. weil sie bezüglich des Streitwertes nicht ganz sicher ist), so sind die beiden Rechtsmittel in einer Rechtsschrift zusammen einzureichen. Sie werden vom Bundesgericht auch im gleichen Verfahren behandelt (Art. 119 BGG). 133

4. Revision

4.1 Allgemeines

In den Art. 121 ff. BGG finden sich die *weiteren bundesgerichtlichen «Rechtsmittel»*. Ein eigentliches Rechtsmittel ist nur die Revision. Erläuterung und Berichtigung sind nur Rechtsbehelfe. Diese spielen eine *untergeordnete Rolle. Alle gehen an den iudex a quo.* Die ZPO-Revision (Art. 328 ff.) ist stark der BGG-Revision nachgebildet. Die «beiden Revisionen» weisen jedoch vor allem bei den Revisionsgründen und beim Verfahren Unterschiede auf (vgl. ZPO-Revision N 80 ff.). 134

4.2 Revisionsgründe

4.2.1 Klassische Revisionsgründe

Die *Revision vor Bundesgericht* wird in *zwei Varianten* vorgesehen, nämlich in Art. 123 Abs. 2 lit. a BGG als *klassische Revision* (Entdeckung neuer Tatsachen und neuer Beweismittel) und in Art. 121 BGG als sog. «Nichtigkeitsbeschwerderevision» (Verfahrensmängel). Für diese gelten grundsätzlich dieselben Ausführungen wie bei der ZPO-Revision (N 80 ff.). 135

4.2.2 Schwere Verfahrensmängel

136 Da es gegen Entscheide des Bundesgerichtes ausser der EMRK-Beschwerde kein Rechtsmittel gibt, wurde die eine Spielart der Revision, dogmatisch gesprochen, als *Form der Nichtigkeitsbeschwerde* ausgestaltet, wird jedoch ebenfalls Revision genannt (Art. 121 BGG). Mit dieser Form der Revision kann die *Verletzung von Verfahrensrechten* gerügt werden. Es geht um die Verletzung von Vorschriften über die Zusammensetzung des Gerichtes und den Ausstand, den Verstoss gegen die Dispositionsmaxime, Fälle von Gehörsverweigerung, Nichtberücksichtigung von aktenmässigen Tatsachen aus Versehen.

4.2.3 Gutheissung von EMRK-Beschwerden

137 Bei Verletzung der EMRK kann bei Vorliegen von *drei kumulativen Voraussetzungen* ein *Revisionsgrund* vorliegen (Art. 122 BGG). Es muss eine Verletzung der EMRK durch einen Entscheid des Bundesgerichtes in einem endgültigen Entscheid des Europäischen Gerichtshofes für Menschenrechte festgestellt worden sein. Ferner muss eine Entschädigung als ungeeignet erscheinen, um die Folgen der EMRK-Verletzung auszugleichen und die Revision muss notwendig sein, die Verletzung zu beseitigen. Diese Voraussetzungen sind dann nicht gegeben, wenn das Bundesgericht lediglich auf einen Verfahrensfehler erkannt hat, der ohne Folge auf die Streitsache geblieben ist.

4.3 Verfahren

138 Das Revisionsgesuch *ist beim Bundesgericht einzureichen.* Bei Verletzung von Verfahrensvorschriften beträgt die Frist *30* Tage, im *Übrigen 90 Tage*. Es besteht ferner eine absolute Verjährungsfrist von zehn Jahren (Art. 124 BGG). Es findet ein *einfacher Schriftenwechsel* statt (Art. 127 BGG). Das Bundesgericht kann von Amtes wegen oder auf Parteiantrag *vorsorgliche Massnahmen* treffen oder den Vollzug des angefochtenen Entscheides aufschieben; der Entscheid bleibt rechtskräftig, er kann aber einstweilen nicht vollstreckt werden (Art. 126 BGG).

139 Das *Entscheidverfahren* ist ein *zweistufiges*. Trifft ein Revisionsgrund zu, so hebt das Bundesgericht seinen ursprünglichen Entscheid auf und entscheidet neu in der Sache. Kommt es zum Schluss, das Revisionsgesuch sei abzulehnen, so ist die Sache erledigt (Art. 128 BGG).

5. Erläuterung und Berichtigung

5.1 Zwei verschiedene Rechtsbehelfe

In Art. 129 BGG werden in einem einzigen Artikel die Erläuterung und Berichtigung geregelt. Es wäre vorzuziehen gewesen, *die beiden Institute getrennt* zu ordnen. Damit wäre auch den dogmatischen Gesichtspunkten besser entsprochen worden. Die BGG-Regelung entspricht weitgehend derjenigen der ZPO (N 93 ff.). 140

Mit der *Erläuterung* wird bloss die inhaltliche Tragweite eines Urteils klargestellt (nicht geändert). Es kann geltend gemacht werden, das Urteil sei im Dispositiv unklar, widersprüchlich zweideutig oder unvollständig. Die *Berichtigung* ist eine mindere Form der Erläuterung. Sie ist jedoch ein selbständiger Rechtsbehelf. Die Berichtigung bezweckt die Korrektur eines Schreib- oder Rechnungsfehlers. Sie ist an keine Frist gebunden. Eine solche ergibt sich aber aus dem Grundsatz von Treu und Glauben. 141

5.2 Verfahren

Erläuterung und Berichtigung können beide sowohl *von Amtes wegen* oder auf *schriftliches Gesuch einer Partei* vorgenommen werden (Art. 129 Abs. 1 BGG). Die Erläuterung eines Rückweisungsentscheides des Bundesgerichtes an die Vorinstanz ist nur zulässig, so lange die Vorinstanz den neuen Entscheid nicht getroffen hat (Art. 129 Abs. 2 BGG). 142

Art. 126 BGG und Art. 127 BGG betreffend vorsorgliche Massnahmen und den Schriftenwechsel finden sinngemäss auch auf das Verfahren über die Erläuterung und Berichtigung Anwendung (Art. 129 Abs. 3). 143

13. Kapitel: Anerkennung und Vollstreckung

§ 59 Vollstreckung von Entscheiden

1. Funktion

Erst mit einer einwandfreien *Vollstreckungsordnung* ist die Rechtsverwirklichung gewährleistet. Mit dem rechtskräftigen Urteil endet das Erkenntnisverfahren. Wird das Urteil nicht freiwillig erfüllt, muss es vollstreckt werden. Mit der Gewährung der Zwangsvollstreckung für rechtskräftig festgestellte Ansprüche gewährleistet der Staat *Rechtsschutz*. 1

Bei der Vollstreckung von Entscheiden ist zu unterscheiden, ob sie *auf Geld lauten oder nicht*. Im ersteren Fall hat die Vollstreckung nach SchKG zu erfolgen. Im Übrigen ist die ZPO für die Vollstreckung massgebend (vgl. N 5). 2

Keiner Vollstreckung bedürfen die *Gestaltungs- und Feststellungsurteile*. Sie vollstrecken sich von selbst. 3

Beispiele: Scheidungsurteil, Klagen auf Feststellung einer Nichtschuld (Art. 85a SchKG).

2. Anerkennung und Vollstreckung

Die *Anerkennung* muss im *internationalen Bereich vor der Vollstreckung* erfolgen. Durch die Anerkennung werden alle Wirkungen eines ausländischen Entscheides mit Ausnahme der Vollstreckbarkeit auf das Inland übertragen (WALTER, 378). Liegt keine Anerkennung vor, wird die Vollstreckbarkeit eines Entscheides nicht gewährt. Auch Gestaltungs- und Feststellungsurteile, die an sich nicht vollstreckt werden müssen, bedürfen im internationalen Verhältnis einer Anerkennung, damit sie im Nichturteilsstaat Wirkungen entfalten können (WALTER, 435). 4

3. Gegenstand

3.1 Schweizerische Entscheide

5 Entscheide auf *Geldleistung* oder auf Sicherheitsleistung in Geld werden nach den *Bestimmungen des SchKG* vollstreckt (Art. 38 und 39 SchKG; Art. 335 Abs. 2 ZPO). Andere Entscheide unterliegen dagegen der Vollstreckung nach der ZPO (Art. 333 ff.).

6 Auch *Teilentscheide* unterliegen der Vollstreckung. Beispiel: Eine Klage auf Erbteilung wird einstweilen mit einem ersten Teilentscheid entschieden, soweit die Sache spruchreif ist; dieser Teilentscheid kann bei Rechtskraft selbständig vollstreckt werden. Dasselbe gilt für Entscheide über *vorsorgliche Massnahmen.*

7 Gegen den Vollstreckungsentscheid ist die Beschwerde i.S.v. Art. 319 ff. gegeben.

3.2 Ausländische Entscheide

8 Die Anerkennung ist eine Voraussetzung für die Vollstreckung. Für die Anerkennung und Vollstreckung ausländischer Entscheide regelt das *IPRG* die *Voraussetzungen der Anerkennung und Vollstreckung* (Art. 25 ff. IPRG, Art. 335 Abs. 3 ZPO), sofern kein Staatsvertrag vorhanden ist.

9 Im *eurointernationalen Bereich* erfolgt die Vollstreckung hingegen nach dem *LugÜ II.* Dieses gilt zwischen den Vertragsstaaten für Zivil- und Handelssachen, nicht aber für Scheidungen, Erbschaftssachen usw. (Art. 1 Abs. 2 LugÜ II). Das LugÜ II geht bei Entscheidungen aus Vertragsstaaten von einer *Anerkennungsvermutung* aus (Art. 33 LugÜ II; s. N 31).

10 *Verweigerungsgründe* sind gemäss Art. 34 LugÜ II ein Verstoss gegen den ordre public, die Nichtzustellung oder nicht rechtzeitige Zustellung des verfahrenseinleitenden Schriftstücks, so dass sich die beklagte Partei nicht verteidigen konnte. Verweigerungsgründe sind zudem das Vorliegen einer res iudicata oder eines lis pendens und damit oft zusammenhängend das fehlende Rechtsschutzinteresse (s. N 33). Weitere Nichtanerkennungsfälle finden sich in Art. 35 Ziff. 1 und 2 LugÜ II. Nicht nachgeprüft werden darf die Zuständigkeit der Gerichte des Ursprungsstaates (Art. 35 Ziff. 3 LugÜ II). Zu den Verweigerungsgründen im internationalen Verhältnis s. auch N 32 ff.

11 In der Schweiz entscheidet über die Vollstreckung ausländischer Entscheide *erstinstanzlich das Vollstreckungsgericht* und *bei Geldforderungen das Rechtsöffnungsgericht* (vgl. LugÜ II Anhang III). Gegen deren Entscheide kann ein Rechtsbehelf eingelegt werden (Art. 26 LugÜ II, Art. 43

LugÜ II). Der Rechtsbehelf gegen entsprechende Entscheide ist in der Schweiz die Beschwerde an das obere kantonale Gericht gemäss Art. 319 ff. ZPO, wobei die Spezialitäten gemäss Art. 327a ZPO zu berücksichtigen sind (u.a. *volle Kognition*). *Verweigerungsgründe* können im eurointernationalen Verhältnis *erst mit Beschwerde* an die obere kantonale Instanz geltend gemacht werden).

Zur Vollstreckung ausländischer Entscheide bei Klageanerkennung und Vergleich, vorsorglichen Massnahmen und von ausländischen Schiedsgerichten vgl. N 16–19. 12

4. Entscheidarten

Im Folgenden werden die *Arten von Entscheiden* in- und ausländischer Herkunft dargestellt, die der Vollstreckung unterliegen. 13

4.1 Sachentscheide

Vollstreckbar sind in erster Linie die aufgrund eigener Rechtsfindung des Gerichts ergehenden *Sachentscheide in Zivilsachen.* 14

Die *Entscheide über die Bezahlung der Gerichts- und Parteikosten* sind nach dem SchKG zu vollstrecken. Sie sind den Sachentscheiden über Geldforderungen gleichgestellt. Für die Gerichtskosten vgl. K. SPÜHLER, Probleme bei der Schuldbetreibung für öffentlich-rechtliche Geldforderungen, ZBl *1999* 254 ff., 256. 15

4.2 Klageanerkennung und Vergleich

Soweit *Klageanerkennung* und *Vergleich* den Prozess unmittelbar beenden, sind sie *in gleicher Weise vollstreckbar* (BGE *87* I 67). 16

Vergleiche aus LugÜ-Staaten sind zu anerkennen und damit vollstreckbar, wenn sie in dem Staat, in dem sie abgeschlossen wurden, einer gerichtlichen Entscheidung gleichgestellt sind (Art. 58 LugÜ II). Ausserhalb des LugÜ-II-Bereichs gilt nach Art. 30 IPRG dasselbe. 17

4.3 Vorsorgliche Massnahmenentscheide

Im *Binnenverhältnis,* d.h. inner- und interkantonal, sind *Massnahmenentscheide* ungeachtet ihrer Abänderbarkeit *vollstreckbar, und zwar* 18 *wie Zivilurteile.* Art. 338 bildet binnenrechtlich die gesetzliche Grundlage zur Vollstreckung vorsorglicher sichernder Massnahmen. Voraussetzung ist, dass ansonsten die Gefahr einer Vereitelung oder einer wesentlichen Erschwerung der Vollstreckung bestehen würde. Bei zeitlicher und sachlicher Dringlichkeit kann das Gericht vorsorgliche (sichernde) Massnahmen anordnen. Diese können auch *superprovisorisch,* d.h. ohne Anhörung der Gegenpartei, erlassen werden.

19 Das *IPRG* nennt ausländische Entscheide über vorsorgliche Massnahmen nicht ausdrücklich. Sie fallen unter den Begriff der «ausländischen Entscheidung» gemäss Art. 25 IPRG (ebenso ZK IPRG-VOLKEN, Art. 10 N 4). E contrario folgt aus Art. 27 Abs. 2 lit. a IPRG, dass Massnahmenentscheide nur dann vollstreckbar sind, wenn der Beklagte im Massnahmeverfahren gehörig geladen war. *Im superprovisorischen Verfahren* ist dies *nicht* der Fall, weshalb solche Entscheide nicht vollstreckbar sind. Dasselbe gilt für das *LugÜ II* (e contrario aus Art. 34 Abs. 2 LugÜ II).

4.4 Schiedsgerichtsentscheide

20 Die Vollstreckung *schweizerischer Schiedssprüche* – auch von solchen der internationalen Schiedsgerichtsbarkeit – erfolgt nach den Regeln über schweizerische (inner- und ausserkantonale) Entscheide.

21 Die Anerkennung und Vollstreckung *ausländischer Schiedssprüche* in der Schweiz erfolgt nach dem New Yorker Übereinkommen über die Anerkennung und Vollstreckung ausländischer Schiedssprüche vom 10. Juni 1958 (NYÜ, SR 0.277.12; Art. 194 IPRG). Ziel des NYÜ ist eine effiziente Handelsgerichtsbarkeit. Das wird dadurch erreicht, dass die Beweislast für die meisten Anerkennungsvoraussetzungen bzw. -hindernisse umgekehrt wird (vgl. BGE 128 I 354, *124* III 84). Der Vollstreckungsbeklagte muss die Verletzung des anwendbaren Verfahrensrechts beweisen. Hingegen ist ein Verstoss gegen den ordre public von Amtes wegen zu berücksichtigen. Das LugÜ II gilt nicht für Schiedsgerichtsverfahren (Art. 1 Abs. 2 LugÜ II).

5. Vollstreckungsarten

5.1 Direkte Vollstreckung

22 Die direkte Vollstreckung ist in Art. 337 geregelt. Normalerweise geht der Vollstreckung ein Gesuch voraus. Als Alternative bleibt aber der Weg der direkten Vollstreckung. Damit wird der Beschleunigung und Erleichterung der Vollstreckung gedient. Das urteilende Gericht darf die erfor-

derlichen *Vollstreckungsanordnungen schon im Urteil* treffen. In diesen Fällen erübrigt sich der Gang zum Vollstreckungsgericht. Z.B. kann das Gericht im Urteil die Beseitigung eines Holzlagers auf einem fremden Grundstück anordnen und bei Weigerung des Verpflichteten die Polizei zur Wegräumung ermächtigen. Im Allgemeinen dürfte die direkte Vollstreckung auch bei der *schnellen Handhabung klaren materiellen Rechts* zur Anwendung kommen (Art. 257). Diese Bestimmung hat das bisherige zürcherische Prozessrecht zum Vorbild (§ 222 Ziff. 2 ZPO ZH). Es bedarf klaren materiellen Rechts und eines unstreitigen oder sofort beweisbaren Sachverhalts (vgl. Art. 257; s. 11 N 257 ff.).

Die *unterliegende Partei* ist nicht schutzlos. Gemäss Art. 337 Abs. 2 23 kann sie ein Gesuch um Einstellung der Vollstreckung stellen. Diese Bestimmung hat Art. 85 und 85a SchKG zum Vorbild (Botschaft, 7383). Aufgrund der Gesetzessystematik gilt dieser Rechtsbehelf nur bei der direkten Vollstreckung.

5.2 Nicht direkte Vollstreckung

Alle Urteile, für welche die direkte Vollstreckung ausser Betracht 24 fällt, müssen auf dem nachfolgenden Weg vollstreckt werden. Bei der gewöhnlichen Vollstreckung hat der *Gläubiger ein Gesuch einzureichen.* Er muss die Voraussetzungen der Vollstreckung darlegen und die nötigen Urkunden beibringen (Art. 338). Dazu gehört in der Regel die Rechtskraftbescheinigung. Die Voraussetzungen der Vollstreckung sind je nach dem anwendbaren Recht teils von Amtes wegen, teils auf Einrede hin zu prüfen.

Rechtskraft und Vollstreckung decken sich nicht immer. Das Gericht 25 kann nämlich die Vollstreckbarkeit eines Entscheids aufschieben (Art. 336 Abs. 1 lit. a). Die formelle Rechtskraft bleibt aber bestehen. Es kann jedoch auch das Umgekehrte der Fall sein. Möglich ist die Erteilung der vorzeitigen Vollstreckbarkeit (Art. 315 Abs. 2).

6. Voraussetzungen

6.1 Gesuch

Kann ein Entscheid nicht durch Massnahmen des urteilenden Ge- 26 richtes direkt vollstreckt werden (Art. 337 Abs. 1), so ist ein *Vollstreckungsgesuch* einzureichen (Art. 338 Abs. 1; vgl. auch Art. 29 Abs. 1 IPRG, Art. 53 ff. LugÜ II).

6.2 Vollstreckbarer Entscheid

27 Die gesuchstellende Partei hat die Anerkennungsvoraussetzungen darzulegen und die *notwendigen Urkunden* beizulegen (Art. 338 Abs. 2). Darunter ist in erster Linie der vollstreckbare *Entscheid mit Rechtskraftbescheinigung* zu verstehen (vgl. Art. 336).

28 *Schweizerische Urteile* sind grundsätzlich in der ganzen Schweiz vollstreckbar (GASSER/RICKLI, Art. 335 N 3). Mögliche *Einwendungen* sind in Art. 341 Abs. 3 geregelt: Tilgung, Stundung, Verjährung oder Verwirkung der geschuldeten Leistung. Diese Aufzählung ist nicht abschliessend («insbesondere»). Tilgung und Stundung bedürfen des Beweises durch Urkunden (z.B. Quittung).

29 Ähnlich verhält es sich bei *Entscheidungen aus dem LugÜ-II-Raum.* Durch das LugÜ II soll die Anerkennung und Vollstreckung von Urteilen aus dem europäischen Raum erleichtert und effizienter gestaltet werden:

- Es besteht eine Art «Anerkennungsvermutung»: Entscheidungen aus anderen Vertragsstaaten werden anerkannt, ohne dass es hierfür eines besonderen Verfahrens bedürfte (Art. 33 Abs. 1 LugÜ II). Lediglich als Voraussetzung der Vollstreckung ist ein Exequaturverfahren nötig.
- Die Zuständigkeit des Urteilsgerichts, d.h. die indirekte Zuständigkeit, wird dem Grundsatz nach nicht überprüft (Art. 35 Abs. 2 LugÜ II). Die vereinheitlichten Gerichtsstandsnormen des Titels II und die strengen Prüfungsvorschriften bilden dabei die nötige Basis für das Vertrauen in die Zuständigkeit des urteilenden Gerichts. Die angebliche frühere Rechtshängigkeit einer identischen Klage in einem anderen Vertragsstaat – hier der Schweiz – bildet keinen Grund für die Verweigerung der Anerkennung eines in einem Vertragsstaat – hier in den Niederlanden – ergangenen rechtskräftigen Urteils (BGE *124* III 444).

30 Der Schuldner erhält in diesem Abschnitt des Verfahrens keine Gelegenheit, eine Erklärung abzugeben (Art. 41 LugÜ II), d.h. er ist ohne *rechtliches Gehör*; dieses erhält er *erst im nachfolgenden Rechtsbehelfsverfahren* (Art. 43 ff. LugÜ II).

31 Die *übrigen ausländischen Urteile* müssen die Anerkennungsvoraussetzungen von *Art. 25 ff. IPRG* erfüllen, um in der Schweiz vollstreckt zu werden.

6.3 Fehlen einzelner Voraussetzungen im internationalen Verhältnis

32 Vom schweizerischen Rechtsverständnis aus soll die Anerkennung des *ausländischen Urteils* die Regel, die Verweigerung die Ausnahme

sein (WALTER, 379). Zu den einzelnen *Verweigerungsgründen* der Vollstreckung s. N 10.

Das *Rechtsschutzinteresse* ist eine weitere Vollstreckungsvoraussetzung. 33
Sie ist insbesondere von Bedeutung, wenn zweifelhaft ist, ob das auf die hängige Klage hin ergehende Urteil vollstreckbar sein wird.

Die Rechtshängigkeit einer zuerst in der Schweiz eingeleiteten Klage 34
steht der *Vollstreckung eines ausländischen Urteils* entgegen (Art. 27 Abs. 2 lit. c IPRG). Die Rechtshängigkeit einer vor einem ausländischen *Gericht* hängigen identischen Klage steht hingegen einer identischen Klage in der Schweiz nur dann entgegen, wenn mit einer späteren Anerkennung und Vollstreckung des ausländischen Urteils gerechnet werden kann (Art. 9 Abs. 1 IPRG). Das LugÜ II versucht solche Kollisionen schon präventiv in den Art. 27 ff. zu regeln. So hat das später angerufene Gericht das Verfahren zu sistieren und sich nach Feststehen der Zuständigkeit des zuerst angerufenen Gerichtes für unzuständig zu erklären. Bei im Zusammenhang stehenden Klagen in verschiedenen LugÜ-Staaten kann das später angerufene Gericht das Verfahren sistieren. Dies geschieht so lange, bis festgestellt ist, dass sich der Beklagte im Erststaat verteidigen konnte.

Ebenso stellt ein *ausländisches Urteil* nur dann *materielle Rechtskraft* 35
her, wenn es – in der Schweiz – vollstreckt werden kann (Art. 9 Abs. 3 IPRG und Art. 27 Abs. 2 lit. c IPRG).

7. Zuständigkeit und Verfahren

7.1 Zuständigkeit

Für die *Anordnung und die Einstellung der Vollstreckung* gibt es 36
alternative örtliche Zuständigkeiten. Es handelt sich um zwingende Zuständigkeiten. Dabei kann die gesuchstellende Partei unter *drei Möglichkeiten* auswählen. Wohnsitz bzw. Sitz der unterlegenen Partei, Ort der zu treffenden Vollstreckungsmassnahmen oder Entscheidort (Art. 339 Abs. 1).

Auch *ausländische Entscheide* werden nach der ZPO vollstreckt, soweit 37
weder ein Staatsvertrag noch das IPRG etwas anderes bestimmen (Art. 335 Abs. 3). Für Entscheidungen aus Lugano-Staaten, die nicht auf Geldleistung lauten, ist der kantonale Vollstreckungsrichter zuständig (LugÜ II Protokoll 3 Anhang II, Schweiz lit. b). Soweit kein Staatsvertrag zur Anwendung kommt, gilt das IPRG (Art. 25 ff. IPRG). Art. 29 Abs. 1 IPRG verweist auf die «zuständige Behörde des Kantons». Das dürfte regelmässig der kantonale Vollstreckungsrichter sein.

7.2 Verfahren

38 Das Vollstreckungsgesuch wird vom Gericht im *summarischen Verfahren* entschieden (Art. 341). Dieses ist in den Art. 248 ff. geregelt. Für die Zuständigkeit s. N 36 f.

8. Spezialfälle

39 Es gibt sowohl materiell- wie formellrechtlich eine Reihe von Spezialfällen. Sie sind von der gesuchstellenden Partei und vom Vollstreckungsgericht sorgfältig auseinanderzuhalten.

8.1 Bedingte Forderungen

40 Die Vollstreckung einer bedingten oder von einer Gegenleistung abhängigen Leistung bedarf der Feststellung des Vollstreckungsgerichts, dass die Bedingung eingetreten oder die Gegenleistung gehörig angeboten worden ist.

8.2 Verpflichtungen auf Tun, Unterlassen oder Dulden

41 Ein weiterer Spezialfall ist die Verpflichtung zu einem Tun, Unterlassen oder Dulden (Art. 343 Abs. 1). Die Bestimmung zählt verschiedene Vollstreckungsmassnahmen auf. Die Auflistung ist aber nicht vollständig (vgl. auch nachstehende N 42).

8.3 Auskunfts- und Duldungspflichten

42 Art. 343 Abs. 2 statuiert nach dem Vorbild der Art. 91 und 222 SchKG Auskunfts- und Duldungspflichten der unterlegenen Partei. Dieselben Pflichten können auch Dritte haben. Die mit der Vollstreckung beauftragte Person bzw. Amtsstelle kann die zuständige Behörde, z.B. die Polizei, zur Hilfe bei der Vollstreckung beiziehen (Art. 343 Abs. 3).

43 Parteien und Dritten, die durch einen innerstaatlichen Vollstreckungsentscheid in ihren Rechten betroffen sind, steht das Recht der Beschwerde zu. Es handelt sich um das allgemeine Beschwerderecht nach Art. 319 ff. Im eurointernationalen Bereich steht hingegen die Beschwerde gemäss Art. 327a zur Verfügung. Diese ist nachträglich in die ZPO eingefügt wor-

den. Die Verweigerungsgründe können erst mit der Beschwerde an die obere kantonale Instanz geltend gemacht werden (vgl. Art. 38–52, insb. 43 und Anhang III LugÜ II; Botschaft LugÜ II, 2009 1777 ff.).

8.4 Willenserklärungen

Lautet das Urteil auf Abgabe einer Willenserklärung, so wird diese durch den vollstreckbaren Sachentscheid ersetzt (Art. 344 Abs. 1 ZPO). Wird z.B. das Grundbuch, das Handelsregister oder ein anderes öffentliches Register betroffen, erteilt das zuständige Gericht der registerführenden Person die nötigen Anweisungen und Ermächtigungen (Art. 344 Abs. 2). 44

8.5 Immaterialgüterrechtliche Ansprüche

Im immaterialgüterrechtlichen Bereich erfolgt die Regelung der Vollstreckung wie bisher in den Spezialgesetzen, d.h. in den Art. 69 PatG, 63 URG, 36 DesG, 10 ToG und 57 MSchG. Die Expertenkommission ZPO sah eine Konzentration in der ZPO vor, was der Rechtszersplitterung entgegengewirkt hätte. Eine Sonderregelung wäre nur für das Patentgesetz in Frage gekommen, da hiefür eine Konzentration auf ein gesamtschweizerisches Patentgericht erfolgt. 45

§ 60 Vollstreckung öffentlicher Urkunden

1. Sinn und Zweck

Das Institut der öffentlichen Urkunde ist mit sechs Artikeln erstmals in das schweizerische Recht eingeführt worden (Art. 347–352). Viele europäische Staaten kennen, allerdings in verschiedener Ausgestaltung, das Institut der öffentlichen Urkunde. Die *öffentliche Urkunde dient der Abkürzung und der Beschleunigung der Vollstreckung*. Die Botschaft (BBl *2006* 7387) führt treffend aus, vereinfacht ausgedrückt berechtige diese Urkunde eine Partei «die Vollstreckung für den beurkundeten Anspruch direkt einzuleiten, ohne zuvor einen Zivilprozess führen zu müssen». Obschon die Urkunde nicht rechtskräftig ist (sie ist keine Entscheidung) und mit ihr allein keine Rechtskraftbescheinigung erhältlich gemacht werden kann, ist sie *aus sich selbst heraus vollstreckbar*. 46

47 Trotz Kritik im Gesetzgebungsverfahren (vgl. z.B. Botschaft, 7387) wurde am neuen Institut festgehalten. Vorerst dient es dem *Ende der Diskriminierung der Schweiz gegenüber den LugÜ-Staaten*, welche die öffentliche Urkunde kennen und in der Schweiz vollstrecken lassen können, was bisher für schweizerische Gläubiger im Ausland nicht der Fall war. Sodann bringt die öffentliche Urkunde auch dem innerschweizerischen Rechtsverkehr gewisse Erleichterungen (Art. 347). Vgl. auch D. STAEHELIN, Die vollstreckbare öffentlichrechtliche Urkunde – Eine Ausländerin vor der Einbürgerung, in: FS Kellerhals, Bern 2005, 205 ff.

2. Voraussetzungen

48 Für das Vorliegen einer *öffentlichen Urkunde* sind folgende Voraussetzungen zu erfüllen (Art. 347):

- Die *direkte Vollstreckung* (ohne Zivilprozess) muss von der verpflichteten Partei in der Urkunde selbst anerkannt sein;
- der *Rechtsgrund* (z.B. Kauf, Mäklerlohn, Werklohn) der geschuldeten Leistung muss in der Urkunde selbst genannt sein;
- an die *geschuldete Leistung* werden weitere Anforderungen gestellt, die in der Urkunde selbst genannt sein müssen: Die geschuldete Leistung muss in der Urkunde genügend bestimmt (ohne Zweifel berechenbar) und anerkannt sein. Zudem wird die Fälligkeitsangabe in der Urkunde verlangt.

49 Nur wenn diese Voraussetzungen lückenlos erfüllt sind, kann die öffentliche Urkunde, falls sie eine Geldleistung zum Gegenstand hat, einen *definitiven Rechtsöffnungstitel* bilden (Art. 80/81 SchKG). Mit dieser klaren gesetzlichen Regelung entfällt eine Auseinandersetzung mit den abweichenden Lehrmeinungen.

3. Andere Leistungen

50 Eine *andere Leistung als Geld* kann ebenfalls Gegenstand einer öffentlichen Urkunde bilden. Gestützt auf die Urkunde setzt die Urkundsperson der verpflichteten Partei eine Frist von 20 Tagen zur Erfüllung an. Nach unbenütztem Fristablauf ist die berechtigte Partei ermächtigt, mit einem Vollstreckungsgesuch an das Vollstreckungsgericht zu gelangen (Art. 350). Geht es z.B. um die Abgabe einer Willenserklärung, so wird diese durch den Entscheid des Vollstreckungsgerichts ersetzt.

4. Ausnahmen

In Art. 348 sind aus Gründen des sozialen Prozessrechts und des sozialen Privatrechts sowie der missbräuchlichen Anwendung der Marktmacht einige Ausnahmen vorgesehen. In diesem Ausnahmebereich gibt es keine öffentlichen Urkunden. Die sich auf folgende Vertragsarten stützenden Leistungen sind in öffentlichen Urkunden ausgeschlossen: Arbeitsvertrag und Arbeitsvermittlung, Miete und Pacht von Wohn- und Geschäftsräumen, landwirtschaftliche Pacht, Konsumentenverträge, Gleichstellungsgesetz und Mitwirkungsgesetz. 51

5. Verfahren

Das Verfahren zur Vollstreckung öffentlicher Urkunden ist summarisch. In diesem können *sämtliche materiellen und formellen* Einreden erhoben werden. In Frage kommen dürfte nur der Urkundenbeweis, denn es wird der sofortige Beweis gefordert (Art. 351). 52

Weder die öffentliche Urkunde noch der Entscheid des Vollstreckungsgerichts haben *Rechtskraft.* Die verpflichtete Partei kann jederzeit auf Feststellung klagen, dass der Anspruch nicht oder nicht mehr besteht oder gestundet ist (Art. 352). In Betracht fällt z.B. eine negative Feststellungsklage (vgl. Art. 85a SchKG). Wurde schon geleistet, ist an eine Rückleistungsklage zu denken. Der berechtigten Partei steht eine Leistungsklage zur Verfügung, wenn das Vollstreckungsgericht die Vollstreckung abgelehnt hat. 53

6. Besonderheiten im internationalen Verhältnis

Im *internationalen Verhältnis* bestehen bei einer öffentlichen Urkunde gewisse Besonderheiten. 54

Massgeblich sind Art. 31 IPRG und Art. 57 f. LugÜ II. Nach dem IPRG sind auch *öffentliche Urkunden der freiwilligen Gerichtsbarkeit zulässig.* 55

Weiter geht Art. 57 LugÜ II, wonach in einem Vertragsstaat aufgenommene und vollstreckbare öffentliche Urkunden in einem anderen Vertragsstaat ebenso wie Entscheidungen vollstreckbar sind. Es muss sich um eine – wohl meist notarielle – Urkunde handeln, in welcher der Aussteller sich zu Leistungen im Anwendungsbereich des LugÜ II (Zivil- und Handelssachen) verpflichtet hat. Die Vollstreckung kann nur bei Verstoss gegen den Ordre public versagt werden. Bei der öffentlichen Urkunde handelt es sich um einen definitiven Rechtsöffnungstitel im Sinne des schweizerischen SchKG (Botschaft, 7389). 56

§ 61 Mittel der Vollstreckung

1. Allgemeines

57 Es geht hier *nicht um Geldforderungen*, denn diese werden nach SchKG vollstreckt (Art. 335 Abs. 2). Im Folgenden sollen die Mittel der Vollstreckung bei Nichtgeldforderungen dargelegt werden.

2. Direkter Zwang

58 Fruchtet die Aufforderung zur Erfüllung unter Nachteilsandrohung nichts, so sind jene Verpflichtungen, die sich dazu eignen, *mit Staatsgewalt zu vollstrecken.* Die Ausübung der Gewalt wird dabei einem Verwaltungsbeamten (unter Mithilfe der Polizei) oder direkt der Polizei übertragen (Art. 343 Abs. 3).

59 Auf diese Art können vollstreckt werden:
- Pflichten auf Herausgabe beweglicher Sachen,
- Pflichten auf Räumung unbeweglicher Sachen (Mieterausweisung, Besitzübertragung an Grundstücken),
- Pflichten zur Beseitigung von beweglichen Sachen.

3. Indirekter (psychischer) Zwang

60 Soweit der Belangte zu einem *persönlichen Tun,* das nicht auch von einem Dritten erfüllt werden kann, oder zu einer *Unterlassung* verpflichtet ist, steht lediglich der indirekte Zwang als Vollstreckungsmittel zur Verfügung.

61 Erste Stufe – auch bei der Vollstreckung anderer Pflichten – ist dabei die *Aufforderung zur Erfüllung* des Entscheids.

62 Wird der *Aufforderung nicht nachgelebt,* so steht eine der folgenden Möglichkeiten alternativ oder allein zur Verfügung:

63 Primär in Frage kommt ein *Befehl oder Verbot unter Androhung von Art. 292 StGB* (Bestrafung mit Busse). Das *Vollstreckungsgericht* kann eine Strafandrohung gemäss Art. 292 StGB, eine Ordnungsbusse bis CHF 5000, eine Tagesbusse bis CHF 1000, eine Zwangsmassnahme oder eine Ersatzvornahme anordnen. Trotz des Wortlautes von Art. 343 Abs. 1 sollte dies zweckmässiger Weise auch schon in der Kompetenz des Urteilsgerichtes liegen. Die Sanktion gemäss Art. 292 StGB ist lediglich Busse. Es handelt sich um ein Offizialdelikt. In Fällen nach Art. 76 Abs. 1 und 2 BZP findet

die Strafverfolgung hingegen nur auf Antrag der berechtigten Person statt (BSK Strafrecht II-RIEDO/BONER, Art. 292 StGB N 103). Für ZPO-Vollstreckungen bleibt es beim Offizialdelikt; die ZPO enthält keinen Vorbehalt wie die BZP.

4. Ersatzvornahme

Pflichten, die auf ein *Tun* gerichtet sind, das auch von einem *Dritten* erbracht werden kann, können durch Ersatzvornahme vollstreckt werden (Art. 343 Abs. 1 lit. e). Das vollstreckungsrechtliche Institut der Ersatzvornahme entspricht Art. 98 Abs. 1 OR. Es ist das Verhältnismässigkeitsprinzip zu beachten. 64

Da der Berechtigte die *Kosten* der Ersatzvornahme *vorzuschiessen* hat, kann er auf Ersatzvornahme verzichten und direkt Umwandlung in Schadenersatz verlangen (anders: BGE *128* III 416 ff.). 65

5. Astreinte

Als weitere Möglichkeit käme die sog. *Astreinte* (aus dem französischen Recht stammend) in Frage. In der Regel handelt es sich um eine qualifizierte Tagesbusse, welche die verpflichtete Partei für jeden Tag der Nichterfüllug bezahlen muss. Sie kann durchaus überkompensatorisch werden, weshalb sie dem schweizerischen ordre public widerspricht (GASSER/RICKLI, Art. 343 N 6). Es ist auch an die Wegnahme einer Sache zu denken. Dabei kommt der Verwertungserlös nicht dem Staat, sondern dem Gläubiger zugute. LANDROVE/GREUTER (L'astreinte une mesure injustement boudée par le projet du code de procédure civile?, ZSR *2008* I 271 ff., 281 ff.) verneinen zu Recht eine hinreichende Gesetzesgrundlage in der ZPO, zumal keine Lücke anzunehmen sei. Vgl. zur Frage der Zulässigkeit auch BGE *43* II 664. 66

6. Umwandlung in Schadenersatz (Taxation)

Sind direkter Zwang und Ersatzvornahme ausgeschlossen, führen sie nicht zum Erfolg oder kann der Berechtigte auf Ersatzvornahme verzichten, so kann er *Schadenersatz im Werte der urteilsmässig zugesprochenen Leistung* verlangen (Art. 345) und diese Geldforderung nach den Regeln des SchKG vollstrecken. 67

14. Kapitel: Schiedsgerichtsbarkeit

§ 62 Grundlagen

1. Begriff

Schiedsgerichte sind *Privatgerichte.* Als Gerichte verbindlich entscheiden können sie nur aufgrund der ihnen *vom Staat verliehenen Entscheidungsgewalt.* Dadurch bilden sie Teil der staatlichen Gerichtsorganisation. In der Praxis wird unterschieden zwischen sog. institutionellen Schiedsgerichten und den Ad-hoc-Schiedsgerichten. Während letztere eigens für eine bestimmte Schiedsstreitigkeit formiert werden und eher selten vorgesehen werden, existieren erstere in dafür geschaffenen Institutionen und können im Streitfall mittels vorgegebenen Verfahrens relativ zeitnah bestellt werden. 1

Keine Schiedsgerichte sind: 2

- *das «Gewerbliche Schiedsgericht»* (BS). Es ist ein staatliches Gericht, dessen Bezeichnung sich historisch erklärt;
- *Organe juristischer Personen,* die den Namen «Schiedsgericht» tragen, aber Massregeln im Verhältnis zwischen Mitglied und juristischer Person anzuordnen haben, z.B. Bussen, Verweis, Sperre; das *Schiedsgericht für Sport* erfüllt dagegen die Voraussetzungen eines Schiedsgerichts: BGE *119* II 280; ein Schiedsgericht ist auch das «Collegio arbitrale per il settore dell'edilizia» im Kanton Tessin (BGE *125* I 392); ebenfalls als unabhängiges Schiedsgericht gilt das TAS (Tribunal Arbitral du Sport), BGE *129* III 445;
- *der Schiedsgutachter* (Arbitrator), der *Tatsachen* verbindlich festzustellen, aber nicht über Rechte und Rechtsverhältnisse zu entscheiden hat (BGE *107* Ia 320 ff.).

2. Bedeutung

2.1 Verbreitung

Der Schiedsgerichtsbarkeit kommt in der Praxis erhebliche Bedeutung zu. Sie stellt eine Alternative zu den Staatsgerichten dar und hat ihren Ursprung im Grundgedanken der Parteiautonomie. Der Gesetzgeber 3 erachtet die Parteiautonomie als derart hohes Gut, dass er bereit ist, sein Monopol in der Rechtsprechung partiell zugunsten der Schiedsgerichtsbarkeit aufzugeben. Dies bedeutet auch eine Ausnahme des in Art. 6 Ziff. 1 EMRK und Art. 30 Abs. 1 BV verankerten Grundsatzes, wonach jede Person Anspruch auf ein gerichtliches Verfahren hat, welches grundsätzlich vor einem staatlichen Gericht durchzuführen ist.

4 Insbesondere zur Beilegung von Streitigkeiten zwischen Verbänden untereinander und ihren Mitgliedern (*Verbandsschiedsgerichtsbarkeit,* v.a. im Sportrecht verbreitet) und solchen im internationalen Handel *(internationale Schiedsgerichtsbarkeit)* ist die Schiedsgerichtsbarkeit verbreitet. Sie findet sich standardmässig in Einzelverträgen, z.B. in der Baubranche (Konsortien), im Treuhandbereich, bei Finanzierungsverträgen, bei Lizenz- und Entwicklungsverträgen und bei Aktienkaufverträgen. In internationalen Verhältnissen werden die meisten Streitigkeiten vor Schiedsgerichten erledigt.

2.2 Vorteile

5 Verschiedenartige Gründe können dazu führen, dem Schiedsgericht vor dem staatlichen Gericht den Vorzug zu geben:

- der Wunsch, *Fachleute* urteilen zu lassen, so dass unter Umständen keine Sachverständigen beigezogen werden müssen (10 N 214);
- der Wunsch, das *Verfahren zu beschleunigen;* eine gewisse Beschleunigung ergibt sich jedenfalls aus dem Ausschluss ordentlicher Rechtsmittel (N 59 ff.);
- der Wunsch nach *Geheimhaltung* (keine öffentlichen Verhandlungen, keine Publikation der Entscheide, allgemein grössere Diskretion). Dabei soll verhindert werden, dass Details eines Unternehmens durch einen Prozess bekannt werden. Dieser Vorteil ist bei börsenkotierten Unternehmen zweitrangig, da die Offenlegungspflichten des schweizerischen Börsenrechts auch Schiedsstreitigkeiten tangieren, so dass die Öffentlichkeit über die Existenz einer Schiedsstreitigkeit und deren Prozessthema erfährt;
- der Wunsch, in *internationalen Streitsachen* ein sozusagen «übernationales» Gericht auf «neutralem Boden» urteilen zu lassen und die staatlichen Gerichte, die für die eine oder andere Partei zuständig wären, auszuschliessen;
- der Wunsch, in einer *nicht amtlichen Atmosphäre* zu prozessieren und gewichtigen Einfluss auf das Verfahren (z.B. Ablauf und Dauer) nehmen zu können.

2.3 Nachteile

Diesen Vorzügen steht zum einen der Nachteil gegenüber, dass die Kosten der Schiedsgerichte in der Regel höher sind als jene der staatlichen Gerichte, was sich bei sehr hohen Streitwerten in der Regel jedoch wieder angleicht. Zum anderen besteht ein Nachteil, dass aufgrund der aufwändigen Verfahrensausgestaltung (meist im «Common law»-Stil, d.h. aufwändiges «Disclosure»-Verfahren und «Cross-examination» der Zeugen) entsprechend höhere Kosten für die Rechtsvertretung anfallen, zumal in den meisten Fällen ausländische Korrespondenzanwälte beigezogen werden müssen. Da die Rechtsmittelmöglichkeiten in Schiedsverfahren in der Regel beschränkt sind oder lediglich ausserordentliche Rechtsmittel gegen Schiedssprüche ergriffen werden können, fallen im Gegenzug für das Rechtsmittelverfahren entsprechend tiefere Gerichts- und Anwaltskosten an als in staatlichen Verfahren. Als weiterer Nachteil ist das Vollstreckungsrisiko in gewissen Konstellationen zu nennen, welches für manche Staaten nach wie vor gilt (z.B. China). 6

§ 63 Rechtsgrundlagen

1. Regelung der innerstaatlichen Schiedsgerichtsbarkeit

Art. 1 lit. d hält fest, dass die Schiedsgerichtsbarkeit in den Geltungsbereich der ZPO fällt. Die ZPO widmet ihren 3. Teil der Schiedsgerichtsbarkeit und schafft dadurch einen eigenständigen Bereich der ZPO. Diese Regelung bezieht sich jedoch nur auf die innerstaatliche Schiedsgerichtsbarkeit (Binnenschiedsgerichtsbarkeit), während die internationale Schiedsgerichtsbarkeit nach wir vor durch das 12. Kapitel des IPRG geregelt wird (Botschaft ZPO, 7240). Damit wird die ursprüngliche Zweiteilung in der Schiedsgerichtsbarkeit beibehalten und das Konkordat vom 27. März. 1969 über die Schiedsgerichtsbarkeit (KSG) durch die ZPO ersetzt und aufgehoben. Die Bestimmungen des KSG wurden weitgehend in den 3. Teil der ZPO integriert, so dass nach wie vor auf die Rechtsprechung zum KSG abgestellt werden kann. 7

Die Unterscheidung zwischen innerstaatlicher und internationaler Schiedsgerichtsbarkeit und damit auch die Abgrenzung der Geltungsbereiche des 3. Teils der ZPO und des 12. Kapitels des IPRG erfolgt aufgrund formeller Kriterien: Der 3. Teil der ZPO kommt nur dann zur Anwendung, wenn *alle* Streitparteien beim Abschluss der Schiedsvereinbarung ihren Sitz oder Wohnsitz in der Schweiz haben und der *Sitz* des Schiedsgerichts sich 8 ebenfalls in der Schweiz befindet (Art. 353 Abs. 1, BSK ZPO-GIRSBERGER/HABEGGER/MRAZ/WEBER-STECHER, vor Art. 353–399 N 2).

9 Die kantonale Gerichtsbarkeit bleibt für gewisse Tätigkeiten innerhalb des Schiedsverfahrens bestehen. Es handelt sich um sog. Nebenverfahren, welche sich v.a. mit der Bestellung und Abberufung des Schiedsgerichtes befassen (z.B. Art. 356 Abs. 2 lit. a i.V.m. Art. 362 Abs. 1, Art. 370 Abs. 2).

10 Durch die Bestimmung des Schiedsverfahrens mittels Parteivereinbarung wurde die Parteiautonomie auch mit der Einführung der Schweizerischen ZPO noch mehr gestärkt, und es wurde auf die subsidiäre Anwendung des staatlichen Prozessrechts gänzlich verzichtet (Botschaft ZPO, 7392).

2. Regelung der internationalen Schiedsgerichtsbarkeit

11 Die internationale Schiedsgerichtsbarkeit ist durch das 12. Kapitel des IPRG *abschliessend* geregelt. Das LugÜ II hat die Schiedsgerichtsbarkeit von seinem Anwendungsbereich ausgeschlossen (Art. 1 Abs. 2 lit. d LugÜ II) und ist daher nicht relevant. Die Vollstreckung ausländischer Schiedssprüche wird primär durch das *New Yorker Übereinkommen über die Anerkennung und Vollstreckung ausländischer Schiedssprüche* vom 10. Juni 1958 (SR.0.277.12) geregelt.

2.1 Anwendung

12 Der Regelung des IPRG unterstehen gemäss Art. 176 Abs. 1 IPRG Schiedsgerichte mit Sitz in der Schweiz,

- sofern beim Abschluss der Schiedsvereinbarung wenigstens eine Partei ihren *Wohnsitz*, Sitz oder gewöhnlichen Aufenthaltsort *im Ausland* hatte
- und sofern die Parteien nicht *die Anwendung* des 12. Kapitels des IPRG *ausgeschlossen und die Anwendung des dritten Teiles der ZPO* über die Schiedsgerichtsbarkeit *vereinbart* haben (Art. 176 Abs. 2 IPRG): BGE *115* II 390. Es ist in der internationalen Schiedsgerichtsbarkeit somit möglich, die innerstaatlichen Bestimmungen der ZPO zu vereinbaren.

2.2 Mitwirkung des staatlichen Richters

13 Wie bereits bei der innerstaatlichen Schiedsgerichtsbarkeit hat das staatliche Gericht auch bei der internationalen Schiedsgerichtsbarkeit diverse Funktionen, welche sich hauptsächlich mit der Bestellung und Abberufung von Schiedsrichtern befasst:

– für die Mitwirkung bei vorsorglichen Massnahmen gemäss Art. 183 Abs. 2 IPRG und im Beweisverfahren Art. 184 Abs. 2 IPRG,
– für die Bescheinigung der Vollstreckbarkeit (Art. 193 Abs. 2 IPRG) und für die Hinterlegung des Schiedsspruches (Art. 193 Abs. 1 IPRG).

§ 64 Schiedsvereinbarung

1. Schiedsvertrag–Schiedsklausel

Mit dem Schiedsvertrag wird eine *bestehende Streitigkeit* einem Schiedsgericht zur Beurteilung übertragen. Es handelt sich dabei um eine selbständige Vereinbarung. 14

Mit der *Schiedsklausel* werden *mögliche künftige Streitigkeiten* einem Schiedsgericht unterstellt. Dies ist nur zulässig, wenn die Streitigkeiten sich aus einem *bestimmten Rechtsverhältnis* ergeben, weil niemand in zu weitgehendem Masse auf den staatlichen Rechtsschutz verzichten kann (Art. 27 Abs. 2 ZGB). 15

Weder die ZPO (Art. 357 Abs. 1) noch das IPRG (Art. 178 Abs. 1) unterscheiden die vorstehend beschriebenen Typen von Schiedsvereinbarungen, sondern brauchen nur den Ausdruck «Schiedsvereinbarung». 16

Zu der in der Lehre lange Zeit umstrittenen Frage, ob ein Schiedsgericht auch durch *einseitige Erklärung* bestellt werden kann, namentlich durch *letztwillige Verfügung* im Rahmen der Testierfähigkeit des Erblassers siehe 3 N 115. 17

Bei der Auslegung von Schiedsvereinbarungen ist im Sinne der bundesgerichtlichen Rechtsprechung (BGE *129* III 675 E. 2.3) zweistufig vorzugehen. Zunächst ist mittels einer restriktiven Auslegung festzustellen, ob die Parteien eine Schiedsvereinbarung unter Ausschluss der staatlichen Gerichtsbarkeit abschliessen wollten. Ist dies der Fall, ist in einem zweiten Schritt der konkrete Inhalt der Vereinbarung zu ermitteln, wobei hier keine restriktive, sondern eine geltungserhaltende Auslegung vorzunehmen ist (BSK ZPO-GIRSBERGER, Art. 357 N 10). 18

2. Zulässigkeit der Schiedsvereinbarung

Die Schiedsvereinbarung ist nur zulässig, 19
– wenn ihr Gegenstand *schiedsfähig* ist,
– wenn ihr keine *zwingenden Gesetzesvorschriften* entgegenstehen,
– wenn sie die *Unabhängigkeit* und Parität des Schiedsgerichtes wahrt,

- wenn das Schiedsgericht bestimmbar ist,
- wenn die vorgeschriebene Form eingehalten wird.

2.1 Schiedsfähigkeit des Streites

20 Schiedsfähig sind nach Art. 354 Rechte und Rechtsverhältnisse, über welche die Parteien *frei verfügen* können. Nach Art. 177 Abs. 1 IPRG kann jeder vermögensrechtliche Anspruch Gegenstand eines Schiedsverfahrens sein; freie Verfügbarkeit, welche nach dem anwendbaren Recht geprüft werden müsste, ist in internationalen Fällen nicht erforderlich: BGE *118* II 356. Die eventuelle Nichtvollstreckbarkeit des Schiedsspruches nach dem New Yorker Abkommen hindert die Schiedsfähigkeit nicht: BGE *118* II 358.

21 Die Schiedsfähigkeit ist stets unabhängig von der Frage des zwingenden Charakters eines Gerichtsstandes zu bestimmen (BSK ZPO-WEBER-STECHER mit w.H.).

Nicht schiedsfähig sind:
- personenstands- und familienrechtliche Prozesse (mit Ausnahme der güterrechtlichen Auseinandersetzung);
- rein betreibungsrechtliche Streitigkeiten, die in einem beschleunigten Verfahren abgehandelt werden (STÄHELIN/STÄHELIN/GROLIMUND, § 29 N 15);
- Akte der freiwilligen Gerichtsbarkeit;
- Kraftloserklärung von Wertpapieren (Art. 43 Abs. 1, BERGER/KELLERHALS, N 239);
- Mietrechtliche Verfahren bei Wohnräumen (Art. 361 Abs. 4).

2.2 Kein Verbot der Schiedsvereinbarung

22 Schiedsvereinbarungen werden durch zwingendes Recht für bestimmte Streitigkeiten ausgeschlossen.

23 Dies gilt allerdings bei vertragsrechtlichen Streitigkeiten nur noch im Bereich des Mietrechts bei Wohnräumen (Art. 361 Abs. 4), das als zulässiges Schiedsgericht einzig die Schlichtungsbehörde zulässt. Daraus ist zu schliessen, dass andere Schiedsgerichte als die erwähnte Schlichtungsbehörde nicht vereinbart werden dürfen und daher mietrechtliche Ansprüche nicht schiedsfähig sind. Sowohl in arbeitsvertraglichen und konsumentenrechtlichen Gerichtsständen, im Immaterialgüterrecht und im Kartellrecht ist die Schiedsfähigkeit zu bejahen (BSK ZPO-WEBER-STECHER Art. 344 N 24–30 m.w.H.).

3. Form der Schiedsvereinbarung

Die Schiedsabrede hat schriftlich oder in einer anderen Form zu erfolgen, die den Nachweis durch Text ermöglicht (Art. 358, Art. 178 Abs. 1 IPRG). Dabei genügen auch Telegramm, Telex, Telefax oder andere Übermittlungsformen, die den Nachweis der Vereinbarung «durch Text» ermöglichen. Beim Erfordernis des Nachweises durch Text handelt es sich um eine gegenüber der einfachen Schriftform i.S.v. von Art. 13 ff. OR weniger qualifizierte Form. Verlangt wird lediglich, dass der Wortlaut der Erklärung beim Empfänger in visuell wahrnehmbarer und physisch reproduzierbarer Form eintrifft, womit auch eine Vereinbarung per E-Mail zulässig ist (GEHRI/KRAMER, Art. 358 N 1). 24

Das Mitglied einer juristischen Person unterwirft sich einer in den Statuten enthaltenen Schiedsklausel nur, wenn die durch Text nachweisbare Beitrittserklärung ausdrücklich auf die statutarische oder eine reglementarische Schiedsklausel Bezug nimmt (BGE *125* I 392, BGer 4A_446/2009 E. 2.2). Dies gilt auch – und trotz Art. 649a ZGB – für den Erwerber von Stockwerkeigentum analog: BGE *110* Ia 108. 25

4. Schiedsvereinbarung als Vertrag des Prozessrechts

Die Schiedsvereinbarung ist nach ständiger Rechtsprechung des Bundesgerichtes ein *Vertrag des Prozessrechts,* auch wenn sie in einem privatrechtlichen Vertrag oder Statut enthalten ist (BGE *101* II 170, BGE *116* Ia 56 E. 3a). Diese Ansicht wird in der Lehre z.T. kritisiert und modernere Auffassungen gehen davon aus, dass Schiedsvereinbarungen sowohl prozessrechtliche als auch materiellrechtlich Aspekte beinhalten (BSK ZPO-GIRSBERGER, Art. 357 N 6) 26

Wie bei der Gerichtsstandsvereinbarung (3 N 106) erfasst die *zivilrechtliche Ungültigkeit* des obligatorischen Vertrages – z.B. wegen Willensmängeln – nicht auch die Schiedsvereinbarung, weil sie nach dem Willen der Parteien auch die Frage der Gültigkeit des Vertrages zum Gegenstand hat; so ausdrücklich Art. 358, Art. 178 Abs. 3 IPRG. Die Schiedsvereinbarung besteht somit selbständig und unabhängig vom Hauptvertrag. 27

5. Schiedsvereinbarung als Prozesshindernis

Die gültige Schiedsvereinbarung bildet in dem vor dem staatlichen Gericht angehobenen Prozess ein Prozesshindernis (Art. 61). Erhebt der Beklagte die Einrede der Schiedsabrede, so hat der staatliche Richter 28 über seine Zuständigkeit, die Gültigkeit der Schiedsabrede und darüber zu entscheiden, ob der vorliegende Streit durch die Schiedsabrede erfasst ist. Liegt eine gültige Schiedsvereinbarung vor, erfolgt ein Nichteintreten seitens des staatlichen Gerichts. Hat das Gericht Zweifel über den gültigen Abschluss einer Schiedsvereinbarung, so ist sinnvollerweise der Prozess zu sistieren, bis die Zuständigkeit des Schiedsgerichts feststeht (BSK ZPO-GEHRI, Art. 61 N 7).

6. Schiedsvereinbarung und Rechtsnachfolge

29 Die Schiedsabrede ist regelmässig auch für die *Rechtsnachfolger* der Vertragsparteien (Universal- und Singularsukzessoren) verbindlich. Dasselbe gilt gemäss Bundesgericht auch für die Rechtsnachfolge kraft Zession (BGE *128* III 50 E. 2b/bb).

30 Die Gültigkeit der Zession bestimmt sich – wie die Gültigkeit der Schiedsvereinbarung – gemäss Art. 178 Abs. 2 IPRG entweder nach dem von den Parteien gewählten oder dem auf die Streitsache anwendbaren oder schliesslich dem schweizerischen Recht: BGE *117* II 98. Ungültig ist die Zession bei einem von den Parteien vereinbarten pactum de non cedendo: BGE *117* II 99.

31 Auch die *Konkursmasse* ist an die Schiedsabrede des Gemeinschuldners gebunden (BERGER/KELLERHALS, 178). Dasselbe gilt auch für die Abtretung gemäss Art. 260 SchKG und für den Willensvollstrecker (RUEDE/HADENFELDT, 81).

§ 65 Unabhängigkeit und Bestellung des Schiedsgerichtes

1. Bestellung, Unabhängigkeit und Parität

32 Das Schiedsgericht muss, soll sein Urteil vollstreckbar werden, «hinreichende Gewähr für eine unparteiische und unabhängige Rechtsprechung bieten» (BGE *107* Ia 158). Beispiel fehlender Unabhängigkeit: BGE *125* I 390 f. Bei den institutionalisierten Schiedsgerichten bestehen eigene Vorschriften über die Ausgestaltung der Unabhängigkeit und der Vermeidung von Interessenskonflikten.

33 Die Garantie des verfassungsmässigen Richters, Art. 30 Abs. 1 BV, gewährleistet auch die *Unabhängigkeit der Schiedsrichter.* Liegen Umstände vor, die berechtigte Zweifel an der Unabhängigkeit oder Unparteilichkeit

eines Schiedsrichters wecken können, sind sie von der für dieses Amt angefragten Person unverzüglich offenzulegen (Art. 363). Die Parteien haben sodann den Ausstand *unverzüglich* zu verlangen: BGE *111* Ia 262 f.

Gemäss Art. 367 Abs. 1 lit. b und Art. 180 Abs. 1 lit. c IPRG kann ein Schiedsrichter von den Parteien abgelehnt werden, wenn Zweifel an dessen Unabhängigkeit oder Unparteilichkeit besteht. Grundsätzlich werden die Schiedsrichter nach der Vereinbarung der Parteien ernannt (Art. 361 Abs. 1). Die meisten institutionalisierten Schiedsordnungen sehen ein 3er-Schiedsgericht vor. Dabei wählt jede Partei einen Schiedsrichter aus, und diese Schiedsrichter bestimmen dann gemeinsam den Obmann. Diese bewährte Lösung ist bei Fehlen einer Parteivereinbarung subsidiär im Gesetz vorgesehen (Art. 361 Abs. 2). Gemäss Art. 179 Abs. 2 IPRG ist der Richter am Sitz des Schiedsgerichtes für die Bestellung der Schiedsrichter anzurufen. Auch der von einer Partei ernannte Schiedsrichter darf zu dieser nicht in einem Freundschafts-, Pflicht- oder Abhängigkeitsverhältnis stehen (BGE *105* Ia 248; *111* Ia 74; 2 N 71). 34

2. Schiedsrichtervertrag (receptum arbitri)

Das Rechtsverhältnis, in welchem der Schiedsrichter zu den Parteien steht, wird als mandatsähnlicher, teils dem Privatrecht, teils dem Prozessrecht unterstehender *Vertrag sui generis zwischen jedem einzelnen Schiedsrichter und beiden Parteien* betrachtet. Anwendbar ist das Recht des Sitzes des Schiedsgerichtes. 35

Mit der Annahme des Amtes (Art. 364 Abs. 1) ist der Schiedsrichter beiden Parteien gegenüber zur persönlichen Ausübung des Mandates, zur sorgfältigen und *beförderlichen* Erfüllung des Auftrages und zur Verschwiegenheit *verpflichtet* (RUEDE/HADENFELDT, 155ff). 36

Die Höhe des vertraglichen *Honoraranspruches* (Art. 394 Abs. 3 OR) richtet sich nach Abrede, nach Tarifen von Schiedsgerichtsreglementen oder – wenn beides fehlt – üblicherweise bei Juristen nach den Anwaltsgebührentarifen. Nach Art. 384 Abs. 1 lit. f wird das Honorar im Schiedsspruch festgesetzt. 37

§ 66 Zuständigkeit des Schiedsgerichtes

1. Zuständigkeitsgrund ist die Schiedsabrede

Die Zuständigkeit des Schiedsgerichtes wird durch die Schiedsvereinbarung begründet. Diese bestimmt zugleich den *Sachumfang* der Kog- 38 nition des Schiedsgerichtes. Damit können ähnliche Probleme entstehen wie bei der sachlich beschränkten Zuständigkeit von *Sondergerichten* (für die Arbeitsgerichte: vorn 3 N 140 f.).

39 Die Zuständigkeit des Schiedsgerichtes ist daher abhängig:

- grundsätzlich von der *Gültigkeit* der Schiedsabrede, d.h. davon, ob sie zulässig (N 19 ff.) und formrichtig (N 24 ff.) abgeschlossen ist;
- hinsichtlich seiner Kognition von der Tragweite der Schiedsabrede, die nach einem zweistufigen Prinzip auszulegen ist (N 18).

40 Werden in einer Schiedsklausel generell die «Streitigkeiten aus dem Vertrag» dem Schiedsgericht unterstellt, so ist es auch für die Frage der Gültigkeit des Vertrages zuständig (N 27). So hat es auch die Frage der Nichtigkeit des Vertrages wegen Verletzung von Art. 85 des Römer Vertrages zu prüfen: BGE *118* II 193.

41 Die Theorie der doppelrelevanten Tatsache wird für die Schiedsgerichtsbarkeit abgelehnt (BGE *121* III 495). Das angerufene Schiedsgericht hat daher auch für doppelrelevante Tatsachen Beweis zu erheben und das Verfahren bei Nichtverwirklichung durch Prozessentscheid (Nichteintreten) zu erledigen (HOFFMANN-NOWOTNY, N 150).

2. Klage, Widerklage, Verrechnung, Dritte

42 Die Tragweite der Schiedsabrede bestimmt die Zuständigkeit für Klage und Widerklage.

43 Erhebt der Beklagte die Einrede der *Verrechnung* mit einer nicht unter die Schiedsabrede fallenden Forderung, so beurteilt das Schiedsgericht die Verrechnungseinrede in der Regel ebenfalls (Art. 377, «Kann-Vorschrift»). Mangels entsprechender Regelung im IPRG befürwortete die herrschende Lehre eine analoge Anwendung von Art. 377 auch in internationalen Schiedsverfahren (BSK ZPO-HABEGGER, Art. 377 N 4).

44 Widerklagen sind zulässig, sofern die Streitsache ebenfalls von der Schiedsvereinbarung abgedeckt ist (Art. 377 Abs. 1).

45 Die *Beteiligung Dritter* am Schiedsgerichtsprozess – also von Streitgenossen (sog. *Mehrparteienschiedsgerichtsbarkeit),* Nebenintervenienten und Litisdenunziaten – setzt voraus, dass der Dritte unter die Schiedsabrede fällt und dass ein sachlicher Zusammenhang zwischen den geltend gemachten Ansprüchen besteht (Art. 376 Abs. 1, Abs. 3). Bezüglich der Streitverkündung ist Art. 194 OR zu beachten.

46 Weil die Streitverkündung ein Institut des materiellen Rechts ist (4 N 97), kann sie wirksam auch ausserhalb des schiedsgerichtlichen Verfahrens erfolgen, wenn einerseits der Litisdenunziat nicht unter die Schiedsabrede fällt

oder die Voraussetzungen von Art. 376 Abs. 2 nicht erfüllt sind, wenn dagegen anderseits Art. 194 OR beachtet wird.

3. Entscheid über die Zuständigkeit

Ist das Schiedsgericht angerufen, entscheidet es über seine Zuständigkeit selbst; es hat die Kompetenz-Kompetenz (Art. 359 Abs. 1, Art. 186 Abs. 1, Abs. 1bis IPRG). 47

Gegen den Zuständigkeitsentscheid als Vorentscheid ist die Beschwerde ans Bundesgericht (Art. 72 BGG) gemäss Art. 392 lit. b i.V.m. Art. 393 lit. b und Art. 389 Abs. 1 sowie Art. 190 Abs. 2 lit. b i.V.m. Art. 190 Abs. 3 IPRG möglich. Das Bundesgericht überprüft die Rechtsfrage der Zuständigkeit mit voller Kognition (BSK ZPO-GIRSBERGER, Art. 359 N 7). 48

Wird beim staatlichen Richter die Einrede der Schiedsabrede erhoben, so entscheidet dieser über seine Zuständigkeit und dabei über Gültigkeit und Tragweite der Schiedsvereinbarung. Das Schiedsgericht überprüft seine Zuständigkeit nicht von Amtes wegen (BSK ZPO-GIRSBERGER, Art. 359 N 8). 49

Das angerufene staatliche Gericht hat seine Zuständigkeit abzulehnen, ausser bei Einlassung des Beklagten, bei offensichtlicher Ungültigkeit der Schiedsvereinbarung oder wenn das Schiedsgericht aus Gründen, die beim Beklagten liegen, nicht bestellt werden kann (Art. 60 i.V.m. Art. 61, Art. 7 IPRG). 50

§ 67 Verfahren vor Schiedsgericht

1. Bestimmung des Verfahrens

Das Verfahren wird in erster Linie durch die *Parteien* bestimmt (Art. 373 Abs. 1 lit. a und b), in zweiter Linie durch das Schiedsgericht (Art. 373 Abs. 2). Dabei wird häufig ein bestimmtes Prozessgesetz für anwendbar erklärt. Die institutionalisierten Schiedsgerichte verfügen über eigene Prozessordnungen, welche das Verfahren festlegen. 51

2. Klageanhebung und Rechtshängigkeit

Grundsätzlich wird die Schiedsklage rechtshängig, sobald eine Partei mit einem Rechtsbegehren an das Schiedsgericht gelangt oder das Verfahren zur Bildung desselben einleitet (Art. 372 Abs. 1, Art. 181 IPRG). 52

Zur Wahrung von Verwirkungsfristen (z.B. Klagefristen für Aberkennungs- und Arrestprosequierungsklage) hat der Kläger innert derselben die von seiner Seite *für die Bestellung des Schiedsgerichtes notwendigen Schritte zu unternehmen* (also z.B. den eigenen Schiedsrichter zu ernennen und dies der Gegenpartei mitzuteilen) und nach Bestellung des Schiedsgerichtes die Klage wiederum innert zehn Tagen einzuleiten (BGE *101* III 63; *112* III 123 f.).

3. Kostensicherstellung

53 Das Schiedsgericht kann von den Parteien Sicherstellung der Kosten verlangen. Leistet eine Partei – häufig die beklagte Partei – den Vorschuss nicht, so kann die Gegenpartei diesen auch leisten oder auf das Verfahren verzichten. Damit entfällt die Bindung an die Schiedsabrede (Art. 378 Abs. 2).

4. Beweisverfahren

54 Das Schiedsgericht führt das Beweisverfahren selbst durch. Die Rechtshilfe des staatlichen Gerichts benötigt es nur für Zwangsmassnahmen: Vorladung von Zeugen unter Androhung der Säumnisfolgen und Verwirklichung der Folgen von Säumnis und Aussageverweigerung (Art. 375, Art. 184 IPRG).

5. Vorsorgliche Massnahmen

55 Zum Erlass vorsorglicher Massnahmen sind nach Art. 374 Abs. 1 die *staatlichen Gerichte* oder das Schiedsgericht zuständig. *Örtlich* zuständig ist das vom Sitzkanton bezeichnete Gericht (Art. 356 Abs. 2 lit. c).

56 Auch nach Art. 183 IPRG kann das Schiedsgericht selbst vorsorgliche Massnahmen erlassen, wenn die Parteien nichts anderes vereinbart haben. Unterzieht sich der Betroffene der angeordneten Massnahme nicht, so kann das Schiedsgericht den staatlichen Richter um Mitwirkung ersuchen.

6. Entscheid nach Recht oder nach Billigkeit

57 Grundsätzlich hat das Schiedsgericht *nach dem anwendbaren Recht* zu entscheiden. Haben die Parteien keine Rechtswahl getroffen, so kommt das Recht zur Anwendung, welches ein staatliches Gericht anwenden

würde (Art. 381 Abs. 2) bzw. dasjenige, mit dem die Streitsache am engsten zusammenhängt (Art. 187 Abs. 1 IPRG).

Nach Art. 381 lit. b und Art. 187 Abs. 2 IPRG können die Parteien das 58
Schiedsgericht aber ermächtigen, *nach Billigkeit zu urteilen,* was in der Praxis selten vorkommt. Eine solche Ermächtigung *entbindet* das Schiedsgericht:

- *nicht* von der Feststellung der für den streitigen Anspruch erheblichen *Tatsachen,*
- *nicht* von der Anwendung des massgeblichen *Verfahrensrechts,*
- *jedoch von der Anwendung des materiellen Rechts* einschliesslich der zwingenden Normen (soweit diese nicht den Ordre public betreffen). Ein auf Billigkeit beruhender Schiedsspruch kann in der Binnenschiedsgerichtsbarkeit nur wegen offensichtlicher Unbilligkeit (Art. 393 lit. e; BGE *107* Ib 66), in der internationalen Schiedsgerichtsbarkeit wohl nur wegen Unvereinbarkeit mit dem Ordre public (Art. 190 Abs. 2 lit. e) angefochten werden, soweit nicht formelle Mängel bestehen.

§ 68 Rechtsmittel gegen Entscheide des Schiedsgerichtes

1. Verzicht auf Rechtsmittel?

Aus den Gründen für die Wahl eines Schiedsgerichtes stechen 59
hervor (N 5 ff.): die Vermeidung der staatlichen Gerichtsbarkeit, die Beschleunigung des Verfahrens, die Geheimhaltung.

Diese Gründe würden die Zulassung eines Verzichts auf Rechtsmittel an 60
die staatlichen Gerichte rechtfertigen, der schon *zum Voraus* oder jedenfalls nach Bestellung des Schiedsgerichtes – d. h. wenn den Parteien dessen Zusammensetzung bekannt ist – erklärt werden könnte. Da nur in der freien Disposition der Parteien stehende Ansprüche schiedsfähig sind, sollten sie – z.B. im Interesse einer raschen Herstellung des Rechtsfriedens – auch darauf verzichten können, grobe Mängel des Schiedsspruches zu rügen.

Die herrschende Lehre lehnte diese Verzichtsmöglichkeit für die Binnen- 61
schiedsgerichtsbarkeit ab (GULDENER, 501 N 99; BSK ZPO–MRAZ, Art. 389 N 51); das Bundesgericht verneinte sie auch für Schiedsgerichte ohne Binnenbeziehung (BGE *110* Ia 132; vgl. aber nachstehend Art. 192 IPRG). Zulässig ist dagegen der Verzicht *nach* Vorliegen des Schiedsspruches. Auch nach Inkrafttreten ist diese Regelung weiterhin gültig, weil in der ZPO keine Verzichtsregelung vorgesehen ist. Es handelt sich um einen bewussten Entscheid des Gesetzgebers (BSK ZPO–MRAZ, Art. 389 N 51).

62 In Art. 192 Abs. 1 IPRG hingegen hat die internationale Schiedsgerichtsbarkeit in Fällen *ohne Binnenbeziehung* (*keine* Partei hat Wohnsitz, gewöhnlichen Aufenthalt oder eine Niederlassung in der Schweiz) die Möglichkeit geschaffen, durch *ausdrückliche Erklärung* der Parteien in der Schiedsabrede oder in einer späteren schriftlichen Übereinkunft die Anfechtung der Schiedsentscheide überhaupt oder für einzelne Anfechtungsgründe auszuschliessen (BGE *116* II 639). Der Verzicht muss ausschliesslich sein und sollte sich, wenn möglich, auf Art. 190 und 192 IPRG beziehen. Ungenügend sind Klauseln wie *«der Schiedsspruch ist endgültig»* (BGer v. 2.6.2004, 4P.64/2004 E. 2.1) oder globale Verweisungen auf Verfahrensordnungen, die den Rechtsmittelverzicht beinhalten (BGE *131* III 176 E. 4.2.1). Bei vollständigem Anfechtungsverzicht können grobe Mängel im Vollstreckungsverfahren in sinngemässer Anwendung des New Yorker Vollstreckungsabkommens eingewendet werden (Art. 192 Abs. 2 IPRG). Diese Ausschlussmöglichkeit der Rechtsmittel ist einer der Gründe für die Beliebtheit des Schiedsortes Schweiz.

2. Beschwerde ans Bundesgericht

63 Gemäss Art. 389 Abs. 1 unterliegt der Schiedsspruch der Beschwerde ans Bundesgericht. Es handelt sich um eine Beschwerde in Zivilsachen gemäss Art. 72 ff. BGG. Es hat damit eine Abkehr vom früheren zweistufigen System stattgefunden, und es ist nur noch ein Rechtsmittel vorgesehen.

64 Gemäss Art. 390 Abs. 1 dürfen die Parteien durch ausdrückliche Erklärung die Anfechtung des Schiedsspruches an Stelle beim Bundesgericht auch der kantonalen Gerichtsbarkeit vorsehen. Diesfalls wäre abschliessend eine kantonale Beschwerde (Art. 319–327) zu erheben.

65 Gegen einen selbständigen *Zwischenentscheid über die Zuständigkeit* ist ebenfalls die Beschwerde an das Bundesgericht gemäss Art. 393 lit. b i.V.m. Art. 392 lit. b sowie Art. 190 Abs. 3 i.V.m. Art. 190 Abs. 2 lit. b IPRG zulässig. Vorentscheide über die Zuständigkeit *müssen* auch angefochten werden; die Unzuständigkeit kann nicht erst gegen den Schiedsspruch geltend gemacht werden: BGE *120* II 158. Vgl. Art. 72 BGG und Art. 92 BGG.

66 Das IPRG bzw. das BGG schränkt für die internationale Schiedsgerichtsbarkeit die Weiterzugsmöglichkeit ebenfalls auf *ein einziges Rechtsmittel* ein. Damit wird der tauglichste Beitrag zur Beschleunigung des Schiedsverfahrens geleistet. Vgl. Näheres bei M. GEHRI, Die Anfechtung internationaler Schiedssprüche nach IPRG, in: K. SPÜHLER (Hrsg.), Internationales Zivilprozess- und Verfahrensrecht IV, Zürich 2005, S. 71 ff.

Zur Verfügung steht auch hier nur die *Beschwerde an* das Bundesgericht, Art. 191 IPRG. 67

Das Beschwerdeverfahren vor Bundesgericht richtet sich nach den Bestimmungen des BGG und wird mit Ausnahmen in der Form der Beschwerde in Zivilsachen durchgeführt (Art. 77 Abs. 2 und 3 BGG). 68

Die Rügemöglichkeiten gemäss Art. 393 lit. a–d und Art. 190 Abs. 2 lit. a–d IPRG sind weitgehend identisch (GEHRI/KRAMER, Art. 393 N 2). Als Novum wurde in Art. 393 lit. e der Beschwerdegrund der Willkür aufgenommen, welche im IPRG kein Pendant hat. Dieses kennt lediglich die «Ordre-public»-Rüge, welche sich in der Vergangenheit als zahnlos herausgestellt hat (GEHRI, zit. in N 66, 112 f.). 69

Die Rüge, das Schiedsgericht habe *ultra petita partium* entschieden, wird vom Bundesgericht als Unterfall der Verweigerung des rechtlichen Gehörs (BGE *116* II 641 f.) bzw. der Dispositionsmaxime behandelt (BGE *115* II 293 E. 5). Das Schiedsgericht entscheidet nicht ultra petita partium, wenn es eine negative Feststellungsklage nicht abweist, sondern das Vorhandensein des streitigen Rechtsverhältnisses feststellt: BGE *120* II 176. 70

Fehlende Begründung ist kein Beschwerdegrund: BGE *116* II 373.

Der Beschwerdegrund der Verletzung des Grundsatzes der Gleichbehandlung der Parteien, Art. 190 Abs. 2 lit. d IPRG, ist nur bei Verletzung von Art. 182 Abs. 3 IPRG gegeben, nicht auch bei Verletzung der von den Parteien vereinbarten Verfahrensregeln: BGE *117* II 346. Zur Tragweite des rechtlichen Gehörs gemäss Art. 393 lit. d bzw. Art. 190 Abs. 2 lit. d IPRG: BGE *130* III 35. 71

Der *Ordre public* kann nicht durch einzelne Erwägungen des Schiedsgerichts, sondern nur durch das Ergebnis des Schiedsurteils verletzt werden: BGE *116* II 634. Hinsichtlich der Feststellung eines Vertragsinhaltes durch das Schiedsgericht ist der Ordre public nur dann verletzt, wenn ein Vertrag gleichen Inhalts nach dem innerstaatlichen Recht unwirksam wäre; die Berücksichtigung einer strengeren ausländischen, supranationalen oder universellen Wert- oder Rechtsordnung im Einzelfall bleibt vorbehalten: BGE *117* II 604; für einen pragmatischen Ansatz: BGE *120* II 168. Das Bundesgericht hat die Tendenz, bei der Überprüfung der Ordre-public-Rüge seine Kompetenz zu überschreiten und allgemeine «Obiter-dictum»-Erwägungen anzufügen. Hier wäre mehr Zurückhaltung geboten. 72

Neu im schweizerischen Binnenschiedsbarkeitsrecht ist das Institut der Ergänzung (Art. 388 Abs. 1 lit. c). Wurde über korrekt gestellte Anträge nicht entschieden, kann jede Partei diesbezüglich eine Ergänzung des Verfahrens und des Entscheides verlangen. 73

3. Revision, Erläuterung und Berichtigung

74 Die ZPO sieht die Möglichkeit der Revision eines Schiedsspruches ausdrücklich vor. Nach Art. 396 Abs. 1 i.V.m. Art. 397 Abs. 1 ist innert 90 Tagen seit der Entdeckung des Revisionsgrundes (und spätestens innert 10 Jahren seit Zustellung des Schiedsspruches, Art. 397 Abs. 2) die Revision zulässig wegen der «klassischen» Revisionsgründe der Einwirkung auf den Schiedsspruch durch strafbare Handlung und der Entdeckung neuer Tatsachen (12 N 136 f.).

75 Bei Gutheissung des Revisionsgesuches wird die Streitsache zur Neubeurteilung an das Schiedsgericht zurückgewiesen (Art. 399 Abs. 2).

76 Lückenfüllend hat das Bundesgericht erkannt, dass auch gegen internationale Schiedssprüche die Revision gegeben ist. Revisionsinstanz ist nach dem Rechtsmittelsystem das Bundesgericht, und zwar für alle Revisionsbegehren, gleichgültig ob sie End-, Teil-, Vor- oder Zwischenentscheide betreffen: BGE *122* III 493; die Beschwerdegründe bestimmen sich nach Art. 122 und Art. 123 Abs. 1 und Abs. 2 lit. a BGG, das Verfahren nach Art. 124 ff. BGG.

77 Bei gleichzeitiger Erhebung eines Revisionsgesuches und einer zivilrechtlichen Beschwerde gegen den Schiedsspruch ist das Revisionsverfahren zu sistieren und zuerst die Beschwerde zu behandeln (BGE *129* III 729 E. 1).

78 Gemäss Art. 388 kann eine Partei beim Schiedsgericht eine Erläuterung oder Ergänzung des Schiedsspruches verlangen. Das Bundesgericht lässt auch im internationalen Schiedsgerichtsverfahren Erläuterung und Berichtigung zu, vgl. BGE *126* III 524.

Sachregister

Die erste Zahl bezeichnet das Kapitel, die zweite die Randnote innerhalb dieses Kapitels.

A

B

F

G

K

L

M

S

T

U

V

W